Sabine Kurtenbach / Mechthild Minkner-Bünjer
Andreas Steinhauf (Hrsg.)
**Die Andenregion –
neuer Krisenbogen in Lateinamerika**

Schriftenreihe des Instituts für Iberoamerika-Kunde · Hamburg
Band 59

Sabine Kurtenbach / Mechthild Minkner-Bünjer
Andreas Steinhauf (Hrsg.)

Die Andenregion – neuer Krisenbogen in Lateinamerika

Vervuert Verlag · Frankfurt am Main 2004

Institut für Iberoamerika-Kunde · Hamburg

IIK

Verbund Stiftung Deutsches Übersee-Institut

Das Institut für Iberoamerika-Kunde bildet zusammen mit dem Institut für Allgemeine Überseeforschung, dem Institut für Asienkunde, dem Institut für Afrika-Kunde und dem Deutschen Orient-Institut den Verbund der Stiftung Deutsches Übersee-Institut in Hamburg.

Aufgabe des Instituts für Iberoamerika-Kunde ist die gegenwartsbezogene Beobachtung und wissenschaftliche Untersuchung der politischen, wirtschaftlichen und gesellschaftlichen Entwicklungen in Lateinamerika.

Das Institut für Iberoamerika-Kunde ist bemüht, in seinen Publikationen verschiedene Meinungen zu Wort kommen zu lassen, die jedoch grundsätzlich die Auffassung des jeweiligen Autors und nicht unbedingt die des Instituts darstellen.

Bibliografische Information Der Deutschen Bibliothek
Die Deutsche Bibliothek verzeichnet diese Publikation in der Deutschen Nationalbibliografie; detaillierte bibliografische Daten sind im Internet über http://dnb.ddb.de abrufbar.

ISBN 3-86527-105-7
© Vervuert Verlag, Frankfurt am Main 2004
Alle Rechte vorbehalten
Umschlaggestaltung: Konstantin Buchholz
gedruckt auf säure- und chlorfrei gebleichtem,
alterungsbeständigen Papier
Printed in Germany

Inhaltsverzeichnis

Einleitung
Die Andenregion – neuer Krisenbogen in Lateinamerika 7

Teil 1: Regionale Problemfelder

Sabine Kurtenbach
Der Krise der Demokratie in den Andenländern 15

Francisco E. Thoumi
Die Drogenwirtschaft in den Andenländern.
Ähnlichkeiten und Unterschiede 35

Mechthild Minkner-Bünjer
Wirtschaftsreformen und sozio-ökonomische Ausgrenzung in den
Andenländern: Ein neues Krisenszenarium in Sicht? 67

Andreas Steinhauf
Neue Formen politischer Organisation und Partizipation
in den zentralen Andenländern 119

Rainer Huhle
Menschenrechte und Menschenrechtspolitiken in den
nördlichen Andenländern 137

Juliana Ströbele-Gregor
Kritische Partizipation oder Konfrontation.
***Indígena*-Organisationen in den Andenländern** 163

Teil 2: Die Spezifika der nationalen Problemlagen

Jörg Röder / Michael Rösch
Abgesang auf eine weitere enttäuschte Hoffnung?
– Der Niedergang der bolivarianischen Republik 189

Sabine Kurtenbach
Kolumbien – Krise von Politik, Staat und Gesellschaft 209

Mechthild Minkner-Bünjer
**Gratwanderung: Krisen, Anpassungspolitik und
sozio-politische Ausgrenzung in Ekuador**   225

Andreas Steinhauf
**Peru: Dekade des Autoritarismus, der Instabilität und
politischer Dauerkrise**   269

Ulrich Goedeking
Auf dem Weg in die Liga der Krisenstaaten   297

Teil 3: Internationale Handlungsoptionen

Adam Isacson
**Sicherheit, Drogen und Terror:
Die Politik der USA gegenüber Kolumbien**   315

Wilhelm Hofmeister
Brasilien und die Krise der Andenländer   355

Christian Freres
**Die Europäische Union und die Krise der Andenländer:
Zwischen Status quo und strategischer Verwicklung**   383

Helmut Schöps
**Das Andenländerkonzept der Bundesregierung und die
europäische Andenländerpolitik**   401

Peter Rösler
Wirtschaftsbeziehungen Deutschland – Andengemeinschaft   413

Autorenverzeichnis   433

Einleitung
Die Andenregion –
neuer Krisenbogen in Lateinamerika

Politik in den Andenländern ist ein zunehmend schwieriges Geschäft. Nachdem 1999 noch fast 90% der Venezolanerinnen und Venezolaner ihre Regierung unterstützten, tut dies im Sommer 2003 nur noch ein Drittel. Von so viel Zustimmung können der peruanische Präsident Alejandro Toledo und sein bolivianischer Amtskollege Gonzalo Sánchez de Lozada nur träumen. Auch Ekuadors Präsident Lucio Gutiérrez befindet sich nach einem halben Jahr Regierung im Abwind. Einzige Ausnahme scheint derzeit Kolumbien zu sein, wo die Regierung Álvaro Uribe ein Jahr nach Amtsantritt mehr Unterstützung findet als bei ihrer Wahl, so dass es sogar Überlegungen gibt, das in der kolumbianischen Verfassung verankerte Verbot der Wiederwahl aufzuheben. Die Erfahrungen von Hugo Chávez und Alberto Fujimori sollten Uribe diesbezüglich allerdings ein warnendes Beispiel dafür sein, dass der Absturz meist rasanter und schneller geht als der Aufstieg.

Auch wirtschaftlich gibt es in den Andenländern nur selten positive Nachrichten zu vermelden. Zwar ist die Region reich an natürlichen Ressourcen, doch ist es bisher nicht gelungen, diesen Reichtum als Basis für nachhaltige wirtschaftliche Entwicklungsprozesse zu nutzen. Die Mehrheit der Bevölkerung lebt in Armut, die sozialen Unterschiede gehören zu den weltweit größten. Vor diesem Hintergrund ist die Tatsache, dass der brasilianische Präsident Luiz Inácio Lula da Silva als Gast auf dem Gipfeltreffen der Andengemeinschaft erschien, schon ein positives Zeichen. Nicht nur weil Lula vielen als Hoffnungsträger gilt, dem es gelingen könnte politische Demokratie, wirtschaftliche Entwicklung und sozialen Ausgleich unter einen Hut zu bekommen. Der Besuch zeigt auch, dass die Andengemeinschaft von den Nachbarstaaten des MERCOSUR nicht gänzlich vergessen wird und dass diese daran interessiert sind, die anstehenden Verhandlungen mit den USA über die gesamtamerikanische Freihandelszone mit der

Andengemeinschaft nicht nur abzustimmen sondern auch möglichst gemeinsam zu führen.

Seit Mitte der 90er Jahre haben sich die Andenländer zum neuen Krisenbogen Lateinamerikas entwickelt. Politisch, wirtschaftlich und sozial häufen sich dort die Krisenszenarien und negativen Schlagzeilen. Galt der *autogolpe* von Präsident Fujimori 1992 noch als Ausnahme von der Regel, so haben sich in den vergangenen Jahren die Indizien dafür gehäuft, dass die Demokratisierung der Andenländer kein unumkehrbarer Prozess ist. Die Durchdringung von Wirtschaft und Gesellschaft durch den Drogenhandel ist nur eines der offensichtlichsten, die Verarmung und Marginalisierung breiter Bevölkerungsgruppen eines der altbekannten wirtschaftlichen und sozialen Probleme.

Auch wenn die Krisenszenarien in allen Ländern spezifische Ausprägungen und Charakteristika haben, die von der jeweils eigenen Geschichte und Konstellation der gesellschaftlichen Kräfte geprägt sind, so haben sie doch auch eine Reihe von Gemeinsamkeiten, die eine regionale Betrachtung und Analyse lohnend machen. Venezuela, Kolumbien, Ekuador, Peru und Bolivien teilen einige Charakteristika, die sie von anderen Subregionen Lateinamerikas unterscheiden: Im Vergleich zum europäisch geprägten Süden des südamerikanischen Kontinents ist der Anteil der indianischen Bevölkerung insbesondere in den zentralen Andenländern – Bolivien, Peru und Ekuador – hoch. Im Vergleich zu Zentralamerika und der Karibik haben externe Akteure in der Vergangenheit nur geringes Interesse an den politischen Entwicklungen der Andenregion gehabt. Dies hat sich durch die krisenhafte Entwicklung der letzten Jahre verändert. Vor allem in den USA ist man sich unter anderem nach den Anschlägen von New York und Washington am 11. September 2001 des explosiven Potentials der Krise zunehmend bewusst. Standen die Beziehungen zu den Andenländern bis dahin unter der Überschrift des von George Bush sen. ausgerufenen „Kriegs gegen die Drogen", so dominiert seither der „Krieg gegen den internationalen Terrorismus".

Für die Regierungen der Andenländer ergibt diese Prioritätenverschiebung der USA eine neue Möglichkeit, bilaterale Militärhilfe durch die USA zu bekommen, die nach dem Ende des Kalten Krieges stark gesunken und auf die Drogenbekämpfung konzentriert war. Die Militärs der Andenländer profitieren zum einen von der Militarisierung des kolumbianischen Konfliktes, zum anderen versuchen sie „terroristische" Bedrohungen im eigenen Land in den Vordergrund zu stellen. Dies ist für eine nachhaltige Entwicklung kontraproduktiv, weil allen Akteuren der Region eigentlich daran gelegen sein müsste, von außen nicht in erster Linie als „Chaospotential" wahrgenommen zu werden. Um diese Gefahr abzuwenden und die politischen und sozialen Konflikte der Region nicht weiter eskalieren zu lassen, muss innerhalb und außerhalb der Region kreatives Konfliktmanagement betrieben werden. Die zahlreichen Initiativen, die der brasilianische Präsident seit seiner Amtsübernahme im Januar 2003 gestartet hat, könnten ein erster wichtiger Schritt in diese Richtung sein. Erfolg können sie allerdings nur dann haben, wenn sich innerhalb und außerhalb der Region Reform-

Allianzen bilden, deren Perspektiven über die nächsten Wahlen hinausgehen und die neuen Akteure wie die indigenen Bewegungen und ihre Repräsentanten bzw. Institutionen als tragende und aufstrebende Kräfte einbeziehen.

Der vorliegende Sammelband analysiert die Krise der Andenländer sowohl in ihrer regionalen und sektoralen als auch in ihrer jeweils spezifischen nationalen Dimension. Im dritten Teil stehen dann Aktionen und Reaktionen externer Akteure im Mittelpunkt.

Im ersten Abschnitt von Teil 1 werden die verschiedenen Problemlagen regional vergleichend diskutiert. Der Niedergang der Demokratie in den Andenländern, die Marginalisierung der Bevölkerungsmehrheiten durch das vorherrschende Entwicklungsmodell, der Vormarsch der Drogenökonomien, die Rolle der indigenen Organisationen sowie die neuen Formen von politischer und sozialer Organisation und Partizipation stehen dabei im Mittelpunkt. Darüber hinaus wird die Entwicklung der Menschenrechte in der Krise untersucht.

Der Beitrag von Sabine Kurtenbach analysiert die Krise der demokratischen Regierungssysteme in den Andenländern, wobei es allerdings nicht um die Symptome der Krise, sondern deren Ursachen geht, die die Verfasserin in der fehlenden sozialen Basis der demokratischen Regierungssysteme sieht. Neoliberale Strukturanpassung, Ausbreitung des Drogenhandels und Migration haben zur Ausbreitung der informellen und kriminellen Sektoren der Gesellschaften beigetragen, die in der Politik ihre Entsprechung in fragilen, punktuellen und stark von tagespolitischen Konjunkturen abhängigen ad hoc Allianzen finden. Für eine Konsolidierung der demokratischen Regierungssysteme über deren formale Mindeststandards hinaus wäre deshalb eine Politik vonnöten, die die Gruppe derjenigen vergrößert, die durch demokratische politische Systeme etwas zu gewinnen haben.

Der kolumbianische Wirtschaftswissenschaftler Francisco E. Thoumi stellt die Ähnlichkeiten und Unterschiede der illegalen Drogenwirtschaft in Bolivien, Kolumbien und Peru dar. Neben der Geschichte und der Ausbreitung des Drogenanbaus und Drogenhandels in den drei Ländern analysiert der Autor auch deren Auswirkungen auf die politischen Systeme der Länder.

Mechthild Minkner-Bünjer fragt in ihrem Beitrag zur wirtschaftlichen Entwicklung nach der Umsetzung und den Wirkungen der neoliberalen Reformen in den Andenländern. Im Mittelpunkt steht die vergleichende Analyse der Art, Qualität und Durchführung der wirtschaftlichen Reformmaßnahmen, die je nach Land sehr unterschiedlich ausgefallen sind. Die Bilanz der Wirkungen auf Wachstum und Beschäftigung sowie auf die Sozialpolitik ist in allen Ländern mehr als ernüchternd; die soziale Ausgrenzung nimmt zu. Die Autorin zeigt die Verbindungen zu politischen und institutionellen Reformen als grundlegend auf, um erfolgreich sozioökonomische Strukturveränderungen durchführen zu können.

Andreas Steinhauf fragt generell nach der Bedeutung und den Zukunftsperspektiven von neuen politischen Akteuren, die die traditionellen Parteien und Akteure in Frage stellen. Neben reinen Protestbewegungen nimmt die politische

Bedeutung von Gruppierungen aus den Zivilgesellschaften zu, die häufig aus den bäuerlichen und indigenen Segmenten der Gesellschaften stammen. Ihre Institutionalisierung als demokratische Interessenvertretungen bislang kaum politisch repräsentierter sozialer Schichten steht in den meisten Fällen noch aus, wäre aber sicherlich ein Schritt in die richtige Richtung, sozialem Sprengstoff und antidemokratischen Entwicklungen in der Region entgegenzuwirken. Das Beispiel Ekuadors veranschaulicht diese Entwicklung in ihren unterschiedlichen Dimensionen.

Menschenrechte und Menschenrechtspolitiken sind das Thema von Rainer Huhle. Bei allen Gemeinsamkeiten konstatiert er gerade im Bereich der Menschenrechte sehr heterogene Entwicklungen innerhalb der Andenregion. Während in allen fünf Staaten, ebenso wie im Rest Lateinamerikas, die Bevölkerung ihre wirtschaftlichen und sozialen Menschenrechte immer weniger in Anspruch nehmen konnte, hat sich die Situation im Bereich der bürgerlichen und politischen Rechte innerhalb der Region sehr gegensätzlich entwickelt. Im zweiten Teil geht der Verfasser auf die Anwendung und Wirksamkeit zentraler menschenrechtlicher Schutzinstrumente in den Andenländern ein. Die künftige Entwicklung hängt aus Sicht des Autors stark von den Entwicklungen in Kolumbien und der Regionalisierung des dortigen Gewaltkonflikts ab.

Juliana Ströbele-Gregor diskutiert die politische Bedeutung von ethnischpolitischen Organisationen in den Andenländern, wobei die Entwicklungen der 90er Jahre im Vordergrund stehen. Zentrale Fragen des Beitrags richten sich auf die Ziele dieser Organisationen, ihren Rückhalt in der Bevölkerung sowie ihren Beitrag zur Eskalation oder Regulierung der aktuellen Krise.

Der zweite Teil des vorliegenden Sammelbandes ist dann einer länderspezifischen Betrachtung vorbehalten, bei denen es um die in den einzelnen Ländern jeweils spezifische nationale Dynamik und entsprechenden Besonderheiten geht. Alle Beiträge untersuchen dabei nicht nur die aktuellen Krisenlagen, sondern ordnen diese auch in ihren historischen Zusammenhang ein, wodurch ein von der Tagesaktualität unabhängigeres und nicht minder erschreckendes Bild entsteht.

Jörg Röder und Michael Rösch untersuchen Aufstieg und Krise der bolivarianischen Revolution in Venezuela. Sabine Kurtenbach stellt die multiple Krise von Politik, Staat und Gesellschaft in Kolumbien dar, die eng mit der gewaltsamen Eskalation des längsten lateinamerikanischen Krieges verwoben ist. Mechthild Minkner-Bünjer zeichnet die sich seit Mitte der 90er Jahre zuspitzende Dauerkrise in Ekuador nach und arbeitet die sich seit Jahrzehnten durchgängig präsentierenden Hauptursachen der Krise sowie den komplexen Reformwiderstand heraus. Die seit sechs Monaten mit der indigenen Bewegung bestehende Regierungsallianz von Ex-Putschist Lucio Gutiérrez könnte ein Licht am Ende des Krisentunnels werden. Andreas Steinhauf analysiert den Niedergang des Systems Fujimori und den schwierigen Neuanfang in Peru. Ulrich Goedeking untersucht die Krise des einstigen Reformvorbildes Bolivien.

Im Mittelpunkt der Beiträge des dritten Teils stehen schließlich die Reaktionen und der Umgang externer Akteure mit der Krise der Andenländer sowohl aus wissenschaftlicher wie aus praxisnaher Perspektive. Da Kolumbien aus Sicht der USA das Zentrum der Krise der Andenländer darstellt, liegt der Schwerpunkt des Beitrags von Adam Isacson, Mitarbeiter am *Center for International Policy* in Washington, auf der US-Kolumbienpolitik. Er zeichnet minutiös nach wie sich die Kolumbienpolitik der Regierungen Clinton und Bush gemäß aktueller Konjunkturen verändert haben. Vor allem unter dem Eindruck der Anschläge vom 11. September 2001 haben sich die Prioritäten und Perzeptionen der US-Regierung deutlich verschoben haben. Wilhelm Hofmeister, Repräsentant der Konrad-Adenauer-Stiftung in Brasilien, untersucht die brasilianische Position zu den Andenländern vor dem Hintergrund der Grundlinien brasilianischer Außenpolitik. Um einen eigenen Beitrag zur Erhaltung der regionalen Stabilität zu leisten, müsse Brasilien selbst Initiativen ergreifen. Während die Regierung Cardoso im entwicklungspolitischen Bereich aktiv geworden sei, zeichne sich bei der Regierung von Lula da Silva eine stärker politische Herangehensweise ab. Christian Freres, Direktor des spanischen Forschungsinstituts AIETI, analysiert die Reaktion der Europäischen Union auf die Krise der Andenländer und stellt verschiedene Szenarien und Optionen zur Diskussion. Helmut Schöps, im Auswärtigen Amt zuständig für die Andenländer, stellt das Andenländerkonzept der Bundesregierung und die europäische Andenländerpolitik vor. Peter Rösler, stellvertretender Geschäftsführer des Ibero-Amerika Vereins untersucht die Wirtschaftsbeziehungen zwischen Deutschland und der Andengemeinschaft und fragt nach den Vor- und Nachteilen eines Engagements aus ökonomischer Sicht.

Als wir vor über zwei Jahren mit der Planung dieses Sammelbandes begonnen haben, war die Krise der Andenländer in ihrer Vielschichtigkeit schon vorhanden, die Entwicklungen seither haben ihre Brisanz aber umso deutlicher gemacht. So unterschiedlich die Ansätze und Themen des vorliegenden Bandes auch sind, machen sie doch eines deutlich: Nur wenn es gelingt schnell auf verschiedenen Ebenen und nicht nur gegenüber einzelnen Symptomen der Krise Ansätze für kreatives Krisenmanagement und ein integriertes Vorgehen zu identifizieren und umzusetzen, wird es der Region und den dort lebenden Menschen erspart bleiben, von der Krise ins Chaos abzurutschen.

Wir danken allen Autorinnen und Autoren für die gute und in vielen Fällen geduldige Zusammenarbeit und hoffen, dass dieser Band einen Beitrag zur Diskussion der Entwicklungen in dieser einzigartigen aber nur selten in einer breiteren Öffentlichkeit wahrgenommenen Region leistet.

Die Herausgeber

Hamburg – München – Lima, im August 2003

Teil 1:
Regionale Problemfelder

Sabine Kurtenbach

Die Krise der Demokratie in den Andenländern

Auch wenn formaldemokratischen Verfahren nur in Ausnahmefällen – wie während des *autogolpe* in Peru 1992, während des Sturzes von Präsident Mahuad in Ekuador im Jahr 2000 oder anlässlich des gescheiterten Putschversuchs in Venezuela im April 2002 – gebrochen oder ausgesetzt wurden, ist die Krise der Demokratie und der politischen Systeme in der gesamten Andenregion tiefgreifend. Die Defizite der Demokratie lassen sich als Paradebeispiel für die Entwicklungen bezeichnen, die Merkel (1999: 363) zur Erfassung von defekten Demokratien aufführt:

> Defekte, die sich als Illiberalismus, Missachtung des Rechtsstaates, Umgehung der Gewaltenkontrolle oder Tolerierung autoritärer Domänen verfestigen und wichtige Funktionsweisen der rechtsstaatlich eingehegten Demokratie beschädigen [...], ohne deren Kern, nämlich freie, gleiche und allgemeine Wahlen, aufzulösen.

Bereits 1994 hatte Catherine Conaghan (1994: 3) die gefährlichen Tendenzen der politischen Entwicklung in der gesamten Andenregion benannt: übermäßige Macht der Exekutive, Abwertung der Legislative und die Langlebigkeit nichtkonsultativer Politikformen durch technokratische Eliten. Gleichzeitig lasse sich eine sinkende Bereitschaft der Zivilgesellschaft beobachten, diesen Entwicklungen auf institutionellem Weg zu begegnen, sowie eine Zunahme der politischen Gewalt. Demokratie beschränke sich auf die Durchführung von Wahlen, die wenn überhaupt nur geringen Einfluss auf den politischen Entscheidungsprozess hätten.

Innerhalb der Andenregion zeigt der konkrete historische Hintergrund der Krise zwei „Muster": In Kolumbien und Venezuela trifft sie auf Gesellschaften, die – aus unterschiedlichen Gründen – während der Phasen der Militärregierungen in den 70er und 80er Jahren die Ausnahme von der lateinamerikanischen Regel darstellten. Im Falle Kolumbiens waren die Einschränkungen der Proporzdemokratie stets offensichtlich. Venezuela galt dagegen als „Musterdemokratie", deren Krise erst mit dem *Caracazo* 1989 öffentlich wurde. In Ekuador, Bolivien und Peru profitierten die nach dem Rückzug der Militärs in die Kasernen gewählten Regierungen zunächst davon, dass die Militärs abgewirtschaftet hatten. Diese Form der Legitimation hielt allerdings nicht lange. In Peru ermöglichte die chaotische Regierungszeit Alan Garcías den Aufstieg Alberto Fujimoris und die Etablierung eines semi-autoritären Systems.[1] In Bolivien wurde der ehemalige Diktator und Ex-General Hugo Banzer zum Staatspräsidenten gewählt und in Ekuador wurde Ende der 90er Jahre ein Präsident nach dem anderen gestürzt und mit Lucio Gutiérrez Ende 2002 ebenfalls ein ehemaliger Putschist ins Präsidentenamt gewählt. Trotz dieser unterschiedlichen konkret historischen Hintergründe hat die Krise der Demokratie doch in allen Ländern dieselben Grundzüge und Wurzeln.

Mittlerweile existiert eine tiefe Vertrauenskrise in die Demokratie als Regierungssystem, die sich auch in den Meinungsumfragen widerspiegelt:

Tabelle 1: Einstellungen zur Demokratie in den Andenländern (in % der Befragten)

	Unterstützung für	Zufriedenheit mit	Vertrauen in				Gleichgültigkeit gegenüber einer nichtdemokratischen Regierung
	Demokratie		Mitbürger	Regierung	Parteien	Streitkräfte	
Bolivien	52 (54)	24 (16)	28	25	9	32 (29)	43
Ekuador	47 (40)	16 (15)	24	29	7	41 (60)	53
Kolumbien	39 (46)	11 (10)	17	16	10	57 (49)	57
Peru	55 (62)	18 (16)	15	23	13	36 (30)	43
Venezuela	73 (57)	40 (41)	12	48	19	54 (55)	38

Quelle: Umfrage 2002 von *Latinobarómetro* (Angaben in Klammern für 2001), www.latinobarometro.org.

Der Trend des Vertrauensverlustes ist über die letzten Jahre einigermaßen konstant, zeigt im Einzelfall aber Schwankungen, bei denen aktuelle politische Konjunkturen eine Rolle spielen: In Venezuela stieg beispielsweise die Zahl derjenigen, die die Demokratie unterstützen, von 57% (2001) auf 73% (2002), was u.a. an den zahlreichen Reformprojekten der Regierung Chávez liegen dürfte, mit denen sich die Hoffnung auf einen tiefgreifenden Wandel verband. Erst im Verlauf des Jahres 2002 stießen die Maßnahmen auf immer mehr Kritik, weshalb die Werte in der Umfrage 2003 deutlich anders aussehen dürften. Der Zusammenhang zwischen enttäuschten Hoffnungen und dem Vertrauensverlust in die Demokratie wird in Kolumbien deutlich, wo die Unterstützung der Demokratie während der Amtszeit von Andrés Pastrana von 46% (2001) auf 39% (2002) sank. Pastranas Amtsantritt 1998 war mit großen Erwartungen im Hinblick auf

---

[1] Vgl. den Beitrag von Andreas Steinhauf in diesem Band (S. 269-296), sowie IIK (1995).

eine Befriedung des längsten Krieges Lateinamerikas verbunden, der Erfolg blieb jedoch aus und der Friedensprozess brach 2002 zusammen. Das gesamte Ausmaß der Krise wird deutlich, wenn die Antworten zur Unterstützung der Demokratie mit den Antworten bei anderen Fragen in Bezug gesetzt werden. So ist es für die Demokratie in den Andenländern sicherlich gefährlich, dass das Vertrauen in die Streitkräfte durchweg wesentlich größer ist, als das in die politischen Parteien und in die Mitbürger. Auch der hohe Prozentsatz derjenigen, die gegenüber nicht-demokratischen Regierungen gleichgültig sind, stimmt bedenklich. Hier deutet sich eine grundlegende Krise von politischem System und sozialem Gefüge an.

Die Krise der politischen Systeme wurde in den letzten Jahren in zahlreichen Publikationen analysiert und diskutiert.[2] In der Regel stehen hierbei entweder die konkreten Entwicklungen in einzelnen Ländern oder Symptome und Folgen der Krise im Vordergrund. Die Frage nach den Ursachen erfolgt nur fallbezogen und meist im Rahmen mehr oder weniger klassischer, meist nur Teilbereiche betrachtender, sozialwissenschaftlicher Begründungsmuster (Schwäche des Parteiensystems, neue Akteure, Neo-Populismus). All dies trägt ohne Zweifel zur Erklärung der gegenwärtigen Krise und ihrer unterschiedlichen Facetten bei, reicht aber nicht aus, um das Ausmaß der Krise und deren systemgefährdendes Potenzial zu erklären und zu verstehen.

Dazu ist ein umfassenderer Ansatz notwendig, der die Krise der Demokratie im Zusammenhang mit der Krise des vorherrschenden Entwicklungsmodells betrachtet. Die Analyse des Zusammenhangs von Demokratieentwicklung und den gesellschaftlichen und wirtschaftlichen Machtverhältnissen sowie den Veränderungen dieser drei Faktoren in den vergangenen zehn Jahren ermöglicht es einerseits die historischen Veränderungen – und damit das „Neue" der Krise – zu erfassen. Zum anderen wird durch die „politische Ökonomie" von Demokratie und Krise auch die Verbindung zur Krise von Staat und Entwicklungsmodell hergestellt. Ziel der folgenden Ausführungen ist es nicht die ereignisgeschichtlichen Details der Krise in den einzelnen Ländern nachzuzeichnen[3], es soll vielmehr eine analytische Perspektive eröffnet werden, die am Beispiel der Andenländer versucht, die Wechselwirkungen von politischen, wirtschaftlichen und sozialen Entwicklungen aufzuzeigen. Dadurch wird nicht nur das vollständige Ausmaß der Krise sichtbar, sondern dies ermöglicht es auch tragfähige Strategien zur Stärkung der Demokratie in den Andenländern zu entwickeln, die über den rein formalen Fortbestand demokratischer Mindestverfahren hinausgehen.

---

[2] Vgl. dazu IIK (1998), die Publikationen der *Comisión Andina de Juristas* (1998), García-Sayán (1998), Arnson (2001), Freres/Pacheco (2002), den Themenschwerpunkt Andenländer im *Journal of Democracy* (2002).

[3] Vgl. hierzu die Länderartikel im vorliegenden Band mit je unterschiedlichen Schwerpunkten.

Demokratie und Entwicklung

Trotz der mittlerweile Bibliotheken füllenden Auseinandersetzungen mit der Demokratisierung in Lateinamerika und anderen Nicht-OECD-Ländern, ist der Zusammenhang zwischen Entwicklungsmodell, Staat und Demokratie nur selten untersucht worden. Die klassischen Modernisierungstheoretiker gingen davon aus, dass Demokratie erst die Folge von Entwicklung sein kann und dass der Staat in diesem Prozess eine entscheidende Rolle als Entwicklungsmotor spielt. Zahlreiche Beispiele – vor allem die Entwicklungen in Südkorea und Spanien – scheinen diese These noch heute zu bestätigen. Allerdings gibt es mindestens ebenso viele Gegenbeispiele, die zeigen, dass diese zeitliche Abfolge kein absolutes Muss ist. So hat sich das demokratische Regierungssystem Costa Ricas beispielsweise schon zu den Zeiten als relativ stabil erwiesen, als das Entwicklungsniveau noch wesentlich niedriger war als heute. Andere Länder – wie Singapur – mit entwicklungsorientierten, aber autoritären Systemen haben die Schwelle zur Demokratie zumindest noch nicht überschritten. Entscheidend ist deshalb weniger die Frage der konkreten Abfolge einzelner Stufen von Entwicklung und Demokratie, sondern vielmehr die Tatsache, dass beide Entwicklungen symbiotisch zusammenhängen und aufeinander einwirken. Probleme und politische Krisen entstehen in der Regel dann, wenn die Entwicklungen stark gegenläufig sind oder die Entwicklungstrends auseinanderlaufen, d.h. wenn beispielsweise die Grundlagen des Entwicklungsmodells verändert werden, ohne das politische System anzupassen. Das Beispiel der (Re-)Demokratisierung Lateinamerikas seit Mitte der 80er Jahre zeigt die Folgen der Widersprüchlichkeit in die andere Richtung. Während die Grundlagen des politischen Systems durch den Abgang der Militärregime verändert wurden, befand sich das Entwicklungsmodell erst am Beginn einer grundlegenden Krise, die mit den Stichworten Verschuldung, Strukturanpassung und verlorene Dekade umrissen sind.

Die Transitions- und Transformationsforschung hat den Übergang von autoritären zu demokratischen Regierungssystemen in den Mittelpunkt ihrer Analysen gestellt. Für den Erfolg oder das Scheitern des Übergangs seien jeweils wirtschaftliche, soziale, kulturelle und politische Konstellationen entscheidend, die einen spezifischen „Handlungskorridor" (Merkel/Puhle 1999) definieren. Der strukturelle Zusammenhang zwischen diesen Bereichen ist aber nur in die eine oder andere Richtung untersucht worden, die Wechselwirkungen blieben ausgeblendet.[4] Gerade bei akteursbezogenen Ansätzen ist eine stärker integrierte Betrachtung dieser Faktoren aber wichtig, weil nur so politisches und kulturelles

---

[4] So analysiert Faust (2002) beispielsweise den Umgang demokratischer Regierungen mit der Wirtschaftskrise und deren Folgen für die Demokratie; Altenburg/Haldenwang (2002) sehen in den Blockaden des politischen Systems eine wesentliche Ursache für das Fehlen eines neuen Entwicklungsmodells. Weder die Wechselwirkung zwischen beiden Bereichen, noch externe Faktoren wie der Zwang die Schulden zu bedienen und Auflagen der internationalen Finanzinstitutionen zu erfüllen, werden thematisiert.

Verhalten in Bezug zur wirtschaftlichen und sozialen Stellung der Akteure in der Gesellschaft gebracht werden können. Dies ist notwendig, wenn man das Nebeneinander von formalen und informellen Strukturen und Institutionen in seinen Auswirkungen auf die Demokratie analysieren will. Es geht mithin nicht um eine ökonomistische oder kulturalistische Perspektive auf die Demokratie, sondern um die ganzheitliche Betrachtung komplexer gesellschaftlicher Entwicklungen.

Die folgenden Ausführungen orientieren sich konzeptionell an den Studien von Barrington Moore (1987) und Rueschemeyer/Stephens/Stephens (1992), die beide den Zusammenhang zwischen Demokratie und Entwicklung in ihrer wirtschaftlichen, vor allem aber sozialen Dimension, in den Mittelpunkt stellen. Während Moore seine Thesen anhand der Entwicklungen in Westeuropa, Nordamerika und Indien untermauert, untersuchen Rueschemeyer et al. auch die historische Demokratieentwicklung in Lateinamerika.[5] Sie sehen dort die wesentlichen Thesen Moores bestätigt (1992: 270ff): Demokratische Verhältnisse konnten nur dort etabliert werden, wo Großgrundbesitzer eine unerhebliche Rolle spielten, sie nicht auf die Verfügung über eine große Menge billiger Arbeitsplätze angewiesen waren und nicht den Staatsapparat kontrollierten. Der lateinamerikanische Staat habe eine überwiegend anti-demokratische Rolle gespielt. Externe Machtbeziehungen – wirtschaftlicher, politischer, militärischer und geostrategischer Art – hätten sich ebenfalls weitgehend negativ auf die Entstehung stabiler demokratischer Strukturen ausgewirkt. Diese zentralen Kategorien – Großgrundbesitz (bzw. die Art des ökonomischen Entwicklungsmodells), Kontrolle und Autonomie des Staates sowie die externen Einflüsse (Einbindung in den Weltmarkt, Interventionen externer Akteure) – müssen auch bei der Analyse der aktuellen Demokratiekrise in den Andenländern einbezogen werden.

Rueschemeyer et al. (1992: 43) legen ihrer Studie allerdings einen konventionellen und weitgehend auf die Dahlschen Mindestkriterien[6] beschränkten Demokratiebegriff zugrunde, der als elementare Kriterien den offenen Wettbewerb um politische Ämter und Macht sowie das Recht auf Partizipation aller Bürger nennt.[7] Angesichts der Entwicklungen der vergangenen Jahre greift dies aber zu kurz. Nach anfänglich positiven, fast euphorischen Befunden ist die Realität der

---

[5] Lateinamerika stellt eigentlich einen besonders interessanten Fall für die Überprüfung von Moores Konzept dar, weil eine seiner zentralen Kategorien die der Großgrundbesitzer ist, die er als wichtigste Blockademacht sieht. Erstaunlicherweise ist dieses Konzept nur selten auf lateinamerikanische Fälle übertragen worden (eine der Ausnahmen neben Rueschemeyer et al. ist die Studie von Jeffrey Paige zu Zentralamerika, vgl. Paige 1998).

[6] Als Bezugspunkt gelten in der Regel die Arbeiten des US-amerikanischen Sozialwissenschaftlers Robert Dahl. Darüber hinaus müssen acht institutionelle Garantien in einem demokratischen System verwirklicht sein wie Assoziations- und Koalitionsfreiheit; Recht auf freie Meinungsäußerung; aktives und passives Wahlrecht; freie und faire Wahlen, etc. (Merkel 1999: 31).

[7] Merkel/Puhle (1999) haben diesen minimalen Anforderungen noch drei weitere Kriterien hinzugefügt, die für eine wirklich funktionierende Demokratie wichtig sind: Gewaltenkontrolle, Rechtsstaatlichkeit und Achtung der Menschen- und Bürgerrechte.

vergangenen Jahre eher ernüchternd. Zwar wurde die Phase der Ablösung der alten Regime weitgehend erfolgreich abgeschlossen, es gelang aber nur selten die neuen demokratischen Regierungssysteme zu konsolidieren. In Lateinamerika hat sich eine Form von formaler Minimaldemokratie zum regionalen Standard entwickelt, auf deren Spielregeln sich alle amerikanischen Staaten – mit Ausnahme Kubas – durch die Unterzeichnung der Amerikanischen Demokratie-Charta am 11. September 2001 in Lima verpflichtet haben.[8] Was anfänglich als zeitlich begrenztes Problem des Übergangs erschien, scheint heute eher die Regel als die Ausnahme zu sein: das Fortbestehen gravierender institutioneller und funktionaler Defizite, die zu sogenannten Adjektiv-Demokratien[9] begrifflich zusammengefasst werden.

Die jeweils festgestellten Defizite deuten aber vor allem auf Symptome und weniger auf die Ursachen der Krise hin. Die Analyse der Krisenursachen ist keine rein akademische Angelegenheit, sondern hat weitreichende Konsequenzen für die Strategien interner und externer Akteure. Je nachdem, wo die Ursachen verortet werden, müssen sich die Maßnahmen zur Stabilisierung oder Förderung von Demokratien unterscheiden. Vor dem Hintergrund dieser konzeptionellen Überlegungen sollen zunächst die wirtschaftlichen und politischen Strukturelemente der Krise analysiert werden, bevor dann die Versuche externer Akteure auf die Krise einzuwirken, betrachtet werden. Abschließend werden dann einige Bedingungen für eine Überwindung der Krise und die Perspektiven für die weitere Entwicklung dargestellt.

Die Krise des Entwicklungsmodells

Die Krise der Demokratie in den Andenländern steht in engem Zusammenhang mit alten wirtschaftlichen und sozialen Problemen.[10] Schon die venezolanischen Putschisten rechtfertigten ihr Handeln 1992 mit der sozialen Verelendung der Bevölkerung und der Korruption der politischen Führung des Landes. Die direkten sozialen Folgen der ökonomischen Strukturanpassung und die damit einher-

---

[8] Der Text ist nachzulesen auf der Homepage der *Organization of American States*, OAS (www.oas.org).

[9] Zum Beispiel „elektorale Demokratien" für politische Systeme, in denen allgemeine, freie und gleiche Wahlen stattfinden, andere Kriterien allerdings nicht oder nur unzureichend verwirklicht sind; „defekte Demokratien", die in zentralen Bereichen gemessen an den normativen Demokratievorstellungen Defizite aufweisen; „illiberale Demokratien": Demokratien, in denen die Bürgerrechte, Rechtsstaatlichkeit und Minderheitenschutz nicht vollständig gewährleistet sind. Der Begriff des „Hybridregimes" verweist dagegen auf das Bestehen von Mischformen zwischen demokratischen und autoritären Regimen. Vgl. die verschiedenen Beiträge in Bendel et al. (2002).

[10] Vgl. hierzu auch den Beitrag von Mechthild Minkner-Bünjer in diesem Band (S. 67-118); zum Zusammenhang von Strukturanpassung und Demokratie erste Überlegungen s. Kurtenbach (1992).

gehende Fragmentierung der Gesellschaften erklären die politische Krise in den Andenländern aber nur teilweise. Zwei weitere Faktoren haben die Krise maßgeblich geprägt:

Erstens zerstörten die Zwänge der wirtschaftlichen Modernisierung – vor allem die Reduzierung der Staatsausgaben und die Privatisierung von Staatsbetrieben – den Fortbestand klientelistischer und paternalistischer Praktiken in der Politik. Der Beschäftigung im öffentlichen Sektor kam nicht nur aus sozialen Gründen angesichts fehlender Alternativen in anderen Sektoren eine große soziale Bedeutung zu, sie war gleichzeitig eine zentrale Basis für die Integration einer in Ansätzen entstehenden Mittelschicht. Auch für die formale Demokratisierung hatte der Staatssektor deshalb große Bedeutung. Kolumbien ist hier sicher das Paradebeispiel, weil die Mitgliedschaft in einer der traditionellen Parteien über Jahrzehnte mehr oder minder die Voraussetzung für eine Beschäftigung im öffentlichen Dienst war. Aber auch in anderen Andenländern hat der Staatssektor eine wichtige klientelistische Integrationsfunktion[11] erfüllt.

Zweitens forderten im Zuge der (Re-)Demokratisierung seit den 80er Jahren aber immer mehr politische und soziale Akteure die Einhaltung von Grundprinzipien demokratischer Systeme wie Rechtsstaatlichkeit, Transparenz und Rechenschaftspflicht. Werte, von deren Durchsetzung die Substanz demokratischer Entwicklung abhängt. Damit entstand ein Konfliktpotenzial dessen fehlende Regulierung maßgeblich zur Delegitimierung der Demokratie als Regierungssystem beiträgt. In allen Andenländern wird beispielsweise die Korruption als eines der zentralen Probleme des Landes begriffen. Bei den jährlichen Listen von *Transparency International* hatten die Andenländer allesamt Plätze in der unteren Hälfte mit Werten von 4,1 (Peru), 3,8 (Kolumbien), 2,8 (Venezuela), 2,3 (Ekuador) und 2,0 (Bolivien).[12] Die Defizite im Rechtsstaat und die vorherrschende Straflosigkeit auch für Kapitalverbrechen sind weitere Beispiele für die Delegitimierung der Demokratie, weil sie die fehlende Problemlösungskapazität der Regierungen beweisen.

Vor diesem Hintergrund lohnt sich ein Blick auf die Konstanten und Veränderungen des Entwicklungsmodells anhand der Exportstruktur und der Entwicklung der Bedeutung verschiedener Sektoren für BIP und Beschäftigung (vgl. Tabellen 2 und 4). In allen Andenländern dominiert nach wie vor die traditionelle, auf den Export von agrarischen und mineralischen Rohstoffen ausgerichtete Ökonomie, deren *Terms of Trade* aber starken Schwankungen unterworfen sind. Gleichzeitig hat die Bedeutung der kriminellen Drogenökonomien vor allem in

---

[11] Für andere Formen der sozialen Integration – insbesondere für eine fundierte und massenwirksame Sozialpolitik – fehlen den Staaten weitgehend die finanziellen Ressourcen. Die Steuerquoten liegen zwischen 10% (Kolumbien) und knapp 15% in Bolivien (HDR 2000: 244). Zur Frage inwieweit das Steuersystem Aufschluss über das Verhältnis einer Gesellschaft zu ihrem Staat gibt s. Boeckh/Rubiolo (1999).

[12] Den besten Wert hatte 2001 Finnland mit 9,9; den schlechtesten Bangladesh mit 0,4; Deutschland 7,4 (vgl. www.transparency.org).

Peru, Bolivien und Kolumbien zugenommen.[13] Während die Bedeutung des Agrarsektors – und in Bolivien, Peru und Venezuela sogar die der Industrie – abnahm, stieg die des Dienstleistungssektors und dort insbesondere der Anteil des informellen Sektors. Der informelle Sektor bietet mittlerweile der Bevölkerungsmehrheit die einzige Möglichkeit, das Überleben zumindest rudimentär zu sichern. Hoffnungen darauf, dass hier eine dynamische Entwicklung von Kleinstunternehmern ihren Ausgang nimmt, wie sie 1989 Hernando de Soto am Beispiel Perus formulierte, haben sich nirgendwo erfüllt.[14] Darüber hinaus hat auch die legale und illegale Migration in die USA und nach Europa stark zugenommen, was sich nicht nur an den zunehmenden Zahlen der legalen und illegalen Migranten, sondern auch an steigenden Geldüberweisungen – sog. *remesas* – zeigt, die zum wichtigen Faktor der Deviseneinnahmen werden (vgl. Tabelle 3).[15] Nach Angaben von Portes/Hoffman (2003: 74) übersteigen die Überweisungen der *remesas* in Lateinamerika mittlerweile die Summe der ausländischen Hilfe und entsprechen einem Drittel der ausländischen Investitionen.

Tabelle 2: Exportstruktur der Andenländer in der formalen Ökonomie

	Basisjahr	Hauptexportprodukte	Anteil am Gesamtexport in %
Bolivien	1998	Zink	14
		Gold	14
		Sojabohnen	14
Ekuador	1999	Erdöl	33
		Bananen	21
Kolumbien	1999	Erdöl	31
		Kaffee	11
Peru	2001	Gold	25
		Kupfer	21
		Fischmehl	18
Venezuela	1997	Erdöl	77

Quelle: IWF-Statistiken (www.imf.org).

Der Wandel der vergangenen zehn Jahre hat in den Andenländern zumindest bisher keine Basis für ein tragfähiges neues Entwicklungsmodell geschaffen. Im Wesentlichen erfolgte eine Verlagerung in die informelle und kriminelle Ökonomie bzw. in die Migration. Dies hat nicht nur zu einer weiteren Verschärfung der ohnehin großen Einkommens- und Reichtumsunterschiede in der gesamten

---

[13] Vgl. dazu den Beitrag von Francisco E. Thoumi (S. 35-66) in diesem Band.
[14] Vgl. de Soto 1989. Zum informellen Sektor vgl. Portes/Haller 2002.
[15] Zur Bedeutung und symbiotischen Verbindung von formaler, informeller und krimineller Ökonomie im Rahmen der Schattenglobalisierung vgl. Lock 2003.

Region und zu einer Verschärfung der sozialen Ausgrenzung geführt[16], sondern hat auch negative Folgen für die Demokratisierung der Region.

Tabelle 3: Einkünfte aus den *remesas* 2002

	Höhe in Mio. US$	als % der Exporteinnahmen
Bolivien	93	6,7
Ekuador	1.432	20,0
Kolumbien	2.272	2,4
Peru	1.100	10,6
Venezuela	220	k.A.

Quelle: Orozco 2003.

Tabelle 4: Beschäftigte nach Sektoren

	Agrarsektor		Industrie		Dienstleistungen	
	1980	1990	1980	1990	1980	1990
Bolivien	52,8	46,8	17,6	17,5	29,6	35,6
Ekuador	39,8	33,3	20,3	19,1	40,0	47,6
Kolumbien	40,5	26,6	21,4	22,9	38,1	50,4
Peru	40,3	35,6	18,3	17,8	41,4	46,6
Venezuela	14,6	12,0	27,8	27,3	57,6	60,7

Quelle: CEPAL 2002.

Demokratie und Strukturanpassung – die Quadratur des Kreises

Die Krise des Entwicklungsmodells wirkt sich vor allem in drei Bereichen direkt und indirekt auf die Politik und damit auf die demokratischen Regierungssysteme aus: Erstens untergräbt sie die Entstehung einer sozialen Basis des demokratischen Prozesses. Zweitens schränkt die durch die Strukturanpassung erzwungene Reduzierung des Staatsapparates dessen ohnehin nur rudimentär vorhandene Integrationskapazität ein. Drittens unterminiert die Ausbreitung krimineller Netzwerke durch Gewalt und Korruption Rechtsstaatlichkeit und zivilen Konfliktaustrag.

Das Fehlen der sozialen Basis

Die Fragmentierung der Bevölkerung und die Informalisierung der Ökonomie erschweren die politische Organisation entlang horizontaler Linien, d.h. entlang

---

[16] Vgl. dazu Mechthild Minkner-Bünjer in diesem Band (S. 67-118), und zwar vor allem Kapitel 7 (S. 93ff.) und die dort aufgeführten Daten. Zur Diskussion eines neuen Entwicklungsmodells für Lateinamerika siehe: Altenburg/Haldenwang (2002), Ranis/Stewart (2002), Stallings/Weller (2001).

sozialer Interessen. Dies macht sich im weiteren Bedeutungsverlust von Organisationen bemerkbar, die – sowohl zu anderen historischen Zeitpunkten als auch in anderen regionalen Kontexten – für die soziale Integration von zentraler Bedeutung waren: Gewerkschaften und programmorientierte Parteien.

Die Krise der Parteiensysteme ist in der gesamten Region offensichtlich. Dies drückt sich nicht nur in den Wahlergebnissen durch die Wahl von Outsidern aus, sondern auch in der Zersplitterung traditioneller Parteien. Die Wahl von Alberto Fujimori in Peru, Hugo Chávez in Venezuela und Lucio Gutiérrez in Ekuador sind hierfür ebenso Beispiele wie Álvaro Uribe in Kolumbien. Teilweise geht diese Entwicklung einher mit alten und neuen Formen des Populismus.[17] In ihren Reden und Ansprachen erklären die Populisten die *politiquería* (etwa: das dreckige Geschäft der Politik) zum Hauptproblem und versprechen, die wirklich oder vermeintlich korrupten amtierenden Regierungen zu stürzen. Dies erfreut sich großer Popularität, bleibt aber auf die Fundamentalkritik der herrschenden Praktiken beschränkt, ohne dass alternative Konzepte und Vorschläge eingebracht werden. Werz verweist auf zwei interessante Gemeinsamkeiten von Neoliberalismus und Neopopulismus hin, die er in der „Gegnerschaft zum bestehenden politischen System" und in der „Stärkung der Präsidialmacht" sowie der „Schaffung neuer Agenturen" sieht (2003: 54). Während klassische Populismen aber auf die Interventionsfähigkeit des Staates zur Verbesserung der sozialen Lage ihrer Anhänger setzen konnten, ist dies für die neuen Populisten aufgrund der Strukturanpassung nicht mehr möglich.

Das Charisma des Führers ist damit der zentrale Mechanismus zur Legitimation, während Interessen, die über die gemeinsame Erfahrung von Marginalisierung und Verelendung nur wenig hinausgehen, kaum eine Rolle spielen. Vor diesem Hintergrund ersetzen Massenmobilisierungen in zunehmendem Maß die klassischen Mechanismen politischer Teilhabe und Organisation. Die Parteien und Politiker der Vergangenheit sind weitgehend diskreditiert; von Wahl zu Wahl entstehen neue Bündnisse, die hinterher – vor allem wenn sie erfolglos waren – genauso schnell wieder zerfallen. Dies ist für die Demokratisierung eine sehr kritische Entwicklung, da demokratische Regierungssysteme für ihre Funktionsfähigkeit auf die Existenz zumindest einigermaßen stabiler Organisationen der Interessenvermittlung angewiesen sind.

Noch gravierender ist der Bedeutungsverlust der Gewerkschaften, die eigentlich die „klassischen" Organisationen horizontaler Solidaritäten darstellen. Strukturanpassung und Bedeutungsrückgang der formalen Ökonomie haben die Gewerkschaften zusätzlich geschwächt.[18] Dies gilt vor allem, aber nicht nur für Gewerkschaften des Staatssektors und von Staatsunternehmen. Ein Beispiel sind die Proteste und Hungerstreiks der bolivianischen Minenarbeiter gegen die neoliberale Politik der Regierung Paz Estenssoro in den 80er Jahren. Der Druck in-

---

[17] Vgl. hierzu Peetz (2001), Puhle (2003), Werz (2003).
[18] Vgl. hierzu Eckstein (2001: 368ff), sowie Portes/Hoffman (2003).

ternationaler Finanzorganisationen war auch dort allerdings weit effektiver als die interne Mobilisierungsfähigkeit der Minenarbeiter. Nach Schließung der Minen suchten viele von ihnen ihr Einkommen im illegalen Drogenanbau. Nur selten und in strategisch zentralen Sektoren verfügen die Gewerkschaften über einen Rest an Konfliktfähigkeit. Ein Beispiel hierfür ist Venezuela, wo die Gewerkschaft des Erdölsektors 2002/2003 eine zentrale Rolle beim Generalstreik gegen die Regierung Chávez spielte.

Insgesamt zeigt– trotz Demokratisierung und der damit verbundenen Versammlungs- und Assoziationsfreiheit – auch im sozialen Bereich der Trend weg von der formalen Organisation hin zu spontanen Aktionsformen und Massenmobilisierungen, die sich an punktuellen Anliegen oder Problemen orientieren. Die Besetzungen der Hauptverkehrswege durch Kokabauern in Bolivien oder die Proteste gegen die Besprühungen der Kokafelder im Süden Kolumbiens sind hierfür nur zwei Beispiele.[19]

Die Reduzierung der Integrationsfähigkeit des Staates

Die integrativen Möglichkeiten des Staates werden nicht nur durch Strukturanpassungsprogramme und Außenverschuldung verringert, sondern auch durch den Preisverfall der Agrar- und Rohstoffprodukte sowie die Informalisierung, die die Steuereinnahmen des Staates gering halten oder sogar sinken lassen. Schneider (2002: 11) schätzt den Anteil der informellen Ökonomie, zu der er auch kriminelle Aktivitäten zählt, am BIP der Andenländer im Jahr 1999/2000 auf 33,6 (Venezuela) bis 67,1 (Bolivien) Prozent.[20] Aus diesem Teil des BIP erhält der Staat keine Steuern. Da sich die traditionellen Wirtschaftseliten erfolgreich gegen eine Erhöhung der Einkommens- und Vermögenssteuern wehren, bleibt nur die Erhöhung der Mehrwertsteuer sowie der Tarife für öffentliche Dienstleistungen. Beides birgt zum einen sozialen und politischen Sprengstoff, weil es die ärmsten Bevölkerungsschichten am härtesten trifft, zum anderen kann auf dieser Basis kein neues Entwicklungsmodell entstehen.

Der Stellenabbau im Staatssektor[21] führt zur weitgehenden Abschaffung traditioneller Formen klientelistischer Integration. Wenn die Politiker nicht einmal mehr in der Lage sind ihren eigenen Anhängern Arbeitsplätze zu beschaffen, warum sollte man sie dann wählen? Die hohe Wahlenthaltung hat hier sicher einen ihrer Gründe.

Der schwache Staat kann so kaum einen Beitrag zur Legitimation des demokratischen Regierungssystems durch Leistung leisten, was zur weiteren Schwächung und Entwertung der Demokratie führt. Das Beispiel Venezuela macht dies nur allzu deutlich. Zwar galt das Land bis 1989 als „Musterdemokratie" Lateinameri-

---

[19] Zu den Möglichkeiten, dass sich dieser Protest doch in parteipolitischen Projekten kanalisiert vgl. den Artikel von Andreas Steinhauf zu den neuen Akteuren in diesem Band.
[20] Für Kolumbien gibt er 39,1%, für Ekuador 34,4% und für Peru 59,9% an.
[21] Vgl. Mechthild Minkner-Bünjer in diesem Band (S. 67-118; vor allem Kapitel 6.3).

kas, allerdings war schon weit vorher deutlich, dass eines der zentralen Fundamente des Systems das „Wegsubventionieren" von Konflikten dank des Erdölreichtums war. Der mangelnde Wille oder die mangelnde Fähigkeit aller demokratisch gewählten Regierungen, den Erdölreichtum auch nur im Ansatz als Grundlage für ein über die reine Ressourcenextraktion hinausgehendes Entwicklungsmodell zu benutzen, hat wesentlich zur Krise der 90er Jahre beigetragen. So ist es auch nicht verwunderlich, dass der aktuelle Konflikt in Venezuela – auch wenn es formal um die demokratischen Spielregeln oder Verfahren geht – sich eigentlich um die Frage dreht, wer die zentralen Einkünfte des Staates aus dem Erdölsektor kontrolliert und was mit diesen geschehen soll. Nachdem im Jahr 2000 die zentralen politischen Institutionen des Landes in Neuwahlen bestimmt worden waren, wobei die Anhänger des Präsidenten stets umfangreiche Mehrheiten bekamen, versuchte Präsident Chávez im Jahr 2001 auch die Kontrolle über die Einnahmen aus dem Erdölexport (48% der Einnahmen des venezolanischen Staates) zu erlangen. Dies schlug fehl und damit begann der Konflikt zwischen der Regierung Chávez einerseits, und der Erdölgesellschaft andererseits. Hierbei erlitt er seine ersten politischen Niederlagen, weil weder im Unternehmerverband PDVSA noch in der Gewerkschaft seine Gefolgsleute in die Führung gewählt wurden. Der Stil der folgenden Auseinandersetzungen entsprach den oben bereits genannten „neuen" populistischen Mechanismen: Beide Seiten mobilisierten ihre Anhänger und gingen auf die Straße, die einen für, die anderen gegen die Regierung Chávez. Ein Höhepunkt der Auseinandersetzung war dann der gescheiterte Putschversuch vom 11. April 2002.[22] Hierbei zeigte sich dann aber, dass sich die formale Demokratisierung Lateinamerikas zumindest auf die Regierungsform auswirkt: Außer den USA verurteilten die anderen amerikanischen Regierungen den Putsch als verfassungswidrige Machtübernahme, auch wenn die Reaktionen der OAS eher lau blieben.

Die Unterminierung von Rechtsstaatlichkeit und zivilem Konfliktaustrag durch Gewalt und kriminelle Netzwerke

Der dritte Faktor ist der wachsende Einfluss krimineller Netzwerke, der die ohnehin fragilen Institutionen und Mechanismen von Demokratie und Rechtsstaat untergräbt. Korruption und das Recht des Stärkeren treten an die Stelle transparenter Verfahren. Der Skandal um die Wahlkampffinanzierung von Ernesto Samper (Präsident von 1994 bis 1998) durch das Drogenkartell von Cali stürzte Kolumbien in eine der schwersten politischen Krisen der vergangenen Jahrzehnte. Die damit einhergehende Polarisierung der Gesellschaft und die Delegitimierung des Staates trugen maßgeblich zur Eskalation der Gewalt bei. Das Beispiel Peru macht dagegen deutlich, wie die Verbindung von Regierung, mafiösen Strukturen, Korruption und illegalen Waffengeschäften zur Etablierung immer

---

[22] Die genauen Hintergründe des Putschversuches vom 11. April 2002 sind bisher nicht gänzlich aufgeklärt, vgl. hierzu Welsch/Werz (2002).

autoritärerer Strukturen und zur Begrenzung grundlegender bürgerlicher Freiheiten etwa im Bereich der Presse führt. Auch als Fujimori stürzte und die formalen demokratischen Strukturen wiederhergestellt wurden, so ist Peru heute doch von einigermaßen stabilen Verhältnissen weit entfernt.

Im Zusammenhang mit der Ausbreitung von Drogenproduktion und -handel ist in der gesamten Region auch die organisierte und unorganisierte Kriminalität und Gewalt angestiegen. Dies wird unter anderem an der steigenden Zahl der Morde pro 100.000 Einwohner sichtbar (vgl. Tabelle 5). Auch wenn die Datenerhebung bei diesem Thema schwierig ist und nicht für alle Andenländer Daten auf nationaler Ebene vorliegen, so gibt es doch kaum Zweifel am steigenden Trend.[23]

Tabelle 5: Morde pro 100.000 Einwohner

	1980	1990	1994	2000
Bolivien	k.A.	25,8	23,31	k.A.
Ekuador	6,4	10,3	18,47	k.A.
Kolumbien	20,5	89,5	78,59	62,74
Peru	2,4	11,4	k.A.	k.A.
Venezuela	11,7	15,2	k.A.	33,15

Quellen: 1980 und 1990: Ayres (1998); 1994: Schmid (1998); 2000: WHO 2002.
Zum Vergleich: Costa Rica 1999: 6,57, Deutschland 2000: 1,17.

Zu diesen offiziellen Zahlen kommt noch eine hohe Dunkelziffer, die sich in Umfragen zu den Erfahrungen mit Gewalt und Kriminalität im persönlichen Umfeld manifestieren. Neben der quantitativen Zunahme konstatieren Rico/Chinchilla (2002), dass junge Männer an der Kriminalität überproportional beteiligt sind, und zwar sowohl als Täter als auch als Opfer. In Kolumbien ist die *plomonía*, d.h. der Tod durch Erschießen seit Jahren die häufigste Todesursache bei Männern im Alter zwischen 15 und 44 Jahren. Diese Feststellung wird auch im Zuge der Diskussion um die „Ökonomie der Kriege"[24] immer wiederholt. Ein Blick in die nach Alter differenzierte Arbeitslosigkeitsstatistik gibt einige Hinweise auf die soziale Perspektivlosigkeit dieser Bevölkerungsgruppe. In Kolumbien betrug die Arbeitslosigkeit bei Jugendlichen in den sieben größten Städten des Landes im Jahr 2001 33%, in Venezuela waren es 23%, in Peru und Ekuador knapp 15%, für Bolivien liegen keine Daten vor (ILO 2002: 108).

Auch die Verbindung zwischen gewöhnlicher und organisierter Kriminalität ist in den vergangenen Jahren immer größer geworden, die Gewalt hat sich außerdem regionalisiert. All diese Phänomene beschränken sich nicht auf die Andenländer, lassen sich dort aber exemplarisch beobachten. Die Regierungen stehen dieser Entwicklung entweder weitgehend hilflos gegenüber, reagieren allein repressiv mit zunehmendem Einsatz des Militärs oder sind selbst Teil der die Ge-

---

[23] Zu den Daten und den Erhebungs- und Interpretationsproblemen vgl. Schmid (1998).
[24] Vgl. Collier et al. (2003).

walt fördernden korrupten und kriminellen Netzwerke. Dies unterhöhlt den rechtsstaatlichen und demokratischen Anspruch der politischen Systeme weiter.[25] Vor dem Hintergrund dieser allgemeinen Gewalt hat auch die politische Gewalt zugenommen. Kolumbien ist hierfür sicher das dramatischste Beispiel[26], aber auch in anderen Andenländern wird der Protest in wachsendem Maß gewaltsam. In Peru wird seit 2001 wieder von Aktivitäten versprengter Einheiten von *Sendero Luminoso* berichtet. Der Putschversuch 2002 in Venezuela geschah, nachdem die Streitkräfte auf Demonstranten schossen. Und auch in Bolivien wurde die friedliche Fassade brüchig, als es Mitte Februar 2003 zu einem Gewaltausbruch mit 31 Toten und mehreren Hundert Verletzten kam (Goedeking 2003).

Die Einbeziehung der drei hier aufgeführten strukturelle Variablen in die Analyse ermöglicht es, die politischen Symptome der Krise nicht mehr nur als chaotische Entwicklungen, sondern als logische Folge einer Veränderung der „politischen Ökonomie" zu erklären.

Die politische Dimension der Krise – oder die Veränderung der politischen Ökonomie der Macht

Das strukturelle Problem der Andenländer besteht also letztlich darin, dass die formale Demokratisierung eine nur ungenügende, eventuell gar schwindende soziale Basis hat. Das bedeutet, dass es nur kleine Gruppen gibt, die mit der Aufrechterhaltung und/oder gar Vertiefung der Demokratie eine positive Zukunftsperspektive verbinden. Andere sind entweder an der Aufrechterhaltung des Status quo interessiert, oder bevorzugen radikale Änderungen und Brüche. Bei der Analyse dieser Gruppen ist es hilfreich, auf der systematischen Ebene Bezüge zur sozioökonomischen Entwicklung herzustellen, in dem nach Gewinnern und Verlierern der Krise des Entwicklungsmodells sowie nach deren Interessen an einer Konsolidierung der Demokratie gefragt wird.

Das größte Interesse an demokratischen und rechtsstaatlichen Verhältnissen haben zweifelsohne all diejenigen, die in der formalen und legalen Ökonomie arbeiten. Dort sind die Arbeitsbeziehungen mehr oder minder rechtlich geregelt und abgesichert, Konflikte werden – zumindest theoretisch – durch den Rechtsstaat reguliert. Aus diesem Sektor der Ökonomie stammen die wesentlichen Steuereinnahmen des Staates, sei es in Form von Zöllen, Exportabgaben, Einkommens- oder Vermögenssteuern. Diese Gruppe gehört angesichts des Bedeutungsverlustes der formalen Wirtschaft allerdings eindeutig zu den Verlierern der Krise.

Das geringste Interesse an demokratischen Verhältnissen haben diejenigen, die in der kriminellen Ökonomie tätig sind, sei es im Drogenanbau und -handel

---

[25] Waldmann (2002) hat vor dem Hintergrund dieser Entwicklung den Begriff vom „anomischen Staat" geprägt, der selbst zur Unsicherheit und Regellosigkeit beiträgt.
[26] Vgl. hierzu den Länderartikel in diesem Band.

oder in anderen illegalen Aktivitäten. Sie sind nicht nur auf einen schwachen Staat, sondern auch auf intransparente und vermachtete Beziehungen angewiesen, weil sie nur so über Korruption und Gewalt ihre Stellung aufrechterhalten oder ausbauen können.

Bleibt schließlich die Frage nach der größten und weiter anwachsenden Gruppe, nämlich denjenigen, die im informellen Bereich leben und arbeiten. Hier lassen sich die Interessenlagen weniger klar bestimmen, weil sie ambivalent sind und von der wirtschaftlichen Dynamik und den damit verbundenen Zukunftsperspektiven abhängen. Könnten sie sich frei entscheiden, hätten die meisten dieser Menschen sicher eindeutige Prioritäten für eine Formalisierung ihres Arbeitslebens. Hier fallen die wiederkehrenden Versprechungen aller Politiker in den Andenländern nach mehr Arbeitsplätzen, mehr Ausbildung, mehr sozialer Basisinfrastruktur auf fruchtbaren Boden. Hier haben der neue und alte Populismus einen wichtigen Nährboden. Angesichts der Fragmentierung und der Probleme, die Menschen im informellen Sektor zu organisieren und sie dadurch zu einem politischen Faktor zu machen, ist es extrem schwierig, stabile Reformallianzen aufzubauen. Der fehlende finanzielle Handlungsspielraum des Staates und der Druck der internationalen Finanzinstitutionen machen eine integrative Politik des Staates selbst für solche Regierungen unmöglich, die ihre Wahlversprechen umsetzen wollen. Neben den Strukturanpassungsprogrammen von Weltbank und IWF spielt hier die immer noch beachtliche Außenverschuldung der Länder eine große Rolle (vgl. dazu die Daten bei Minkner-Bünjer in diesem Band (S. 67-118).

Externe Akteure und die Krise der Demokratie

Obwohl die Demokratie also nur eine sehr schmale soziale Basis hat, so ist sie doch in den vergangenen Jahren zur einzigen akzeptierten Regierungsform in den Amerikas geworden. Dies hat dazu geführt, dass vor allem im Rahmen der OAS, aber auch von Seiten anderer Akteure wie den USA oder der EU in den vergangenen Jahren Versuche unternommen wurden, die Demokratie zu stützen oder zu stärken.[27] Gegenüber den Andenländern hatten die externen Akteure hier ein breites Betätigungsfeld, vor allem in Peru und Venezuela. Die OAS hat sich gegenüber den Andenländern allerdings nur in einer sehr „weichen" Form für die Demokratie eingesetzt: So führte der *autogolpe* Fujimoris in Peru 1992 lediglich zur Entsendung einer Mission zur weiteren Beobachtung der Lage. Bedeutsamer, aber ebenfalls ohne grundlegenden Einfluss, waren die Aktivitäten der OAS in Peru 2001 bei der dritten Wiederwahl Fujimoris und aktuell als Vermittler zwischen Regierung und Opposition in Venezuela.

Auch die Mitgliedsländer der Andengemeinschaft selbst haben im Juni 2000 im Zusatzprotokoll zum Abkommen von Cartagena unter dem Titel die „Ver-

---

[27] Zur Debatte um die Demokratie in der OAS vgl. Cooper/Legler (2001) und Kurtenbach (2002).

pflichtung der Andengemeinschaft zur Demokratie" ihre demokratischen Prinzipien bekräftigt.[28] Für den Fall des Bruchs mit dem demokratischen System in einem Mitgliedsland sind Konsultationen der anderen Andenländer vorgesehen, die in einem Außenministertreffen gipfeln. Artikel 4 sieht dann – je nach Schwere des Verstoßes – ein breites Spektrum an Sanktionen vor (vom Ausschluss aus dem Integrationsprojekt bis hin zur Suspendierung einzelner Rechte). In der Praxis sieht sich die Andengemeinschaft dann aber mit ähnlichen Problemen konfrontiert wie die OAS. Da alle Mitgliedsstaaten die gleichen Probleme mit politischer Instabilität und fragilen demokratischen Strukturen haben, sind sie nicht gerade prädestiniert dafür, dies bei jeweils anderen anzuprangern. Das Verhalten im Einzelfall ist mithin Ausdruck des herrschenden Minimalkonsenses, der sich auf die Durchführung von Wahlen und die Einhaltung verfassungsmäßiger Verfahren beschränkt.

Das Verhalten der verschiedenen regionalen und internationalen Akteure während des Putschversuches in Venezuela im April 2002 zeigt diese Problemlage deutlich: Während die US-Regierung den Sturz von Chávez nicht nur begrüßte, sondern anscheinend im Vorfeld zumindest förderte, zogen sich die lateinamerikanischen Länder der Rio-Gruppe auf die Position zurück, die Absetzung von Chávez verstoße gegen die im September 2001 verabschiedete Amerikanische Demokratie-Charta. Letztlich galt aber in Venezuela, wie anderswo auch, dass die internen Kräfteverhältnisse den Ausgang der Krise bestimmten. Vor dem Hintergrund der lateinamerikanischen Geschichte und der zahlreichen Interventionen insbesondere der USA gegen basisgetragene demokratische Entwicklungen, muss man sich fragen, inwieweit der Rekurs auf das rein Formale bei der Demokratisierung nicht auch den ökonomischen und außenpolitischen Interessen externer Akteure dient.

Selbst wenn man unterstellt, dass die externen Akteure eine qualitative Demokratisierung fördern wollen, werden sie jenseits akuten Krisenmanagements kaum etwas dazu beitragen solange sie sich auf eine rein formale Definition von Demokratie beschränken und deren soziale Absicherung nicht in ihre Politikformulierung einbeziehen. Die Widersprüche zwischen den wirtschaftlichen Forderungen der Finanzorganisationen und den politischen Forderungen der regionalen und internationalen Diplomatie wurden zumindest bisher stets zugunsten des wirtschaftlichen Drucks gelöst. Während die Banken durch die Verweigerung von Krediten massiv Druck ausüben können, bleibt den Diplomaten nur der moralische Appell. Auch die Demokratieklausel, die die EU in ihre neueren Freihandelsabkommen einbaut, vertraut nur auf wirtschaftlichen, nicht auf politischen Druck. Solange es hier im internationalen System keine Kohärenz in der Politikformulierung gibt, werden die verschiedenen Logiken weiter aufeinan-

---

[28] Das Protokoll muss aber noch von den Parlamenten der Mitgliedsstaaten ratifiziert werden. Vgl. den Wortlaut auf der Homepage der Andengemeinschaft unter: www.comunidadandina.org/normativa/tratprot/democracia.htm.

derprallen, und wird weiter vom guten Willen einerseits, dem Scheitern in der Praxis andererseits die Rede sein.

Demokratie als Fassade?

Die aktuelle Krise zeigt nicht nur in den Andenländern, dort allerdings in systembedrohendem Ausmaß, die Grenzen der formalen Demokratisierung auf, in deren Rahmen es nicht gelungen ist, eine soziale Basis für die Tragfähigkeit und Nachhaltigkeit der Demokratie zu schaffen. Forderungen nach mehr Sozialpolitik oder mehr Wachstum werden angesichts der sich weiter öffnenden Einkommensschere zwar von den unterschiedlichsten Seiten und mit wachsender Dringlichkeit laut, zielen aber nur auf die ökonomische Seite des Problems. Entscheidend ist, dass die Verbesserung der materiellen Lebensbedingungen der marginalisierten Bevölkerung auf demokratischem Weg erfolgt. Nur wenn dies gelingt, können demokratische Institutionen und Mechanismen mit Substanz gefüllt werden und ein qualitativer Schritt zur Festigung der Demokratie erfolgen.

Auch wenn die soziale Basis für demokratische Entwicklungen schmal ist, darf dies nicht zu der Schlussfolgerung führen, dass die Probleme in den Andenländern nur mit einer „harten Hand" oder dem Rückfall in autoritäre Regime bewältigt werden können. Im Gegenteil: Nicht-demokratische Regierungen verschärfen die bestehenden Probleme. Sowohl Peru unter Fujimori als auch die Entwicklungen in Venezuela zeigen dies anschaulich. Stephen Kosack (2003) hat dagegen jüngst in einer Studie festgestellt, dass sich Entwicklungshilfe umso positiver auf die Lebensqualität der Menschen auswirkte, je demokratischer die Empfängerländer sind.

Für die soziale und demokratische Verankerung eines neuen Entwicklungsmodells sind vier Punkte entscheidend:

1. Partizipation: Die Menschen müssen an der Entscheidung über ein neues Entwicklungsmodell beteiligt werden, d.h. es darf nicht von externen Akteuren wie der Weltbank oder dem IWF verordnet werden.

2. Transparenz: Politik und Handeln öffentlicher Institutionen müssen nachvollziehbar und kontrollierbar sein.

3. Rechenschaftspflicht: Die Einhaltung von Regeln und Verfahren muss justiziabel sein, d.h. der Rechtsstaat und die Unabhängigkeit der Justiz müssen gestärkt werden.

4. Wohlfahrtsorientierung: Staatliches Handeln muss unter dem Primat der Wohlfahrtsorientierung stehen, weil nur so der größtmögliche Teil der Bevölkerung integriert werden kann, statt wie beim wachstumsorientierten Modell ausgegrenzt zu werden.

Die Entwicklung in Brasilien in den nächsten Jahren wird zeigen, ob ein Politikwechsel zugunsten der marginalisierten Bevölkerungsmehrheiten ohne radikalen Bruch und innerhalb formaldemokratischer Systeme möglich ist. Der sich in den Andenländern abzeichnende Wandel vom Agrarexportmodell zur auf den Einnahmen aus Erdöl und *remesas* basierenden Rentenökonomie, stimmt dagegen eher skeptisch. Rentenökonomien haben es nicht nötig, in die Ausbildung und Entwicklung von Menschen zu investieren. Die Mehrheit der Bevölkerung spielt lediglich als möglicher „Störfaktor" eine Rolle. Insofern ist ein solches Modell nicht Teil der Lösung, sondern Teil des Problems.

Dennoch gibt es auch in den Andenländern trotz der Krise durchaus positive Beispiele, die allerdings nicht auf der nationalen, sondern auf der lokalen Ebene liegen. In einigen Städten der Region – beispielsweise in Bogotá und Guayaquil – hat sich die Lebensqualität der Bürger offensichtlich deutlich verbessert. Bürgernahe Entwicklungen auf der kommunalen Ebene sind eine zentrale Grundlage für die Legitimierung der Demokratie, weil die Menschen dort die konkreten Probleme erleben und gelöst haben wollen, sei es im Bereich der Grundbedürfnisse – Bildung, Wohnraum, Basisinfrastruktur – sei es beim Umgang mit politischer Macht und deren Kontrolle. Vielleicht liegt der mögliche Ansatzpunkt in einer Verbreiterung und Vertiefung dieser Prozesse, wozu allerdings die Mehrheit der im informellen Sektor lebenden Menschen einbezogen werden muss. Letztlich geht es darum, diejenigen Gruppen und Akteure zu stärken, die durch demokratische und rechtsstaatliche Verhältnisse etwas zu gewinnen haben.

Literaturverzeichnis

Altenburg, Tilman/Christian von Haldenwang (2002): *Wirtschaftliche Entwicklung auf breiter gesellschaftlicher Basis – eine Reformagenda für Lateinamerika*, Arbeitspapier, Deutsches Institut für Entwicklungspolitik, Bonn.

Arnson, Cynthia (Hrsg.) (2001): *The Crisis of Democratic Governance in the Andes*, Woodrow Wilson Center Reports on the Americas N° 2, Washington, D.C.

Ayres, Robert L. (1998): *Crime and violence as development issues in Latin America and the Caribbean*, World Bank Latin American and Caribbean Studies, Washington, D.C.

Bendel, Petra/Aurel Croissant/Friedbert W. Rüb (Hrsg.) (2002): *Zwischen Demokratie und Diktatur. Zur Konzeption und Empirie demokratischer Grauzonen*, Opladen.

Boeckh, Andreas/Mónica Rubiolo (1999): „Finanzkrisen, Steuerblockaden und Finanzreformen in Lateinamerika", in: *Peripherie 19*, Nr. 73/74, S. 53-76.

CEPAL (2002): *Anuario Estadístico de América Latina y el Caribe*, (www.eclac.cl/deype/anuario/2002/esp.htm).

Collier, Paul et al. (2003): *Breaking the Conflict Trap. Civil war and Development Policy*, Washington, D.C.

Comisión Andina de Juristas (1998): *Deletreando Democracia*, Lima.

Conaghan, Catherine (1994): *Democracy that Matters: the Search for Authenticy, Legitimacy, and Civic Competence in the Andes*, Kellogg Institute, Project Latin America 200 Series, Working Paper N° 1, University of Notre Dame.

Cooper, Andrew F./Thomas Legler (2001): „The OAS Democratic Solidarity Paradigm: Questions of Collective and National Leadership", in: *Latin American Politics and Society*, Vol. 43, Nr. 1, Spring.

de Soto, Hernando (1989): *The other Path. The invisible Revolution in the Third World*, New York.

Eckstein, Susan (2001): „Epilogue. Where Have All the Movements Gone? Latin American Social Movements at the New Millenium", in: dies. (Hrsg.): *Power and Popular Protest: Latin American Social Movements*, aktualisierte und erweiterte Ausgabe 2001, Berkeley u.a., S. 351-406.

Faust, Jörg (2002): „Marktkonstruktion und politische Transformation. Politökonomische Ursachen defizitärer Demokratien", in: Bendel, Petra et al. (2002): *Zwischen Demokratie und Diktatur. Zur Konzeption und Empirie demokratischer Grauzonen*, Opladen, S. 139-160.

Freres, Christian/Karina Pacheco (2002): *Nuevos horizontes andinos. Escenarios regionales y políticas de la Unión Europea*, Caracas.

García-Sayán, Diego (1998): *Vidas Paralelas. Región Andina: desafios y respuestas*, Lima.

Goedeking, Ulrich (2003): „Bolivien: Ein Gewaltausbruch und seine Folgen", in: *Brennpunkt Lateinamerika* Nr. 5, S. 41-47.

HDR (Human Development Report) (2000): *Deepening Democracy in a Fragmented World*. New York.

ILO (2002): *Panorama laboral de América Latina y el Caribe 2002*. Lima.

Journal of Democracy (2002): „High Anxiety in the Andes", Vol. 12, Nr. 2, S. 5-73.

Kosack, Stephen (2003): „Effective Aid: How Democracy Allows Development Aid to Improve the Quality of Life", in: *World Development*, Vol. 31, Nr. 1, S. 1-22.

Kurtenbach, Sabine (1992): „Militär und politische Krise in Lateinamerika: alte Probleme, neue Aufgaben", in: *Lateinamerika. Analysen-Daten-Dokumentation*, Nr. 21, S. 5-16.

--- (2002): „Die OAS – vom Instrument der US-Politik zur demokratischen Sicherheitsgemeinschaft?", in: Mir A. Ferdowsi (Hrsg): *Sicherheit und Frieden an der Schwelle zum 21. Jahrhundert. Konzeptionen – Akteure – Regionen*, München, S. 323-338.

Institut für Iberoamerika-Kunde (IIK) (1998): „Andenländer. Demokratie am Scheideweg?", Redaktion: Mechthild Minkner-Bünjer und Sabine Kurtenbach, *Lateinamerika. Analysen-Daten-Dokumentation*, Nr. 37.

--- (1995): „Fujimoris Peru – Eine 'Demokratie neuen Typs'", Redaktion: Rainer Huhle, *Lateinamerika. Analysen-Daten-Dokumentation*, Nr. 29.

--- (1992): „Strukturanpassung und Demokratie – die Quadratur des Kreises? Das Beispiel Venezuela", Redaktion: Sabine Kurtenbach, *Lateinamerika. Analysen-Daten-Dokumentation*, Nr. 1.

Lock, Peter (2003): „Kriegsökonomien und Schattenglobalisierung", in: Werner Ruf (Hrsg.): *Politische Ökonomie der Gewalt* (im Druck).

Merkel, Wolfgang (1999): „Defekte Demokratien", in: Merkel, Wolfgang/Andreas Busch (Hrsg.): *Demokratie in Ost und West*, Frankfurt/M., S. 361-381.

Merkel, Wolfgang/Hans-Jürgen Puhle (1999): *Von der Diktatur zur Demokratie. Transformationen, Erfolgsbedingungen, Entwicklungspfade*, Opladen/Wiesbaden.

Moore, Barrington (1987): *Soziale Ursprünge von Diktatur und Demokratie*, Frankfurt/M. (engl. Orig. 1966).

Orozco, Manuel (2003): *Remittances to Latin America and its Effects on Development. Powerpoint presentation* (www.usaid.gov/regions/lac/rural/conference_documents/ Orozco.remittances.pdf).

Paige, Jeffrey M. (1998): *Coffee and power: revolution and the rise of democracy in Central America*, Cambridge, MA.

Peetz, Peter (2001): *Neopopulismus in Lateinamerika Die Politik von Alberto Fujimori (Peru) und Hugo Chávez (Venezuela) im Vergleich*, Hamburg.

Portes, Alejandro/William Haller (2002): *The Informal Economy. The Center for Migration and Development*, Princeton University, Working Paper 03-05, December 2002, Princeton.

Portes, Alejandro/Kelly Hoffman (2003): „Latin American Class Structures: Their Composition and Change during the Neoliberal Era", in: *Latin American Research Review*, Vol. 38, No. 1, Februar, S. 41-82.

Puhle, Hans Jürgen (2003): „Zwischen Protest und Politikstil: Populismus, Neo-Populismus und Demokratie", in: Werz (2003a): *Populismus. Populisten in Übersee und Europa*, Opladen, S. 15-43.

Ranis, Gustavo/Frances Stewart (2002): „Crecimiento económico y desarrollo humano en América Latina", in: *Revista de la CEPAL*, Nr. 78, diciembre 2002, S. 7-24.

Rico, José Maria/Laura Chinchilla (2002): *Seguridad Ciudadana en América Latina. Hacia und Política Integral*, México D.F., Buenos Aires.

Rueschemeyer, Dietrich/Evelyn Huber Stephens/John D. Stephens (1992): *Capitalist Development & Democracy*, Chicago.

Schmid, Carola (1998): „Innere Unsicherheit und soziale Kontrolle in Lateinamerika", in: *Lateinamerika. Analysen-Daten-Dokumentation*, Nr. 38, S. 29-44.

Schneider, Friedrich (2002): *Size and Measurement of the Informal Economy in 110 Countries around the World* (http://rru.worldbank.org/documents/informal_economy.pdf).

Stallings, Barbara/Jürgen Weller (2001): „Employment in Latin America: cornerstone of social policy", in: *CEPAL Review*, Nr. 75, december 2001, S. 181-200.

Waldmann, Peter (2002): *Der anomische Staat. Über Recht, öffentliche Sicherheit und Alltag in Lateinamerika*, Opladen.

Welsch, Friedrich/Nikolaus Werz (2002): „Staatsstreich gegen Chávez", *Brennpunkt Lateinamerika* Nr. 7, S. 61-75.

Werz, Nikolaus (2003): „Alte und neue Populisten in Lateinamerika", in: ders. (Hrsg.) (2003a): *Populismus. Populisten in Übersee und Europa*, Opladen, S. 45-64.

--- (Hrsg.) (2003a): *Populismus. Populisten in Übersee und Europa*, Opladen.

WHO (World Health Organisation) (2002): *World Report on violence and health*, Genf.

Francisco E. Thoumi[*]

Die Drogenwirtschaft in den Andenländern. Ähnlichkeiten und Unterschiede

In den letzten drei Jahrzehnten hat die Expansion der illegalen Drogenwirtschaft die Gesellschaften Boliviens, Kolumbiens und Perus in dramatischer Art und Weise beeinflusst. Die Drogenwirtschaft ist dort zu einem der wichtigsten Themen in der Politik geworden und hat auch die Außenbeziehungen dieser Länder bestimmt. Die nachfolgenden Ausführungen geben einen Überblick über Geschichte und Entwicklung der illegalen Drogenwirtschaft in Bolivien, Kolumbien und Peru und zeigen Unterschiede und Ähnlichkeiten zwischen den Ländern. Ein kurzer Überblick über die historische Entwicklung psychoaktiver Drogen in der Region soll zunächst beleuchten, wie die andinen Gesellschaften die Problematik illegaler Drogen behandeln. Anschließend folgen eine kurze Darstellung von Entwicklung und Struktur der illegalen Industrie in Bolivien, Kolumbien und Peru sowie Schätzungen über ihren Umfang und ihren wirtschaftlichen Auswirkungen auf die drei Länder. Am Schluss des Beitrags stehen Betrachtungen über die Bedeutung der illegalen Drogenwirtschaft für die politischen Systeme der Andenländer.
Die Politik zur Bekämpfung der Drogenwirtschaft oder die Beziehungen der drei Länder zu den USA werden dagegen nicht untersucht.[1]

I. Historischer Überblick

Einige der heute vielfach verbotenen psychoaktiven Drogen haben eine lange Tradition in den Andenländern. Produktion und Konsum von Tabak, Koka und zahlreichen natürlichen Drogen waren vor der Kolonialisierung unter den Ur-

---

[*] Der Autor dankt Eduardo Gamarra und Laura Garcés für die Kommentare zur ersten Fassung dieses Essays.
[1] Vgl. hierzu den Beitrag von Adam Isacson (S. 315-353) in diesem Band.

35

einwohnern weit verbreitet (Bula 1988; Carter/Mamani 1986; Camacho Guizado 1988; Morales 1989). Die Koka, die seit mehreren Jahrtausenden genutzt wird (Carter/Mamani 1986), hat immer besondere Beachtung gefunden. Im Inkaimperium waren *acullico, chaccheo* oder *mambeo* (Kauen der Kokablätter gemischt mit Kalk, um das Kokain und andere Alkaloide herauszuziehen) weit verbreitet, doch ist nicht ganz klar, welche Rolle diese Bräuche in den indigenen Gesellschaften gespielt haben. Es wird zwar allgemein vermutet, dass der Kokakonsum vor der Eroberung begrenzt und kontrolliert war (Morales 1989: 18), doch gibt es für die Gültigkeit dieser Theorie keine ausreichenden Beweise, denn auch die Chroniken der *conquista* sind widersprüchlich. Jüngste Untersuchungen förderten zu Tage, dass bei den Inkas der Anbau von Koka weit verbreitet war. Aus dieser Tatsache wird geschlossen, dass auch der Genuss von Koka weit verbreitet gewesen ist (vgl. Carter/Mamani 1986: 69-71). Während einige Autoren vermuten, dass der Kokakonsum unter den *indios* erst nach der Eroberung durch die Spanier allgemeine Verbreitung fand, und zwar erst nachdem die Spanier festgestellt hatten, dass die *indios* dadurch effektiver auszubeuten waren, schreiben andere die Zunahme im Konsum tief verwurzelten Sitten der indigenen Gesellschaft zu.

Während und nach der *conquista* stand Koka im Mittelpunkt der Debatten. Die ersten katholischen Missionare erkannten die zeremoniale Bedeutung von Koka in der Kultur und Religion der *indios*. Entsprechend sahen sie Koka als Hindernis für die Christianisierung an. Das Konzil von Lima verbot 1567 den Kokagenuss (Vidart 1991: 88). Aber der starke Widerstand der *indio*-Bevölkerung gegen das Verbot sowie die Produktivitätsvorteile, die die Spanier durch den Kokagenuss der *indios* in den Bergwerken hatten, setzten sich gegen moralische und religiöse Bedenken durch. In der Kolonialzeit nahm der Konsum von Koka zu; Koka wurde sehr bald zu einem wichtigen Bestandteil der Ernährung in den Andenländern.

Nur in Quito hatten die Gegner des Kokakonsums mit ihrer Kampagne Erfolg. Dort erreichte der Bischof, dass der Kokagenuss, einschließlich der medizinischen Verwendung, verboten wurde. Die Gründe für diesen Erfolg sind nicht klar. Carter und Mamani (1986: 133) argumentieren, dass Koka in der Region um Quito einfach weniger akzeptiert war. Dagegen unterstreicht Bonilla (1991), dass nach anthropologischen Untersuchungen der *chaccheo* in Ekuador vor der *conquista* weit verbreitet war. Er schreibt die Durchsetzung des Verbots der Tatsache zu, dass mit dem Zusammenbruch des Inkareiches auch der Handel kollabierte, Ekuador außerdem keine Bergwerke hatte. Diese Interpretation erklärt aber nicht, warum sich der *chaccheo* in der nahe gelegenen Einflusszone Popayán (Henman 1978), nicht aber in Quito halten konnte.

Die gesellschaftliche Rolle von Koka ging weit über seine Bedeutung bei der Überwindung von Hunger und Ermüdung hinaus: Koka wurde zum Symbol der indigenen Identität. Die Verwendung von Koka in religiösen Zeremonien provozierte eine Diskussion darüber, ob Koka ein sakraler Bestandteil der indigenen

Kultur gewesen sei. Gemäß der indianischen Mythologie war Koka ein Geschenk der *Pachamama*, der Mutter Erde.

Der *indio* des Andenraumes nimmt Koka, um auf diese Weise seine Identität als Sohn und gleichzeitig als Herr der Erde unter Beweis zu stellen; diese Erde, die ihm die Spanier geraubt haben und von der ihnen die *criollos*, die Großgrundbesitzer, nur letzte Reste ließen. *Indio* sein, bedeutet Koka zu kauen, *mambeando, acullicando, chacchando*: alles die gleiche Sache, man lehnt sich schweigend und obstinat gegen die derzeitigen Herren auf, die Abkommen der früheren *encomenderos* und der davor herrschenden *conquistadores* (Vidart 1991: 61).

Auch in religiösen Zeremonien oder in *brujería*-Ritualen wurde Koka als Mittel der Kommunikation und Annäherung benutzt. Carter und Mamani (1986: 75) leiten aus der klassischen Periode der Mochica-Kultur ab, dass „der Glaube an die göttliche Herkunft von Koka und seine Verbindung mit religiösen Ritualen schon sehr alt ist". Gleichzeitig akzeptieren sie jedoch, dass es bisher nur eine stimmige und zufriedenstellende Erklärung über die Verbindung von Koka und Hunger sowie die Abmilderung von Ermüdungserscheinungen gibt. Trotz allem hat sich die Erklärung, dass Koka ein göttliches Produkt sei, bis heute in Peru und Bolivien als ein Mittel zur Rechtfertigung und Verteidigung des Kokaanbaus gehalten.

Dagegen argumentieren andere Anthropologen:

Es gibt keinen wissenschaftlichen Beweis dafür, dass die Inkas Koka als etwas Heiliges verehrten. Das Quechuawort „mama" bedeutet nicht Heiliger oder Gott [...]; dass die Inkas die Sonne und den Mond verehrten und sie „mama Killa oder Quilla" nannten, kann nicht als Beweis angesehen werden, dass „mama coca" irgend wann einmal eine religiöse Bedeutung in der andinen Kultur gehabt hätte (Morales 1989: 17).

Die indigene und die spanische Kultur haben sich fünf Jahrhunderte feindlich gegenüber gestanden: manchmal offen, aber fast immer in verdeckter und hinterhältiger Form. Diese Konfrontation ist als Hintergrund vieler Werte und kultureller Eigenheiten in Bolivien, Kolumbien, Ekuador und Peru in Rechnung zu stellen. Tatsache ist, dass in den Anden die „Eroberung des Anderen" noch nicht geendet hat (De Roux 1990: 11), denn der Missbrauch der *indios* ist eine Konstante in der Geschichte dieser Region. Koka hat sich in diesem Umfeld zu einem Symbol der indigenen Identität entwickelt, und die Politik der Bekämpfung der Koka zu einem integrativen Teil der Konfrontation zwischen den beiden Kulturen.

Die Spanier und Mestizen verachteten den *chaccheo*, dennoch nutzten sie ihn für sich gewinnbringend aus. Der Konsum von Koka in den Bergwerken stimulierte die Nachfrage in den Pflanzungen in Peru und Bolivien in hohem Maße. Der *chaccheo* breitete sich unter den Bergarbeitern aus, die zum Teil mit Kokablättern entlohnt wurden. Die Erträge, die durch die Produktion und den Konsum von Drogen entstanden, kamen aber auch dem Staat zugute. Von der Kolonialzeit bis zur Unabhängigkeit waren die Steuern auf Koka, Tabak und Alkohol die wichtigsten Einnahmequellen des Staates.[2]

In der Kolonialzeit verbreitete sich der Konsum von Koka als Tee und als Medikament auch in der Gesellschaft der Weißen und Mestizen. Im 19. Jahrhundert nahmen die spanischen Ärzte Koka in ihre Palette von medizinischen Präparaten auf. Trotz dieser Entwicklungen wurde der *chaccheo* von der Oberschicht der Weißen und Mestizen abgelehnt (Carter/Mamani 1986: 86; Henman 1978: Kap. 2).

Der Kokaanbau wurde fortgesetzt, auch wenn er durch verschiedene Gruppen, unterstützt von der Katholischen Kirche, mit moralischen und religiösen Argumenten abgelehnt wurde. Insgesamt waren für die Spanier die Vorteile, die die Kokawirtschaft für sie hatte, wichtiger als die Rettung der Seelen der *indios* (Carter/Mamani 1986: 133).

Mehrere Jahrhunderte lang stand der Kokakonsum nur sporadisch auf der politischen Agenda der Andenländer. Erst im dritten Jahrzehnt des 20. Jahrhunderts setzten sich die Bewegungen die für ein Verbot von Koka eintraten – angeführt von den USA – mit internationalen Konventionen und Abkommen durch, die das Kokakauen und andere psychoaktive Drogen zu eliminieren bzw. zu verbannen suchten. Der *chaccheo* wurde dadurch zu einem wichtigen Thema der nationalen und internationalen Politik, vor allem in Bolivien und Peru und in einem geringeren Maße in Kolumbien.

In den 40er Jahren hatte sich die Antikoka-Bewegung in sämtlichen Andenländern ausgebreitet, gefördert durch die Überzeugung, dass der *chaccheo* und der Alkoholkonsum einen außerordentlich negativen Effekt auf die Bevölkerung hätten.[3] Diese Bewegung wurde als paternalistisch eingestuft und besaß rassistische Züge. Der *chaccheo* wurde häufig als „ein Laster, das die *indios* degeneriert"[4], dargestellt. Auch das Trinken von *chicha*, einem fermentierten Maisgetränk der *indios*, wurde unter Verbot gestellt. Die Bewegung erreichte, dass einige Praktiken eingedämmt wurden, z.B. Kokablätter zur Bezahlung der Tagelöhner in Kolumbien zu benutzen (Thoumi 1994). Die Bewegung wurde darüber hinaus instrumentalisiert, um die Unterstützung der Regierungen der Andenländer für die internationalen Bemühungen der Koka-Bekämpfung zu erhalten. 1961 erklärten die Vereinten Nationen Koka zur illegalen Droge und den *chaccheo* als ihren unerlaubten Gebrauch. Außerdem verpflichteten sich die Andenländer, innerhalb der nächsten 25 Jahre die Kokapflanzungen auszurotten. Auch wenn die Wiener Konvention von 1988 den traditionellen Gebrauch von Koka

---

[2] Carter und Mamani (1986) dokumentieren dies am Beispiel der Koka in Bolivien und Mora de Tovar (1988) am Beispiel des Alkohols in Kolumbien.

[3] Thoumi (1994: Kap. 3) präsentiert ein Panorama über die Bedeutung von Koka, Tabak und *chicha* in Kolumbien, einschließlich der Kampagne gegen diese Produkte in den 40er Jahren.

[4] Carter und Mamani (1986: 135) dokumentieren diese Fälle für Bolivien, Yrigoyen und Soberón (1994) für Peru und Bejarano (1947) und Thoumi (1994) für Kolumbien.

als legal legitimierte, war und ist das Verbot von 1961 ein Argument, das in Bolivien und Peru in den Debatten herangezogen wird.

II. Unterschiedliche Perzeptionen des Kokaproblems

Die unterschiedliche Rolle von Koka in den andinen Gesellschaften hat zu unterschiedlichen Perzeptionen der illegalen Drogen geführt.

In Bolivien und in Peru existierten zwei alternative Ansätze der *indigenistas*, die die Debatte über die Rolle der Koka in den nationalen Gesellschaften widerspiegeln. Für die *cocaleros* und ihre Anhänger sowie die Mehrheit der Intellektuellen fasst der Kernsatz „Koka ist eine heilige Pflanze" ihre Unterstützung für die Kokabauern zusammen. Diese Position unterscheidet in der Regel zwischen den Kokapflanzern und denen, die Koka illegal weiter verarbeiten; aus diesem Grund die zusätzliche Parole: „Koka ist nicht gleich Kokain".

Auch die Mehrzahl der Intellektuellen befürwortet das Recht der *campesinos* auf Kokaanbau. Einige Dependenztheoretiker lehnen den *chaccheo* ab, da er als Waffe zur Ausbeutung der Bauern und Bergarbeiter diene. Fajardo (1993: Kap. II) beklagt, dass Koka degeneriere, denn die Kokainaufnahme durch den *chaccheo* sei sehr hoch, verglichen mit einer Dosis in der modernen Medizin.

Fajardo (1993: 145-161) präsentiert eine ausgefeilte Version der Dependenztheoretiker über die illegalen Drogen: a) Die Länder mit illegalem Drogenanbau gehören zu den ärmsten der Welt, obwohl sie reich an natürlichen Ressourcen sind. b) Der Erfolg der illegalen Drogenwirtschaft ist die Folge von Zehntausenden von Drogenkonsumenten in den „überentwickelten" Ländern. c) Diese haben die Kontrolle über die Weltwirtschaft, von der wiederum die Rohstoffe produzierenden Länder abhängen; diese müssen aufgrund des hohen Angebotes zu niedrigen Preisen verkaufen. Gleichzeitig sind sie gezwungen, Industrieprodukte zu willkürlich festgesetzten Preisen zu kaufen. d) Daraus ist zu schlussfolgern, dass die USA ihr Wirtschaftssystem korrigieren müssen, das zwar ihre eigenen Bürger reich gemacht, aber die anderen Völker in die Misere geführt hat. e) Eine Wurzel des Drogen- und Kokainproblems liegt in dem entmenschlichten Gesellschaftssystem, dem die Jugendlichen der reichen und entwickelten Staaten Tribut zollen. f) Die Armut der unterentwickelten Länder Südamerikas ist der Hauptgrund für den Kokaanbau, die Verarbeitung zu Kokain und dessen Handel rund um den Globus. g) Zusammengefasst: Die materielle Misere vieler ist Folge des Überflusses von wenigen. Im Rahmen dieses Ansatzes sind nicht die Drogen das Problem, sondern der Kapitalismus an sich. Diese Interpretation der Drogenproblematik ist in Bolivien weit verbreitet, selbst unter denen, die nicht zur Linken zu rechnen sind.[5]

Die Kolumbianer sind pragmatischer und neigen weniger zum Theoretisieren als die Bolivianer und Peruaner. Zudem haben die *campesinos* bis vor wenigen

---

[5] Ein gutes Beispiel ist das von Doria Medina (1986: 34-35).

Jahren eine untergeordnete Rolle in der kolumbianischen Wirtschaft gespielt. Aus diesem Grund sind die Erklärungen der *indigenistas* für sie nicht besonders glaubwürdig bzw. nicht in ihrer Realität verankert. Vielleicht sind deshalb die allgemein akzeptierten Interpretationen des kolumbianischen Drogenproblems vergleichsweise weniger ausgeklügelt als in anderen Ländern.

In Kolumbien wird häufig der Satz zitiert: „Wo es eine Nachfrage gibt, gibt es auch ein Angebot." Dieser Satz dient als Beweis dafür, dass das Problem nicht von „armen und elenden *colonos*" verursacht wird, die mittels der Befriedigung einer internationalen Nachfrage zu überleben suchen (siehe z.B. Santos Calderón 1989: 105; Cano 1997; Caballero 1996: 139). Zwei Varianten dieser Position lassen sich aufzeigen: Eine „sanfte", die einfach feststellt, dass die armen Bauern keine Alternative haben und einzig die Nachfrage bedienen, die sich ihnen bietet; sie sind kleine Akteure und Opfer in einem großen internationalen Geschehen (Santo Calderón 1989 und Cano 1997). Caballero (1996: 139) dagegen vertritt eine komplexere Position: Er führt nicht nur an, dass die Nachfrage ihr eigenes Angebot schafft, sondern auch dass der größere Teil des Mehrwerts dieser illegalen Industrie in den USA und Europa geschaffen wird. Die repressiven Politiken kommen jenen Ländern zu Gute, die sie perpetuieren, um letztlich gute Geschäfte machen zu können. Entsprechend dieser Argumentationskette unterstreicht Caballero, dass die Drogen in den USA das Volkseinkommen erhöhen, während es sich in Kolumbien aufgrund der dadurch erzeugten Gewalt und Korruption vermindert.

Andere lateinamerikanische Autoren haben die ungerechten internationalen Handelsbeziehungen für die Entwicklung der Kokawirtschaft verantwortlich gemacht. Del Olmo (1992) und De Rementería (1995) sehen die Schuld im Agrarprotektionismus, der wichtige Absatzmöglichkeiten für die Entwicklungsländer verbaut habe und damit zur illegalen Produktion zwinge.

Die vorhergehenden Argumente konzentrieren sich auf das Problem der *campesinos* und des Kokaanbaus. In Kolumbien hatte aber die illegale Drogenwirtschaft seit Beginn der 70er Jahre – verglichen mit Bolivien und Peru – eine gänzlich andere Struktur; sie konzentrierte sich auf die Verarbeitung und den Schmuggel von Kokain. Für diese Art der Entwicklung waren die genannten Erklärungsmuster nicht brauchbar. Die Forschung begann nach anderen Erklärungsansätzen für die Beteiligung Kolumbiens an der illegalen Drogenwirtschaft zu suchen.

Eines der ersten Erklärungsmuster schrieb die Beteiligung Kolumbiens an dieser Industrie seinem Standort auf halbem Wege zwischen den andinen Kokabauern und den Märkten des Nordens zu (Whynes 1992 und MacDonald 1988: 28). Neben anderen Faktoren wurde die geringe Bevölkerungsdichte in vielen Gebieten als besonders relevant angeführt. Labore und Landepisten konnten aus diesem Grund leicht versteckt werden. Ferner wurden die unternehmerische Geschicklichkeit und der Wohnsitz vieler Kolumbianer in den USA für entscheidend angesehen, um Verteilungskanäle und Vermarktung aufzubauen.

Arango und Child (1987) und Arango (1988) betrachten die Kokaindustrie als Ergebnis verschiedener Faktoren, die den Unternehmern von Antioquia[6] als Anreiz dienten: die Zunahme der Arbeitslosigkeit in Medellín als Folge des Niedergangs der Textilindustrie, die seit den vierziger Jahren ein Symbol der Stadt gewesen war, die aber in den 70er Jahren nicht mehr mit dem Schmuggel konkurrieren konnte; die Wertordnung in Antioquia, die Menschen ohne Ansehen von Herkunft nach ihrem Reichtum bewertet; und schließlich ein letzter zufälliger Umstand: die häufige Verwechslung bei den Nordamerikanern von Bolivien und Kolumbien, so dass die US-amerikanischen Schmuggler immer bei den Kolumbianern nach Kokain fragten.

Dombois (1990) meint, dass die in vielen Gebieten weithin fehlende Präsenz des Staates, die verbreitete Korruption in der staatlichen Bürokratie – zum Teil von dem politischen Klientelsystem gefördert – und die starken Guerilla-Organisationen ein günstiges Klima für die Entwicklung der illegalen Drogenindustrie geschaffen haben. Craig (1981) hebt die soziale Akzeptanz des Schmuggels, das Wachstum der Schattenwirtschaft in den 70er Jahren und die Neigung der Drogenhändler zur Gewaltanwendung hervor. Sarmiento (1990: 33) stellt fest, dass die Kolumbianer einen komparativen Vorteil bei der Ausübung der illegalen Drogenwirtschaft hatten, da sie die Tricks beherrschten, um die Antidrogengesetze und die Eindämmungsmechanismen der Hauptkonsumentenländer zu umgehen.

Thoumi (1992 und 1994) führt aus, dass Kolumbien – aufgrund eines Bündels von Faktoren – das Land mit dem geringsten Risiko für den Aufbau einer illegalen Drogenindustrie war: ein zunehmender Abstand zwischen dem Verhalten *de jure* und *de facto* gegenüber illegalen Aktivitäten; eine Gesellschaft, in der die Gewalt als allgemeines Mittel zur Lösung von Konflikten akzeptiert war; die Erfahrung im Export von illegalen Produkten (Smaragde) in die Industrieländer; dazu die Erfahrung in der illegalen Ausfuhr von legal produzierten Erzeugnissen (Kaffee und Vieh) sowie in der Umgehung des Devisenkontrollsystems (1931 und 1991). Alle diese Faktoren trugen dazu bei, besondere Fertigkeiten in der Geld- und Devisenwäsche auszubilden. Hinzu kamen als weitere Faktoren: eine große Zahl völlig von der „Zivilisation" abgeschnittener Gebiete ohne staatliche Präsenz, ein klientelistisch geprägtes politisches System und Parteien, mit einer dezentralisierten Struktur ohne politische Plattform und mit sehr autonomer lokaler und regionaler Führung. Außerdem hatte Kolumbien Anfang der 70er Jahre – im Vergleich zu den anderen Andenländern – die größte Zahl von Immigranten in den USA. Dieser Umstand erleichterte den Aufbau von Verteilungskanälen. Die *Asociación Nacional de Instituciones Financieras* (ANIF 1995) hat diese Argumente als „an den Haaren herbeigezogen" zurückgewiesen. Sie stellt

---

[6] Medellín, die Hauptstadt von Antioquia, hat eine unternehmerische Tradition, die als Ursache dafür gilt, dass sie sich in der ersten Hälfte des 20. Jahrhunderts zu einem Industrialisierungspol entwickelt hat. Siehe z.B. López Toro (1970) und Twinam (1980).

fest, dass die illegale Drogenwirtschaft in Kolumbien konzentriert ist, weil die Durchsetzung des staatlichen Gewaltmonopols schwach sei und die Korruption in der Bürokratie größer als in anderen Ländern.

Betancourt und García (1994) erklären die Entwicklung der illegalen Drogenindustrie in Kolumbien mittels soziokultureller und politischer Faktoren. Diese haben den Fortbestand des *caciquismo*, des *gamonalismo* und des *clientilismo*, die Korruption auf allen Ebenen, die Tolerierung des Schmuggels und anderer illegaler wirtschaftlicher Aktivitäten möglich gemacht. Die Autoren sehen außerdem in der Wirtschaftskrise, die verschiedene Regionen Kolumbiens in den 70er und 80er Jahren heimgesucht hat, einen unmittelbaren Grund für die Entwicklung der illegalen Drogenindustrie.

III. Entwicklung, Evolution und Struktur der illegalen Drogenwirtschaft

1. Marihuana am Ende der 60er Jahre

Der soziale Wandel, der sich in den 60er Jahren in den USA und Europa vollzogen hat, führte zu einem substantiellen Zuwachs der internationalen Nachfrage nach psychoaktiven Drogen und induzierte den Anbau von Marihuana in Mexiko und Jamaika. Am Ende der Dekade übten die USA Druck auf die mexikanische Regierung aus, die Marihuanapflanzungen mit Parraquat, einem gefürchteten Herbizid zu besprühen, und auf die jamaikanische Regierung, den Anbau von *ganja* (Cannabis) zu unterbinden. Bei den Konsumenten in den USA hörte die Nachfrage nach mexikanischem Marihuana auf. Das förderte die Suche nach neuen Gebieten für die Pflanzungen, die schließlich in die Sierra Nevada de Santa Marta (Kolumbien) verlegt wurden. Die Entwicklung des Marihuana-Anbaus wurde durch Faktoren wie die US-Nachfrage, den traditionell in dieser Region vorhandenen Schmuggel, die fehlende Präsenz staatlicher Institutionen und das korrupte politische System gefördert (Thoumi 1994).

Das Marihuana schuf Wohlstand (*marimbera*) in dieser Region. Er erstreckte sich auf die umliegenden Städte wie Santa Marta und Baranquilla. Dort stiegen die Preise für Grundstücke in Folge der Nachfrage von Seiten der erfolgreichen Unternehmer, die als die „aufstrebende Klasse" bezeichnet wurden (Ruíz Hernández 1979).

Zu Beginn des Marihuana-Booms kontrollierten zunächst Ausländer den Export; er ging jedoch schnell in kolumbianische Hände über. Der Boom war kurz: Einerseits verbreitete sich in den USA eine neue Sorte von Marihuana, diejenige „ohne Samen" und mit einer fünfmal so hohen Konzentration der Droge als die kolumbianische Sorte. Andererseits wurde kurz nach den Wahlen in Kolumbien 1978 Präsident Julio Cesar Turbay öffentlich in der US-amerikanischen Fernsehsendung *60 Minutes* beschuldigt, Beziehungen zur Drogenindustrie zu unterhalten. Daraufhin wurden – zum Teil um den Gegenbeweis zu erbringen – Marihuanafelder in der Sierra Nevada de Santa Marta mit Gift besprüht (Thoumi 1994; Tokatlian 1990).

Der Marihuana-Export förderte wiederum den Kokain-Export. Denn trotz der hohen Rentabilität waren mit dem Marihuana verschiedene Probleme verbunden: Die Relation von Preis zu Umfang und Gewicht war bei Marihuana relativ ungünstig im Vergleich zu anderen Drogen. Der Erfolg mit diesem Geschäft führte außerdem dazu, dass sich weitere Unternehmer in ähnlich lukrativen Aktivitäten engagieren wollten. Daraus entstand der Handel mit Kokain, der wesentlich attraktiver ist als der mit Marihuana: Das Produkt lässt sich leichter verstecken und schmuggeln, es ist wertvoller und der Gewinn ist größer. Diese Eigenschaften führten zum Aufbau wesentlich komplizierterer illegaler Organisationen als im Fall des Marihuanas (Arango und Child 1987; Krauthausen/Sarmiento 1991).

2. Entwicklung und Struktur der Kokain-Industrie

Grundlage für das Kokain ist die Kokaproduktion. Nach der Ernte der Kokablätter folgt die Verarbeitung in drei Etappen: In der Nähe der Kokapflanzungen wird die Kokapaste (*pasta básica de cocaína*: PBC) hergestellt. Diese wird im nächsten Schritt zur Grundsubstanz des Kokains oder Kokainbase (*pasta básica de cocaína lavada*: PBL) verarbeitet und im dritten Schritt zu Chlorhydrat bzw. zu kristallinem reinem Kokain raffiniert. Für die Labore wird wenig Kapital benötigt: Maschinen und Geräte sind einfach und haben einen geringen Wert. Aus diesem Grund gibt es viele mobile Labore; in der Sprache der *cocaleros* werden sie einfach „Küchen" genannt. Die für die Produktion erforderlichen Chemikalien werden in vielen industriellen Verfahren benutzt und sind somit leicht zu haben. Sie sind sämtlich durch andere Chemikalien substituierbar, was die Kontrolle sehr erschwert (Thoumi 1994).

Zu Beginn des illegalen Kokaingeschäftes gab es in Kolumbien nur sehr wenige Anbauflächen mit Koka; dagegen waren die traditionellen Pflanzungen in Bolivien und Peru sehr ausgedehnt. Kolumbianische Händler kontaktierten die peruanischen und bolivianischen Produzenten von Kokapaste, bauten Transportkanäle auf und brachten kleine Mengen von Paste zur Raffinierung nach Kolumbien. Die Exporte wurden in vielfältiger Weise organisiert, vor allem durch sogenannte *mulas*, d.h. Personen, die die Droge am Körper befestigt oder im Gepäck vor allem in die USA mitnahmen. In dieser Zeit brachten kleine Schmuggler aus Bolivien und Peru in ähnlicher Weise Kokain ins Ausland.

Der Übergang der Drogenwirtschaft von dieser fast handwerklichen Art zu einer mit ausgefeilten kriminellen Organisationen arbeitenden Struktur vollzog sich in relativ kurzer Zeit. Die Gewinne ermöglichten eine schnelle Expansion und stimulierten die Entwicklung verbesserter Formen der Vermarktung. Drogenboss Carlos Lehder hatte schon zu Beginn der 80er Jahre ein effizientes Transportnetz mit Sitz auf einer kleinen Bahamas-Insel etabliert. Von dort aus exportierte er mit kleinen Flugzeugen große Mengen Kokain in die USA (Gugliotta/Leen 1990). Die Kokain-Industrie führte zum Aufbau illegaler Exportwege und Verteilernetze in den Abnahmeländern, speziell in den USA. Dort verdrängten die kolumbianischen Gruppen mit Gewalt andere Importorganisationen (Gugliotta/Leen 1990). Die vorbeugende Gewaltanwendung sollte auch verhindern, dass Bolivianer und besonders Peruaner konkurrierende Verteilerstrukturen aufbauen würden.

In den 80er Jahren zeichnete sich die illegale Drogenwirtschaft durch die Vorherrschaft der kolumbianischen „Kartelle" sowohl in der Produktion als auch im Export von Kokain in die Konsumentenländer aus. In Bolivien und Peru wirkte sich die Drogenwirtschaft vor allem auf die Landwirtschaft aus, da die illegalen Kokapflanzungen vor allem im Chapare (Bolivien) und im Alto Huallaga (Peru) expandierten. Die sich in beiden Ländern entwickelnden Händlerringe setzten vergleichsweise geringe Mengen an Kokain um. Sie konzentrierten sich darauf, Kokapaste oder Kokabase zu produzieren und sie an die kolumbianischen Organisationen zu verkaufen. Ab Ende der 70er Jahre begannen sich auch in Kolumbien – im Guaviare (Molano 1987) und im Caguán (Mora 1989) – Kokapflanzungen auszubreiten.

Die Kokain-Industrie als illegales Geschäft entwickelte Strategien, um das Risiko, aufgedeckt, vor Gericht gestellt und abgeurteilt zu werden, zu verringern. Die Risikominimierung spiegelt sich auch in der Struktur wider (Krauthausen/Sarmiento 1991; Thoumi 1994). Die Drogenwirtschaft hat als Grundlage viele *campesinos* als Produzenten, die Koka pflanzen und diese in wachsendem Umfang auch zu Kokapaste verarbeiten. Die Zahl der Akteure verringert sich, je weiter der Produktionsprozess voranschreitet. Die Zahl der Laboratorien, die Kokapaste raffinieren, ist schon wesentlich geringer als diejenige, die Kokapaste herstellen. Zudem sind die Anreize für die Labore groß, unabhängig zu arbeiten, um das Risiko zu minimieren. Nur gelegentlich haben Exportgruppen Großlabore betrieben (Arango/Child 1987; Krauthausen/Sarmiento 1991).

Tendenziell nimmt die Konzentration des Drogengeschäftes in der Phase des Schmuggels auf die großen Abnehmermärkte zu; denn durch die Größeneffekte (*economías de escala*) verringert sich das finanzielle Risiko, welches für ein Unternehmen allein weitreichende Folgen haben könnte. Werden die Kokainsendungen mehrerer Unternehmen zusammen geschmuggelt, vermindert sich das finanzielle Risiko. Selbst wenn 10-20% der Ware konfisziert werden, sind die Gewinne hoch. Aus diesem Grund wurden die „Kartelle" bzw. die großen illegalen Exportorganisationen gegründet.[7]

Im Abnehmerland nimmt dagegen die Zahl der Marktteilnehmer vom Import bis zum Konsumenten schnell zu. Man schätzt, dass in den USA zwischen dem Großaufkäufer des Kokains und dem Einzelverkäufer vier bis fünf Mittler ge-

---

[7] Sie gleichen mehr Genossenschaften oder großen Exportunternehmen als den traditionell bekannten Formen von Kartellen.

schaltet sind. Viele dieser Akteure sind unabhängig; die Anzahl der Endverkäufer in der Vertriebskette ist sehr groß.

Zur illegalen Drogenwirtschaft gehören auch Transportunternehmer, die die Kokapaste oder die Grundsubstanz von Peru und Bolivien nach Kolumbien bzw. das Endprodukt Kokain von Kolumbien in die USA, nach Europa und auf andere Märkte bringen. Die Organisationen beschäftigen finanzielle Berater, die die Gewinne managen und investieren, sowie Rechtsanwälte, Steuerberater und eine große Anzahl unterschiedlicher Dienstleister. Viele sind Bestandteil eines sozialen Netzwerks, das jegliche illegale Aktivität benötigt, um überleben zu können. Zum Netzwerk gehören Politiker, Polizisten und andere Staatsbedienstete, die die Transaktionen unterstützen. Aber auch Verwandte und Freunde sind Bestandteil des Netzwerkes; dazu Personen, mit denen die illegal operierenden Unternehmer Loyalitäten aufbauen, um sich vor dem Gesetz zu schützen, mittels Strohmännern zu investieren sowie Geldwäsche und Ähnliches durchzuführen (Krauthausen/Sarmiento 1991).

Die illegale Drogenindustrie benutzt die unterstützenden Netzwerke auch, um sich Schutz zu erkaufen. Sie sind die wichtigsten Kanäle, durch die die Drogenwirtschaft in die Gesellschaft eindringt und diese korrumpiert. Gleichzeitig wird dadurch der Gewinn umverteilt. Auf diese Weise entsteht eine Vielzahl von Mitwissern und Mittätern.

3. Der Wohlstand der 80er Jahre in Kolumbien

Während der 80er Jahre boomte die illegale Drogenwirtschaft und ihre Struktur wurde komplexer und ausgeklügelter. Nach Schätzungen der US-Regierung (US Department of State, Bureau of International Narcotics Matters 1991) stieg das Angebot von Kokain weltweit von 80t pro Jahr zu Beginn der Dekade auf etwa 1000t am Ende derselben. Das steigende Angebot führte zu einem internationalen Preissturz. Der Großhandelspreis für Kokain fiel in den USA von etwa US$ 55.000 pro kg (1983) auf etwa US$ 18.000 pro kg (1990).

Das Wachstum der Drogenindustrie stärkte die kolumbianischen Kartelle. Die großen illegalen Gewinne erforderten mehr Schutz für die Geschäfte. Drogenbosse wie Pablo Escobar und Carlos Lehder waren bemüht, sich eine direkte Machtbasis zu schaffen. Sie gründeten regionale politische Bewegungen mit nationalistischer bzw. faschistischer Ideologie, hatten aber keinen Erfolg. Andere Gruppen entschieden sich für eine *low profile*-Strategie. Sie bildeten politische Netzwerke, um die Entscheidungsprozesse der Regierung indirekt zu beeinflussen.

Der Kokaanbau dehnte sich in Kolumbien zu Beginn der 80er Jahre vor allem in abgeschiedenen Gebieten aus, die wenig besiedelt waren und eine geringe staatliche Präsenz aufwiesen, in denen aber häufig Guerillaorganisationen großen Einfluss hatten. Ohne Zweifel arbeiteten Guerilla- und Drogenorganisationen zusammen. Beide Seiten profitierten davon; jedoch waren die Beziehungen kurzlebig und konfliktreich. Zu Beginn der Dekade gewährte die Guerilla den Laboren und einigen Pflanzungen Schutz. Nachdem 1983 eine Schwester prominenter Mitglieder des Medellín-Kartells gekidnappt worden war, bildeten die Drogenunternehmen eine eigene Bewegung „Tod den Kidnappern" (*Muerte a los Secuestradores*, MAS). Dieser gelang nicht nur die Befreiung der Geisel, sondern es entstanden daraus paramilitärische Gruppen zum Schutz von Laboren und Pflanzungen. Ein erneuter Konflikt zwischen der Guerilla und der Drogenmafia betraf das Magdalena Medio-Tal. Dort investierten Unternehmer große Summen im Einflussgebiet der Guerilla. Die paramilitärischen Gruppen, finanziert mit Drogengeld, schützten unter Gewaltanwendung die gerade erworbenen Pflanzungen. Sie vertrieben oder beseitigten die Guerilla und ihre Sympathisanten (Reyes 1990).

Die Drogenbosse hatten eine ambivalente und konfliktreiche Haltung gegenüber dem Staat und der Regierung. Erstens brauchten sie einen starken Staat, der imstande war, die Eigentumsrechte der Kapitalisten zu schützen. Zweitens mussten sie staatliche Angestellte bestechen, um ihre Operationen durchführen zu können. Drittens mussten sie bereit sein, Gewalt gegen Mitglieder der Regierung auszuüben, wenn diese sich widersetzten. Die Interessenkonflikte waren die Ursache für ausufernde Gewalt von Seiten der Drogenhändler, einschließlich Mord an Ministern, Richtern, Angehörigen der Streitkräfte und anderen Staatsbeamten. Die Gewalt, vor allem ausgeübt vom Medellín-Kartell, hielt die gesamte Dekade über an. Die Regierungen richteten in dieser Zeit ihre Politik darauf aus, den „Drogenterrorismus" – und nicht den Drogenhandel – zu bekämpfen.

Aufgrund des Überflusses und der Verbilligung des Kokains wurden neue Produkte entwickelt und neue Märkte erschlossen. In den Produktionsländern verbreitete sich der Konsum von *bazuco*, Kokain gemischt mit Tabak in Form von Zigaretten. In den USA wurde *crack*, das so genannte Kokain der Armen, populär. Die stagnierende Nachfrage in den USA förderte die Suche nach neuen Abnehmermärkten vor allem in Japan und Europa. Die Kontakte zwischen Kolumbien und den meisten dieser Länder sind aufgrund der besonders großen Fremdartigkeit von Kultur, Sprache, Sitten und Gebräuchen immer relativ schwach gewesen. Die Zahl der dort lebenden Kolumbianer war gering; in einigen Ländern war die lokale Mafia stärker als in den USA, in anderen wiederum, wie z.B. in Japan, stand man Kontakten mit Ausländern reserviert bis ablehnend gegenüber. Aus diesen Gründen haben sich Kolumbianer weniger an den illegalen Drogengeschäften mit diesen Ländern als mit den USA beteiligt.

Der enorme Umfang der illegalen Geschäfte und die Notwendigkeit, das Risiko zu minimieren, ließ die Drogenindustrie ständig nach neuen Exportmöglichkeiten in die Abnehmerländer suchen: neue Arten der Tarnung des Kokains, neue Konten und neue Transportmittel. Sie spiegelten die fortwährende Anpassung der illegalen Drogenwirtschaft an die Veränderungen in der Drogenbekämpfung der Regierungen wider, indem sie diesen zuvorzukommen versuchten.

4. Die illegale Drogenindustrie in Bolivien und Peru in den 80er Jahren

In beiden Ländern gibt es legale, kontrollierte und auf die traditionellen Zonen beschränkte Pflanzungen. Die Produktion geschieht vor allem für das traditionelle *chaccheo*, in geringem Umfang für Kokatee, für Industrieprodukte und für den genehmigten Export zur Herstellung von Medikamenten und Nahrungsmitteln (*Coca Cola* und andere Getränke). Vor dem Koka-Boom der 70er Jahre wurde sowohl in Bolivien als auch in Peru ein Teil der legalen Kokablätterernte in die illegale Produktion „abgezweigt" und in kleinen Mengen durch die kubanische Mafia auf die Märkte der Karibik und der USA exportiert (González Manrique 1989).

Mitte der 70er Jahre vergrößerten sich die illegalen Pflanzungen in beiden Ländern beträchtlich. Bolivien erntete Mitte der 80er Jahre die zehnfache Menge an Kokablättern verglichen mit 1975 (Thoumi 1994). Die illegale Kokaproduktion in Peru überschritt Anfang der 90er Jahre die bolivianische Ernte um ein Mehrfaches (Clawson/Lee III 1996: 12-16).

Die illegale Drogenindustrie konzentrierte sich in Bolivien und in Peru auf den Kokaanbau und die Herstellung der Paste; dementsprechend wurden viele Arbeitskräfte beschäftigt. In Bolivien waren um 1990 im Bereich von Koka/Kokain zwischen 6,7% und 13,5% der erwerbstätigen Bevölkerung tätig (Thoumi 1995). In Peru entfielen zwischen 2% und 10% der Erwerbstätigen insgesamt und zwischen 4% und 28% der ländlichen Erwerbstätigen auf die illegale Drogenwirtschaft.[8] Weder in Bolivien noch in Peru ist es gelungen Händlerringe wie in Kolumbien aufzubauen. Im Fall von Peru handelt es sich bei einigen Organisationen um binationale Unternehmen von Kolumbianern und Peruanern (Clawson/Lee III 1996: 12). In beiden Ländern erntete die nationale Bevölkerung die Kokablätter, verarbeiteten sie zu *pasta básica* und verkaufte diese an Kolumbianer. Andere wiederum stellten die Grundsubstanz und das Kokain selbst her und setzten diese Produkte ebenfalls bei Kolumbianern ab. Das heißt, die Produktion wurde überwiegend durch Kolumbianer kommerzialisiert. Die kolumbianischen Drogenhändler standen im Mittelpunkt der Regierungsaktionen und der Medien. Das wirkte wie eine Art von Schutzschild für die bolivianischen und peruanischen Drogenhändler. Sie fielen kaum auf, obwohl sie aktive Teilnehmer auf den internationalen Drogenmärkten waren.

In beiden Ländern ist die illegale Drogenwirtschaft mit einem gewissen Grad von Gewalt verbunden gewesen. Dieser war jedoch niedrig im Vergleich zur Situation in Kolumbien.

Die Kolonisierung des Chapare und des Alto Huallaga wurde von den Regierungen Boliviens bzw. Perus für die *campesinos* als Alternative für eine Abwanderung in die Städte gefördert. In beiden Regionen finanzierten die Regierungen

---

[8] Die großen Unterschiede in den Angaben zeigen die Ungenauigkeit der Schätzungen, Folge der unterschiedlichen Annahmen z. B. über die Zahl der Familien in den Kokapflanzungen und die Intensität der Arbeitsleistung sind (Thoumi 1995).

wichtige Infrastrukturvorhaben, zum Teil mit Unterstützung der Weltbank und der Interamerikanischen Entwicklungsbank (BID). Sie etablierten sich institutionell und mit Sicherheitskräften, wenn auch nicht so stark wie viele es sich gewünscht hätten. In beiden Gebieten koexistierten gelenkte und spontane Kolonisierung; in beiden Arealen dominierte ursprünglich der Anbau von traditionellen Agrarprodukten. Dieser breitete sich im Alto Huallaga in Peru recht erfolgreich aus. Der Übergang zum Kokaanbau war dann eine Folge der geringen Rentabilität der Kaffee-, Tee- und Tabakanpflanzungen.

Die organisierte Zivilgesellschaft war ebenfalls an der Kolonisierung, speziell im Chapare in Bolivien, beteiligt. Viele Migranten, die in der Sierra Nachbarn und Mitglieder der gleichen kommunalen Organisation (*sindicato comunal*) waren, ließen sich als Nachbarn und Mitglieder dieser Organisation im Chapare nieder. Das bedeutete, sie wanderten aus ihren Ursprungsgebieten ab (Sanabria 1993). Die Mehrzahl der Migranten, die keine *campesinos* waren, hatte vorher im Bergbau gearbeitet. Sie waren Bergleute mit rund 40 Jahren kämpferischer Erfahrung in Gewerkschaften und kommunalen Organisationen. Sie mussten nach dem Zusammenbruch des Bergbaus Mitte der 80er Jahre ihre Heimatgebiete in der Sierra verlassen. Speziell die kommunalen Organisationen haben eine wichtige Rolle im Kolonisierungsprozess gespielt. Sie besaßen die Autorität, die Legitimität und die Macht, um z.B. die Grenzen zwischen dem Grund und Boden der *campesinos* festzulegen, die Höhe der Transporttarife zu beeinflussen und die Abgaben festzusetzen, die für den Kokaanbau zu zahlen waren. Damit finanzierten sie kleinere Gemeinschaftsprojekte (Healey 1991: 90).

In Peru kam die Masse der Migranten aus der Sierra; sie waren ehemals Mitglieder mächtiger *comunidades*:

> In Peru haben die traditionellen *comunidades* als spezielle soziale Struktur aus dem Inka-Imperium überlebt und in vielfältiger Form den Einflüssen der modernen westlichen Welt getrotzt. Die traditionelle *comunidad* zeichnet sich dadurch aus, dass sie eine landwirtschaftliche, eine soziale und eine wirtschaftliche Organisationsform ist (Morales 1989: 2).

Die *comunidades* haben eigene Regierungen und gesetzgebende Organe, deren Mitglieder aus den Reihen der *comuneros* gewählt werden, sowie ein tradiertes rigoroses System von Normen und Sanktionen. Sowohl in Bolivien als auch in Peru herrscht in den Kolonisationsgebieten der Geist der *comunidades*, und es gibt Institutionen, die bei internen Streitigkeiten sowie bei Konflikten zwischen *comunidad* und Staat vermitteln.

Die Kolonisierung der kolumbianischen Kokagebiete hat sich vollkommen anders vollzogen. Viele kolumbianische Migranten sind *campesinos*, die vor der Gewalt in den ländlichen Gebieten geflohen sind (Medina 1990; Molano 1987; Leal 1995). Die Kolonisierung fand spontan statt, mit äußerst geringer Präsenz des Staates; die Migranten bildeten keine *comunidades*. Es gab keine Institutionen zur friedlichen Konfliktlösung, sondern die Mehrzahl der Siedler hatte Waffen zur persönlichen Verteidigung. Die Kolonisationsgebiete zeichneten sich durch einen hohen Grad an Gewalt aus. Die Guerillaorganisationen schufen Ordnung und waren aus diesem Grund oftmals sehr willkommen. Allerdings war ihre Ordnung autoritär, vertikal oktroyiert und ohne Möglichkeit, demokratische Formen zu entwickeln.

Die Unterschiede sowohl in den kriminellen Organisationen als auch in der Sozialstruktur innerhalb der illegalen Kokaanbaugebiete Boliviens und Perus einerseits und Kolumbiens andererseits, haben dazu beigetragen, dass in den beiden erstgenannten Ländern die illegale Drogenwirtschaft als „positiv" empfunden wurde. Die dort vorherrschende Perzeption der Struktur der Drogenwirtschaft ist, dass sie ein „Modell der Kolumbianer oder von perversen Ausländern" ist. Entsprechend dieser Auffassung sind die Mehrzahl der Bolivianer und der Peruaner, die von der Drogenwirtschaft profitieren, „gute Menschen", arme *campesinos*, während die Gewinne an die „schlechten" Ausländer gehen (Thoumi 1995). In Kolumbien dagegen akzeptiert die Gesellschaft, dass die illegale Drogenwirtschaft einerseits große Gewinne eingefahren hat, andererseits hohe soziale, politische und ökonomische Kosten mit sich gebracht hat.

5. Die illegale Drogenwirtschaft der 90er Jahre

In den 90er Jahren hat sich in der illegalen Drogenwirtschaft der Andenländer ein wichtiger struktureller Wandel als Folge verschiedener die Märkte verändernder Faktoren vollzogen:

- Die Nachfrage nach Kokain in den USA hat stagniert, während die Produktion gestiegen ist. Die internationalen Preise für Kokain gerieten unter Druck.
- Die USA verstärkten ihre Anstrengungen in der Karibik, den Drogenhandel zu unterbinden; entsprechend suchten die Händler nach anderen Transportwegen, speziell durch Mexiko.
- Die Administration Fujimori setzte eine groß angelegte repressive Kampagne gegen die illegalen Flüge nach Kolumbien in Gang.
- Nach der Ermordung von Präsidentschaftskandidat Luis Carlos Galán im August 1989 begannen die Regierungen Virgilio Barco und César Gaviria ein Jahr später den „Krieg gegen den Drogen-Terrorismus", mit dem das Kartell von Medellín zerschlagen wurde. Die darauf folgende Regierung von Ernesto Samper, stark unter Druck von Seiten der US-Regierung, vernichtete das Kartell von Cali.
- Ab 1998 begann Bolivien unter der Regierung Banzer mit seinem *Plan Dignidad*. Rund 90% der illegalen Kokapflanzungen wurden zerstört.
- Der militärische Konflikt in Kolumbien verschärfte sich.

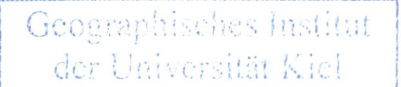

Der internationale Preiseinbruch für Kokain förderte die Suche nach neuen Märkten und Produkten. Es wurde Mohn angepflanzt, um Opium, Heroin und Morphium in Peru und Kolumbien gewinnen zu können. Diese Drogen entwickelten sich in Kolumbien relativ erfolgreich, nicht jedoch in Peru. Auf der Suche nach neuen Märkten wurden Beziehungen zwischen kolumbianischen und europäischen kriminellen Vereinigungen angebahnt (Clawson/Lee III 1996: 62-90). Die bolivianischen Produzenten suchten den Zugang zu diesen Märkten über argentinische und brasilianische Händler. Viele von ihnen exportierten in großem Umfang nach Nigeria, Marokko und in andere afrikanische Länder. Von hier war der Zugang nach Europa leicht. Er wurde durch den Zerfall der Sowjetunion und die Expansion der Schattenwirtschaft in den Ländern ihrer ehemaligen Einflusssphäre gefördert. Eine Folge davon war die Zunahme des Kokainkonsums überall in Europa.

Aufgrund des harten Vorgehens gegen den Drogenschmuggel per Flugzeug von Bolivien und Peru nach Kolumbien expandierten einerseits die Kokapflanzungen in Kolumbien, andererseits gingen die Preise für Koka in Peru drastisch zurück. Weitere Krisenfaktoren für die peruanische Kokaindustrie waren: die Zerschlagung des Kartells von Medellín, wodurch die Verbindungen mit den peruanischen Exporteuren unterbrochen wurden; und eine Pilzkrankheit, die viele Kokapflanzungen stark schädigte.

Die Expansion der Koka- und Mohnpflanzungen in Kolumbien ist außergewöhnlich hoch gewesen und hat die Akzente in der Drogenthematik in Kolumbien völlig verändert. Im Jahre 2000 ist Kolumbien weltweit der größte Produzent von Kokain und einer der Hauptlieferanten für Heroin in die USA gewesen.

Die illegalen Kokapflanzungen haben sich technologisch grundlegend verändert; die Produktivität hat stark zugenommen (Uribe 1997). Die Anbaugebiete für Mohn, Grundstoff für Morphium und Heroin, befinden sich in höher gelegenen Zonen des Landes. Durch die schnell expandierende Produktion sind große Flächen an Primärwald zerstört worden – mit außerordentlich negativen Folgen für die zukünftige Wasserversorgung des Landes. Mohn wird vor allem von den *campesinos* der wenigen, in Kolumbien bis heute überlebenden *comunidades* angepflanzt. Sie haben Beziehungen zu relativ neuen und kleinen Exportorganisationen geknüpft, die Mengen bis zu 50 kg Drogen außer Landes schaffen; vielfach im traditionellen System der *mulas*.

Auch die Struktur des Drogenhandels hat sich verändert. Die Kartelle sind komplexer und raffinierter geworden. Der Krieg gegen das Kartell von Medellín in der ersten Hälfte der 90er Jahre ließ andere illegale Organisationen, speziell das Kartell von Cali, aufgrund größerer Marktanteile erstarken. Sie entwickelten raffinierte Geheimdienststrukturen und verstärkten die sozialen Netzwerke aus der Überzeugung heraus, dass die Strategie der Gewalt auf lange Sicht nicht mehr effektiv funktionieren würde. Nach Zabludoff (1996) existierten in Kolumbien Mitte der 90er Jahre zehn bis vierzehn komplexe illegale Organisationen für den Drogenschmuggel. Sie kauften Kokapaste, vergaben die Raffinierung der Grundsubstanz an Subunternehmen, kauften Kokain von unabhängigen Produzenten dazu und organisierten den Export, zum Teil zusammen mit anderen Organisationen (Rocha 1997). Cali war das größte, aber nicht das einzige Kartell. Die Mitglieder des Kartells wurden unter der Regierung Samper verhaftet. Das schwächte diese Organisation und führte zur Entwicklung von vielen kleineren Gruppen, die sich soweit als möglich bedeckt hielten. Diese neuen Organisationen wurden von Personen gegründet, die ein besseres Ausbildungs- und Wissensniveau hatten als die der traditionellen Kartelle.

Zu Beginn der 90er Jahre förderte der Kampf der US-Regierung gegen den Drogenhandel in der Karibik die Suche der Kolumbianer nach neuen Vertriebsrouten. Sie verbündeten sich mit mexikanischen Organisationen und brachten anfangs das Kokain nach Mexiko. Von dort schmuggelten es mexikanische Händler in die USA und übergaben es wieder an Kolumbianer. Diese Art der Vermarktung war für die Kolumbianer außerordentlich gefährlich, da sie große Summen Bargeld mit nach Mexiko nehmen mussten. Wurde die Ware bei den Mexikanern konfisziert, waren auch die Kolumbianer von dem Verlust betroffen. Als dann der Druck der Regierungen der USA und Kolumbiens auf die kolumbianischen Organisationen hinzukam, entschlossen sie sich, ihr Operationssystem erneut zu verändern: Sie bezahlten die Mexikaner mit Kokain oder verkauften es an sie. Die Mexikaner entwickelten daraufhin eigene Verteilernetze, speziell an der Westküste der USA. Zwar ging der Gewinn der Kolumbianer zurück, aber gleichzeitig beruhigte sich die Szene, da sie als Akteur etwas in den Hintergrund getreten waren. Um die hohen Kosten des Drogenhandels via Mexiko zu verringern, versuchten die Kolumbianer erneut, die Ware über die Karibik zu vertreiben.

Gleichzeitig wurde in geringem Umfang Marihuana vor allem für den nationalen Markt produziert. Zwar ist der Marktanteil Kolumbiens am Kokain zurückgegangen, jedoch ist es derzeit das einzige Land weltweit, das in beträchtlichem Umfang Koka, Schlafmohn und Marihuana anbaut, um daraus psychoaktive Drogen herzustellen.

Der wichtigste Wandel hat sich in der Rolle der Drogen für den Bürgerkrieg in Kolumbien vollzogen. Die Guerillaorganisationen und die paramilitärischen Verbände haben über viele Jahre zwischen den *campesinos* und dem Staat sowie zwischen den *campesinos* und den Aufkäufern der Kokapaste vermittelt. Diese Organisationen haben die illegalen Aktivitäten als Finanzierungsquelle genutzt. Die Guerilla war in den Produktionszonen für die Schulbildung und die öffentliche Ordnung zuständig, sie richtete Strukturen zur Konfliktlösung, zur Bestrafung und zur Erhebung von Steuern ein (Uribe 1997). Nachdem Ende 1998 die Regierung Pastrana der Errichtung der „entmilitarisierten Zonen" zugestimmt hatte, nahmen die Aufgaben der Guerilla in den Produktionszonen zu. Bis 1998 stammten ihre Einnahmen aus dem Drogengeschäft vor allem aus einer Exportabgabe je Kilogramm Kokain (*granaje*). Danach verlangte sie eine größere Beteiligung an den illegalen Geschäften und eliminierte die Händler zwischen den *campesinos* und den Drogenexporteuren; sie ersetzte die Leute, die Koka in den von ihr kontrollierten Zonen raffinierten, durch eigenes Personal; zeitweilig fixierte sie sogar die Mindestpreise für den Kokaankauf. Trotzdem gibt es keine Anzeichen, dass die Guerilla größere internationale Drogennetze aufgebaut hätte. Zweifelsohne hat sie aber den Drogenhandel benutzt, um ihren politischen Einfluss unter den *campesinos* zu festigen und sich aus der illegalen Drogenwirtschaft zu finanzieren. Die paramilitärischen Gruppen haben sich ebenfalls durch die Drogenwirtschaft finanziert; jedoch hatten sie insgesamt engere Beziehungen zu den Drogenringen, denn ein Teil der paramilitärischen Gruppen ging aus diesen Drogenringen hervor. So entwickelte sich die illegale Drogenwirtschaft, anfänglich vor allem die Quelle für einen illegal erworbenen wirtschaftlichen Wohlstand, im Verlaufe der Zeit zur wichtigsten Finanzquelle des bewaffneten Konfliktes in Kolumbien.

Sowohl in Kolumbien als auch in Bolivien (Laserna/Vargas/Torrico 1999) und Peru (Álvarez & Asociados 1996) hat sich in der illegalen Drogenindustrie eine vertikale Integration vollzogen. In sämtlichen Anbauzonen von Koka haben sich die *campesinos* die Techniken angeeignet, um die Grundsubstanz für Kokain herzustellen; viele produzieren auch selbst Kokain. Dieser Wandel wird vor allem damit erklärt, dass in Bolivien und in Peru die *campesinos* aufgrund des Preisverfalls „gezwungen" waren, in den Verarbeitungsprozess einzusteigen und auf diese Weise ihr Mindesteinkommen zu sichern. Die Veränderung in der Rolle der *campesinos* entkräftet das Argument, dass der Kokaanbau in diesen Ländern einzig und allein eine traditionelle Aktivität mit starken kulturellen Wurzeln darstellt und dass die *campesinos* nicht in die kriminellen Aktivitäten verwickelt sind. Aber die Bevölkerung in Bolivien und Peru schiebt die Verantwortung ab: Wenn die Preise für Koka „gerecht" wären, würden sich die *campesinos* nicht gezwungen sehen, Kokapaste oder sogar Kokain zu produzieren. Aus diesem Grund sind sie auch nicht an den strafbaren Aktivitäten beteiligt. Die Vertreter dieser Position schlussfolgern allerdings nicht, dass eine legale Drogenwirtschaft nicht automatisch zu „gerechten" Preisen führen würde. Der Preisverfall hat die vertikale Integration wahrscheinlich ausgelöst; jedoch ist davon auszugehen, dass früher oder später der Wandel in der unternehmerischen Aktivität der *campesinos* auf alle Fälle stattgefunden hätte; denn die Paste und die Grundsubstanz sind einfach herzustellen und der damit verbundene Mehrwert ist hoch.

Im Jahre 1998 begann die bolivianische Regierung den *Plan Dignidad*, der drei Hauptziele hatte: Ausrottung der Kokapflanzungen, Förderung des Anbaus alternativer Produkte und Verringerung des illegalen Kokainkonsums. Die gewaltsame Vernichtung der Kokafelder mit Unterstützung des Militärs hatte beträchtlichen Erfolg: Der illegale Anbau ging von etwa 40.000 ha 1998 auf etwa 6.000 ha 2001 zurück. Das Programm ist jedoch nicht in ähnlich scharfer Art und Weise gegen die Drogennetzwerke vorgegangen. So haben diese augenscheinlich die Kokapaste aus Bolivien durch peruanische Paste ersetzt. Die Zerstörung der Kokafelder hat zu vehementen Protesten der *campesinos* geführt und die Regierung in eine schwierige Lage gebracht.

Die Situation in Peru ist komplex. Einerseits ging die damalige Regierung gegen den illegalen Transport mittels Flugzeugen vor. Dadurch sind die Kosten für das Kokain und die Vorprodukte gestiegen. Andererseits hat sie einen Teil der Produktion der Kokablätter vernichtet. Der größere Teil des Produktionsrückganges (etwa zwei Drittel) ist aber darauf zurückzuführen, dass die *campesinos* wegen des Preisverfalls ihre Pflanzungen aufgegeben haben. Das bedeutet auch, sollten die Preise wieder steigen, könnten die Felder wieder in Betrieb genommen werden. Zeitungsberichten zufolge soll es jetzt neue Pflanzungen in anderen Gegenden Perus geben; die Verarbeitung ist im Lande verstreut. Es ist zu vermuten, dass die derzeitig geringe Produktion in Peru längerfristig nicht beizubehalten ist.

Die Organisationen der Rauschgifthändler haben sich in Bolivien und Peru ebenfalls gewandelt.[9] In Bolivien hat die Herstellung von Kokabase und von Kokain zugenommen; einige Exportstrukturen mit den Hauptabnehmerländern sind entstanden. Sie sind wahrscheinlich multinational (Bolivien, Kolumbien, Brasilien u.a.) und stehen in direktem Kontakt mit mexikanischen Organisationen. Der Zwischenhandel in Kolumbien wurde ausgeschaltet. Im Jahre 1995 wurde in Lima ein Flugzeug aus La Paz mit Ziel Mexiko aufgebracht; mehrere Tonnen Kokain wurden beschlagnahmt. Absender der Ladung war der Bolivianer Amado Pacheco („Barbachocas"), Empfänger der Mexikaner Amado Carrillo. Dieses Beispiel zeigt, in welche Richtung sich die bolivianischen Organisationen der Drogenmafia in den 90er Jahren entwickelten. Die Verhaftung von Marino Diodato 1998, der wegen Beziehungen zu kriminellen Organisationen in Italien angeklagt wurde, unterstreicht, dass auch die Beteiligung der Bolivianer am internationalen Rauschgiftgeschäft eine gewisse Bedeutung hatte.[10]

In Peru ist wenig über den Strukturwandel der illegalen Exportorganisationen bekannt. Die bis 1998 anhaltend niedrigen Preise für Koka lassen vermuten, dass die Peruaner wenig Erfolg bei der Suche nach einem Ersatz für die Exportbeziehungen mit den kolumbianischen Kartellen hatten. Einige konnten Exportkanäle aufbauen, um kleinere Mengen an Kokain herauszuschmuggeln, unterstützt durch das Militär und wichtige Politiker (Vargas 1996). Der Sturz von Fujimori und die Verhaftung von Montesinos könnten eventuell zur Aufklärung der Entwicklung der illegalen Drogenindustrie in der letzten Dekade in Peru beitragen.

---

[9] Die Analyse wird dadurch erschwert, dass exakte Informationen in diesen Ländern nur schwer zugänglich sind.

[10] Marino Diodato ist italienischer Staatsbürger und mit einer Nichte von General Hugo Banzer, dem 2002 verstorbenen Ex-Staatspräsident von Bolivien, verheiratet. Er wurde zum Offizier in den bolivianischen Streitkräften ernannt.

IV. Der Umfang der illegalen Drogenwirtschaft und ihre ökonomischen Auswirkungen

Das wirtschaftliche Gewicht der Drogenindustrie (Wertschöpfung, Export, Beschäftigung etc.) ist aufgrund ihres illegalen Charakters besonders schwer zu schätzen.[11] Um die Produktion von Kokain für den internationalen Markt zu bestimmen, müssen folgende Variablen geschätzt werden: Anbaufläche mit Koka, Kokagehalt der Blätter nach Regionen (abhängig u.a. vom Alter der Pflanzen, der Menge an Düngemitteln, der Sorgfalt in der Unkrautentfernung etc.), Qualität des Laborpersonals, Effizienz der Raffinierung, Höhe der Verluste in jedem Verarbeitungsschritt, eingeschlossen der Transport auf die internationalen Märkte, interner Konsum von Koka, *bazuco* und Kokain und die im Verlauf der Zeit konfiszierten Mengen von jedem Produkt. Die ökonomische Realität jeder Variablen ist schwierig zu erfassen und macht die Schätzungen insgesamt sehr unsicher.

Die wichtigsten Variablen für die Analyse der Auswirkungen der illegalen Drogenindustrie auf die Wirtschaft der Andenländer sind die Wertschöpfung, der Devisenzufluss nach Produkten und der Beschäftigungseffekt. Aufgrund der Schätzungsprobleme weichen die Angaben stark voneinander ab. Tatsache ist, dass in allen drei Ländern der Anteil der illegalen Drogenwirtschaft am BIP im Vergleich zu den 80er Jahren abgenommen hat.

1. Die Schätzungen der wirtschaftlichen Auswirkungen in Kolumbien

Trotz der genannten Probleme hat man sich in Kolumbien bemüht, die Auswirkungen zu erfassen. Die Schätzmethoden sind ziemlich ausgefeilt, besonders im Vergleich zu anderen Entwicklungsländern.[12]

Wie nicht anders zu erwarten, weichen die Schätzungen stark voneinander ab. Die Wertschöpfung der Drogenindustrie wird auf zwischen etwa US$ 1.000 Mio. und US$ 5.000 Mio. geschätzt. Die Mehrheit der Schätzungen der Wertschöpfung und des Kapitals, das in den 80er Jahren in das Land geflossen ist, liegen bei Summen zwischen US$ 2.000 und US$ 3.000 Mio. Auch diese Beträge sind hoch, vergleicht man sie mit anderen Variablen wie z.B. der durchschnittlichen Bruttokapitalbildung des privaten Sektors (US$ 2.800 Mio.). Die Schätzungen beziehen weder die Einnahmen aus Marihuana (kleine Exportmengen) und Opiaten noch aus der Vermarktung durch Kolumbianer in den USA und in Europa mit ein (Thoumi 1994).[13] Das könnte bedeuten, dass der Zufluss, der

---

[11] Thoumi (1993 und 1994) zeigt im Detail, wie schwierig derartige Schätzungen sind.

[12] Vgl. u.a. Caballero (1988), Gómez (1988 und 1990), Junguito/Caballero (1979), Kalmanovitz (1990), Sarmiento (1990), Urrutia (1990), Thoumi (1993 und 1994) fassen diese Arbeiten zusammen und kommentieren sie. Rocha (1997) und Steiner (1997) haben wichtige Schritte in der Analyse dieser Themen gemacht.

[13] Es handelt sich um eingebürgerte Kolumbianer oder solche mit unbeschränkter Aufenthaltsgenehmigung, die aber weiter in Kolumbien investieren.

sich auf die kolumbianische Wirtschaft auswirkt, etwa US$ 4.000 Mio. pro Jahr erreichen könnte. Das wären rund 6% des Bruttoinlandsprodukts (BIP) in dieser Periode. Die Veränderungen der Drogenindustrie in jüngster Zeit sprechen dafür, dass die Einnahmen stark zurückgegangen sind. Die UNO hat inoffiziell geschätzt, dass sie im Jahr 2000 rund US$ 1.000 Mio. und damit 2% des BIP nicht überschritten haben.

Die Preisstruktur der Kokainwirtschaft auf den verschiedenen Verarbeitungsstufen, wenn auch nicht immer ganz zutreffend, ermöglicht die Auswirkungen der illegalen Drogengeschäfte auf die Wirtschaft der Andenländer zu illustrieren.[14] Die Menge an Kokablättern, die zur Herstellung von einem 1 kg Kokain erforderlich ist, kostet zwischen US$ 400 und US$ 600. 1 kg Kokapaste kostet etwa US$ 800, und 1 kg Kokainbase kostet etwa US$ 1.000. 1 kg Koka wechselt im „Großverkauf" (in Blöcken zu 100 kg oder mehr) für US$ 1.500 bis US$ 1.800 den Besitzer. In den Häfen der USA wird 1 kg zu US$ 15.000 bis US$ 20.000 gehandelt. Der Preis wird mit jeder zusätzlichen Transaktion höher, d.h. verkauft in sehr kleinen Mengen und auf 60-70% Reinheit reduziert, kann 1 kg bis zu US$ 120.000 erzielen.[15] Die Preise in Europa sind höher, auch wenn sie sich in den letzten Jahren tendenziell denen der USA angenähert haben, speziell in Amsterdam.

Die geschätzten Preise erlauben wichtige Schlussfolgerungen: a) Die großen Gewinne der kolumbianischen Drogenwirtschaft werden durch den Schmuggel in die großen Konsumentenländer erzielt. Obwohl sich die Transportkosten auf mehr als US$ 2.500 pro kg belaufen (Zabludoff 1996), sind die Gewinne enorm hoch. b) Um die Exporte zu finanzieren, braucht nur ein kleiner Teil der Einnahmen ins Land zurückzufließen, der größere Teil kann in irgend einem Teil der Welt verbraucht oder investiert werden. Die Analysen über Kapitalflüsse und schwer zu erklärende Veränderungen in der Zahlungsbilanz sind statistisch häufig als Zinsunterschiede zwischen Kolumbien und den internationalen Märkten sowie den Erwartungen bezüglich einer Abwertung in Kolumbien zu erklären. Das heißt, die Kapitalflüsse aus dem Drogengeschäft verhalten sich ähnlich wie irgendein internationaler Kapitalfluss. Deshalb hängen die makroökonomischen Auswirkungen der illegalen Industrie von der Makro-Konjunktur in Kolumbien, den USA und der Geld- und Fiskalpolitik der beiden Regierungen ab.

Die Auswirkungen in den Regionen und kleineren Gebieten sind deutlicher spürbar und eindeutiger abzuschätzen. In den Zonen mit Koka- und Schlafmohnproduktion führen die illegalen Einnahmen zu steigenden Preisen für die Arbeitskräfte und anderen lokalen *Inputs*. Das erschwert die Produktion alternativer Produkte (Thoumi 1994; Rocha 1997). Aus diesem Grund werden diese soweit als möglich aus anderen Gebieten importiert. Die Dienstleistungen, die

---

[14] Die Angaben über Preise sind weitaus vertrauenswürdiger als die Produktionszahlen.

[15] Dieser Betrag erscheint übertrieben, da viele der Kleinsthändler selbst drogensüchtig sind, und mit dem Handel auch ihren eigenen Bedarf zu decken versuchen.

nicht außerhalb der Kokaregionen produziert und transportiert werden können, nehmen aufgrund des steigenden Konsums zu (z.b. Restaurants, Bars, Prostitution etc.).

In den städtischen Standorten der illegalen Vermarktungsorganisationen weiten sich die Dienstleistungen aus; speziell die Bauindustrie expandiert aufgrund der anziehenden Nachfrage durch die Drogenhändler und die Mitglieder des partizipierenden Netzwerkes (Giraldo 1990). In der Landwirtschaft ist der Einfluss der Drogenwirtschaft groß gewesen, da beträchtliche Summen in Immobilien sowie Grund und Boden investiert wurden (Sarmiento/Moreno 1990, Reyes 1990 und 1997). Für 1995 lassen sich in 42% der 1.039 Munizipien des Landes umfangreiche Immobilien- und Landkäufe nachweisen (Reyes 1997). Sie stehen im Zusammenhang mit der Organisierung von paramilitärischen Gruppen, die in ländlichen Gegenden Schutz geben und mit ihren Aktionen häufig die Menschenrechte verletzen.

Durch die illegalen Pflanzungen ist Beschäftigung für die *campesinos* der Gegend geschaffen worden; aber auch Wanderarbeiter sind angezogen worden, die vorher in der Kaffee- oder Reisernte gearbeitet haben. Ende der 90er Jahre hatten diese Effekte regionale Bedeutung, auch wenn die Drogenwirtschaft nur einen geringen Teil der *campesinos* beschäftigt hat.

Die Auswirkungen des Drogenhandels auf die Wachstumsrate sind schwer zu erfassen. Den positiven Effekten aus den Einnahmen des Drogenhandels stehen die negativen Effekte (z.B. die Förderung der Gewalt) des Wachstums dieses illegalen Teils der Wirtschaft gegenüber. Insgesamt ist wahrscheinlich, dass die Auswirkungen auf die Wachstumsrate (BIP-Veränderung) negativ gewesen sind. Zwischen 1945 und 1980 lag die durchschnittliche Wachstumsrate bei etwa 5,5% p.a. In den 80er Jahren ging sie auf durchschnittlich 3,2% p.a. zurück und erholte sich dann leicht zu Beginn der 90er Jahre. Dieser Rückgang der Wachstumsrate lässt sich kaum mittels externer Faktoren erklären; denn in den 80er Jahren war der externe Kontext nicht ungünstiger als in den vorhergehenden Dekaden. Kolumbien ist von der Krise der Auslandsverschuldung aufgrund eines intelligenten Managements seiner externen Verpflichtungen und der öffentlichen Ausgaben verschont geblieben. Möglicherweise ist der Rückgang des Wachstums auf die „Erschöpfung" der wirtschaftlichen Entwicklung durch Importsubstitution zurückzuführen. Aber auch diese Argumentation steht auf schwachen Füßen, denn in den 80er Jahren kämpfte die Industrie mit verschiedenen Krisen aufgrund der externen Konkurrenz und des Schmuggels. Es fand also ein informeller Öffnungsprozess der Wirtschaft statt, und gleichzeitig kam es zu einer Finanzkrise als Folge der stark spekulativen Entwicklung des Industriesektors, begleitet von Korruption (Echavarría 1983). Die 80er Jahre zeichneten sich durch eine Stagnation der Faktorproduktivität in Kolumbien aus (Clavijo 1990), verursacht durch die Veränderungen in der sektoralen Zusammensetzung der Investitionen (Bergbau auf Kosten der Industrie) und der fehlenden Modernisierung der traditionellen Industriebranchen. Ende der 90er Jahre wurde das illegale Drogengeschäft zu einer wichtigen Finanzierungsquelle für den bewaffneten Kampf zwischen Militär, paramilitärischen Gruppen und Guerilla und hatte damit klar negative Effekte. Als Folge davon hat Kolumbien erstmals seit 1999 eine anhaltende Rezession durchgemacht.

Wahrscheinlich ist die illegale Drogenindustrie eine Art Katalysator für ein Bündel von Faktoren gewesen, die zum Rückgang der Wachstumsrate geführt haben: Sie trug zur Herausbildung einer Mentalität der schnellen Bereicherung bei, heizte spekulative Investitionen an[16] und förderte allgemein die Erwartung auf Straflosigkeit bei Verstoß gegen die Wirtschaftsgesetzgebung; sie trug zum Wachstum des informellen Sektors, zum Schmuggel und zur Zersetzung des Finanzsystems bei; sie schuf Investitionen zum Zweck der Geldwäsche; sie ließ den Anteil der Einkommens- und Vermögensbezieher anwachsen, der Steuern hinterzog, und erhöhte damit die Fiskallast für den legalen Teil der Wirtschaft; sie hatte entscheidenden Einfluss darauf, dass Gewalt als Mittel der Bereicherung und der Konfliktlösung eingesetzt wurde; sie zwang die Unternehmen, ihre Maßnahmen gegen internen Diebstahl zu erweitern. Zudem förderte der Beitrag zum bewaffneten Konflikt die Kapitalflucht und bremste die Investitionsneigung. Alle diese Faktoren wirkten wahrscheinlich zusammen und trugen zum Rückgang der Wachstumsrate und zur Wirtschaftskrise Anfang des 21. Jahrhunderts in Kolumbien bei.

2. Die Schätzungen der wirtschaftlichen Auswirkungen in Bolivien

Auch im Fall von Bolivien ist die Bandbreite der Schätzungen über den Umfang der illegalen Drogenwirtschaft und seine Wertschöpfung groß.[17] Jedoch gehen diese Schätzungen von speziellen Annahmen aus, z.B. dass sämtliche Kokablätter zu Paste verarbeitet werden und dass die gesamte Wertschöpfung dieser Stufe Bolivien zuzurechnen ist. Ein Teil der Paste wird exportiert, der andere zu Kokainbase verarbeitet. Die Autoren nehmen an, dass in diesem Schritt ein Teil der Wertschöpfung Bolivien und der andere Teil dem Ausland zuzurechen ist. Die Grundsubstanz wiederum wird teilweise exportiert und teilweise zu Kokain raffiniert. Auch hier wird die Wertschöpfung zwischen Bolivien und dem Ausland aufgeteilt;[18] im Allgemeinen wird jedoch davon ausgegangen, dass die beteiligten Ausländer Kolumbianer sind.

Eine weitere Besonderheit der bolivianischen Schätzungen ist die Annahme, dass ein hoher Anteil der Gewinne, der von den Bolivianern im Verarbeitungsprozess zu Kokainbase und zu Kokain erzielt wird, in Investitionen im Ausland

---

[16] Unter anderem hemmte sie Projekte in Industrie und Landwirtschaft mit langer Reifezeit.

[17] Painter (1994 Kap. 3) fasst die zur Verfügung stehenden Schätzungen zusammen. Siehe auch Doria Medina (1986), Ayala (1999) und Joel (1999).

[18] Diese Berechnungen haben die grundsätzliche Schwäche, dass es keine wissenschaftlich fundierte Methode gibt, das genaue Verhältnis von Bolivianern und Ausländern an der Wertschöpfung festzustellen; sie sind im besten Falle *suposiciones educadas*.

angelegt wird, da es in Bolivien keine ausreichenden Investitionsmöglichkeiten für illegales Kapital gebe.

Bis 1997 schätzten die verschiedenen Autoren – je nach Referenzjahr – dass die Exporte von Kokapaste, Kokainbase und Kokain zwischen 38% und 112% der legalen registrierten Exporte betrugen. Die Wertschöpfung der Drogenindustrie wurde auf zwischen 15% und 20% des BIP geschätzt. Dagegen legte Joel (1999) niedrigere Schätzungen vor: als direkte Wertschöpfung in Bolivien zwischen US$ 152 Mio. und US$ 204 Mio. p.a. unter der Annahme, dass die Bolivianer nicht am Schmuggel und am internationalen Drogenhandel partizipieren und dass die Einnahmen, die tatsächlich in das Land geflossen sind, zwischen US$ 115 Mio. und US$ 133 Mio. ausmachen.

Gemäß Joel betragen die direkte und die indirekte Wertschöpfung, einschließlich der Multiplikatoreffekte, zwischen US$ 227 Mio. und US$ 263 Mio. Das heißt, zwischen 3,8% und 4,4% des BIP. Joel untersuchte auch alternative Szenarien, die auf verschiedenen Annahmen über die Beteiligung von bolivianischen Immigranten am internationalen Drogenhandel beruhen. Unter der Annahme, dass ein Viertel der bolivianischen illegalen Exporte von Paste und Kokain durch Bolivianer kontrolliert wird, dass 5% der Gewinne zurückfließen und dass zwei Drittel davon in Bolivien angelegt oder konsumiert werden, schätzt er, dass sich der Beitrag zum BIP von 4% auf 7% erhöhen dürfte.

In ähnlicher Weise berechnete Joel die Bruttoexporte von Kokainbase und Kokain mit zwischen US$ 156 Mio. und US$ 242 Mio., von denen zwischen US$ 73 und US$ 109 Mio. im Lande verbleiben. Das wäre zwischen 8,8% und 13,2% der legalen Ausfuhren.

Derselbe Autor schätzt, dass die illegale Drogenwirtschaft im Chapare etwa 71.300 direkte Arbeitsplätze geschaffen hatte, und dass die Gesamtbeschäftigung – direkt und indirekt – sich auf zwischen 107.000 und 135.000 Personen beläuft. Das sind rund 5% bis 6,4% der legalen Beschäftigung insgesamt. Andere Autoren schätzten die Beschäftigung auf zwischen 120.000 und 300.000 Personen, mehrheitlich in der Landwirtschaft. Zwischen 6,7% und 13,5% der Erwerbstätigen hängen demnach also von der illegalen Drogenwirtschaft ab.

Die Annahme, wie groß der Anteil von der Wertschöpfung ist, der im Lande verbleibt, spielt eine wichtige Rolle in der Erfassung der Auswirkungen der illegalen Drogenwirtschaft in Bolivien. Während der größte Teil der im Lande verbleibenden Einnahmen in der Landwirtschaft entstanden und damit ein Entgelt für die *campesino*-Arbeit war, konzentrierten sich auch die Gewinne der Industrie bei den armen *campesino*. Es entstanden also keine größeren Veränderungen in der Machtstruktur des Landes. Sollte das zutreffen, wurde die Mehrzahl der Einnahmen aus der illegalen Drogenindustrie für Konsumgüter und die Verbesserung der bäuerlichen Behausungen ausgegeben; wenig wäre dagegen in städtischen Sektoren wie Industrie, Immobilien, Dienstleistungen etc. angelegt worden.

Die Volksmeinung über die Effekte der Koka- und Kokainindustrie in Bolivien erkennt die Bedeutung der illegalen Drogenwirtschaft für die Schaffung von Arbeitsplätzen und für die Devisenerzeugung an. Sie ist auch der Ansicht, dass der größere Anteil der Einkommen auf die armen *campesinos* entfällt und die Machtstrukturen kaum beeinflusst. Ohne Zweifel ist diese Version über die Auswirkungen der illegalen Drogenindustrie sehr wohlwollend und zugleich zweckmäßig; denn die Vielzahl der die Gesellschaft korrumpierenden Effekte könnten auf diese Weise unter den Teppich gekehrt werden. Das dürfte jedoch ein Irrtum sein.

Die makroökonomische historische Analyse über die Auswirkungen der Kokawirtschaft kommt zu dem Schluss, dass sowohl die Devisen als auch die Beschäftigung aus dieser illegalen Aktivität den wirtschaftlichen Anpassungsprozess ab 1985 abgefedert haben. Die strukturelle Anpassung hätte schwere soziale Unruhen verursacht, wenn sich die Kokapflanzungen nicht ausgedehnt und viel zusätzliche Arbeitskraft gebunden hätten. Das gilt speziell für die Bergarbeiter, die durch den Anpassungsprozess ihren Arbeitsplatz verloren hatten (Painter 1994).

Zweifelsohne ist die bolivianische Wirtschaft von der Koka- und Kokainindustrie sehr abhängig gewesen und der als erfolgreich gepriesene Prozess der Zerstörung von Kokafeldern im großen Stil hat das Land in eine schwere Krise gestürzt, denn eine wichtige Quelle für Einkommen und Beschäftigung der *campesinos* wurde damit vernichtet.

3. Die Schätzungen über die wirtschaftlichen Auswirkungen in Peru

Die Arbeit von Álvarez & Asociados (1996)[19] evaluiert verschiedene bis dahin vorgenommene Schätzungen. Auf dieser Grundlage und anhand eigener Feldforschung sowie der Auswertung von Sekundärmaterial haben sie eigene Schätzungen erarbeitet. Die Untersuchung zeigt, dass seit Beginn der 80er Jahre der Umfang der Pflanzungen zwar zugenommen hat, das relative Gewicht der Drogenindustrie in der peruanischen Wirtschaft aufgrund des enormen Preisverfalls aber entscheidend zurückgegangen ist. Diese Entwicklung akzentuierte sich in den 90er Jahren. 1988 entfielen etwa 8% des BIP auf die illegale Drogenwirtschaft; dieser Prozentsatz ging bis 1995 auf weniger als 2% zurück. Gleichzeitig hat die Mehrzahl der *campesinos* aufgehört, nur Koka anzubauen; sie hat begonnen, Paste und Kokainbase herzustellen. Die räumliche Verteilung der Pflanzungen hat sich ebenfalls verändert. Sie sind jetzt in fast allen Departements anzutreffen. Wie zu erwarten war, zeigen die Schätzungen, dass die Einkommen der Familien, die Koka anbauen, auch wenn sie über den Einkommen anderer Bauern liegen, sehr gering sind. Sie erreichen nur etwa die Höhe des durchschnittlichen Pro-Kopf-Einkommens (US$ 1.500) pro Jahr.

Die Schätzungen der Anbauflächen differieren stark und liegen je nach Quelle zwischen 100.000 ha und 300.000 ha. Álvarez & Asociados schätzen die Fläche für 1993 auf zwischen 145.000 ha und 175.000 ha.

---

[19] Die Untersuchung wurde von UNDP finanziert.

Die direkte Beschäftigung geben die Autoren für 1993 mit 150.000 bis 175.000 Arbeitskräften an. Das entspricht 7% der ländlichen Erwerbstätigen und 2% der Erwerbstätigen insgesamt. Die Kopplungseffekte der Drogenwirtschaft scheinen größer zu sein als erwartet: z.b. wird der Kauf von Chemikalien auf zwischen 13% und 18% der Nachfrage nach industriellen Zwischenprodukten geschätzt.

Álvarez & Asociados analysieren auch die makroökonomischen Auswirkungen anhand von statistischen Angaben pro Trimester zwischen 1981 und 1995. Die Ergebnisse unterstreichen einen Zusammenhang (*cointegración*) zwischen Inflations- und Wechselkursrate, Devisenreserven und illegalen Exporten. Das heißt, trotz der allmählichen Abnahme der Bedeutung der illegalen Drogenindustrie für die peruanische Wirtschaft, sind auch weiterhin wichtige makroökonomische Effekte spürbar. Die Analyse lässt auch den Schluss zu, dass die Monetarisierung der Devisen aus dem Drogengeschäft zwischen 1981 und 1988 wesentlich größer gewesen ist als in jüngster Zeit. Die illegale Drogenwirtschaft hat zudem einen wichtigen Einfluss auf die Börse, speziell die Aktiennotierungen gehabt. Aktienkäufe wurden zur Wäsche illegaler Aktiva verwandt.

Als einen regionalen Effekt in den Produktionszonen haben Álvarez & Asociados festgestellt, dass ein Teil der Produktionszonen Symptome der „holländischen Krankheit" aufweist. Das sind: Zunahme der Arbeitskosten, Verdrängung der traditionellen Anbauprodukte durch die Kokapflanze, Ausweitung des Dienstleistungssektors und des Angebotes von Transportmöglichkeiten für „problematische" Produkte, Preissteigerungen für nicht importierbare Produkte, Verteuerung der Region im landesweiten Vergleich. Auch die Einkommen der Kokabauern liegen wesentlich höher als im Durchschnitt. Zweifelsohne hat sich die Kolonisierung der peruanischen *Selva* in den letzten zwei Jahrzehnten durch die illegale Drogenwirtschaft dynamisiert; ohne sie wäre die Entwicklung wesentlich langsamer gewesen.

Die illegale Drogenwirtschaft hat wesentlich zur Umweltzerstörung z.B. zur Verseuchung des Wassers, zur Vernichtung von Fauna und Flora und zur Auslaugung der Böden beigetragen. Diese Probleme sind Folgen der nicht adäquaten Verwendung von chemischen Produkten in den Pflanzungen (viele Unkrautvernichtungsmittel und Düngemittel sind in den USA und Europa verboten, kommen aber geschmuggelt ins Land); zudem schütten die *campesinos* die chemischen Produkte in die Gewässer, und da ihnen der Grund und Boden nicht gehört, sind sie an langfristigem Erhalt wenig interessiert. Sie versuchen kurzfristig ihren Gewinn zu maximieren. Die geschilderten Praktiken beeinträchtigen auch den Gesundheitszustand der *campesinos*.

Der Rückgang des Kokaanbaus in den letzten Jahren hatte ähnliche Auswirkungen wie in Bolivien, wenn auch weniger gravierend aufgrund der geringeren Bedeutung der illegalen Drogenwirtschaft für Beschäftigung und Einkommen der peruanischen *campesinos*.

V. Die illegale Drogenwirtschaft und die Verwundbarkeit des politischen Systems

Wie im vorigen Kapitel geschildert, sind die Auswirkungen der illegalen Drogenindustrie auf die Wirtschaft der Andenländer bedeutsam und vielfältig. Jedoch können die Auswirkungen auf die politischen Systeme der Andenländer schwerwiegender sein als auf ihre Volkswirtschaften. Die politische Krise in Kolumbien während der Regierung Samper – dieser hatte Drogengelder in seiner Wahlkampagne verwandt – ist ein Beispiel dafür.

Die Effekte auf die politischen Systeme stehen im Zusammenhang mit der Notwendigkeit und der Fähigkeit der illegalen Drogenindustrie, sich Schutz für ihre Aktivitäten zu erkaufen. Diese hängen von den Produktionsprozessen ab, davon wie sie organisiert sind und wie dringend der Schutz gebraucht wird. Zum Beispiel gehen von den illegalen Pflanzungen in Bolivien tendenziell kaum Impulse aus, die Korruption entstehen zu lassen: die *campesinos* sind arm, die Gewerkschaften und die kommunalen Organisationen vermitteln zwischen ihnen und der Regierung. Die Notwendigkeit für speziellen Schutz ist weitaus geringer als im Fall der kolumbianischen Kokapflanzer, die keine derartigen Organisationen haben. Die industriellen Aktivitäten der Herstellung der Kokapaste, der Kokainbase und des Kokains dagegen benötigen in der Regel Schutz von Seiten der lokalen Autoritäten oder der Guerilla. Diese Tätigkeiten, ebenso wie der illegale Export, fördern tendenziell die Korruption in den lokalen politischen Strukturen.

Die Volkswirtschaften sämtlicher Andenländer sind klein. Das heißt, wenn die illegale Drogenwirtschaft große Mengen an Kapital akkumuliert, ist sie gezwungen, auf hoher Ebene die politische Elite zu korrumpieren, um so große Mengen an Geld waschen zu können. Sowohl Personen als auch Staaten können nur begrenzte Mengen an Devisen und Kapital waschen, ohne Verdacht zu erregen (Thoumi 1996). Im Fall von Kolumbien haben die illegale Exportwirtschaft von Drogen und ihre riesigen Gewinne, konzentriert in wenigen Händen, enormen Druck geschaffen, sich starken politischen Schutz zu erkaufen und auf diese Weise die illegal akkumulierten Aktiva zu schützen. Das war auch der Grund, warum Drogenbosse Präsidentschaftskampagnen finanzierten, Einfluss auf den Kongress ausübten und damit eine Krise des politischen Systems herbeiführten.

Lee III und Thoumi (1998) analysieren im Detail die Verwundbarkeit des politischen Systems in Kolumbien durch das illegale Kapital. Das politische System zeichnet sich durch eine große Abhängigkeit von diesem Kapital und den großen Finanzgruppen des Landes aus. Die Verwundbarkeit ist so enorm hoch, da der Drogenhandel eine außerordentlich hohe Kapazität zur Bestechung in vielen Schlüsselbereichen hat. Zum Beispiel war der Beitrag des Drogenhandels zu allen Wahlkampagnen im Jahr 1994 – er wird maximal auf nicht mehr als US\$ 20 Mio. geschätzt – verglichen mit den Einnahmen der Drogenwirtschaft in Kolumbien eine lächerliche Summe: Für eine Industrie, die keine Steuern auf ihre Gewinne zahlt, ist 1% ihres Einkommens eine irrelevante Größe.

In vielen Regionen und Dörfern können die Drogenhändler relativ unbemerkt politischen Einfluss erlangen, sofern sie sich Hintergrund halten und nicht direkt polizeilich gesucht werden. In Kolumbien scheint dies ein verbreitetes Phänomen zu sein. In vielen Fällen ist also die Gesellschaft Komplize der illegalen Geschäfte, die sie gleichzeitig verurteilt.

In Peru und Bolivien gibt es keine neueren Studien über die Korruption durch den Drogenhandel, auch wenn Cotler (1999) die Entwicklung in der peruanischen Gesellschaft analysiert, die zur Tolerierung der illegalen Aktivitäten, einschließlich der kriminellen Drogenwirtschaft, geführt hat. In Peru sind die illegalen Kokapflanzungen weit von der Hauptstadt entfernt; große Kartelle existieren nicht, und die Limeños neigen dazu, „Peru den Rücken zuzukehren". Diese drei Faktoren lassen vermuten, dass sich die Korruption der illegalen Drogenindustrie im lokalen Ambiente der Produktionszonen abgespielt und nicht – wie im Fall von Kolumbien – die gesamte Gesellschaft durchdrungen hat. Allerdings hat sich das Militär beim Kampf gegen die subversiven Aktivitäten und die Vernichtung der Kokapflanzungen in eine verwundbare Position manövriert. González Manrique (1989) und Vargas (1996) dokumentieren die Beziehungen zwischen dem Drogenhandel und Angehörigen der Streitkräfte sowie Persönlichkeiten „aus der Nähe" des Präsidenten. Allerdings sind die Art, der Umfang und die Stärke der Beziehungen nicht detailliert untersucht worden, obwohl es

> bis Dezember 1995 in Peru 390 Mitglieder der Streitkräfte in hohen Positionen, darunter verschiedene Generäle gegeben hat, die wegen Komplizentum mit dem Drogenhandel abgeurteilt worden sind (Vargas 1996: 54).

Diese Tatsache unterstreicht einmal mehr die Existenz der Beziehungen und zeigt gleichzeitig die Reaktion der Regierung auf dieses Phänomen.

Der bolivianische Fall ist komplexer. Bolivien ist gemäß seiner Einwohnerzahl ein kleines Land mit einer hohen Konzentration der Einkommen: zur traditionellen Wirtschaftselite dürften wahrscheinlich nicht mehr als 50.000 Personen gehören. Das bedeutet, dass jedwede neue Industrie, die mit zwischen 4% und 8% zum Volkseinkommen beiträgt, diese Elite mit einbeziehen muss. Wie Gamarra (1994) feststellt, bestehen die Beziehungen zwischen Militär und Drogenwirtschaft seit langem; sie wurden von der Regierung der USA aufgrund ihrer Bemühungen, den Kommunismus zu bekämpfen, über lange Zeit toleriert. Das wurde in den 70er Jahren offenkundig und beschäftigte Anfang der 80er Jahre die Öffentlichkeit, als Ex-General García Meza tief in die Drogenwirtschaft involviert war und seine Regierung sich fast zu einer „Narco"-Administration entwickelt hatte. Anfang der 90er Jahre stellten sich verschiedene Drogenhändler der Justiz: Dadurch drangen Informationen über die Beziehungen zwischen der Regierung Paz Zamora und einigen Drogenhändlern an die Öffentlichkeit. Alles das unterstreicht die Verwundbarkeit des politischen Systems in Bolivien in Bezug auf die illegale Drogenwirtschaft. Jedoch ist die allgemein verbreitete Meinung in Bolivien, dass – nachdem sich die Drogenhändler Anfang der 90er Jahre der Polizei gestellt hätten – Kolumbianer ihre Positionen eingenommen haben, die jetzt das illegale Geschäft unter Kontrolle halten. Das verringert das Risiko für die bolivianische Gesellschaft, von der illegalen Drogenwirtschaft unterwandert zu werden. Aber die vorher bereits erwähnte Beschlagnahmung des Flugzeugs scheint das Gegenteil zu suggerieren. Allem Anschein nach haben die große politische Bedeutung der Kokapflanzer und die Intensität des Kampfes gegen die kolumbianischen Kartelle den bolivianischen Gruppen ermöglicht, relativ „ungeschoren" ihren illegalen Geschäften nachzugehen. Wenn dem so ist, wird es eines Tages durch die Geschichte offen gelegt werden.

Übersetzung: Mechthild Minkner-Bünjer

Literaturverzeichnis

Álvarez, Elena & Asociados (1996): *Estructura Económica, Tamaño e Implicaciones Económicas de las Drogas Ilegales en el Perú*, Lima.

Arango, Mario/Jorge Child (1987): *Narcotráfico: imperio de la cocaína*, México D.F..

--- (1988): *Impacto del narcotráfico en Antioquia*, tercera edición, Medellín.

Asociación Nacional de Instituciones Financieras (ANIF) (1995): „Implicaciones económicas del desmonte del cartel de Cali", in: *Carta Financiera*, ANIF: Bogotá.

Ayala, Victor Hugo (1999): „La economía de la hoja de coca", unveröffentlichtes Manuskript.

Bejarano, Jorge (1947): *Cocaísmo en Colombia*, Reunión Anual de la Asociación Colombiana de Medicina, Bogotá.

Betancourt, Darío/Martha L. García (1994): *Contrabandistas, Marimberos y Mafiosos: Historia Social de la Mafia Colombiana (1965-1992)*, Bogotá.

Bonilla, Adrián (1991): „Ecuador: actor internacional en la guerra de las drogas", in: Bruce Bagley/Adrián Bonilla/Alexei Páez (comps.): *La Economía Política del Narcotráfico: el caso ecuatoriano*, FLACSO, Quito y North South Center, University of Miami, Miami.

Bula, Mayra (1988): „Antecedentes en las culturas nativas", in: Augusto Pérez Gómez: *Historia de la drogadicción en Colombia*, Bogotá.

Caballero, Carlos A. (1988): „La economía de la cocaína: algunos estimativos para 1988", in: *Coyuntura Económica*, Vol. 18, No. 3, S. 179-184.

Caballero, Antonio (1996): „El costo de dos visas", in: *Semana*, 744.

Camacho Guizado, Álvaro (1988): *Droga y Sociedad en Colombia: el poder y el estigma*, Bogotá.

Cano Isaza, Alfonso (1997): „De la doble moral y la extradición", in: *El Espectador*, 09.03.1997: 2-A.

Carter, William E./Mauricio Mamani (1986): *Coca en Bolivia*, La Paz.

Clavijo, Sergio (1990): „Productividad laboral, multifactorial y la tasa de cambio real en Colombia", in: *Ensayos sobre política económica*, No. 17, S. 73-79.

Clawson, Patrick L./Rensselaer Lee III (1996): *The Andean Cocaine Industry*.

Correa, Patricia (1984): „Determinantes de la cuenta de servicios de la balanza cambiaria", in: *Ensayos sobre política económica*, No. 6.

Cotler, Julio (1999): *Drogas y Política en el Perú*, Lima.

Craig, Richard B. (1981): „Colombian Narcotics and United States-Colombian Relations", in: *Journal of Interamerican Studies and World Affairs*, Vol. 23, No. 3, S. 243-270.

Del Olmo, Rosa (1992): *¿Prohibir o domesticar? Políticas de drogas en América Latina*, Caracas.

De Rementería, Iván (1995): *La Elección de las Drogas: Examen de las Políticas de Control*, Lima.

De Roux, Rodolfo R. (1990): *Dos Mundos Enfrentados*, Bogotá.

Dombois, Rainer (1990): „¿Por qué Florece la Economía de la Cocaína Justamente en Colombia?", in: Juan G. Tokatlian/Bruce Bagley (eds): *Economía y Política del Narcotráfico*, Bogotá.

Doria Medina, Samuel (1986): *La Economía Informal en Bolivia*, La Paz.

Echavarría O., Hernán (1983): *El escándalo de los fondos Grancolombiano y Bolivariano en el gobierno del Doctor Turbay Ayala*, Medellín.

Fajardo Sainz, Humberto (1993): *La Herencia de la Coca: Pasado y Presente de la Cocaína*, Santa Cruz.

Gamarra, Eduardo A. (1994): *Entre la Droga y la Democracia*, La Paz.

Giraldo, Fabio (1990): „Narcotráfico y construcción", in: *Economía Colombiana*, Nr. 226-227, S. 38-49.

Gómez, Hernando J. (1988): „La economía ilegal en Colombia: tamaño, evolución e impacto económico", in: *Coyuntura Económica*, Vol. 18, No. 3, S. 93-113.

--- (1990): „El tamaño del narcotráfico y su impacto económico", in: *Economía Colombiana*, Nos. 226-227, S. 8-17.

González Manrique, José E. (1989): „Perú: Sendero Luminoso en el Valle de la Coca", in: *Comisión Andina de Juristas 1989: Coca, Cocaína y Narcotráfico: laberinto en los Andes*, Lima.

Gugliotta, Guy/Jeff Leen (1990): *Kings of Cocaine*, New York.

Healy, Kevin (1991): „Political Ascent of Bolivia's Peasant Coca Leaf Producers", in: *Journal of Interamerican Studies and World Affairs*, Vol. 33, No. 1, S. 87-121.

Henman, Anthony (1978): *Mama Coca*, London.

Joel, Clark (1999): „Tamaño y efecto macroeconómico de la industria de la coca/cocaína en la economía boliviana", unveröffentlichtes Manuskript.

Junguito, Roberto/Carlos Caballero (1997): „La otra economía", in: *Coyuntura económica*, Vol. VIII, No. 4, S. 103-139.

Kalmanovitz, Salomón (1990): „La economía del narcotráfico en Colombia", in: *Economía Colombiana*, Nr. 226-227, S. 18-28.

Krauthausen, Ciro/Luis F. Sarmiento (1991): *Cocaína & Co.: un mercado ilegal por dentro*, Bogotá.

Laserna, Roberto/Gonzalo Vargas/Juan Torrico (1999): „La estructura industrial del narcotráfico en Cochabamba", unveröffentlichtes Manuskript.

Leal, Claudia (1995): *A la Buena de Dios*, Bogotá.

López Toro, Álvaro (1970): *Migración y Cambio Social en Antioquia Durante el Siglo Diez y Nueve*, Bogotá: Centro de Estudios sobre Desarrollo Económico, Universidad de Los Andes.

MacDonald, Scott B. (1988): *Dancing on a Volcano: the Latin American Drug Trade*, New York.

Medina, Carlos (1990): *Autodefensas, Paramilitares y Narcotráfico en Colombia*, Bogotá.

Molano, Alfredo (1987): *Selva adentro: una historia oral de la colonización del Guaviare*, Bogotá.

Mora, Leonidas (1989[3]): „Las condiciones económicas del Medio y Bajo Caguán", in: Jaime Eduardo Jaramillo/Leonidas Mora/Fernando Cubides (comps.): *Colonización, coca y guerrilla*, Bogotá.

Mora de Tovar, Gilma (1988): *Aguardiente y Conflictos Sociales en la Nueva Granada Siglo XVIII*, Bogotá.

Morales, Edmundo (1989): *Cocaine: White Gold Rush in Peru*, Tucson.

Painter, James (1994): *Bolivia & Coca: a Study in Dependency*, Boulder.

Reyes, Alejandro (1990): „La violencia y la expansión territorial del narcotráfico", in: Juan Tokatlian/Bruce Bagley (eds.): *Economía y Política del narcotráfico*, Bogotá.

--- (1997): „Compra de tierras por narcotraficantes en Colombia", in: Francisco E. Thoumi (comp.): *Drogas ilícitas en Colombia: su impacto político, económico y social*, Bogotá.

Rocha, Ricardo (1997): „Aspectos económicos de las drogas ilegales en Colombia", in: Francisco E. Thoumi (comp.): *Drogas ilícitas en Colombia: su impacto político, económico y social*, Bogotá.

Ruíz Hernández, Hernando (1979): „Implicaciones sociales y económicas de la producción de la marihuana", in: Asociación Nacional de Instituciones Financieras (ANIF) (Hrsg.): *Marihuana: legalización o represión*, Bogotá.

Sanabria, Harry (1993): *The Coca Boom and Rural Social Change in Bolivia*, Ann Arbor.

Santos Calderón, Enrique (1989): *Fuego Cruzado: Guerrilla, narcotráfico y paramilitares en la Colombia de los ochenta*, Bogotá.

Sarmiento, Eduardo (1990): „Economía del narcotráfico", in: Carlos G. Arrieta et al. (eds.): *Narcotráfico en Colombia: dimensiones políticas, económicas, jurídicas e internacionales*, Bogotá.

Sarmiento, Libardo/Carlos Moreno (1990): „Narcotráfico y sector agropecuario en Colombia", in: *Economía Colombiana*, Nr. 226-227, S. 29-37.

Steiner, Roberto (1997): *Los Dólares del Narcotráfico*, Cuadernos de Fedesarrollo 2, Bogotá.

Thoumi, Francisco E. (1992): „Why the Illegal Psychoactive Drugs Industry Grew in Colombia", in: *Journal of Interamerican Studies and World Affairs*, 34, 3, S. 37-63.

--- (1993): „La Repercusión Económica de los Narcóticos en Colombia", in: Peter Smith (comp.): *El Combate a las Drogas en América*, Mexico.

--- (1994): *Economía política y narcotráfico*, Bogotá.

--- (1995): „Los efectos económicos de la industria de drogas ilegales y las agendas de política en Bolivia, Colombia y Perú", in: *Colombia Internacional*, No. 29, enero-marzo de 1995.

--- (1996): *Legitimidad, lavado de activos y divisas, drogas ilegales y corrupción en Colombia*, Vortrag für die Aufnahme in die Kolumbianische Akademie der Wirtschaftswissenschaften.

Tokatlian, Juan G. (1990): „La política exterior de Colombia hacia Estados Unidos, 1978-1990: el asunto de las drogas y su lugar en las relaciones entre Bogotá y Washington", in: Carlos G. Arrieta et al. (eds.): *Narcotráfico en Colombia: dimensiones políticas, económicas, jurídicas e internacionales*, Bogotá, S. 277-374.

Twinam, Ann (1980): „From Jew to Basque: Ethnic Myths and Antioqueño Entrepreneurship", in: *Journal of Interamerican Studies and World Affairs*, Vol. 22, Nr. 1, S. 81-107.

United States Department of State, Bureau of International Narcotics Matters (1991): *International Narcotics Control Strategy Report*.

Uribe, Sergio (1997): „Los cultivos ilícitos en Colombia", in: Francisco E. Thoumi (comp.): *Drogas ilícitas en Colombia: su impacto político, económico y social*, Bogotá.

Urrutia, Miguel (1990): „Análisis costo-beneficio del tráfico de drogas para la economía colombiana", in: *Coyuntura Económica*, Vol. 20, No. 3, S. 115-126.

---/Adriana Pontón (1993): „Entrada de capitales, diferenciales de interés y narcotráfico", in: *Macroeconomía de los flujos de capital en Colombia y América Latina*.

Vargas, Ricardo (1996): „Colombia y el Área Andina: los vacíos de la guerra", in: *Controversia*, No. 169.

Vidart, Daniel (1991): *Coca, Cocales y Coqueros en América Latina*, Bogotá.

Whynes, David K. (1992): „The Colombian Cocaine Trade and the 'War on Drugs'", in: Alvin Cohen/ Frank R. Gunter (Hrsg.): *The Colombian Economy: Issues of Trade and Development*.

Yrigoyen y Soberón (1994): „Narcotráfico y control penal", in: Comisión Andina de Juristas: *Drogas y Control Penal en Los Andes: deseos utopías y efectos perversos*, Lima.

Zabludoff, Sid (1998): „Colombian Narcotics Organizations as Business Enterprises", in: *Transnational Organized Crime*, 3.2, S. 20-49.

Mechthild Minkner-Bünjer

Wirtschaftsreformen und sozio-ökonomische Ausgrenzung in den Andenländern: Ein neues Krisenszenarium in Sicht?

1. Problemstellung: Strukturreformen in der Krise?

Bolivien, Ekuador und Peru, die zentralen Andenländer mit einem hohen Anteil an indigener und armer Bevölkerung, aber auch ihre Nachbarn Kolumbien und Venezuela, haben von Anfang der 90er Jahre bis heute ein Jahrzehnt mit ‚mehr Schatten als Licht' durchlebt. Die CEPAL (2002a: 5) spricht sogar von einer „media década perdida" für die Region seit 1997.

Nach der „verlorenen Dekade" der 80er Jahre als Folge der Krise der Auslandsverschuldung und der Stabilisierungsprogramme hofften Regierungen, Bevölkerung und internationale Gemeinschaft, dass mittels der Reformen der Wirtschafts- und Sozialstrukturen ab Ende der 80er Jahre ein hohes und stabiles Wachstum und eine sozial verträgliche Modernisierung in Gang gesetzt werden könnten. Die nach außen gerichtete und auf marktwirtschaftlichen Mechanismen basierende Entwicklungsstrategie sollte die protektionistische importsubstituierende Industrialisierung (ISI) ablösen. Mit der neuen Strategie würden die Länder (netto) mehr Arbeitsplätze und Einkommen als mit der ISI schaffen, und auf diese Weise die Unterbeschäftigung und die Konzentration der Einkommen verringern und die Massenarmut abbauen. Mit diesem hohen Anspruch kam nicht nur die neoliberale Wirtschaftspolitik auf den Prüfstand, sondern auch die Leistungsfähigkeit der demokratisch gewählten Regierungen.

Schon ab Mitte der 90er Jahre begann sich Enttäuschung über die Ergebnisse der Reformanstrengungen breit zu machen. Weder stabilisierten sich die durchschnittlichen Wachstumsraten, noch erhöhten sie sich im Vergleich zu den 70er Jahren, obwohl zum Teil drastische Strukturanpassungen mit hohen sozialen Kosten durchgeführt wurden. Skepsis kam auf, ob die vom IWF und von der Weltbank stereotyp verordneten Maßnahmen angesichts der heterogenen Volkswirtschaften und des unterschiedlichen Entwicklungsstandes erfolgreich sein könnten. Denn trotz Liberalisierung und zunehmender Integration in die Weltwirtschaft, trotz beeindruckender Verringerung der Inflationsrate und zum Teil beachtlicher Konsolidierung der Staatshaushalte blieben Wachstum und Arbeitsplatzschaffung sowie Armutsverringerung in den Andenländern weit hinter den Zielen zurück. Eine Vielzahl von Fragen, in denen der Schlüssel zur Lösung der Probleme zu liegen schien, drängte sich nunmehr auf. Wie weit beeinflussten die Ausgangssituation in den Ländern, der Rhythmus der Reformpolitik und die Kombination der Strukturmaßnahmen die Ergebnisse? Wie weit waren Regierung und Bevölkerung willens und fähig, drastische Veränderungen in der Wirtschafts- und Sozialpolitik und in den staatlichen Institutionen vorzunehmen bzw. mitzutragen? Welche Art und Qualität von Wachstum waren geeignet, um die strukturelle Modernisierung voranzubringen? Welche Gruppen müssten die Hauptnutznießer des Wachstums sein, und mit welchen Akteuren könnte und sollte dieses erzielt werden? Wie hoch müssten die Wachstumsraten sein? Wie und mit welchen Instrumenten würden die Früchte des Wachstums verteilt? Würden die wirtschaftlichen und institutionellen Reformen ausreichen, um den sehr niedrigen Lebensstandard der Masse anzuheben? Diese – gemäß den Ländern sehr differenziert zu beantwortenden Fragen – hatten die Befürworter der Reformagenda von Washington 1990 („Washington Consensus") und die internationalen Gläubiger, speziell der in der Lösung der Krise und der Reformpolitik dominierende Internationale Währungsfonds (IWF), nicht genügend Beachtung geschenkt. Die Mehrzahl der Fragen ist für die Andenländer bis heute ungenügend untersucht und nicht zufriedenstellend in sich bzw. widersprüchlich beantwortet.

Regierungen und Bevölkerung machen – nach dem Scheitern des Entwicklungsmodells der ISI in den 70er Jahren – erneut die leidvolle Erfahrung, dass es keine „Blaupausen" gibt,[1] in welcher Form die Länder sich nachhaltig entwickeln könnten; welche Art von Weltmarktintegration unter welchen länderspezifischen Umständen vorzunehmen sei; welche Antworten die Länder auf die Globalisierung und die sozialen Herausforderungen zu geben im Stande sein würden. Denn nicht nur für die Transformation der obsoleten *desarrollismo*-Strukturen der Andenländer waren Reformen notwendig, sondern auch die Globalisierung, die Lateinamerika in den 90er Jahren zu überrollen begann, „erzwang" Reaktionen und Anpassung in allen Ländern. Die politischen Bedingungen waren in den Andenländern zwar von unterschiedlicher Qualität, aber tendenziell eher mangelhaft bis schlecht, um einen Reformkurs erfolgreich durchführen zu können. Das galt vor allem für folgende Bereiche: Konsens- und Durchsetzungswillen der Regierungen und ihre Unterstützung durch die gesellschaftlich relevanten Gruppen; Akzeptanz der Marktwirtschaft und des Privatsektors als Kernelemente des neuen Entwick-

---

[1] Das *Research Department* der *Inter-American Development Bank* (IDB 2002a: 6) offizialisiert 2002 die „große Entdeckung": „There are no 'one-size-fits-all' reforms. Economic reforms must be adapted to local conditions."

lungsmodells; Abbau des Staates und Rückführung seiner Unternehmer- und Transferfunktionen; Kompetenz der Regierungen in der Ordnungspolitik sowie Umfang der Investitionen in Infrastruktur, Bildung, Gesundheitswesen, in Forschung und Technologie; Modernisierung des institutionellen Gefüges; Aufwertung des Unternehmertums bzw. des Gewinnstrebens und der Eigeninitiative.

Die einseitige Verteilung der sozialen Kosten der Stabilisierung und der Strukturanpassungen sowie die mangelhafte Demokratisierung der politischen Institutionen, der Verfahren und der Verhaltensweisen verursachten in allen Ländern der Andenregion starke Spannungen. Immer wieder kam es aufgrund der Reformen zu sozialen Zerreißproben. Als weiterer schwerwiegender Engpass stellte sich heraus, dass sowohl der Staat als auch der Privatsektor große Schwierigkeiten hatten, sich die erforderliche Effizienz und Konkurrenzfähigkeit anzueignen, um ihrer neuen Rolle und den veränderten Funktionen in dem liberalen Entwicklungsmodell gerecht zu werden. Für sämtliche gesellschaftliche Gruppen und Institutionen war es problematisch, die steigenden Anforderungen an die individuelle Leistungs- und Konkurrenzfähigkeit mit einer partizipativen und kooperativen Ausübung der Macht, Grundlage für die Demokratisierung, in Einklang zu bringen.[2] Weitere Faktoren, die die radikale Umstellung der wirtschaftlichen und politischen Strukturen erschwert haben, waren u.a. die seit Jahrzehnten anhaltenden militärischen Konflikte in Kolumbien und in Peru, die Auseinandersetzungen um Grenzgebiete, die zwischen Kolumbien, Ekuador und Venezuela „einsickernden" Flüchtlinge und bewaffneten Gruppen und der sich schnell verändernde und tendenziell verschlechternde internationale Kontext.

2. Ausgangssituation: Krise der Auslandsverschuldung und tiefgreifende Veränderungen der internationalen Rahmenbedingungen

Anfang der 80er Jahre gerieten die Andenländer, ausgenommen Kolumbien, in die bis dahin schwerste Krise ihrer Auslandsverschuldung.[3] Ursache waren die gravierenden wirtschaftlichen Fehlentwicklungen durch den Protektionismus und die Intervention des Staates im Zuge der ISI, die sozialen Verwerfungen sowie die extreme Abhängigkeit des Wachstums von der Konjunktur in den In-

---

[2] Es wundert nicht, dass das autoritäre Militärregime in Chile als einziges die Strukturreformen umfassend und mit relativ großem Erfolg durchgesetzt hat. Diese Reformen waren die Grundlage für hohe und relativ stabile Wachstumsraten in den 90er Jahren und allseits anerkannte Fortschritte in der Armutsbekämpfung und Modernisierung der Sozialleistungen (vgl. Minkner-Bünjer 2003).

[3] Obwohl Kolumbien keine Verschuldungs- und Devisenprobleme hatte, wurden Wachstum und Entwicklung durch den Stopp der Kapitalzuflüsse und die Finanzkrisen in Mitleidenschaft gezogen. Die „Drogen- und Terrorwirtschaft" (s. die Artikel von Francisco Thoumi und Adam Isacson im vorliegenden Band) versetzte die kolumbianische Wirtschaft zudem in einen „Ausnahmezustand" besonderer Art.

dustrieländern. Die Devisen- und Zahlungsbilanzschwierigkeiten hatten sich ab Ende der 70er Jahre zu anhaltenden makroökonomischen Ungleichgewichten ausgeweitet (s. Tabelle 1). Hohe Inflationsraten (vor allem in Bolivien und Peru), steigende Haushaltsdefizite, dazu Kapitalflucht und Kreditrestriktionen, rückläufige ausländische Direktinvestitionen und drückender Schuldendienst (d.h. insgesamt negativer Nettokapitaltransfer) kennzeichneten die akute Krise, und gipfelten in einer sich rasch vertiefenden Rezession. Die Devisen- und Liquiditätskrise – trotz einer Phase „anhaltender" Umschuldungen und weitgehend ineffektiver Stabilisierung – überzeugte bis Ende der 80er Jahre auch die letzten Skeptiker, dass die Umstellung des Entwicklungsparadigmas für alle Länder Lateinamerikas überfällig sei. Auch sämtliche Andenländer begannen mit Strukturreformen. Der Beginn, der Rhythmus und die Reichweite der Reformen hingen in der Praxis entscheidend von den wirtschaftlichen und politischen Bedingungen des jeweiligen Landes ab; Art und Intensität der Beziehungen mit den internationalen Märkten, Umfang und Komplexität der Krise und die Funktionsfähigkeit des politischen Regimes spielten dabei eine wichtige Rolle.

Die internationalen Rahmenbedingungen, von großem Einfluss auf die Stabilisierung und die Strukturanpassung der Andenländer, zeichneten sich u.a. durch folgende mittel- bis langfristige Entwicklungen aus:

- Expansion der internationalen Kapitalbewegungen in Form von Direkt- und Portfolioinvestitionen; gleichzeitig zunehmende Volatilität mit starken Zufluss- und Abzugsphasen weltweit sowie eine wachsende Abkoppelung der Kapitalströme (und ihrer Rentabilität) von den produktiven Investitionen und vom internationalen Handel.
- Globalisierung des Handels und der Investitionen mit steigenden Anteilen von industriellen Exporten aus den Niedrig- in die Hochlohnländer und mit zunehmendem Austausch von Gütern und Dienstleistungen rund um den Globus innerhalb der gleichen Firmenkonglomerate.
- Wachsende Wettbewerbsfähigkeit und Effizienz durch die Internationalisierung, aber ein durchschnittliches Wachstum in den 90er Jahren, das – trotz der über dem durchschnittlichen BIP-Wachstum liegenden Steigerungsraten im Handel – nicht das Wachstum der 70er Jahre erreichte.
- Durch Außenöffnung zunehmender Export, in der Regel verbunden mit höheren Zuwachsraten beim Import; Finanzierung der Handelsbilanzdefizite, vor allem in den Dienstleistungen, mit Auslandskapital. Nach einer Phase der Stagnation bzw. des Abbaus der Auslandsschulden: wieder allmählicher Anstieg.
- Radikale technologische Veränderungen und dynamisches Wachstum vor allem im Dienstleistungssektor und in den „wissensintensiven" Industrien: zunehmende Ausbildungs- und Qualitätsanforderungen an den Faktor Arbeit bestimmen komparative Vorteile und Attraktivität der Andenländer für ausländische Investitionen.

- Möglichst „spannungsfrei" funktionierende Arbeitsbeziehungen und Kooperation zwischen Privatsektor, Staat und Gewerkschaften, dazu ein mittelfristig stabiler wirtschafts- und sozialpolitischer Rahmen sind ebenfalls wichtige Wettbewerbs- und Standortfaktoren.
- Immer schnellere Kommunikation ermöglicht eine netzwerkartig aufgebaute Produktion, die auch Chancen für kleinere und mittlere Unternehmen, überwiegend als Zulieferer, in den modernen Subsektoren eröffnet. Gleichzeitig fusionieren die Marktführer zu größeren, über den Globus verstreuten Einheiten, um – bei immer schärferem Konkurrenzkampf – ihre Marktposition zu sichern.
- Neuausrichtung der regionalen Integration, wie der *Comunidad Andina*: Zusammenschluss der fünf Andenländer; Endziel der US-Administration: Zusammenschluss aller Integrationsblöcke in der *Área de Libre Comercio de las Américas* (ALCA) als Bestandteil ihrer weltweiten wirtschaftlichen und politischen Neuordnungsbemühungen.
- Wachsende Besorgnis über Umweltbelastung und Ressourcenzerstörung; u.a. beantwortet von den Hauptabnehmerländern mit der Durchsetzung von Standards, vielfach mit protektionistischem Charakter.
- Zusammenbruch des Ostblocks und die Zerfaserung seiner Einflussgebiete, starke politisch-militärische Auseinandersetzungen in Kernregionen, die strategisch und von den Ressourcen her interessant für die USA sind; wachsender weltweiter Terrorismus und gleichzeitig Bemühungen der USA, ihre Vormacht und ihre Einflussgebiete neu zu gestalten; das bedeutet abnehmende Priorität für die lateinamerikanischen Länder in der US-Außenpolitik (s. Artikel von Adam Isacson in diesem Band).
- Ab Ende der 90er Jahre sich anbahnende weltweite Wirtschaftsflaute; Terror und Krieg stürzen zwischen 2000 und 2003 vor allem die alten Industrieländer Westeuropas in eine tiefgehende Krise und Rezession.

Diese drastischen und sich schnell vollziehenden Veränderungen im internationalen Kontext haben die von großen Hoffnungen begleitete Reform der Strukturen erschwert und ihre Effektivität beeinflusst. Die Regierungen und die Bevölkerung der Andenländer wurden mit einem mehrdimensionalen Anpassungsdruck bei gleichzeitig abnehmender Unterstützung durch die traditionellen Kooperationspartner USA und Europa konfrontiert. Nachbesserungen in Form von Reformen der sog. zweiten Generation wurden eingeleitet, um die vernachlässigte soziale Modernisierung zu forcieren und die Reformen der „ersten Generation" zu konsolidieren; derzeit wird über die Implementierung von Reformen der sog. dritten Generation, besser gesagt, Korrekturen an den ursprünglichen Reformen nachgedacht („Washington Consensus" versus „Washington Contentious").[4]

---

[4] Siehe IDB 2002a: 6 sowie Abschnitt 11 dieses Beitrags.

Tabelle 1: Ausgewählte Makroindikatoren der Andenländer („Muddling Through"- Phase 1982-1986/87; 1. Reformphase 1987/92)

	Inflation (Ø p.a. in %)		Bruttoinlands-produkt (Ø Veränderung p.a. in %)		Import (Veränderung in %, akkumuliert)	Export (Veränderung in %, akkumuliert)	Bruttoinlandsprodukt pro Kopf (Ø Veränderung p.a. in %)		Ausländische Direktinvestitionen (in Mio. US$)	
	1982-86	1987-92	1970-80	1981-90	1981-87	1981-87	1970-80	1981-90	1987	1992
Bolivien	776,5	15,8	3,9	0,1	-18,5	5,2	1,4	-1,9	0,01	31,89
Ekuador	7,6	8,2	8,9	1,9	-2,8	11,7	5,8	-0,7	17,70	4,70
Kolumbien	20,6	27,3	5,4	3,7	-3,5	60.1	3,2	1,7	0,00	58,65
Peru	102,7	733,1	3,9	-1,2	-25,7	-9,7	1,1	-3,3	17,85	46,91
Venezuela	10,2	40,2	1,8	-0,4	-11,5	8,3	-1,6	-2,1	22,49	94,39

	Zollbarrieren (durchschnittlich in %)				Haushaltsdefizit (in % des BIP)			Auslandsverschuldung (in % des BIP)				Arbeitslosigkeit (offen, in städtischen Gebieten; Veränderung p.a. in %)			
	tarifär		nichttarifär													
	1985	1991-92	1985-87	1991-92	1987	1989	1991	1980	1987	1992	1980	1989	1994	1996		
Bolivien	20,0	8,0	25,0	0,0	---	---	---	0,44	1,13	0,47	7,1	9,4	3,2	3,6		
Ekuador	50,0	18,0	59,3	---	-9,6	-0,9	---	0,51	1,00	0,97	5,7	10,4[a]	7,8	10,4		
Kolumbien	83,0	6,7	73,2	1,0	-2,0	-2,9	-0,1*	0,21	0,47	0,35	9,7	10,5	10,2	11,2		
Peru	64,0	15,0	53,4	0,0	---	-10,7	-3,2	0,45	0,63	0,92	7,1	10,1[a]	8,8	8,0		
Venezuela	30,0	17,0	44,1	5,0	-5,4	-1,3	-3,0**	0,42	0,72	0,61	6,8[b]	11,0[c]	9,5	11,8		

* *sector estatal no financiero* ***sector público reducido*
[a] 1985 [b] 1981 [c] 1990.
Peru: Lima metropolitana.
Quelle: Zusammengestellt aus Edwards 1995: 25/85/126, CEPAL 2000, 2001, 2002a: Tabellenanhang, CEPAL: *Panorama social de América Latina* 1995, 1998, Santiago de Chile, 96ff.

Tabelle 2: Strukturreformen der Andenländer: Beginn, Intensität und Reichweite (bis 1994/95)

Reform-beginn	Außen-handel und Wechselkurs	Finanz- und Kapital-markt	Steuersystem und Staats-haushalt	Staatsunter-nehmen/Priva-tisierung	Arbeits-markt	Sozialversiche-rung/ Rentensystem	Staatliche Verwal-tung***
Peru 1991/92	+++	+++	+++	+++	+++	+++	+++
Bolivien* 1985/86	+++	+++	+++	+++	erste Maßnahmen	+++	+++
Kolumbien 1990/91	+++	+++	+	+++	+	+++	+
Ekuador 1992	+++	+	+		Vorbereitungen und erste Maßnahmen		
Venezuela** 1989/90	+++	erste Maßnahmen	+	+	Vorbereitungen und erste Maßnahmen		

* Bolivien bis 1997.
** Venezuela mit IDB/AECI-Quelle ergänzt.
*** Verwaltungsreform im Reformindex der IDB nicht enthalten.
+ Begrenzte Reformen mit kurzer Reichweite.
+++ Radikale Reformen mit großer Reichweite. Die Bewertungen der Reformfortschritte durch die IDB differieren von der bei CORDES.
Quelle: Nach CORDES 1999: 345/355 (Zeitraum bis 1994/95), ergänzt mit IDB/AECI 1998: 27-51, IDB 2002a: 2 und Mesa-Lago 1998: 136-148.

3. Evaluierung der Strukturreformen

Mitte bis Ende der 80er Jahre standen weitgehend erfolglose Umschuldungen, verbunden mit der Zuführung von frischen Krediten und kurzfristig dämpfende Stabilisierungsprogramme im Mittelpunkt der Bemühungen, um Hyperinflation, hohe Staatsdefizite und Wachstumsrückgang zu bekämpfen (s. Tabelle 1). Als Folge dieser frustrierenden Erfahrungen bildete sich unter den internationalen Institutionen und ihren Experten sowie den politischen Führern ein weitgehender Konsens heraus, dass Lateinamerika, eingeschlossen die Andenländer, tiefgehende Strukturreformen durchführen müsste, um erneut einen Wachstums- und Entwicklungspfad einschlagen zu können. Edwards führt aus, dass es zwar noch einige wichtige und oft schwerwiegende Meinungsunterschiede zwischen den Führern Lateinamerikas gäbe, dass aber die Region einen Grad der Übereinstimmung bezüglich der grundlegenden Wirtschaftsstrategie aufweise, wie es ihn seit der Nachkriegszeit nicht mehr gegeben habe. Diese neue wirtschaftliche Konvergenz ließe Hoffnung für die Zukunft Lateinamerikas aufkommen (Edwards 1995: 58-59).

Ziel der Strukturreformen war, einerseits die Funktionsfähigkeit der Märkte (Produkte, Dienstleistungen, Kapital, Arbeit, Grund und Boden) durch einen möglichst weitgehenden Abbau von staatlicher Regulierung und Protektionismus herzustellen; andererseits dem Privatsektor und den Marktkräften sowohl intern als auch extern (durch eine ordnungspolitische Neuausrichtung und Förderung) die Schlüsselrolle in der weltmarktorientierten Entwicklungsstrategie der Länder zu „übertragen". Die wichtigsten Reformbereiche waren Außenhandel und Wechselkurse, Finanz- und Kapitalmarkt, Steuersystem, Staatssektor, Arbeitsmarkt und soziale Sicherungssysteme sowie die staatliche Verwaltung. Die Reformpakete für die einzelnen Bereiche bestanden wiederum aus einem Bündel von zum Teil „standardisierten" Maßnahmen, die dann – je nach politischer und wirtschaftlicher Situation und Konditionalität der *Stand by*-Kredite des IWF sowie Widerstand der betroffenen Gruppen – in Umfang und Anwendung variierten.

Internationale und nationale Institutionen (z.B. die Weltbank, die Interamerikanische Entwicklungsbank (IDB), die Wirtschaftskommission für Lateinamerika und die Karibik (CEPAL), die Internationale Arbeitsorganisation (OIT), die Gesellschaft für Entwicklungsstudien CORDES (Ekuador) haben die Reformen für Lateinamerika insgesamt evaluiert (Edwards 1995: 60-64, 115-251; IDB 1998 und 2002a: 1-8; CORDES 1999: 343-345), für einzelne Länder (Stallings/Peres 2000a: 19-23; CORDES 1999: 355ff.; Berry 1998: 155-204; Ganuza u.a. 2001) und für Ländergruppen wie z.B. die Andenländer (Cevallos 2001: 79-80; OIT 2000: 27-43). Sie haben versucht, den Umfang der Reformen, ihre Qualität, ihre Ergebnisse und ihre Auswirkungen zu messen. Besonders schwierig war in diesem Zusammenhang, die Reformen und ihre Auswirkungen auf das Wachstum, auf die Beschäftigung und die verschiedenen Facetten der menschlichen Entwicklung von anderen multiplen Einflüssen zu isolieren. Was sich reformerisch mit oder ohne Globalisierung vollzogen hätte, ist ebenfalls schwer zu trennen. Weitere Probleme sind die Messung der Reformwirkungen an sich, die Erhebung des statistischen Materials über ausreichend lange Zeiträume sowie die zum Teil geringe Vergleichbarkeit der Länderdaten untereinander. Die Schlussfolgerungen über den Grad der Wirksamkeit oder des relativen Scheiterns bzw. Erfolges der Reformen fallen schon aus diesen Gründen – abgesehen von den unterschiedlichen Ansätzen, Hypothesen, Methoden und Zeiträumen – nicht einheitlich, zum Teil sogar widersprüchlich aus.[5] Um die Wirkungen der Reformen zu beurteilen, ist es sinnvoll, eine Phase der Einleitung, der Durchführung und der Konsolidierung zu unterscheiden (Haggard/Kaufman 1992). Auf diese Weise lässt sich festzustellen, ob überhaupt schon Wirkungen erwartet werden können.[6]

Für Stallings/Peres (2000a: 23 und 2000b: 197) sind die wichtigsten Faktoren, die die Wirkung der Reformen beeinflussen – abgesehen von dem Inhalt selbst – der internationale Kontext und die Makropolitiken der Andenländer. Sie stellen fest, dass die Reaktion und das Verhalten der Unternehmen bezüglich Investitionen und Technologieeinsatz als erklärende Variable für die Wirkungen der Reformen bisher nicht genügend Beachtung gefunden haben; zudem unterstreichen sie die herausragende Rolle eines stabilen Makroklimas und stellen fest: „Die neue Bewertung der makroökonomischen Stabilität in der Region über die letzten 15 Jahre war gleichermaßen bedeutend wie die Veränderung des Entwicklungsmodells" (Stallings/Peres 2000a: 23) .

Die Andenländer sind – im Rahmen von breiteren Untersuchungen über Lateinamerika – entsprechend ihrem Reformrhythmus bzw. ihrer Reformfreudigkeit typisiert und klassifiziert worden. Zudem wurde versucht, den Zusammenhang zwischen den Problemen der politischen und wirtschaftlichen Krisenbewältigung und der Regierbarkeit der Länder herzustellen und zu analysieren. Das gilt vor allem für die umfangreichen Studien von CORDES (1999) über die Dauerkrise in Ekuador.

---

[5] Vgl. Ganuza u.a. (2001), die für die CEPAL erneut die Daten über die Reformen mit ökonometrischen Methoden analysierten. Dabei untersuchten die Autoren die Auswirkungen der Liberalisierung der Zahlungsbilanz (Handel und Kapital) von der Angebots- und der Nachfrageseite (17 Ländern Lateinamerikas und der Karibik) auf das Wachstum, die Beschäftigung und die Einkommensverteilung. Die Autoren kommen – im Gegensatz zu Berry, Bulmer-Thomas u.a. – zu dem Schluss, dass die Liberalisierung des Handels generell die Einkommensdisparitäten verschärft hat; denn der Abstand der Einkommen zwischen qualifizierten und nichtqualifizierten Arbeitskräften vergrößert sich. Der Kapitalzufluss erhöht sich durch die Liberalisierung; über die Stimulierung der aggregierten Nachfrage, der Beschäftigung und der Löhne/Gehälter wird die Konzentration der Einkommen gemildert. Die finanzielle Öffnung bedeutete größere Volatilität, so dass die Verteilung nicht gerechter gestaltet und die Armut nicht verringert werden konnten.

[6] Zum Beispiel kann die Verabschiedung eines Gesetzes zur Reform der Rentenversicherung keine Wirkungen haben, da es sich nur um die Grundlage einer Reform handelt.

In der nachfolgenden Darstellung, die auf den oben genannten Untersuchungen basiert, geht es nicht um Länderanalysen.[7] Vielmehr werden allgemeine Tendenzen über die Ergebnisse der Strukturanpassung und ihre Auswirkungen in den Andenländern herausgearbeitet; das Wachstum, die Arbeitsplatzschaffung, die Einkommensverteilung und die Armutsminderung stehen im Mittelpunkt der Analyse. Ziel ist, einen Beitrag zur Beantwortung der zentralen Frage zu leisten, ob und wie weit die neoliberalen Reformen und ihre Auswirkungen mitverantwortlich dafür sind, dass sich die sozialen und politischen Spannungen im Andenraum im Vergleich zu Beginn der 90er Jahre verschärft haben, und ob es zu einer auf die gesamte Region übergreifenden Krise kommen könnte.

4. Überblick über Art, Qualität und Durchführung der Strukturreformen

In der Evaluierung von CORDES (1999: 344f) werden die Reformen nach ihrer Reichweite und ihrem Zusammenhang mit den erforderlichen institutionellen Innovationen zur Implementierung der neuen Entwicklungsstrategie beurteilt. Das ergibt für die Andenländer bis 1994/95 die in Tabelle 2 dargestellte Situation.

Alle Andenländer haben Reformen der sog. ersten Generation durchgeführt. Ekuador, das von der Weltbank bis Mitte der 90er Jahre als „nonreformer" bezeichnet wurde (Edwards 1995: 25), hat die zu Anfang der Dekade begonnenen Reformen inzwischen fortgesetzt. Je nach Land waren die zeitliche Abfolge der Reformpakete und die darin enthaltenen Maßnahmen sehr unterschiedlich, ebenso ihre Reichweite im Vergleich der Länder untereinander und zwischen den Bereichen in dem jeweiligen Land. Die umfassendste Liberalisierung, verbunden mit administrativer Vereinfachung, hat in allen Andenländern im Außenhandel und in der Wechselkurspolitik stattgefunden.[8] Geringere Fortschritte wurden – abgesehen von Bolivien, Kolumbien[9] und Peru – in der Privatisierung der Staatsunternehmen gemacht. Die Steuerreform, aber noch mehr die Flexibilisierung[10] des formalen Arbeitsmarktes, z.T. gleichbedeutend mit der Preisgabe der gewerkschaftlichen Errungenschaften, stießen in allen Ländern[11] auf Widerstand. Beide Bereiche konnten bisher nicht mit dem Ziel reformiert werden, die Wettbewerbsfähigkeit der Länder zu stärken.

---

[7] Komprimierte Analysen des Liberalisierungsprozesses im Außenhandel und Kapitalmarkt der Andenländer finden sich in: Ganuza u.a. 2001: 43-60.

[8] Siehe Tabelle 1 dieses Beitrags: Abbau der tarifären und nicht tarifären Handelsbarrieren.

[9] Bis 1994 keine nennenswerten Ergebnisse (Edwards 1999: 60/61); danach verstärkte Anstrengungen (IDB 2002b).

[10] Vgl. López 2002: 9ff. Der Autor unterstreicht, dass auch die Modalitäten der Flexibilisierung des Arbeitsmarktes in Lateinamerika sehr voneinander abweichen.

[11] Das gilt selbst für Chile. Dieser „Hardline" – manche nennen es auch Modellland (Edwards 1995: 53ff – unter den Reformern hat bisher keine wirksame Steuerreform gegen den Widerstand der Eliten durchzuführen gewagt.

Bolivien und Peru (in gemäßigterer Form) führten bis etwa Mitte der 90er Jahre Reformen mit sog. großer Reichweite durch. Beide Länder lagen gemäß dem von der IDB für 1999 berechneten Index für Strukturreformen (IDB 2002a: 2) über dem lateinamerikanischen Durchschnitt; beide Länder konnten ihre makroökonomischen Ungleichgewichte (s. Tabelle 1) entscheidend abbauen. Sie verbesserten den Reformstand gegenüber der Ausgangssituation 1985/86 wesentlich. Der Hauptimpetus für ihre Reformen lag in der Periode zwischen 1989 und 1994. Stallings/Peres (2000a: 20-21) sprechen von „aggressiven" Reformern, da beide Länder mehrere Reformen in relativ kurzer Zeit auf den Weg brachten (vgl. Tabelle 3).

Bolivien, das nach 1994 weitere Reformen (Privatisierung, Verwaltungs-, Renten- und Erziehungsreform) durchführte, hatte beträchtlich mit der Konsolidierung und den hohen sozialen Kosten zu kämpfen.[12] Peru kündigte unter der Regierung Fujimori ab 1995 die Fortsetzung des Reformkurses an, setzte diese Ankündigung aber nicht in die Tat um.

Kolumbien, das seine Auslandsverschuldung selbst in den 80er Jahren ohne Probleme bedienen konnte, hatte schon in den 70er Jahren begonnen, die Außenwirtschaft zu liberalisieren und den Export beachtlich zu steigern. Es hatte 1985/86 einen Reformindex, der über dem lateinamerikanischen Durchschnitt lag. Ab 1990/91 setzte Kolumbien, das Stallings/Peres (2000a) als „vorsichtigen" Reformer bezeichnen, seine Reformen in gradueller Form fort. Der Reformindex fiel bis 1995 unter den von Bolivien und Peru; 1999 war die Situation weitgehend unverändert. Das heißt, die reformorientierten Länder Bolivien und Peru holten zwischen Mitte der 80er und 90er Jahre (verglichen mit Kolumbien) auf.

Venezuela und Ekuador, 1985/86 mit ähnlicher Ausgangssituation wie Bolivien und Peru, begannen Anfang der 90er Jahre zögerlich mit den ersten Reformmaßnahmen. Diese kamen nur langsam voran. Beide Länder lagen im Reformindex sowohl 1995 als auch 1999, trotz gewisser Fortschritte, weit unter dem Durchschnitt Lateinamerikas. Sie benötigten für den erreichten Reformstand, der nur knapp über dem von 1989 in den anderen Ländern lag, fast eine Dekade.

Speziell Bolivien, einst vordergründig als „Traumland der Reformen" bezeichnet, sowie Peru und Kolumbien haben inzwischen begonnen, Reformen der sog. zweiten Generation (z.B. die Modernisierung des Justiz- und Erziehungswesens) zu implementieren. Im Mittelpunkt einer bisher angedachten dritten Reformagenda sollten laut CEPAL (IDB 2002a: 8) die Stärkung der öffentlichen Institutionen und der Zivilgesellschaft sowie ihrer gegenseitigen Beziehungen stehen. Die Forcierung des Wachstums sollte nicht allein über die Beeinflussung der Makrovariablen sondern auch durch die Förderung der Kooperation zwi-

---

[12] Inzwischen sind die Effekte der Anpassung und der Reformen zum Teil wieder „versickert"; die Ungleichgewichte beginnen sich erneut zu intensivieren, z.B. das Haushaltsdefizit in Bolivien mit fast 9% des BIP Ende 2002.

schen Regierung und Privatsektor geschehen. Die Sozialpolitik sollte in enger Abstimmung mit der Wirtschaftspolitik durchgeführt werden. Und schließlich plädiert die CEPAL (IDB 2002a: 8) dafür, dass die Entwicklung nicht nur auf Wirtschaftswachstum und Armutsverringerung sondern auf eine breitere Wertepalette, einschließlich Freiheit, sozialer Kohäsion und kultureller Identität abzielen sollte.[13]

Tabelle 3 gibt Aufschluss über die Klassifizierung und Typisierung der Andenländer gemäß Reformfreudigkeit und Reformfähigkeit, gemäß Durchsetzungsqualität sowie Reformfortschritten zwischen 1995 und 1999 im Vergleich zu 1985/86. Grundlage für die Typisierung ist der Reformindex, aggregiert aus den Indikatoren für die wichtigsten Reformmaßnahmen.[14]

Tabelle 3: Strukturreformen der Andenländer:
Schnelligkeit und Fortschritte (1985/86 und 1999)

	Indexniveau 1995/ 1999	
Indexniveau	Über dem Durchschnitt Lateinamerikas	Unter dem Durchschnitt Lateinamerikas
Über dem Durchschnitt Lateinamerikas 1985/86	„Frühe" oder aggressive Reformer:	Graduelle oder vorsichtige Reformer:*
	Chile***	Kolumbien
Unter dem Durchschnitt Lateinamerikas 1985/86	„Jüngere" oder aggressive Reformer:	Langsame Reformer bzw. „nonreformer":**
	Bolivien	Peru
	Ekuador	Venezuela

* Stallings/Peres (2000a) unterscheiden „vorsichtige Reformer ohne (und mit) makroökonomische(n) Ungleichgewichte(n)".
** Venezuela und Ekuador haben in den Strukturreformen etwas aufgeholt, liegen aber auch 1999 unter dem lateinamerikanischen Durchschnitt. IDB (2002 a) unterscheiden: *reformadores tempranos, recientes, graduales y lentos*. Stallings/Peres (2000) unterscheiden: *reformadores agresivos y cautos*. Edwards 1995 bezeichnet Ekuador als „nonreformer".
*** Chile – durchzogen von der Cordillera de Los Andes – rechnet sich aufgrund seiner wirtschaftlichen Ausrichtung zum MERCOSUR nicht mehr zu den Andenländern.
Quelle: Zusammengestellt aus IDB/AECI 1998: 48, ergänzt mit IDB 2002a: 2 und Stallings/ Peres 2000a: 20-21.

---

[13] Die Tendenz zu einer stärkeren staatlichen Steuerung, speziell für das Zusammenwirken von staatlichen und privaten Aktivitäten sowie bezüglich der Förderung von Wachstum und sozialer Entwicklung, sind unübersehbar.
[14] Die Verwaltungsreform ist nicht enthalten; vgl. zur Berechnung des Index: IDB 1998: 44ff.

5. Strukturreformen und Makropolitiken

Entsprechend der Ausgangssituation der Länder dürften vier Faktoren die Entscheidungen der Regierungen über die Art und Weise der Durchführung der Reformen (sofort oder verzögert; aggressiv oder vorsichtig; radikal oder graduell) beeinflusst haben: die Wachstumsrate und die Inflationshöhe vor der Krise, der Grad der ökonomischen „Verzerrungen" und der Ungleichgewichte sowie die Regierbarkeit des Landes. Die Konditionalität der IWF- und Weltbankkredite spielten ebenfalls eine wichtige Rolle in der Ausgestaltung der Reformprogramme.

Die aggressiven Reformer Bolivien und Peru wiesen für alle vier Faktoren eine schlechte Performance auf. Die Hyperinflation und die negativen Wachstumsraten bei gleichzeitig hohem sozialem Druck veranlassten die politischen Akteure zu einem drastischen Politikwechsel, der im Fall von Bolivien relativ früh in Angriff genommen wurde. Kolumbien ging aufgrund seiner stabilen und relativ exportorientierten Wirtschaft vorsichtig zu Werke. Venezuela und Ekuador sahen sich mit gravierenden Haushaltsdefiziten konfrontiert und – je nach Höhe und Volatilität des Erdölpreises – traten immer wieder Zahlungsbilanzungleichgewichte auf. Beide Länder taten und tun sich bis heute sowohl mit der Stabilisierung als auch mit dem Umbau der Wirtschaftsstruktur schwer.[15] Die Boomphasen beim Erdöl bescherten den Regierungen immer wieder Erholungspausen mit höheren Export- und Deviseneinnahmen sowie moderaten Wachstumsraten; aufgrund steigender Steuereinnahmen konnten auch höhere Sozialausgaben getätigt werden. Der Reformdruck (bzw. der Reformwille) ließ nach.

Die Makropolitiken der Andenländer haben über weite Strecken stabilisierend gewirkt und die Reformprozesse abgestützt. Zum Beispiel zielte die Antiinflationspolitik darauf ab, die Preissteigerungsraten auf einstellige Werte zu verringern, das Fiskaldefizit durch Ausgabenkürzungen zu senken und die Geldpolitik möglichst restriktiv einzusetzen. Die Zinspolitik im Zusammenhang mit festen oder flexiblen Wechselkursen wirkte inflationssenkend, stabilisierend oder wachstumsfördernd. Zeitweilig gerieten die Makropolitiken der Länder in Widerspruch zu den Strukturreformen; z.B. hatten sie positive Effekte auf die Inflation, bremsten aber kurz- bis mittelfristig das Wachstum. Niedrige Inflation, erwünscht für die Armutsbekämpfung, bedeutete meist temporär rezessives Wachstum. Fielen Reformen und Wachstumskontraktion zusammen, führte das zur Zurückhaltung von Seiten der Investoren und zum Investitionsaufschub. Das bedeutete in der Regel verstärkte Rezession und Verzögerung des Umbaus der Wirtschaftsstrukturen, ein gegen Ende der 90er Jahre in allen Andenländern zu beobachtendes Phänomen. Entscheidend war also die Konsistenz von stabilitätsorientierten Makropolitiken

---

[15] Ekuador hatte bis Mitte der 90er Jahre die Stabilisierung nicht abschließen können. Bis Ende der 90er Jahre machte es aufgrund einer Politik des „Go and Stop and Reverse", eine Folge der Unregierbarkeit bzw. des Widerstandes der Parteien und des Kongresses sowie der organisierten Basis, nur partielle Fortschritte im Abbau der makroökonomischen Ungleichgewichte und in der strukturellen Anpassung.

und Strukturreformen; sie ist den Andenländern am besten in der Inflationskontrolle gelungen. In anderen Bereichen kam es zu offenkundigen Widersprüchen zwischen Reformen und Makropolitiken. Die Liberalisierung des Kapitalmarktes (und die Privatisierung) zog zum Teil hohe Zuflüsse von kurzfristigem Kapital an. Vielfach war eine Abwertung die Folge; die Importe wurden verbilligt, die Exporte dagegen verteuert; das Handelsbilanzdefizit nahm zu. Es musste mit Auslandskapital ausgeglichen werden, das auf diese Weise wieder abfloss und nicht für die Binnenentwicklung zur Verfügung stand. Im schlechtesten Fall kam es dann zu Devisen- bzw. Liquiditätskrisen, und die Auslandsverschuldung nahm zu.

Die Liberalisierung des Finanz- und Kapitalmarktes stand vielfach im Widerspruch zur Geldpolitik. Hohe interne Zinssätze aufgrund von interner Kapitalverknappung sind nicht nur für kleine und mittlere Firmen negativ gewesen sondern auch für die Banken. Diese hatten zum Teil keine ausreichende Erfahrung im Umgang mit Auslandskrediten und Fremdwährungsrisiken. In den meisten Ländern fehlte eine funktionierende Bankenaufsicht. Wenn es zu Kapitalabfluss und nachfolgenden Abwertungen kam, dann vervielfachten sich die ursprünglichen Schulden. Alle Andenländer haben in unterschiedlichem Ausmaß Währungs- und Bankenkrisen durchgemacht. Volkswirtschaftlich kostspielige Rettungsaktionen der Zentralbank und des Staates ließen z.B. im Fall von Ekuador die Inflation Ende der 90er Jahre aus dem Ruder laufen.

Die zur Stabilisierung und Inflationsbekämpfung unentbehrliche Sanierung des Fiskaldefizits stand in allen Andenländern im Widerspruch zu den notwendigen Steuerreformen. Das Gleiche gilt für die Importliberalisierung und den Abbau von Abgaben und Zöllen, in der Regel eine wichtige Einnahmequelle für den Staat. Die Steuereinnahmen aus dem Außenhandel, die 1980 zwischen 20% und 40% der Gesamteinnahmen ausmachten, gingen zwischen 1991 und 1995 auf zwischen 10% und 20% zurück (IDB 1998: 32). Eine funktionsfähige Dezentralisierung – Bolivien verabschiedete 1994 bis 1996 die gesetzlichen Grundlagen – erforderte den Transfer von Staatseinnahmen auf die regionale und lokale Ebene zu Lasten der Zentralregierung, deren Defizit anstieg.

Die Stabilisierung in den 80er Jahren machte auch nicht Halt vor drastischen Kürzungen bei den Sozialausgaben, um das Haushaltsdefizit zu verringern. Die Bevölkerung von Bolivien, Peru und Ekuador, Länder mit Sozialausgaben unter dem Durchschnitt der Region und weit unter dem Lateinamerikas, war besonders betroffen (s. Tabelle 4). Die Sozialausgaben z.B. von Bolivien (Ganuza 1999 u.a. 131) nahmen zwischen 1980 und 1989 um 38% ab; sie gingen von US$ 75 pro Kopf auf US$ 38 zurück. In der Post-Reform Periode bis 1997 stiegen sie wieder auf US$ 125 pro Kopf. Im Fall von Ekuador wurden die Ausgaben ebenfalls stark gekürzt (Ganuza u.a. 1999: 417): von US$ 192 (1982) auf US$ 62 (1991). In Relation zum BIP sanken sie im genannten Zeitraum von 7,3% auf 4,2% des BIP; bis 1995 wurden sie wieder bis auf 7,1% des BIP aufgestockt. Das Sozialbudget in Peru (ebda.: 1999: 646) zeigte eine ähnliche Entwicklung: 1980 bis 1985 belief es sich auf etwa 4,0% des BIP und erreichte 1991 mit 1,7% den niedrigsten Stand.

Tabelle 4: Entwicklung der Sozialausgaben: vor und nach den Strukturreformen

	Sozialausgaben pro Kopf (Durchschnitt in US$ von 1997)				Sozialausgaben (Ø in % der Gesamtausgaben)				Sozialausgaben (Durchschnitt in % des BIP)			
	1980-81	1990-91	1994-95	1996-97	1998-99	1980-81	1990-91	1996-97	1998-99	1980-81	1990-91	1996-97	1998-99
Bolivien	60	55	121	147	168	34,6	25,8	44,2	56,6	5,6	6,0	12,0	16,0
Ekuador*	k.A.	93	129	k.A.	k.A.	k.A.	36,5	39,5**	k.A.	12,0	9,2	11,0**	k.A.
Kolumbien	156	158	297	403	381	27,2	29,7	38,2	35,0	7,8	8,1	15,3	8,6
Peru	133	69	140	158	192	23,6	14,3	37,5	38,3	4,6	2,0	6,0	6,6
Venezuela	---	337	287	318	313	---	34,0	35,3***	37,0	k.A.	9,5	7,6***	8,6
Lateinamerika	407	376	287	510	540	40,0	41,8	49,1	47,8	11,0	10,2	12,8	13,1

k.A.: keine Angaben.
* Die CEPAL (2002c) weist in ihrem neuesten Bericht für **Ekuador** keine Sozialausgaben pro Kopf und in % der Gesamtausgaben aus. Die Ausgaben pro Kopf und in % der Gesamtausgaben stammen aus: CEPAL (1997: *Panorama social de America Latina 1996*); die Ausgaben in % des BIP sind Berechnungen von CORDES (1999: 452) auf der Grundlage der volkswirtschaftlichen Gesamtrechnung. Die Angaben für Ekuador bei den Sozialausgaben pro Kopf sind in US$ von 1987.
** 1993-94.
*** 1994-95.

Quelle: Stallings/Peres 2000b: 93; CEPAL 20002c: 269-272.

In den 90er Jahren kollidierten die Stabilisierung bzw. Anpassung und die Sozialpolitik weniger als in der vorhergehenden Dekade; denn einerseits waren die Defizite der staatlichen Haushalte geringer, andererseits erkannten die Regierungen, dass die Verbesserung der sozialen Dienstleistungen grundlegend für die Armutsbekämpfung und die Steigerung der Wettbewerbsfähigkeit war. IWF und Weltbank übten Druck aus, dass mittels der Reformen der sog. zweiten Generation das Bildungs- und Gesundheitswesen modernisiert würde. Die Liberalisierung und das „Schlankermachen" des Staates mittels der Privatisierung und der Dezentralisierung standen in direktem Zusammenhang mit dem Ziel, die staatlichen Dienstleistungen im Erziehungs- und Gesundheitswesen, im Wohnungsbau, in der Renten- und Krankenversicherung zu verbessern und auf neue Zielgruppen auszuweiten.

6. Beurteilung der Strukturreformen und ihrer Auswirkungen

Ein Teil der Experten (z.B. Stallings/Peres 2000a; Edwards 1995: 53-55) weist darauf hin, dass – wie das chilenische Beispiel zeige – die Reformen erst nach etwa zwei Dekaden konsolidiert seien und ihre Wirkungen erst dann voll zum Tragen kämen. Das sollte bei den Untersuchungen, die seit Mitte der 90er Jahre gemacht wurden, berücksichtigt werden.

Die Reformen und ihre Effekte wurden nicht evaluiert, weil man an der Marktwirtschaft, dem Unternehmertum und dem nach außen gerichteten Wirtschaftskurs grundsätzlich gezweifelt hätte. Ziel der Evaluierungen war vielmehr – über die Beobachtungen in der Praxis hinaus –, Genaueres über die Bedingungen, die Funktionsfähigkeit und die Wirkungen der Reformen zu erfahren, um sie besser zu verstehen und um Korrekturen anbringen zu können.

Angesichts der Stagnation und der Rezession der Wirtschaften, erneut zunehmender Arbeitslosigkeit und Armut in den Andenländern seit Ende der 90er Jahre (s. Tabellen 6 und 7), ist es nicht verwunderlich, dass die Bevölkerung dieser Länder die Wirksamkeit der Reformprogramme anzweifelt. Vor allem die organisierte Basis und ihre Führung lehnen weitere Anpassungen ab. Die sozialen Kosten, die die Masse der armen bzw. extrem armen Bevölkerung und die untere Schicht der mittleren Einkommensbezieher tragen mussten, waren zu hoch verglichen mit den bisherigen Erfolgen. Umfragen zu Folge halten sie sich für die Verlierer sowohl der wirtschaftlichen Reformen als auch der Demokratisierung in ihren Ländern.

6.1. Wachstum: Voraussetzung für Strukturreformen und mehr Arbeitsplätze

Die Verfechter der neoliberalen Reformen sehen im Wachstum bzw. in der Steigerung und Stabilisierung des Wachstums den Schlüssel, um über zusätzliche Arbeitsplätze und steigende Einkommen sowie mehr soziale Transferleistungen des Staates an die besonders verwundbaren Gruppen die Armut zu verringern.

In den 90er Jahren sind der Rhythmus und die Höhe des Wachstums in den Andenländer sehr unterschiedlich ausgefallen. Trotz oder aufgrund der Strukturreformen sind die durchschnittlichen Wachstumsraten (Veränderung des BIP p.a.) in der Periode 1990-2000 höher gewesen als in den 80er Jahren. Das trifft für Bolivien, Peru und Venezuela zu; in Ekuador stagnierte das BIP und in Kolumbien ging es zurück. Die 80er Jahre waren von der Verschuldungskrise, den stark rezessiven Schockprogrammen zur Inflationsbekämpfung und zur Wiederherstellung des Fiskal-, Handelsbilanz- und Zahlungsbilanzgleichgewichts geprägt. Von Beginn der 90er Jahre bis etwa 1996/97, also der Periode während und nach der tiefgreifenden Liberalisierung in der Außenwirtschaft und auf dem Kapitalmarkt, nahm der (Netto-)Transfer von finanziellen Ressourcen in die beiden radikalen Reformländer Peru und Bolivien beträchtlich zu. Auch für das gemeinhin als wirtschaftlich stabil geltende Kolumbien öffneten sich erneut die internationalen Kapitalquellen. Ekuador und Venezuela, beides Länder mit wenig Stabilisierungs- und Reformwillen, verzeichneten stagnierende bzw. hohe Kapitalabflüsse.

Eine Erhöhung der ausländischen Direktinvestitionen war im Gefolge der Stabilisierung und der Strukturreformen in unterschiedlichem Umfang in allen Ländern zu verzeichnen (s. Tabelle 5). Zwischen 1990-94 und 1995-99 verzeichneten die Länder mittlerer Größe Peru, Kolumbien und Venezuela eine Verdoppelung bzw. Verdreifachung des Zuflusses pro Jahr. Bolivien und vor allem Ekuador fielen als kleine Länder zurück. Peru zog nicht nur aufgrund seines mittleren Entwicklungsstandes ausländische Direktinvestitionen an, sondern weil – im Gegensatz zu Bolivien – die Privatisierung der Staatsunternehmen für Investoren attraktiv war.

Tabelle 5: Ausländische Direktinvestitionen 1990-2000 (Durchschnitt p.a., in Mio. US$)

	Nettozufluss ausländischer Direktinvestitionen		
	1990-94	1995-99	2000*
Bolivien	85	1.016	695
Ekuador	293	690	740
Kolumbien	818	2.764	1.340
Peru	796	2.187	1.193
Venezuela	836	3.277	4.110
Andenregion	2.743	9.934	8.078
in % von LA	19,3	17,6	12,0

* Schätzungen der CEPAL.
Quelle: CEPAL 2001b: 41.

Durch den Abbau der Handelsbarrieren und den hohen Zufluss von Krediten und Direktinvestitionen in der Post-Reformphase 1995-99 und – leicht rückläufig auch im Jahr 2000 – nahmen die Importe schnell zu. Diese kurbelten – zusammen mit steigendem Export – das Wachstum an, das zum Teil aber nachholenden (bezüglich der Rückgänge in den 80er Jahren) und nicht zusätzlichen Charakter hatte.

Tabelle 6: Wachstumsperioden 1980 bis 2000 (durchschnittliche Veränderungen des BIP und des BIP pro Kopf p.a. in %)*

	1980-1985		1985-1990		1980-1990		1995-2000		1991-2000	
	BIP	BIP pro Kopf	BIP	BIP pro Kopf	BIP	BIP pro Kopf	BIP	BIP pro Kopf	BIP	BIP pro Kopf
Bolivien	-1,9	-3,8	2,3	0,1	0,2	-1,9	3,6	1,2	3,8	1,3
Ekuador	1,8	-0,9	1,6	-0,8	1,7	-0,9	0,6	-1,4	1,7	-0,4
Kolumbien	2,6	0,5	4,8	2,8	3,7	1,6	1,6	-0,3	2,6	0,5
Peru	-0,5	-3,8	-1,8	-3,8	-1,2	-3,3	2,4	1,8	4,2	2,3
Venezuela	-4,0	-6,4	2,6	0,0	-0,7	-3,2	0,5	-0,1	2,6	0,2
Lateinamerika	0,6	-1,5	1,7	-0,2	1,2	-0,9	2,8	1,1	3,2	1,6

* 1980 bis 1990 auf der Grundlage von konstanten Preisen von 1990; ab 1990 auf der Grundlage von konstanten Preisen von 1995.
Quelle: CEPAL 2002: *Anuario estadístico de América Latina y el Caribe 2001*; Periode: 1991-2000): CEPAL 2001: *Situación y perspectivas. Estudio Económico de América Latina y el Caribe 2000-2001*, Santiago de Chile.

Ab 1995, also nach der Hauptreformperiode, waren die Wachstumsraten der Andenländer (Veränderung des BIP p.a.) wieder fallend (s. Tabellen 6 und 7). Diese Tendenz setzte sich 1996 und – nach einer geringen Erholung 1997 – 1998 verschärft fort.[16] Das durchschnittliche Wachstum war in allen Ländern zwischen 1995 und 2000 niedriger als zu Beginn der Dekade. Der Haupteinbruch erfolgte 1999 mit der Verschlechterung der externen Rahmenbedingungen. 2000/01 sind die Wachstumsraten weiter so gering gewesen, dass das BIP pro Kopf stagnierte oder zurückgegangen ist. 2002 erholten sich die Zuwachsraten des BIP und des BIP pro Kopf in Peru und (in geringerem Umfang) in Ekuador.

Vergleicht man das Wachstum der Andenländer in den 90er Jahre mit dem Zeitraum 1950-80, kommt man zu folgenden Ergebnissen: Die durchschnittlichen Zuwachsraten für Kolumbien, Ekuador und Venezuela sind geringer, für Peru etwa gleich hoch. Allein für Bolivien fallen die Zuwachsraten des BIP der 90er Jahre höher aus; der frühe Beginn der Strukturreformen und ihre relativ

---

[16] Bolivien war eine Ausnahme mit 5% BIP-Steigerung 1998; 1999 ging die Zuwachsrate mit nur 0,3% wieder stark zurück.

große Reichweite könnten eine Erklärung dafür sein. Das heißt, in einem Vergleich langfristiger Tendenzen schneidet das „Reformwachstum" schlecht ab. Muñoz (1999: 17) zeigt sich besorgt, dass es weder mit den Reformen noch mit hohem Kapitalzufluss gelungen ist, den ursprünglichen Wachstumsrhythmus wieder zu erlangen, geschweige denn ihn zu erhöhen. Das gilt auch, wenn man in Rechnung stellt, dass die Situation in den Andenländern sehr heterogen ist.

Die Andenländer konnten ihre Wirtschaftsstrukturen nicht ausreichend umbauen und konsolidieren, um unabhängiger von der Konjunktur in den Industrieländern zu werden und eine gleichmäßig hohe Wachstumsrate über einen längeren Zeitraum zu erreichen. Motor des Wachstums waren die Exporte (und zunehmend die Importe); wie eh und je machten zwei bis drei mineralische und/oder agrarische Produkte etwa die Hälfte des Exports aus. Der Strukturwandel hätte nicht nur eine stärkere Diversifizierung der Exporte und damit verbunden den Ausbau der verarbeitenden Industrie und sie ergänzender moderner Dienstleistungen umfassen müssen, sondern auch zum allmählichen Übergang von Teilen der informellen in die formelle Ökonomie beitragen müssen, um die Produktion und die Wertschöpfung zu erhöhen. Die neoliberalen Reformen haben aber in den Andenländern überwiegend das Gegenteil bewirkt: eine drastische Verringerung des Anteils des Sekundärsektors am BIP als Folge der Importliberalisierung (CEPAL 2001a); dagegen hat sich der Anteil des informellen Sektors am BIP erhöht bzw. er stagniert. Letzteres ist aber keine Folge von Produktions- und Produktivitätsverbesserung, sondern der Umfang der informellen Ökonomie hat zugenommen.[17]

Die CEPAL (2002c: 17) berechnete, dass das BIP mit knapp 7% p.a. über 15 Jahre steigen müsste, damit sich in Peru, Bolivien und Ekuador die Armut auf rund die Hälfte verringern würde. Das durchschnittliche BIP-Wachstum pro Kopf müsste rund 4,8% p.a. im genannten Zeitraum zunehmen. In diesem Zusammenhang darf nicht unberücksichtigt bleiben, dass mit einer für die Eliten der Andenländer relativ leicht zu verkraftenden Einkommensumverteilung zwischen 3% und 5% eine moderate Wachstumsrate p.a. genügen würde, um das Ziel der Halbierung der extremen Armut bis 2015 zu erreichen.

---

[17] Die Schätzungen über den BIP-Anteil der informellen Ökonomie in den Andenländern variieren stark, nicht nur aufgrund der unsicheren Datenlage, sondern auch aufgrund unterschiedlicher Definitionen für diesen Bereich. Während der BIP-Anteil in den Ländern mit mittlerem Entwicklungsstand (Kolumbien und Venezuela) bei etwa 40% liegt, erreicht er nach Schneider (2002: 11) in den zentralen Andenländern etwa 35% (Ekuador), 60% (Peru) und fast 70% (Bolivien); vgl. auch 7.1. in diesem Beitrag.

Tabelle 7: Post-Reform – Wachstum: 1993-2002 (durchschnittliche Veränderungen des BIP und des BIP pro Kopf p.a. in %)

	1993		1994		1995		1996		1997	
	BIP	BIP pro Kopf	BIP	BIP pro Kopf	BIP	BIP pro Kopf	BIP	BIP pro Kopf	BIP	BIP pro Kopf
Bolivien	4,3	1,7	4,8	2,3	4,7	2,2	4,5	2,0	4,9	2,4
Ekuador	2,2	-0,1	4,4	2,1	3,0	0,8	2,3	0,2	3,9	1,8
Kolumbien	4,4	2,4	5,9	3,8	4,9	2,9	1,9	0,0	3,3	1,4
Peru	4,8	2,9	12,7	10,8	8,6	6,7	2,5	0,7	6,8	4,9
Venezuela	-0,4	-2,7	-3,7	-5,8	5,9	3,7	-0,4	-2,5	7,4	5,2
Lateinamerika	3,4	1,6	5,2	3,4	1,1	-0,6	3,8	2,1	5,2	3,5

	1998		1999		2000		2001		2002*	
	BIP	BIP pro Kopf	BIP	BIP pro Kopf	BIP	BIP pro Kopf	BIP	BIP pro Kopf	BIP	BIP pro Kopf
Bolivien	5,0	2,6	0,3	-2,0	2,3	0,1	1,3	-0,9	2,0	-0,2
Ekuador	1,0	0,9	-7,9	-9,7	2,3	0,4	6,0	4,1	3,4	1,6
Kolumbien	0,8	1,1	-3,8	-5,6	2,2	0,4	1,4	-0,4	1,6	-0,1
Peru	-0,5	2,2	0,9	-0,8	3,0	1,4	0,2	-1,4	4,5	2,9
Venezuela	0,7	-1,3	-5,8	-7,7	3,8	1,8	2,9	1,0	-7,0	-8,7
Lateinamerika	2,2	0,6	0,5	-1,1	3,8	2,2	0,3	-1,2	-0,5	-2,0

* Vorläufige Schätzung der CEPAL.
Quelle: CEPAL 2002a.

Das „Halbierungsziel" ist aber angesichts der ökonomischen und politischen Erfahrungen der letzten beiden Dekaden utopisch; denn bis heute haben die Andenländer nicht einmal die Einkommensverluste der 80er Jahre aufholen können. Zwischen 1980 und 1990 (vgl. Tabelle 6) verzeichneten alle Länder (mit Ausnahme von Kolumbien) einen durchschnittlichen Rückgang des BIP pro Kopf von zwischen -0,9% (Ekuador) und -3,3% (Peru) pro Jahr. Das heißt, das BIP pro Kopf verringerte sich zum Beispiel im Fall von Peru in zehn Jahren um etwa ein Drittel. Kolumbien war in den 80er Jahren mit einer jährlichen Steigerung des BIP von durchschnittlich 3,7% eine Ausnahme. Das Wachstum von Kolumbien wäre noch höher ausgefallen, hätten nicht die Gläubiger auch für dieses Land (als Folge der Schuldenkrise) den Zugang zum internationalen Kapitalmarkt blockiert und die Investoren ihre Direktinvestitionen zurückgehalten.

In den 90er Jahren mit seinem geringen und volatilen Wachstum stand Peru mit durchschnittlich 2,3% Zunahme des BIP pro Kopf p.a. an der Spitze, gefolgt von Bolivien mit 1,3% und Kolumbien mit 0,5%. Ekuador und Venezuela, „trouble maker" im Andenraum, verzeichneten auch in dieser Dekade einen durchschnittlichen Rückgang des BIP von -0,4% bzw. -0,1% pro Jahr (1995-2000). Durch die politischen und wirtschaftlichen Probleme weltweit hat sich die Situation 2001/02 für alle Andenländer (abgesehen von Peru 2002) weiter verschlechtert. Bisher ist es ihnen nicht gelungen, die monetär-finanzielle sowie die fiskalische Disziplin – Grundlagen für eine moderate Inflationsrate – in Einklang mit einem kontinuierlichen Wachstum zu bringen.

Wichtiger Engpass für eine hohe und kontinuierliche Zunahme des BIP, um einen Aufholprozess in Gang zu setzen und eine positive Armutswirkung zu erzielen, ist die weitaus zu niedrige und nicht konstante (Brutto-)Investitionsquote und – strukturell gesehen – das damit erzeugte in zu hohem Maße „von außen" abhängige Wachstum. Im Jahr 2000 betrug die durchschnittliche Quote (in Relation zum BIP) der Andenländer 19%, ohne Venezuela: nur 14% (Weltbank 2002: 276). Selbst Kolumbien und Peru, Länder mit einem mittleren Entwicklungsstand, lagen mit einer Quote von 20% bzw. 22% unter dem lateinamerikanischen Durchschnitt. Bolivien und Ekuador erreichten 2000 eine Quote von 18% bzw. 17%. Boliviens Investitionsquote hat sich zwar gegenüber der „verlorenen Dekade" (12,7%) erholt, sich aber im Vergleich zu 1970-79 mit 17,1% (1992/93) praktisch nicht verändert (Meller 1993). Für ein nachhaltiges Wachstum von durchschnittlich 6% p.a., das in 15 Jahren eine Halbierung der Armut ermöglicht, ist eine Mindestinvestitionsquote von 24% erforderlich; bei 4,5% Wachstum pro Jahr müsste die Quote immer noch etwa 20% betragen. Das bedeutet: Die niedrige interne Sparquote (in % des BIP) in den Andenländern müsste erheblich zunehmen, illusorisch angesichts der Einkommens- und Haushaltslage von Staat und Privatsektor. Die Sparquote betrug z.B. für Bolivien 1994-98 im Durchschnitt 11% p.a. Stabilisierung und Strukturreformen hatten einen drastischen Rückgang von rund 24% (1970-80) auf 9,1% (1990-93) bewirkt (Schweickert 2003: 43); davon konnte sich die Quote bisher nicht erholen.

Die Makroebene ist für die Beurteilung der Wachstumsperformance der Länder nicht ausreichend. Stallings/Peres stellen die Verknüpfung von Makro- und Mikroebene in den Mittelpunkt ihrer Untersuchung über die Wirksamkeit der Strukturreformen. Sie unterstreichen, dass die Reformen – als Folge der damit verbundenen Unsicherheit – nicht die erwünschte Wirkung auf der Unternehmensebene hatten, und zwar besonders dann nicht, wenn sie mit einer instabilen Entwicklung der Makroebene zusammenfielen. Das sehr heterogene Verhalten der Akteure spielte eine wichtige Rolle für die weit unter den Erwartungen liegende wirtschaftliche Performance der meisten Länder der Region (Stallings/Peres 2000a: 15).

Das bedeutet, um eine möglichst stabile Wachstumsdynamik zu erreichen, müssten die Unternehmen in den Andenländern auf die Reformen mit mehr Investitionen und einer stärkeren Transformation der Produktionsstrukturen zur Verbesserung der Konkurrenzfähigkeit sowohl auf dem Binnenmarkt als auch auf den Auslandsmärkten reagieren. Das ist bisher nur ungenügend geschehen, und wohl kaum – angesichts von z.B. zwischen 80% und 90% Mikro- und Kleinstunternehmen in den zentralen Andenländern – in naher Zukunft zu erwarten.

6.2. Strukturreformen: Kapitalvolatilität und Abhängigkeit steigend

Entsprechend den bisherigen Untersuchungen und Erfahrungen haben sich durch die Strukturreformen und die Globalisierung die Abhängigkeit vom Außenhandel und die Volatilität des Kapitals und der Investitionen in den Andenländern erhöht. Vor allem in den Ländern mittlerer Größe wie Kolumbien, Venezuela und Peru, attraktiv für kurz- bis mittelfristige Kapitalanlagen, wirkten sich die Finanz- und Schuldenkrisen der großen lateinamerikanischen Länder (Mexiko, Brasilien und Argentinien) ab 1995 verstärkt aus. Das Gleiche gilt für die Rezessionen in Asien und speziell in Japan, die den Export der Andenländer negativ beeinflussten. Die Andenländer hatten sich in den 90er Jahren auf diesen Märkten kleine Exportanteile erschlossen, um die Außenorientierung ihres Wachstums zu diversifizieren.

Das Reformpotential, dass die Andenländer 1985 für die Bereiche Handel und Finanzierung aufwiesen, wurde bis 1999 weitgehend ausgeschöpft. Die Liberalisierung von Export und Import sowie die Vereinfachung der administrativen Vorgänge fanden vor allem zwischen 1989 und 1994 statt. Die Zölle der Andenregion wurden von durchschnittlich rund 40% Mitte der 80er Jahre auf etwa durchschnittlich 13% bis 1995 gesenkt. Das durchschnittliche Zollniveau von Kolumbien, Venezuela und Ekuador lag 1995 etwas unter 12%, von Bolivien unter 10% und von Peru um 18%. Im Jahre 2001 betrug das durchschnittliche Niveau des Außenzolls der *Comunidad Andina* 11,7% (CEPAL 2002b: 106).

Die Außenöffnung und die Liberalisierung wirkten sich stimulierend auf den Export, aber besonders auf den Import aus; die durchschnittlichen Zuwachsraten lagen über denen des BIP. Der Außenhandelsindex (Export bzw. Import in % des BIP) der Andenländer erhöhte sich von 8,7% bzw. 12,1% 1980/81 auf 19,8% bzw. 20,1% 1999. Der Exportzuwachs wurde allerdings nicht durch eine substantielle Diversifizierung der Produktpalette und der Abnehmermärkte erzielt. Die Hauptexportprodukte der Andenländer sind weiterhin Rohstoffe aus der Landwirtschaft (Kaffee, Bananen, Zucker, Fleisch), der Fischwirtschaft, dem Bergbau sowie Erdöl: alles Produkte mit weltmarktabhängigen und stark schwankenden Preisen. Hauptabnehmer waren im Jahr 2000 die USA mit mehr als 50% und Europa mit 10%. Der Export von Produkten des verarbeitenden Gewerbes hat vor allem im Handel mit den lateinamerikanischen Nachbarn zugenommen. Dieser Handel machte 2000 rund 23% des Exports der Andenländer aus (CEPAL 2001c: 72).

Die aufgrund der Liberalisierung (Handel, Kapital, Wechselkurs, Zinsen) eingetretenen Veränderungen bedeuteten größere Abhängigkeit und größere Verwundbarkeit des Wachstums bzw. des makroökonomischen Gleichgewichts insgesamt gegenüber Konjunkturschwankungen und Strukturveränderungen in den Hauptabnehmerländern und auf dem Weltmarkt. Die CEPAL resümiert, dass abgesehen von einigen wenigen Ländern (Mexiko, Zentralamerika, Kolumbien, Argentinien) die Exportpalette von Produkten mit stagnierender Nachfrage beherrscht wird. Die Qualität der Exportspezialisierung [...] ist weiterhin ungenügend und während der gesamten 90er Jahre waren keine Anzeichen einer Besserung zu bemerken (CEPAL 2002b: 95; Übersetzung der Vf.).

Selbst Kolumbien, ein Land mit einer relativ langen und relativ diversifizierten Exporttradition, hat seit Ende der 80er Jahre Probleme, sich konkurrenzfähig auf Auslandsmärkten zu positionieren. Der Export ist von 19% des BIP im Jahre 1991 auf zwischen 11% und 13% 1998/99 zurückgegangen. Die Wettbewerbsfähigkeit der nationalen Produktion auf dem Inlandsmarkt hat gegenüber den Importen abgenommen.[18] Der Anteil der Exporte des verarbeitenden Gewerbes (sog. nichttraditionelle Exporte) stagnierte Ende der 90er Jahre bei rund 40%. Nach Amaya Pulido (2000: 294) sind für diese Entwicklungen überwiegend strukturelle Probleme verantwortlich.

Mit der Liberalisierung des Handels waren Reformen in der Wechselkurspolitik (z.b. Vereinheitlichung und Freigabe der Wechselkurse; Veränderung des Wechselkurssystems z.b. vom festen Wechselkurs zum Floating), die Abschaffung von Beschränkungen im Devisen- und Kapitalverkehr (z.B. die Festsetzung von Zinssätzen), die Verbesserung der institutionellen Koordinierung der Geld- und Wechselkurspolitik und die Deregulierung der finanziellen Aktivitäten verbunden. Die (meistens graduelle) Freigabe des Kapital- und Devisenverkehrs machte eine Stärkung der Überwachungs- und der Kontrollorgane erforderlich. Diese waren in den Andenländern von unterschiedlicher Qualität: in Bolivien und Ekuador z.B. schwach und politisiert. Bis Ende der 80er Jahre konnten die Andenländer mittels einer zunächst hohen und anschließend mehreren kleineren Abwertungen ihre realen Wechselkurse konkurrenzfähig halten. Ab etwa 1992 fand in den meisten Ländern eine Aufwertung der realen Wechselkurse statt; dadurch verloren die Exporte an Konkurrenzfähigkeit. Hauptgründe dafür waren: Einerseits wurde die Wechselkurspolitik von den Regierungen zur Inflationsbekämpfung benutzt; andererseits kam es durch den Zufluss von mehr Auslandskapital zu einer „Devisenschwemme". Fast alle Länder hatten Probleme, mit diesem neuen Phänomen umzugehen.[19] Ekuador führte Anfang 2000 den US-Dollar als offizielle Landeswährung ein, u.a. um die Inflation in den Griff zu bekommen; ein großer Teil der Wirtschaft funktionierte zu dieser Zeit schon in

---

[18] Das nationale statistische Amt DANE berechnet die sog. *tasa de penetración de importaciones* (TPI), d.h. den Anteil des Binnenmarktes bzw. der Binnennachfrage, der mit Importen befriedigt wird. Diese Rate ist von rund 16% 1990 auf zwischen 26% und 28% 1998/99 gestiegen. (Amaya Pulido 2000: 294).

[19] Kolumbien z.B. versuchte die stark zunehmenden internationalen Reserven mit der Ausgabe von „Obligationen" auf dem einheimischen Markt zu „neutralisieren." Diese mussten mit attraktiven Zinssätzen ausgestattet werden. Das wiederum führte zu mehr Kapitalzufluss und wiederum neuen Emissionen. Die Auswirkungen waren: eine hohe Inlandsverschuldung und keine nennenswerte Veränderung des realen Wechselkurses (Edwards 1995: 140).

dieser Währung.[20] In Bolivien und Peru machte die Bevölkerung den Dollar inoffiziell zur Parallelwährung. Kolumbien und Venezuela sind seit langem partiell „dollarisierte" Länder.

6.3. Reformen mit starkem Widerstand der Zivilgesellschaft: Privatisierung, Steuersystem und Arbeitsmarkt

Die Privatisierung der staatlichen Unternehmen verlief je nach Land unterschiedlich in Form, Rhythmus und Erfolg. Sie hat in allen Ländern, aber vor allem in Peru, den Zufluss von Direktinvestitionen stimuliert, die sich am „Ausverkauf" der staatlichen Unternehmen beteiligt haben. Die Reformmaßnahme traf – trotz hoher aus dem Staatshaushalt zu finanzierender Defizite – auf breiten Widerstand in der Bevölkerung. Nationales Prestige stand auf dem Spiel. Arbeitnehmer und Gewerkschaften fürchteten den Abbau von Arbeitsplätzen und Privilegien. Auf Druck der internationalen Institutionen, speziell durch die Konditionalität der *Stand by*-Abkommen des IWF, beschleunigte sich der Prozess ab 1995. Bolivien[21] und Peru hatten die größten Fortschritte in diesem Bereich zu verzeichnen. Die akkumulierten Werte der Privatisierung erreichten mehr als 10% des jeweiligen BIP, im Fall von Kolumbien und Venezuela zwischen 5% und 7%. In Ekuador stagnierte die Reform mit einem akkumulierten Wert von weniger als 1% des BIP (IDB 2002b). In Bolivien und Kolumbien entfiel mehr als 50% der Privatisierung auf den Elektrizitätssektor, in Peru und Venezuela auf den Telekommunikationssektor. In fast allen privatisierten Unternehmen sind die operationale Effizienz und die Gewinne zwischen 5% (Bolivien), 10% (Kolumbiern) und 60% (Peru) gestiegen. Auch die Serviceleistungen haben sich vielfach wesentlich verbessert, z.B. durch die Ausdehnung des Telefonnetzes auf abgelegene ländliche Gebiete (Peru, Venezuela) und die massive Verbreitung elektronischer Medien. Gleichzeitig sind bis zu 55% (Peru) bzw. 23% (Kolumbien) der direkten Arbeitsplätze abgebaut worden, eine der Hauptgründe für die Unzufriedenheit der Bevölkerung mit dieser Strukturreform. Mittelfristig dürften zusätzliche direkte Arbeitsplätze in den dynamischen Branchen entstehen und die Arbeitseinkommen sich erhöhen. Kurzfristig nahm zum Teil die indirekte Arbeitsplatzschaffung schon zu. Das bedeutet, auch hier spielt der Zeitfaktor in der Einschätzung der Reformen und ihrer Auswirkung eine wichtige Rolle.

Mit den Reformen des Steuersystems und des Arbeitsmarktes haben sich die Andenländer bisher am schwersten getan; sie sind durch den Widerstand der organisierten Gruppen verwässert worden oder gescheitert. Vor allem der Umbau der Steuersysteme gemäß Steuerarten (Erhöhung der relativen Anteile an z.B. Einkommens- und Kapitalsteuer und Entlasten z.B. von der Mehrwertsteuer)

---

[20] Vgl. zur Dollarisierung in Ekuador z.B. Acosta u.a. 2000.
[21] Bolivien führte die Kapitalisierung als spezielle Form der Privatisierung durch (Baldivia 1998: 55-121).

sowie gemäß Höhe und Ausnahmen der Steuerbelastung ist trotz vieler Anläufe in allen Ländern nur schleppend vorangekommen. Die IDB stellte Ende 2001 fest, dass weiter

> [...] signifikante Unterschiede in der Behandlung der verschiedenen Sektoren und Gruppen existieren. Auch wenn steuerliche Reformmaßnahmen in den letzten Jahren sehr häufig waren, bewirken sie wenig, um die vorher genannten Probleme zu verringern (IDB 2002a: 3; Übersetzung der Vf.).

Erfolge sind dagegen in fast allen Ländern in den Maßnahmen zur Steigerung der Effizienz der Steuererhebung, zur Vereinfachung der Steuerverwaltung sowie zur Verringerung der Steuerhinterziehung zu verzeichnen gewesen (z.B. Bolivien, Peru[22], Kolumbien).

Der Reform des Arbeitsmarktes ist gemäß der IDB-Evaluierung bisher ein ähnliches Schicksal wie der Steuerreform beschieden gewesen: „praktisch kein Land hat das Potenzial genutzt, das Arbeitssystem zu flexibilisieren" (IDB 2002a: 3). Dadurch sollen die Lohnkosten gesenkt und die Produktion bzw. der Export wettbewerbsfähiger gemacht werden. Kolumbien gehört zur Gruppe der Länder mit der relativ flexibelsten Gesetzgebung (Reform 1990/91), gefolgt von Peru (1991). Bolivien hat gemäß den Einschätzungen der IDB (2002a: 3) noch immer eine rigide Gesetzgebung. Vor allem die Gewerkschaften verteidigen – trotz oder gerade wegen geringer werdender Mitgliederzahlen – die gesetzlich festgelegten Abfindungen bei Entlassung, den Kündigungsschutz bei temporären Einstellungen, die Überstunden- und Nachtzuschläge etc. In diesem Zusammenhang sind auch die Veränderungen im staatlichen Rentensystem (erreichte durchschnittlich nur etwa 31% der Bevölkerung über 60 Jahren in Lateinamerika!) zu erwähnen. Nach chilenischem Muster wurden z.B. in Kolumbien (1991), in Peru (1993) und Bolivien (1997) private Fonds mit individueller Kapitalisierung geschaffen. Venezuela verabschiedete ebenfalls ein Gesetz zur privaten Kapitalrente; es wurde aber bisher nicht angewendet. Ekuador befindet sich im Stadium der Diskussion dieser Reform.

Der in der zweiten Februarwoche 2003 von Ekuador unterzeichnete *Stand by*-Kredit des IWF über US$ 200 Mio. ist durch eine zeitlich straffe Reformagenda konditioniert. Dazu gehören u.a. Abtragen der säumigen Zinsen und Tilgungen der Auslandskredite, Senkung des Haushaltsdefizits, Fortsetzung der Privatisierung im Telefon- und Energiesektor, weitgehende Korrekturen in der Zoll-, Steuer- und Arbeitsgesetzgebung.

6.4. Periode 2000-2002: Ende des Reformprozesses?

Die Reformen der sog. ersten Generation sind – wie ausgeführt – in sehr unterschiedlichem Ausmaß in allen Andenländern in Angriff genommen worden. Nachbesserungen im großen Stil müssten erfolgen, um die Reichweite zu ver-

---

[22] Durand/Thorp 1998; Crabtree/Thomas 1998: 209-228.

größern und sie effektiver zu gestalten.[23] Der Prozess hat bis 1994/95 die Wirtschaftspolitik der Andenländer geprägt; die Reformen sind von der Bevölkerung in ihren Alltag „integriert", aber letztlich nur in begrenztem Umfang verarbeitet und akzeptiert worden. Das gilt besonders für Ekuador, zum Teil auch für Venezuela und letztlich auch Bolivien.

Bolivien, Peru, Kolumbien (und seit 1998 auch Ekuador) haben Reformen der „zweiten Generation" auf den Weg gebracht, um das Justiz-, Erziehungs- und Gesundheitswesen zu modernisieren.[24] Kolumbien hat seine Steuerreform vertieft. Bolivien begann 2001 als Folge des internationalen Programms für den Erlass der Auslandsschulden für hochverschuldete arme Länder die vernachlässigte soziale Dimension zu forcieren (Minkner-Bünjer 2000a, 2000b; Schweickert 2003). Es konzentrierte sich mit Projekten im Erziehungs- und Gesundheitswesen auf die Bekämpfung der Armut, vor allem im ländlichen Raum, denn mittels der Reformen hat sich an dem zu geringen und volatilen Wachstum und der sozial ungerechten Verteilung seiner Ergebnisse wenig geändert.[25] In der Reform der staatlichen Verwaltung, ein wichtiger Baustein der als besonderer Engpass identifizierten institutionellen Reformen[26], sind in den Andenländern nur kleine Fortschritte zu verzeichnen gewesen. Peru verbesserte z.B. die Transparenz und Organisation der Verwaltungsabläufe und machte Fortschritte in Richtung auf eine Dezentralisierung mittels der Wahl von Regionalregierungen; die Übertragung von Kompetenzen und Finanzen von Seiten der Zentralregierung steht noch aus. Bolivien konsolidierte die Dezentralisierung, und Ekuador diskutiert weiter die Grundlagen für diesen Prozess.

Insgesamt stehen die Strukturreformen aber derzeit nicht mehr im Mittelpunkt der Wirtschaftspolitik. Je nach lokaler Situation werden Reformvorhaben, falls politisch nicht opportun und wirtschaftspolitisch schwer machbar, auf Eis gelegt (z.B. die Fortführung der Privatisierung in Peru) oder sogar zu Gunsten eines tendenziell restaurativen Kurses mit wieder zunehmender Staatsintervention zurückgenommen. Unter den „Machern" der Reformen in den internationalen Institutionen und von Seiten der Wissenschaft fragt man sich mittlerweile besorgt: Wie soll der Reformprozess angesichts der begrenzten Erfolge zukünftig ausse-

---

[23] Kleinere Reformergänzungen finden zwar statt; aber für eine (Erfolg versprechende) Weiterführung bedarf es massiven Drucks, wie er vom IWF z.B. bezüglich der Privatisierung und der Reformen des Steuer- und Arbeitsrechts auf Ekuador ausgeübt wird. Auch Peru setzte im Rahmen des IWF-Abkommen 2002 die Privatisierung und den selektiven Abbau der Zölle fort.

[24] In Ekuador ist die erste Phase der Modernisierung (Ausstattung der Gerichte; Verfahren) des Justizwesens beendet worden. Ziel von Staatspräsident Lucio Gutiérrez ist – möglichst bevor weitere Mittel investiert werden – eine Entpolitisierung des Justizwesens zu erreichen (*El Comercio*, 13.2.2003).

[25] Die Analyse von Schweickert (2003: 31-66) befasst sich mit den makroökonomischen Beschränkungen der Armutsminderung in Bolivien.

[26] „It is now clear that institutions matter. Reforms – especially financial reforms und privatisation – are more effective when supported by good public institutions." (IDB 2002a: 6).

hen? Soll er mit oder ohne Korrekturen fortgesetzt werden? Sollte er (in dieser Form) eventuell abgebrochen werden? Die aktuelle Bedeutung dieser Fragen wird durch das auch 2002[27] erneut geringe Wachstum in den Andenländern unterstrichen: 2,9% durchschnittliche Zunahme des BIP ohne Venezuela, dessen BIP aufgrund der anhaltenden politischwirtschaftlichen Krise im Jahre 2002 um -7,0% zurückgegangen ist. Das durchschnittliche BIP pro Kopf nahm in Bolivien, Kolumbien und Venezuela ab; Ekuador und Peru verzeichneten eine leichte Zunahme. Die blutigen Ereignisse in Bolivien vom 12./13. Februar 2003 haben zudem gezeigt, dass sich nach mehr als 15 Jahren (fruchtloser?) Bemühungen um Stabilisierung, Reformen und Demokratie selbst die (häufig als stoisch-duldsam bezeichneten) Bolivianer der Akzeptanz- bzw. Toleranzgrenze bezüglich des Reformdrucks nähern. Das einstige ‚Traumland der Reformen' während der ersten Amtszeit von Staatspräsident Sánchez de Lozada wurde zum ‚Land der Tränen(gase)' mit Straßenschlachten, Plünderungen, mehr als zwei Dutzend toten Demonstranten und über 100 Verletzten unter der zweiten Regierung von Sánchez de Lozada. Anlass war die vom IWF geforderte Maßnahme, das Haushaltsdefizit von 8,6% auf 5,5% des BIP zu senken. Die Regierung meinte, keine andere Wahl zu haben als eine Besteuerung aller Einkommensbezieher oberhalb des doppelten Mindestlohnes.[28] Diese gravierende soziale Härte gegenüber den Beziehern sehr niedriger Einkommen provozierte die Ausschreitungen und eine rabiate Repression der Sicherheitskräfte. Die Ereignisse deckten auf, was seit langem offensichtlich war: Die neoliberale Reformpolitik hatte in Bolivien nicht die erhoffte Wachstumsdynamik geschaffen, „sondern zu einer perspektivlosen relativen Stabilität auf sehr niedrigem Niveau" geführt (Goedeking 2003: 46).

7. Strukturreformen und sozio-ökonomische Ausgrenzung

Ziel der neoliberalen Reformen war, über Wachstum und mehr Beschäftigung bzw. Einkommenserhöhung den Lebensstandard der Masse in den Andenländern verbessern. Soweit derzeit zu beurteilen ist, ist das Gegenteil eingetreten: Die Reformen haben sich über verschiedene Mechanismen negativ auf die Lebensbedingungen der Masse der Bevölkerung ausgewirkt. Die vorausgegangene Stabilisierung, speziell die Eindämmung der hohen Inflationsraten, war der armen Bevölkerung zugute gekommen; Fortschritte in der Schaffung von Arbeitsplätzen und der Einkommensverbesserung für die wirtschaftlich und sozial Marginalisierten aber blieben aus.[29]

---

[27] Vgl. ausführliche Analyse für das Jahr 2000: Minkner-Bünjer 2001.
[28] Doppelter Mindestlohn: 880,- Bolivianos entsprechen etwa € 110,-.
[29] Auch die politische Ausgrenzung (z.B. definiert durch die politischen Grundrechte des aktiven und passiven Wahlrechts) hat in den Andenländern – u.a. aufgrund zunehmender Frustration über die geringe Leistungsfähigkeit des demokratischen Regimes, der Ver-

Laut Berechnungen der CEPAL (2002c: 211-230) ist zwischen 1990 und 1999 die Konzentration der Einkommen in den Andenländern gestiegen und ihre Verteilung hat sich – abgesehen von Ausnahmen – tendenziell sichtlich verschlechtert. Schon vor den Reformen gehörten diese Länder zu den „verteilungsschwächsten" in Lateinamerika.

7.1. Beschäftigungsbilanz ernüchternd

Die Hoffnung auf mehr Arbeitsplätze (im formalen Sektor) mittels eines gleichmäßig hohen Wachstums hat sich ebenso wenig erfüllt wie die Umverteilung der Einkommen durch die Reform der Steuersysteme und durch höhere Sozialausgaben. Über die Expansion der nichttraditionellen Exporte und ein außenorientiertes Wachstum sollten vor allem Arbeitsplätze für die ländliche Bevölkerung geschaffen werden. Diese war aufgrund ihrer geringen Qualifikation, räumlicher Marginalisierung etc. weitgehend vom formalen Arbeitsmarkt ausgeschlossen. Mehr Nachfrage nach diesen Arbeitskräften und ihre Integration in den Arbeitsmarkt würden eine gleichmäßigere Einkommensverteilung (Stallings/Peres 2000a: 26) stimulieren. Der steigende Export von nichttraditionellen (Agrar-) Produkten in den 90er Jahren beruhte vor allem auf dem komparativen Vorteil der intensiven Nutzung von natürlichen Ressourcen; erst an zweiter Stelle stand das Angebot von billigen Arbeitskräften. Durch das schwache und instabile Wachstum der 90er Jahre und durch die Schrumpfung des BIP zwischen 2000 und 2002 konnte keine zusätzliche Beschäftigung in größerem Umfang geschaffen werden. Die Arbeitslosenrate im formalen Sektor nahm zu, der informelle Sektor weitete sich abermals aus.

Auch die Reformen selbst wirkten sich negativ auf die Schaffung von Arbeitsplätzen aus.[30] Das galt insbesondere für den industriellen Sektor. Durch die Liberalisierung und den Anstieg der Importe wurden Arbeitsplätze in nicht konkurrenzfähigen Branchen und Betrieben vernichtet oder mittels der sog. Flexibilisierung der Arbeitsbedingungen niedriger eingestuft („down graded"). Das „Abspecken" des Staatsapparates und die Privatisierung (besonders drastisch im Fall von Bolivien und Peru) kosteten ebenfalls viele Arbeitsplätze, die nicht durch zusätzliche Beschäftigung im Privatsektor kompensiert wurden. Kapitalintensive Technologien und mehr Investitionen in nicht beschäftigungsintensiven Sektoren (z.B. kurz- bis mittelfristige Anlagen im Finanzsektor) verstärkten diese Entwicklung. Die Arbeitslosigkeit im städtischen formellen Sektor hat sich in allen Ländern zwischen 1991 und 1999 verschlechtert (s. Tabellen 1 und 11). Mit Ausnahme von Bolivien, verdoppelte sie sich in nahezu allen Ländern; zwischen 2000 und 2002 stagnierte sie bzw. erhöhte sich durch den Konjunktureinbruch auf den Hauptexportmärkten und die politische Krise in Venezuela, Peru

---

schlechterung der sozio-ökonomischen Bedingungen und der Verzerrungen im politischen System selbst – zugenommen (BID 1998).

[30] Stallings/Peres (2000b: 162) haben die empirischen Erfahrungen mittels ökonometrischer Analysen untermauert.

und Kolumbien weiter.[31] Mangelnde Kongruenz von Reformen und Makropolitiken und die Zurückhaltung der Investoren gegenüber der Reformpolitik wirkten sich ebenfalls bremsend auf den Willen und die Möglichkeiten aus, zusätzliche Arbeitsplätze zu schaffen (Stallings/Peres 2000b: 164). Der Arbeitsmarkt, ab 1990 unter dem Druck der Strukturanpassung und der Globalisierung, war auch nicht in der Lage, das steigende Angebot von Technikern und Fachpersonal (*profesionales*) zu absorbieren. Die Arbeitslosenquote verdoppelte sich in diesem Segment zwischen 1990 und 1999 in Ekuador, Kolumbien und Venezuela. Sie erreichte 8,3% bzw. 11,4% und 10,1% (CEPAL 2002c: 90).[32] Die Problematik wird durch den Prozentsatz von Fachpersonal und Technikern untermauert, der 1999 nicht im Einklang mit der Qualifikation bezahlt wurde. Das waren in den Andenländern im Durchschnitt rund 20% (CEPAL 2002c: 87). In allen Ländern des Andenraums begann sich entsprechend dieser Tendenz eine *desalarización* der qualifizierten Kräfte bemerkbar zu machen: man macht sich selbständig (CEPAL 2002c: 81). Die CEPAL forderte angesichts des Globalisierungsdrucks für die abhängig Beschäftigten mehr Flexibilität und Anpassung mittels „lebenslanger" Fortbildung.

Der formelle Arbeitsmarkt hat in den Andenländern traditionell eine relativ geringe Bedeutung. Das Hauptproblem ist nicht die offene Arbeitslosigkeit sondern der informelle Sektor mit hoher Unterbeschäftigung, gemessen am Einkommen, an der Arbeitszeit, am Stand der Aus- und Fortbildung und der Arbeitsproduktivität. Der informelle Sektor ist in den 90er Jahren vor allem im Handel und in den persönlichen Dienstleistungen („Tertiärisierung") expandiert; denn der Kapitalbedarf und die benötigte Qualifikation sind in diesen Bereichen gering; Produktivität und Gewinnmargen sind entsprechend niedrig. Jedoch besteht ein hohes Einkommensgefälle zwischen den qualifizierten und den nicht qualifizierten Kräften: Im Durchschnitt sind die Löhne und Gehälter für qualifizierte Arbeitsplätze im Dienstleistungssektor der Andenländer etwa doppelt so hoch wie die nicht qualifizierten Jobs (CEPAL 2002c: 80-85). Allerdings gibt es im Tertiärsektor der Andenländer – wie in allen Ländern aufgrund der Globalisierung – ein wachsendes Segment an qualifizierten und hochbezahlten Jobs im Bereich des Versicherungs- und Finanzwesens sowie der Unternehmensberatung.

Laut Angaben der CEPAL (2002c: 194) stieg in Bolivien der Anteil der städtischen Erwerbstätigen in *sectores de baja productividad del mercado de trabajo*[33] von 58,5% (1989) auf 65,5% (1997) und verringerte sich bis 2000 auf 63,1%: Der negative Einfluss der Reformen auf die Beschäftigungssituation

---

[31] In Bolivien – wie auch in den anderen Andenländern – ist die Mehrzahl der Arbeitsplätze in der Gruppe der *trabajadores independientes no calificados* entstanden, gefolgt von den Kleinstunternehmen und den Hausangestellten.
[32] Für Peru liegen keine Daten vor. In Bolivien ist die Quote leicht gefallen, vermutlich aufgrund des allgemeinen Mangels an Fachpersonal.
[33] Die Bereiche mit geringer Produktivität entsprechen weitgehend dem informellen Sektor.

wird deutlich. Ramírez/Reyes/Sandoval (2000: 27, 39) schätzen für Ekuador, dass 1999 rund 55% der Erwerbstätigen unterbeschäftigt waren.[34] Auch hier ist eine weitere Zunahme während der Reformdekade festzustellen. In Venezuela stieg die informelle Beschäftigung von 46,4% 1994 auf 51% der Erwerbstätigen 1999. Bis 2000 war eine weitere Zunahme auf 54,6% zu verzeichnen. In Peru waren 1992 rund 57% der Erwerbstätigen im informellen Sektor beschäftigt (PNUD 1997: 47); bis 1999 stieg ihre Zahl auf 63,3% (CEPAL 2002c: 196). Auch in Kolumbien hat – als Folge steigender Arbeitslosigkeit im formellen Sektor (1999: rd. 20%[35]) und auf den Arbeitsmarkt drängender Jugendlicher – die informelle Beschäftigung ab 1994 wieder zugenommen: 1984 betrug sie 55,1% der Erwerbstätigen, die Arbeit hatten; 1994 war sie auf 53,9% gefallen, um bis 1998 wieder auf 56,5% anzusteigen (Amaya Pulido 2000: 354).[36] Die abhängig Beschäftigten im informellen Sektor Kolumbiens verdienten 1998 im Durchschnitt rund die Hälfte der im formellen Sektor abhängig Beschäftigten.

Ein wichtiges Ventil für die desolate Beschäftigungslage ist die zunehmende (überwiegend illegale) Migration in die USA und nach Europa gewesen; die daraus resultierenden Überweisungen in die Heimatländer haben wachsende Bedeutung für Einkommen, Zahlungsbilanz und Wachstum. Im Fall von Ekuador nehmen die *remesas* – je nach Exportkonjunktur – den vierten Platz (nach Bananen, Erdöl und Schalentieren) in der Außenwirtschaft ein (www.elcomercio.com).

7.2. Einkommensentwicklung regressiv

Betrachtet man die durchschnittlichen Reallöhne in den 90er Jahren, dann überrascht zunächst, dass diese – gemäß Angaben der CEPAL (2002a: Tabelle A-6) – in Bolivien und Kolumbien von 1992 bis 2002 gestiegen sind. In Peru sind sie ab 1994/95 leicht zurückgegangen. Das Gleiche gilt für Venezuela, wo der durchschnittliche Index pro Jahr seit 1992 stark gefallen ist.[37] Stallings/Peres (2000a:) geben zu bedenken, dass die Betrachtung des durchschnittlichen Reallohnniveaus verschleiert, dass die Höhe und Entwicklung der Löhne und Gehälter von der Qualifikation und von dem Status als Arbeitnehmer abhängig sind. Studien von Morley und Weller[38] haben ergeben, dass – entgegen den Voraussagen der Reformern – sich der Unterschied in der Höhe der Reallöhne zwischen qualifizierten und unqualifizierten Arbeitskräften, zwischen Arbeitern und Angestellten in den 90er Jahren vergrößert hat. Zum gleichen Ergebnis kommt die CEPAL (2002c: 82), die diese Entwicklung u.a. für die weiter zunehmende Ver-

---

[34] Das entspricht etwa den Angaben der CEPAL.
[35] CEPAL 2002c: 206.
[36] Die CEPAL (2002c: 195) stellt ebenfalls eine deutliche Erhöhung der informell Beschäftigten zwischen 1991 und 1999 fest. In städtischen Gebieten stieg ihre Zahl von 27,3% 1991 auf 35,7% 1999.
[37] Die Angaben für die einzelnen Länder sind aufgrund unterschiedlicher Berechnungen nur geeignet, Tendenzen aufzuzeigen. Für Ekuador liegen keine Daten vor.
[38] Zitiert in Stallings/Peres 2000b: 166/167.

teilungsungerechtigkeit verantwortlich macht. Unter den Andenländern wurden für Kolumbien, Peru und Bolivien das wachsende Auseinanderdriften von durchschnittlichen Lohn- und Gehaltsgruppen bzw. stärkere Lohn- und Gehaltszunahmen in den oberen Gruppen festgestellt. In Ekuador und Venezuela haben sowohl qualifizierte als auch nicht qualifizierte Arbeitskräfte hohe Einkommenseinbußen hinnehmen müssen (CEPAL2002c: 84). Die Ursachen sind nicht eindeutig feststellbar, könnten aber die folgenden sein: die Auslagerung bzw. das *Subcontracting* von höherwertigen und durch qualifizierte Arbeitskräfte zu erbringende Dienstleistungen (z.B. Beratung, Finanzierung, Controlling); die effektivere Vertretung der qualifizierten Arbeiter und Angestellten durch die Gewerkschaften; die zunehmende Kluft zwischen Mindestlöhnen und durchschnittlichen Löhnen. Die Reformen haben also nicht zu einer relativen Nivellierung der Löhne und Gehälter von qualifizierten und weniger qualifizierten Arbeitnehmern beigetragen, sondern im Gegenteil den Unterschied vertieft. Das heißt, auch über diesen Mechanismus hat sich die Verteilungssituation in den Andenländern verschlechtert und der Anteil der armen Bevölkerung erhöht. In diesem Zusammenhang ist zu berücksichtigen, dass 1999 im Durchschnitt 47% der Haushaltseinkommen in den Andenländern aus Löhnen und Gehältern stammten. Im Vergleich zu 1989 hat dieser Anteil (z.B. durch die Freisetzung im öffentlichen Sektor) abgenommen.[39]

Außer der in den 90er Jahren zunehmenden Lücke in den Reallöhnen gemäß Qualifikation (und damit gemäß Bildung und Ausbildung der Arbeitskräfte), gemäß Anstellungsverhältnis im Unternehmen sowie gemäß Beschäftigung im formellen oder informellen Sektor hat sich die Einkommensverteilung unter den Haushalten verschlechtert. Untersuchungen, differenziert nach Art der Reformen, ergeben für alle Gruppen eine regressive Tendenz (Stallings/Peres 2000b: 183). Die von der CEPAL berechnete Verteilung des Einkommens der Haushalte zwischen 1990 und 1999 unterstreicht diese Wirkung: der Anteil der 40% ärmsten Haushalte in den Andenländern, ohnehin mit durchschnittlich <14% am Gesamteinkommen der Länder sehr gering beteiligt, hat sich im Reformzeitraum weiter verschlechtert; der Anteil der 10% reichsten Haushalte hat dagegen in drei der fünf Länder zugenommen (s. Tabelle 8).

---

[39] Der Einkommensanteil der sog. Arbeiten auf eigene Rechnung (*trabajadores de cuenta propia*) betrug 1999 in den Andenländern im Durchschnitt 22%.

Tabelle 8: Verteilung der Einkommen 1990 / 1997 / 1999
(Anteil der Haushalte in % am Gesamteinkommen)

	Bolivien		Ekuador		Kolumbien		Peru		Venezuela	
	40% ärmste Haushalte	10% reichste Haushalte	40% ärmste Haushalte	10% reichste Haushalte	40% ärmste Haushalte	10% reichste Haushalte	40% ärmste Haushalte	10% reichste Haushalte	40% ärmste Haushalte	10% reichste Haushalte
1990	12,1	38,2*	17,1	30,5	10,0	41,8**	keine Angaben		16,7	28,7
1997	9,4	40,7	17,0	31,9	12,5	40,1	13,4	33,3	14,7	32,8
1999	9,2	37,2	14,1	36,6	12,3	40,1	13,4	36,5	14,6	31,4

* 1989   ** 1994.
Quelle: Zusammengestellt nach CEPAL 2002c: 225.

7.3. Bildungs- und Gesundheitswesen: Staatsausgaben ungenügend

Angesichts des hohen Anteils an armer Bevölkerung und gleichzeitig hoher Einkommenskonzentration in den Andenländern empfehlen die Reformer von Weltbank und IWF, vor allem die Sozialausgaben, speziell für das Bildungs- und Gesundheitswesen, zu erhöhen. Einerseits würden dadurch die ungleiche Verteilung der Einkommen positiv beeinflusst, andererseits die Qualität der Arbeitskräfte verbessert und die Wachstumsmöglichkeiten der Länder erhöht. Das vorhandene Material ermöglicht nur eine sehr allgemeine Betrachtung dieses für die Armutsbekämpfung in den Andenländern wichtigen Bereichs (s. Tabelle 9).

Die Strukturreformen sollten gemäß ihren „Verfechtern" erlauben, über steigendes Wachstum und Mehreinnahmen des Staates sowie über eine Ausgabenumschichtung als Folge der Reformen (z.B. Abbau der Subventionen) das Sozialbudget aufzustocken. Gemäß Tabellen 4 und 9 haben die Andenländer (ausgenommen Venezuela[40]) ihre Sozialausgaben pro Kopf in den 90er Jahren erhöht. Ihr Anteil am Bruttoinlandsprodukt und an den Gesamtausgaben ist gestiegen, jedoch war die Steigerung sehr unterschiedlich und nicht konstant. Im Verhältnis zum Wert der jährlich insgesamt erarbeiteten Güter und Dienstleistungen (BIP) und als Anteil des Gesamthaushalts haben die Sozialausgaben zugenommen. Etwa die Hälfte der Sozialausgaben ging 1996 bzw. 1997 in den Andenländern in das Bildungs- und Gesundheitswesen (Ganuza u.a. 1999: 135, 304, 419, 649/654[41]). Auch ihr Anteil pro Kopf und gemessen am BIP hat zugenommen. Gemessen an den Gesamtausgaben haben sich die Bildungsausgaben (mit Ausnahme von Venezuela) relativ verringert. Das könnte darauf hindeuten, dass die Armutsfokussierung abgenommen hat, dass knappe Ressourcen auf eine breitere Nachfrage verteilt werden, und dass, um die Wettbewerbsfähigkeit der Länder zu steigern, Bildungs- und Ausbildungsniveau in allen Schichten verbessert werden müssen.

---

[40] Ekuador: unvollständige Angaben.
[41] Ganuza u.a. 1999: keine vergleichbaren Angaben für Venezuela.

Tabelle 9: Staatliche Ausgaben für das Bildungs- und Gesundheitswesen in den 90er Jahren

		Staatliche Ausgaben für das Bildungswesen			Staatliche Ausgaben für das Gesundheitswesen		
		pro Kopf in US$ von 1997	% des BIP	% der Gesamtausgaben	pro Kopf in US$ von 1997	% des BIP	% der Gesamtausgaben
Bolivien	1990/91*	28	k.A.	k.A.	11	4,0	k.A.
	1994/95	52	5,3	21,1	31	5,0	12,5
	1998/99	62	6,0	20,9	34	4,6	11,4
Ekuador	1985-87	k.A.	3,5**	21,3**	k.A.	k.A.	k.A.
	1995-97	k.A.	3,5	13,0	115***	1,7***	k.A.
Kolumbien	1990/91	63	3,2	11,5	23	1,2	4,2
	1994/95	86	3,4	11,6	75	2,9	10,1
	1998/99	120	4,7	11,2	104	4,1	9,7
Peru	1990/91	28	1,3	12,7	15	0,7	6,8
	1994/95	56	2,3	13,9	27	1,1	6,5
	1998/99	62	2,2	12,3	38	1,3	7,5
Venezuela	1990/91	129	3,5	13,1	57	1,6	5,8
	1994/95	139	3,7	17,1	41	1,1	5,0
	1998/99	140	3,8	16,7	49	1,4	5,9

k.A.: keine Angaben.
* Stallings/Peres (2000b) **Weltbank 2001: 203 *** Weltbank 2001: 191 (Angaben für 1998: sie umfassen *public and private expenditure* und sind umgerechnet in *purchasing power parity*, d.h. PPP US$ 1 hat die gleiche Kaufkraft in der nationalen Wirtschaft wie US$ 1 in den USA).
Quelle: Zusammengestellt nach CEPAL 2002c: 271-272; Stallings/Peres 2000b: 185; Weltbank 2001: 191/203/228.

Nach Ländern betrachtet (s. Tabelle 9) gaben Kolumbien und Venezuela die höchsten Beträge pro Kopf für Bildung und Gesundheit aus. Kolumbien hatte in den 90er Jahren den größten Zuwachs bei den Bildungs- und Gesundheitsausgaben zu verzeichnen. Allerdings ist der für dieses Land, auch im Vergleich mit Venezuela, niedrige Ausgangsbetrag Anfang der 90er Jahre zu berücksichtigen. Venezuela gehört zu den Ländern mit hohen Ausgaben pro Kopf für das Humankapital; Kolumbien rangiert unter den Ländern mit mittlerem Ausgabenniveau. Bolivien und Peru sind Länder mit im Durchschnitt niedrigen Sozialausgaben pro Kopf besonders im Vergleich zu dem hohen Anteil an armer und extrem armer indigener Bevölkerung; sie erhöhten in den 90er Jahren ebenfalls die Ausgaben in beiden Sektoren beträchtlich.

Für die Andenländer – abgesehen von einer Einzelangabe für Kolumbien[42] – standen keine aktuellen Daten über die Verteilung der Sozialausgaben (speziell für Bildung und Gesundheit) gemäß Einkommensgruppen zur Verfügung.[43] Aus den vorhandenen Daten für die Andenländer (Ganuza u.a. 1999: 51) und den Länderanalysen kann geschlossen werden, dass die armutsfokussierten Sozialausgaben in den Andenländern wirksam zur Einkommensumverteilung beitragen, wenn ein hoher Anteil der Ausgaben für soziale Grunddienste an die 20% ärmste Bevölkerung geht. In Kolumbien floss 1992 etwa die Hälfte der Sozialausgaben an Bevölkerungsteile mit niedrigem Einkommen (Stallings/Peres 2000b: 189).

Über den Zusammenhang von Reformen und Sozialausgaben bzw. den Auswirkungen der Reformen auf die Höhe und die Fokussierung der Sozialausgaben konnten keine durch Länderstudien gesicherten Informationen (Stallings/Peres 2000b: 190-191) ausgewertet werden. Gemäß der vorhandenen Dokumentation und nach Einschätzung der Verfasserin dürften in den 90er Jahren jedoch steigende Ausgaben selektiver und mit stärker armutsorientierter Fokussierung von den Regierungen getätigt worden sein. Das dürfte vor allem für die zweite Hälfte der 90er Jahre zutreffen als – nicht zuletzt auf Druck der Gläubigerländer und der internationalen Institutionen sowie aufgrund der geringen sozialen Wirksamkeit der Reformen – die Armutsbekämpfung mehr ins Zentrum der Politik rückte. Entsprechend könnte sich über diesen Mechanismus die Einkommensverteilung relativ verbessert haben. Angesichts der hohen und zum Teil weiter steigenden Konzentration der Einkommen und dem geringen Beschäftigungseffekt der Reformen ist die Bedeutung der Sozialausgaben für die arme und extrem arme Bevölkerung in den Andenländern tendenziell steigend.

---

[42] Mostajo berechnete 1992 für Kolumbien, dass 56% der Sozialausgaben an die arme Bevölkerung gingen, und dass sich die Einkommen der 20% ärmster Bevölkerung um rund 41% erhöhten (zitiert nach Stallings/Peres 2000: 188-189).
[43] Einkommensgruppen z.B. nach Dezilen oder Quintilen gebildet.

Tabelle 10: Armut und extreme Armut in den Andenländern
(in % der Haushalte bzw. in % der Bevölkerung)

		1990		1994		1997		1999	
		Haushalt	Bevölkerung	Haushalt	Bevölkerung	Haushalt	Bevölkerung	Haushalt	Bevölkerung
Bolivien #	Armut	49,4*	50,1*	45,6	51,6	56,7	62,1	54,7	60,6
	extreme Armut	27,1	23,3	16,8	19,8	32,7	37,2	32,6	36,5
Ekuador #	Armut	55,8	62,1	52,3	57,9	49,8	56,2	58,0	63,6
	extreme Armut	22,6	26,2	22,4	25,5	18,6	22,2	27,2	31,3
Kolumbien	Armut	50,5**	56,1	47,3	52,5	44,9	50,9	48,7	54,9
	extreme Armut	22,6**	26,1	25,0	28,5	20,1	23,5	23,2	26,8
Peru	Armut	k.A.	k.A.	41***	48***	40,5	47,6	42,3	48,6
	extreme Armut	k.A.	k.A.	18***	23***	20,4	25,1	18,7	22,4
Venezuela	Armut	34,2	40,0	42,1	48,7	42,3	48,1	44,0	49,4
	extreme Armut	11,8	14,6	15,1	19,2	17,1	20,5	19,4	21,7
Andenländer	Armut	47,5	52,1	46,8	52,7	46,8	53,0	49,5	55,4
	extreme Armut	15,4	22,1	19,2	23,3	21,5	25,7	24,2	27,7
Lateinamerika	Armut	41,0	48,3	37,5	45,7	35,5	43,5	35,3	43,8
	extreme Armut	17,7	22,5	15,9	20,8	14,4	19,0	13,9	18,5

k.A.: keine Angaben.
* 1989 ** 1991 *** 1995.
# Bolivien, Ekuador: Armut in städtischen Gebieten.
Quelle: CEPAL 2002c: 40/42.

7.4. Armutsbekämpfung:
Wirksamkeit der Strukturreformen auf dem Prüfstand

Sowohl der Anteil der armen als auch der extrem armen Bevölkerung der Andenländer, abgesehen von Venezuela am Anfang der 90er Jahre, liegt zwischen 1990 und 1999 über bzw. weit über dem Durchschnitt in Lateinamerika. Wie in Lateinamerika insgesamt ging in allen Andenländern als Folge der Stabilisierung (und damit rückläufiger Inflationsraten) der relative Anteil der armen und der extrem armen Bevölkerung seit Ende der 80er Jahre zurück (s. Tabelle 10). Bolivien senkte schon Anfang der 80er Jahre mit einem Schockprogramm seine Hyperinflation drastisch und führte bis Mitte der 90er Jahre relativ radikale Strukturreformen durch. Bis 1994 ging der Anteil der extrem armen Bevölkerung in Bolivien drastisch zurück. Als sich der internationale Kontext ab 1996 zu destabilisieren begann, stiegen zwischen 1997 und 1 999 die Armut und die extreme Armut wieder an, und zwar auf ein weit höheres Niveau als 1990.

In Ekuador und in Kolumbien, beides späte und sehr zögernde Reformer, setzte sich der Rückgang bis 1994 fort; ab Mitte der 90er Jahre begann der Anteil der armen Bevölkerung aufgrund wieder anziehender Inflation und steigender (Netto-)Arbeitslosigkeit erneut zuzunehmen. In Venezuela, 1990 mit einem Anteil der armen und der extrem armen Bevölkerung an der Gesamtbevölkerung weit unter dem lateinamerikanischen Durchschnitt, stiegen beide Werte 1994 sprunghaft an und lagen sogar über den für Peru berechneten Werten in der extremen Armut.

Betrachtet über die gesamte Dekade (1999 verglichen mit 1990) hat in sämtlichen Andenländern der Anteil der extrem armen und der armen Bevölkerung im Verhältnis zur Gesamtbevölkerung stark zugenommen: Zwischen 1997 und 1999 stagnierte die Armut im lateinamerikanischen Durchschnitt; in den Andenländern begann sie dagegen schon wieder zu steigen. Mit der Abnahme des relativen Anteils an armer Bevölkerung vollzog sich auch kein absoluter Rückgang der armen Bevölkerung. Armut ist also durch die Strukturreformen nicht abgebaut worden, wie auch aus der Analyse über Wachstum, Realeinkommen und Beschäftigung klar abzulesen ist. Die Armut konnte nur zeitweilig durch Wachstum und Inflationsrückgang eingedämmt werden; die zugrunde liegenden Strukturprobleme bestanden jedoch weiter. Mit den geringeren Wachstumsraten gingen auch die Sozialausgaben und die Transfereinkommen relativ zurück; zudem nahmen die formelle und die temporäre Arbeitslosigkeit mit den Exporteinbußen wieder zu.

Informationen (und Vergleichsdaten) über Armut und extreme Armut in ländlichen Gegenden, obwohl zum Teil weitaus gravierender und extrem schwierig zu bekämpfen, sind kaum vorhanden. In Peru, Bolivien und Ekuador, Länder mit hohen Anteilen an indigener Bevölkerung und Subsistenzwirtschaft, ist der relative Anteil der armen Bevölkerung in ländlichen Gebieten etwa doppelt so hoch wie in städtischen Gebieten.

Die CEPAL (2002c) stellt fest, dass die Armutsbekämpfung zwischen 2000 und 2002 nicht voran gekommen ist; der relative und der absolute Anteil der

Armen und der extrem Armen an der Gesamtbevölkerung der Andenländer dürfte stagniert haben bzw. weiter gestiegen sein.

Die Milleniumsdeklaration der UNO, die extreme Armut zwischen 2000 und 2015 um die Hälfte senken zu wollen, erscheint angesichts dieser Entwicklungen nicht realistisch. Laut Schätzungen der CEPAL (2002c: 17) müssten die Andenländer zwischen 7,6% (Bolivien) und 4,4% (Peru) pro Jahr wachsen, um die extreme Armut zu halbieren. Pro Kopf müsste das BIP mit durchschnittlich zwischen 5,5% (Bolivien) und 3% (Peru) pro Jahr zunehmen. Bolivien und Ekuador gehören zu den Ländern mit einem „hohen extremen Armutsniveau", Kolumbien, Venezuela und Peru sind Länder mit einem „mittleren extremen Armutsniveau". Jedoch ist es für beide Ländergruppen schwierig, das Ziel zu erreichen.

Könnten sich die Regierungen der Andenländer mit den Eliten gleichzeitig auf eine Umverteilung in Höhe von 5% des Gini-Koeffizienten[44] verständigen, würde die benötigte Wachstumsrate sich auf zwischen 3,9% (Bolivien) und 1,5% (Peru) p.a. verringern. Das heißt, die Andenländer könnten mit verschiedenen Instrumenten und Schritten der Umverteilung – zusammen mit einer durchschnittlichen moderaten Wachstumsrate pro Jahr – das Ziel, die extreme Armut auf die Hälfte zu reduzieren, selbst in den Ländern mit einem hohen Armutsniveau erreichen. Wichtig ist in diesem Zusammenhang, die Volatilität des Wachstums zu verringern und die interne Spar- und Investitionsquote zu erhöhen.

8. Perzeption und Akzeptanz der Reformen

Die Reformen der sog. ersten und zweiten Generation sind nach Ländern, Sektoren und Effizienz unterschiedlich verlaufen. Bis Mitte der 90er Jahre wurde der Reformprozess in den Andenländern von den Experten noch als weitgehend positiv perzipiert; denn das Wachstum beschleunigte sich bei gleichzeitig relativ hoher Stabilität. Die positiven Auswirkungen der Reformen waren umso größer, je besser die Institutionen in Funktionen und Qualität arbeiteten und je höher die Investitionen waren. In der Funktionsfähigkeit des institutionellen Gefüges (*institutional environment*) schnitt bis Ende der 90er Jahre Bolivien am positivsten ab, gefolgt von Peru, Venezuela und Kolumbien. In sämtlichen Andenländern schränkten in sich widersprüchliche Makropolitiken, der negative externe Kontext und die instabile politische Entwicklung die Wachstumsmöglichkeiten entscheidend ein. Ein Teil der Entwicklungsprobleme der Länder konnte durch am Markt ausgerichtete Reformen gelöst werden; gleichzeitig ist aber ein Teil der „alten" Probleme komplizierter geworden und neue sind hinzugekommen.

Als besonders wichtig für die Reformergebnisse wurden von den Experten der internationale Kontext und die politische Stabilität in den Ländern selbst angesehen. Die ersten Evaluierungen kamen zu dem Schluss, dass die Reformen bis Mitte der 90er Jahre das Wachstum um rund 2% p.a. erhöht hätten. In jüngs-

---

[44] Der Gini-Koeffizient misst die Konzentration der Einkommen (CEPAL 2002c: 59).

ten Studien des IDB (2002a: 4) wird dagegen die Ansicht vertreten, dass die Reformen an sich nur temporär positive Auswirkungen auf das Wachstum gehabt hätten; sobald der Reformprozess sich verlangsame, ginge auch das Wachstum zurück. Die Konjunkturschwäche der letzten drei bis vier Jahre in den USA, Europa und Asien hat die Andenländer (wie Lateinamerika insgesamt) in ihren Anpassungserfolgen zurückgeworfen. Der sich positiv entwickelnde Koeffizient Leistungsbilanzdefizit/BIP erklärt sich in der Mehrzahl der Andenländer bisher nicht durch stark gestiegene und diversifizierte Exporte; die Weltmarkteingliederung ist vielmehr in dominierender Art und Weise durch die Zunahme der Importe geprägt worden. Da die Importe von Gütern und Dienstleistungen im Durchschnitt schneller gewachsen sind als die Exporte, entstanden wie in der Vergangenheit kontinuierlich Handelsbilanzdefizite, die mit Auslandskapital finanziert wurden. Zur Bedienung der Auslandsschulden erhöhten sich wiederum die Leistungsbilanzdefizite. Die Verbesserungen in der Leistungsbilanz der Andenländer zwischen 1994 und 2001 erklären sich infolgedessen vor allem durch das rückläufige Wachstum und die sinkende Nachfrage nach Importen und nicht durch eine grundlegend verbesserte Exportstruktur und Exportperformance. Die sich zum Teil verstärkenden Ungleichgewichte der Leistungsbilanz werden mittels externer Kapitalzuflüsse finanziert. Diese Finanzierung ist aufgrund der Kapitalvolatilität als Folge der Liberalisierung für die Länder heute problematischer als in den vorhergehenden Dekaden.

Als Folge oder gerade wegen der neoliberalen Reformen haben die Andenländer Schwierigkeiten, ihre Auslandsschulden zu bedienen und den Importfluss aufrecht zu erhalten. Fast alle Andenländer sahen sich im Verlaufe der 90er Jahre bis heute gezwungen, Anpassungspakete mit dem IWF auszuhandeln. Sämtliche Andenländer – besonders aber Ekuador und Venezuela – haben in unterschiedlichem Umfang Finanz- und Bankkrisen als Folge der liberalisierten Kapitalmärkte, Wechselkurse und Devisenreserven durchgemacht. Ekuador und Venezuela kam der Zusammenbruch der Bankensysteme mit rund 50% bzw. 18% des BIP am teuersten zu stehen. Für die Andenländer wurden aufgrund ihrer geringen wirtschaftlichen Bedeutung und der mit der Finanzkrise verbundenen „Vernichtung" von internationalem Kapital keine Rettungspakete wie für die großen Länder Argentinien, Brasilien und Mexiko geschnürt. Die Kosten des Missmanagements mussten von den Ländern selbst bzw. von der Masse der Bevölkerung über die Inflation, die Abwertung und die Steuern getragen werden.

Viele Reformgesetze und -maßnahmen wurden verabschiedet; aber in vielen Fällen wurden sie nicht durchgeführt oder ihre Umsetzung blieb in den Anfängen stecken. In den wenigsten Bereichen vermittelten die Beteiligten den Eindruck, dass ein struktureller Wandel endgültig etabliert und akzeptiert worden sei. Entsprechend urteilt die öffentliche Meinung in den Ländern – laut Umfragen des *Latinobarómetro 2001*[45] (www.latinobarometro.org) – wenig positiv

---

[45] Zitiert nach: „Rejecting Reform?", in: IDB 2002a: 5.

über die Reformprozesse und ihre Wirkungen; dieser Trend hat sich 2002 fortgesetzt. 63% der Befragten stellten 2001 fest, dass z.b. die Privatisierung ihren Ländern keine Vorteile gebracht hätte; 1998 gaben 43% diese skeptische Antwort. Fast die Hälfte der Befragten war 2001 dagegen, dem Privatsektor die produktiven Aktivitäten des Landes zu übertragen. Im Jahr 2000 waren es nur 28%, die dieses Grundprinzip der Marktwirtschaft in Frage stellten. Zwei von drei Befragten in 17 Ländern glaubten 2001, dass sich die wirtschaftlichen Bedingungen in ihren Ländern verschlechtert hätten. Der Anteil der Befragten, der die wirtschaftliche Situation als schlecht oder sehr schlecht bezeichnet, ist seit 1997 laufend gestiegen. Im Zusammenhang mit der schlechten wirtschaftlichen Lage hat das Vertrauen in die Demokratie bei der befragten Bevölkerung der Andenländer seit 1996 laufend abgenommen: am stärksten in Kolumbien mit -21%, gefolgt von Bolivien mit -8%, Peru mit -6% und Ekuador mit -3%; allein Venezuela verzeichnete eine Zunahme von 13% (*The Economist*, 15.8.2002).

9. Strukturreformen in den Andenländern: enttäuschend in Effizienz und Effektivität

Im Sinne einer vorläufigen Bewertung lässt sich über die Strukturreformen und ihre Auswirkungen in den Andenländern zusammenfassend feststellen:

- Bei der Beurteilung der Strukturreformen und ihrer Auswirkungen – sei es im positiven oder negativen Sinn – ihrer Dauerhaftigkeit, ihrer Kosten, ihres Zusammenhanges mit den unternehmerischen (mikroökonomischen) und den internationalen Strukturen ist – außer im Fall von Bolivien, das schon zu Ende der 70er Jahre mit diesem Prozess begann – immer die kurze „Nachreformzeit" in Rechnung zu stellen. Messschwierigkeiten, sehr unvollständiges, nicht aktuelles und nicht vergleichbares Datenmaterial verkomplizieren die Möglichkeiten, zu einer genaueren Beurteilung zu gelangen.
- Die Evaluierungen der Reformen sind methodisch relatives Neuland; sie differieren in Ansatz und Methoden stark untereinander; sie konzentrieren sich auf die „Erfolgsländer" und solche mit relativ gutem Datenmaterial.
- Reformen, zusammengefasst unter dem gleichen Oberbegriff (z.B. Handelsliberalisierung oder Privatisierung), haben von Land zu Land unterschiedliche Inhalte. Auch wurden sie z.T. mit sehr unterschiedlichen Instrumenten und Maßnahmen durchgeführt. Das kommt aber in den Evaluierungen kaum zum Tragen. Die zugrunde liegenden Annahmen, die Operationalisierung und die Quantifizierung mit (nur relativ brauchbarem) statistischem Material hatten ebenso Einfluss auf die Ergebnisse der Untersuchungen wie die ökonometrischen Verfahren, die z.B. zur Schätzung der Reformindices verwandt wurden.
- Ohne Zweifel sind die Stabilisierung der Preise und die Verringerung der Inflationsrate durch die restriktive Fiskal- und Wechselkurspolitik auf Wer-

te um 15% bzw. unter 10% bis Ende der 90er Jahre ein wichtiger Fortschritt gewesen, jedoch vielfach auf Kosten eines langsamen Wachstums. Beim „nonreformer" Ekuador stieg die Inflation zwischen 1993 und 2000 als Folge der anhaltenden wirtschaftlich-politischen Wirren von 23% auf über 90%. In der „Ruhephase" unter der Regierung Gustavo Noboa ging sie wieder auf etwa 10% Anfang 2002 zurück. Politisch bedingte spekulative Inflationsentwicklungen lassen sich mit Wirtschaftsreformen nur begrenzt bekämpfen.

- Die Wachstumserfolge waren temporär und konzentrierten sich auf die unmittelbare Periode nach den Reformen, d.h. die erste Hälfte der 90er Jahre, in denen sich der externe Kontext relativ positiv entwickelte. Das durchschnittliche Wachstum p.a. reichte nicht aus, um die soziale Ausgrenzung und die Armut in den Andenländern zu verringern. Die Länder büßten Prozentpunkte beim BIP pro Kopf und den realen Löhnen ein. Als Folge des drastischen Abbaus von Arbeitsplätzen im staatlichen Sektor (besonders Bolivien und Peru mit forcierter Privatisierung) und des „Gesund- bzw. Wettbewerbsfähigschrumpfens" im privaten Sektor nahmen der informelle Sektor und die Unterbeschäftigung stark zu.
- Die Produktions- und Exportstrukturen veränderten sich weder mit der erhofften Schnelligkeit noch mit der erforderlichen Radikalität; die Verbesserungen in den komparativen Wettbewerbsvorteilen und in der Kapitalausstattung ließen auf sich warten. Nationale Investitionen und ausländische Direktinvestitionen nahmen nur begrenzt und sektoral konzentriert zu.
- Regierungen und Institutionen gaben gegen Ende der 90er Jahre ihrer Enttäuschung offen Ausdruck, dass die Reformen und die Wirkungen in Art und Ausmaß nicht ausreichend seien, dass eine zweite Reformphase notwendig würde: einerseits um die begonnenen Programme für die Veränderungen der Produktions- und Exportstrukturen zu vertiefen, zu konsolidieren und miteinander zu verknüpfen, andererseits um die wirtschaftliche und soziale Ausgrenzung vor allem durch verbesserte Leistungen im Bildungs- und Gesundheitswesen zu verringern.
- Die Wirksamkeit der Reformen wurde in den Andenländern besonders durch die Schwäche des Staates und sein ungenügendes Krisen- bzw. Reformmanagement beeinflusst, durch das Fehlen eines „Gesellschaftspakts" über die Art und die Ausrichtung der Reformprogramme und durch die wachsende Unzufriedenheit in der Bevölkerung über die hohen sozialen Kosten der Reformen.
- Die geringe Effektivität der Reformen führte in allen Andenländern zu einer latenten und sich immer wieder aktivierenden Krisensituation mit zum Teil gravierenden makroökonomischen Ungleichgewichten, zu einem stagnierenden oder sinkenden Lebensstandard der Masse, zu absoluter und zum Teil auch relativer Zunahme der in Armut lebenden Bevölkerung und zur weiteren Verschlechterung der Einkommensverteilung.

- Die Reformwirksamkeit wurde besonders durch die Tatsache beeinträchtigt, dass die vom IWF und von der Weltbank verordneten neoliberalen Reformen weder die Art und die Ausstattung der Länder mit natürlichen Ressourcen und mit Humankapital noch den Entwicklungsstand berücksichtigten. Ferner waren die Makropolitiken nicht in dem erforderlichen Maße mit der Entwicklung der Mikroökonomie (Unternehmen, Regionen, lokale Strukturen) verknüpft, um die Reformen (erfolgreich) umzusetzen.
- Aufgrund der ab Ende der 90er Jahre schwierigen internationalen Lage, der anhaltenden institutionellen Schwächen und der sozialen Spannungen sowie der größeren Abhängigkeit und Verwundbarkeit der Wirtschaften verschärften sich in den Andenländern erneut die vorhandenen Krisensymptome wie z.B. Wachstumsschwäche, Auslandsverschuldung, Haushaltsdefizite, Volatilität der Kapital- und Investitionsflüsse und Stagnation in der Anpassung der Produktionsstrukturen.

10. Politische Situation und Reformpolitik

Die geringen Erfolge der Wirtschaftsreformen stehen auch in einem engen Ursache-Wirkungs-Zusammenhang mit der politischen Entwicklung in den Andenländern. Alle Andenländer haben zum Teil große Probleme in der Regierbarkeit; sie sind besonders anfällig für eine Neuauflage von politischen Unruhen und Terror wie in den 60er und 70er Jahren. Besonders Kolumbien und in geringerem Maße Peru stellen ein Gefährdungspotential für die Region dar. Ekuador, Venezuela und Peru haben in jüngster Zeit populistische Kandidaten zu ihren Staatspräsidenten gekürt. Ekuador und Venezuela werden zudem von Ex-Militärs regiert, populär geworden durch die Unterstützung von zivilen Putschen und ihr (vermeintliches) Eintreten für die Masse der armen Bevölkerung.

- In **Ekuador** wurden zwei Staatspräsidenten seit Mitte der 90er Jahre aufgrund des starken, mit Rückendeckung des Militärs operierenden Widerstandes der Basisorganisationen und der indigenen Bevölkerung aus dem Amt „geputscht". Die Massenproteste richteten sich gegen die vom IWF geforderten Stabilisierungs- und Anpassungspakete. Die indigene Bevölkerung ist nach den Wahlen im November 2002 erstmalig mit ihrem politischen Arm *Pachakutik*[46]-*Nuevo País* an der Regierung unter Ex-Oberst Lucio Gutiérrez beteiligt. Sie kann in so wichtigen Ressorts wie Landwirtschaft und Außenbeziehungen, Erziehungs- und Gesundheitswesen über Reformen zur langfristigen sozialen Integration der verarmten Masse mitbestimmen. Ob die organisierte militante Basis diese Chance erkennt und wahrzunehmen weiß und ob sie international in angemessener Weise unterstützt wird, bleibt abzuwarten. Mit delikaten politischen Balanceakten hat Lucio Gutiérrez im

---

[46] *Pachakutik* bedeutet: *El mundo (pacha) se transforma (Cuti)*.

ersten Monat seit seinem Amtsantritt (15.1.2003) verschiedene „Siege" erringen können: die Aufstellung eines relativ kompetenten Kabinetts mit Vertretern von *Pachakutik-Nuevo País*, ohne dabei das „Heft aus der Hand zu geben"; die Einbindung von Ex-Militärs in die Regierung und Administration; die relative Beruhigung in den Massenprotesten gegen die Austeritäts- und Anpassungspolitik; der Abschluss eines IWF-Abkommens für einen *Stand by*-Kredit und die Einwerbung finanzieller Unterstützung der internationalen Gläubiger und der US-Regierung; Verhandlungen mit den Oppositionsparteien und die Verabschiedung des Haushalts 2003.

- **Venezuela** hat in der Reformperiode der 90er Jahre die grundlegende Neuausrichtung seines Entwicklungsmodells nicht geschafft, um die makroökonomischen Ungleichgewichte in den Griff zu bekommen. Dem Land sind, obwohl oder gerade weil es zu den fünf größten Erdölexporteuren der Welt gehört, keine längerfristigen Erfolge bei der Stabilisierung und Dynamisierung des Wachstums, beim Abbau des Haushaltsdefizits, bei der Verringerung der Inflation und auch nicht in der sozialen Entwicklung gelungen. Die seit Monaten anhaltenden Auseinandersetzungen zwischen der Regierung von Ex-Oberst Hugo Chávez und der Opposition haben die Wirtschaft in die seit Jahren schärfste Rezession versinken lassen. Die politische Stagnation und die Krise, aus der Hugo Chávez laut Wählerauftrag 1998 das Land führen sollte, ist in ein Chaos umgeschlagen, dessen Neuordnung bisher nicht wirklich in Sicht ist.

- In **Bolivien**, einst als reformfreudiges und sich demokratisierendes Land gepriesen, scheinen trotz oder gerade wegen der Wiederauflage der Regierung Sánchez de Lozada keine innovativen (politischen) Reformimpulse Fuß zu fassen. Zwanzig Jahre neoliberale Politik mit hohen sozialen Kosten haben das Land ausbluten lassen. Die Masse ist enttäuscht über die geringen Erfolge, erneute schwere makroökonomische Ungleichgewichte dürften zu wachsender politischer und sozialer Instabilität führen. Auch der Koka-Krieg geht weiter. Ob die Parlamentsvertretung der Koka-Bauern und der *indígenas* als Ventil wirken kann, ist wenig wahrscheinlich. Der blutige 12. Februar 2003 könnte ein Vorgeschmack auf eine sich verschärfende Krisensituation sein.

- **Peru** steht nach den Regionalwahlen im November 2002 eine Wiederauflage der obsoleten Parteienwirtschaft mit Alan García und der *Alianza Popular Revolucionaria Americana* (APRA) ins Haus. Die Regierungskoalition hat schon jetzt keine Mehrheit im Parlament mehr; die politischen Auseinandersetzungen mit der Opposition haben zugenommen. Der wirtschaftspolitische Kurs steht auf Restauration; die derzeit etwas entspanntere Wirtschaftslage erlaubt ein (wahrscheinlich kurzlebiges) Aufatmen der Regierung Alejandro Toledo. Die Dezentralisierung des Landes mit den Regionalregierungen kann für sie zu einem Risiko werden. Ein Wiederaufleben der immer gegenwärtigen Guerillaorganisationen, die Kokawirtschaft

und „abtrünnige" Amazonas-Provinzen könnten die latente soziale und politische Krise aktivieren und entscheidend verschärfen.
- In **Kolumbien** stehen, seitdem die USA mit dem *Plan Colombia* massive Militärhilfe leisten, die Zeichen weniger denn je auf Frieden. Die seit Jahren anhaltende Zerreißprobe zwischen Regierung, Militär, paramilitärischen Gruppen, Guerilla und Drogenwirtschaft hat auch die einstige „Vorzeigewirtschaft" dieses Lande – trotz zwischenzeitlichen Stillhaltens der Konfliktparteien im Bemühen um Befriedung – in einem permanenten Krisenzustand stagnieren lassen. Ein für Mitte 2003 vorgesehenes Referendum soll die Anstrengungen der Regierung Álvaro Uribe zur finanziellen Konsolidierung absegnen; schmerzliche Reformen im Steuer- und Pensionssystem wurden schon 2002 vollzogen. Die Guerilla bläst seit Anfang 2003 wieder zum Angriff, um den Kampf in die Städte zu tragen. Eine vehemente Gegenoffensive der Regierung ist zu erwarten. Die sicherheitspolitische Situation ist nicht nur in Kolumbien sondern auch in den Grenzgebieten der Nachbarländer (speziell in Ekuador, aber auch in Peru und Venezuela) durch das „Einsickern" von Flüchtlingen, Guerilla und Paramilitärs stark gefährdet.

Über der gesamten Andenregion schwebt nicht nur das Damoklesschwert des Scheiterns der Reformbemühungen, der innenpolitischen Instabilität durch Verschärfung der sozio-ökonomischen Ausgrenzung der Masse der Bevölkerung, sondern die Länder werden auch mit den direkten und indirekten Auswirkungen der Antiterror- und der Kriegspolitik der Bush-Administration konfrontiert. Durch eine weltweite Rezession, den Rückgang von Erdöl- und Metallpreisen, durch das Hinauszögern der Abschlüsse für die Freihandelsabkommen und die Verringerung der offiziellen US-Kooperation sowie durch eine verstärkte militärische Intervention der USA in Kolumbien könnten die Wirtschaften aller Andenländer schwer getroffen werden. Eine größere wirtschaftliche Instabilität würde die seit langem kränkelnden demokratischen Institutionen der Andenländer weiter schwächen. Wie weit die von der Bush-Administration geplante Einbindung der Andenländer bzw. der *Comunidad Andina* (CAN) in eine gesamtamerikanische Freihandelszone ein wirksames Instrument ist, um die Strukturreformen und die Demokratisierung im Andenraum zu konservieren, bleibt abzuwarten. Cevallos (2001: 93) unterstreicht, dass die Vertiefung und Konsolidierung der Integration im Andenraum nur dann den Ländern einen größeren Handlungsspielraum für sozial ausgewogenere Reformen eröffnet, wenn sie nicht in der gesamtamerikanischen Freihandelszone „aufgeht". Auf ihrem XVI. Gipfeltreffen am 26./27. Juni 2003 in Kolumbien haben die Präsidenten der Region vereinbart, eine gemeinsame Front mit dem MERCOSUR für die ALCA-Verhandlungen zu bilden (*El Comercio*, 28.6.2003, www.elcomercio.com).

11. Zukunftsaussichten: Konsolidierung der Reformen oder Verschärfung der Krisensituation im Andenraum?

In einem **optimistischen Krisenszenarium**[47] gelingt es den Andenländern, langfristig die Reformen zu vertiefen und zu konsolidieren; das Wachstum nimmt in einem sich erholenden regionalen und internationalen Kontext signifikant zu. Der verarmten Masse der Bevölkerung gelingt es, durch sie vertretende Parteien oder Wahlkoalitionen, ihre Interessen in den demokratisch gewählten Regierungen besser einzubringen. Das schlägt sich mittelfristig in einer sozial ausgewogeneren Wachstums- und Verteilungspolitik nieder. Die Region stabilisiert sich durch eine relative Befriedung der Situation in Kolumbien; der intraregionale Handel expandiert und diversifiziert sich durch eine enger abgestimmte Blockpolitik der *Comunidad Andina*. Eine Abschwächung der militaristisch-hegemonialen US-amerikanischen Außenpolitik durch eine Veränderung des politischen Kräfteverhältnisses in den USA fördert diese Entwicklung entscheidend. Die Veränderungen wirken sich ebenso wachstumsstimulierend aus wie die verfassungskonforme Ablösung populistischer *caudillos* im Andenraum. Die obsoleten Parteien beginnen sich zu modernisieren und für eine sozial gerechte und nachhaltige Entwicklung einzutreten. Dieses Szenarium ist aufgrund der derzeitigen Konstellationen in der Region und in den USA wenig wahrscheinlich.

Realistischer ist ein politisch und wirtschaftlich **stagnierendes Szenarium**. In den Andenländern, die mit einer latenten Wirtschaftskrise unterschiedlichen Ausmaßes kämpfen, kommt es – je nach internationaler Konjunktur – zu relativ kurzfristiger Erholung und Stabilisierung des Wachstums, die wiederum von rezessiven Tendenzen abgelöst werden. Entsprechend sind die wirtschafts- und reformpolitischen Vorhaben sektoral partiell und teilweise sich widersprechend. Die Politiken zeichnen sich durch einen *Stop and Go*-Rhythmus aus. Demokratisch gewählte Regierungen in der Region bestehen weiter, aber es kommt zu keiner substantiellen Demokratisierung der Regime und zu keiner wirklichen Vertretung der Interessen der Masse der Bevölkerung. Die strukturellen Veränderungen und die Modernisierung machen kleine Fortschritte. Das Wachstum ist zu gering und nicht anhaltend genug, um mehr Arbeitsplätze und zusätzliche Einkommen zu schaffen. Die Integration kommt im Schneckentempo voran. Die Masse verharrt in Armut, die soziale Ausgrenzung hält an; die sozialen und politischen Spannungen nehmen zu, provozieren aber keinen gewaltsamen Wechsel. Die internationalen Institutionen und die USA bzw. Europa konzentrieren ihre Anstrengungen auf die politische Befriedung und den wirtschaftlichen Wiederaufbau der Länder des Vorderen Orients. So nehmen die Andenländer keinen herausragenden Platz in der außenpolitischen Agenda und der finanziellen Ko-

---

[47] Freres/Pacheco 2002: Die Autoren entwickeln für jedes Land und die Region detaillierte Szenarien, gegliedert nach Subsystemen. Diese Analysen können herangezogen werden, um über die hier präsentierte kurze Darstellung einen tieferen Einblick in die Krise im Andenraum zu gewinnen.

operation der USA und den durch sie dominierten Institutionen ein. Die Drogen, Guerilla- und Gewaltbekämpfung in Kolumbien hat für die USA im Andenraum die größte Priorität. Länder, die sich bereit finden, die Ziele der USA mitzutragen, werden durch die Bush-Administration mit direkter und indirekter finanzieller Unterstützung „belohnt"; so geschehen selbst bei Ekuadors Präsident Lucio Gutiérrez im Februar 2003.

In einem **pessimistischen Szenarium** verstärkt sich die Instabilität in den Ländern und in der Region. Die demokratisch gewählten Regierungen sind nicht leistungs- und durchsetzungsfähig genug, um eine effektive und reformorientierte Politik mit sozialer Ausrichtung durchzuhalten. Die Stellung des Militärs wird stärker bzw. ist gleichbleibend wichtig in den schwachen Demokratien. Die Wirtschaften sind in Gefahr, erneut in eine schwere Krise zu trudeln, nicht zuletzt weil sich der weltweite Kontext aufgrund des Irak-Krieges und der durch die USA intendierten Neuordnung in dieser Region nur schwer erholt. Die sozio-ökonomische Situation der Masse, vor allem der indigenen Bevölkerung, verschlechtert sich weiter. Die Regierungen versuchen mit politischer und ökonomischer Restauration gegenzusteuern. Die sich radikalisierenden Basisorganisationen greifen wieder zu militärischen Mitteln; die Guerilla baut an neuen Netzwerken in der gesamten Andenregion. Die Repression nimmt zu. Die USA greifen ein, sobald sie die Neuordnung ihrer hegemonialen Interessen in Asien konsolidiert haben oder sich in der Andenregion eine bedrohliche antiamerikanische Konstellation abzeichnen würde.

Die beiden zuletzt genannten Szenarien haben eine gewisse Wahrscheinlichkeit, dass sich die Region in dieser Form entwickeln könnte. Sie werden in ihren wirtschafts- und reformpolitischen Perspektiven entscheidend davon beeinflusst, welcher Art von wirtschaftspolitischer Reformvision die Regierungen der Andenländer ab 2003/04 folgen werden und welcher Reorientierung der Entwicklungsstrategie die internationalen Gläubiger, vor allem IWF und Weltbank, zustimmen werden. Nachdem der „Washington Consensus", von John Williamson 1990 (IDB 2002a: 6) in zehn Teilpolitiken zusammengefasst, sich als zu eng erwiesen hat, um die soziale Entwicklung (mit Verringerung der Armut und Verbesserung der Einkommensverteilung) durch mehr Wachstum voranzubringen, sind verschiedene Korrekturprogramme vorgeschlagen worden. Allerdings gehen die Meinungen über den Weg dorthin auseinander.

Am nächsten kommt dem „Washington Consensus" der **Ansatz a)**, die neoliberale Wirtschafts- und Reformpolitik fortzusetzen, aber gleichzeitig diejenigen Politiken – zusammen mit dem Wachstum – zu forcieren, die geeignet sind, Armut und soziale Ausgrenzung direkt zu bekämpfen. Der **Ansatz b)** macht die Zivilgesellschaft und den Privatsektor zum Mittelpunkt der Armutsbekämpfung. Beide sollen private Institutionen stärken und in Zusammenarbeit mit der Regierung für die breiter gefassten Entwicklungsziele, einschließlich der Armutsverringerung und Anhebung der menschlichen Entwicklung, zuständig sein. Der **Ansatz c)** stellt die Funktionsfähigkeit der Märkte zum Erreichen dieser Entwicklungsziele in Frage und fordert eine neue Weltwirtschaftsordnung, die Handel und Kapital steuert und nationale wie internationale Institutionen im Sinn einer sozial ausgerichteten Entwicklung modernisiert.

Entsprechend den historisch-politischen Rahmenbedingungen herrscht unter den am Reformprozess der Andenländer Beteiligten weitgehende Übereinstimmung, dass die Regierungen der Andenländer (Wirtschafts-)Politiken implementieren sollten, die über Wachstum hinaus auch zu nachhaltiger Entwicklung (Ansatz a) führen. Die Ansätze b) und c) sind unter den derzeitigen Umständen unrealistisch. Nancy Birdsall von der Weltbank entwickelte zusammen mit Augusto de la Torre eine neue Reformagenda mit strittigen bzw. im ursprünglichen Programm nicht berücksichtigten Politiken: den „Washington Contentious" (IDB 2002a: 7). Ihre Vorschläge zielen auf Effizienz **und** Gerechtigkeit ab, das heißt auf ein sozial ausgewogene(re)s Wachstum und eine gerechte(re) Verteilung.[48] Kontrovers sind in ihrer Agenda die Art der Reformen für die Arbeitsmärkte und die Steuersysteme der Andenländer. Birdsall/de la Torre plädieren im Fall beider Bereiche für zum neoliberalen Credo des ursprünglichen „Washington Consensus" konträre Politiken.[49] Die Reformagenda von Birdsall/de la Torre reformiert den „Washington Consensus", indem sie z.B. in der Arbeitsmarktpolitik für ein **sozial verantwortliches** Engineering zur Erhöhung der Konkurrenzfähigkeit, das heißt zur Verminderung der sozialen Ausgrenzung plädieren. Voraussetzung für das Gelingen auch der erweiterten Reformen ist, dass das Wachstum und die Beschäftigung in den Andenländern zunehmen; wobei die Umverteilung durch Besteuerung kein Tabu mehr sein würde.

Im Zusammenhang mit einer Neuorientierung der Reformen wurde zudem vorgeschlagen, den Entwicklungsländern größere Eigenverantwortung in der internationalen Architektur der Finanz- und Kapitalmärkte zu übertragen, und dass die entwickelten Länder ihre Märkte stärker für (verarbeitete) Produkte der Landwirtschaft und der Textilwirtschaft öffnen, beides Exportsegmente mit bisher hohem Protektionismus in den Industrieländern. In den Andenländern beschäftigen diese traditionellen stagnierenden Bereiche große Anteile von nicht

---

[48] „Washington Contentious": 1) Aufbau von Institutionen, um eine geordnete Fiskaldisziplin zu erreichen; 2) Aufbau von Institutionen, um eine antizyklische Geld- und Haushaltspolitik zu implementierten und die Konjunkturverwerfungen abzufedern; 3) Aufbau von sozialen Sicherungsnetzen, die automatisch funktionieren; 4) Dezentralisierung des Bildungswesens und Schaffen von Zugangsmechanismen für die arme Bevölkerung; 5) stärkere Besteuerung der Reichen und mehr auf die Reduzierung der Armut fokussierte Ausgaben; 6) Aufbau von Institutionen zur Gründung von kleinen Unternehmern; 7) Schutz der Rechte der Arbeitnehmer; 8) Implementierung von Politiken zum Abbau der Diskriminierung; 9) Durchführung einer „neuen Generation von Landreformen"; 10) Verbesserung der sozialen Dienstleistungen (IDB 2002a: 7).

[49] Die Reformagenda schlägt eine direkte und auf die hohen Einkommen fokussierte Besteuerung vor; in der Arbeitsgesetzgebung sollen im Gegensatz zur „Flexibilisierung bzw. Deregulierung" die Rechte der Arbeitnehmer geschützt bleiben und die Diskriminierung abgebaut werden.

oder gering qualifizierter und in der Regel armer Bevölkerung. Durch eine Expansion der Ausfuhren könnten zusätzliche Arbeitsplätze geschaffen werden, um die sozio-ökonomische Ausgrenzung, speziell in den ländlichen Gebieten, zu verringern.

Tabelle 11: Ausgewählte Makroindikatoren der Andenländer (1996-99, 2000- 02, 2003)

	Bruttoinlandsprodukt (Ø Veränderung p.a. in %)			Bruttoinlandsprodukt pro Kopf (Ø Veränderung p.a. in %)	
	1996-99	2000-02	2003	1996-99	2000-02
Bolivien	3,8	1,9	k.A.	1,3	-0,3
Ekuador	1,6	3,9	3,2	-2,6	1,5
Kolumbien	0,5	1,3	2,5	-1,2	0,0
Peru	2,4	2,6	4,5	0,7	0,7
Venezuela	0,5	-0,1	-14,2	1,5	-1,5

	Inflation (Ø Veränderung Dez./ Dez. des Vorjahres in %)				Export (Veränderung d. Indizes p.a. in %)			
	1996-99	2000	2001	2002	1998	1999	2000	2001	2002
Bolivien	5,5	3,4	0,9	2,3	-5,4	-4,8	14,5	3,1	-4,1
Ekuador	40,0	91,0	22,4	9,7	-20,1	5,9	8,9	-5,4	1,2
Kolumbien	16,3	8,8	7,6	7,1	-4,8	4,8	13,2	-6,3	-2,9
Peru	7,0	3,7	-0,1	1,5	-15,7	6,2	14,5	1,0	9,0
Venezuela	42,7	13,4	12,3	30,7	-25,8	18,5	63,5	-18,1	2,0

	Import (Veränderung d. Indizes p.a. in %)					Direktinvestitionen (netto in Mrd. US$ pro Jahr)				
	1998	1999	2000	2001	2002	1998	1999	2000	2001	2002s	2003p
Bolivien	20,2	6,9	-12,5	-5,8	2,9	0,9	1,0	0,7	---	---	---
Ekuador	26,8	11,4	-49,9	13,2	20,9	0,8	0,7	0,7	1,3	1,2	1,0
Kolumbien	12,8	-5,2	-26,8	10,7	-2,6	2,9	1,1	1,3	2,0	1,6	1,8
Peru	8,5	-4,1	-18,1	-2,1	3,2	1,9	1,9	1,2	2,0	1,5	1,5
Venezuela	37,6	8,3	-20,7	11,5	27,1	4,5	3,2	4,1	2,7	0,5	0,1

Fortsetzung Tabelle 11

	Bruttoinvestition* (in % des BIP)					Leistungsbilanzsaldo (in % des BIP)				
	1980	1990	1999	2000	2001	1999	2000	2001	2002	2003
Bolivien	17	13	18	18	18	---	-4,7	-5,9	-4,7	-5,1
Ekuador	26	17	15	9	25	6,6	5,8	-3,1	-6,2	-7,1
Kolumbien	19	20	17	20	12	0,3	0,4	-2,4	-2,9	-3,2
Peru	11	21	22	22	18	3,7	-3,1	-2,0	-1,5	-1,8
Venezuela	26	10	15	14	19	3,5	10,8	3,1	8,7	4,2

	Auslandsverschuldung (ausgezahlt, in Mio. US$)				Haushaltssaldo** (in % des BIP)			
	1999	2000	2001	2002	1999	2000	2001	2002
Bolivien	4.390	4.461	4.412	4.228	-3,5	-3,8	-6,5	-6,9
Ekuador	16.282	13.564	14.411	15.898	-4,7	1,7	0,7	---
Kolumbien	36.662	36.398	39.781	37.850	-5,1	-3,7	-3,6	-4,0
Peru	28.704	28.150	27.508	28.555	-3,1	-2,7	-2,8	-2,3
Venezuela	33.235	31.840	32.724	32.859	-2,6	-1,6	-4,3	-4,5

	Arbeitslosigkeit*** (Ø Rate pro Jahr in %)				Zinsen für Auslandsverschuldung**** (in % des Exports)			
	1999	2000	2001	2002	1999	2000	2001	2002
Bolivien	8,0	7,5	8,5	---	15,7	14,3	10,3	10,1
Ekuador	14,4	14,1	10,4	8,7	21,1	20,0	16,9	15,3
Kolumbien	19,4	17,2	18,2	17,6	18,2	17,1	17,4	17,7
Peru	9,2	8,5	9,3	9,4	23,1	18,8	16,3	14,9
Venezuela	14,9	14,0	13,4	15,8	12,8	8,6	10,3	11,3

*   Ab Ausgabe 2003 des Weltentwicklungsberichts (S. 248) bezeichnet als: Bruttokapitalbildung in % des BIP.
**   Bolivien, Ekuador, Kolumbien: *sector público nacional no financiero (solo incluye parcialmente provincias y municipios)*; Peru, Venezuela: *Gobierno Central*.
***   Nur städtisch, formal. Bolivien: Departementshauptstädte; Kolumbien: 7 metropolitane Gebiete; Peru: Lima metropolitana.
**** Zinsen bezahlt sowie fällige nicht bezahlte Zinsen in Relation zum Export von Gütern und Dienstleistungen.
s   Schätzung.
p   Prognose.
Quellen: Zusammengestellt aus CEPAL 2002a: Tabellenanhang; Dresdner Bank Lateinamerika AG 2003: Perspektiven; Weltbank: Weltentwicklungsberichte 2000/01, 2002, 2003.

Literaturverzeichnis

Acosta, Alberto/José E. Juncosa (comp. y eds.) (2000): *Dolarización. Informe urgente*, Quito.

Amaya Pulido, Pedro José (comp.) (2000): *Colombia, un país por construir: Problemas y retos presentes y futuros*, Bogotá.

Baldivia Urdininea, José (1998): *La capitalización*, in: Grebe López, Horst u.a.: *Las reformas estructurales en Bolivia*, La Paz, S. 55-124.

Banco Interamericano de Desarrollo (1998): *America Latina frente a la Desigualdad. Progreso Económico y Social en América Latina. Informe 1998-1999*, Washington, D.C.

---/Agencia de Cooperación Española (1998): „America Latina después de las Reformas", *Pensamiento Iberoamericano. Revista de Economía Política*, Volumen Extraordinario, Madrid.

Berry, Albert (ed.) (1998): *Poverty, Economic Reform & Income Distribution in Latin America*, Boulder (Colorado).

Bonilla, Adrián (2001): „Vulnerabilidad internacional y fragilidad doméstica. Crisis andina en perspectiva regional", in: *Nueva Sociedad*, 173, 5, S. 1-75.

CEPAL (2001a): *Anuario estadístico de America Latina y el Caribe 2000*, Santiago de Chile.

--- (2001b): *La inversión extranjera en América Latina y el Caribe*, Santiago de Chile.

--- (2001c): *Situación y perspectivas. Estudio económico de America Latina y El Caribe 2000-2001*, Santiago de Chile.

--- (2002a): *Balance preliminar de las economía de América Latina y el Caribe 2002*, Santiago de Chile.

--- (2002b): *Panorama de la inserción internacional de America Latina y el Caribe 2000-2001*, Santiago de Chile.

--- (2002c): *Panorama social de America Latina 2001-2002*, Santiago de Chile.

---/PNUD/BID/FLACSO (1999): „América Latina y las crisis", *Serie Políticas Sociales 33*, Santiago de Chile.

Cevallos, Marco Romero (2001): „Los límites del ajuste y de las reformas en los países andinos", in: *Nueva Sociedad*, 173, S. 76-93.

CORDES (1999): *La ruta de la Gobernabilidad*, Informe final del Proyecto CORDES-Gobernabilidad, Quito.

Crabtree, John/Jim Thomas (eds.) (1998): *Fujimori's Peru: The Political Economy*, London.

Dresdner Bank Lateinamerika AG (2001): *Perspektiven Lateinamerika*, Hamburg.

--- (2002): *Perspektiven Lateinamerika*, Hamburg.

--- (2003): *Perspektiven Lateinamerika*, Hamburg.

Durand, Francisco/Rosemary Thorp (1998): „Tax Reform: The SUNAT Experience", in: Crabtree, John/Jim Thomas (eds.): *Fujimori's Peru: The Political Economy*, London, S. 191-208.

Edwards, Sebastian (1995): *Crisis and Reform in Latin America. From Despair to Hope*, New York, 5. Auflage 1999.

Egger, Philippe (1999): *El mercado laboral en los países andinos. Un compendio de datos sobre empleo y salarios*, Documento de Trabajo 121, Lima.

El Comercio (Quito), 13.2.2003, www.elcomercio.com.

El Comercio (Quito), 28.6.2003, www.elcomercio.com.

Figueroa, Adolfo (1998): „Income distribution and Poverty in Peru", in: Crabtree, John/Jim Thomas (eds.): *Fujimori's Peru: The Political Economy*, London, S. 127-149.

Freres, Christian/Karina Pacheco (eds.) (2002): *Nuevos horizontes andinos. Escenarios regionales y políticos de la Unión Europea*, Caracas.

Ganuza, Enrique/Ricardo Paes de Barros/Lance Taylor/Rob Vos (eds.) (2001): *Liberalización, desigualdad y pobreza: América Latina y el Caribe en los 90*, Santiago de Chile.

---/Arturo León/Pablo Sauma (eds.) (1999): *Gasto público en servicios sociales básicos en América Latina y el Caribe*, Santiago de Chile.

Goedeking, Ulrich (2003): „Bolivien: Ein Gewaltausbruch und seine Folgen", *Brennpunkt Lateinamerika*, Nr. 5, S. 41-48.

Grebe López, Horst u.a. (1998): *Las reformas estructurales en Bolivia*, La Paz.

Haggard, Stephan/Robert Kaufmann (1992): *The Politics of Economic Adjustment: International Constraints, Distributive Conflicts, and the State*, Princeton, N.J., zitiert nach: Edwards, Sebastian (1995): *Crisis and Reform in Latin America*, 5. Auflage 1999, New York.

Inter-American Development Bank (IDB) (2002a): „The Future of Reforms", in: *Latin American Economic Policies*, Vol. 18, Second Quarter, S. 1-8.

--- (2002b): „The Privatization Paradox", in: *Latin American Economic Policies*, Vol. 17, First Quarter, S. 1-8.

López, Diego (2002): *Mitos, alcances y perspectivas de la flexibilización laboral : Un debate permanente*, Análisis Labororal, No. 16, Santiago de Chile.

Latinobarómetro (2002): *Democracy clings on in a cold economic climate*, Aug 15th 2002, The Economist print edition (www.latinobarometro.org/articulos).

Meller, Patricio (1993): „Ajuste y reformas económicas en América Latina : Problemas y experiencias recientes", in: *Pensamiento Iberoamericano*, 22/23, Julio 1992-Junio 1993, Tomo II, S. 15-58.

Mesa-Lago, Carmelo (1998): „La privatización de los sistemas de pensiones de la seguridad social en América Latina : un balance al final del siglo", in : *Anuario Social y Político de América Latina y El Caribe*, Año 2, Santiago de Chile, S. 136-148.

Minkner-Bünjer, Mechthild (2000a): „Halbzeit der Banzer-Regierung: Braucht Bolivien eine Neuauflage der Konzertation zur Bewältigung der Wirtschaftskrise?", *Brennpunkt Lateinamerika*, Nr. 15, S. 153-168.

--- (2000b): „Entschuldungsinitiative HIPC für Bolivien: eine neue Chance für die Armutsbekämpfung?", *Brennpunkt Lateinamerika*, Nr. 24, S. 249-264.

--- (2001): „Lateinamerikas Wirtschaftswachstum 2000 enttäuschend: Keine Wende in Sicht?", *Brennpunkt Lateinamerika*, Nr. 2, S. 13-24.

--- (2003): „Armut und regionale Disparitäten", in: *Chile heute*, Frankfurt/M. (in Vorbereitung).

Muñoz, Oscar (1999): „Crisis e insuficiencias de las reformas estructurales", in: CEPAL/ PNUD/BID/Flacso: *America Latina*, Série Políticas Sociales 33, Santiago de Chile, S. 17-18.

Programa de Naciones Unidas para el Desarrollo (PNUD) (1997): *Informe sobre el desarrollo humano en el Perú*, Lima.

Ramírez, Manuel/Álvaro Reyes/Diego Sandoval (2000): *Ajuste económico y empleo en Colombia, Ecuador y Venezuela frente a la crisis financiera internacional*, Documento de Trabajo 122, Lima.

Schneider, Friedrich (2002): *Size and measurement of the informal economy in 110 countries around the world*, World Bank Paper, Washington, D.C. (www.worldbank.org).

Schweickert, Rainer (2003): „Makroökonomische Beschränkungen des Wachstumsprozesses und Auswirkungen auf die Armutsreduzierung", in: *Lateinamerika. Analysen*, N° 4, Februar 2003, S. 31-66.

Stallings, Barbara/Wilson Peres (2000a): *Growth, Employment, and Equity: The Impact of the Economic Reforms in Latin America and The Caribbean*, Summary, Washington, D.C.

---/--- (2000b): *Crecimiento, empleo y equidad. El impacto de las reformas económicas en América Latina y El Caribe*, Santiago de Chile.

The Economist, 15.8. 2002.

UNDP (2001): *Neue Technologien im Dienste der menschlichen Entwicklung. Bericht über die menschliche Entwicklung 2001*, Bonn.

Weltbank (2002): *Institutionen für Märkte schaffen*, Weltentwicklungsbericht 2002, Bonn.

--- (2001): *Neue Technologien im Dienste der menschlichen Entwicklung. Bericht über die menschliche Entwicklung 2001*, Bonn.

Andreas Steinhauf

Neue Formen politischer Organisation und Partizipation in den zentralen Andenländern

Einleitung

Die unbeständige politische Entwicklung in den Andenländern ist spätestens seit Mitte der 90er Jahre auffällig geworden. Tatsächlich betrifft diese Situation, in mehr oder weniger großem Ausmaß, alle Länder des Andenraums, von Venezuela bis Bolivien. Allenthalben haben sich eine allgemeine Politikverdrossenheit und, damit einhergehend, die Diskreditierung der politischen Institutionen breit gemacht. An ihre Stelle sind in zunehmendem Maße (Neo-)Populisten und politische Outsider getreten, zuweilen aber auch neue politische Artikulationsformen, die aus sozialen und ethnischen Bewegungen hervorgegangen sind. Die neuen politischen Szenarien im Andenraum haben sich auf diese Weise stark diversifiziert und sind insgesamt für den außen stehenden Betrachter unübersichtlicher geworden.

Während sich in Ekuador die demokratische Institutionalität als besonders instabil erweist – die abrupte Absetzung des ekuadorianischen Ex-Präsidenten Jamil Mahuad und die kurzzeitige Ausrufung einer eher kurios anmutenden Regierungsjunta mit indigener und militärischer Beteiligung im Januar 2000 sowie die massiven sozialen Konflikte im Januar 2001, die seinerzeit nahezu das gesamte Land lahm legten, sind noch in allzu frischer Erinnerung – finden in Bolivien zwar die politischen Prozesse im Rahmen demokratischer Institutionen statt, werden aber immer häufiger von massiven sozialen Protesten und der zunehmenden Diskreditierung der politischen Parteien begleitet. Über einen möglichen Zusammenbruch der bolivianischen Demokratie wird bereits spekuliert. In Peru ist es seit dem Selbstputsch Fujimoris 1992 zu einem vollständigen Bruch mit der demokratischen Institutionalität und dem gleichzeitigen Verschwinden der traditionellen Parteien aus dem politischen Spektrum gekommen. Erst nach dem spektakulären Rücktritt Fujimoris bzw. seiner Absetzung wegen „moralischer Untauglichkeit" im November 2000 ist mit dem Übergangskabinett unter dem Interimspräsidenten Valentín Paniagua erneut die Hoffnung auf eine Rückkehr zur Demokratie und den Wiederaufbau demokratischer Institutionen eingekehrt, die mit der Wahl von Alejandro Toledo zum neuen Staatspräsidenten im Juni 2001 – dem einst ärgsten Widersacher Fujimoris – zusätzlich untermauert wurde. Dennoch ist auch unter Toledo der Verfallsprozess der (politischen) Institutionen bislang keineswegs gestoppt, sondern allenfalls gebremst worden. Die nunmehr bereits zwei Jahre im Amt befindliche Regierung hat ihren Anfangskredit bereits seit geraumer Zeit wieder verspielt.[1] Allenthalben ist abermals die Wahrnehmung eines wachsenden Machtvakuums zu vermelden.

Auch Venezuela erlebte mit der Wahl von Hugo Chávez im Februar 1999 den vorläufigen Endpunkt „eines schleichenden Verfalls des Staatswesens und seiner demokratischen Institutionen" (Röder/Rösch 2001: 5).[2] Seither konzentriert sich die Macht immer mehr in der Exekutive. Von Seiten der traditionellen politischen Akteure ist allerdings auch wenig oder gar nichts unternommen worden, um alternative politische Projekte zum *Chavismo* zu entwickeln. Venezuela, so scheint es, beschreitet damit den peruanischen Weg der 90er Jahre, der dort freilich mittlerweile wieder *ad acta* gelegt worden ist. Genau wie seinerzeit in Peru unter Fujimori verwendet Chávez das Stilmittel der „Antipolitik", in welcher der ideologisch geprägte politische Diskurs *per se* verteufelt und Sachpolitik weitgehend durch Symbolik ersetzt wird. Auch die Gleichschaltung der Medienlandschaft, die Unterwerfung des Justizapparates unter das Diktat der Exekutive und die Rolle der Militärs als Instrument zur Herrschaftssicherung deuten in diese Richtung und weisen eindeutige Parallelen zum *Fujimorismo* auf. Neben dieser bedenklichen politischen Entwicklung sieht sich Venezuela von den Auswirkungen der Kolumbien-Krise betroffen, die das Land zusätzlich destabilisiert.

Das größte Problem für Sicherheit und Stabilität in der Andenregion stellt indes Kolumbien dar. Der dort seit nunmehr 40 Jahren andauernde Krieg hat sich in den vergangenen Jahren innerhalb des Landes immer mehr ausgeweitet und an Intensität zugenommen. Neben der innerkolumbianischen Ausweitung lässt sich in den letzten Jahren aber auch eine stetig wachsende Regionalisierung des Konfliktes ausmachen. Davon sind vor allem die fünf Anrainerstaaten Kolumbiens betroffen. Neue soziale und politische Bewegungen und Ausdrucksformen entwickeln sich dort weitgehend im Kontext von Krieg und politischer Gewalt.

In einem allgemeinen Krisenszenarium und im Kontext wirtschaftlicher Modernisierung und Strukturanpassung, die immer größere Bevölkerungsteile von eben jener vermeintlichen Modernisierung und Entwicklung ausschließt und ein Leben in Armut fristen lässt, entstehen enorme soziale Probleme und Disparitäten. So sind als Folge sprunghaft steigende Kriminalitätsraten zu verzeichnen,

---

[1] Vgl. den Beitrag von Andreas Steinhauf (S. 269-296) zu Peru in dem vorliegenden Band.
[2] Vgl. den Beitrag von Jörg Röder und Michael Rösch (S. 189-208) in vorliegendem Band.

die wiederum zu mangelnder Rechtssicherheit und damit wachsender Unsicherheit in großen Teilen der Bevölkerung führen. Ferner sind geradezu fluchtartige Migrationsbewegungen aus den Ländern des mittleren Andenraums in die USA sowie nach Europa zu konstatieren und damit in gewisser Weise die von großen Bevölkerungsteilen empfundene Perspektivlosigkeit dokumentieren.

Dies alles stellt die politischen Systeme der Länder der Region vor Zerreißproben, hat die demokratische Legitimation untergraben und somit in der Folge eine Krise der demokratischen Entwicklung heraufbeschworen. Neue politische Akteure sind aufgetaucht, die die traditionellen Parteien und Akteure in Frage stellen, Regierungen als korrupt „entlarven" und sich deshalb zunehmender Popularität erfreuen. Häufig allerdings haben diese neuen Akteure selber keine kohärenten politischen Entwürfe anzubieten und profitieren lediglich von der Politikverdrossenheit der Wählerschaften. Aber auch Bewegungen aus den zivilen Gesellschaften der Andenländer – zumeist zwar noch Protestbewegungen, die häufig aus den bäuerlichen und indigenen Segmenten der Gesellschaften stammen – nehmen immer stärker am politischen Geschehen teil. Ihre Institutionalisierung als demokratische Interessenvertretungen bislang kaum politisch repräsentierter sozialer Schichten steht in den meisten Fällen freilich noch aus, wäre aber sicherlich ein Schritt in die richtige Richtung, sozialem Sprengstoff und antidemokratischen Entwicklungen in der Region entgegenzuwirken.

Neue soziale Bewegungen und politische Ausdrucksformen im Andenraum: Akteure, Theorien und Erwartungen

Zumeist sind neue politische Ausdrucksformen in Lateinamerika – und so auch in den Andenländern – aus neuen sozialen Bewegungen hervorgegangen. Im Verlaufe der 1980er Jahre sind eine Vielzahl solcher sozialen Bewegungen entstanden, deren Handlungsrahmen und Zielsetzungen sich von ihren klassenbedingten Vorläufern grundsätzlich unterscheiden: Arbeitervereinigungen, die sich unabhängig oder sogar im Gegensatz zu traditionellen gewerkschaftlichen Strukturen und politischen Parteien organisieren; Siedlungs- und Nachbarschaftskomitees, die sich vor allem in den großen Städten bilden und z. T. auf nationaler Ebene miteinander in Verbindung stehen; ethnische Verbände und Organisationen, die sich eigenständig in die politische Szenerie integrieren; Menschenrechtskomitees, Umweltbewegungen, Bauernverbände, Organisationen informeller Unternehmer, regionalistische Bewegungen und nicht zuletzt ein unüberschaubares Netz von Selbsthilfegruppen unter den armen Schichten. Das Mosaik der Identitäten war und ist reichhaltig und repräsentierte den sozialen, kulturellen und wirtschaftlichen Wandel auf dem Subkontinent im Verlaufe der 80er Jahre.

Das Besondere an diesen sozialen Bewegungen, so wie sie auch in den Andenländern entstanden sind, ist vor allem ihre heterogene soziale Zusammensetzung, ihr breiter Aktionsradius und ihre Autonomie gegenüber dem Staat und den politischen Parteien. Im Zuge der neoliberalen Entwicklung einer Reduktion des Staates sind diese verstärkten Initiativen aus der Zivilgesellschaft nicht verwunderlich. Die Zivilgesellschaft muss immer mehr politische Verantwortung übernehmen, in dem Maße in dem sich der Staat seiner Verantwortung entzieht und als politische Sphäre auf ein Minimum reduziert wird (Escobar 1999: 134).

Der Wandel der sozialen Bewegungen geht einher mit einer sich verändernden Komposition der Klassenstrukturen Lateinamerikas und den Andenländern während der neoliberalen Ära. Im Verhältnis etwa zur Phase der importsubstituierenden Industrialisierung hat sich die Sozialstruktur heutzutage grundlegend gewandelt: Die Einkommens-Disparitäten haben sich verschärft, eine Wohlstandskonzentration im oberen Zehntel der Gesellschaften ist ebenso zu registrieren wie eine rasche Expansion der Klasse der Klein- und Mikrounternehmer sowie eine Ausweitung des „informellen Proletariats" (Portés/Hoffmann 2003: 41). Die Stagnation des formellen Arbeitsmarktes sowie des staatlichen Sektors haben in den meisten Ländern zu einer Reihe von Adaptationsstrategien der mittleren und unteren sozialen Schichten geführt. Als solche kann sowohl die enorme Zunahme der informellen Selbständigkeit und Mikro-Unternehmertums in der gesamten Region als auch der Zuwachs der Kriminalität in den Städten und internationalen Migration interpretiert werden. Der Wandel der lateinamerikanischen Klassenstruktur hat indes auch Auswirkungen auf die politischen Szenarien der Region (Portés/Hoffmann 2003: 41). Vor allem innerhalb der Zivilgesellschaften haben alternative Formen der politischen Mobilisierung und des öffentlichen Protests Gestalt angenommen. Die Organisatoren solcher Protestaktionen sind immer weniger Partei-Aktivisten, sondern Nichtregierungsorganisationen oder *Community-leaders*. Insofern hat die neoliberale Reformpolitik, sozusagen als politisches Projekt, zwar dem politischen Klassenkampf die soziale Basis entzogen (Portés/Hoffmann 2003: 77). Dennoch ist absehbar, dass die Umsetzung des orthodoxen Neoliberalismus zu neue politischen Organisationsformen führen wird, die sich aus den bislang noch sehr heterogenen sozialen (Protest-)Bewegungen ergeben werden.

Soziale Bewegungen finden sich seit geraumer Zeit in allen Ländern Lateinamerikas. Sie unterscheiden sich durch ihr jeweiliges „Entwicklungsniveau", ihren kulturellen Kontext sowie die landesspezifische Tradition, Proteste zum Ausdruck zu bringen (Escobar/Alvárez 1992: 3). In den frühen 80er Jahren waren die Einschätzungen der sozialen Bewegungen von akademischer Seite, vor allem der urbanen Protestbewegungen, fast durchweg positiv, wurden sie doch größtenteils als neue politische Ausdrucksformen bislang unterprivilegierter Massen verstanden. Anfangs bezog sich die Konfrontation mit dem Staat zumeist auf den Zugang zu Infrastruktur-Ressourcen (Wasser, Elektrizität, Besitztitel etc.) vom Land zugewanderter und marginalisierter urbaner Bevölkerung. Mit dem Niedergang vieler Bewegungen in der zweiten Hälfte der 80er Jahre relativierte sich freilich auch jener Optimismus in der sozialwissenschaftlichen Literatur. Ihre Fähigkeiten, den innerhalb eines demokratischen Status quo notwendigen Übergang von der direkten Konfrontation zu politischer Verhandlungsstrategie und Kompromissbereitschaft zu bewältigen, wurden zusehends pessimistischer beurteilt. Erst später entstanden theoretische Bestrebungen, die sozialen Bewegungen als eine fundamentale Transformation in der Politikgestaltung zu begreifen. Ein bedeutender Wandel in der Struktur der kollektiven Aktion der sozialen Bewegungen hatte sich in der Zwischenzeit vollzogen (Calderón/Piscitelli/Reyna 1992).

Auch die gesellschaftspolitischen Fragen, die die neuen sozialen Bewegungen aufwerfen, haben sich geändert. Vor allem die ethnisch motivierten Bewegungen und ihre Rückbesinnung auf gemeinsames kulturelles Erbe sind dabei als Antwort auf die postindustrielle kapitalistische Transformation und die globale Transnationalisierung der Ökonomie zu verstehen. War im Verlauf der 80er Jahre noch der Staat der entscheidende Referenzpunkt der sozialen Bewegungen, so ist es mittlerweile die globale kapitalistische Transformation und deren Auswirkungen auf die nationalen Gesellschaften (Adler Hellman 1995).

Darüber hinaus wurde in den 90er Jahren die Diskussion um die sozialen Bewegungen mit der Debatte über die „unabhängigen Politiker" überlagert, im Zusammenhang mit dem Phänomen der sog. politischen Outsider und der Diskussion um die „Antipolitik" als dem pragmatisch geprägten Politik- und Politikerstil und dem vorläufigen Ende jeglicher ideologischer Diskurse. Der größte Teil der politischen Auseinandersetzungen in Lateinamerika rankt sich auch gegenwärtig um alternative demokratische Projekte. Innerhalb dieser Auseinandersetzung und im Zusammenhang mit der Minimierung des Staates und der deutlich zunehmenden sozialen Verantwortung der Zivilgesellschaft spielen die sozialen Bewegungen wiederum eine kritische Rolle (Escobar 1999: 133). Nicht wenige der sozialen Bewegungen konnten in diesem Kontext sichtliche Erfolge aufweisen und in die Phalanx der institutionellen Politik vorstoßen und kämpften damit für eine Neugestaltung von Bürgerschaft, politischer Repräsentation und Partizipation sowie letztendlich von Demokratie (Escobar 1999: 134). Auch die rigiden sozialen und ethnischen Hierarchien Lateinamerikas wurden und werden durch die Besetzung öffentlicher Räume der sozialen Bewegungen in Frage gestellt. Trotzdem nehmen in der akademischen Debatte um die Demokratisierung Lateinamerikas die sozialen Bewegungen bestenfalls einen sekundären Platz ein. Das Hauptaugenmerk liegt weiterhin auf der für eine demokratische Konsolidierung unerlässlichen Stabilität der politischen Institutionen und formalen politischen Repräsentanzen (Escobar 1999: 153).

Das Neue der sozialen Bewegungen aufzuspüren gilt indes weiterhin als Herausforderung, denn vieles in der Aktualität basiert auf historischen Auseinandersetzungen (Adler Hellman 1995: 171). Tatsächlich ist die Periodisierung einer Bewegung ein wesentliches Element ihres Selbstverständnisses. Nicht in allen Fällen indes tragen die sozialen Bewegungen zur Demokratisierung des Systems als Ganzem bei. Ihr größtes Potential dürfte freilich in den Allianzen untereinander liegen, ehemals von Aktivisten noch als Bedrohung für das Überleben der einzelnen Bewegungen denn als Entwicklungsmöglichkeit gesehen. Auch wenn sie das politische System als Ganzes nicht transformieren, so können sie sich doch in historischen Schlüsselmomenten mit anderen politischen Kräften zusammenschließen. Die Zusammenschlüsse wiederum können zu Dachorganisationen führen, die ihrerseits größere politische Schlagkraft erreichen und in neue politische Gruppierungen münden. Gerade in den zentralen Andenländern gibt es dafür in der jüngeren politischen Geschichte einige Beispiele.

In Peru hat sich die Jugend als neue soziale und politische Bewegung vor allem im Zuge der Proteste gegen die Fujimori-Diktatur herauskristallisiert und das, obwohl auch in Peru die Jugend der 90er Jahre als weitgehend unpolitisch galt (Huber 2001). Dies schloss auch die Studenten mit ein, deren einstmals starkes politisches Engagement völlig verschwunden zu sein schien. Politik wurde und wird weniger als Szenarium für Diskussionen und die Suche nach Konsens begriffen, sondern vor allem als Ursache von Problemen. Politik gilt unter den Jugendlichen schlicht als Synonym für Korruption. Es kam daher völlig überraschend, als im Juni 1997 plötzlich wieder Studentendemonstrationen zunehmend das Tagesgeschehen bestimmten (Huber 2001: 21). Auslöser waren die unter der damaligen Regierung Fujimori üblichen Machenschaften. Vor allem die Studenten erregten dabei die Aufmerksamkeit der Medien und hinterließen einen beträchtlichen Eindruck in der Öffentlichkeit. Was sie mobilisierte war jedoch nicht ein politisch oder ideologisch geprägter Diskurs, sondern die Empörung über eine total korrupte Regierung und die ihr hörigen Parlamentarier. Die Demonstrationen waren freilich nicht Ausdruck einer politisch und ideologisch strukturierten Opposition. Mit der ideologisch geschulten und in Parteien organisierten (Studenten-)Bewegung der 60er und 70er Jahre haben diese Jugendlichen so gut wie nichts gemein. Auch ihre politische Ziele und die Formen, sie durchzusetzen sind neu und zuweilen recht diffus (Huber 2001: 21).

Was besonders auffällt, ist die Abwesenheit von sichtbaren Führungsgestalten. Die Jugend als neuer politischer Akteur in Peru ist keinesfalls eine straff organisierte Bewegung, sondern besteht vielmehr aus kleinen Gruppen und Diskussionszirkeln, die kaum miteinander in Verbindung stehen. Genau betrachtet, handelt es sich um eine akephale Bewegung.[3]

> Es ist nicht ungewöhnlich, selbst von Koordinatoren der Demonstrationen, denen zumindest eine funktionale Leitposition zukommt, zu hören, sie würden niemanden repräsentieren außer sich selbst (Huber 2001: 22).

Kavilando in der peruanischen Provinzstadt Ayacucho ist ein typisches Beispiel einer solchen sozialen Jugendbewegung. Es handelt sich um ein rundes Dutzend von Studenten der Sozial-, Erziehungs- und Rechtswissenschaften, die sich zu-

---

[3] „In der Sozialanthropologie werden akephale – wörtlich: kopflose – Gesellschaften mitunter als segmentäre Gesellschaften bezeichnet. Gemeint sind damit Gesellschaften ohne Zentralgewalt, die sich in einer Reihe von lokalen, meist rivalisierenden Gruppierungen gliedern und nur bei Anlässen von übergeordnetem Interesse kooperieren" (Huber 2001: 22).

nächst zusammengetan hatten, um über Politik und Generationsfragen zu debattieren, um dann, nach dem ersten skandalösen Wahlgang im Jahr 2000, mit einer Reihe von Aktionen an die Öffentlichkeit zu gehen. Nach dem Ende der Ära Fujimori machen sich freilich eine gewisse Orientierungslosigkeit sowie das Fehlen von ideologisch-politischen Referenzen bemerkbar. Die Gruppe hatte sich ausschließlich auf Aktionen gegen die damalige Regierung Fujimori konzentriert. Seit dem Zusammenbruch des Fujimori-Regimes befinden sich die Mitglieder von *Kavilando* in einem Meinungsbildungsprozess, in dem sich die ideologische Leere der 90er Jahre ausdrückt (Huber 2001: 22). Mehr als die Hälfte der peruanischen Bevölkerung ist jünger als 24 Jahre. Schon aus arithmetischen Erwägungen wäre somit eine starke Jugendbewegung ein entscheidender politischer Faktor. Etwas verfrüht feierten daher die peruanischen Medien die Jugendbewegung auch schon als Hoffnungsträger eines neuen, demokratischen Peru. Der wichtigste Beitrag der Jugendlichen bestand bisher in ihrer Kreativität, mit der sie der antifujimoristischen Protestbewegung Auftrieb verliehen. Dabei haben die Studenten zweifellos die nationale peruanische Debatte um Demokratie bereichert und das öffentliche Bewusstsein über Meinungsfreiheit und Menschenrechte gestärkt. Als politisch-programmatische Plattform wird dies freilich auf Dauer nicht genügen (Huber 2001: 23).

Daneben sind in Peru in jüngster Zeit die sog. *frentes regionales* als neue soziale Protestbewegung in Erscheinung getreten, die sich vor allem gegen die derzeit amtierende Zentralregierung Toledo gewandt haben, was diese enorm unter Druck gesetzt und zu landesweiten Streiks geführt hat.[4]

Auch in Bolivien haben in jüngster Zeit die Zusammenschlüsse verschiedener sozialer Bewegungen mit vermeintlich unterschiedlichen Interessenlagen zu einer mächtigen Protest-Allianz geführt, die der bolivianischen Regierung eine Reihe von Zugeständnissen und Kompromissen abgerungen und die Machthaber mehr als einmal in höchste Verlegenheit gebracht hat. Darüber hinaus hat sich auf der Grundlage der Initiative der Koka-Bauern die bäuerliche und indigene Bewegung mittlerweile zu einem beträchtlichen politischen Faktor entwickelt, der zurzeit sogar die wichtigste oppositionelle Kraft im bolivianischen Parlament darstellt.

Ekuador gilt mittlerweile schon beinahe als „klassisches" Beispiel für den Übergang sozialer Bewegungen zu bedeutenden nationalen politischen Akteuren. Der Fall der indigenen Bewegung Ekuadors und deren exponentielle Entwicklung wird uns denn auch später noch in einem Extrakapitel beschäftigen.

Die Erwartungen an die neuen sozialen Bewegungen im Andenraum seitens der Zivilbevölkerung sind z. T. hoch: Generell wird erhofft, dass daraus wichtige politische Akteure erwachsen, die bislang marginalisierte Sektoren der Gesellschaft politisch repräsentieren.

---

[4] Vgl. den Beitrag von Andreas Steinhauf zu Peru (S. 269-296) im vorliegenden Band.

Neue politische Akteure in den zentralen Andenländern

Neue politische Akteure haben in den 1980er und 1990er Jahren die politische Bühne der Andenländer betreten, zumeist aus bis dahin politikfernen Segmenten der Gesellschaft. Vor allem bis dahin unterprivilegierte gesellschaftliche Schichten sind dabei in Erscheinung getreten. Besonders in den zentralen Andenländern Peru, Bolivien und Ekuador – gleichzeitig auch die Länder mit dem höchsten Anteil indigener Bevölkerung innerhalb des Andenraums – haben ethnische Identitäten sowohl in Bezug auf das Wahlverhalten als auch auf die Entstehung und Entwicklungsdynamik neuer politischer Akteure an Bedeutung gewonnen. Gleichzeitig ist in allen drei Ländern ein rapider Vertrauensverlust der Wählerschaft in die politischen Parteien zu konstatieren. Parallel dazu verlieren auch die Gewerkschaftsverbände und ihre ideologisch-politischen Postulate immer mehr an Einfluss. Sicherlich steht dies in engem Zusammenhang mit der weltweiten Krise sozialistisch geprägter Weltbilder und darauf basierender Handlungsmuster, aber auch die Durchsetzung des neoliberalen Regelwerkes hatte entsprechend negative Folgen für die Gewerkschaften. Wahlerfolge von parteilosen Kandidaten mit vorübergehend formierten Bündnissen sind die Folge. Fragen nach der Legitimität und Repräsentativität der politischen Akteure stellen sich somit neu.

Damit haben sich auch neue politische Eliten in der Szene etabliert. Dies gilt zum einen für indigenen politische Führungspersönlichkeiten, mit deren Existenz das tradierte Monopol der im kulturellen Sinne weißen, Spanisch sprechenden, städtischen Mittel- und Oberschichten auf politische Führungspositionen in Frage gestellt wird. Genauso gilt dies freilich für den Weg von Unternehmern in politische Ämter oder für politische Karrieren vermeintlicher Außenseiter wie seinerzeit etwa Alberto Fujimori in Peru. Die sogenannten „Unabhängigen", Outsider und *antisistémicos*, zumeist gekennzeichnet durch einen Diskurs der Abgrenzung von den als korrupt und ineffizient denunzierten Parteien, haben in diesem Kontext immer mehr an Bedeutung gewonnen (zu Bolivien: Mayorga 1997, Goedeking 2003, zu Peru: Vargas León 1999). Vor allem in Peru wird das politische Szenarium angesichts des Niedergangs der etablierten Parteien Ende der 1980er und im Verlaufe der 1990er Jahre von derartigen neuen politischen Bewegungen und Gruppierungen geprägt. Ihre Markenzeichen sind in erster Linie Kurzlebigkeit und Volatilität sowie die geringe Loyalität ihrer führenden politischen Vertreter. Dennoch verzeichnen auch in Ekuador und Bolivien solcherlei Kandidaturen abseits traditioneller politischer Parteien immer mehr Erfolg. Während im peruanischen Fall die gesellschaftlichen Veränderungen auf der Basis der massiven Migrationsbewegungen vom Land in die Städte die Hauptursache für den Wandel auf der politischen Ebene war (Degregori/Blondet/Lynch 1986; Golte/Adams 1987; Alber 1990; Adams/Valdivia 1991; Steinhauf 1992; Degregori/Grompone 1991) stehen in Bolivien und Ekuador ethnisch begründete politische Angebote im Mittelpunkt des Interesses (Degregori 1998; Blum 2001).

Das politische Engagement der *indios* ab den 1970er Jahren hatte sich vor allem im Zusammenhang mit der Landfrage entwickelt. Die Mitglieder vieler Organisationen definierten sich als Kleinbauern und standen in Verbindung zur Arbeiterbewegung und zu den linken Parteien. Die Identifikation mit dem in allen drei Ländern propagierten kreolischen Staat wurde freilich, bedingt durch deren Unfähigkeit, die *indígenas* tatsächlich gesellschaftlich zu integrieren, zusehends brüchiger. Zudem machten die *indios* auch innerhalb der linken politischen Gruppierungen immer wieder die leidvolle Erfahrung der ethnischen Diskriminierung. Beide Faktoren setzten einen Prozess der politischen Identitätsfindung in Gang. Im Zusammenhang mit den weltweiten Transformationsprozessen änderte sich freilich auch die Konzeption der indigenen Bewegung in den zentralen Andenländern. Im Zuge einer auch in anderen Weltregionen zu beobachtenden Ethnisierung des Politischen, erhielt nun auch in den indianischen Bewegungen der Bezug auf Ethnizität (in diesem Fall auf die indianische Herkunft) immer mehr Stimulanz, und der Faktor Ethnizität nimmt seither einen breiteren Raum in den politischen Szenarien ein (Steinhauf 2002: 237). Auch die Vielfalt an neu entstehenden Organisationen, die sich auf gemeinsame ethnische Herkunft berufen, hat seitdem zugenommen (Ströbele-Gregor 1997).

Sicherlich ist die politische Relevanz der indigenen Bewegung vor allem in Ekuador von enormer Bedeutung. Nicht zu Unrecht gilt die indianische Bewegung des Landes als die am besten organisierte in Lateinamerika. Seit geraumer Zeit schon sind die *indígenas* Ekuadors Teil der nationalen politischen Szenerie und permanent mit Stellungsnahmen zu politischen und nationalen Fragen in der Öffentlichkeit präsent.[5] Ihr Aktionsradius bleibt indes längst nicht mehr nur auf den nationalstaatlichen Rahmen beschränkt. Vielmehr sieht die indigene Bewegung Ekuadors ihre Aufgabe mittlerweile in einem international-globalen Kontext (Steinhauf 2002: 243).

Im Folgenden soll anhand der *Pachakutik*-Bewegung Ekuadors die Ethnisierung des Politischen, als eines der zentralen Elemente neuer politischer Organisationsformen in den Andenländern, exemplarisch nachgezeichnet werden.

---

[5] Aktuelle und für Ekuador brennende Fragen wie z.B. die Auswirkungen des *Plan Colombia*, die Verhandlungen der ekuadorianischen Auslandsverschuldung, Preiserhöhungen im öffentlichen Nahverkehr, oder die geplante Privatisierung nationaler Unternehmen sind Anlass, zusammen mit anderen organisierten sozialen Bewegungen an die Öffentlichkeit zu gehen, Protestmärsche zu initiieren und das politische Establishment unter Druck zu setzen.

Der schwierige Weg von der sozialen (Protest)Bewegung zur politischen Partei: die *Pachakutik*-Bewegung in Ekuador

Als soziale bzw. ethnische Bewegung, die Einfluss auf politische Entscheidungsprozesse nimmt, konnte in den letzten Jahren die indigene Bewegung[6] Ekuadors sicherlich mit am spektakulärsten auf sich aufmerksam machen und kurzzeitig sogar das Interesse der Weltöffentlichkeit auf sich ziehen. Nicht zu Unrecht gilt sie als die am besten organisierte indigene Bewegung in Lateinamerika. Nachdem ihre Dachorganisation *Confederación de Nacionalidades Indígenas del Ecuador* (CONAIE) lange Zeit als typische Massenbewegung funktionierte und mit Straßenblockaden und massiven Protestaktionen Politik weitgehend auf die Strasse verlagert hatte, zeichnet sich seit geraumer Zeit zunehmend ihre Institutionalisierung als „Partei" im Politszenarium des Landes ab. Ausgangspunkt für diesen Weg zur politischen Institution war die Allianz der CONAIE mit den weit verzweigten sozialen Bewegungen Ekuadors und ihrer zentralen Organisation, der *Coordinadora de Movimientos Sociales* (CMS), die 1995 ins Leben gerufen wurde. Ursprünglich verfolgte die CONAIE die Politik, derlei strategische Allianzen nur im Bedarfsfall und möglichst kurzzeitig einzugehen. Denn traditionell verstand sich die CONAIE als rein indigene Interessenvertretung, die politische Parteien (sowie Wahlen) grundsätzlich mit der Begründung ablehnte, dass die Parteien weder die Belange der indigenen Bevölkerung kennen und verstehen könnten, noch jemals in deren Interesse gehandelt hätten (Beck/Mijeski 2001). 1995 ging die CONAIE dann doch eine wichtige strategische Allianz ein, die die zukünftige Entwicklung der Organisation entscheidend mitbestimmen sollte:

> In late 1995 President Sixto Durán mandated a referendum (Consulta Popular) to gain acceptance for a number of his proposed policies, including neo-liberal reforms. With the CMS taking the lead, CONAIE and a number of other popular movements mobilized to oppose the proposals in the referendum. To the amazement of many, including leaders in this emerging alliance, each proposal was defeated. The success [...] prompted discussions between leadership of the CMS and the new Pachakutik leaders, and in January 1996 the political movement officially named Movimiento de Unidad Plurinacional Pachakutik-Nuevo País was announced. Freddy Ehlers, a well-known TV personality but political novice, had been recruited by leaders of the CMS to run for president and Luis Macas, president of CONAIE, would head the list of candidates for national deputy offices (Beck/Mijeski 2001: 5).

Nur fünf Monate nach dieser Ankündigung von Luis Macas, gewannen er und sieben andere *Pachakutik*-Kandidaten bei den Parlamentswahlen 1996 Abgeordnetenmandate für das Parlament. Dies machte zwar insgesamt nur 10% aller

---

[6] Zu den indigenen Bewegungen in den Andenländern bzw. zur Fallstudie Ekuador vgl. die Beiträge von Juliane Ströbele-Gregor (S. 163-186) bzw. von Mechthild Minkner-Bünjer (S. 225-268) im vorliegenden Band.

Sitze aus, trotzdem war die neue politische Bewegung damit immerhin schon die viertstärkste Kraft im Kongress. Der oben erwähnte Fernseh-Moderator Freddy Ehlers – Präsidentschaftskandidat der Bewegung – war zudem ein frisches Gesicht neben den sattsam bekannten Profi-Politikern und erreichte mit 17% der Stimmen einen überraschenden dritten Platz. Zusammen mit der Bewegung, die er repräsentierte, wurde er damit zu einer durchaus bedeutenden politischen Kraft in Ekuador.

Die Wahlergebnisse der 98er Wahlen indes nahmen sich schon bei weitem nicht mehr so vorteilhaft für Ehlers aus, der abermals als Präsidentschaftskandidat der Bewegung kandidiert hatte, diesmal allerdings von sechs Bewerbern mit knapp 12% nur den vierten Platz erreichte (Beck/Mijeski 2001: 6). In der Tat repräsentierte dieses Ergebnis einen beträchtlichen Popularitätsverlust der *Pachakutik*-Bewegung zwischen 1996 und 1998. Die Stärken und Schwächen der *Pachakutik*-Bewegung im Hinblick auf das Wählerpotential gehen auf regionale Unterschiede zurück. Während ihr Hauptwählerpotential eindeutig im Ekuadorianischen Hochland liegt, sind Defizite eindeutig in den Küstenprovinzen auszumachen, wo freilich fast die Hälfte der ekuadorianischen Bevölkerung lebt. Darüber hinaus ist die *Pachakutik*-Bewegung in der dünn besiedelten östlichen Tieflandregion stark vertreten. Im dem genannten Zeitraum zwischen 1996 und 1998 verlor *Pachakutik* insbesondere in der größten Hochland-Provinz Pichincha beträchtlich an Wählerstimmen.

Nach Beck und Mijeski waren insbesondere drei Faktoren für den Popularitätsverlust in jenen zwei Jahren verantwortlich: (1) der im politischen Spektrum Ekuadors weit verbreitete, seit jeher existierende Personalismus sowie die Existenz gut etablierter, traditioneller politischer Parteien; (2) die ethnischen und regionalen Differenzen innerhalb der indigenen Bevölkerung des Landes und (3) die Ausweitung der Spaltungen zwischen den Führungsfiguren, Aktivisten und der weiteren Basis der indigenen Bewegung (Beck/Mijeski 2001: 7). Obwohl die in der CONAIE zentralisierte indigene Bewegung Ekuadors sowie die von der CMS repräsentierte soziale Bewegung mittlerweile in der *Pachakutik*-„Partei" ihre politische Ausdrucksform gefunden haben, erfolgte dieser Prozess nicht ohne Schwierigkeiten. Die internen Konfliktlinien verliefen dabei sowohl entlang ethnischer und regionaler als auch ideologischer und wahltaktischer Linien.

Die personalistisch-klientelistisch ausgerichtete Struktur der politischen Parteien ist ein in Lateinamerika weithin bekanntes Problem und betrifft natürlich auch Ekuador, wo die traditionellen Parteien oft nicht viel mehr als Vehikel für charismatische und mächtige Führer bzw. eine geschlossene Führungselite sind. Vier Parteien dominieren traditionsgemäß das politische Spektrum des Landes: *Partido Social Cristiano* (PSC) und *Partido Roldosista Ecuadoriano* (PRE), die beide in der Hauptsache an der ekuadorianischen Küste um Guayaquil verankert sind sowie *Democracia Popular* (DP) und *Izquierda Democrática* (ID), die vor allem im Hochland dominieren und dort ihre Basis besitzen. Jede dieser vier Parteien ist straff organisiert und verfügt über wohlhabende Gönner sowie weitreichende Klientelbeziehungen auf lokaler Ebene. Die vier großen Parteien repräsentieren somit gleichsam die traditionelle regionale Spaltung der ekuadorianischen Elite zwischen Guayaquil und Quito. Der schnelle Erfolg der *Pachakutik*-Bewegung bei den Wahlen von 1996 war in gewisser Weise auf diese charakteristischen Merkmale der ekuadorianischen Politik zurückzuführen, indem der Outsider-Status ihrer Kandidaten eine gewisse Attraktion auf die von den traditionellen Politikern enttäuschte und unzufriedene Wählerschaft ausübte. Sowohl Freddy Ehlers als auch Luis Macas galten seinerzeit als „sauber" und unverbraucht, warteten mit neuen Ideen auf und erfüllten mithin die wichtigsten Eigenschaften eines politischen Outsiders.

Obgleich sich die Führerschaft von *Pachakutik* des Personalismus und der Macht der etablierten Parteien durchaus bewusst ist, scheint es dennoch durchaus schwierig zu sein, ihrem Einfluss zu widerstehen. So begann etwa Freddy Ehlers, seinen eigenen Kurs zu steuern, gründete seine eigene Bewegung *Ciudadanos de Nuevo País* und begann damit, jene personalistische Tradition in der ekuadorianischen Politik zu reproduzieren und fortzusetzen. Ein erheblicher Teil der zuvor angesprochenen Stimmenverluste von *Pachakutik* während der 98er Wahlen dürften dem 1998 wieder als Kandidat zurückgekehrten Rodrigo Borja zugute gekommen sein, der unumstrittenen Führungsfigur von *Izquierda Democrática*, die wiederum einen beträchtlichen Einfluss im ekuadorianischen Hochland besitzt, gleichzeitig aber auch Wählerbastion von *Pachakutik* ist.

Die ethnischen und regionalen Spaltungen innerhalb der *indígenas* stellen ein weiteres Hindernis auf dem Weg zur politischen Institutionalisierung der *Pachakutik*-Bewegung dar. Vor dem Hintergrund der ethischen Vielfalt und der Vielzahl an Gruppen und Gemeinschaften, die unter dem Label „indigen" firmieren, sind Spaltungen in Bezug auf Ideologie und politische Strategien nicht verwunderlich. Diese Spaltungen haben oftmals regionalen Bezug und verlaufen zwischen dem andinen Hochland und dem amazonischen Tiefland. Besonders nach dem Ausscheiden von Luis Macas als Präsident der CONAIE erreichten die Spannungen zwischen den Vertretern der Hochland- und Tiefland-*indígenas* einen Höhepunkt. Schließlich, mit der Wahl des Tiefland-Vertreters Antonio Vargas als Präsident und Arturo Yumbay aus dem Hochland als Vizepräsident der CONAIE, konnten die Differenzen weitgehend beigelegt und eine interne Solidarität wiederhergestellt werden. Im Zusammenhang mit den Protesten gegen die Regierung Assad Bucaram traten die Unstimmigkeiten zwischen *Pachakutik* und den indigenen Aktivisten in den Hintergrund und andere Dinge, etwa das Referendum für eine Verfassungsreform und die Verhandlungen mit Interimspräsident Fabian Alarcón, erforderten gemeinsam Anstrengungen.

Zwischen 1996 und 1998 kam es zu einer Reihe von Unstimmigkeiten und offenen Konflikten, aber auch zu Kompromissversuchen und Solidaritätsbekundungen sowohl innerhalb der politischen Bewegung *Pachakutik*, als auch zwischen *Pachakutik* und CONAIE sowie zwischen *Pachakutik* und den Führern der CMS. Die Spaltungen zu dieser Zeit erfolgten entlang ideologischer und wahltaktischer Linien. Nachdem Freddy Ehlers einige Kritik einstecken musste und zudem viele *indígenas* Bucaram unterstützt hatten, entschied Ehlers 1997 seine bereits erwähnte eigene Gruppierung *Ciudadanos de Nuevo País* zu gründen und damit einen unabhängigen Kurs einzuschlagen. Die Führer der *Pachakutik*-Bewegung wiederum suchten zu Beginn des Jahres 1998 nach einer Mitte-Links-Front, um den seinerzeit laut Umfragen in Führung liegenden Jamil Mahuad herauszufordern. Während die *Pachakutik*-Bewegung einerseits die erforderlichen 150.000 Unterschriften für die offizielle Registrierung von Luis Macas als ihren vermeintlichen Präsidentschaftskandidaten sammelten, unterstützten sie gleichzeitig den Ex-General und „Kriegshelden" (1995er Grenzkonflikt mit Peru) Paco Moncayo, der als Präsidentschaftskandidat statt Ex-Präsident Borja für die ID antrat, da Letzterer die meisten indigenen Führer mit seiner Politik vergrault hatte.

Mitte März 1998, rund zwei Monate vor den Wahlen, übten CONAIE und *Pachakutik* dann doch den Schulterschluss, indem der Präsident der CONAIE, Antonio Vargas, und der von *Pachakutik*, José María Cabascango, zusammen ihre Unterstützung für Ehlers sowie eine Koalition zwischen *Pachakutik*, Ehlers *Ciudadanos de Nuevo País* und der Sozialistischen Partei für die Präsidentschafts- und Parlamentswahlen offiziell bekannt gaben.

Dennoch hatten sich zwischen 1996 und 1998 zwei Fraktionen innerhalb der *Pachakutik*-Bewegung herausgebildet: Auf der einen Seite stand mit der „*mainstream*-Fraktion" eine koalitions-, kompromiss- und verhandlungsbereite Gruppe, die über taktische Allianzen mit anderen politischen Kräften spezifische Ziele zu erreichen suchte; auf der anderen Seite befanden sich die „radikalen Puristen", die wahltaktische Strategien eher als zweitrangig einstuften und Koalitionen und Kompromisse möglichst vermeiden wollte. Das Hauptanliegen der radikalen Gruppe war eine Transformation der Zivilgesellschaft mit dem Ziel der Erlangung einer Basisdemokratie, in der die Bevölkerung direkt in politische Entscheidungsprozesse eingebunden werden sollte. Schließlich optierte die nationale Führerschaft der *Pachakutik*-Bewegung für den „*mainstream*-Weg" und nahmen das Vorantreiben einer Wirtschafts- und Sozialpolitik sowohl für die indigenen als auch für die nicht-indigenen *masas populares* im Rahmen in ihre Agenda auf.

In der Folge standen pragmatische Manöver der politischen Führung von *Pachakutik* weitgehend im Vordergrund, so etwa im Sommer 1998, als die *Pachakutik*-Abgeordneten Seite an Seite mit *Democracia Popular* und dem konservativen Block den Präsidenten für den neuen Kongress wählten. Im Gegenzug für die Unterstützung *Pachakutiks* für die Wahl Juan José Pons zum Kongress-Präsidenten wurde die Abgeordnete *Pachakutiks*, Nina Pacari, zur zweiten Vizepräsidentin gewählt. Derlei pragmatische Manöver – sonst Alltag in der traditionellen Politik Ekuadors – riefen wahrscheinlich den Eindruck innerhalb der Basis von *Pachakutik* hervor, dass nunmehr auch von Seiten ihrer Führung *politics as usual* betrieben würde. Der Ex-Präsident von CONAIE, Luis Macas, beschrieb denn auch die organisierte indigene Bewegung als in Ideologen und

Pragmatiker gespalten. Die meisten Ekuadorianer glaubten, so Macas, dass die Führung von CONAIE sich von ihrer Basis entfernt habe und Übereinkünfte mit der Regierung hinter dem Rücken ihrer Basis erziele.[7] Damit bewegte sich *Pachakutik* zunehmend auf schwierigem und sensiblem Terrain, wurde doch somit ihre eigene politische Zukunft als auch die Hoffnung, endlich indigene Fragen innerhalb des politischen Szenariums zu etablieren ernsthaft in Frage gestellt.

Die Besetzung des nationalen Kongresses am 21. Januar 2000 mit Beteiligung der *indígenas*, bei dem der Ex-Präsident der CONAIE, Antonio Vargas, zumindest für einige Stunden, Teil der Regierungsjunta gewesen ist, schienen jene Annahmen von Macas einer Anbiederung von CONAIE an die traditionelle ekuadorianische Politik jedoch zu widerlegen. Jener *golpe* vom Januar 2000 warf indes ernsthafte Probleme und Konflikte in der Beziehung zwischen der sozialen Bewegung und der sie repräsentierenden politischen Bewegung *Pachakutik* auf. So befanden sich immerhin sechs *Pachakutik*-Abgeordnete unter den Kongress-Mitgliedern, die gezwungen wurden ihr Mandat niederzulegen, darunter auch die ehemalige Führungsfigur von CONAIE und damalige zweite Vizepräsidentin des Kongresses Nina Pacari. Die CONAIE-Führung sah die *Pachakutik*-Abgeordneten, genau wie alle anderen Kongress-Mitglieder, offensichtlich eher als Teil des Problems denn als Lösung.

Eine zweite Konfliktlinie ergab sich aufgrund der Verhandlungen im Vorfeld des versuchten Putsches, die die CONAIE-Führung mit Teilen der Militärs (die dann auch am Putsch beteiligt waren) offensichtlich hinter verschlossenen Türen geführt hatte. Während also einerseits jene außerparlamentarische Aktion der Parlamentsbesetzung als ein Wiederaufleben bzw. eine Rückkehr der CONAIE zu radikaler Militanz interpretiert wurde, wurden die geheimen Verhandlungen mit den Militärs von der CONAIE-Basis und *Pachakutik* als *politics as usual* ausgelegt, die ja offiziell von der CONAIE immer bekämpft worden war.

Schließlich führte der Putschversuch zu zusätzlichen Spaltungen und Konflikten innerhalb der CONAIE sowie zwischen CONAIE und *Pachakutik*. Die Unzufriedenheit und das Misstrauen, die in der Folge entstanden – so wurde von Sympathisanten der *Pachakutik*-Bewegung befürchtet – könnten sich zudem negativ auf die Performance der *Pachakutik*-Kandidaten bei den Kommunalwahlen im Mai 2000 auswirken. Denn obwohl die *Pachakutik*-Führung immer wieder betont, dass die politische Bewegung von der sozialen indigenen Bewegung zu differenzieren sei, wurde und wird sie in der Öffentlichkeit zumeist als Wahlvehikel der *indígenas* wahrgenommen. Und obschon im Zusammenhang mit dem Putschversuch vom Januar 2000 öffentlich Sympathie für die Rolle der CONAIE beim Sturz Jamil Mahuads zum Ausdruck gebracht wurde, so machte sich gleichzeitig, vor allem innerhalb der weißen Ober- und der kreolischen Mittelschicht, die Angst vor einer politischen Machtzunahme und sozialem Aufstieg

---

[7] Boletín I.C.C.I. (1999).

der *indios* breit, die lange Zeit und gewohntermaßen die unterste Skala der sozialen und politischen Hierarchie Ekuadors besetzt hielten.

Der relative Erfolg der *Pachakutik*-Kandidaten bei den Kommunalwahlen im Mai 2000 kam daher umso überraschender. *Pachakutik* gewann 33 Bürgermeisterämter und fünf Präfekturen sowie zusätzlich zahlreiche Sitze sowohl in den städtischen als auch in den Provinz-Konzilen. Dabei handelte es sich freilich in der Hauptsache um Kleinstädte und ländliche Kantone. Im größten Teil der Küstenregion dagegen, wo *Pachakutik* zum Teil eigene Kandidaten präsentierte und teilweise in Allianz mit der kleinen und eher unbedeutenden marxistischen Partei Ekuadors *Movimiento Popular Democrático* (MPD) auftrat, konnte der traditionelle Klientelismus von PSC und PRE nicht durchbrochen werden.

Obgleich die Führerschaften von CONAIE und *Pachakutik* immer insistiert haben, dass *Pachakutik* nicht bloß der politische Arm der indigenen Bewegung sondern die Stimme der *clases populares* insgesamt sei, bilden die *indígenas* seit jeher den wichtigsten Wählerblock von *Pachakutik*. Obwohl nämlich die Besinnung auf ethnische Identität und die Reklamation einer plurinationalen Gesellschaft, in der die ethnische Vielfalt und Gleichberechtigung in der Verfassung festgeschrieben ist, stets ein zentrales Anliegen der indigenen Bewegung gewesen ist, basierte ihre Solidarität und Militanz doch zumeist auf wirtschaftlichen Zielen, insbesondere Landbesitzfragen und der Verbesserung des Lebensstandards. *Pachakutik* wiederum stellt die materiellen Ziele stets in den Vordergrund, wenn sie sich an ihre Wählerschaft – indigen oder nicht-indigen – richten (Beck/Mijeski 2001: 13).

In den mittlerweile fünf Jahren ihrer Existenz hat die *Pachakutik*-Bewegung zwar noch keine entscheidenden Veränderungen in der politischen Szenerie Ekuadors bewirken können, konnte aber dennoch erfolgreich den Weg zu einer etablierten politischen Gruppierung eingeschlagen. Inwieweit in der nahen Zukunft Chancen bestehen, dass dieser „neu politische Akteur" entscheidend die politische Struktur des Landes verändert, bleibt indes abzuwarten. Ihre Koexistenz mit der CONAIE wird auch weiterhin einen wichtigen Teil ihres Bestands ausmachen, verfügt der indianische Dachverband doch über enorme Möglichkeiten, Massen zu mobilisieren. Zudem schafft dies die Möglichkeit – so wurde schon vor einigen Jahren spekuliert –, dass indigene politische Akteure in ein Mitte-Links-Bündnis integriert werden könnten. Eine solche Allianz wäre sicherlich eine entscheidende politische Kraft in Ekuador. Bei den Präsidentschafts- und Kongresswahlen im November 2002 erreichte die *Pachakutik*-Bewegung *Movimiento Unidad Plurinacional Pachakutik-Nuevo País* (MUPP-NP) immerhin fünf Sitze im Kongress. Der gewählte Präsident Lucio Gutiérrez hatte seinerseits während des Putschversuches im Januar 2000 mit der indigenen Bewegung paktiert und bestritt den Wahlkampf im Bündnis mit dem politischen Arm der CONAIE. Die fünf Abgeordneten von *Pachakutik-NP* zählen denn auch zum direkten Unterstützer-Kreis des Präsidenten und seiner Gruppierung *Partido Sociedad Patriótica 21 de enero* (PSP) (Minkner-Bünjer 2002: 229).

Fazit

Die demokratische Schwäche der Andenregion ist durchaus als historisches Problem zu sehen. Phasen demokratischer Erneuerung wurden immer wieder von antidemokratischen Rückschlägen abgelöst. Auch gegenwärtig sind die Militärs im politischen Leben der Andenländer präsent, wenngleich ihre unmittelbare Einflussnahme längst nicht mehr die Bedeutung hat wie noch in den 70er und 80er Jahren. In allen fünf Ländern sind Krisen der traditionellen Parteien sowie die Skepsis der Bevölkerung gegenüber den Parteien und demokratischen Institutionen zu konstatieren. Immer mehr herrscht die Sichtweise vor, dass Demokratie die bestehenden konjunkturellen Probleme nicht zu lösen vermag. Diese Tendenz hat dazu geführt, dass vermehrt autoritäre Führer und *caudillos* die Szene erschließen, und die Bevölkerung zunehmend Führer aus ehemals politikfernen Bereichen der Gesellschaft und autoritäre Systeme unterstützt. In Peru ist dieses System bereits wieder zusammengebrochen, Wiederholungen bleiben jedoch keineswegs ausgeschlossen. Auch Venezuela hat in der letzten Dekade eine Zentralisierung der Macht in der Exekutive erlebt, während Bolivien, Kolumbien und Ekuador Dezentralisierungsprozesse durchlaufen haben.

Die Hoffnungen in der zivilen Gesellschaft liegen aber auch vermehrt auf neuen Formen politischer Repräsentanz in Gestalt neuer sozialer Bewegungen. Aus ihnen, so hat sich vor allem in den zentralen Andenländern in jüngster Zeit gezeigt, können politische Kräfte von entscheidender Bedeutung erwachsen. Vor allem die indigenen und bäuerlichen Bewegungen Ekuadors und Boliviens haben dies eindrucksvoll belegt, im Fall Ekuador schon seit geraumer Zeit. Damit sind, neben den neuen *caudillos*, autoritären Geistern und neuen populistischen Führungsfiguren, auch andere Elemente politischer Repräsentanz in den Szenarien der zentralen Andenländer aufgetaucht. Auch hier gelten freilich zuweilen eher klientelistische, ethnische und verwandtschaftlich begründete Rekrutierungsmuster als basisdemokratische Regeln. Dennoch belegen diese Bewegungen eindeutig das Bestreben, die bisherigen sozialen, ethnischen und politischen Hierarchien in Frage zu stellen und neue Formen demokratischer Repräsentanz zu experimentieren.

Literaturverzeichnis

Adams, Norma/Néstor Valdivia (1991): *Los Otros Empresarios. Ética de migrantes y formación de empresas en Lima*, Lima.

Adler Hellman, Judith (1995): „The Riddle of New Social Movements: Who They are and What They Do", in: Sandor Halebsky/Richard L. Harris (Hrsg.): *Capital, Power and Inequality in Latin America*, Boulder u.a., S. 165-183.

Alber, Erdmute (1990): *Und wer zieht nach Huayopampa?* Saarbrücken/Fort Lauderdale.

Beck, Scott H./Kenneth J. Mijeski (2001): „Barricades and Ballots: Ecuador's Indians and the Pachakutik Political Movement", in: *Ecuadorian Studies* No. 1 (Sept. 2001) (http://yachana.org/ecuatorianistas/journal/1/beck.pdf).

Blum, Volkmar (2001): „Indigene Organisationen als politische Akteure in Ecuador", in: *Lateinamerika. Analysen-Daten-Dokumentation*, Nr. 45, S. 45-57.

Boletín I.C.C.I. (1999): *Publicación mensual del Instituto Científico de Culturas Indígenas*, año 1, no.1, S. 1-5.

Calderón, Fernando/Alejandro Piscitelli/José Luis Reyna (1992): „Social Movements: Actors, Theories, Expectations", in: Arturo Escobar/Sonia Alvárez (Hrsg.): *The Making of Social Movements in Latin America. Identity, Strategy and Democracy*, Boulder u.a., S. 19-36.

Degregori, Carlos Iván (1998): „Movimientos étnicos, democracia y nación en Perú y Bolivia", in: Claudia Dary (Hrsg.): *La construcción de la nación y la representación ciudadana en México, Guatemala, Peru, Ecuador y Bolivia*, Guatemala-Stadt, S. 159-225.

---/Romeo Grompone (1991): *Demonios y redentores en el nuevo Perú: Una tragedia en dos vueltas*, Lima.

---/Cecilia Blondet/Nicolás Lynch (1986): *Conquistadores de un Nuevo Mundo. De invasores a ciudadanos en San Martín de Porres*, Lima.

Escobar, Arturo (1999): „Lo cultural y lo político en los movimientos sociales de América Latina", in: Arturo Escobar: *El final del salvaje. Naturaleza, cultura y política en la antropología contemporánea*, Bogotá, S. 133-167.

---/Sonia Alvárez (Hrsg.) (1992): *The Making of Social Movements in Latin America. Identity, Strategy and Democracy*, Boulder u.a.

Goedeking, Ulrich (2003): *Politische Eliten und demokratische Entwicklung in Bolivien 1985-1996*, Münster/Hamburg.

Golte, Jürgen/Norma Adams (1987): *Los Caballos de Troya de los Invasores. Estrategias campesinas en la Conquista de la Gran Lima*, Lima.

Huber, Ludwig (2001): „Gesucht: politische Akteure in Peru", in: *Lateinamerika. Analysen-Daten-Dokumentation*, Nr. 45, S. 17-23.

Hofmeister, Wilhelm (1996): „Parteien und politischer Wandel in Bolivien", in: *Lateinamerika. Analysen-Daten-Dokumentation*, Nr. 31, S. 27-36.

Manz, Thomas/Moira Zuazo (Hrsg.) (1998): *Partidos políticos y representación en América Latina*, Caracas.

Marcus-Delgado, Jane (2001): „El fin de Alberto Fujimori: Un estudio de legitimidad presidencial", in: Jane Marcus-Delgado/ Martín Tanaka: *Lecciones del final del fujimorismo*, Lima, S. 9-55.

Mayorga, Fernando (Hrsg.) (1997): *Ejemonías? Democracia representativa y liderazgos locales*, La Paz.

Montoya, Rodrigo (2002): „Cultura y poder" (www.andes.missouri.edu/andes/Comentario/RMR_CulturaYPoder.html).

Portés, Alejandro/Kelly Hoffmann (2003): „Latin American Class Structures: Their Composition and Change during the Neoliberal Era", in: *Latin American Research Review*, Vol. 38, No. 1 (February 2003), S. 41-82.

Planas, Pedro (2000): *La Democracia Volátil. Movimientos, partidos, líderes políticos y conductas electorales en el Perú contemporáneo*, Lima.

Puhle, Hans-Jürgen (2001): „Herausragende Transformations- und Entwicklungsleistungen in Bolivien", in: Werner Weidenfeld (Hrsg.): *Den Wandel gestalten – Strategien der Transformation*. Gütersloh, S. 169-187.

Röder, Jörg/Michael Rösch (2001): „Neopopulismus in Venezuela – Aufbruch in die Dekade der Illusionen?", in: *Brennpunkt Lateinamerika* Nr. 01, S. 5-12.

Selverston-Scher, Melina (2001): *Ethnopolitics in Ecuador. Indigenous Rights and the Strengthening of Democracy*, Miami.

Steinhauf, Andreas (2002): „Die Unterdrückten als Protagonisten. Indígenas als neue politische Akteure im mittleren Andenraum", in: Petra Bendel/Michael Krennerich (Hrsg.): *Soziale Ungerechtigkeit. Analysen zu Lateinamerika*, Frankfurt/M., S. 228-245.

--- (1992): *Interaktionsnetze als Entwicklungsstrategie. Zur Dynamik sozialer Netzwerke im informellen Sektor Perus*. Hamburg/Münster.

Ströbele-Gregor, Juliana (1997): „Zwischen Konfrontation und Kooperation: Indianische Bewegung und Staat in Bolivien", in: Utta von Gleich (Hrsg.): *Indigene Völker in Lateinamerika – Konfliktfaktor oder Entwicklungspotential?* Frankfurt/M., S. 127-157.

--- (1992): „Vom indio zum mestizo ... zum indio", in: Dietmar Dirmoser u.a. (Hrsg.): *Die Wilden und die Barbarei. Lateinamerika – Analysen und Berichte*, Nr. 16, Münster/Hamburg, S. 95-112.

Vargas León, Carlos (1999): *El nuevo mapa político peruano. Partidos políticos, movimientos nacionales e independientes*, Documento de trabajo No. 103, Lima.

Rainer Huhle

Menschenrechte und Menschenrechtspolitiken in den nördlichen Andenländern[1]

1. Die Situation der Menschenrechte in Bolivien, Peru, Ekuador und Kolumbien

Die Andenstaaten des nördlichen Südamerika haben eine lange gemeinsame Geschichte. In der Kolonialzeit und selbst noch in den ersten Jahrzehnten des 19. Jahrhunderts standen sie teilweise unter gemeinsamer Verwaltung. Gemeinsam ist ihnen auch der Gegensatz von andinem Hochland mit einem teilweise sehr hohen indigenen Bevölkerungsanteil und ausgedehnten dünn besiedelten Waldgebieten hin zum ihnen allen gemeinsamen Amazonasbecken sowie auf der anderen Seite – mit der bekannten vielbeklagten Ausnahme Boliviens – Küstenregionen, wo sich die Nachkommen der afrikanischen Sklavenbevölkerung konzentrieren, und in denen sich auch überwiegend die wirtschaftlichen Zentren befinden.

Gleichwohl verlief die politische Geschichte der fünf Staaten Kolumbien, Venezuela, Ekuador, Peru und Bolivien in den letzten Jahrzehnten bemerkenswert unabhängig von einander, wie auch aus den Beiträgen dieses Bandes hervorgeht. Ähnlich heterogen verlief die Entwicklung im Bereich der Menschenrechte. Während in allen fünf Staaten, ebenso wie im Rest Lateinamerikas, die Bevölkerung ihre wirtschaftlichen und sozialen Menschenrechte immer weniger in Anspruch nehmen konnte, hat sich die Situation im Bereich der bürgerlichen und politischen Rechte innerhalb der Region sehr gegensätzlich entwickelt.

---

[1] Venezuela wird in diesem Beitrag nicht berücksichtigt, da die sich überstürzenden Entwicklungen im Lande zur Zeit des Redaktionsschlusses eine fundierte Analyse nicht möglich machten. Siehe aber den Beitrag von Jörg Röder und Michael Rösch (S. 189-208) in diesem Band.

Bolivien: Demokratisierung und selektive Vergangenheitsbewältigung

Im notorisch von Diktaturen beherrschten, aber nun bereits zwei Jahrzehnte demokratisch regierten Bolivien kam es in den 90er Jahren unter den Regierungen Paz Zamora und Sánchez de Lozada zu einem bemerkenswerten Rückgang von schweren Menschenrechtsverletzungen. Und selbst der 1997 gewählte und bis zu seinem vorzeitigen Rücktritt 2001 regierende Hugo Banzer versuchte, die Erinnerung an seine Zeit als Militärdiktator zu verwischen. Allerdings spitzten sich unter Banzer die sozialen Konflikte an verschiedenen Brennpunkten wie dem Drogenanbau und dem Zugang marginalisierter Bevölkerungen zu Ressourcen zu, worauf die Regierung des Öfteren zu harten repressiven Maßnahmen griff. Um den „Wasseraufstand" in Cochabamba, wo sich im April 2000 zahlreiche Einwohner gegen die Privatisierung der Wasserwerke und die damit verbundenen erheblichen Preiserhöhungen wehrten, zu beenden, verhängte Banzer sogar den Ausnahmezustand. Nach Angaben der Menschenrechtsorganisation *Asamblea Permanente de los Derechos Humanos* (APDH) kamen bei der Niederschlagung der Massendemonstrationen vier Personen ums Leben, 17 wurden verletzt, und zahlreiche Personen, darunter die Vorsitzenden des breiten Bündnisses, das die Proteste koordinierte, wurden verhaftet. Bedroht und in mindestens einem Fall auch physisch angegriffen wurden auch Mitglieder der APDH selbst, so wie mehrere Journalisten, was auf das Fortbestehen paramilitärischer Kommandos schließen lässt.

Aufgeklärt und strafrechtlich verfolgt wurden diese Angriffe auf Menschenrechtsverteidiger ebenso wenig wie andere Übergriffe der Sicherheitskräfte unter den gewählten Regierungen der Zeit nach den Diktaturen. So blieb zum Beispiel das „Weihnachtsmassaker" Ende 1996 unter der Regierung Sánchez de Lozada, bei dem Polizei und Militär eine Besetzung der Bergwerke von Amayapampa und Capasirca blutig niederschlugen, bis heute ungesühnt, sieht man von der Verurteilung zweier Gewerkschaftsführer ab. Die Justiz gilt insgesamt als der Sektor, der von den politischen Reformen des vergangenen Jahrzehnts am wenigsten berührt wurde, was unter anderem der exorbitant hohe Anteil von Untersuchungshäftlingen – nämlich 80% – an der Population der Gefängnisse belegt (Bukes 2000: 114f.). Der Ruf der Justiz ist nach wie vor notorisch schlecht, ihre Angehörigen gelten als weithin korrupt.

Kaum Fortschritte gab es auch seit dem bemerkenswerten Urteil im April 1993 gegen den ehemaligen Diktator García Meza, in der gerichtlichen Untersuchung von Menschenrechtsverbrechen aus der Zeit der Diktaturen. Nach Angaben der APDH sind unter der Diktatur Hugo Banzers (1971-78) 200 Oppositionelle „verschwunden". Das Bolivien Banzers beteiligte sich auch als einziges Land der nördlichen Andenregion an der berüchtigten „Operation Kondor", einer Schaltstelle der südamerikanischen Geheimdienste zur gemeinsamen Verfolgung und Eliminierung der oppositionellen Kräfte, deren zentrales Archiv 1992 von einem der Opfer dieses staatsterroristischen Netzwerks, dem Rechtsanwalt Martín Almada, in Asunción entdeckt wurde. Prominentestes bolivianisches Opfer war der Oberst der Armee und kurzzeitige Präsident Juan José Torres, der 1976 in Buenos Aires entführt und ermordet wurde. Dieses und andere Verbrechen der Banzer-Diktatur und seine Verwicklung in die „Operation Kondor" wurden nie strafrechtlich aufgearbeitet, trotz eines Ermittlungsverfahrens, das der spanische Richter Baltasar Garzón 1999 aufgrund einer Anzeige der APDH einleitete, und eines weiteren in Argentinien angestrengten Verfahrens. Mit dem Tod Banzers im Jahr 2002 endeten wohl auch die Bemühungen, die Verbrechen seiner Diktatur juristisch aufzuarbeiten.

Eine permanente Ursache von Konflikten, bei denen es immer wieder auch zu Menschenrechtsverletzungen durch Polizei und Militär kommt, resultiert aus dem Anspruch der Regierung, den Anbau von Koka in Bolivien auf Null zu reduzieren. Im Hauptanbaugebiet des Chapare, wo der Kokaanbau grundsätzlich illegal ist, aber auch in den höher gelegenen andinen Gebieten wie den Yungas, wo der traditionelle Anbau lange Zeit nicht verfolgt wurde, kam es zu teilweise heftigen Auseinandersetzungen zwischen Produzenten und Sicherheitskräften. Notorisch menschenunwürdig sind die Zustände in zahlreichen bolivianischen Gefängnissen. Ein besonderes Problem Boliviens ist die ungewöhnlich hohe Zahl von Kindern, die zu den Streitkräften eingezogen werden. Nach Angaben der internationalen *Coalition to Stop the Use of Child Soldier* sollen 40% der Soldaten des bolivianischen Heeres aus Minderjährigen unter 18 Jahren bestehen, die oft gewaltsam rekrutiert werden.[2]

Das Wiedererstarken der sozialen Bewegungen in Bolivien führte dazu, dass bei den Wahlen 2002 mehrere aus Protestbewegungen hervorgegangene Parteien erfolgreich waren und im neuen Kongress eine starke Minderheit von nie gekannter, auch im äußerlichen Erscheinungsbild sichtbarer Vielfalt bilden. Wenn diese radikalen Reformkräfte sich mit dem ebenfalls als Reformer angetretenen neuen Vizepräsidenten Carlos Mesa auf ein gemeinsames Verfassungsprojekt und vor allem auf ein gemeinsames Verfahren einigen können, dann hat Bolivien Aussicht auf eine neue demokratische Verfassung, in der erstmals auch die wesentlichen Menschenrechte in eindeutiger Form festgeschrieben sind.

Peru: Auf der Suche nach einem neuen Rechtsstaat

Peru durchlief die wohl dramatischste Entwicklung der Region. Von den über zehn Jahren der Präsidentschaft Alberto Fujimoris müssen die letzten acht, nämlich die seit dem *autogolpe*, dem Putsch Fujimoris und seines „Beraters" Vladimiro Montesinos im April 1992 bis zu seinem Rücktritt 2000 als illegitimes Regime gelten. Unter dem Deckmantel von „Reformen" und mit systematischer Korruption und Einschüchterung der betreffenden Beamten zerstörte das Regime Fujimori/Montesinos auf radikale Weise alle staatlichen Institutionen in Peru und machte sie zum Werkzeug der Interessen der Machthaber, zu denen bis zu seiner Entfernung aus dem inneren Zirkel der Macht im Oktober 1998 auch

---

[2] http://www.child-soldiers.org/report2001/countries/bolivia.html.

der Oberbefehlshaber der Streitkräfte Nicolás Hermoza Ríos gehörte. Wichtige Meilensteine dieser Abschaffung der Rechtsstaatlichkeit waren u.a. die Unterwerfung der Geheimdienste unter die informelle Befehlsgewalt des obskuren Anwalts, unehrenhaft wegen Vaterlandsverrat entlassenen Armeehauptmanns und CIA-Agenten Montesinos[3]; der Ausbau dieses Geheimdienstes zu einer umfassenden politischen Polizei, die gleichermaßen im Bereich der Nachrichtenbeschaffung wie verdeckter krimineller Operationen aktiv war; die Aushebelung des regulären Beförderungsmechanismus in den Streitkräften zu Gunsten persönlicher Abhängigkeitsverhältnisse; die Instrumentalisierung der Finanzämter für politische Zwecke; die Knebelung der Wahlaufsichtsbehörden; die Schaffung zahlloser großer Geheimfonds im staatlichen Haushalt wie überhaupt die beliebige und unkontrollierte Indienstnahme beliebiger Haushaltstitel bei Bedarf; die Ausschaltung parlamentarischer Kontrolle noch über die Beschneidung der Kompetenzen des Parlaments durch die Verfassung von 1993 hinaus, u.a. durch Erpressung und Bestechung oppositioneller Abgeordneter.

Kernstück dieser Unterwerfung aller staatlichen, und darüber hinaus wesentlicher nicht-staatlicher Institutionen wie der Presse (ausführlich dazu: Degregori 2000), war aber die mit größter Konsequenz und Brutalität durchgeführte Abschaffung einer unabhängigen Justiz, die unter dem Namen „Justizreform" vorgenommen wurde. Da die Justiz zu Beginn der Präsidentschaft Fujimoris allgemein als ineffizient, korrupt und ungerecht empfunden wurde, stieß der Ruf nach einer tiefgreifenden Reform des gesamten Justizapparats auf offene Ohren. In der Tat brachte die von Fujimori nach dem *autogolpe* durchgesetzte Verfassung von 1993 auf diesem Gebiet einige wichtige Fortschritte. Dazu zählt die erstmalige Einführung eines Ombudsmanns (*defensor del pueblo*), der sich dann paradoxerweise als die einzige nicht korrumpierbare Institution bewähren sollte. Die Verfassung sah ferner einen neuen Verfassungsgerichtshof sowie neue justizinterne Aufsichts- und Qualifikationsorgane vor[4]. Letztere erwiesen sich jedoch bald, zusammen mit den speziellen Reformkommissionen, als Werkzeuge einer permanenten direkten Einflussnahme auf die Personalpolitik und oft genug auch auf einzelne Entscheidungen in der Justiz[5], mit dem Ergebnis, dass in der zweiten Hälfte der 90er Jahre viele gerichtliche Entscheidungen direkt von Montesinos diktiert wurden – und dies ist wörtlich zu verstehen. Fast noch wirkungsvoller war dabei die Ernennung von „provisorischen Richtern" im Rahmen

---

[3] Die dunkle Vergangenheit und die Verwicklung des Vladimiro Montesinos in den Drogenhandel wurden in Peru bereits frühzeitig dokumentiert, ohne dass dies Folgen gehabt hätte. So z.B. durch den Journalisten Gustavo Gorriti, der schließlich so bedroht wurde, dass er außer Landes gehen musste. Er legte dann 1994 eine umfassende Dokumentation vor; Gorriti brachte das System Montesinos bereits damals auf die prägnante Formel „seduce, use, and betray" (Gorriti 1994).

[4] *Consejo Nacional de la Magistratura* und *Academia de la Magistratura*.

[5] Für eine gute und detailgenaue Darstellung der Unterwerfung des Justizapparats durch die Regierung Fujimori siehe Youngers 2000.

der „Reform". Mit solchen provisorischen, jederzeit absetzbaren Richtern waren Ende der 90er Jahre fast drei Viertel aller Richterstellen besetzt. Das Verfassungsgericht hingegen erwies sich nach vier Jahre langem Tauziehen um das seine Arbeit normierende Ausführungsgesetz noch immer nicht als das willfährige Werkzeug, das sich die Regierung vorgestellt hatte. In der entscheidenden Frage der Zulässigkeit einer dritten Kandidatur Präsident Fujimoris, die auch die Verfassung von 1993 nicht vorsieht, folgte das Gericht nicht den juristischen Winkelzügen der Regierung. Daraufhin ließ Fujimori im Juni 1997 eine Parlamentskommission die unbotmäßigen Richter absetzen. Der Vorsitzende, der bereits zuvor Opfer eines Attentatsversuchs gewesen war, trat zurück. Das Verfassungsgericht war und blieb dadurch entscheidungsunfähig und wurde somit de facto nach einem Jahr wieder abgeschafft. Bis zum Ende der dritten Regierung Fujimori 1990 trat es nicht mehr zusammen.

Die Eingriffe von Fujimori und Montesinos betrafen alle Bereiche der Justiz: Verwaltungsgerichte, Zivilgerichte, Verfassungsgericht und Strafjustiz. Nirgendwo waren die Bürger vor willkürlichen Eingriffen in ihre Rechte sicher. Am härtesten betroffen aber waren wohl die Opfer der neuen Strafjustiz, die Fujimori für seine Politik der Terrorismusbekämpfung entwarf. Die Weigerung des Parlaments 1991/92, ihm freie Hand für eine Aussetzung praktisch aller Rechtsgarantien für des Terrorismus verdächtige Personen zu geben, war einer der Auslöser für den Putsch vom April 1992. Unmittelbar danach setzte Fujimori sein „Anti-Terror-Paket" in Kraft, das sich vor allem auf die Militärgerichtsbarkeit stützte, die nun kurzen Prozess mit Schuldigen wie Unschuldigen machte. Elementare Rechte der Verteidigung wurden in diesen Verfahren außer Kraft gesetzt, zweiwöchige polizeiliche Isolationshaft ohne Beteiligung eines Richters galt als legal, und erst ab 30 Jahren Haftstrafe war eine – gewöhnlich aussichtslose – Berufung in Militärgerichtsprozessen möglich.[6] Eine Kronzeugenregelung („Reuegesetz"), die auch falsche Anschuldigungen systematisch belohnte, sowie eine ausgedehnte Folterpraxis waren weitere Elemente, die zur massenhaften Festnahme und Verurteilung von Unschuldigen führte.[7] Die Zahl der – meist zu lebenslanger oder mindestens 20 Jahren Haft – unschuldig Verurteilten wurde auf über 1000 geschätzt; eine Praxis, die im lateinamerikanischen Kontext keinen Vergleich hat. Anstatt die Sondergerichte, die solche Fehlurteile am Fließband produzierten, abzuschaffen, entschloss sich Fujimori angesichts des auch international Aufsehen erregenden Skandals eine Präsidentenkommission zur

---

[6] Ausführlich zu den Menschenrechtsverletzungen durch die Strafjustiz unter Fujimori siehe Huhle 1995.
[7] Ende 2000 machte ein bekannter Menschenrechtsverteidiger folgende Rechnung auf: Während der Geltungszeit der Antiterrorgesetze, also von 1992 bis 2000 wurden unter der Anklage des Terrorismus 21795 Personen verhaftet. Selbst unter den drakonischen Bedingungen der Antiterrorgesetze wurden davon 6192 schon von den Sicherheitsorganen wieder freigelassen. Mehr als die Hälfte der restlichen Gefangenen wurden schließlich sogar von den drakonischen Sondergerichten freigesprochen (de la Jara 2000).

Begnadigung der Unschuldigen (eine Formel, die schon im Ansatz die Absurdität der Situation auf den Punkt brachte) einzurichten, die bis zum Ende seiner Präsidentschaft zur Begnadigung von fast 500 Personen führte, an deren Unschuld niemand je Zweifel vorbrachte. Rund 240 weitere Personen, die bereits auf der Liste standen, und 1200, die noch auf die Bearbeitung ihres Falles warteten, wurden zur Erblast der Nachfolgeregierung. Viele von ihnen sitzen oder saßen bis zu zehn Jahren in Haft.

Auch an den Haftbedingungen und der mangelnden Rechtssicherheit der Häftlinge insgesamt hat die „Justizreform" nichts geändert. In den ersten Jahren war es immerhin zu einem gewissen Abbau des Berges unerledigter Verfahren gekommen. Nach in der Presse veröffentlichten Berichten der Justiz waren jedoch auch im Jahr 2001 noch immer – oder wieder – drei Viertel aller Inhaftierten in Peru ohne Urteil.

Im gleichen Maß, in dem die Regierung den Justizapparat, insbesondere die Militärjustiz, zu einem politisch gesteuerten und immer noch sehr groben Instrument der Repression machte, ging unter der Präsidentschaft Alberto Fujimoris die Zahl der extralegalen Hinrichtungen und der Verhaftet-Verschwundenen im Vergleich zu den beiden Vorgängerregierungen signifikant zurück, insbesondere nach der Verhaftung Abimael Guzmáns im September 1992, durch die der *Sendero Luminoso* („Leuchtende Pfad") weitgehend gelähmt wurde. Einige aufsehenerregende politische Verbrechen, insbesondere der Überfall auf die Teilnehmer einer privaten Feier im Limaer Stadtbezirk Barrios Altos im November 1991, bei dem 15 Menschen getötet wurden, und die lange Zeit geleugnete Verschleppung von zehn Angehörigen der Limaer Universität „La Cantuta" 1992, die später ermordet aufgefunden wurden, machten allerdings nachhaltig das Bemühen der Regierung zunichte, ihr Image in der Menschenrechtsbilanz zu bessern, zumal einige hohe Militärs selbst die Schuldigen in Militär und Geheimdienst anklagten. Heute ist erwiesen, dass auch hinter diesen Verbrechen der heimliche Geheimdienstchef Vladimiro Montesinos stand. Nicht zuletzt diese neuen Menschenrechtsverbrechen bewogen die Regierung 1995 schließlich, weiteren Untersuchungen einen vermeintlich endgültigen Riegel vorzuschieben, indem sie das bislang umfassendste Amnestiegesetz zur Garantie der Straflosigkeit von Menschenrechtsverbrechen in Lateinamerika erließ. Es umfasste alle politisch motivierten Verbrechen von Staatsangehörigen seit 1980 und beendete nicht nur die wenigen laufenden Prozesse sondern unterband auch jedwede Ermittlungen.

Damit war das Gebäude der juristischen Absicherung der Diktatur weitgehend zu Ende gebracht, die politische und menschenrechtliche Opposition konnte ohne Konsequenzen mit allen Mitteln – Überwachung und Einschüchterung, Erpressung und Todesdrohungen – und nicht zuletzt durch eine fast vollständige Kontrolle und schamlose Indienstnahme der Massenmedien weitgehend ausgeschaltet werden. Während der zweiten Regierungszeit Fujimoris 1995-2000 wurde der Handlungsspielraum der in Peru traditionell sehr aktiven und gut koordinierten Menschenrechtsorganisationen immer enger. Letztlich blieb nur noch der Weg zu den internationalen Instanzen und in die Öffentlichkeit des Auslands. In der Interamerikanischen Menschenrechtskommission (CIDH) in Washington und bald auch vor dem Interamerikanischen Menschenrechtsgerichtshof in Costa Rica häuften sich die peruanischen Fälle, die durchwegs zugunsten der Kläger entschieden wurden. Kurz vor Ende der Regierung Fujimori im Juni 2000, veröffentlichte die CIDH einen ungemein kritischen Bericht über die Menschenrechtssituation in Peru (OEA 2000; der Bericht bezieht sich wesentlich auf das Jahr 1998), in dem sie vor allem die Abhängigkeit der Justiz, die Unterdrückung der Meinungsfreiheit und die Beschneidung der politischen Rechte anprangerte.

Auch der Interamerikanische Menschenrechtsgerichtshof fällte immer wieder Urteile gegen Peru, die nach den Statuten der *Organization of American States* (OAS) verbindlich sind. Im Juni 1999, als die CIDH auch noch das Problem des peruanischen Verfassungsgerichtshofs vor den Menschengerichtshof brachte, war Fujimori es schließlich überdrüssig, dass der Gerichtshof „Terroristen begünstigte", wie er einige von dessen Urteilen interpretierte, und erklärte, dass Peru, in klarer Verletzung der Statuten des Gerichtshofs, dessen Entscheidungshoheit nicht mehr anerkenne. Postwendend erklärte der Gerichtshof, dass die peruanische Haltung nicht zulässig sei und fuhr in seiner Arbeit fort. Der Streit wurde erst durch die Rücknahme der peruanischen Position durch die Regierung Paniagua gelöst.

Nach einem von massiven Unregelmäßigkeiten im Vorfeld und Fälschungen in der Auszählung geprägten ersten Wahlgang, in dem dem Kandidaten Fujimori knapp 50% der Stimmen gutgeschrieben wurden, und dem Rücktritt des in diesem Wahlgang bestimmten Gegenkandidaten Francisco Toledo ließ sich Fujimori schließlich in einer Stichwahl ohne Gegenkandidaten, bei der er nicht einmal die Mehrheit der Stimmen gewann, im Mai 2000 gegen den Protest des In- und Auslandes zu seiner dritten Amtsperiode wählen. Sie dauerte nur wenige Wochen und endete inmitten eines grotesken Skandals ungeahnter Ausmaße mit der Absetzung Fujimoris durch den Kongress, nachdem er nach Japan geflüchtet war – zwei Monate nachdem sich bereits Vladimiro Montesinos aus bis heute nicht restlos geklärten Gründen mit Hilfe Fujimoris in der Manier eines Mafiabosses ins Ausland abgesetzt hatte.

Die Übergangsregierung unter dem vom Kongress eingesetzten Präsidenten Valentín Paniagua, der im Juli 2001 durch den in regulären Wahlen bestimmten neuen Präsidenten Alejandro Toledo abgelöst wurde, hatte in wenigen Monaten die schlimmsten Hinterlassenschaften der Ära Fujimori zu bewältigen. Sie begann sofort damit die Grundrechte wieder herzustellen, die zerstörten bzw. korrumpierten Institutionen zu reformieren oder wieder aufzubauen und vor allem umfassende Untersuchungen über die Verbrechen des Regimes Fujimori/Montesinos einzuleiten. Dabei wurden in kurzer Zeit bemerkenswerte Erfolge erzielt, nicht nur durch die Festnahme von Vladimiro Montesinos im Juni 2001 in Caracas. So wurden alle direkt in die kriminellen Machenschaften von Montesinos und Fujimori verwickelten Offiziere der Streitkräfte und der Polizei entlassen. Viele von ihnen sind in Haft oder erwarten Strafverfahren soweit sie nicht ins Ausland geflohen sind. Im Dezember 2001 schickte die neue Regierung Toledo noch einmal 486 Offiziere in den vorzeitigen Ruhestand, so dass erstmals in der Geschichte des Landes die Chance zu einer umfassenden Säuberung und Reform von Streitkräften und Polizeiapparat besteht.

Auf dem Gebiet der Justiz leitete der Justizminister der Übergangsregierung, der langjährige Direktor der Andinen Juristenkommission Diego García Sayán, die schwierige „Reform der Reform" ein. Noch Ende 2000 wurden die von Fujimori aus dem Amt gedrängten Richter des Verfassungsgerichts wieder eingesetzt, wodurch es wieder funktionsfähig wurde. Die Entfernung von Richtern und Staatsanwälten, die in eindeutiger Weise belastet waren, wurde eingeleitet, doch musste die neue Regierung den Eindruck vermeiden, nun ihrerseits willkürliche Neubesetzungen vorzunehmen. Im September 2001 waren nach Justizangaben 147 Richter und Staatsanwälte abgelöst, 220 weitere in ihren Ämtern bestätigt worden. Strafverfahren gegen korrupte Richter, einschließlich ein mit Montesinos konspirierendes Mitglied des Verfassungsgerichtshofs, Mitglieder des Obersten Militärgerichtshofs sowie z.B. gegen die eng mit Montesinos verbundene ehemalige Generalstaatsanwältin Blanca Nélida Colán wurden in Gang gesetzt.

Gleichwohl erwies sich im Lauf des Jahres 2002, dass die alten Kräfte im Justizapparat nicht vollständig ausgeschieden waren. Immer wieder kam es zu überraschenden, die Straflosigkeit begünstigenden einzelnen Entscheidungen und zu schwer verständlichen Versetzungen einzelner Richter und Staatsanwälte, die brisante Fälle bearbeiteten.

Eines der vielen noch ungelösten Probleme einer dringend notwendigen umfassenden Justizreform ist die Militärjustiz, die ebenso wie die zivile Justiz vollständig in Montesinos' System von Korruption und Manipulation der Justiz eingebunden war. Wie andere lateinamerikanische Militärjustizsysteme verletzt auch die peruanische Militärjustiz nach wie vor grundlegende rechtsstaatliche Prinzipien wie das der Gleichheit vor dem Gesetz und der Einheitlichkeit des Rechtswesens. Der anhaltende Streit um die Zuständigkeit im Fall der Ermittlungen um die Tötung der Geiselnehmer in der japanischen Botschaft im April 1997 zeigte, welche Widerstände sich noch immer oder schon wieder gegen eine unabhängige Untersuchung von Handlungen der Militärs regen. Im Kongress kam es sogar zu einer Initiative, das Problem durch eine Generalamnestie, ähnlich wie 1995, aus der Welt zu schaffen. Beunruhigend war schließlich auch der anhaltende Streit um den Ort, an dem das erste Verfahren gegen Vladimiro Montesinos durchgeführt werden sollte: der Justizpalast oder die Marinebasis, in der er in Untersuchungshaft sitzt.

Langsamer als erwartet kam die Lösung des Problems der unschuldig wegen „Terrorismus" Inhaftierten voran, obgleich die Übergangsregierung die Arbeit der Begnadigungskommission reaktivierte und unterstützte. Für eine langfristige und nachhaltige Lösung des Problems könnte die Entscheidung des Parlaments vom November 2001 sorgen, allen unter den Anti-Terrorismusgesetzen von Militärgerichten Verurteilten die Chance eines neuen Verfahrens vor ordentlichen Gerichten zu geben. Ebenso weitreichend ist die Aufhebung der beiden Amnestiegesetze von 1995 für Menschenrechtsverbrechen, die der Interamerikanische Gerichtshof, ausgehend von dem ihm vorgelegten Fall des Massakers von Barrios Altos für rechtswidrig erklärte. Zwar waren Ende 2002 die Amnestiegesetze noch immer nicht förmlich aufgehoben, doch begannen Gerichte, sich unter Berufung auf die Entscheidung aus Costa Rica mit entsprechenden Fällen zu beschäftigen und im Einzelfall die Amnestie für gegenstandslos zu erklären.

Damit könnten zu der bereits laufenden hohen Zahl von teils sehr komplizierten Strafverfahren gegen die Mitglieder des Montesinos-Kartells möglicherweise bis zu 20.000 Prozesse um Menschenrechtsverletzungen kommen, die durch die Amnestie blockiert waren.

Große Erwartungen richten sich an die am 2. Juni 2001 noch von der Regierung Paniagua eingesetzte „Wahrheitskommission", die später von der Regierung Toledo teilweise neu besetzt und in „Wahrheits- und Versöhnungskommission" (CVR) umbenannt wurde. Ihr zunächst auf 18 Monate begrenztes Mandat ist breit angelegt. Es umfasst die Aufklärung der Tatsachen, Hintergründe und Verantwortlichkeiten betreffs aller Menschenrechtsverletzungen, aber auch der Gewaltakte terroristischer Gruppen vom Mai 1980 (dem Beginn der Aktionen des *Sendero Luminoso*) bis zum November 2000 (dem Beginn der Regierung Paniagua). Damit hat sich die CVR mit den Verbrechen durch und unter drei verschiedenen Regierungen auseinander zu setzen und ist entsprechend vielseitigem Druck ausgesetzt. Am deutlichsten wurde das im Fall des staatlichen Massakers an rund 250 Gefängnisinsassen im Mai 1986 in Lima, bei dem der damals verantwortliche Präsident Alan García sein neues politisches Gewicht als nur knapp unterlegener Präsidentschaftsbewerber bei den Wahlen 2001 einsetzte, um zu versuchen, die Kommission an der Behandlung dieses Verbrechens zu hindern. Die Glaubwürdigkeit der Kommission, der mit Rolando Ames ja immerhin der Autor des seinerzeitigen parlamentarischen Untersuchungsberichts zu den Gefängnismassakern angehört, wird auch von ihrer Behandlung dieses Falles abhängen.

Wie alle lateinamerikanischen Wahrheitskommissionen hat auch die peruanische keine Rechtsgewalt, soll aber der Justiz durch Aufklärung der Taten und auch der Verantwortlichkeiten zuarbeiten, so dass sie sich potentiell in eine Art Hilfsstaatsanwaltschaft verwandeln könnte. Schon in den ersten Monaten ihrer Tätigkeit meldete die Kommission, die auch Regionalbüros in den ehemaligen Schwerpunktgebieten der politischen Gewalt eröffnet hat, das Auffinden zahlreicher Massengräber vor allem aus den 80er Jahren. Viele Angehörige der Opfer haben offenbar, zum ersten Mal seit vielen Jahren, Hoffnung, dass eine Zusammenarbeit mit den Behörden zur Aufklärung der Verbrechen nicht gegen sie zurückschlägt, und dass vielleicht Gerechtigkeit und ein Stück Wiedergutmachung erreichbar sein könnte.

Noch ist nicht abzusehen, wie die peruanische Justiz mit der strafrechtlichen Aufarbeitung von 20 Jahren Menschenrechtsverbrechen und politischem Terror zurechtkommen wird, und ob die neu geweckten Hoffnungen der Opfer bzw. ihrer Angehörigen nicht erneut enttäuscht werden. Wichtigen Aufschluss werden dabei die Prozesse um die Verbrechen des „Grupo Colina" geben, einer geheimdienstlichen Militäreinheit, die unter Fujimori einige der bekanntesten Menschenrechtsverbrechen beging, darunter die Morde von Barrios Altos und in der Universität „La Cantuta". Ihr Anführer, Major Santiago Martín Rivas, konnte dank der Protektion seiner Freunde in Lima leben und sogar seine Pension beziehen, ehe er im November 2002 doch gefasst und der Justiz überstellt wurde.

Noch immer offen war Ende 2002 auch die Situation von Ex-Präsident Fujimori, der noch als Präsident von einem Auslandsbesuch in Japan nicht mehr zurückkehrte, sich zum japanischen Staatsbürger erklären ließ und bislang die Protektion seines neuen Heimatlandes genießt. Die Ablehnung der peruanischen Auslieferungsbegehren durch die japanische Regierung zeigt deutlich, dass die universelle Bestrafung von Menschenrechtsverbrechen noch längst nicht überall als notwendig angesehen wird.

Ungelöst war schließlich zwei Jahre nach Ende der Ära Fujimori auch das Problem der Verfassung: Soll die dem Land von Fujimori 1993 aufgezwungene Verfassung nur reformiert werden? Soll die alte Verfassung von 1979 wieder in Kraft gesetzt werden? Oder soll sie durch eine völlig Neue ersetzt werden, und wenn ja, durch welches Organ? Der Übergang von der Fujimori/Montesinos-Diktatur zu einer die Menschenrechte achtenden Demokratie ist noch nicht abgeschlossen.

Kolumbien: Keine Besserung in Sicht

Während dennoch in Peru seit Ende 2000 ein dramatischer Wandel der Menschenrechtssituation zum Besseren eingesetzt hat, sind aus Kolumbien die gleichen schlimmen Nachrichten wie in den gesamten 90er Jahren zu melden. Die einzige Veränderung liegt darin, dass die Zahl der Menschenrechtsverletzungen Jahr für Jahr weiter zunimmt, und nach und nach auch die letzten Winkel des Landes und neuerdings auch die Hauptstadt Bogotá in die bewaffneten Konflikte hineingezogen werden. Keines der endemischen Probleme des Landes, die ihm seit vielen Jahren eine traurige Sonderstellung auf dem Kontinent verschaffen, konnte gelöst werden. Als Beispiel sei die Berufsgruppe der Journalisten genannt, die neben Gewerkschaftern und Menschenrechtsanwälten zu den besonders verfolgten Gruppen gehören. Nach Angaben der kolumbianischen Stiftung für Pressefreiheit (FLIP) wurden allein 2001 in Kolumbien neun Journalisten ermordet, ein weiterer im Ausland. Als Verantwortliche nennt die FLIP an erster Stelle Paramilitärs, dann Angehörige des Staatsapparats und die Guerilla.

Die jahrelangen Bemühungen um eine friedliche Konfliktlösung, die unter Präsident Pastrana 1998 mit großem Elan begannen, sind nach vielem Auf und

Ab kurz vor Ende seiner Regierungszeit endgültig gescheitert.[8] Während die *Fuerzas Armadas de Revolucionarias de Colombia* (FARC) ihre systematischen Verstöße gegen das humanitäre Völkerrecht wie „Besteuerung" genannte Entführungen und Angriffe gegen die Zivilbevölkerung unnachgiebig fortsetzte und die paramilitärischen Gruppen, allen voran die „Vereinigten Selbstverteidigungsgruppen Kolumbiens" (*Autodefensas Unidas de Colombia*, AUC) weiterhin ihren Antiguerillakampf vor allem durch selektive Morde oder Massaker an der Zivilbevölkerung vorantrieben, verhärtete sich, nicht zuletzt unter dem Druck einer gewandelten öffentlichen Meinung, auch die Position der Regierung. Eine spektakuläre Flugzeugentführung der FARC brachte schließlich am 20. Februar 2002 das Fass zum Überlaufen. Präsident Pastrana erklärte den Friedensprozess offiziell für beendet und beauftragte die Streitkräfte, die für den Friedensprozess geräumte „Entspannungszone" wieder militärisch zu besetzen und eine Großoffensive gegen die FARC zu beginnen.

Große Rückschritte in der Menschenrechtspolitik gab es im Bereich der Justiz. Unter der Amtsführung von Generalstaatsanwalt Alfonso Gómez Méndez hatte sich die in Kolumbien mächtige Staatsanwaltschaft – sie verfügt über ein Personal von mehr als 20.000 Mitarbeitern und hat sowohl Ermittlungs- und Anklage- wie auch polizeiliche Kompetenzen – einen guten Ruf als Institution erworben, die sich bemühte, etwas gegen die fast vollständige Straflosigkeit von Menschenrechtsverletzungen zu unternehmen und dabei auch bereit war, gegen Militärs, Paramilitärs und Guerilla vorzugehen. Insbesondere die Sondereinheit für Menschenrechte wagte einige „heiße" Ermittlungen gegen hohe Militärs und Paramilitärs, die schließlich zu Festnahmen und Prozessen führten. So viel Unabhängigkeit war Präsident Pastrana offenbar zu viel, denn am Ende von Gómez' Amtszeit machte er von seinem Vorschlagsrecht für die Nachfolge in der Weise Gebrauch, dass er dem für die Ernennung zuständigen *Consejo Superior de Justicia* (Obersten Rat der Justiz, einer der vier Obersten Gerichtshöfe Kolumbiens) drei Personen aus seinem nächsten Umfeld vorschlug, von denen keine annähernd das vom Generalstaatsanwalt zu erwartende Profil aufwies. Gegen zahlreiche Einwände auch aus höchstrichterlichen Kreisen wurde schließlich Luis Camilo Osorio zum neuen Generalstaatsanwalt ernannt.

Kaum im Amt, machte der neue Mann an der Spitze der mächtigen Behörde öffentlich Stimmung gegen die Menschenrechtsorganisationen und sorgte sofort für die Haftentlassung des Generals Rito Alejo del Rios, gegen den die Staatsanwaltschaft wegen des Verdachts der Bildung und Unterstützung paramilitärischer Verbände Haftbefehl erlassen hatte. Osorio desavouierte öffentlich die zuständigen Staatsanwälte und provozierte damit den Rücktritt seines Stellvertreters und des angesehenen Leiters der Sondereinheit für Menschenrechte. Mehrere Staatsanwälte der Sondereinheit mussten aus Furcht vor Repressalien ins Exil

---

[8] Für eine detailfreudige journalistische Chronik des gesamten Friedensprozesses siehe Téllez/Montes/Lesmes 2002.

gehen. Im November 2002 erschien der amerikanischen Menschenrechtsorganisation *Human Rights Watch* die Fehlentwicklung in der mächtigen Generalstaatsanwaltschaft derart gravierend, dass sie einen eigenen ausführlichen Bericht dazu vorlegte (Human Rights Watch 2002)[9]. „Kolumbiens Kampf zur Aufrechterhaltung des Rechtsstaates beginnt beim Generalstaatsanwalt" erklärte José Miguel Vivanco, der Leiter der Amerikaabteilung, „Kolumbien kann nicht glaubhaft versichern, dass es beim Schutz der Menschenrechte Fortschritte macht, wenn der Generalstaatsanwalt seine Arbeit nicht macht."

Zum Jahresende 2001 war bereits Victor Carranza, der einzige inhaftierte prominente Anführer der paramilitärischen Gruppen, aus der Haft entlassen worden, weil es seinen Verteidigern gelungen war, durch Verfahrenstricks die gesetzliche Höchstfrist bis zur Anklageerhebung verstreichen zu lassen.

Die hoffnungsvollen Ansätze der letzten Jahre zu einer rechtsstaatlichen Bewältigung staatlich und parastaatlich verantworteter Menschenrechtsverbrechen in Kolumbien scheinen vorläufig ein Ende gefunden zu haben. Dieser Ansicht war offenbar auch die UN-Sonderbeauftragte für Menschenrechtsverteidiger, Hila Jilani, die nach einer zehntägigen *fact-finding-mission* in Kolumbien bereits Ende Oktober 2001 in ungewöhnlicher Form öffentlich ihrer Befürchtung Ausdruck gab, der Kampf gegen die Straflosigkeit werde in Kolumbien nicht mehr mit dem nötigen Druck geführt und dabei die neue Leitung der Staatsanwaltschaft als „schwaches Glied in der Kette" bei der Verfolgung von Menschenrechtsverbrechen bezeichnete Äußerungen, die selbstverständlich einen Sturm der Entrüstung bei den Betroffenen und in der Regierung auslösten.

Die Sonderbeauftragte wies auch wieder einmal darauf hin, dass es in Kolumbien mehr darum gehe Gesetze anzuwenden als neue zu schaffen. Gleichwohl hat Präsident Pastrana zu Beginn seines letzten Amtsjahrs ein Gesetz über „Nationale Sicherheit und andere Angelegenheiten" verabschieden lassen, das nicht nur eine deutliche Kehrtwendung seiner Haltung gegenüber der Guerilla markierte, sondern weitere Rückschritte in der Menschenrechtspolitik brachte. So sah es u.a. weitgehende polizeiliche Befugnisse für die Streitkräfte vor. Die CIDH kritisierte das Gesetz, weil es die Unabhängigkeit der Rechtsprechung untergrabe, den Militärs Befehlsgewalt über die zivilen Staatsorgane gebe und das Prinzip der Gewaltenteilung verletze (CIDH 2001).

Mit der Wahl Álvaro Uribes zum Präsidenten Kolumbiens wurde die bereits von Pastrana am Ende seiner Regierung eingeleitete Wende zu einer Beschneidung grundrechtlicher Garantien und größerer Handlungsfreiheit für die Streitkräfte zur offiziellen Grundlage der Politik einer „demokratischen Sicherheit". Bereits vier Tage nach Amtsantritt, am 11. August 2002, verhängte der neue Präsident den „Zustand innerer Erschütterung" genannten Ausnahmezustand. Unter den zahlreichen Einzelmaßnahmen, die unter dem Ausnahmezustand be-

---

[9] Unter anderem wird dort von der Entlassung von neun mit Menschenrechtsangelegenheiten befassten Staatsanwälten und 15 weiteren berichtet, die sich zum Rücktritt gezwungen sahen.

schlossen wurden, sind einige, die zu erheblicher Sorge hinsichtlich der Achtung der Menschenrechte Anlass geben:

- In den neu geschaffenen sogenannten „Rehabilitations- und Konsolidationszonen" werden den Streitkräften umfassende Vollmachten zur Regelung auch des zivilen Lebens eingeräumt, die erhebliche Einschnitte in die Grundrechte bedeuten, ohne dass eindeutige Verfahren zur Kontrolle der Militärs erkennbar wären. Bereits nach kurzer Zeit kam es zu Berichten über massive Verhaftungen durch Militärs ohne richterlichen Haftbefehl in diesen Zonen. In der Hauptstadt Bogotá reagierten die Sicherheitskräfte auf ein Attentat der FARC am Tag des Amtsantritts von Präsident Uribe mit einer Welle von Hausdurchsuchungen, die bis hin zur Stürmung des Sitzes der international renommierten „Permanenten Versammlung der Zivilgesellschaft für den Frieden" reichten.

- In diesen Zonen übernehmen die Streitkräfte teilweise auch Funktionen der Justiz, was der ehemalige Verfassungsrichter und Leiter der Behörde des Ombudsmanns (*defensor del pueblo*), Eduardo Cifuentes, als „offen verfassungswidrig" (*El Tiempo*, 23.9.2002) und gefährlich bezeichnete. Gleichzeitig sollen in allen ländlichen Gebieten, zu denen gerade die „Rehabilitations- und Konsolidationszonen" zählen, die kommunale Ombudsleute (*personeros*) abgeschafft werden.

- Besonders gravierend ist der Versuch, in umfassender Weise die Zivilbevölkerung in den bewaffneten Konflikt einzubinden. Nach der erklärten Absicht des Präsidenten sollen eine Million Kolumbianer in sogenannten „lokalen Sicherheitsfronten" als Informanten der Sicherheitskräfte zur Verfügung stehen und gegebenenfalls für ihre Information auch belohnt werden. Die Zivilbevölkerung, ohnehin ständig dem Vorwurf ausgesetzt, für die Gegenseite zu arbeiten, wird damit noch weit stärker ins Visier der verschiedenen bewaffneten Gruppen kommen, zumal wenn die Regierung dabei noch spezifische gefährdete Berufsgruppen wie Taxi- oder LKW-Fahrer als besonders geeignete Informanten benennt (Ministerio de Defensa 2002). Ferner sollen Zehntausende von „Bauernsoldaten" zur Unterstützung der regulären Streitkräfte gebildet werden. Berichten von Menschenrechtsorganisationen zufolge sollen bei der Bildung dieser Einheiten die alten verhassten Praktiken der *batida*, also des Zusammentreibens jugendlicher Einwohner auf Straßen und Plätzen zum Zweck ihrer Erfassung und Einberufung wieder zum Einsatz gekommen sein (Comisión Intereclesial de Justicia y Paz 2002). Auch die bislang strikt auf ihre unmittelbaren Schutzaufgaben beschränkten zahlreichen Wach- und Schließgesellschaften sollen zur Zusammenarbeit mit Militär und Polizei verpflichtet werden. Vor dem Hintergrund des endemischen Paramilitarismus und angesichts der Erfahrungen mit dem Vorgängermodell dieser Art Bürgerwehren, den sogenannten *Convivir*, ist zu erwarten, dass diese Politik zu mehr Gewalt in der Zivilbevölkerung führt und allen Versuchen von Konfliktreduktion auf lokaler Ebene entgegenwirkt. Nicht zuletzt ist zu befürchten, dass diese Bürgerwehren, wie schon die *Convivir*, zu einem Auffangbecken für Paramilitärs werden, die hier eine legale Fassade für ihre Aktionen finden können.

Die Einbeziehung der Zivilbevölkerung in die militärische Auseinandersetzung entspricht zwar verbreiteten Doktrinen des *low intensity warfare*, steht aber in fundamentalem Gegensatz zu den Prinzipien der Genfer Konventionen und ihres 2. Protokolls. Bereits im April 2002 hatte daher die UN-Hochkommissarin für Menschenrechte vor den bereits damals vorgelegten Plänen Uribes gewarnt, als sie in Genf der UN-Menschenrechtskommission den Bericht ihres Büros in Kolumbien vorlegte.

Während sich die Politik der Einbindung der Zivilbevölkerung in den bewaffneten Konflikt rasch als ein Eckpfeiler der Strategie der Regierung herauskristallisierte, waren andere, menschenrechtlich ebenfalls sehr fragwürdige Entwicklungen am Ende der ersten 100 Tage, zum Zeitpunkt der Abfassung dieses Berichts, noch nicht in gleicher Deutlichkeit formuliert.

In einem Schreiben an die Menschenrechtsorganisationen garantierte Präsident Uribe am 16. Oktober 2002 den Schutz ihrer Arbeit, deren Wert er ausdrücklich anerkannte. In der Praxis ging die Verfolgung von Menschenrechtsaktivisten jedoch weiter. Insbesondere die gewaltsame Durchsuchung des Gebäudes der „Ständigen Versammlung der Zivilbevölkerung für den Frieden" Ende Oktober 2002 durch Einheiten von Polizei und Militär war ein Alarmsignal. Wenige Tage zuvor hatte die „Ständige Versammlung" öffentlich die Einschränkung des Demonstrationsrechts durch die Regierung kritisiert.

Am Ende der ersten 100 Tage deutete sich auch an, dass es zu einem ernsthaften Verfassungskonflikt kommen könnte, als der Verfassungsgerichtshof den größten Teil der Maßnahmen des Ausnahmezustands für verfassungswidrig erklärte. Ursprünglich hatte Uribe ohnehin dem Verfassungsgericht die Kompetenz abgestritten, über die Verhängung des Ausnahmezustands ein Urteil abzugeben, diese unhaltbare Meinung dann aber wieder zurückgezogen. Andererseits steht in seinem Kabinett mit Justiz- und Innenminister Fernando Londoño ein Mann bereit, der über die Jahre immer wieder durch undemokratische Meinungsäußerungen von sich reden machte und noch im September 2001 einen Aufsatz veröffentlichte, in dem er die gültige Verfassung als guerillafreundliches „Harlekinskostüm" bezeichnete, das man in Tausend Fetzen reißen müsse, um Kolumbien zu retten, sowie Breitseiten gegen die „linken Verfassungsrichter" abfeuerte (Londoño Hoyos 2001).

Rechtsstaatliche Bedenken hatten die Regierung Pastrana, neben dem Veto der FARC, daran gehindert, Verhandlungen mit den paramilitärischen Gruppen zu führen. Da sie mit großer Grausamkeit und unter Missachtung aller menschen- und kriegsrechtlichen Normen gegen die Zivilbevölkerung vorgehen, sich aber selbst als verlängerter illegaler Arm des Staates begreifen und häufig gemeinsame Sache mit den offiziellen Streitkräften machen, können sie nicht als aufständische Gruppierung betrachtet werden. Die Regierungen Samper und Pastrana, unter denen sie einen großen Aufschwung nahmen, weigerten sich daher zu Recht, ihnen den Status einer oppositionellen politisch-militärischen Organisation zu geben, der nach kolumbianischem Recht die Voraussetzung für Verhandlungen mit der Regierung bildet. Unter der Regierung Uribe deutete sich Ende 2002 in dieser Hinsicht eine Kehrtwende an. „Die Gesetze und Theorien werden von den Tatsachen und dem Leben hinweggeschwemmt," erklärte der Friedenskommissar der Regierung, Javier Darío Restrepo, weshalb „das Gesetz über öffentliche Ordnung geändert und die Selbstverteidigungsgruppen der Guerilla gleichgestellt werden müssen" (Restrepo 2002). Konsequent nennt er daher die Paramilitärs eine „subversive Gruppe". Die „Selbstverteidigungsgruppen" selbst bekräftigten zur gleichen Zeit hingegen ihre Rolle als „Ersatzstaat", erklärten einen Waffenstillstand und nannten die Voraussetzungen für ein „Friedensabkommen" mit der Regierung, zu denen die vollständige Straflosigkeit für ihre sämtlichen Verbrechen gehört (AUC 2002). Gleichwohl stellte Friedenskommissar Restrepo bereits die Eingliederung Tausender dieser wegen ihrer schrankenlosen Grausamkeit gefürchteten Kämpfer in die staatlichen Streitkräfte als willkommene Aufstockung in Aussicht.

Sollte es dazu kommen, wird es kaum möglich sein, der Guerilla ihrerseits Straflosigkeit für ihre zahlreichen, durch keinen politischen Status und kein Kriegsrecht, geschweige denn Menschenrecht, gedecktes Vorgehen zu verweigern. Tausende von Entführungen mit oft grausamen Bedingungen für die Opfer blieben ebenfalls ungesühnt. Die internationale Gemeinschaft wäre gut beraten, sich nicht auf diese Perspektive eines Friedensprozesses auf der Basis umfassender Straflosigkeit auch für schwerste Verbrechen gegen die Menschlichkeit einzulassen.

Ekuador: Menschenrechtverletzungen und soziale Konflikte

Ekuador ist als kleines Nachbarland unmittelbar vom kolumbianischen Konflikt betroffen. Der Zustrom von Flüchtlingen, aber auch von Mitgliedern illegaler bewaffneter Gruppen aus den besonders umkämpften südkolumbianischen Provinzen in den Norden Ekuadors nahm in den letzten Jahren erheblich zu[10], was zu einer weiteren Verschlechterung der ohnehin prekären Menschenrechtssituation geführt hat. Die Sonderberichterstatterin der Vereinten Nationen für die Menschenrechte von Migranten stellte bei ihrem Besuch in Ekuador u.a. eine dramatische Zunahme von Menschenschmuggel im Zusammenhang mit der ebenfalls massiven Emigration aus Ekuador fest (E/CN.4/2002/94/Add.1.).

---

[10] Das Büro des UNHCR zählte in den Jahren 2001 bis September 2002 fast 6000 kolumbianische Asylbewerber in Ekuador, mit stark steigender Tendenz. Dazu kommen noch zahlreiche nicht offiziell erfasste „Migranten".

In Ekuador, traditionell dem friedlichsten Land der Region, wurde die Dynamik der politischen Ereignisse, und mit ihr auch die Entwicklung der Menschenrechtslage, entscheidend von der *indígena*-Bewegung bestimmt. Deren massive Streiks und Blockaden, beginnend mit dem großen „Aufstand" von 1990, waren mehrmals mitauslösender Faktor bei schweren Regierungskrisen, die u.a. zur Amtsenthebung von Präsident Bucaram im Februar 1997 führten (ausführlich zum Ende Bucarams: Minkner-Bünjer 1998). Die dramatischste Krise war die vom Januar 2000, als Präsident Mahuad zurücktreten musste und kurzfristig von einer Junta aus Militärs und *indígena*-Vertretern abgelöst wurde, ehe sein Stellvertreter Gustavo Noboa unter dem Druck des Oberkommandos der Streitkräfte und der USA zum neuen Präsidenten gewählt wurde. Die Regierung Mahuad hatte auf die zunehmenden Proteste nicht nur der *indígenas* gegen die liberale Wirtschaftspolitik mit immer härteren Maßnahmen reagiert. Anfang 1999 verhängte sie den Ausnahmezustand, der wesentliche Bürgerrechte aufhob. Schon vorher waren Gewerkschaftsführer und andere Vertreter der Protestbewegung nicht nur politisch verfolgt worden. Im November 1998 „verschwand" der Gewerkschaftsführer Saul Cañar Pauta im klassischen Stil von Militärdiktaturen am hellichten Tag und wurde schließlich von seinen Entführern umgebracht. Ungeklärt ist bis heute auch die Ermordung zweier linker Abgeordneter, Jaime Hurtado González und Pablo Vincente Tapia, im Februar 1999.

Immer wieder, wenngleich folgenlos, haben Menschenrechtsorganisationen sich auch alarmiert gezeigt über die straflos gebliebenen Aktivitäten von Todesschwadronen mit Namen wie *Vengadores del Pueblo* (Rächer des Volkes) oder *Legión Blanca*, vor allem in der Wirtschaftsmetropole Guayaquil. Allein dort sind in den ersten neun Monaten des Jahres 2001 26 Leichen an der großen Umgehungsstraße gefunden worden, die als Abladeplatz für diese Opfer parapolizeilicher Selbstjustiz missbraucht wird (APDH 2001). Auch im Jahr 2002 kam es wiederholt zu Berichten und Eilaktionen von *Amnesty International* über – straflos gebliebene – Aktionen von Todesschwadronen in Polizeiuniform. Auch die Menschenrechtsorganisationen standen unter dem Druck irregulärer Gruppen und wurden mehrfach Opfer von ungeklärten Übergriffen. Im August 2002 wurde der Sitz der *Fundación Regional de Asesoría en Derechos Humanos* (INREDH) in Quito von unbekannten Kräften gestürmt und durchsucht. Zugleich disqualifizierte Präsident Noboa mehrmals öffentlich die Menschenrechts-NRO. Roberto Garretón, der Beauftragte des UN-Generalsekretärs für Lateinamerika, sprach öffentlich davon, dass „die Menschenrechtsverteidiger in Ecuador in Gefahr sind."[11]

Während die ekuadorianische Regierung unter Gustavo Noboa mit der Einführung des Dollars als Landeswährung und dem Setzen auf große Entwicklungsvorhaben im Öl- und Agrarsektor sich ganz auf die orthodoxe Wirtschafts-

---

[11] Pressekonferenz von Roberto Garretón in Quito, 30. August 2002, Mitschrift der *Asamblea Permanente de Derechos Humanos* (APDH) von Ekuador.

politik des Internationalen Währungsfonds (IWF) einließ, wurden die sozialen Organisationen im Land zu Vorreitern in der Verteidigung der wirtschaftlichen, sozialen und kulturellen Menschenrechte auf dem ganzen Kontinent. Die Allianz von indigenen und Bauernorganisationen, Gewerkschaften und Menschenrechtsorganisationen machte die Zustände in den durch die neoliberale Wirtschaftspolitik forcierten Exportsektoren erfolgreich auch zu einem internationalen Thema. Kinderarbeit, Pestizidvergiftung, Verfolgung von Gewerkschaftern[12] und andere Missstände auf den Bananenplantagen, die Zerstörung durch den forcierten Ölpalmenanbau und die verheerenden Folgen der Erdölwirtschaft für das Ökosystem und die ansässige Bevölkerung wurden zum Gegenstand großer Protestbewegungen. Im November 2002 stand das Land dann vor der Wahl zwischen dem reichsten Mann Ekuadors, Álvaro Noboa, der u.a. den Bananenexport kontrolliert, und dem ehemaligen Oberst Lucio Gutiérrez, der bei dem Aufstand der *indígenas* gegen Präsident Mahuad im Januar 2002 bereits einmal für drei Stunden zum Präsidenten ausgerufen worden war. Ob der neugewählte Präsident Lucio Gutiérrez Wege zum Schutz der wirtschaftlichen, sozialen und kulturellen, aber auch der bürgerlich-politischen Menschenrechte finden wird, war Ende des Jahres 2002 noch nicht abzusehen.

2. Regionale und internationale Schutzinstrumente und Steuerungsversuche

Alle fünf Andenländer sind stark in das internationale und regionale System des Menschenrechtsschutzes integriert. So unterzeichneten sie, wie fast alle lateinamerikanischen Länder, vergleichsweise rasch, nämlich bereits im Jahr 1998 das Statut für den internationalen Strafgerichtshof: Bolivien im Juli, Ekuador und Venezuela im Oktober, Kolumbien und Peru im Dezember. Venezuela (Juni 2000) und Peru (November 2001) hatten den Vertrag von Rom auch bereits ratifiziert, in den andern Ländern ist der entsprechende Gesetzgebungsprozess im Gang. Auch den bestehenden Überwachungsorganen der UN, wie dem Besuch von Repräsentanten des Generalsekretärs oder Sonderberichterstattern der Menschenrechtskommission stehen die fünf Staaten offen gegenüber. Sie beteiligen sich auch an den in den verschiedenen Konventionen vorgesehenen Staatenberichten. Kolumbien hat sogar ein eigenes, mit einem breiten Mandat versehenes Büro der Hochkommissarin für Menschenrechte, eine eigene Vertretung des UNHCR, die sich vor allem dem Problem der rund zwei Millionen internen Flüchtlinge (allein 800.000 von 1998-2000 nach Angaben dieses UNHCR-Büros), sowie einen Sonderbeauftragten des Generalsekretärs für den Friedensprozess.

---

[12] *Human Rights Watch* berichtete im Mai 2002 von der Ermordung von mindestens zehn streikenden Arbeitern auf einer der Plantagen der Familie des Präsidentschaftskandidaten Álvaro Noboa. Schon vorher hatte die Organisation einen ausführlichen Bericht zur Lage in den Bananenplantagen vorgelegt (http://hrw.org/reports/2002/ecuador/).

Von weit größerer Bedeutung als das UN-System sind in der Region allerdings die Institutionen und Mechanismen des interamerikanischen Menschenrechtssystems. Wie die meisten Staaten des Kontinents haben auch die Andenstaaten in der Regel die Konventionen des vorbildlich ausgestatteten amerikanischen Menschenrechtssystems unterzeichnet, zuletzt zum Beispiel das Interamerikanische Abkommen gegen das gewaltsame Verschwindenlassen. Mit der Interamerikanischen Menschenrechtskommission (CIDH) in Washington und dem Interamerikanischen Menschenrechtsgerichtshof in San José verfügt Amerika zudem über relativ wirksame Kontrollinstrumente. Die CIDH unternimmt immer wieder offizielle Missionen in die einzelnen Staaten, denen dann detaillierte Berichte folgen, die ausführlich und ungeschminkt die Menschenrechtssituation in den betreffenden Ländern analysieren. Gerade zu Peru und Kolumbien veröffentlichte die Kommission in den vergangenen Jahren äußerst kritische Berichte, wobei die beiden Staaten recht unterschiedlich reagierten. Während Peru einen heftigen Konfliktkurs mit den interamerikanischen Menschenrechtsorganen einschlug, behält Kolumbien unbeirrbar seine formal korrekte und demonstrativ kooperative Haltung bei, wie sie auch im jüngsten Bericht der CIDH von Ende 2001 wieder bestätigt wurde, obgleich abzusehen ist, dass auch der für 2002 angekündigte Bericht der Kommission wieder ein düsteres Bild wird zeichnen müssen.

Die Nichtregierungsorganisationen nutzen ausgiebig die Chance, dass die CIDH nach ihrem Statut auch Beschwerden von „Personengruppen", also auch direkt von Menschenrechtsorganisationen annimmt. Zahlreiche Fälle aus den Andenländern, allen voran Peru und Kolumbien, die vor nationalen Gerichten keine oder keine befriedigende Lösung fanden, wurden der CIDH vorgetragen, die dann häufig Entscheidungen traf, die den betreffenden Regierung unangenehme Auflagen machten. Auch von einem weiteren Instrument der Kommission, der Verpflichtung der Regierungen zum besonderen Schutz bestimmter verfolgter Personen[13], machte die Kommission auf Antrag der Betroffenen zunehmend Gebrauch, besonders im Fall von Kolumbien. Zunehmend kam es schließlich auch zu gütlichen Einigungen vor der Kommission, ein Weg, den besonders Ekuador häufig beschritten hat. Die Regierung Perus hat nach dem Ende der Ära Fujimori eine Art Gipfelkonferenz mit der Kommission abgehalten, in der im Rahmen einer umfassenden Vereinbarung ein Schlussstrich unter die Spannungen der Vorgängerregierung mit der Kommission gezogen und eine enge Kooperation vereinbart wurde. Auf diese Weise konnte auch eine Reihe von anhängigen Fällen beendet werden.

Ein Novum war Ende 2001 die von der ekuadorianischen Menschenrechtsorganisation *Asamblea Permanente de Derechos Humanos* (APDH) vorgetragene Beschwerde gegen ausländische Regierungen, nämlich gegen Kolumbien und die USA, wegen ihrer Politik im Rahmen des *Plan Colombia*. Der Plan habe, so

---

[13] Sogenannten *medidas cautelares*, die im Prinzip gegen alle einer Person drohenden unwiderruflichen Schädigungen beschlossen werden können.

die Klage, gravierende negative Auswirkungen auf die Menschenrechte der ekuadorianischen Bevölkerung vor allem in der Grenzregion zu Kolumbien. Auch Regierungen machen gelegentlich Gebrauch von den Möglichkeiten der Kommission. So lud z.b. der bolivianische Präsident Sánchez de Lozada die Kommission ein, eine Delegation zur Untersuchung des „Weihnachtsmassakers" von 1996 ins Land zu schicken. Der umfangreiche Bericht der Kommission fiel so differenziert aus, dass ihn die Regierung als entlastend interpretieren konnte, obgleich er im Detail herbe Kritik am Vorgehen der Behörden, vor allem auch nach den Ereignissen, formuliert[14].

Der Interamerikanische Menschenrechtsgerichtshof, der seit seiner Reform Ende 2000 nun ganzjährig zusammentreten kann, hat vor allem Peru gegenüber eine Reihe von klaren Entscheidungen für die Menschenrechte getroffen, unter denen das Urteil im Fall „Barrios Altos" wegen seiner weitreichenden Bedeutung in der grundsätzlichen Frage der Straflosigkeit von Menschenrechtsverbrechen herausragt. Auf einer bereits seit langem konsolidierten, an Fällen aus Chile, Argentinien und Uruguay entwickelten Rechtsmeinung aufbauend, erklärte der Gerichtshof auch die peruanische Amnestie für Menschenrechtsverletzer von 1995 für unvereinbar mit der Amerikanischen Menschenrechtskonvention. Dabei ging er über frühere Urteile noch einen entscheidenden Schritt hinaus, in dem er hinzufügte, dass die entsprechenden Amnestiegesetze „rechtsunwirksam" seien.[15] Um klarzustellen, dass es sich bei diesem Teil des Urteil zu „Barrios Altos" um keine Einzelfallentscheidung, sondern um eine grundsätzliche Entscheidung mit Folgewirkung für alle vergleichbaren Fälle handelte, gab der Gerichtshof Monate später noch eine förmliche Stellungnahme in diesem Sinn ab. Die Auswirkungen dieses Urteils, das neue Maßstäbe im Kampf gegen die Straflosigkeit setzt, werden über die Region hinaus beträchtlich sein, da hier erstmals von höchster Instanz Amnestien nicht nur für rechtswidrig, sondern für rechtsunwirksam erklärt werden, was ihren Widerruf ohne Rücksicht auf das Prinzip des Rechtsgüterschutzes möglich bzw. erforderlich macht.

Der Konflikt mit der Regierung Fujimori, die 1999 beschloss, sich den Urteilen des Gerichtshofs nicht mehr zu unterwerfen, stürzte den Gerichtshof und mit ihm das ganze interamerikanische Menschenrechtsschutzsystem in eine Krise. Die teils recht lauen Reaktionen anderer Regierungen auf diese Provokation ließen erkennen, dass nicht allen eine derartige Demonstration staatlichen Souveränitätsgebarens, wie es ja auch in der zitierten Erklärung des Obersten Ge-

---

[14] Inter-American Commission on Human Rights: „Report on the Situation of Human Rights in Amayapampa, Llallagua and Capasirca, Northern Potosi, Bolivia December 1996" (http://www.cidh.org/countryrep/bolivia-eng/Index-%20Bolivia.htm, konsultiert am 23.4.03)

[15] Wörtlich lautet der Satz dieses historischen Urteils: „Por tanto, La Corte decide por unanimidad, [...] 4. Declarar que las leyes de amnistía N° 26479 y N° 26492 son incompatibles con la Convención Americana sobre Derechos Humanos y, en consecuencia, carecen de efectos jurídicos." (Caso Barrios Altos (Chumbipuma Aguirre y otros vs. Perú), Sentencia del 14 de marzo del 2001).

richtshofs von Venezuela zum Ausdruck kommt, ungelegen kam. Letztlich ging der Gerichtshof jedoch gestärkt aus dieser Krise hervor, da er dem Druck widerstand und auf seiner Kompetenz beharrte, die dann durch das rückhaltlose Einschwenken der neuen Regierung Perus auf seine Linie voll bestätigt wurde. Insgesamt wird man so die Wirkung der interamerikanischen Menschenrechtsinstitutionen auf die Lage der Menschenrechte in den Andenstaaten zwar nicht überschätzen dürfen, aber doch positiv beurteilen können.

Weit ambivalenter war der Beitrag anderer Instanzen der OAS zum Schutz von Menschenrechten und Demokratie in der Region. Vor und während den Skandalwahlen in Peru im April/Mai 2000 hatte die OAS eine Beobachtermission nach Peru geschickt, die sehr aktiv die Wahlen begleitete und nach dem ersten Wahlgang einen äußerst kritischen Bericht vorlegte. Gleichwohl war die OAS nicht bereit, gemäß OAS-Resolution 1080 eine „irreguläre Störung der demokratischen politischen Institutionen" festzustellen und entsprechende Sanktionen gegen Fujimori zu verhängen sondern begnügte sich mit allgemeinen Mahnungen, die Fujimori zu Recht als stillschweigende Duldung seines Verfassungsbruchs und Wahlbetrugs werten durfte (Steinhauf 2000). Da sich die OAS schon 1992 beim *autogolpe* ähnlich zurück gehalten hatte, musste Fujimori wohl mit keiner stärkeren Reaktion rechnen. Zu den Staaten, die sich gegen eine Verurteilung Fujimoris oder gar eine Intervention wehrten, gehörte auch Venezuela, dessen Präsident ebenfalls vor Wahlen stand, deren Transparenz von einigen Kräften in Frage gestellt wurde, und dem daher ein größerer Einfluss der OAS unliebsam war.

Auch beim Sturz Fujimoris wenige Monate nach Antritt seiner dritten Amtsperiode fand die demokratische Opposition Perus wenig Unterstützung durch die OAS. Zwar organisierte die OAS nach den manipulierten Wahlen einen kritischen Dialog mit Regierung und Opposition, der jedoch in erster Linie das Ziel der Erhaltung der Stabilität im Auge hatte. Die demokratische Opposition verließ die Gespräche schließlich vorübergehend aus Protest. Nachdem Geheimdienstchef und „Berater" Montesinos im September 2000 überraschend ins Ausland geflohen war, bemühte sich die OAS, unter der Federführung keines Geringeren als ihres Generalsekretärs César Gaviria, ihm in Panama einen sicheren Hafen zu verschaffen. Gemeinsam mit der US-Regierung und dem noch amtierenden Fujimori übte die OAS sogar Druck auf Panama aus, dem geflohenen Montesinos, über dessen Verbrechensregister keiner der Beteiligten noch Zweifel haben konnte, politisches Asyl zu gewähren – eine Perversion dieses Menschenrechts, der Panamas Ministerpräsidentin Moscoso bemerkenswerter Weise nicht zustimmte. Auch die CIDH zeigte sich emanzipiert von ihrer Dachorganisation OAS und erhob sofort öffentlich Protest gegen den geplanten Missbrauch des Asylrechts. Das politische Interesse vor allem der USA, einen trotz Kenntnis seiner kriminellen Handlungen und schweren Menschenrechtsverletzungen über lange Jahre unterstützten Montesinos diskret aus dem Verkehr zu ziehen, überwog in diesem Skandal eindeutig die Wahrung menschenrechtlicher Grundsätze und insbesondere des von den Menschenrechtsinstitutionen der OAS hochgehaltenen Prinzips, dass Menschenrechtsverbrechen keine Straffreiheit finden dürften.

Der „Asylant" kehrte schließlich, als erkennbar wurde, dass ihm Panama keinen gesicherten Aufenthalt bieten würde, wieder nach Peru zurück und tauchte unter. Bald sollte sich zeigen, dass die USA nicht die einzige Macht waren, die ein Interesse daran hatten, dass Montesinos unbehelligt blieb. Nachdem die Pläne Alberto Fujimoris, noch bis mindestens Mitte 2001 im Amt zu bleiben, schon Ende November 2000 platzten, war die Festnahme von Vladimiro Montesinos für die neue Regierung unter Valentín Paniagua eine Frage des Überlebens. Bald schon häuften sich die Indizien, dass der Gesuchte sich im Nachbarland Venezuela aufhielt und dort den Schutz hoher Militärs genoss. Die Bemühungen der peruanischen Regierung, Montesinos verhaften zu lassen, liefen jedoch über Monate ins Leere. Im Juni 2001 entschloss sie sich dann zu einer spektakulären Aktion am Rande der Legalität, bei der Innenminister Ketin Vidal schließlich mit dem Gesuchten im Flugzeug nach Lima zurückkehrte. Eine diplomatische Krise zwischen Peru und Venezuela war die unausweichliche Folge, in deren Verlauf aber immerhin die Querverbindungen zwischen venezolanischen Militärs und dem Fujimori-Regime verständlich wurden, deren Ideologien wenig gemein hatten. Nach dem gescheiterten Putsch von Chávez 1992 gegen Präsident Carlos Andrés Pérez hatte Fujimori, der selbst sein Geschick im gleichen Jahr durch seinen „Selbstputsch" endgültig an die Militärs band, mindestens 80 der gescheiterten Putschisten diskret Unterschlupf in Peru geboten, eine Aktion, die selbstverständlich in ihrem operativen Teil von Montesinos kontrolliert und genutzt worden war.

Montesinos sitzt seitdem in dem einst von ihm selbst als Gefängnis – für Abimael Guzmán – hergerichteten Marinestützpunkt von Callao in Untersuchungshaft. Dutzende von Strafverfahren sind gegen ihn anhängig, und täglich kommen neue Beschuldigungen hinzu, die die Verzweigungen seines durch den peruanischen Staat abgesicherten mafiösen Finanzimperiums über die gesamte Region und weit darüber hinaus allmählich deutlich werden lassen.

Montesinos, der seit 1990 die eigentliche Macht in Peru ausübte, war lange Jahre nicht einmal bereit gewesen, in der Öffentlichkeit aufzutreten und nahm bis zuletzt kein Staatsamt an, er war die Verkörperung in Person des Grundprinzips der informellen Machtausübung in der Fujimori-Ära. Fujimori selbst freilich war Präsident und hat als solcher nicht nur für seine Beteiligung an den kriminellen Geschäften der Montesinos-Mafia, sondern auch für die Menschenrechtsverbrechen des Staates in erster Linie die Verantwortung zu tragen. Dem hat er sich durch seine Flucht nach Japan und in die japanische Staatsbürgerschaft – die die Illegitimität seiner Herrschaft um eine kuriose Facette bereichert – entzogen. Von Japan aus hat er nicht nur seine Unschuld gegenüber allen Vorwürfen beteuert, sondern auch seine Absicht, sich auf keinen Fall der peruanischen Justiz zu stellen. Solange sich die Vorwürfe aus Peru auf den Bereich der Korruption, des Amtsmissbrauchs oder anderer krimineller Delikte beschränkten, hatte die Weigerung Japans, Fujimori auszuliefern, eine juristische Grundlage. Im September 2001 erhob jedoch ein Gericht in Lima Anklage gegen Fujimori wegen Verbrechen, die unter die Kategorie der Verbrechen gegen die Menschlichkeit fallen. Wenn die japanische Regierung weiterhin ihre schützende Hand über Fujimori hält, wirft das nun nicht mehr nur ein trübes Licht auf die immer merkwürdig gewesenen Beziehungen zwischen japanischen Politikern bzw. Geschäftsleuten und Fujimori, sondern stellt auch einen Verstoß gegen das Völkerrecht dar, der bisher in der „internationalen Gemeinschaft" auf erstaunlich wenig Kritik gestoßen ist.

Die Haltung der USA, die auch erheblichen Einfluss auf die der OAS ausübte, war gegenüber dem Fujimori-Regime von Anfang an zwiespältig. Während das State Department jedes Jahr seine kritischen Berichte zur Menschenrechtssituation veröffentlichte und die Botschafter immer wieder mahnende Zeigefinger erhoben, blieb die Unterstützung der Clinton-Administration für das Regime ungebrochen. Die öffentliche Meinung in Peru registrierte diese janusköpfige Politik ebenfalls. Charakteristisch dafür ist der während der Demonstrationen gegen Fujimori im Jahr 2000 häufig skandierte, zwischen Hoffnung und Empörung changierende Ruf ¡Clinton, escucha, únete a la lucha! (Hör zu, Clinton, schließ dich dem Kampf an!). Die trotz wiederholter öffentlicher Kritik immer wieder bewiesene Duldsamkeit nicht nur angesichts der autoritären Vergewaltigung der politischen Demokratie und der Menschenrechtsverletzungen durch die Regierung Fujimori, sondern auch gegenüber der bereits seit den frühen 90er Jahren offensichtlichen umfangreichen Verstrickung von Montesinos in das Drogengeschäft wird erst im Zusammenhang der regionalen US-Interessen erklärbar, zu denen die inzwischen auch nicht mehr bestrittene Rolle von Montesinos als langjährigem Informanten der CIA gehört.

Im Rückblick erscheint es plausibel, dass der Anfang vom Ende des Regimes Fujimori/Montesinos in einem Vorfall zu finden ist, der zunächst ein politisches Meisterstück schien, ehe sich herausstellte, dass beide den Bogen ihres politischen Zynismus diesmal überspannt hatten: Im August 2000 erklärten Fujimori und Montesinos in einer spektakulären Pressekonferenz, dass es dem peruanischen Geheimdienst gelungen sei, eine größere Waffenlieferung an die kolumbianischen FARC abzufangen. Zuvor schon hatte Fujimori durch Säbelrasseln an der kolumbianischen Grenze sich als besonders zuverlässiger Partner der USA im Kampf gegen die kolumbianische „Drogenguerilla" im Rahmen des *Plan Colombia* angedient. Wie sich allerdings bald herausstellte, war der Waffendeal in Wirklichkeit von Montesinos kontrolliert worden, der auch an diesem Geschäft wie an so vielen anderen Waffenkäufen und -verkäufen der peruanischen Streitkräfte hohe Provisionen einstrich. Zwar wiesen sachkundige Analysten mit überzeugenden Argumenten nach, dass dieses Geschäft, nicht ohne Wissen der US-Dienste vor sich gehen konnte, doch die Pressekonferenz ging offenbar selbst Teilen der US-Administration zu weit. Jedenfalls brachten US-Quellen schließlich die Hinweise auf die Rolle von Montesinos in Umlauf (Castro Caycedo 2001).[16]

3. Menschenrechte im Schatten des *Plan Colombia*

In Kolumbien, dem Epizentrum des US-amerikanischen Interesses in der Region, war eine ähnliche Zweigleisigkeit der amerikanischen Politik zu beobachten. Unter Präsident Samper (1994-98), den nicht nur die US-Regierung des Gebrauchs von Geldern der Rauschgiftmafia für seinen Wahlkampf bezichtigte, konzentrierte sich die US-Politik ganz auf die Bekämpfung der Rauschgiftkartelle, die Anfang der 90er Jahre das Land ins Chaos gestürzt hatten. Im ständigen Clinch zwischen der US-Botschaft und Samper, den die USA zur *persona non grata* erklärt hatten, war die Kritik der permanenten massiven Menschenrechtsverletzungen ein zusätzliches Angriffsfeld gegen die ungeliebte Regierung. Die Menschenrechtsorganisationen fanden sowohl in der Botschaft in Bogotá wie in Washington ein offenes Ohr für ihre Anliegen, und die US-Regierung übte nicht nur in ihren jährlichen Menschenrechtsberichten heftige Kritik sondern band zeitweilig auch die Wirtschafts- und Militärhilfe an menschenrechtliche Bedingungen. Mit dem Prozess der jährlichen „Zertifizierung" der Auslandshilfe für Problemländer wie Kolumbien hatte die US-Regierung ein weiteres scharfes Instrument zur Hand, um Einfluss auf die Politik in Kolumbien zu nehmen. Mehrfach waren unter den Bedingungen für die Freigabe der Gelder auch solche, die sich auf die Menschenrechtspolitik bezogen. Sehr zum Ärger der Streitkräfte bezog die US-Regierung dabei jahrelang auch die Beziehungen zwischen Armee und Paramilitärs ein. Als auch noch die Namen mehrerer hoher Generäle in den US-Berichten von Menschenrechtsverletzungen auftauchten, wurde das Verhältnis zwischen den kolumbianischen Streitkräften und der US-Regierung – nicht ohne weiteres der US-Armee – zeitweise äußerst gespannt. Die Gelder für den Kampf gegen die Drogenmafia und den Koka- und Mohnanbau gingen fast ausschließlich an die als korrekt eingestufte Nationalpolizei, deren Direktor Serrano in Washington stets auf offene Türen stieß und fast zu einer Art Ersatzbotschafter angesichts der gestörten offiziellen Beziehungen wurde.

Mit dem Amtsantritt von Andrés Pastrana, der beste Beziehungen in den USA unterhielt, begannen sich die Dinge allmählich zu ändern. Zwar behielt die Clinton-Administration zunächst noch ihre unter Samper konsequent eingehaltene Sprachregelung bei, wonach der Kampf gegen den Drogenanbau und -handel von Bekämpfung der Guerilla konzeptionell zu unterscheiden und operativ zu trennen sei. Der 1999 von der Regierung Pastrana in enger Zusammenarbeit mit der US-Administration ausgearbeitete und dann in mehreren Fassungen der Öffentlichkeit vorgestellte *Plan Colombia* verfolgte mehrere Ziele gleichzeitig.

---

[16] Nach Castro war es das FBI, das die Informationen über das Waffengeschäft entgegen den Interessen der CIA in Umlauf brachte.

Zum einen sollte er den Umfang der Auslandshilfe erhöhen und konsolidieren durch die gemeinsame Verpflichtung der verschiedenen Geber, allen voran der USA, auf einen gemeinsamen, auf mehrere Jahre angelegten Entwicklungsplan. Zugleich sollte dieser Plan die wirtschaftliche Basis für den von Pastrana mit großen Erwartungen angegangen Friedensplan für Kolumbien bringen, wozu der Plan Maßnahmen im Bereich der Entwicklung, Infrastrukturförderung und Institutionsreform einschließlich der Menschenrechtsförderung, vor allem aber eine massive Aufrüstung der Armee vorsah. Diese Aufrüstung der Armee stellte der Plan allerdings zunächst, in Fortführung der Linie aus der Regierung Samper, als Mittel zur Drogenbekämpfung ein, was insofern doch eine Kehrtwende bedeutete, als damit die Armee wieder an vorderste Stelle in diesem Bereich gestellt wurde.

Kritiker des Plans, und dies waren nicht nur Menschenrechts- und Friedensorganisationen, sondern auch die meisten europäischen Regierungen, warnten von Beginn an, dass der *Plan Colombia* kein Friedensplan sei, sondern zu einem Kriegsplan würde, da seine militärische Komponente nicht nur quantitativ alle anderen überwiege, sondern die zivilen, zum Teil durchaus positiven Komponenten im Gesamtkontext des Plans instrumentalisiert und damit disqualifiziert würden. Der von Pastrana offenbar anvisierte Spagat einer Friedensstrategie mit militärischer Stärkung einerseits, entwicklungspolitischer Absicherung andererseits erscheint am Ende seiner Amtszeit gescheitert. Wie die Logik des Plans nahe legte, war es auch nicht möglich, den Kampf der Armee gegen den Drogenanbau vom Kampf gegen die Guerilla zu trennen. Spätestens mit dem Regierungswechsel in den USA wurde denn auch die Doktrin der strikten Trennung von Antiguerilla- und Antidrogenpolitik fallen gelassen. Schon bald sprach die US-Administration wie schon zu Zeiten der Regierung Samper wieder von der *Narcoguerilla* und übernahm damit die Sprachregelung der kolumbianischen Armee.

Menschenrechtliche Vorbehalte hatten in diesem Rahmen immer weniger Platz. Den entscheidenden Bruch mit der menschenrechtlichen Konditionierung der US-Hilfe unternahm noch Präsident Clinton selber, als er, nach heftiger Auseinandersetzung auch in den USA selbst, im August 2000 von der Möglichkeit Gebrauch machte, sich „im nationalen Interesse" über die menschenrechtlichen Bedingungen hinwegzusetzen[17], die nach Feststellung seines Außenministeriums nicht erfüllt waren, um die Hilfsgelder des *Plan Colombia* freizugeben.

---

[17] Der sogenannte *national security interest waiver*, den das Bewilligungsgesetz enthielt. Eigentlich sollten nach dem Gesetz u.a. die Bedingung erfüllt sein, dass „the President of Colombia has directed in writing that Colombian Armed Forces personnel who are credibly alleged to have committed gross violations of human rights will be brought to justice in Colombia's civilian courts, in accordance with the 1997 ruling of Colombia's Constitutional court regarding civilian court jurisdiction in human rights cases", und dass „the Colombian Armed Forces are cooperating fully with civilian authorities in investigating, prosecuting, and punishing in the civilian courts Colombian Armed Forces personnel who are credibly alleged to have committed gross violations of human rights". (zit. in: Washington Office on Latin America 2000).

Der *Plan Colombia* ist aber nicht nur der Hintergrund, vor dem sich die weitere Verschlechterung der Menschenrechtssituation in Kolumbien in den letzten Jahren vollzogen hat. Er hat auch tiefgreifende Auswirkungen auf alle Nachbarländer. Dass er Fujimori und Montesinos eine Zeit lang ermöglichte, ihre eigenen Geschäfte zu verschleiern, wurde bereits angesprochen. Hauptleidtragender aber ist das kleine Ekuador. Mit der Verlagerung des Hauptkriegsschauplatzes in Kolumbien in den Süden konzentrierten sich dort nicht nur die Truppen der Armee, es rückten auch größere Verbände von Paramilitärs nach. Während das Grenzgebiet in Ekuador zuvor „nur" Hinterland für die FARC gewesen war, drangen jetzt auch immer mehr die Paramilitärs nach Ekuador ein. Beide Seiten rekrutierten Anhänger jenseits der Grenze und trugen ihre Auseinandersetzung zunehmend auf dem Rücken der lokalen Bevölkerung aus. Die systematischen chemischen Sprühaktionen im Rahmen des *Plan Colombia* auf die Kokaanbaugebiete im Süden Kolumbiens bewirkten außerdem eine teilweise Verlagerung des Anbaus auf die andere Seite der Grenze, mit all den gewaltförmigen Begleiterscheinungen, die der Kokaanbau in Kolumbien erzeugte. Gleichzeitig schwoll der Strom von Flüchtlingen aus dem umkämpften Putumayo in Südkolumbien über die Grenze heftig an (s.o.). Wie aus den Dokumenten des *Plan Colombia* hervorgeht, wurde ein solcher Flüchtlingsstrom auch als Folge des Plans vorhergesehen.

Als Konsequenz wurde die Region immer stärker militarisiert. In besonderer Weise wurde die im Grenzgebiet lebende indigene Bevölkerung betroffen, die zwischen alle Fronten geriet und unter teils dramatischen Umständen ihre Wohngebiete aufgeben musste.

Nach dem Ende des Fujimori/Montesinos-Regimes in Peru waren zu Beginn des neuen Jahrhunderts der kolumbianische Konflikt und seine Auswirkungen auf das regionale Umfeld die weitaus massivste Quelle von Menschenrechtsverletzungen in der nördlichen Andenregion. Ähnlich massiv wie Ekuador ist auch das kleine Panama von den kämpfenden Parteien in Mitleidenschaft gezogen worden und hatte immer wieder große Zahlen von Flüchtlingen aufzunehmen. Ob es Venezuela auf Dauer gelingt, sich mit seiner aus Vermittlungsangeboten und guten Beziehungen zur Guerilla gemischten Diplomatie wie bisher relativ weitgehend aus dem Konflikt herauszuhalten, wird vor allem von der politischen Großwetterlage abhängen. Die kolumbianischen Paramilitärs haben wiederholt angedroht, Venezuela wegen seiner Haltung gegenüber der kolumbianischen Guerilla anzugreifen. Sollte sich der Konflikt zwischen Chávez und Bush weiter zuspitzen, sind Provokationen an der kolumbianischen Grenze nicht auszuschließen. Ein Konflikt im konstant sensiblen Grenzgebiet mit Kolumbien könnte aber die innenpolitische Situation in Venezuela sehr rasch zum Kippen bringen und das in dem seit der neuen Verfassung eingetretenen rechtsstaatlichen Schwebezustand enthaltene autoritäre Potential freisetzen. So bleibt die menschenrechtliche Zukunft der Region, trotz der positiven Wende in Peru, im Ungewissen und stark von der regionalen Entwicklung im Rahmen des *Plan Colombia* abhängig.

Literaturverzeichnis

Asamblea Permanente de Derechos Humanos del Ecuador (2001): Mitteilung vom 19.9.2001.

Autodefensas Unidas de Colombia (AUC) (2002): *Declaración por la Paz de Colombia*, 29.11.2002 (http://colombia-libre.org, 6.12.02).

Bukes, Georg (2000): *Der Zusammenhang von wirtschaftlicher Entwicklung und Demokratisierung. Das Beispiel Bolivien*, Hamburg.

Castro Caycedo, Germán (2001): *Con las manos en alto*, Bogotá.

CIDH-Pressemitteilung (vorläufiger Bericht) N 33/01 vom 14.12.2001.

Comisión Intereclesial de Justicia y Paz (2002): *Informe Ejecutivo Municipio de La Vega, Departamento del Cauca*, 23.11.02.

Degregori, Carlos Iván (2000): *La década de la antipolítica*, Lima.

El Tiempo, 23.9.2002.

Gorriti, Gustavo (1994): „Fujimori's Svengali. Vladimiro Montesinos – The Betrayal of Peruvian Democracy", in: *Covert Action Quarterly*, N°19, 1994 (siehe den Abdruck in: Institut für Iberoamerika-Kunde (1995): „Fujimoris Peru – Eine 'Demokratie neuen Typs'?", in: *Lateinamerika. Analysen-Daten-Dokumentation* Nr. 29: 12, S. 101-115).

Huhle, Rainer (1995): „Straflosigkeit als Geschäftsgrundlage. Menschenrechtsverletzungen und Menschenrechtspolitik in Peru unter Fujimori", in: *Lateinamerika. Analysen-Daten-Dokumentation*, Nr. 12, 29, S. 73-89.

Human Rights Watch (2002): *A Wrong Turn. The Record of the Colombian Attorney General's Office*, Washington, D.C.

Inter-American Commission on Human Rights (1996): *Report on the Situation of Human Rights in Amayapampa, Llallagua and Capasirca, Northern Potosi, Bolivia*, December.

Jara, Ernesto de la (2000): *ideelemail* N° 127, 23 de diciembre del 2000.

Londoño Hoyos, Fernando (2001): „La economía en la Constitución del 91", in: *Revista Javeriana*, No. 678, September 2001 (http://www.plural.org.co/ver_articulo.php?plantillas=1noticia_grande.php&codigo=58&ver=1).

Ministerio de Defensa (2002): *Política de Defensa y Seguridad Democrática*, Arbeitspapier.

Minkner-Bünjer, Mechthild (1998): „Die ‚Buca(ram)-Demokratie' oder Ekuadors langwieriger Weg aus Legitimitäts- und Wirtschaftskrise", in: *Lateinamerika. Analysen-Daten-Dokumentation*, Nr. 37, S. 22-41.

OEA/Ser.L/V/II.106, Doc. 59 rev. 2 junio 2000: „Informe sobre la situación de los derechos humanos en Perú" (http://www.cidh.oas.org/countryrep/Peru2000sp/indice.htm). Der Bericht bezieht sich wesentlich auf das Jahr 1998.

Restrepo, Javier Darío (2002): „Negociación con las Autodefensas", in: *El Colombiano*, 28.11.2002 (www.elcolombiano.terra.com.co/historicod/200211/20021128/nop003.htm).

Steinhauf, Andreas (2000): „Die politische Krise in Peru: Festsetzung des *Fujimorismo* und Polarisierung des Landes", *Brennpunkt Lateinamerika*, Nr. 12, S. 121-128.

Téllez, Edgar/Óscar Montes/Jorge Lesmes (2002): *Diario íntimo de un fracaso*, Bogotá.

Washington Office on Latin America (2000): *Position against certifying Colombia to receive U.S. assistance*, Washington, D.C.

Youngers, Coletta (2000): *Restricting Representative Democracy: Peru Under President Alberto Fujimori*, Washington, D.C. (WOLA Report).

Juliana Ströbele-Gregor

Kritische Partizipation oder Konfrontation.
Indígena-Organisationen in den Andenländern

Indígena-Organisationen gehören seit den 90er Jahren zu den wichtigsten sozialen Bewegungen in Lateinamerika. Nicht wenige Beobachter sehen hier eine innovative Kraft, die in Analogie zur alten These von der führenden Rolle der Arbeiterklasse neue historische Akzente setzt. Im US-Geheimdienst CIA hingegen sieht man sie als potentiellen Destabilisierungsfaktor (Alemancia 2001). Als im April 1990 die vom ekuadorianischen Dachverband *Confederación de Nacionalidades Indígenas del Ecuador* (CONAIE) angeführten *indígenas* eine Woche nahezu das gesamte Land lahm legten, um ihren Forderungen Nachdruck zu verleihen, war dies wie eine Auftakt für die zukünftige Präsenz dieser Teile der Bevölkerung auf der politischen Bühne von Mexiko bis Chile.

Lokale, regionale und nationale Verbände mobilisieren für Protestmärsche, sie organisieren die Besetzungen von Erdölbohrstellen und Staudamm-Großprojekten, in Zusammenarbeit mit NRO bringen sie Biopiraterie, illegalen Holzschlag und Umweltzerstörungen ans Licht der Öffentlichkeit und decken die Komplizenschaft staatlicher Institutionen auf. Ihre Forderungen reichen von Land- und Ernährungssicherheit, Agrarreformen, Recht an den Naturressourcen, Anerkennung und Förderung ihrer Kulturen bis hin zu selbstverwalteten Territorien und Autonomie. Selbständig oder mit externen Partnern führen sie Programme der zweisprachigen interkulturellen Schulbildung, der kulturell angepassten Gesundheitsversorgung, Rechtshilfe und nachhaltigen Landwirtschaft durch. Sie gründen eigene politische Parteien, beteiligen sich an regionaler Entwicklungsplanung, stellen Parlamentarier, Bürgermeister, Kreisverwaltungen, in Kolumbien Senatoren und einen Gouverneur. Sie agieren in internationalen Gremien, wo sie Unterstützung für ihre Forderungen suchen. Und sie haben Reformen von Landesverfassungen und Gesetzen bewirkt. Stellt sich da noch die Frage nach ihrem Mobilisierungspotential?

Die Präsenz der *indígena*-Bevölkerung im politischen Leben der lateinamerikanischen Länder beginnt bekanntlich nicht erst im ausgehenden 20. Jahrhundert. Wenn sich Führungspersönlichkeiten aus der *indígena*-Bewegung in die Tradition des antikolonialen Widerstandes stellen, so drückt sich darin eine tatsächlich tief verwurzelte kollektive Erinnerung an die Kämpfe gegen die Landvertreibung aus, die bis zur Kolonialzeit zurückreicht. Dennoch entstanden die meisten Organisationen, die sich in ihrem Selbstverständnis auf ihre indigene Identität berufen, erst seit Beginn der 70er Jahre. Vorkämpfer im politischen und ideologischen Feld sind dabei die Organisationen in Mexiko, Guatemala und den Andenländern, also in jenen Staaten, in denen der Großteil der indigenen Bevölkerung Lateinamerikas lebt.

Die Konstruktion des neuen politischen Subjektes *pueblo indígena*, *pueblo originario* oder *nacionalidad* entstand im Rahmen gesellschaftlicher Prozesse in modernen Staaten, in denen koloniale Strukturen der Ausgrenzung und Benachteiligung der *indios* – trotz oftmals demokratischer Staatsverfassungen – noch nicht überwunden sind. Die Diskrepanz zwischen dem nationalstaatlichen Integrationsversprechen und der von Rassismus geprägten Lebenswirklichkeit der ländlichen und städtischen Bevölkerung indigener Herkunft begründet eine Identitätssuche und den Erfolg des indianistischen Diskurses (vgl. Ströbele-Gregor 1992, 1997; Diskin 1991)[1].

In diesem Aufsatz soll es darum gehen, der Frage der politischen Bedeutung von ethnisch-politischen Organisationen in den Andenländern nachzugehen, also von Organisationen, die ein Selbstverständnis vertreten, das sich auf ihre ethnische bzw. kulturelle Identität bezieht. Im Mittelpunkt wird dabei der Zeitraum der 90er Jahre stehen. Eine Beurteilung der Entwicklung der Organisationen erfordert jedoch einen Rückblick auf die 70er und 80er Jahre, um Unterschiede und Kontinuitäten herauszuarbeiten. Vor allem soll gefragt werden, welche Ziele die Organisationen zu Beginn des 21. Jahrhunderts verfolgen, welchen Rückhalt sie haben und ob und inwiefern sie einen Beitrag zur Eskalation der Krise in den Andenländern leisten oder zur Regulierung und eventuell zur Konsolidierung des Demokratisierungsprozesses beitragen.

Die Betrachtung zielt auf das Aufspüren allgemeiner Tendenzen in den Andenländern, nicht auf die Analyse einzelner Länderbeispiele – wenngleich ich mich auf konkrete Beispiele – vorrangig aus Bolivien, Ekuador und Peru – beziehen werde; aber auch Kolumbien wird im Blickfeld sein.

---

[1] Aus situationalistischer und/oder konstruktivistischer sozialanthropologischer Perspektive lassen sich die Organisationen „indigener Völker" als Interessengemeinschaften verstehen, die aus jenen Gruppen der Bevölkerung in ehemaligen kolonialen Gesellschaften hervorgingen, die bis in die Gegenwart marginalisiert und diskriminiert werden. Zum Auf- bzw. Ausbau eines „Wir-Gruppen-Verständnisses" werden kulturelle Symbole genutzt, und mittels ethnischer Diskurse sollen die besonderen Interessen begründet, artikuliert und eine breite Mobilisierung erreicht werden.

I. Land und Identität – Organisationsprozesse in den 70er Jahren und Anfang der 80er Jahre

Die Landfrage war die Gravitationsachse der sich formierenden indigenen Bewegung dieser Zeit. Denn die von reformistischen oder revolutionären Regierungen durchgeführten Agrarreformen bewirkten zwar eine vorübergehende Verbesserung der Lebensverhältnisse eines Teiles der Bauernschaft, doch brachten sie keine längerfristige Lösung. Vielfach entstanden diese Organisationen aus Vereinigungen, deren Mitglieder sich als Kleinbauern definierten und deren Rhetorik die Verbindungen zur Arbeiterbewegung und zu marxistischen Parteien widerspiegelte. Die kulturelle Dimension, die hingegen weiterhin die sozialen Beziehungen und Strukturen innerhalb der Dorfgemeinschaften bestimmten, galten noch in den 70er Jahren vielfach als Relikte von Traditionen und hatten kaum eine Präsenz auf der politischen Ebene.

Angesichts der Unfähigkeit der Staaten, die Versprechen einer vollständigen Integration der indianischen Bevölkerung umzusetzen, wurde deren anfängliche Bereitschaft zur Identifikation mit dem mestizischen Staatsmodell immer brüchiger. Die Suche nach einer eigenen politischen Identität wurde nicht zuletzt verstärkt durch Erfahrungen der ethnischen Diskriminierung auch in linken politischen Organisationen sowie von Konflikten mit dem Führungs- und Hegemonieanspruch von marxistischen Parteien und Arbeitergewerkschaften.

Ambivalente Folgen staatlicher Modernisierungsstrategien in den 70er Jahren

Der von den Staaten vorgegebene Rahmen, der die Handlungsfelder absteckte, war das nachholende Modernisierungs- und Entwicklungsmodell innerhalb eines zu konsolidierenden Nationalstaats. Als ideologischer Überbau dazu diente weiterhin das Projekt des mestizischen Nationalstaates mit seinem Versprechen der Integration der „ehemaligen *indios*" als gleichgestellte Bürger. Aus dem Blickwinkel herrschender Gesellschaftsgruppen musste es darum gehen, Produktionsweisen auf dem Land, die als hinderlich für den Fortschritt betrachtet wurden, zu überwinden bzw. zu modernisieren. Gemeint waren das *Hacienda*-System und die zu schwach in den Markt integrierten indianischen Gemeinschaften. Eine weitere Aufgabe war die Erschließung und Inwertsetzung des tropischen Tieflandes, des „menschenleeren", aber ressourcenreichen Amazoniens. Nationenbildung, Modernisierung der Wirtschaft und des ländlichen Raumes erforderten neue Agrargesetze und den Auf- und Ausbau des Schulwesens, insbesondere auch auf dem Lande, von wo aus immer mehr Menschen in die Städte strömten auf der Suche nach Arbeit und Einkommen.

Für die indianische Bevölkerung war dieser Modernisierungsprozess ambivalent. Die ländliche Bevölkerung sah sich mit Agrargesetzen – Agrarreformen – konfrontiert, die ihren Bedürfnissen nicht entsprachen, weder ihre kulturell geprägten sozialen Strukturen berücksichtigten noch mittelfristig das Überleben als

Klein- oder Kooperativbauern sicherten. Doch die Lage einzelner Gruppen bzw. einiger Regionen verbesserte sich nach solchen Agrarreformen für einen begrenzten Zeitraum. Danach war die Migration in die städtischen Zentren oder Urwaldregionen eine der wenigen Optionen.

Im Diskurs des *mestizaje* wurden die alten indianischen Kulturen aufgewertet und als „nationales Erbe" vereinnahmt. Die „malerischen" Teile der bestehenden Traditionen wurden zur nationalen Folklore erhoben – und damit auch ein Stück weit vor dem Vergessen bewahrt. Alles Übrige wurde als rückständig verachtet. Eines der wirksamsten Instrumente staatlicher Assimilationsstrategie ist der Schulunterricht. Nichtsdestoweniger erfüllte sich damit eine jahrzehntelange Forderung der *indígenas*. Die Vermittlung rudimentärer Kenntnisse der spanischen Sprache, „westlicher" Denkweisen und Wertvorstellungen zielte zwar auf eine systematische Entfremdung von der eigenen Kultur, dennoch forderten und förderten die Dorfgemeinschaften Schulen – sie hatten hart darum gekämpft.

Die Wälder Amazoniens wurden wieder einmal freigegeben für die Ausplünderung. Diesmal ging es um Erdöl, Gas, Holz und Bergbau, wobei sich nationale, vor allem aber internationale Unternehmen bereicherten. Die Ureinwohner werden seitdem zu Opfern von Umweltzerstörung und Vertreibung. Ein Recht auf Territorium existiert nur in Kolumbien, Landtitel werden nur zögerlich und nicht in Größenordnungen vergeben, die ihrer Reproduktionsweise angepasst sind. Wo *indígenas* im Wege sind, wurden und werden sie trotz Landtiteln vertrieben.

Das ländliche Schulwesen und die verbesserte Infrastruktur ermöglichten eine engere Land-Stadt-Beziehung und damit den Austausch von Erfahrungen. Eine neue indigene Führungsschicht wuchs heran, die den Organisierungsprozess anschob. Sie wurde Mittler zwischen ländlicher und städtischer Lebenswelt, Übersetzer „westlicher" Diskurse, Organisations- und Verhandlungsformen, die sie in Gewerkschaften und Parteien kennen gelernt hatten. Sie beherrschte die Kommunikation mit externen Unterstützern, Geberinstitutionen und Regierungsvertretern. Im Umgang mit kreolischen städtischen Gesellschaftsschichten erfuhr sie verschärft den Rassismus, was ihre politischen Diskurse vielfach prägt.

Trotz dieser Gemeinsamkeiten in den Rahmenbedingungen gibt es doch in einzelnen Ländern entscheidende Unterschiede beim Organisierungsprozess, im Selbstverständnis und auch in den Handlungsschwerpunkten, wie folgende drei Beispiele zeigen. Sie sind bedeutsam zum Verständnis der späteren Entwicklungen in den 90er Jahren:

In **Ekuador** hatten die unter dem Einfluss insbesondere sozialistischer und kommunistischer Parteien seit Jahrzehnten kämpfenden Bauernorganisationen 1964 und 1973 moderate Agrarreformen erreicht, bei denen die alten Abhängigkeiten und Arbeitsbedingungen im Huasipungo-System[2] abgeschafft wurden

---

[2] „Entlohnungs"-System in der *Hacienda*-Wirtschaft in Ekuador. Die Arbeitskräfte (*huasipungeros*) standen in einer dauerhaften Verbindung mit der *Hacienda*, die sich darin ausdrückte, dass ihnen ein Landstück überlassen wurde, auf dem die Arbeitskraft ihre Sub-

und betroffene Bauern ihre kleine Parzelle zugesprochen bekamen. Landarbeiter und „freie" Dorfgemeinschaften gingen leer aus. Verschlechterung der Lebensverhältnisse auf dem Land trieb zur massenhaften Migration. Der Ausbau des Schulwesens im Zuge der staatlichen Modernisierungsstrategien, mit dem die Assimilierung und der Bruch mit der kulturellen Lebenswelt der *indígenas* durchgesetzt werden sollten, konnte dieses Ziel nicht vollständig erreichen. Vielmehr wuchs eine neue Führungselite in den Dörfern heran mit einer starken ethnischen Identität. In der zweiten Hälfte der 70er Jahre wurde die erste überregionale Organisation „von *indios* für *indios*" geschaffen, die sich einen Quechua-Namen gab, der übersetzt „Das Erwachen des ekuadorianischen *indio*" (kurz: *Ecuarunari*) bedeutet. Diese umfasst regionale Organisationen, die in ihrer Führung und dörflichen Basis vom neuen Typus indigener Führungspersönlichkeiten geprägt sind (Frank 1992).

Auch im ekuadorianischen Amazonien entstand in den 70er Jahren die erste mächtige und kämpferische Organisation, die *Federación Shuar*. Diese Organisation, die – wie viele Organisationen im Tiefland – ihre Entstehung kirchlichen Missionen verdankt und sich in mühsamen Prozessen aus deren Bevormundung befreien musste, setzte sich gegen die verheerenden Auswirkungen des Ölbooms, der Holzausbeutung und der Verteilung ihres Lebensraumes an Migranten zur Wehr. Diverse andere ethnische Organisationen des Tieflandes schlossen sich mit der *Federación Shuar* zum Regionalverband *Confederación de las Nacionalidades Indígenas de la Amazonía Ecuatoriana* (CONFENIAE) zusammen. Angesichts der Notwendigkeit einer starken Interessenvertretung gegenüber dem Staat, aber auch aus dem Bedürfnis nach einer Gesellschaftsvision, die alle ethnischen Gruppen umschließt, begann ein Annäherungsprozess zwischen Hochland- und Tieflandorganisationen, aus dem 1985 die berühmte CONAIE hervorging. Damit wurde eine Partei unabhängige, mächtige nationale Organisation aufgebaut, in der sich das indianistische Selbstverständnis vollständig durchsetzte. Kernpunkt ist eine Selbstdefinition der ethnischen Gruppen als „Nationalitäten", mit der die eigene historisch-kulturelle Identität und die Ablehnung des *mestizaje*-Projektes zum Ausdruck gebracht werden. Im Kooperativenprogramm der Organisationen in den 60er und 70er Jahren, das die kollektive (kommunale) Wirtschaftsform der Natur der *indígenas* zuschreibt, kam diese Hinwendung zur Identität als *indígenas* früher als in den Nachbarländern zum Ausdruck. Die Anerkennung und Wiederbelebung der eigenen Kulturen und Identitäten und die Landfrage waren Schwerpunkte der ekuadorianischen Organisationen der 70er und 80er Jahre. Dazu gehörte die Forderung nach zweisprachiger interkultureller Erziehung zur Förderung der autochthonen Sprachen und Kulturen. In der zweiten Hälfte der 80er Jahre formulierte CONAIE jene Ziele, die bis heute Gültig-

---

sistenz erwirtschaften konnte. Die Gegenleistung dafür bestand in einer Arbeitsverpflichtung auf der *Hacienda* von einem bis fünf Tage in der Woche.

keit haben – und von denen ansatzweise einige bereits nationale Politik geworden sind (siehe unten).

Die Entwicklung in **Bolivien**[3] unterscheidet sich von derjenigen in Ekuador in vier Bereichen:

1) Die zeitweise direkte Einbindung der Bauernbewegung in das staatliche Modernisierungsprojekt: Die Errungenschaften der Nationalen Revolution von 1952, d.h. die Verleihung der Staatsbürgerrechte, eine radikale Landreform, die Entmachtung der alten Oligarchie sowie der Aufbau des Schul- und Gesundheitswesens erzeugten eine besondere Loyalität der ehemaligen *indios* gegenüber dem „Revolutionären Nationalstaat" und der Partei, die die Revolution angeführt hatte. Der Begriff „*indio*" wurde aus dem Vokabular gestrichen, und die Klassenzugehörigkeit bestimmte die politische Identität.

Neu eingeführte syndikale Organisationsstrukturen überlagerten sich mit traditionsverbundenen Strukturen der andinen *comunidades*. Kontroll- und Kooptionsmechanismen drängten die unabhängigen Bauernorganisationen bis in die 70er Jahre immer weiter ins Abseits, so der von Diktator Barrientos (1964-1969) gegründete Militär-Bauernpakt (der noch bis in die 80er Jahre aufrechterhalten wurde) und die Instrumentalisierung zahlloser neuer offizialistischer Verbände im „Kampf gegen den Kommunismus" und gegenüber den revolutionären Plänen der Guerilla von Che Guevara.

2) Die ausgeprägte andine Subkultur in den Städten La Paz und Cochabamba ist bis heute ein Fundament für das Fortbestehen eigenständiger kultureller Identitäten. Dazu gehören auch intellektuelle indianistische[4] Zirkel und Kulturvereine, in denen neben der Kulturpflege und dem Ausbau sozialer Netzwerke auch gesellschaftliche Visionen und politische Programme zur ländlichen Herkunftsregion und -gemeinschaft entworfen werden. So manche politische indianistische Partei der 80er und 90er Jahre hat hier ihren Ausgangspunkt, und von hier kamen nicht selten die Mittlerpersönlichkeiten.

3) Die Völker Amazoniens und des östlichen Tieflands Boliviens beginnen sich erst in der zweiten Hälfte der 80er Jahre politisch zu organisieren und sind erst ab 1990 eine ernstzunehmende politische Kraft.

4) In den ausgehenden 60er Jahren entsteht die Bewegung *Túpac Katari*, eine Bewegung *sui generis*, in der sich Aymara-sprachige Bauern und Migrantinnen engagierten. Sie stellte eine Verbindung von drei Organisationsfeldern dar. Die zentralen Politikfelder entsprangen folgenden Sektoren: Die – Wiederaufnahme der – Landfrage kam aus der unabhängigen gewerkschaftlichen Strömung; die Frage der kulturellen Identität setzten vor allem die indianistischen Studenten-

---

[3] Zur Entwicklung in Bolivien verweise ich auf eigene ausführlichere Analysen und die dort angegebene Literatur. Siehe Ströbele-Gregor 1989, 1992, 1994a, 1994b, 1997.

[4] Der Indianismus ist nicht zu verwechseln mit dem Indigenismus in seinen verschiedenen Ausformungen, etwa den verschiedenen Varianten eines staatlichen Indigenismus oder des literarischen Indigenismus. Kennzeichen aller dieser Formen des Indigenismus ist, dass es sich um Ideologien handelt, die von „Nicht-*Indígenas*" stammen.

und Intellektuellengruppen der Migranten in der Stadt La Paz auf die Tagesordnung, und die Demokratieforderung erhob die sozialistisch orientierte, parteipolitische Strömung. Damit flossen sowohl indianistische Ideologien (z.B. Fausto Reinaga) als auch Positionen der politischen Linken in die Karistenbewegung[5] ein (Hurtado 1986) und vermischten sich mit Weltbildern und sozialen Organisationsformen der Aymara- und Quechua-Bauern.

Ergebnis war ein undogmatisches indianistisch-sozialistisches und demokratisches Selbstverständnis, in dem sich „Tradition" und „Moderne" verbanden, was jedoch keineswegs immer konfliktfrei verlief. Organisatorischer Ausdruck dieser Bewegung ist der in den 70er Jahren gegründete Dachverband der Bauern und Landarbeiter *Confederación Sindical Única de Trabajadores Campesinos de Bolivia* (CSUTCB), außerdem zahlreiche indianistische Parteien seit den 80er Jahren. Die Beteiligung vieler Aktivisten am Kampf gegen die Diktaturen der 70er und Anfang der 80er Jahre und die herausragende Rolle ihres Führers Jenaro Flores als Organisator des Widerstandes aus dem Untergrund verschaffte der Karistenbewegung endgültig landesweite politische Anerkennung. Bis 1982/83 wurde die CSUTCB zum wichtigsten Hoffnungsträger der indianischen Bevölkerung. Mit der Demokratisierung des Landes nach 1982 begannen interne Machtkämpfe, die ihren Einfluss verringerten. Doch bis in die Gegenwart ist die CSUTCB die wichtigste *indígena*-Organisation und der Katarismus eine verbindende Idee insbesondere unter den Aymara auf dem Land wie in der Stadt, so dass sich selbst neu gegründete indianistische Parteien in den Jahren 2000 und 2001 darauf berufen (siehe unten).

Gänzlich anders verliefen die Organisierungsprozesse in **Peru**. Ich folge der These Degregoris (1993: 113), die ethnische Dimension in Peru sei zwar unübersehbar in der gesellschaftlichen Stratifizierung, in den sozialen Beziehungen, im kulturellen und auch im politischen Leben, sie stelle für die Mehrheit der Peruaner jedoch nur eine Ebene der Identität dar, und nicht einmal die wesentliche. Im Selbstverständnis der sozio-politischen Organisationen schlägt sich dies eindeutig nieder.

Wie in Bolivien und Ekuador ist fast die gesamte bäuerliche Bevölkerung indigener Herkunft und die Landnot der zentrale Mobilisierungsfaktor. Die großen Bauernbewegungen der 60er Jahre mit ihren umfangreichen Landbesetzungen leiteten einen Prozess ein, der mit der Agrarreform 1969 unter der reformorientierten Velasco-Diktatur (1968-1975) in Landumverteilung kulminierte. Zur staatlichen Integrationspolitik dieser Epoche gehörte die Umbenennung der *comunidades indígenas* in *comunidades campesinas* auf dem Hochland bzw. an der Küste und in *comunidades nativas* in Amazonien sowie die Verleihung von Rechtstiteln, was den Prozess der kulturellen Entfremdung unterstützte. Die

---

[5] Bewegung *Túpac Katari* (von der noch unter Punkt 4) die Rede sein wird). Es handelt sich um eine sozial-revolutionäre Bewegung von Aymara im andinen Hochland Boliviens, die Ende der 1960er Jahre ihren Anfang nahm und sich auf den Anführer des antikolonialen Wiederstandes 1781, Túpac Katari, beruft.

zeitweise unter Präsident Velasco betriebene Förderung eines kulturellen Pluralismus konnte die gesellschaftliche Hegemonie der „weißen" kreolischen Kultur nicht ernstlich infrage stellen. Bezeichnenderweise schloss die Verfassung bis 1979 Analphabeten vom allgemeinen Wahlrecht aus, was bedeutete, dass fast die gesamte Aymara-, Quechua- und amazonische Bevölkerung sich nicht politisch beteiligen durfte. Dieser Ausschluss und die kulturelle Marginalisierung führten – außer in Amazonien – jedoch nicht zu ethnisch-politischen Organisierungsprozessen.

Die Selbstdefinition der andinen und der Küstenbevölkerung folgten dem Konzept klassenbezogener Gesellschaftsanalyse und des Klassenkampfes; ihre Organisationen waren stark von marxistisch orientierten Parteien und Gewerkschaften beeinflusst. Die Ausdehnung des Marktes, der Verkehrsverbindungen, der Medien sowie die massive Migration bewirkten eine immer stärke Ausdifferenzierung der Bevölkerung und verstärkten die Abwendung von der kulturellen Herkunft. Fast niemand in Peru wollte mehr *indio* sein – und will es auch heute nicht.

Der Zugang zur Sekundarschule und zu regionalen Universitäten eröffnete den Kindern aus Bauernfamilien neue Erfahrungen, neue Erwartungen und neue Diskurse. Eine linke, hoch politisierte und gewerkschaftlich organisierte Lehrerschaft bot ihnen Orientierungsleitlinien. Die Führer der Bauernschaft näherten sich zunehmend kleinen linken und radikalen Parteien, die ihre Aktionsfelder auf dem Land massiv ausdehnten. Auf dem Lande wuchs ein kritisches Potential heran, das sich an Protestaktionen beteiligte, die mit der heraufziehenden Wirtschaftskrise ab der zweiten Hälfte der 70er Jahre begannen. Nach Degregori (1993) entstanden mit der Krise die wichtigsten sozialen Bewegungen Perus im 20. Jahrhundert, ihre Forderungen waren klassenbezogen und regionalistisch. Es hatte sich zwar erwiesen, dass das Paradigma der „nationalen Integration" nicht funktionierte, doch eröffnete sich nicht der Raum für „die Erfindung der ethnischen Gemeinschaften", vielmehr verstärkten sich die Radikalisierung und der Zulauf zu marxistischen Parteien. Die Guerillabewegung *Sendero Luminoso* nahm hier ihren Ausgang.

In Amazonien wurde hingegen ein anderer Weg eingeschlagen. Die etwa 58 ethnischen Gruppen waren – und sind noch –, wie auch in den Nachbarstaaten, von den Segnungen der Modernisierung ausgeschlossen, sind vielmehr deren Opfer. Als Minoritäten im Lande werden sie und ihre Anliegen ignoriert. Diese Marginalisierung als ethnische Gruppen, die Zuschreibung des „Anderssein" sowie das Abgeschnittensein von Kommunikation erhält die kulturelle Identität, die zur Basis ihres Organisierungsprozesses wurde. Eine der ersten Organisationen war der „Aguaruna-Huambisa-Kongress". Eine Initialzündung auch für andere Gruppen war die Zurückweisung von Lehrkräften, die nicht ihre Sprache beherrschten und die Forderung nach einer ihre Kultur und Sprache integrierenden Schulbildung. Es folgte der Aufbau zahlreicher lokaler und regionaler ethnischer Organisationen. Für sie und ihren 1980 gegründeten Dachverband *Asociación Interétnica de Desarrollo de la Selva Peruana* (AIDESEP) wurde die zweisprachige interkulturelle Erziehung zu einem der programmatischen Schwerpunkte. Mit Unterstützung von progressiven Kräften innerhalb des katholischen Klerus, von kritischen Anthropologen und internationalen Gebern entwickelte sich AIDESEP auf internationaler Ebene zu einer der herausragenden Interessenvertretungen der amazonischen Völker, die den Themenkomplex von der Ausbeutung natürlicher Ressourcen durch internationale Großunternehmen über Umweltzerstörung und Menschenrechtsverletzungen bis zur Anerkennung der Rechte indigener Völker auf die Tagesordnung setzten.

II. Die 90er Jahre: Interessenvertretung zwischen Eigeninitiative – Lobbying und Konfliktstrategie

Das Entstehen der neuen indigenen Organisationen seit Mitte der 80er Jahre und die Verbreitung ethnischer Diskurse in der Politik muss im Zusammenhang mit nationalen und insbesondere auch internationalen Entwicklungen verstanden werden. Stichworte sind: die Konsolidierung formaldemokratischer Regierungsformen, die Verschuldungskrise und neoliberale Wirtschaftsanpassungsprogramme, mit den Folgen einer massiven Verschlechterung der Lebensumstände breiter Teile der Bevölkerung sowie vielfältige wirtschaftliche und ökologische Auswirkungen ungebremster Globalisierungsprozesse. Von großem Einfluss war die auf internationaler Ebene immer bedeutsamer werdende Menschenrechts- und Demokratisierungsdebatte und die Debatte über die Anerkennung kultureller Diversität. Auf einige Punkte soll hier näher eingegangen werden:

Die Ethnisierung des Politischen

Unter dem Eindruck ungelöster Konflikte verbunden mit der Wiederherstellung der Demokratien nimmt die Ethnisierung des Politischen (Wimmer 1993) in Lateinamerika seit Mitte der 80er Jahre unaufhaltsam zu. Wie auch in anderen Teilen der Welt werden Konflikte immer stärker in ethnischen, nationalistischen und religiösen Legitimierungsdiskursen begründet. Mit dem Zusammenbruch des real existierenden Sozialismus und dem damit einhergehenden Legitimationsverlust linker Parteien verstärkt sich diese Tendenz noch einmal.

Insbesondere im Diskurs sozial, kulturell, wirtschaftlich und politisch benachteiligter Gesellschaftsgruppen erhält nun der Bezug auf Ethnizität, d.h. auf eine „indianische" oder „afrikanische" Herkunft ein zunehmendes Gewicht. Es entstehen immer neue Organisationen, die sich ethnisch-sozial bzw. ethnisch-kulturell konstruieren und als „indianische" oder „schwarze" Bewegung deklarieren.

Die Diskurse richten sich gegen tradierte und neue Gewaltstrukturen; gefordert wird die Transformation herrschender sozioökonomischer und politischer Verhältnisse in den jeweiligen Ländern. Mit basisdemokratischen Kampfmitteln – Protestmärschen, Aufständen, Besetzungen von Land oder Institutionen und organisierter Opposition – treten *indígenas* zunehmend mediengewandt für ihre

Forderungen ein. Sie zielen nicht unbedingt auf gewaltsame Konfrontation – was derartige Zusammenstöße allerdings nicht ausschließt: Zu den grundlegenden Forderungen gehört die Anerkennung eigener Territorien im Rahmen der jeweiligen Staatsgrenzen, Autonomie und Selbstbestimmung. Auch wenn ihre Staatsvorstellungen durchaus unterschiedlich sind, teilen sie alle die Vision einer multiethnischen und plurikulturellen Gesellschaft innerhalb einer sozial gerechten, partizipativen Demokratie, und die Vision von der Respektierung der Menschenrechte und erheblichen Gestaltungsfreiheiten der einzelnen ethnischen Gruppen innerhalb von Selbstverwaltungsstrukturen.

Zur Durchsetzung von spezifischen Forderungen werden zeitweise Bündnisse eingegangen – mit Parteien, Gewerkschaften oder anderen sozialen Bewegungen. Umgekehrt beteiligen sich indigene Organisationen an Protesten und Opposition gegen soziale, ökonomische oder politische Maßnahmen, die nicht nur sie betreffen: Politische Diskurse und Strategien der indigenen Organisationen zeigen durchaus Wirkungen. Regierungen geraten unter einen gewissen Legitimitätsdruck, da sich nicht nur mehr die Landbevölkerung mit diesen Diskursen identifiziert – wie dies bis in die beginnenden 80er Jahre der Fall war. Während sich die ökonomische Lebenslage der „indianischen" Bevölkerung zum Teil dramatisch verschlechtert, erlangen die indigenen Bewegungen gewisse Erfolge auf der politischen Ebene. Eine Reihe von Staaten führen Verfassungsänderungen durch und verankern die Anerkennung der indigenen Sprachen und Kulturen (z.B. in den Andenländern Ekuador, Bolivien, Kolumbien, aber auch in Guatemala und Mexiko) oder gestehen gar erweiterte politische und territoriale Rechte zu (Kolumbien, Bolivien, Ekuador).

Maßgeblich beeinflusst wurden diese Reformen allerdings durch die internationale Konjunktur. Da war die kritische Bestandsaufnahme von Geschichte und Gegenwart anlässlich des Gedenkens an die Eroberung vor 500 Jahren, das von den Vereinten Nationen erklärte Jahr der Indigenen Völker 1993 und die UN-Dekade für Indigene Völker ab 1995, die den internen Kolonialismus, den Rassismus, die Unterdrückung und Ausbeutung sowie die religiöse und kulturelle Intoleranz erneut und in einer breiten Öffentlichkeit thematisierten. Zugleich hatte die beharrliche, jahrelange Arbeit von Menschenrechtsgruppen gemeinsam mit Organisationen indigener Völker weltweit in der Internationalen Arbeitsorganisation (ILO) sowie der „UNO-Arbeitsgruppe für indigene Völker" erreicht, dass internationale Organismen das Thema „Rechte indigener Völker" auf die Tagesordnung setzten. Die Konvention 169 der ILO dient trotz einer Reihe kritikwürdiger Punkte[6] den indigenen Organisationen in Lateinamerika als Grundlage und Argumentationshilfe für ihre Forderungen gegenüber den jeweiligen Regierungen.

---

[6] Einige indigene Völker bemängeln, dass die von ihnen beanspruchten Grundrechte nicht ausreichend sichergestellt seien, da ihr traditionelles Rechtswesen dem geltenden nationalen Recht untergeordnet werde, außerdem das Recht auf Selbstbestimmung nicht explizit erwähnt sei und nur unzureichend zwischen „Ländern" und „Territorien" unterschieden werde.

Die „indigenen und Stammesvölker[7]," wie sie nach dieser Konvention seit 1989 genannt werden, wurden so das neue politische Subjekt in zahlreichen Ländern.

Repräsentation und Legitimität

Beim Aufbau und der Gestaltung internationaler Netzwerke und bei der Konstruktion von ethnischen Diskursen spielt die junge indigene Intellektuellenschicht eine entscheidende Rolle (Münzel 1985; Stavenhagen 1997). Sie ist die treibende Kraft in den neuen Organisationen, die sowohl die „neuen indigenen Diskurse" und die politische Agenda formuliert wie auch die Erforschung der historischen Wurzeln und Weiterentwicklung der eigenen Kulturen und Sprachen betreibt. Darüber hinaus stellt sie sich der Suche nach alternativen Wirtschaftsstrategien, um ihren Gemeinschaften eine selbstbestimmte Entwicklung und ein würdevolles Leben in ihrem angestammten Lebensumfeld zu ermöglichen.

Die indigene Intelligenzija stößt Prozesse an, mobilisiert Ressourcen – insbesondere auch finanzielle Ressourcen von internationalen Geberinstitutionen – und ist lokalübergreifender Mittler zwischen der nationalen und der internationalen Ebene. In vielen Fällen ist daher nicht zu übersehen, dass der Organisierungsprozess von oben in Gang gesetzt wurde. In dem Maße jedoch, wie auch entlegene *comunidades* in eine breite Kommunikation mit der Außenwelt eingebunden werden, wachsen Organisierungsprozesse von unten; und mit dem Ansteigen des Potentials fachlich ausgebildeter *indígenas* an der Basis erweitern sich die Aktivitäten auf lokaler Ebene.

Dennoch stellt sich die Frage der Repräsentativität und der Legitimität von Führungspersonen. Sie wird von Verhandlungspartnern staatlicher Institutionen, nicht selten auch auf lokaler Ebene gestellt, wenn der oder die *dirigente* nicht aus den eigenen Reihen stammt. Traditionell liegt Führerschaft in indianischen Gemeinschaften bei den gewählten Autoritäten, den Älteren, die sich durch den Dienst an der Gemeinschaft in verschiedenen Ämtern ausgezeichnet haben. Diese Tradition ist in den ländlichen Anden- und Amazonasregionen in großen Teilen noch gültig, doch wird sie seit Entstehen von Bauernverbänden überlagert von syndikalen Strukturen, wo zum Teil andere Qualitäten von einem Repräsentanten gefordert werden: Verbindungen zu Institutionen und Parteien, Schulbildung und Beherrschung der spanischen Sprache sowie der urbanen Codes. Diese Qualifikationen sind eher bei jungen Leuten anzutreffen, was zu Spannungen zwischen den Generationen bzw. zwischen „traditionellen" und „modernen" Organisationen führt.[8] Je ausgedehnter der Organisationsradius der neuen Organisationen, desto stärker sind die Führungspersonen der sozialen Kontrolle der Ba-

---

[7] Der Begriff „Völker" wird ausdrücklich nicht im Sinne des internationalen Völkerrechts verstanden, d.h. ILO und UNO erkennen damit auch keine Souveränitätsansprüche an. Da die „indianischen" Gruppen sich selbst mit diesem Begriff bezeichnen, benutze ich im Folgenden diese Selbstbezeichnung im Sinne der ILO-Konvention.

[8] Für Bolivien siehe Ströbele-Gregor 1994a, 1994b.

sis entzogen bzw. ist die lokale Beteiligung an Entscheidungsprozessen eingeschränkt. Damit wachsen auch das Misstrauen und das Bestreben, auf der lokalen Ebene Machtpositionen jeweils mit einem Angehörigen der eigenen Gemeinschaft zu besetzen.

Konflikte werden verstärkt, wenn Parteien oder andere externe Institutionen versuchen, Einfluss zu nehmen. In dem Maße, wie in den indigenen Gemeinschaften Interessenkonflikte und unterschiedliche politische Positionen existieren, kommen diese auch innerhalb ihrer Organisierungsprozesse zum Ausdruck. Persönlichkeiten konkurrieren um die Führerschaft einer Organisation, unterschiedliche Verbände konkurrieren um die Repräsentanz. Nicht zuletzt tragen internationale Geberinstitutionen – vielfach unwissentlich – dazu bei, bestehende Konkurrenz zu verschärfen.

Die neuen indigenen Organisationen sind also keineswegs misszuverstehen als Ausdruck einer einheitlichen Bewegung, vielmehr bestimmen kulturelle Diversität, politischer Pluralismus und Wettbewerb das Bild.

Neue politische Interventionsebenen

Die Verfassungsreformen zur Anerkennung der kulturellen und ethnischen Pluralität der Länder und weitere demokratische Reformen, die in Kolumbien 1991, Bolivien 1994, Ekuador 1997 (in Peru reichte es bisher nur zur Ratifizierung der ILO-Konvention 169) vollzogen wurden, eröffneten den indigenen Völkern und ihren Organisationen neue Formen der politischen Intervention auf lokaler und nationaler Ebene.

In Kolumbien wurde das „System Indigene Territorien" geschaffen, indigene Landbesitzrechte anerkannt sowie eine indigene Wahlgesetzgebung einschließlich gesicherter parlamentarischer Präsenz eingeführt.[9] Boliviens „Gesetz der Volksbeteiligung"[10] verankert die Selbstverwaltung in neu geschaffenen Landkreisen, territorialen Organisationen und demokratischen Kontrollgremien. Traditionelle indige Organisationsstrukturen und ihre Repräsentanten erhalten als Selbstverwaltungsgremien Rechtsstatus. Und um den Anbruch der neuen Zeit noch zu unterstreichen, wurde 1993 erstmals ein Aymara und Aktivist der Kataristenbewegung zum Vizepräsidenten gewählt.

In Ekuador wurde im Rahmen der Dezentralisierung Gemeinden, Basisorganisationen und „Nationalitäten" das Recht zugesprochen, eigenständige Entwicklungsvorhaben zu planen und durchzuführen[11]. Ein Entwicklungsrat mit dem Status eines Staatssekretariats wird von den indigenen Organisationen (derzeit von CONAIE) verwaltet.

Neben die alte Strategie der Protestaktionen zur Unterstützung von Forderungen traten nun der parlamentarische Weg sowie die Übernahme von Verantwor-

---

[9] Ausführlich der indigene Senator Muyuy Jacanamejoy 1997.

[10] Ausführlich dazu República de Bolivia 1997; kritisch Ströbele-Gregor 1999.

[11] Beispiele der Umsetzung in Carrrasco u.a. (Hrsg.) 1999.

tung und von Funktionen in lokalen und regionalen Selbstverwaltungsinstitutionen. In Kolumbien entwickelten die vom Nationalen Dachverband *Organización Nacional Indígena de Colombia* (ONIC) auf ihrer politischen Liste *Movimiento Indígena de Colombia* (MIC) in das Parlament entsandten Vertreter eine intensive gesetzgeberische Arbeit (siehe Muyuy Jacanamejoy 1997). In Bolivien trägt das Gesetz der Volksbeteiligung zur Parteiengründung bei, weil zu den Kommunalwahlen nur politische Parteien zugelassen sind, was die Dorfgemeinschaften zwingt, zur Vertretung ihrer Interessen Bündnisse mit bestehenden Parteien einzugehen (was bei der geringen Repräsentativität von traditionellen Parteien auf dem Land nicht unbedingt demokratieförderlich ist) oder nach neuen Parteien zu suchen. Der Aufbau indianistischer Parteien hat in Bolivien eine Tradition seit den 80er Jahren. Doch trotz gewisser Programmatik sind sie bisher vor allem Unterstützungsvereine von indigenen Führungspersönlichkeiten und ohne größere Repräsentanz. Rivalitäten zwischen Anführern drücken sich in immer neuen Parteigründungen aus.

Anders in Ekuador: Das Wahlbündnis *Movimiento Plurinacional Pachakutik – Nuevo País* war von der CONAIE 1996 zur Teilnahme an den bevorstehenden Präsidentschaftswahlen gegründet worden. Bis dahin hatte die CONAIE stets zum Wahlboykott aufgerufen, aber angesichts des unerwarteten Zuspruchs der Bevölkerung bei einer massiven Kampagne gegen die Privatisierungspläne des staatlichen Sektors, an der sich Gewerkschaften, linke Parteien und die CONAIE beteiligt hatten, entstand der Plan einer eigenen Partei. Der große Erfolg bei den Wahlen gab dieser Strategie Recht. Der Präsidentschaftskandidat erhielt 21% der Stimmen; zahlreiche Bürgermeisterämter und 10 von 82 Parlamentssitzen, darunter auch einer für den Präsidenten der CONAIE, Luis Macas, gingen an *Pachakutik* (Siebert 1999). Eine *indígena*, die Rechtsanwältin Nina Pacar, wurde Vizepräsidentin des Parlaments.

Doch diese wachsende Einbindung in demokratische Instanzen ist für die indigene Bewegungen ambivalent. Diego Iturralde ist zuzustimmen,

> daß in dem Maße, wie sie sich dem etablierten System nähern, um die erstrebten Machtpositionen und Autonomie zu erobern, sie sich von ihrer Identität und von der besonderen Organisationsdynamik, die sie sich in den letzten 25 Jahren mühsam aufgebaut haben, entfernen. Die Nutzung neuer Freiräume im Rahmen der Modernisierung des Staates erscheint damit gleichzeitig wie eine Drohung neuer Unterordnungen (Iturralde 1997: 82).

Tatsächlich erzeugten die ersten Wahlerfahrungen in Kolumbien, Bolivien und Ekuador Brüche und Unstimmigkeiten unter den indigenen Bewegungen (Iturralde 1997: 82)[12]. So beteiligte sich die CONAIE im Oktober 1998 und Februar 1999 nicht an dem von ihren alten Bündnispartnern – den Gewerkschaften und linken Parteien – ausgerufenen Generalstreik gegen das neoliberale Regierungsprogramm, was ihnen als Verrat an der gemeinsamen Sache auch in den eigenen

---

[12] Für Bolivien siehe Albó 1999, für Ekuador siehe Siebert 1999.

Reihen vorgeworfen wurde. Und beschämend war, wie sich ein Vizepräsident der CONAIE unter der Präsidentschaft des Populisten Abdalá Bucaram 1996 zum Minister für Indigene Angelegenheiten ernennen ließ und nach dem Sturz der Präsidenten wegen Betruges und Unterschlagung ins Gefängnis wanderte.

So manche Führungspersönlichkeit veränderte sich durch die Teilhabe an der Macht, auch wenn sie noch so begrenzt war: Nicht wenige der einst kämpferischen *dirigentes* sind mittlerweile mehr daran interessiert, als Individuen Karriere zu machen und persönliche Macht durch Positionen auf der Landkreisebene, im Parlament oder in einer staatlichen Institution zu haben, als sich weiter an kollektiven Kämpfen an der Basis zu beteiligen. Korruption oder Kooption durch politische Parteien tragen dazu bei, ehemalige gemeinsame Kämpfer voneinander zu trennen, zu neutralisieren, sie zu Gegnern zu machen und damit die Bewegung zu schwächen.

Dem Anschein nach können sich auch die indigenen Organisationen nicht loslösen von jenen negativen Relikten, die die politischen Kulturen in Ländern wie Bolivien und Ekuador mitgeprägt haben und die im Demokratisierungsprozess noch nicht überwunden wurden: Populismus, Korruption und undemokratische Verfahrensweisen.

Bolivien, Ekuador, Kolumbien – jeweils ein Pulverfass

Dennoch erfüllten sich die Erwartungen der Regierenden nicht, durch die Reformen grundlegende Gegensätze zwischen Staat und indigenen Völkern zu überwinden und Interessenkonflikte auf institutionellem Wege oder durch Vereinnahmung von Organisationen bzw. ihrer Führungspersönlichkeiten zu lösen.

Das sollte sich im letzten Drittel der 90er Jahre zeigen. Die stärkste internationale Aufmerksamkeit erzielten die Aufstände 2000 und 2001 in Ekuador und der Widerstand in Kolumbien und in Bolivien gegen die von den USA durchgesetzte Drogenbekämpfungspolitik. Allerdings unterscheiden sich die diesbezüglichen Strategien der indigenen Organisationen in beiden letztgenannten Ländern erheblich voneinander. Zunächst aber zu Ekuador:

Ekuador

Auslöser des Aufstandes im Januar 2000 waren die schwere Finanzkrise des Landes und die auf Druck des Internationalen Währungsfonds eingeleiteten Wirtschaftsstrukturmaßnahmen einschließlich der angekündigten Dollarisierung zur Sanierung der Wirtschaft. Unmittelbare Ursache dafür waren das hohe Haushaltsdefizit, betrügerische Bankenzusammenbrüche, die teilweise Einstellung der Schuldentilgung 1999 und die Hyperinflation. Misswirtschaft und Korruption, der Krieg 1995 gegen Peru um ein Stück Urwald, die *El Niño*-Naturkatastrophe 1997, die Zerstörungen, enorme Einbußen in der Landwirtschaft und Schäden in Milliardenhöhe wegen Überschwemmungen sowie der Verfall des Erdölpreises 1998 hatten das Land in diese Lage gebracht.

Die Sparschraube setzte 1999 zunächst bei den Gehältern staatlicher Angestellter und den Sozialausgaben an, was besonders die ärmeren Schichten der Gesellschaft traf. Darauf folgte die Anhebung der Energiepreise, was nicht nur das Transportwesen, sondern damit auch das Warenangebot verteuerte. Erste massive Proteststreiks im März und Juni 1999, die das Land lahm legten, waren die Reaktion. Doch Präsident Mahuad, selbst in die Korruption verstrickt, verschärfte mit seinen untauglichen Sanierungsmaßnahmen noch die Armut und den Unmut. Im Januar 2000 bildeten die verschiedenen *indígena*-Verbände unter Führung der CONAIE und zusammen mit anderen sozialen Gruppen ein „Volksparlament"; eine Woche später wurde der Präsident gestürzt. Einige Offiziere solidarisierten sich mit dem Aufstand und für wenige Stunden lag die Regierungsgewalt in den Händen einer Junta von Offizieren und der Führung der CONAIE – bis die Militärs dem Vizepräsidenten, Gustavo Noboa das Präsidentenamt übergaben. Dieser setzte den Kurs seines Vorgängers fort – und sah sich ein Jahr später, im Januar 2001, erneuten heftigen Protestaktionen gegenüber: Auch dieses Mal agierten Studenten, Gewerkschaften, Volksorganisationen – und allen voran die CONAIE – zusammen und forderten die Rücknahme der wirtschaftspolitischen Sparpakete und der Dollarisierung.

Aus den zunächst friedlich verlaufenden Streiks und Demonstrationen wurden blutige Schlachten mit mehreren toten Demonstranten. Der Präsident hatte Stärke zeigen wollen, hatte Polizei und Militär eingesetzt und ein hartes Vorgehen befohlen, anstatt selbst mit den Demonstranten zu sprechen. In der zweiten Woche verhängte er den Ausnahmezustand und ließ den Präsidenten der CONAIE, Antonio Vargas, zwei Tage lang festnehmen.

Der Einsatz von Schusswaffen gegen die unbewaffnete und friedlich demonstrierende Bevölkerung – *indígenas* der Region Napo – rief breite Empörung und Solidarisierung mit den Aufständischen hervor, zumal die indigenen Organisationen bis zuletzt zu friedlichen Widerstandsformen aufgerufen hatten. Auf Vermittlung einer Verhandlungskommission unter Leitung der katholischen Kirche schlossen die Regierung und die CONAIE am 9. Februar 2001 ein Abkommen, demzufolge die kräftig angehobenen Benzinpreise für ein Jahr eingefroren und die zuvor erhöhten Tarife für Haushaltsgas um 20% gesenkt wurden. Gemessen an den Forderungen ein sehr mageres Ergebnis, das die Probleme letztlich nur vertagt. Die indigenen Organisationen wollten mit der Zustimmung zum Abkommen ihre Bereitschaft zu friedlichen Lösungen dokumentieren. Doch mindestens ein Punkt wird noch zu heftigen Auseinandersetzungen innerhalb der indigenen Bewegung Anlass bieten: Die Regierung verpflichtet sich, die indigenen Organisationen bei Beschlüssen in steuer- und geldpolitischen Belangen zu konsultieren. Bleibt abzuwarten, was im nächsten Jahr geschieht, wenn die Regierung es nicht schafft, wirksame Konzepte vorzulegen, um die Armut zu bekämpfen.

CONAIE und die indigenen Organisationen sind in ihrem Land zum Symbol des Widerstandes gegen Globalisierung geworden. Ihre Führung weiß aber, dass dies nicht genügt, sondern es an der Zeit ist, selbst Lösungsvorschläge auf den Tisch zu legen, wie ihr Berater, der Ökonom Alberto Acosta (2001) unterstreicht. Ihr politisches Projekt einer grundlegenden Umwälzung des Staates haben sie nicht aufgegeben:

- Die territoriale Neuordnung des Staatsverbandes, die den konstitutiven Nationalitäten eine eigene territoriale Basis verschafft, Selbstverwaltung und Autonomie, Garantie des freien Zugangs zu natürlichen Ressourcen und Anerkennung indigener Kulturen und kultureller Praxis.
- Veränderungen der ökonomischen und politischen Struktur des Staates auf der Grundlage der Überwindung kapitalistischer Produktionsverhältnisse und eines kommunitären-ökologischen Wirtschaftsmodells, das den realen Bedürfnissen der Ekuadorianer gerecht wird (Frank 1992; Siebert 1999).

Bleibt die Frage, wann und wie dieses Projekt umgesetzt werden kann.

Bolivien

Als Reaktion auf die schwere wirtschaftliche Krise, die das Land seit 1999 erlebt sowie auf verschärfte Interessenkonflikte zwischen verschiedenen sozialen Akteuren und der Regierung in den Bereichen Wirtschafts- und Sparmaßnahmen, Drogenbekämpfung, Wasser- und Agrargesetzgebung hat der soziale Protest Ausmaße erlangt wie seit 1982/83 nicht mehr.[13] An den landesweiten Protestaktionen, den Märschen, Streiks, Straßenblockaden beteiligten sich maßgeblich auch die verschiedenen Bauern- und indigenen Organisationen. Doch anders als in Ekuador durchkreuzen Einzelinteressen die politischen Gemeinsamkeiten. Die existierenden politischen Differenzen in bezug auf Teilziele, Strategien und Bündnisse werden durch persönliche Rivalitäten und Animositäten von Führungspersonen vertieft. Unterschiedliche gesellschaftliche Visionen, wie sie die bolivianische Bauern- und *indígena*-Bewegung immer schon gekennzeichnet haben, erhalten verstärkte politische Brisanz und heizen Spaltungstendenzen innerhalb des einstmals so kraftvollen Bauernverbandes CSUTCB (*Confederación Sindical Única de Trabajadores Campesinos de Bolivia*) an.

Der Kampf um die Führerschaft bestimmte den IX Kongress der CSUTCB[14], auf dem eine neue Verbandsleitung gewählt werden sollte. Die zwei Linien, die sich hier gegenüberstehen, sind personifiziert in zwei charismatischen *líderes*: dem Führer der Verbände der Kokabauern, Evo Morales, und dem bisherigen Exekutivsekretär, Felipe Quispe, der sich *El Mallku*, „der Condor", nennt und sich als eine Art Reinkarnation von Túpac Katari darstellt, des Helden des antikolonialen Widerstandes. Keiner von beiden kandidierte für das Amt, vielmehr

---

[13] Siehe dazu den Beitrag von Ulrich Goedeking (S. 297-312) in diesem Band.

[14] Zu den Ereignissen um den Kongress siehe Bolivia-Sago 2001, Nr. 126, Nr. 127; zu den verschiedenen politischen Positionen Interviews ebda. sowie in ILA 2001, Nr. 244 sowie Oblitas 2001.

schickte jeder seine Truppen ins Gefecht und diese trugen ihre gegenseitigen Manipulationsvorwürfe auch handgreiflich aus. Die Wahl des neuen Vorstandes brachte eine vorübergehende Spaltung des Verbandes mit sich. Die Verliererfraktion des vorherigen Exekutivsekretärs Quispe wie auch der Gewerkschaftsdachverband *Central Obrera Boliviana* (COB) sprachen der neuen Leitung jede Legitimation ab, weil ihre Wahl nur auf einer geringen Anzahl der Abstimmungsberechtigten basierte. Die Regierung hatte leichtes Spiel vorgesehene Verhandlungen abzusagen. Da in der hochbrisanten politischen Lage eine CSUTCB-Führung ohne ausreichende Legitimation ein Unding ist, einigte man sich auf eine Wiederholung des Kongresses im April 2001 und auf Absprachen zwischen den beiden Kontrahenten: Quispe sagte Morales die Unterstützung der Protestmärsche und der politischen Forderungen der Kokabauern zu – und wurde diesmal wiedergewählt. Allerdings verdankt er dies nicht allein dem Arrangement mit Morales, sondern der großen Unterstützung der Mehrheit der diesmal zahlreich anwesenden Delegierten. Die politischen Positionen von *El Mallku* finden offenbar zunehmend Anhängerschaft. Er vertritt seinen militanten Indianismus mit rassistischen Diskursen. Hauptfeind ist das „herrschende System des Imperialismus und Kapitalismus, Neoliberalismus und der Globalisierung". Repräsentanten dafür sind u.a. die „weißen Städter". Die Beteiligung am parlamentarischen System lehnt er als Verrat an der Sache der Aymara, Quechua und anderen indigenen Völker ab – womit er zwar zu seiner eigenen Präsidentschaftskandidatur für die Partei *Eje Pachakutik* 1997 im Widerspruch steht – aber die Strategie des *Movimiento al Socialismo* (MAS), der seine Basis bei den Kokabauern hat und für den sein Gegner Evo Morales im Parlament sitzt, diskreditiert.

Quispes gegenwärtiges politisches Programm zielt auf eine neue Agrargesetzgebung auf der Grundlage der Struktur der andinen Ayllus. Dies ist Teil seines Programms eines neuen Staates mit einer Verfassung, durch welche die indigenen Bauern die politische, wirtschaftliche und militärische Kontrolle über das Land übernehmen sollen. Auch wenn Quispe derzeit den bewaffneten Kampf nicht als angemessene Strategie bezeichnet, vielmehr in einem auf längere Zeit angelegten Organisierungs- und Bewusstwerdungsprozess im Rahmen seiner neu gegründeten Partei *Movimiento Indígena Pachakutik* (MIP) anstrebt, ist in seinen Diskursen seine Vergangenheit in dem einstigen kleinen Guerillatrupp *Ejército Guerrillero Túpac Katari* (EGTK) mit seinen militanten Aktionen, für die er insgesamt über fünf Jahre im Gefängnis verbringen musste, durchaus gegenwärtig.

Sein politischer Rivale, Evo Morales, führt seit Jahren den Kampf der sechs Verbände der Kokabauern gegen die unter Druck der US-Drogenpolitik durchgeführten nationalen Koka-Vernichtungsmaßnahmen an. Das Widerstandspotential der Kokabauern umfasst nicht nur die Produzentenorganisationen des Chapare, sondern auch zunehmend die Organisationen der Yungas-Region von La Paz. Hier haben die *indígena*-Bauern die Anbauflächen in den letzten Jahren über das gesetzlich erlaubte Maß für den traditionellen Konsum hinaus erheblich erweitert. Zur Umsetzung seines *Plan de Dignidad* setzte der 1997 ins Amt gewählte Präsident Hugo Banzer immer stärker auf militärische Operationen und modernes Kriegsgerät, für das der Landeshaushalt Millionenausgaben vorsieht, was das bereits feindliche politische und soziale Klima bei der unter Armut leidenden Bevölkerung weiter anheizt.

Der Regierungsplan einer vollständige Vernichtung des Kokaanbaus im Chapare und einer Teilvernichtung in den Yungas und die damit verbundenen Substitutionsmaßnahmen, die mit erheblichen finanziellen Mitteln (fast eine Milliarde US-Dollar) von internationalen Gebern unterstützt werden, treffen bei der Mehrheit der Kokabauern im Chapare auf sehr geringe Akzeptanz und werden in den Yungas vollständig abgelehnt, da mit den Alternativprodukten keine ähnlichen Einnahmen zu erzielen sind. Dass die Ausrottungskampagne dennoch im Chapare erhebliche Erfolge aufweisen kann, ist der ständigen Präsenz von Streit- und Sicherheitskräften in der Region geschuldet, die den Drogenhändlern die Arbeit erschweren. Da es immer wieder zu Übergriffen gegenüber Bauern und zu bewaffneten Auseinandersetzungen kommt, bei denen Tote zu beklagen sind, empfindet die Bevölkerung des Chapare diese Präsenz als Belagerungszustand.

Morales kämpft sowohl im Parlament wie auf der Straße für die Verhinderung der Ausweitung des *Plan Colombia* auf Bolivien im Rahmen der *Iniciativa Andina*, mit der die USA die Drogenbekämpfung auf die gesamte Region ausweiten und intensivieren wollen (vgl. ILA 2001: 20). Sein politisches Organ MAS hat daher bisher seine Anhängerschaft fast ausschließlich unter Kokabauern, genießt aber auch Sympathie bei der Linken im Gewerkschaftsdachverband COB, zumal MAS für die Wiederverstaatlichung von strategischen Betrieben und für die Ablehnung des neoliberalen Wirtschaftsmodells eintritt.

Auch wenn die Basis von MAS und den Verbänden der Kokaproduzenten indigene Bauernfamilien sind, so spielt doch in ihrem Selbstverständnis die kulturelle Identität eine nachgeordnete Rolle. Die *cocaleros* definieren sich in erster Linie über ihre Klassenzugehörigkeit. Das Bestreben von Evo Morales, die CSUTCB vollständig hinter seinem politischen Programm zu versammeln, gelang bisher nicht, denn viele Hochlandbauern denken wie der alte und neue Vorsitzende Quispe: Was geht mich die Koka an, ich bin kein Kokaproduzent. Und da sie sich trotz Volksbeteiligungsgesetz immer noch als Exkluierte im Staat fühlen und ihrer kulturellen Praxis in den Dorfgemeinschaften eng verbunden sind, sind sie offen für die indianistischen Diskurse von *El Mallku*.

Gänzlich außerhalb dieser Kämpfe stehen die Organisationen der Tieflandvölker mit ihrem Dachverband *Central Indígena del Oriente Boliviano* (CIDOB), der ca. 30 Ethnien und etwa 70.000 Landarbeiterinnen repräsentiert. Als sie sich 1990 auf ihren „Marsch für Territorium und Würde" machten und erstmals auf der nationalen politischen Bühne auftraten, ging es ihnen darum, gegen die zunehmende Zerstörung ihres Lebensraumes zu protestieren und unter dem Druck der Öffentlichkeit ihre Forderungen nach Selbstbestimmung durchzusetzen. Zwar gelang ihnen Letzteres nicht, doch im Verlaufe der nächsten Jahre erzielten sie einige Teilerfolge, dazu gehörten Präsidialdekrete zur Anerkennung von fünf *territorios indígenas* sowie die Verhandlungen über ein an der ILO-Konvention 169 orientiertes Gesetz über die Rechte indigener Völker. Sie setzten die Themen von kulturellen Identitäten und Praxis, Umwelt und nachhaltiger Entwicklung in Zusammenhang mit ihren Forderungen nach Selbstverwaltung und eigenständiger Entwicklung in Naturräumen, in denen sie seit Jahrhunderten leben (Liberman/Godinez 1992). Und es gelang ihnen, eine breite Öffentlichkeit für sich zu gewinnen: Gewerkschaften, Medien, Intellektuelle, den progressiven Teil der katholischen Kirche, NRO – und nicht zuletzt die internationale Gebergemeinschaft. Die beharrliche Interessenvertretung gegenüber staatlichen Instanzen, verbunden mit einer intensiven Lobbyarbeit und zudem eingebettet in die internationale Debatte über Regenwaldschutz und Rechte indigener Völker trug Früchte. Im Staatssekretariat für Ethnische Angelegenheiten, das die Regierung Sánchez de Lozada neu schuf, wurde der Prozess der Vergabe kollektiver Landtitel und Waldnutzungsrechte an indigene Gemeinschaften eingeleitet und anschließend im neuen Landgesetz (*Ley INRA*) von 1996 kodifiziert. Im Volksbeteiligungsgesetz wurden einige der Forderungen aus den Vorschlägen der CIDOB für ein Gesetz für indigene Völker aufgenommen.

In der aktuellen Auseinandersetzung mit der Regierung um die *Ley INRA* tritt CIDOB, mit Sinn für das Naheliegende, für die Beibehaltung des Gesetzes ein und fordert nur Modifizierungen. Die CSUTCB hingegen und insbesondere die Anhänger von Quispe fordern die Rücknahme des Landgesetzes und legten einen Vorentwurf für ein Alternativgesetz vor, das eine Territorialordnung gemäß indigener Traditionen vorsieht und das Eigentum an sämtlichen natürlichen Ressourcen in diesem Territorium an die indigenen Gemeinschaften überträgt – darin der Konzeption von CONAIE in Ekuador nicht unähnlich. Und auch CIDOB hatte Anfang der 90er Jahre in ihren Entwürfen für ein Gesetz für indigene Völker in Teilen vergleichbare Positionen skizziert. Im Unterschied zu den Aymara und Quechua zeichnen sich jedoch die Organisationen der Völker des Tieflandes durch Kompromissbereitschaft mit den Regierenden aus. Eine Ursache dafür mag ihre sehr unterschiedlich verlaufene Geschichte der Beziehungen zum Staat sein. Noch wichtiger aber ist, dass sie zahlenmäßig Minoritäten sind und aufgrund des rapiden Vordringens einer rücksichtslosen Marktökonomie und Ausbeutung der Naturressourcen, die ihr Überleben bedrohen, einem enormen Handlungsdruck ausgesetzt sind. Gesetzentwürfe für eine ferne Zukunft können sie sich nicht leisten.

Kolumbien

Mit einer Bevölkerungsanteil von zwei Prozent scheint die indigene Bevölkerung in diesem Land eine zu vernachlässigende Größe zu sein, wenn es um die Lösung der zentralen Probleme geht: der bewaffnete Konflikt und die Drogenbekämpfungspolitik. Mitnichten. Die Organisationen der indigenen Völker gehören in Kolumbien zu den stärksten und stabilsten im Spektrum der sozialen Bewegungen (Stahn 2001). Der *Consejo Regional Indígena del Cauca* (CRIC), mit 27 Jahren älteste, größte und erfahrenste unter den zahlreichen Regionalorganisationen, spielt eine Vorreiterrolle nicht nur hinsichtlich seiner Strategien und Praxis in der Region im sozialen, wirtschaftlichen, politischen und bildungspolitischen Bereich, sondern auch bei der Entwicklung von Vorschlägen für den Friedensprozess und für Alternativen zur desaströsen Regierungspolitik gegen den illegalen Drogenanbau.

Seit den Vorbereitungen für die verfassunggebende Versammlung hat für den CRIC – wie für die überwiegende Mehrheit in der indigenen Bewegung – die politische Partizipation innerhalb staatlicher Strukturen einen erheblichen Stellenwert in ihrer politischen Arbeit, um Einfluss und Kontrolle auf der nationalen, den Departements- und Kreisebenen ausüben zu können. Es war daher nur folgerichtig, zusammen mit anderen Regionalorganisationen und der ehemaligen *indígena*-Guerilla *Quintín Lame* 1991 die politische Bewegung *Alianza Social Indígena* (ASI) zu gründen, um damit den politischen Spielraum der Partizipation und Einflussnahme auszuweiten. Wie sehr sich diese Strategie bewährt hat, zeigt die Gouverneurswahl im Oktober 2000 im Departement Cauca, wo erstmals ein *indígena*, der Agronom Floro Alberto Tunubalá mit überwältigender Mehrheit zum Gouverneur gewählt wurde. Tunubalá führt den *Bloque Social Alternativo* an, ein Bündnis verschiedener politischer und sozialer Organisationen, zu denen nicht nur ASI, CRIC, und der Zusammenschluss der indigenen Autoritäten des Cauca (AICO) gehören, sondern auch nicht-indigene Verbände. Unterstützung erhielt er von Kleinbauern, Angehörigen schwarzer Gemeinschaften, Stadtteilkomitees sowie von Persönlichkeiten, die sich für die Demokratisierung der Politik und für den Friedensprozess einsetzen.

Das Bündnis selbst ist einmal mehr Ausdruck für die kreative Kraft der indigenen Bewegung in Kolumbien. Die generellen Themen wie menschenwürdiges Leben, gerechte Gesellschaft, regionale Autonomie, Respektierung der kulturellen Vielfalt werden in Form von realistischen Lösungsansätzen für die konkreten Probleme der Region buchstabiert: Allen voran die Ausweitung des illegalen Drogenanbaus, deren Bekämpfung staatlicherseits im Rahmen des *Plan Colombia*, der Gewalt sowie der Präsenz von Militär, Paramilitär und Guerilla in der Region. Die Leitlinie, die Tunubalá für seine alternative Regional- und Entwicklungspolitik formulierte, entspricht dem Politikstil der *indígenas* im Cauca. Diese haben es verstanden – anders als etwa in Bolivien – trotz Differenzen unterschiedliche gesellschaftliche und ethnische Gruppen zusammenzuschließen (Reis 2001: 39). Darauf bauen Tunubalá und auch der CRIC (siehe CRIC 2001: 19; Reis 1999) ihre Vorschläge für ein Alternativprogramm zum *Plan Colombia* auf. Verfolgt wird ein integraler Entwicklungsansatz, der die Substitution von Drogenpflanzen einschließt. Ansetzend an positiven Erfahrungen des CRIC von Guambiano- und Paez-Gemeinden soll statt der umweltzerstörenden biochemischen Vernichtungsmaßnahmen die manuelle Vernichtung durchgeführt werden.

Amtsträger in den Nachbardepartements Nariño, Tolima, Putumayo und Huila teilen die Opposition des *Bloque Social Alternativo* im Cauca gegen die Regierungspolitik des militärischen und repressiven Vorgehens sowie des Herbizideinsatzes im Drogenkrieg. Sie sind alle beteiligt am Netzwerk *Paz Colombia*, einer breiten Friedensinitiative verschiedener Basisbewegungen, sozialer Gruppen und Einzelpersonen.

Wie bereits von CRIC praktiziert, wird bei den Friedensbemühungen auf den Dialog mit den bewaffneten Akteuren gesetzt. Dass diese Strategie lebensgefährlich ist, beweisen Todesdrohungen. Wie schwer es ist, sich zwischen den Feuern zu bewegen, musste der CRIC immer wieder erfahren: Aufgrund seiner regierungskritischen Haltung wurde er von staatlichen Sicherheitskräften wiederholt mit der Subversion in Verbindung gebracht. Die Guerilla wiederum versucht, sich der Organisationsprozesse der *indígena*-Gemeinschaften zu bemächtigen. Dazu die Vizepräsidentin des CRIC:

> Die Mittel, die wir dagegen haben, sind unsere Arbeit, unsere Projekte, aber auch der Dialog. Die Position des CRIC ist die Verteidigung der territorialen Autonomie und der Konzertierung. Wir mußten immer sowohl mit den Militärs als auch mit den Guerillagruppen reden (Reis 1999:17).

Die Zunahme der Präsenz von Paramilitärs in der Region macht eine zusätzliche Front auf. Dennoch hat der CRIC eine weitere bemerkenswerte Initiative zur Unterstützung des Friedensprozesses ergriffen. Seit 1999 werden auf dem Territorium der Reservation (*Resguardo*) La María/Piendamó Foren über soziale, wirtschaftliche und kulturelle Grundrechte sowie nachhaltiges ökologisch verträgliches Wirtschaften durchgeführt, wo Basisorganisationen, Initiativen aus anderen Regionen, Fachleute und Politiker miteinander ins Gespräch kommen.

Für die indigenen Organisationen im Süden Kolumbiens und ihre Bündnispartner gibt es keinen anderen Weg zum Frieden als über Dialog, konkrete Basisarbeit zur Verbesserung der wirtschaftlichen und sozialen Lage sowie über internationale Lobbyarbeit. Dies beherrschen sie auf der Grundlage ihrer Erfahrung außerordentlich gut. Nicht zuletzt hat dazu die starke Präsenz von Frauen in der Führung von indigenen Organisationen und des CRIC beigetragen.

Abschließende Betrachtungen

Die Organisationen der indigenen Völker in den Andenländern sind zu politischen Akteuren geworden, die nicht mehr zu übergehen sind. Sie haben seit den 70er Jahren wichtige Erfolge, insbesondere im rechtlichen Bereich erkämpfen können und einen Wandel in der öffentlichen Wahrnehmung erreicht. Doch von ihren Zielen sind sie noch weit entfernt.

In dem Maß, wie die wirtschaftlichen und kommunikativen Globalisierungsprozesse ihre Lebenswirklichkeit durchdringen, nehmen zwar die multiplen Identitäten von denen Degregori (1993) spricht zu, dennoch haben – das wird mit Ausnahme von Peru ganz offensichtlich – die ethnisch-politischen Ausdrucksformen für viele eine größere Nähe zu ihrer Realität als das traditionelle politische Parteienwesen. Der Rückgriff auf die eigene, reale oder imaginierte Kultur eignet sich nicht nur für identitätsstiftende Diskurse und Legitimierung von Ansprüchen, sondern, siehe Kolumbien und Ekuador, ebenso für kreatives politisches Handeln und Überlebensstrategien.

Beim Vergleich der 90er mit den 70er Jahren fallen nicht so sehr die Unterschiede auf als vielmehr die Kontinuitäten. Was stattfindet, ist eine Ausdifferenzierung von Visionen, Programmen und Zielen gemäß der gesellschaftlichen Erfahrungen und der Veränderungen wirtschaftlicher und politischer Rahmenbedingungen. Rechtsreformen und verbesserter Zugang zu Bildung und zu internationalen Institutionen haben zwar Chancen eröffnet, zugleich entstanden aber große neue Konfliktfelder, ohne dass die alten grundlegenden Probleme – die Armut und ihre Folgen – gelöst wären. Nationale und internationale Entwicklungs- und Armutsbekämpfungsprogramme waren bisher für die Betroffenen weder sehr überzeugend noch hatten sie entscheidend positive Wirkungen. Wo aber keine Besserung der Lebensqualität in Sichtweite ist, vielmehr die Verarmung noch zunimmt, da entsteht Nährboden für radikales Aufbegehren. Jedoch sollte der Blick sich nicht auf die Protest- und Konfrontationsaktionen verengen. Unbestreitbar ist es das Verdienst der indigenen Organisationen, die Bedeutung von kultureller Praxis und kulturellem Wissen als wichtige gesellschaftliche Ressourcen ins Bewusstsein nicht nur der indigenen Bevölkerung gerückt zu haben.

In einem inneren Zusammenhang damit steht, dass Konsolidierung von Demokratie und Stabilität in den Andenländern auch daran zu messen sein wird, ob und wieweit es den Menschen möglich wird, ein Leben in Würde zu führen. Dieses kulturelle Konzept der indigenen Völker umfasst sehr vielmehr als „Armutsbegrenzung".

Literaturverzeichnis

Acosta, Alberto (2001): „Die Hand mit vier Fingern. Interview mit Boris Siebert". In: *ILA-Info* Nr. 243, März, S. 7-9.

Adrianzén, Alberto u.a. (1993): *Democracia, etnicidad y violencia política en los países andinos*, Lima.

Albó, Javier (1999): „Diversidad Étnica, Cultural y Lingüística", in: Campero Prudencio, Fernando (Hrsg.): *Bolivia en el siglo XX*, La Paz, S. 451-483.

Alemancia, Jesús Q. (2001): „CIA entdeckt indigene Bedrohung", in: *ILA-Info* Nr. 242, Febr., S. 20.

Bolivia-Sago Informationsblatt – Analysen und Berichte. Sept. 2000-Januar 2001, Nr. 126, 22. Jg.

--- Februar 2001-Mai 2001, Nr. 127, 22. Jg.

Calla Ortega, Ricardo (1993): „Hulla hayllisa huti. Identificación étnica y procesos políticos en Bolivia", in: Alberto Adrianzén u.a.: *Democracia, etnicidad y violencia política en los países andinos*, Lima, S. 57-82.

Carrasco, Tania u.a. (Hrsg.) (1999): *Doce experiencias de desarrollo indígena en América Latina*, La Paz.

CRIC (2001): „Stellungnahme des Regionalen Indianerrates des Cauca (CRIC)", in: *Progrom* „Koka –Krieg und Korruption", Nr. 208, 1/2001, 31. Jg., Kassel, S. 19.

Degregori, Carlos Iván (1993): „Identidad étnica. Movimientos sociales y participación política en el Perú", in: Alberto Adrianzén u.a.: *Democracia, etnicidad y violencia política en los países andinos*, Lima, S. 113-136.

Diskin, Martin (1991): „Ethnic Discourse and the Challenge to Anthropology: The Nicaraguan Case", in: Greg Urban/Joel Sherzer (Eds.): *Nation-States and Indians in Latin America*, Austin, S. 156-180.

Frank, Erwin H. (1992): „Geschichte und Utopie: Die indianistische Bewegung in Ekuador", in: Dietmar Dirmoser u.a. (Hrsg.): *Lateinamerika – Analysen und Berichte* 16. Münster und Hamburg, S. 48-65.

Guerrero, Andrés (1993): „De sujetos indios a ciudadanos étnicos: de la manifestación de 1961 al levantamiento indígena de 1990", in: Alberto Adrianzén u.a.: *Democracia, etnicidad y violencia política en los países andinos*, Lima, S. 83-102.

Hurtado, Javier (1986): *El Katarismo*, La Paz.

ILA Info 2001: „Bolivien", Nr. 244, April.

Iturralde Guerrero, Diego A. (1997): „Indigene Forderungen und gesetzliche Rahmenbedingungen: Herausforderungen und Widersprüche", in: von Gleich, Utta (Hrsg.): *Indigene Völker in Lateinamerika – Konfliktfaktor oder Entwicklungspotential?* Frankfurt/M., S. 74-102.

Liberman, Kitula/Armando Godinez (Coord.) (1992): *Territorio y dignidad. Pueblos indígenas y medio ambiente en Bolivia*, La Paz.

Montoya, Rodrigo (1993): „Libertad, democracia y problema étnico en el Perú", in: Alberto Adrianzén u.a.: *Democracia, etnicidad y violencia política en los países andinos*, Lima, S. 103-112.

Müller-Plantenberg, Clarita/Theo Rathgeber (2001): „Plan Colombia", in: Karin Gabbert u.a. (Hrsg.): *Lateinamerika – Analysen und Berichte* 25. Münster, S. 178-187.

Münzel, Mark (1985): „Der vorläufige Sieg des indianischen Funktionärs über den indianischen Medizinmann in Lateinamerika. Anmerkungen zum europäischen Diskurs über ethnische Minderheiten in der Dritten Welt", in: *PERIPHERIE* Nr. 20, S. 5-17.

Muyuy Jacanamejoy, Gabriel (1997): „Indigene Bewegung in Kolumbien: Eine Erfahrungsbericht zur politischen Partizipation", in: Utta von Gleich, (Hrsg.): *Indigene Völker in Lateinamerika – Konfliktfaktor oder Entwicklungspotential?* Frankfurt/M., S. 243-262.

Oblitas, Mónica (2001): „Juntos ni al cementerio – Entrevistas con Felipe Quispe, Alejo Véliz, Evo Morales", in: *La Prensa*, Suplemento El Domingo, 29.4.2001.

Reis, Bettina (2001): „Ein Prost auf Mama Coca", in: *ILA-Info* Nr. 242, Febr., S. 39.

--- (1999): „Wir brauchen Integrale Lösungen – Interview mit Abelina Pancho, Vizepräsidentin des Regionales Indígena-Rats des Cauca", in: *ILA-Info* Nr. 223, März, S. 14-15.

República de Bolivia, Ministerio e Desarrollo Humano, Secretaría Nacional de Participación Popular (1997): *El pulso de la democracia. Participación ciudadana y descentralización en Bolivia*, Caracas.

Siebert, Boris (2001): „Die Hand mit vier Fingern. Ecuador ein Jahr nach seinem Souveränitätsverlust – Interview mit dem Ökonom Alberto Acosta", in: *ILA-Info* Nr. 243, März, S. 7-9.

--- (1999): „Von breiter Mobilisierung zu ,konstruktiver Kritik'", in: *ILA-Info* Nr. 223, März, S. 4-6.

Stahn, Jürgen (2001): „Neues Selbstbewusstsein", in: *ILA-Info* Nr. 242, Febr., S. 36-38.

Stavenhagen, Rodolfo (1997): „Indigene Völker: Neue Akteure in Lateinamerika", in: Utta von Gleich, (Hrsg.): *Indigene Völker in Lateinamerika – Konfliktfaktor oder Entwicklungspotential?* Frankfurt/M., S. 15-33.

Ströbele-Gregor, Juliana (1999): „Ley de Participación Popular y Movimiento Popular en Bolivia", in: Peter Hengstenberg/Karl Kohut/Günther Maihold (Eds): *Sociedad Civil en América Latina: representación de intereses y gobernabilidad*, Caracas, S. 133-146.

--- (1997): „Zwischen Konfrontation und Kooperation: Indianische Bewegung und Staat in Bolivien", in: Utta von Gleich, (Hrsg.): *Indigene Völker in Lateinamerika – Konfliktfaktor oder Entwicklungspotential?* Frankfurt/M., S. 127-157.

--- (1996): „Culture and Political Practice of the Aymara and Quechua in Bolivia – Autonomous Patterns of Modernity in the Andes", in: *Latin American Perspectives LAP*, Issue 89, Vol. 23, No. 2, Spring 1996, S. 71-89.

--- (1994a): „Politische Kultur der Aymara und Quechua in Bolivien – Formen des eigenständigen Umgangs mit der Moderne", in: Max Peter Baumann (Hrsg.): *Kosmos in den Anden*, Düsseldorf, S. 458-488.

--- (1994b): „Abschied von Stief-Vater-Staat. Wie der neoliberale Rückzug des Staates die politische Organisierung der Ausgeschlossenen fördern kann", in: Dietmar Dirmoser u.a. (Hrsg.): *Lateinamerika – Analysen und Berichte 18*. Bad Honnef, S. 106-130.

--- (1993): „Gleichheit in der Verschiedenheit – der multiethnische, plurikulturelle Staat als gesellschaftliche Vision indianischer Völker", in: *NORD-SÜD Aktuell*, Jg. VII, Nr. 2, S. 284-291.

--- (1992): „Vom indio zum mestizo.... zum indio", in: Dietmar Dirmoser u.a. (Hrsg.): *Lateinamerika – Analysen und Berichte 16*. Münster und Hamburg, S. 95-11.

--- (1989): *Indios de piel blanca. Sectas fundamentalistas en Chukiyawu*, La Paz (spanische Version von: Ströbele-Gregor, Juliana (1988): *Dialektik der Gegenaufklärung – Zur Problematik fundamentalistischer und evangelikaler Missionierung bei den urbanen aymara in La Paz (Bolivien)*, Bonn).

von Gleich, Utta (Hrsg.) (1997): *Indigene Völker in Lateinamerika – Konfliktfaktor oder Entwicklungspotential?* Frankfurt/M.

Wimmer, Andreas (1993): „Ethnische Radikalismus als Gegennationalismus: Indianische Bewegung im 6. Jahrhundert nach Kolumbus", in: Peter R. Gerber (Hrsg.): *500 Jahre danach: Zur heutigen Lage der indigenen Völker beider Amerikas*, Zürich, S. 127-150.

Teil 2:
Die Spezifika der nationalen Problemlagen

Jörg Röder / Michael Rösch

Abgesang auf eine weitere enttäuschte Hoffnung? – Der Niedergang der bolivarianischen Republik

Venezuela galt lange Zeit als stabilste Demokratie Lateinamerikas, in der nach anfänglichen Schwierigkeiten keine schweren politischen Krisen mehr auftraten. Diese Phase der Stabilität wurde durch die Unruhen 1989 und die Staatsstreiche 1992 jäh beendet. Als einer der Putschisten, der Oberstleutnant Hugo Chávez Frías, 1998 zum Präsidenten gewählt wurde, brachte man ihm ebenso viele apokalyptische Befürchtungen wie euphorische Erwartungen entgegen, doch insgesamt schien es, als würde sich die Lage erneut stabilisieren. Das beeindruckende Reformtempo und die Schaffung einer neuen Verfassung, die ein zentrales Wahlversprechen war, steigerten die Popularität des Präsidenten. Gleichzeitig jedoch kam es zu einer massiven Polarisierung in der venezolanischen Gesellschaft zwischen Anhängern und Gegnern Chávez'. Diese Polarisierung stürzte das Land erneut in eine schwere Krise, als sich zeigte, dass auch Chávez nicht in der Lage war, die nötigen strukturellen Reformen umzusetzen, sondern die Probleme nur kurzfristig zu überdecken vermochte. Gleichzeitig traten Konflikte mit zahlreichen Interessenverbänden auf, die schließlich im Putsch und Gegenputsch des 11. April 2002 kulminierten. Der Schock über den Staatsstreich vermochte die Konfliktparteien jedoch nur kurzfristig zur Mäßigung zu bewegen: Im Dezember 2002 begann ein Generalstreik, der von Gewerkschaften und Unternehmerverbänden ausgerufen worden war und den Rücktritt des Präsidenten zum Ziel hatte. Damit hat sich nicht nur die politische Krise Venezuelas weiter verschärft, sondern auch die soziale und wirtschaftliche Situation dramatisch verschlechtert. Die aktuelle Krisensituation in Venezuela ist letztlich eine Fortsetzung lange anhaltender Verfallserscheinungen im Staatswesen, die sich im Zuge der Schuldenkrise verschärften und an deren Ende der Untergang der Vierten Republik[1] und der Aufstieg Chávez' stand. Der strukturelle Reformbedarf der venezolanischen Rentengesellschaft wurde zwar bisweilen erkannt, kann aber aufgrund der spezifischen Gegebenheiten kaum angegangen werden. Damit ist Venezuela weiterhin gefangen in den Reformblockaden der „holländischen Krankheit"[2].

Hauptziel dieses Beitrags soll sein, die Entwicklung der venezolanischen Krise nach zu zeichnen und Kontinuitäten in deren Verlauf aufzuzeigen.

Der wirtschaftliche Niedergang

Das politische System und die Gesellschaft Venezuelas waren und sind in hohem Maße durch die Abhängigkeit von Erdöleinnahmen geprägt. Die Umverteilungskapazität des Staates wurde durch diese Einnahmequelle zu Beginn des 20. Jahrhunderts enorm gesteigert. Die Öleinnahmen ermöglichten es in manchen Bereichen überhaupt erst, ein funktionierendes Staatswesen zu errichten. Diese Erträge erzeugten aber auch große Erwartungen der Bevölkerung und den Eindruck einer Allverantwortlichkeit des Staates. Gleichzeitig rechtfertigte das Konzept eines verantwortlichen, aber in der Besteuerung seiner Bürger zurückhaltenden Staates dessen relative Autonomie von gesellschaftlicher Kontrolle.

Seit den 50er Jahren wurde mittels der Verteilung der Ölrente die Konsolidierung der Demokratie gestützt und potentiell stabilitätsgefährdende Konflikte überdeckt. Das rentistische System behinderte aber auch die Ausrichtung der Wirtschaft an Marktkriterien und förderte stattdessen die Herausbildung von Klientelstrukturen. Zur Setzung von Anreizen, die ein durch interne Ressourcen finanziertes Wachstum förderten, war das bestehende System nicht fähig. Spätestens mit Beginn der Schuldenkrise Anfang der 80er Jahre konnte der dadurch aufgelaufene Reformstau nicht mehr verdeckt werden.

Die soziale Situation verschlechterte sich seitdem kontinuierlich. Lag das Pro-Kopf-Einkommen 1975 noch bei ca. US$ 4200, so war es 1998 bei nur noch ca. US$ 3500 angekommen. Andere Länder erzielten währenddessen Zugewinne, so

---

[1] Die Bezeichnung „Vierte Republik" wird von Chávez verwendet, um den Zeitraum zwischen 1958 und 1998 von der neuen „Fünften Republik" zu unterscheiden.

[2] „Holländische Krankheit" meint das Phänomen, dass eine Volkswirtschaft eine Phase der Deindustrialisierung und Krise durchläuft, weil hohe externe Kapitalzuflüsse, hervorgerufen durch große Vorkommen natürlicher Ressourcen und deren Förderung und Export oder/und übertriebenen Wachstumserwartungen, den Wert der Währung im Vergleich zu anderen Ländern so stark angehoben haben, dass Produkte (außer der Rohstoffe) nicht mehr international wettbewerbsfähig produziert werden können. Denn wenn große Mengen an ausländischem Kapital in relativ kurzer Zeit in ein Land fließen, steigt im Vergleich zu den Nachbarländern auch die Währung, was zu einem Verlust an internationaler Konkurrenzfähigkeit führt. Der Boom wird so zur Krankheit.

z.B. das Nachbarland Kolumbien, oder konnten ihr Niveau wenigstens annähernd halten, wie Peru (UNDP 2000). Schlechte Wohnverhältnisse, alltägliche Bedrohung durch Kriminalität, ungenügende Bildungsangebote, ein unterfinanziertes Gesundheitssystem und in zunehmenden Maße Fehl- und Mangelernährung prägen heute den Alltag der großen Mehrheit der Venezolaner. Im Jahr des Amtsantritts von Chávez 1999 sank das Bruttoinlandsprodukt (BIP) nochmals drastisch um rund 7%. Venezuela befand sich unter sozioökonomischen Gesichtspunkten in einem desolaten Zustand. Mehr als 80% der Bevölkerung lebten in relativer Armut. Die offizielle Arbeitslosenquote stand bei 15,6% und mehr als 50% der Erwerbstätigen waren im informellen Sektor beschäftigt (bfai 2000; Boeckh/Hörmann 1995). Es ist Chávez nicht gelungen, etwas an dieser Situation zu ändern. Die Armut hat eher noch zugenommen und auch die globalen volkswirtschaftlichen Daten blieben enttäuschend. 2002 hat das BIP, vor allem aufgrund des Generalstreiks, nochmals dramatisch um rund 10% abgenommen (www.dbla.de; 2PS 2003). Dieser wirtschaftliche Niedergang ist jedoch nur eine Seite der Medaille. Gleichzeitig und oft auch sich gegenseitig bedingend zerfiel das politische System des Landes und mit ihm seine tragenden Organisationen.

Politischer Zerfall

Der Kollaps des politischen Systems wurde neben der wirtschaftlichen auch durch eine schwere moralische Krise bedingt, die ihren Ausdruck in einem massiven Vertrauensverlust der Bevölkerung in die Eliten fand. Die Wechselwirkung der beiden Krisen ergibt sich aus dem spezifisch venezolanischen, rentengestützten Entwicklungsmodell und der Art und Weise der Konsolidierung der Demokratie nach dem Ende der letzten Militärdiktatur 1958. Nachdem eine Koalition aus jungen Offizieren und Demokraten durch einen Putsch die Diktatur von Marcos Pérez Jiménez beendet hatte, einigten sich die Vertreter der demokratischen Parteien (d.h. außer der kommunistischen Partei), des Militärs sowie aller anderen relevanten gesellschaftlichen Gruppen im Pakt von *Punto Fijo* auf die Grundlagen der zukünftigen venezolanischen Politik. Daraus entstand die paktierte, korporatistisch organisierte Demokratie Venezuelas, die bis zur Wahl von Hugo Chávez 1998 im Wesentlichen durch die beiden größten Parteien *Acción Democrática* (AD) und *Comité de Organización Política Electoral* (COPEI) beherrscht wurde. Die Stabilität der Vierten Republik beruhte maßgeblich auf einem massiven Transfer der Ölrente an nahezu alle Sektoren der Gesellschaft. Als 1988 Carlos Andrés Pérez (im Folgenden CAP) erneut zum Präsidenten gewählt wurde, stand das Land am Abgrund. Schon 1983 war Venezuela durch die Schuldenkrise zahlungsunfähig, ab 1986 fielen die Ölpreise. Deshalb war der neue Präsident gezwungen, ein Strukturanpassungsprogramm unter IWF-Aufsicht zu implementieren. Anfang 1989 kam es in Caracas zu schweren Protesten und Ausschreitungen, dem sogenannten *Caracazo*, der nur mit Hilfe des Militärs blutig beendet werden konnte. Spätestens mit dem Putschversuch vom 4. Februar 1992 war klar, dass eine Situation entstanden war, in der die traditionellen Eliten so diskreditiert waren, dass von ihnen keine Alternativen oder Erneuerungsimpulse mehr erwartet wurden. Der Putsch scheiterte zwar, doch trat, zum ersten Mal, der bis dato unbekannte Hugo Chávez medienwirksam in Erscheinung. Chávez wurde verhaftet, doch nach knapp zweijähriger Haft begnadigte ihn CAPs Nachfolger Rafael Caldera 1994.[3]

In diesem Jahr erschütterte eine schwere Bankenkrise das Vertrauen der Bevölkerung in die wirtschaftlichen und damit eng verbundenen politischen Eliten. Der Vertrauensverlust bezog sich aber nicht nur auf die Eliten, sondern führte auch zu einer Veränderung der sozialen Beziehungen. Bereits ab 1989 ist ein starker Anstieg der Kriminalität in ganz Venezuela, aber vor allem in Caracas zu verzeichnen. So lag beispielsweise die Zahl der Tötungsdelikte 1996 mehr als doppelt so hoch wie noch 1980, aber auch Eigentumsdelikte nahmen deutlich zu (vgl. Briceño-León/Pérez Perdomo 1999: 8). 1996 gaben nur noch ca. 11% der Venezolaner an, dass sie ihren Mitmenschen vertrauen würden (vgl. Latinobarómetro 2000). Nur 30% hielten die Demokratie und ihre Leistungen für zufriedenstellend, ein Jahr zuvor stimmten 78% einer Regierung der „harten Hand" zu (vgl. Welsch/Carrasquero 1998: 73). Die Vertrauenskrise bezog sich sowohl auf staatliche Institutionen als auch auf intermediäre Organisationen. Nur die katholische Kirche, die Medien und die Streitkräfte erschienen der Mehrheit der Venezolaner noch halbwegs vertrauenswürdig, obwohl auch deren Werte abnehmen (siehe Grafik 1).

Grafik 1: Vertrauen in Institutionen[1]

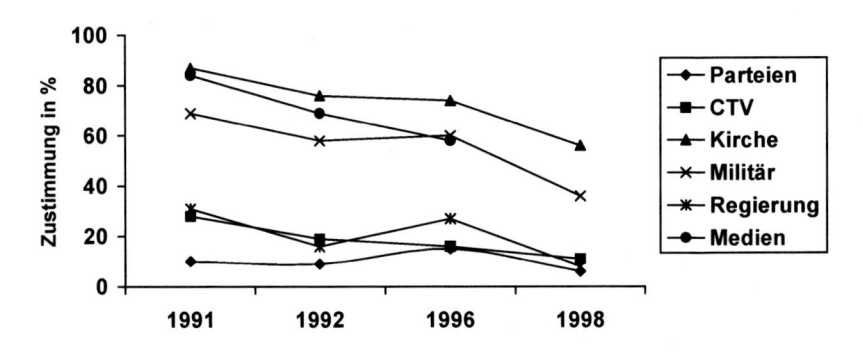

[1] In der Kategorie Medien liegen für das Jahr 1998 keine Zahlen vor.
Quellen: Consultores 21 2000; Welsch/Carrasquero 1998; Welsch 1992.

---

[3] Ein zweiter Putschversuch vom 27. November 1992 scheiterte ebenfalls, doch bereits 1993 wurde CAP unter schweren Korruptionsvorwürfen seines Amtes enthoben.

Chávez als Retter

Aufgrund der schweren sozioökonomischen Probleme, einer konstant steigenden Kriminalitätsrate, der die Sicherheitskräfte nicht Einhalt gebieten konnten und wegen der immer offener zu Tage tretenden Folgen der Korruption und des Klientelismus hatte die Bevölkerung jegliches Vertrauen in die Problemlösungskapazität ihrer Elite verloren.[4] Offensichtlich bedurfte es einer tiefgreifenden Erneuerung.

Die Wahl von CAP 1988 und Rafael Caldera 1994 – beide waren bereits Präsidenten in den 70er Jahren – kann als Versuch der venezolanischen Bevölkerung interpretiert werden, die goldenen Zeiten der 70er Jahre, der „Ölbonanza" zurückzuholen (McCoy 1999: 65). Die Verteilung des Ölreichtums kann also eher als Basis der venezolanischen Demokratie gelten denn die demokratische Kultur der Bevölkerung (Welsch 1992: 19). Entsprechend erbrachten die ab 1984 gemachten Versuche[5], den Zerfall des Rentenmodells und seiner Legitimationswirkung durch Demokratisierung und Dezentralisierung aufzufangen, nicht die erwünschten Resultate (Boeckh 1997: 305). Schon Rafael Caldera gewann die Wahlen 1994 nicht mehr als Kandidat von COPEI, immerhin die Partei, die er mitgegründet hatte, sondern als Repräsentant eines unabhängigen Wahlbündnisses. Dies war möglicherweise der letzte Versuch, innerhalb des alten Systems Reformen einzuleiten. Das Versagen zweier großer Figuren des alten Systems verstärkte den Trend zu unabhängigen Kandidaten im Wahlkampf 1998. Als aussichtsreichste Kandidaten standen sich der Unternehmer Henrique Salas Römer, die ehemalige *Miss Universe* Irene Sáez und Hugo Chávez gegenüber. Weder Sáez noch Salas Römer gelang es jedoch, sich als hinreichend unabhängig von den alten Eliten zu präsentieren.[6]

Chávez hingegen pflegte von Anfang an einen rüden Anti-Eliten-Diskurs und beschränkte sich in Aussagen über sein politisches Programm hauptsächlich darauf, eine verfassunggebende Versammlung einberufen zu wollen, um die Transition von der „moralisch verdorbenen" Vierten Republik hin zur Fünften Bolivarianischen Republik einzuleiten.

Erst vor diesem Hintergrund ist es zu erklären, warum sich ein „Outsider" wie Hugo Chávez in den Augen der Mehrheit der Bevölkerung gerade durch einen Putschversuch für das höchste Staatsamt einer Demokratie empfehlen konnte. Er setzte sich schließlich mit 56,2% deutlich gegen seinen schärfsten Widersacher Salas Römer mit 40% durch, was nicht zuletzt daran gelegen haben dürfte, dass er die Figur des Retters, der nicht im Filz des alten Systems verfangen ist, am überzeugendsten auszufüllen wusste.

---

[4] 1973 glaubten 27% nicht daran, dass das politische System in der Lage wäre, die anstehenden Probleme zu lösen, 1983 waren es 32% und 1990 sogar 49% (Welsch 1992: 17).

[5] 1984 wurde eine Präsidentielle Kommission zur Staatsreform (COPRE) gegründet, die unter anderem versuchte, die Dezentralisierung zu forcieren.

[6] Sáez verlor an Boden, als COPEI beschloss, sie im Wahlkampf zu unterstützen; Salas Römer passierte dasselbe, als sich neben COPEI auch *Acción Democrática* (AD) für ihn aussprach.

Der demokratische Gehalt des institutionellen Umbaus und der neopopulistischen Legitimationsstrategie

Seit der Wahl zum Präsidenten im Dezember 1998 setzte Chávez zielstrebig seine politischen Energien ein, um eine neue, auf seine Bedürfnisse zugeschnittene Umgestaltung der Staatsorganisation und intermediärer Organisationen zu erreichen. Wichtigstes Vehikel sowohl rechtlich-institutionell als auch symbolisch war die neue Verfassung, die innerhalb eines halben Jahres ausgearbeitet und am 15. Dezember 1999 durch ein Referendum angenommen wurde. Sie schuf formal die Fünfte Republik, deren Namen von *República de Venezuela* in *República Bolivariana de Venezuela* (Art. 1) geändert wurde. Der Zusatz „Bolivarianisch" ist die sichtbarste Reform und symbolischer Ausdruck der von Chávez propagierten nationalen Rekonstruktion. Mit der Schaffung des Moralrates, der neben der Wählergewalt die neue vierte Gewalt, oder Bürgergewalt (Art. 273 ff.) bildet, wurde direkt auf die Verfassungsvorstellungen von Simon Bolívar zurückgegriffen (vgl. Welsch/Carrasquero 2001).

Neben dieser ideologisch-historischen Komponente der neuen Verfassung sind zwei weitere wesentliche Merkmale der neuen Verfassung zu benennen: Zum einen die Stärkung der Partizipationsrechte der Bevölkerung, zum anderen die tiefgreifenden Reformen in der Staatsorganisation.

Mittels neu verankerter Möglichkeiten zur Volksabstimmungen und zur zivilgesellschaftlichen Beteiligung an den Kommissionen, welche die Kandidaten der neuen Bürgergewalt und des Obersten Gerichtshofes benennen, wurde die direkte Interessenvertretung der Bürger gestärkt. Allerdings ist per Gesetz die zivilgesellschaftliche Komponente dieser Ernennungskommissionen auf die Teilnahme an Dialogausschüssen mit bloßem Empfehlungsrecht reduziert worden, so dass mittlerweile von eher symbolischen Rechten zu sprechen ist (Welsch/Carrasquero 2001: 7).[7]

Der Föderalismus fand zwar Aufnahme in die Präambel der neuen Verfassung, dafür wurde er aber faktisch geschwächt und die Stellung des Präsidenten extrem gestärkt. Die Legislative, ehemals ein Zwei-Kammern-Parlament, wurde in ein Ein-Kammer-Parlament umgestaltet (Art. 186). Die Repräsentation der Einzelstaaten erfolgt nun über jeweils drei Abgeordnete im Parlament (*Asamblea Nacional*), die bei den Parlamentswahlen separat in jedem Staat gewählt werden (Art. 186,2). Der neu geschaffene Föderale Regierungsrat (Art. 185) ist kein vollwertiger Ersatz für die zweite Kammer, da er nicht unabhängig von den anderen Gewalten ist. Institutionelle Arrangements und formale föderale Struktur

---

[7] Die Verankerung der Selbstbestimmungsrechte der indigenen Völker in der Verfassung ist hingegen sehr stark ausgefallen. Es wurde ein neuer Abschnitt (Art. 119-126) „Über die Rechte der indigenen Völker" (*De los derechos de los pueblos indígenas*) eingefügt; in der alten Verfassung wurden sie nur in einem Satz erwähnt (Art. 77). Als wirksamste Neuerung wurde ein Repräsentationsanspruch in der Nationalversammlung und den beratenden Körperschaften auf allen staatlichen Ebenen festgeschrieben (Art. 125).

passen nun nicht mehr zusammen, da die Einzelstaaten nicht mehr adäquat auf nationalstaatlicher Ebene repräsentiert werden. Erschwerend kommt hinzu, dass das Haushaltsrecht der Einzelstaaten durch nationale Kontrolle eingeschränkt wurde (Art. 161).

Am substanziellsten wurde die Stellung des Präsidenten verändert. Mit einer sechsjährigen Amtszeit bei einmaliger direkter Wiederwahlmöglichkeit (Art. 230) ist die längste verfassungsgemäße Amtszeit eines Präsidenten in Lateinamerika möglich gemacht worden. Zusätzlich wurde das Amt eines Vizepräsidenten geschaffen, der vom Präsidenten direkt berufen und entlassen wird (Art. 236,3). Die Kompetenzen des Vizepräsidenten sind nicht genau definiert und können vom jeweiligen Präsidenten bestimmt werden, dem er auch Rechenschaft ablegen muss.

Überdies enthält die Verfassung einige Artikel, die große Auslegungsspielräume lassen. Sie sind zwar als gelebte Verfassung bisher kaum wirksam geworden, geben aber dennoch Anlass zur Sorge, es könnte sich um potentielle Hebel zur Gleichschaltung der Medien und der gesellschaftlichen Organisationen handeln. Besonders steht der umstrittenen Artikel 58 zum Recht auf wahrheitsgemäße Information (*información veraz*) in der Diskussion. Innerhalb der nationalen wie internationalen Medien gibt es Befürchtungen, dieser Artikel könnte zur Zensur missbraucht werden (US-Department of State 2001: 7). Die Rolle der Medien ist aber auch deshalb von Bedeutung, weil sich einerseits alle großen Medienkonzerne zum Sprachrohr der Opposition gemacht haben und diese Rolle durch gezieltes Zurückhalten von Informationen immer wieder unterstreichen. Andererseits sind die regelmäßigen Ansprachen von Hugo Chávez, die in allen Sendern übertragen werden müssen, ein Punkt, der die Unabhängigkeit der Medien beeinträchtigt.

Aus Artikel 236,8 der neuen Verfassung ergibt sich für den Präsidenten die Möglichkeit des Regierens per Dekret. Er benötigt hierfür zwar ein Ermächtigungsgesetz (*Ley habilitante*), das aber keine Einschränkung im entsprechenden Verfassungsartikel findet.[8] Der legislative Handlungsspielraum des Präsidenten wurde also deutlich erweitert.

Neopopulismus als Legitimationsstrategie

Schon in der klassischen Literatur zum Populismus gilt dieser als ein Transitions- oder Krisenphänomen (Laclau 1981). Ähnlich liegt der Fall heute in Venezuela. Wie bereits gezeigt, hatte sich die bisherige Legitimationsstrategie er-

---

[8] In der alten Verfassung fand das Recht zum Dekreterlass aus Artikel 190,8 eine Beschränkung auf die Bereiche der Wirtschafts- und Finanzpolitik. Im aktuell geltenden Ermächtigungsgesetz sind weitreichendere Ziele gesteckt. Die Beschleunigung der Justizreform, die Wettbewerbsförderung und die Verbesserung der Effektivität und Effizienz der öffentlichen Verwaltung werden benannt (www.mpd.gov.ve)

schöpft, die hauptsächlich auf der Verteilung der Ölrente basierte, bzw. war nicht mehr finanzierbar, was schließlich den Zerfall des alten Parteiensystems auslöste. Da auch das alte System auf populistischen Legitimationsmustern basierte, kann die neue Strategie des Hugo Chávez als Neopopulismus bezeichnet werden. Sie bedient sich zwar einiger Versatzstücke des Populismus, greift in anderen Punkten jedoch auf grundlegend neue Elemente zurück. Das entstandene Machtvakuum auszufüllen und die Transition zu legitimieren, sind die zentralen Funktionen des Neopopulismus.

Neopopulismus als Legitimationsstrategie verlangt nach einer charismatischen Führungsfigur. Im Fall Chávez waren es der Putschversuch und seine Unabhängigkeit von den alten Eliten sowie die (selbstkonstruierte) Verbindung zum Nationalhelden Simon Bolívar (vgl. Welsch/Carrasquero 2001: 14 ff.), die ihm halfen, in diese Rolle zu schlüpfen. Die paternalistische Ausrichtung der neuen Politik und die direkte Ansprache der unteren sozialen Schichten fanden ihren Niederschlag in den Beliebtheitswerten des Präsidenten. Im Dezember 2000 lagen diese bei 76% in der Unterschicht, 45% in der Mittelschicht und bei 26% in der Oberschicht (*El Universal*, 17.12.2000). Bezeichnenderweise übertrugen sich diese Werte kaum auf seine Partei. Chávez' Wahlbündnis *Movimiento Quinta República* (MVR) gestanden im Januar 2000 nicht einmal mehr 10% der Befragten zu, für die Lösung der Probleme des Landes zu arbeiten; die Regierung erhielt immerhin über 50% (Consultores 21 2000). Trotzdem ist die Zustimmung bei Wahlen enorm hoch, auch wenn die Wahlbeteiligung konstant abnimmt.[9] Das dürfte mit an der Vielzahl von Abstimmungen liegen (sieben landesweite Urnengänge seit Dezember 1998). Wichtiger jedoch ist, dass es Chávez gelang, seine Anhängerschaft beständig zu mobilisieren, während weite Teile der Bevölkerung depolitisiert blieben. Wahlen erhalten den akklamativen Charakter eines Plebiszits und dienen neben der Bestellung politischen Personals vor allem dazu, nach innen wie nach außen eine demokratische Fassade aufrecht zu erhalten und zu legitimieren.[10]

Um seine Unabhängigkeit bewahren zu können, ist es für Chávez von großer Bedeutung, so wenig wie möglich auf traditionelle Institutionen und intermediäre Organisationen zur Interessenvermittlung rekurrieren zu müssen. Daraus erklärt sich die Personalisierung, Hierarchisierung und Zentralisierung der Verwaltung und die ablehnende Haltung gegenüber intermediären Organisationen. Neben institutionellen und konstitutionellen Veränderungen dient die Personal- und Beförderungspolitik bisher dazu, mehr Kontrolle über die Bürokratie zu bekommen. Beredtes Beispiel dafür sind die massiven Umbesetzungen von korrupten Richtern, die eher den Eindruck erwecken, politischen Zielen zu dienen

---

[9] Bei den Munizipalwahlen und dem Gewerkschaftsreferendum am 3. Dezember 2000 beteiligten sich nur etwa 14% der Wahlberechtigten.

[10] Die neue Verfassung machte es nötig, alle durch Wahlen zu besetzenden Staatsämter neu wählen zu lassen.

als die Korruption effizient einzudämmen. Zudem wurde in der neuen Verfassung dem Präsidenten die alleinige Zuständigkeit über Beförderungen innerhalb des Militärs ab dem Rang eines Oberst zugesprochen (Art 236,6).

Eine neue Kraft stellen die bolivarianischen Zirkel dar (*círculos bolivarianos*, CB). Sie sind die Basisorganisation der bolivarianischen Bewegung. Formell sind sie nicht mit dem MVR, der Partei von Chávez, verbunden. Die Wurzeln der CB gehen zurück ins Jahr 1982, als Chávez zusammen mit anderen jungen Offizieren eine Bewegung gründete, die sich in bolivarianischen Zirkeln organisierte. Ein CB aktueller Prägung besteht aus 7-11 Personen in der Nachbarschaft, in einem Betrieb o.ä. und kann direkt über die Homepage des Präsidialamtes eingerichtet werden (www.venezuela.gov.ve/ns/circulos.asp). Die propagierte Organisationsform eines dezentralen Netzwerks steht in flagrantem Widerspruch zur tatsächlichen hierarchischen Struktur der CB. Nachbarschaftsgruppen werden von kommunalen, diese wiederum von regionalen und schließlich nationalen Leitern koordiniert. So entsteht eine Pyramidenstruktur, die mit einem dezentralen Netzwerk nur noch entfernt zu tun hat. Ihr Ziel ist es, zur politischen Diskussion beizutragen, die unmittelbaren Probleme der Nachbarschaft selbst anzugehen und Beschwerden an die zuständigen Behörden weiterzuleiten (Welsch/Werz 2002: 68).

Durch die Verlagerung von Sozial- und Infrastrukturmaßnahmen im Rahmen des *Plan Bolívar* zum Militär, aber auch durch die Einführung bolivarianischer Schulen, in denen militärische Grundwerte und Anstand vermittelt werden sollen, erfährt außerdem das Militär eine große Aufwertung. Bisher gelang es damit, den Rückhalt im Militär zu sichern, sukzessive den Einfluss des Präsidenten zu erhöhen und ihm sehr viel mehr Kontrollmöglichkeiten über die Staatsverwaltung an die Hand zu geben. All das geschieht unter der Vorgabe, die alten, korrupten Institutionen und Klientelnetze zu zerschlagen. Deshalb wenden sich auch Gruppen oder Individuen so direkt wie möglich an den Präsidenten. In Venezuela kann man dies beispielhaft an der Radiosendung *Aló Presidente* erkennen, in der Bürger dem Präsidenten live ihr Anliegen vortragen und er dann (meist mit Hilfe des Militärs) für eine Lösung sorgt.

Am Besten lässt sich das Verhältnis zwischen Volk und Präsidenten im Neopopulismus als Massenklientelismus (Suter 1999: 51) beschreiben. Dabei handelt es sich um eine unpersönliche Beziehung des Präsidenten zu sozialen Gruppen oder Individuen. Der Präsident kann sich als Mann der Tat darstellen, der im direkten, unbürokratischen Kontakt mit der Bevölkerung steht und deren Probleme kennt. Die angesprochenen sozialen Gruppen sind vor allem städtische Arme und Staatsangestellte. Chávez erreicht durch das Umgehen intermediärer Organisationen und einzelstaatlicher Programme im Bereich der Sozialpolitik einerseits eine „Verstaatlichung des Klientelismus" (Boeckh 2000: 95) d.h. der Präsident tritt direkt als Patron auf, und kann andererseits verhindern, dass sich im sozialen Bereich oppositionelle Kräfte profilieren und etablieren.

Der Neopopulismus chavistischer Prägung ist damit nicht *per se* undemokratisch, allerdings wurden sukzessive demokratische Kontrollmechanismen abgeschafft oder umgangen.

Rechtsstaatlichkeit und Menschenrechte in der Fünften Republik

Rechtsstaatlichkeit ist in Venezuela schon lange und unabhängig von der jeweiligen Regierung ein problematisches Thema. Es soll in zweierlei Hinsicht untersucht werden, inwieweit der Staat seiner Schutzfunktion nachkommt, ob also die Polizei in der Lage ist, ein sicheres Leben zu ermöglichen, und inwieweit die Durchsetzung der Abwehrrechte der Bürger gegen den Staat greift, d.h. inwieweit institutionelle Arrangements vorhanden sind und auch angewendet werden, um staatliche Willkür und Rechtsbeugung zu verhindern.

Seit dem Jahr 1989 ist die Kriminalität in Venezuela stark angestiegen. Neben Morden sind vor allem Überfälle und Drogendelikte für die hohe Kriminalitätsrate verantwortlich. Eine solch hohe Kriminalitätsrate zieht auch enorme finanzielle Kosten nach sich. So gaben staatliche Institutionen 1995 mehr als US$ 460 Mio. für Sicherheit aus, über ein Drittel davon in Caracas. Die privaten Kosten wurden für das Jahr 1995 im Stadtgebiet von Caracas auf mehr als US$ 1,5 Mrd. beziffert (vgl. Briceño-León/Pérez Perdomo 1999: 25 ff.). Allein durch Banküberfälle und die steigende Zahl elektronischer Betrugsfälle entstand venezolanischen Banken im Jahr 2000 ein Schaden von ca. US$ 100 Mio. Nach Angaben der Vereinigung privater Schutzdienste in Venezuela wendet ein Unternehmen im Moment ca. 15% seines Etats für Sicherheit auf (*El Universal*, 05.03.2001).

Damit ist der venezolanische Staat nur bedingt in der Lage oder Willens, die Sicherheit seiner Bürger zu garantieren und damit eine der zentralen Staatsaufgaben zu erfüllen. Die Auswirkungen auf die Attraktivität des Standorts Venezuela sind verheerend. Mehrere große Unternehmen haben in den letzten Jahren ihre Niederlassungen in Venezuela aufgegeben, da sich ihre Mitarbeiter weigerten, in Caracas zu leben.

Der folgende Überblick über die Menschenrechtssituation in Venezuela fußt auf dem im Februar 2001 veröffentlichten Bericht des US-Department of State (2001). Dort wird die fehlende öffentliche Sicherheit in Venezuela bemängelt, aber auch Handlungen von Militär und Polizei sowie die unzureichende Beachtung von Minderheitenrechten werden kritisiert. Es muss jedoch betont werden, dass alle vorgebrachten Beanstandungen nicht ungewöhnlich für Venezuela sind. Die Chávez-Regierung hat die schlechte Menschenrechtslage nicht verursacht; sie ist vielmehr Folge administrativer Defizite[11] und struktureller Probleme, die seit Jahren bestehen. Vielmehr muss der Vorwurf an sie lauten, dass die Anstrengungen zur Beseitigung der Missstände bisher nicht ausreichend waren.

---

[11] Bis zur Einführung der neuen Strafprozessordnung waren 70% der Gefängnisinsassen nicht rechtskräftig verurteilt, zurzeit sind es nur noch etwa 40% (US-Department of State 2001).

Weder die Einführung einer neuen Strafprozessordnung 1999 noch die 450 Richterneubesetzungen waren in der Lage, die Probleme des venezolanischen Justizsystems zu lösen.

Das Verhalten von Polizei, Sicherheitskräften und Gefängnispersonal steht wegen ihrer schlechten Ausbildung und der verbreiteten Korruption besonders im Blickfeld. Die hohe Kriminalitätsrate und Gewaltbereitschaft in der Bevölkerung hat in den ersten acht Monaten des Jahres 2000 zu mehr als 2000 Toten bei Schiessereien mit der Polizei geführt, die gemeldeten 170 außergerichtlichen Hinrichtungen nicht mitgerechnet. Mehr als 8900 willkürliche Verhaftungen innerhalb eines Jahres werfen ebenfalls kein besonders gutes Licht auf die Leistungen der Polizei. Nicht zuletzt deshalb fordert die venezolanische Menschenrechtsorganisation Provea in ihrem Bericht 2000 die Regierung auf, endlich über ihre Politik des „guten Willens" hinauszugehen (*El Universal*, 11.03.2001). Ein weiterer flagranter Mangel sind die Kompetenzstreitigkeiten der verschiedenen Sicherheitskräfte, die nicht zuletzt Ausdruck politischer Konflikte sind. Im Vorfeld des Putschversuchs vom 11. April 2002 beispielsweise standen sich am Rande von Großdemonstrationen die städtische Polizei Caracas und Einheiten der Nationalgarde gegenüber.[12] Dieser Konflikt schwelt weiterhin und wird vor Gerichten verhandelt.

Deutlich negativer fällt die Bilanz aus, wenn man das Verhältnis des MVR bzw. von Chávez zu Demokratie und Rechtsstaat betrachtet. Schon im Entstehungsprozess der neuen Verfassung wurden rechtsstaatliche Prinzipien verletzt. Bereits die Einberufung der Verfassunggebenden Versammlung (*Asamblea Nacional Constituiente*, ANC) weckte Zweifel, da sie nicht nach dem vorgeschriebenen Prozedere erfolgte. Der Konflikt mit dem Kongress im Sommer 1999 bestätigte diese Bedenken. Im August 1999 beschloss die ANC, alle legislativen Befugnisse an sich zu nehmen und suspendierte alle weiteren Sitzungen des Kongresses. Im Verlauf des Konflikts löste sich die letzte verbliebene Kontrollinstanz, der Oberste Gerichtshof, selbst auf und gab damit der von Chávez postulierten Suprematie der Exekutive über alle anderen Verfassungsorgane nach (Boeckh 2000: 93). Selbst Entscheidungen der ANC wurden von Chávez nicht immer respektiert.[13] Noch nicht einmal die in einem Referendum bestätigte Verfassung wurde geachtet. Zwischen der Version, über die am 15. Dezember 1999 abgestimmt wurde und der korrigierten Version, die dann im Staatsanzeiger veröffentlicht wurde, fand die Generalstaatsanwaltschaft mehr als 250 – nicht nur stilistische – Änderungen (vgl. Welsch/Carrasquero 2001: 8).

---

[12] Die städtische Polizei untersteht dem Bürgermeister von Caracas, die Nationalgarde dem Präsidenten.

[13] Die ANC hatte sich bereits darauf geeinigt, auf die Änderung des Staatsnamens zu verzichten, Chávez setzte die Änderung nachträglich durch.

Das Militär als politischer Faktor

Besondere Bedeutung in der Machtpolitik unter Chávez kommt dem Militär zu. Sowohl innerhalb der Organisation, in der die Personalpolitik geprägt war von dem Versuch, Kontrolle über die hohen Befehlsränge zu erlangen, als auch in der Gesellschaft für die Chávez versucht, das Militär als gesellschaftliche Kraft funktional neu zu definieren.

Der Putsch des Jahres 1992 wurde getragen von niederen und mittleren Offiziersrängen, sowie von den einfachen Soldaten. Viele der Gefolgsleute von Chávez wurden nach den Putschversuchen aus dem Militär entlassen und konnten erst in den letzten Jahren zurückkehren. Nachdem bereits im Juli 1999 eine ganze Reihe von verfassungswidrigen Beförderungen mit massiven Drohungen gegen Parlament und Oberstes Gericht durchgesetzt wurden, setzte sich diese Praxis im Jahr 2000 fort. Chávez ernannte aus einer Liste des nationalen Moralrats zahlreiche seiner ehemaligen Mitputschisten zu Generälen oder hievte sie in andere hohe militärische Ämter. Die neue Rolle des Militärs kommt besonders innerhalb des Projektes *Bolívar* zum Tragen. Im Rahmen dieses Infrastruktur-, Sozial- und Bildungsprogramms wurde dem Militär neben seiner konventionellen Aufgabe der Landesverteidigung eine Pionierstellung für die nationale Entwicklung innerhalb der Gesellschaft zugewiesen. Problematisch hierbei ist, dass sich die distributiven Leistungen des Staates, die im Rahmen des Projektes und durch direkte Zuwendungen des Präsidenten erbracht werden, der administrativ-rechtsstaatlich verregelten Sphäre entziehen.

Das Projekt *Bolívar 2000* umfasste hauptsächlich Infrastrukturmaßnahmen, wie den Bau von Krankenhäusern, Schulen und Straßen. 23 Garnisonskommandanten überwachten das Projekt und die Vergabe der Mittel im Umfang von bisher rund € 1 Mrd. Das Projekt *Bolívar 2001* hat den Wohnungsbau als Hauptziel und bisher laut Verteidigungsminister einen Umfang von ca. € 180 Mio. (*El Universal*, 25.02.2001). Diese Gelder wurden früher hauptsächlich von den Einzelstaaten und ihren Parlamenten, bzw. auf Gemeindeebene verwaltet. Insgesamt 50 000 Soldaten standen im Einsatz für Maßnahmen, die zuvor privatwirtschaftlich oder durch Nichtregierungsorganisationen durchgeführt wurden (*Die Welt*, 13.08.1999; http://www.ejercito.mil.ve, 18.06.2000). Bereits im August 1999 waren weit über 150 Chefposten in der Zivilverwaltung und in Schlüsselindustrien durch Offiziere besetzt (*Die Welt*, 13.08.1999).

Seit der Verstaatlichung des Ölsektors 1976 ist die PdVSA das zentrale Element zur Verwirklichung nationaler Entwicklungsziele (Mommer 1997: 323). Die Festschreibung der PdVSA als staatlichen Besitz in der neuen Verfassung (Artikel 303) und die schnelle Berufung gleich zweier Militärs in das Direktorium von PdVSA machen deutlich, dass Chávez Politik am Machterhalt über die Beherrschung des politischen Wettbewerbs hinaus orientiert ist. Die neue Verfassungsordnung, speziell die geänderte Gewichtung der Gewalten, ist im Zusammenspiel mit der Personal-, Militär- und Ölpolitik als strategisches Instrument der Herrschaftssicherung zu interpretieren. Die Herrschaftssicherung, so scheint es, ist das zentrale Anliegen von Chávez. Wo dabei ein inhaltliches Programm fehlt, treten symbolische Politik oder pure Rhetorik an dessen Stelle. Chávez gelingt es, die gesellschaftlichen *cleavages* durch ein simples Gut-Böse-Schema zu ersetzen. Zustimmung aus der Bevölkerung, sei es als diffuse oder spezifische Unterstützung, erhalten so nur direkt an die neue bolivarianische Verfassung gebundene Institutionen, speziell das Militär als des Präsidenten verlängerter Arm. Diese Zustimmung ist nur noch in geringem Maß von rationalen Einschätzungen der Anhänger des *Polo Patriótico* abhängig, sondern ist mehr Ausdruck einer Verehrung für Chávez als den „Retter der Nation". Mittlerweile ist Chávez allerdings selbst zum Opfer dieser Polarisierung geworden. Bei weiten Teilen der Bevölkerung gilt er selbst als Ausdruck des „Bösen". Besonders problematisch ist jedoch, dass sich keine Alternative zu Chávez abzeichnet. Auch weite Teile des Militärs sind es inzwischen offenbar leid, zu politischen Zwecken missbraucht zu werden.[14] So ist die Haltung des Militärs bei dem Putschversuch vom 11. April 2002 zu bewerten. An diesem Tag kam es zu einer gewalttätigen Großdemonstration, in deren Verlauf 15 Menschen getötet wurden. Als Reaktion darauf versagten sowohl der Heereschef als auch der Chef der Nationalgarde Chávez ihre Gefolgschaft. Die neugebildete Übergangsregierung unter dem Vorsitzenden des Unternehmerverbandes Pedro Carmona hielt sich jedoch nur wenige Stunden an der Macht, da ihre erste Maßnahme, die Auflösung des Parlaments und die Konzentration aller Macht beim Präsidenten vom Militär nicht akzeptiert wurde. Somit konnte Carmona dem Gegenputsch der Palastwache Chávez' nichts mehr entgegensetzen; Chávez kehrte so am frühen Morgen wieder in den Präsidentenpalast zurück (vgl. Welsch/Werz 2002: 71f.).

Rückzug der Zivilgesellschaft

Betrachtet man die Stilisierung Chávez als messianische Figur im Zusammenhang mit der verfassungsmäßigen Stärkung des Präsidentenamtes, so kann man Venezuela bezüglich der Stellung der Exekutivgewalt als delegative Demokratie bezeichnen (O'Donnell 1994). Das heißt, die Gewichte der Gewaltenteilung wurden zugunsten der Exekutive verschoben. Das Übergewicht der Exekutive ist in Form von fehlender rechtsstaatlicher Kontrolle, der Schwächung des Parlamentes, des Abbaus bestehender dezentraler Strukturen sowie gleichzeitiger Zurückdrängung intermediärer Organisationen zu beobachten.

Angesichts der neuen Rolle des Militärs als Agent nationaler Entwicklung, die auch in zivilgesellschaftliche Bereiche eingreift, liegt die Vermutung nahe, es könnte sich bei diesem Eingriff des Militärs in die zivilgesellschaftliche

---

[14] Die unpolitische, demokratiefreundliche Haltung prägt das venezolanische Militär seit dem Pakt von *Punto Fijo*, der im Austausch gegen eine Depolitisierung der Streitkräfte weitgehende Autonomie für das Militär zusicherte.

Sphäre bereits um den Übergang bzw. die Vorbereitung zu einer Diktatur handeln. Chávez will das Militär, wie er sagt, „am sozialen Aufbau Venezuelas"[15] beteiligen; er nutzt sowohl Personal als auch Infrastruktur des Militärs, als eine ihm direkt unterstellte „Parallel-Exekutive", die nicht durch föderale oder zivilgesellschaftliche Zwänge und parlamentarische Kontrolle eingeschränkt wird. Damit wird die Verteilung der vorhandenen Mittel äußerst undurchsichtig und fällt distributiver Willkür anheim, gleichzeitig erscheint sie in der Öffentlichkeit direkter und effektiver. Da keine Verwaltungsbehörden zwischengeschaltet sind, glaubt man, die Reibungsverluste durch Korruption minimieren zu können. Mit diesem Effizienzargument, auf das sich auch die gewährte *Ley habilitante* stützt, wird also die weitere Stärkung präsidialer Macht auch unterhalb der Ebene der verfassungsrechtlichen Staatsorganisation gerechtfertigt. Chávez hat sein eigenes Machtnetzwerk sowohl mittels der formalen Einbindung des Militärs als Ausführungsorgan für Wirtschafts- und Sozialpolitik gestärkt, als auch über die informelle Einbindung einzelner Offiziere, die an gesellschaftlichen Schaltstellen platziert wurden. Wir haben es mit einem Herrschaftskonzept zu tun, das über eine Beschneidung der Gewaltenteilung, die für „delegative Demokratie" typisch ist, hinausgeht.

Die Unabhängigkeit der Zivilgesellschaft wird aber auch durch staatlich veranlasste Neugründung von intermediären Organisationen bedroht, die zur institutionellen Kontrolle mutmaßlicher oppositioneller Kräfte dient. So geschehen mit der *Fuerza Bolivariana de Mujeres*, einer Frauenvereinigung, die im September 2000 von Chávez ins Leben gerufen wurde, mit dem Ziel, die bolivarianische Revolution vor allem im Bildungssektor zu stützen. Die Neugründung des Gewerkschaftsdachverbandes FBT (*Fuerza Bolivariana de Trabajadores*) zielt darauf ab, die einflussreiche CTV (*Confederación de Trabajadores de Venezula*) zu ersetzen.

Die Wahlen zu Gremien aller Organisationen mit „politischen Zielen" müssen nach Artikel 293,6 der neuen Verfassung vom CNE (*Consejo Nacional Electoral*), einer der staatlichen Gewalten, organisiert und durchgeführt werden. Damit untersteht dem CNE die Kontrolle über die Verfahrensregelung zur Besetzung aller Ämter zum Beispiel innerhalb der Gewerkschaften und Berufsvereinigungen.[16] Erstmals politisch wirksam wurde diese Regelung im Dezember 2000 in der letzten Runde der Megawahlen bei einem Referendum über die Neuwahl aller Gewerkschaftsfunktionäre innerhalb von sechs Monaten. Trotz einer Wahlbeteiligung von nur 24% stimmten dem Vorschlag des Präsidenten mehr als 60% zu.

Man kann fünf politische Arenen moderner konsolidierter Demokratien unterscheiden: *rule of law, civil society, state apparatus, political society* und *econo-*

---

[15] Aus einem Interview in: *Die Welt*, 30.09.1999.

[16] Welche Macht dem CNE mit diesem Verfassungsartikel gegeben wurde, zeigte sich erstmals im März 2001, als er die Wahlen der AD wegen Unregelmäßigkeiten aussetzte. Erst ein Urteil des Obersten Gerichts stellte die Durchführung sicher (*El Universal*, 28.03.2001).

mic society. Erst das Funktionieren des gesamten Gebildes im Zusammenspiel ermöglicht eine gefestigte demokratische Ordnung (Linz/Stepan 1996). Drei dieser Arenen sind in Venezuela bereits durch die Politik von Chávez in ihrer Funktion beeinträchtigt oder im Ansehen beschädigt worden: Als Erstes, im Zuge der radikalen institutionellen Neugestaltung der fünften Republik, der Verfassungsstaat *(rule of law),* im weiteren Verlauf auch die zivilgesellschaftliche Arena *(civil society),* die im neopopulistischen Legitimationskonzept weitgehend funktionslos ist und schließlich als dritter Bereich der rechtsstaatlich gebundene Staatsapparat *(state apparatus),* der partiell von einer militärisch dominierten Parallel-Exekutive umgangen wird. Die *political society* und die *economic society* haben aufgrund der besonderen Bedingungen der Rentengesellschaft des *Punto Fijo*-Paktes wohl nie richtig funktioniert.

Auswirkungen auf die Region

Die gesamte Andenregion zeichnet sich im Moment weder durch politische noch durch ökonomische Stabilität aus. Die politischen Verhältnisse in Venezuela tragen in zweierlei Hinsicht zur Destabilisierung der Region bei. Zum einen durch das Vorbild einer undemokratischen neopopulistischen Form des Präsidentialismus und zum anderen durch das direkte Ausstrahlen der politischen und wirtschaftlichen Krise auf die Nachbarländer.

Auch wenn der neopopulistischen Legitimationsstrategie Chávez' kein langfristiger Erfolg beschieden sein wird, zeigt sein Aufstieg doch, dass mit populistischer linksnationaler Politik wieder „Staat zu machen" ist. Trotzdem konnte Chávez unter den Präsidenten Amerikas bisher nur Fidel Castro und nun womöglich auch Lula da Silva als Freund bezeichnen. Der klare Konfrontationskurs gegenüber den USA und der soziale Anspruch der bolivarianischen Revolution verhalfen Chávez jedoch international zu Aufmerksamkeit und Solidaritätsbekundungen, die ihm und seiner von Militärs geprägten Regierung unter anderen Vorzeichen sicher nicht zuteil geworden wäre.

Durch die wiederholten Verweise auf die Bedeutung der Gedanken Simon Bolívars für seine Präsidentschaft lässt Chávez zumindest implizit auch dessen Panamerikanismus in seinen außenpolitischen Äußerungen mitschwingen (Interview mit Hugo Chávez in *El País,* 13.01.1999).[17] Vor allem im Karibikbecken und in Zentralamerika versucht Venezuela seinen Einfluss zu vergrößern und eine gewisse Regionalmachtstellung aufzubauen.[18] Problematisch ist das

---

[17] Simon Bolívar hatte zu Beginn des 19. Jahrhunderts neben Venezuela auch Kolumbien, Panama (damals noch Teil Kolumbiens), Ekuador, Bolivien und Peru befreit.

[18] Dies geschieht beispielsweise durch die Lieferung von Öl zu vergünstigten Konditionen. Zusätzlich ist Venezuela assoziiertes Mitglied in der *Caribbean Community* (CARICOM) und es besteht ein nicht reziprokes Freihandelsabkommen zu Gunsten der karibischen Staaten (Briceño Ruiz 1997). Venezuela ist ebenfalls Mitglied in der „Gruppe der Drei", im Andenpakt und man bemüht sich, assoziiertes Mitglied im MERCOSUR zu werden. In

Verhältnis zu Kolumbien. Mit Kolumbien sowie mit Guyana bestehen seit langem Territorialstreitigkeiten. Dabei dürfte es weniger um territoriale Integrität, sondern um die in den Gebieten vermuteten Bodenschätze gehen. So erhebt Kolumbien Anspruch auf ein Gebiet, das ihm Kontrolle über den Golf von Maracaibo und damit Zugriff auf die dort liegenden Erdölreserven gäbe. Die anhaltenden Berichte über Kontakte der venezolanischen Regierung zu den kolumbianischen Guerillagruppen FARC (*Fuerzas Armadas Revolucionarias de Colombia*) und ELN (*Ejército de Liberación Nacional*) sorgen immer wieder für ernst zu nehmende Spannungen. Im März 2001 wuchsen diese so stark an, dass Kolumbiens Präsident Pastrana seinen Kollegen Chávez an dessen „bolivarianische Verantwortung, ein gutes Verhältnis zwischen den beiden Staaten aufrechtzuerhalten" erinnerte.[19] Die anhaltenden Grenzverletzungen der Guerillagruppen können in Verbindung mit der militärischen Aufrüstung in der Region durch den *Plan Colombia* zu gefährlichen Situationen führen.

Nachhaltigkeit der Entwicklung

Da die neopopulistische Legitimationsstrategie weniger auf Performanzargumenten beruht denn auf der polemischen Auseinandersetzung mit Eliten und auf historischen Exkursen, lässt sich vermuten, dass sie tendenziell kurzfristig angelegt ist und weitgehend unabhängig von der Umsetzung konkreter Politiken funktioniert. Die Gefahr einer relativ schnellen Erschöpfung des Neopopulismus besteht also, wie sich in Venezuela zeigt, zumal die Regierung Chávez auf eine entwicklungspolitisch wenig nachhaltige Umverteilung der Rente setzt. Zwar wird versucht, die alten, uneffizienten Verteilungsmechanismen zu zerschlagen[20], doch treten an deren Stelle oft nur neue Klientelstrukturen, und der Aufbau von Alternativen zur Erdölindustrie ist bisher nicht vorangekommen. Das gesamte Wirtschaftskonzept steht und fällt mit der Höhe der Öleinnahmen. Hierbei kam der Regierung bisher die allgemeine Lage am Weltmarkt zugute. Betrug der Ölpreis im Jahresdurchschnitt 1996 noch US$ 18 / Barrel, fiel er 1998 auf US$ 10 / Barrel. Seit dem Amtsantritt von Chávez ist der Ölpreis gestiegen und hat sich beständig über US$ 16 / Barrel gehalten, der Höchststand lag sogar bei über US$ 30 / Barrel. Chávez hat sich als politischer Sprecher der OPEC etabliert, wie besonders die Konferenz im September 2000 in Caracas gezeigt hat, als er die Organisation als Makler der Interessen des gesamten Südens im Welthandel zu positionieren versuchte. Der venezolanische Präsident

---

dieser positiven Haltung gegenüber regionalen Integrationsbemühungen kann Chávez auf Vorleistungen seiner Vorgänger aufbauen

[19] Ein Mitglied von ELN, das 1999 ein Flugzeug nach Venezuela entführt hatte, wurde in Venezuela verhaftet, jedoch wieder freigelassen, bevor es zu einer Ausweisung nach Kolumbien hätte kommen können (*El Universal*, 21.03.2001).

[20] So wurden beispielsweise binnen Jahresfrist 96.000 öffentliche Bedienstete entlassen (bfai 2000), die als Klientel der alten Parteien galten.

hatte unter heftigem Beifall der Delegierten eine recht eigenwillige Interpretation der *terms of trade* präsentiert. So hat er vorgerechnet, dass im Vergleich zu einem Barrel Coca Cola zum Preis von US$ 79, und erst recht im Vergleich zu einem Barrel Sonnenöl zum Preis von US$ 5.365, Rohöl eigentlich doch zu billig sei (www.vwd.de). Mit Alí Rodríguez-Araque, bis Dezember 2000 Energieminister, und Álvaro Silva Calderón als Generalsekretäre der OPEC seit 2001 könnte es der venezolanischen Regierung gelingen, zumindest mittelfristig die Strategie zur Stabilisierung der Preise zu bewahren, die sich in den letzten Jahren als erfolgreich erwiesen hat. Doch selbst gegenüber einem Ölweltmarkt, der sich insgesamt für Venezuela als positives Umfeld erweist, zeigen sich deutliche Risse in der wirtschaftspolitischen Bilanz der Regierung Chávez.

Die Binnenwirtschaft war aufgrund des lange Zeit weit überbewerteten Bolívar international nicht konkurrenzfähig. Es wurde von einer Überbewertung zwischen 30 und 50% ausgegangen (bfai 2000). Daran änderte auch die massive Abwertung nicht viel, die der Bolívar seit 2001 erfahren hat. Unter diesen Umständen ist auch der steuerlichen Sonderförderung für Investitionen im Tourismus und Landwirtschaft wenig Erfolg beschieden.

Eine Entspannung der sozialen Situation ist vor diesem Hintergrund bisher kaum festzustellen. Das enorme Kriminalitätsproblem blieb bestehen. Nicht zuletzt deshalb sind die Direktinvestitionen 1999 um fast 70% zurückgegangen, und selbst der jetzt zu beobachtende verhaltene Anstieg ist hauptsächlich auf den Telekommunikationssektor beschränkt und dabei zu einem großen Teil auf bloße Lizenzvergaben zurückzuführen (bfai 2001). Einige Indikatoren hatten sich zwar bis zum Ausbruch des Generalstreiks verbessert, was aber angesichts des Basiseffektes nach dem katastrophalen Jahr 1999 noch keine wirkliche Umkehr darstellte. Die Arbeitslosigkeit ging leicht zurück und die Reallöhne legten moderat zu (CEPAL 2000: 51).

Die negativen Entwicklungen werden verstärkt durch die ständig zunehmende Anzahl an Streiks und Demonstrationen. So beteiligten sich an dem im Dezember 2002 begonnenen Generalstreik nach Angaben der Branchenverbände nahezu alle Sektoren der Wirtschaft: In der Textil- und Schuhindustrie blieben sämtliche Betriebe geschlossen, 70% der Einzelhandelszentren, 80% der Banken und 60% der kleinen und mittleren Unternehmen. Im essentiell wichtigen Erdölsektor lagen 89% der Förderung still, 94% der Raffinerien und 77% der Gasproduktion (2SP 2003).[21]

---

[21] Dem Staat drohte damit die Zahlungsunfähigkeit. Staatsanleihen und Schuldtitel der PdVSA wurden Anfang 2003 von den Ratingagenturen als unmittelbar vom Ausfall bedroht eingestuft. Die Devisenreserven der Zentralbank haben bedenklich abgenommen, so dass sich die Regierung gezwungen sah, auf Devisenbewirtschaftung zurückzugreifen. (*FAZ*, 01.02.2003).

Ausblick

Mittlerweile hat eine der umstrittensten Regierungen Lateinamerikas mehrere Jahre ihrer Amtszeit hinter sich. Chávez galt als unberechenbar, kubafreundlich und demokratiefeindlich. Als *worst case*-Szenario wurde ein kalter Staatsstreich nach peruanischem Vorbild vermutet, aber auch der Beginn einer Reformphase schien möglich (vgl. Bodemer/Nolte 1999). Chávez hat sich bisher weder in einen zweiten Fidel Castro bzw. Venezuela in ein zweites Kuba verwandelt, noch hat er eine Militärdiktatur errichtet. Zumindest die Befürchtungen einer Gegenbewegung zur „Dritten Welle" (Huntington 1991) ergibt im Bezug auf Venezuela schon deshalb wenig Sinn, weil es gar nicht Teil dieser Welle war. Betrachtet man allerdings die Entwicklung des *Freedomhouse Index*, stellt man fest, dass Venezuela eine dramatische Abwärtsbewegung hinter sich hat (Karatnycky 2000).[22] Es stellt sich also die Frage, wie es weitergehen wird in Venezuela. Wird sich der autoritäre Regress fortsetzen, schreitet die „Lateinamerikanisierung Venezuelas" (Werz 1989) in Bezug auf politische Instabilität voran oder handelt es sich um ein krisenspezifisches Intermezzo? Eine Antwort darauf könnten andere neopopulistische Erfahrungen in Lateinamerika geben. Betrachtet man etwa das Ende der Regierung Fujimoris, so zeigt sich, dass ein geregelter, demokratischer Machtwechsel nach einem präsidialen Frontalangriff auf Institutionen und Zivilgesellschaft schwierig werden dürfte. Gründe dafür sind neben den tiefgreifenden konstitutionellen und institutionellen Veränderungen die starke Konzentration von Erwartungen und Hoffnungen auf eine Person. Diese messianische Komponente des Neopopulismus kann, wenn sie einmal verbraucht ist, nicht mehr in Anspruch genommen werden. Bislang konnte Chávez seinen fehlenden Erfolg auf der *policy*-Ebene durch umso größeren Aktionismus im *polity*- und *politics*-Bereich überdecken. Zusätzlich eröffnen die hohen Ölpreise unerwartete Verteilungsspielräume. Trotz alledem haben sich die Lebensumstände des Großteils der venezolanischen Bevölkerung nicht substantiell verändert. Im wirtschaftlichen und sozialen Bereich sind traditionelle Politikmuster weitgehend erhalten geblieben, wenn auch zentralisiert auf Chávez. Obschon sich in der Zwischenzeit eine politische Strategie hinter den anfangs ungeplant wirkenden Handlungen erkennen lässt, ist zweifelhaft, ob diese die Kriterien der Nachhaltigkeit erfüllt. Der Versuch, Zeit zu gewinnen und alle Politikfelder mit Hilfe von symbolischer Politik und großartigen Ankündigungen dem Machterhalt unterzuordnen, scheint bisher zu gelingen. Die Einhaltung großer Versprechen wie das, die Armut in Venezuela abzuschaffen, wird vermutlich irgendwann eingefordert werden. Dass Chávez dazu in der Lage

---

[22] Venezuela galt seit Beginn der Erhebung als freies Land, mit einer kurzen Ausnahme nach den Putschversuchen 1992. Noch 1999 erreichte es mit dem Wert 2,3 die Einstufung *free*, im Jahr 2000 wurde das Rating auf 4,4 und *partly free* abgewertet, neben Kolumbien und Peru der niedrigste Wert Lateinamerikas.

ist, scheint aufgrund der Umstände unwahrscheinlich. Welche Folgen das Enttäuschen von vorher geweckten Hoffnungen haben kann, zeigt die zweite Amtszeit von CAP, mit den Unruhen des Jahres 1989, den Putschversuchen 1992 und seiner Amtsenthebung 1993.

Angesichts eines Staatshaushaltes, der sich zu weit mehr als der Hälfte aus Öleinnahmen speist und der in der Amtszeit Chávez um ca. 50% erhöht wurde, ist klar, dass die bisherige Politik nicht mehr aufrecht erhalten werden kann, sobald der Ölpreis signifikant fallen sollte oder es zu erneuten streikbedingten Produktionsausfällen kommt. Es steht zu befürchten, dass in einer solchen Situation auf die neugeschaffenen Möglichkeiten einer autoritären Machtausübung zurückgegriffen wird.

Literaturverzeichnis

Bodemer, Klaus/Detlef Nolte (1999): „Politischer Umbruch in Venezuela. Der Wahlsieg von Hugo Chávez und seine Folgen", *Brennpunkt Lateinamerika* Nr. 1, S. 1-8.

Boeckh, Andreas (2000): „Venezuela auf dem Weg zu einem autoritären Neopopulismus?", in: *Welttrends* 29, S. 79-96.

--- (1997): „Venezuela: Die schmerzvolle Transformation eines Erdöllandes", in: Boeckh, Andreas/Peter Pawelka (Hrsg.): *Staat, Markt und Rente in der internationalen Politik*, Opladen, S. 285-315.

---/Marion Hörmann (1995[3]): „Venezuela", in: Nohlen, Dieter/Franz Nuscheler (Hrsg.): *Handbuch der Dritten Welt*, Band 2, Bonn, S. 516-543.

Briceño-León, Roberto/Rogelio Pérez Perdomo (1999): *La violencia en Venezuela: dimensionamiento y políticas de control*, IADB Documento de Trabajo R-373.

Briceño Ruiz, José (1997): „Venezuela, la comunidad del Caribe y la regionalización de la cuenca del Caribe", in: Giaccalone, Rita (1997): *Venezuela en la integración regional: mapa tentativo de sus perspectivas*, Caracas, S. 13-39.

Bundesstelle für Außenhandelsinformationen (bfai) (2001): *Länder und Märkte – Ausländer investieren mehr in Venezuela*, Köln.

--- (2000): *Venezuela – Wirtschaftsentwicklung 1999*, Köln.

CEPAL (2000): *Balance Preliminar de las Economías de América Latina y el Caribe*. www.eclac.cl.

Collier, David/Steven Levitsky (1997): „Democracy with adjectives: Conceptual innovation in Comparative Research", in: *Worlds Politics* 49, S. 430-451.

Consultores 21 (2000): *Estudio de Temas Económicos*, Caracas.

Die Welt, 13.08.1999.

FAZ, 01.02.2003.

Huntington, Samuel (1991): *The Third Wave: Democratization in the Late Twentieth Century*, Norman/London.

Karatnycky, Adrian (2000): „The 1999 Freedom House Survey, A century of progress", in: *Journal of Democracy* 1 (11), S. 187-200.

Karl, Terry Lynn (1987): „Petroleum and Political Pacts: The Transition to Democracy in Venezuela, 1958", in: *Latin American Research Review* 22:1, S. 63-94.

Laclau, Ernesto (1981): *Politik und Ideologie im Marxismus : Kapitalismus, Faschismus, Populismus*, Berlin.

Latinobarómetro (2000) (www.latinobarometro.org).

Linz, Juan J./Alfred Stepan (1996): *Problems of democratic transition and consolidation: Southern Europe, South America, and post-communist Europe*, Baltimore.

Lynch, Nicolás (2000): „Neopopulismo: un concepto vacío", in: ders.: *Política y Antipolítica en el Perú*, Lima, S. 153-180.

McCoy, Jennifer (1999): „Chávez and the end of ‚partyarchy' in Venezuela", in: *Journal of Democracy* 10/3, S. 64-76.

Mommer, Bernhard (1997): „The political role of national oil companies in large exporting countries: The Venezulean case", in: Boeckh, Andreas/Peter Pawelka (Hrsg.): *Staat, Markt und Rente in der internationalen Politik*, Opladen, S. 316-337.

OPEC (2000): *Annual Report 1999*, Wien.

O'Donnell, Guillermo (1994): „Delegative Democracies", in: *Journal of Democracy* 5(1), S. 55-69.

Pérez, Carlos Andrés (1975): *Einem großen Venezuela entgegen*, Caracas.

Ramos Jiménez, Alfredo (1997): *Las formas modernas de la política. Estudios sobre la democratización de América Latina*, Mérida.

Suter, Christian (1999): *Gute und schlechte Regimes Staat und Politik Lateinamerikas zwischen globaler Ökonomie und nationaler Gesellschaft*, Frankfurt/M.

República Bolivariana de Venezuela (1999): *Gaceta Oficial Número 36860, Constitución de la República Bolivariana de Venezuela*, Caracas.

UNDP (2000): *Human Development Report 2000* (www.undp.org/hdr2000).

US-Department of State (2001): *Venezuela. Country Reports on Human Rights Practices* (www.state.gov/g/drl/rls/hrrpt/2000/wha/index.cfm?docid=835).

Welsch, Friedrich (1992): „Venezuela. Transformación de la cultura política", in: *Nueva Sociedad* 121, S. 16-20.

---/José Vicente Carrasquero (2001): „Venezuela unter Chávez: Zwischen demokratischer Revolution und Caudillismo", in: *Ibero-Analysen* 7, S. 3-24.

---/--- (1998): „Auflösungserscheinungen einer etablierten Demokratie? Politisch kulturelle Analyse des Falles Venezuela", in: *Lateinamerika. Analysen-Daten-Dokumentation* 37, S. 70-84.

---/Nikolaus Werz (2000): „Die venezolanische ‚Megawahl' vom Juli 2000 und ihre Folgen: Legitimation der Bolivarianischen Republik", *Brennpunkt Lateinamerika* Nr. 20, S. 205-216.

---/--- (2002): „Staatsstreich gegen Chávez", in: *Brennpunkt Lateinamerika* Nr. 7, S. 61-76.

Werz Nikolaus (1989): „Die ‚Lateinamerikanisierung' Venezuelas", in: *Jahrbuch Dritte Welt 1990*, München, S. 240-256.

2PS (2003): *Wirtschaftsnachrichten Venezuela* 11.01.2003 – N° IV/92.

Sabine Kurtenbach

Kolumbien –
Krise von Politik, Staat und Gesellschaft

Zwar ist Kolumbien schon lange eines der gewalttätigsten Länder der Welt, aber erst im Zusammenhang mit dem „Krieg gegen die Drogen" und den Folgen des 11. September 2001 ist die Eskalation des internen Krieges auch von einer breiteren Öffentlichkeit wahrgenommen worden. Auch im Zusammenhang mit der Diskussion um die „neuen" Kriege wird Kolumbien vielfach als Beispiel genannt, weil es einige von deren Charakteristika aufweist, wie Ressourcenreichtum, einen schwachen Staat und ein hohes Gewaltniveau. Die Krise in Kolumbien ist aber weder neu, noch hängt sie ursächlich mit dem Aufstieg der Drogenökonomie zusammen. Die Gelder aus dem Drogenhandel haben in den vergangenen 20 Jahren zwar allen Gewaltakteuren eine stabile finanzielle Basis verschafft und damit den Krieg ohne Zweifel intensiviert, die Ursachen sowohl des Krieges als auch der Drogenökonomie sind aber im politischen und wirtschaftlichen Ausschlussmodell verankert, das sich historisch entwickelt hat. Auch wenn Kolumbien über lange Zeit als eines der stabilsten Länder Südamerikas galt, so basierte diese Entwicklung doch auf dem systematischen Ausschluss großer Teile der Bevölkerung. Politisch war dies während der Zeit der Nationalen Front (1958-78) offensichtlich, wirtschaftlich und sozial schlägt sich dies nun in einer selbst für lateinamerikanische Verhältnisse extremen Ungleichheit im Zugang zu Einkommen und Ressourcen nieder. Nur wenn man den Blick nicht allein auf die aktuelle Dynamik des Krieges richtet, sondern die historischen, ökonomischen, sozialen und politischen Wurzeln einbezieht, lassen sich Möglichkeiten zur Reduzierung der Gewalt identifizieren, die über die symptomatische Ebene hinausgehen.

Der folgende Beitrag stellt deshalb zunächst die politische Gewaltkultur Kolumbiens dar, bevor er auf die Dynamisierung des Krieges seit den 80er Jahren, die Friedensbemühungen unter der Regierung Pastrana und die „Politik der harten Hand" der aktuellen Regierung Uribe eingeht.

Gewalt als „normales" Mittel in der Politik

In Kolumbien besteht historisch ein enger Zusammenhang zwischen Politik und Gewalt, aus dem sich eine politische Kultur der Gewalt entwickelt hat. Gewalt war von der Unabhängigkeit bis in die Mitte des 20. Jahrhunderts die „normale" Form des Konfliktaustrags der Eliten, die sich in der zweiten Hälfte des 19. Jahrhunderts in der Liberalen und Konservativen Partei organisierten. Auch wenn Kolumbien im 19. Jahrhundert nicht gewalttätiger war als andere Länder Südamerikas, so weisen die kriegerischen Auseinandersetzungen zwischen 1850 und der Jahrhundertwende doch einige Spezifika auf, deren Konsequenzen bis in die Gegenwart fortwirken. Zu nennen ist hier die Dominanz interner Kriege zwischen den beiden vorherrschenden Parteien – Liberalen und Konservativen – sowie insbesondere die Einbeziehung breiter Bevölkerungsgruppen in diese Kriege.[1]

Bis zum Anfang des 20. Jahrhunderts waren die Kriege allerdings kein Ausdruck ideologischer oder politischer Differenzen, sondern vor allem durch die Veränderung des aus der Kolonialzeit stammenden regionalen Gleichgewichts verursacht, das ab Mitte des 19. Jahrhunderts durch die Weltmarktintegration und die Ausdehnung der Exporte maßgeblich verändert wurde. Die gesellschaftspolitische Auseinandersetzung um das Verhältnis zwischen Staat und Kirche ermöglichte den regionalen Oligarchien sowohl die Allianzbildung auf nationaler Ebene als auch die Einbeziehung der Bevölkerung. Der Säkularisierungskonflikt dominierte somit die „(partei-)politische Primärsozialisation der breiten Massen" (Krumwiede 1980: 76) und ermöglichte die Herstellung der überregionalen Konfliktfähigkeit der regionalen Oligarchien. Das Fehlen einer zentralen Ordnungsmacht senkte die Schwelle zur Gewaltanwendung. Ab 1850 herrschte ein extremer Föderalismus, in dem der Zentralstaat nicht einmal mehr ein rudimentäres zentralstaatliches Gewaltmonopol innehatte. Ein Gesetz vom April 1854 erlaubte praktisch jedem Bürger den Kauf von und Handel mit Waffen, sowie das Tragen von Waffen aller Art; die Verfassung von Rionegro 1863 reduzierte das zentralstaatliche Militär auf eine Art Präsidentengarde, die Zentralregierung durfte sich nicht in die Angelegenheiten der Bundesstaaten einmischen.[2] Mit anderen Worten: Der Zentralstaat verzichtete auf die Etablierung eines Gewaltmonopols zugunsten regionaler und lokaler Machthaber, bzw. konnte sich gegen diese nicht durchsetzen.

Die Kriege selbst dienten dann der klientelistischen Integration der Bevölkerung in das Zweiparteiensystem. Während die Kriegsteilnehmer gegenüber den eigenen Parteigängern eine gewisse Schutzfunktion ausübten, verfolgten sie diejenigen gnadenlos, die zur Gegenseite gehörten oder sich zu keiner der beiden

---

[1] Vgl. hierzu ausführlich Kurtenbach 1991 und 1999 und die dort angegebene Literatur. Zu den Kriegen im 19. Jahrhundert vor allem Tirado Mejía 1976.

[2] Vgl. hierzu Palacios 1986, González 1988, Tirado Mejía 1976.

Parteien bekannten. Neutralität war unmöglich. Im ganzen Land entstanden Subkulturen, die – über die lokale und regionale Ebene hinaus – konstitutiv für die Identitätsbildung wirkten.[3] Diese Entwicklung unterscheidet das kolumbianische Kriegsgeschehen im 19. Jahrhundert qualitativ von der Entwicklung in anderen lateinamerikanischen Staaten. Dort waren die Kriege entweder auf kleine Gruppen der Gesellschaft begrenzt oder es handelte sich um zwischenstaatliche Kriege, die – beispielsweise im Fall Chiles – die Basis für einen entstehenden Nationalstaat und ein Nationalbewusstsein waren. In Kolumbien bewirkten die Kriege zwar auch eine Identitätsbildung über den traditionellen, lokalen und regionalen, Bezugsrahmen hinaus; dieser hatte aber nicht die Nation als Kern, sondern die beiden politischen Parteien.

Der kolumbianische Staat – Papiertiger ohne Kernfunktionen

Mit der Jahrhundertwende setzte in Kolumbien – wie in anderen lateinamerikanischen Ländern auch – ein Prozess der sozialen Differenzierung ein. Der Zentralstaat hatte zwar bereits mit der Verfassung von 1886 eine Stärkung erfahren, blieb in seinen zentralen Kernfunktionen aber immer eingeschränkt. Neben dem fehlenden Gewaltmonopol, konnte er auch eine zweite Kernfunktion moderner Staatlichkeit – das Steuermonopol – nicht etablieren. Zentral hierfür wäre die Kontrolle aus den Einnahmen des Hauptexportproduktes – seit Ende des 19. Jahrhunderts Kaffee – gewesen. Die kolumbianischen *Cafeteros* schufen 1927 durch die *Federación Nacional de Cafeteros de Colombia* (FNCC) aber eine Art Parallelstaat. Zwar war der Staat im *Fondo Cafetero*, der die Einnahmen aus dem Sektor verwaltete und auch verteilte, beteiligt, er konnte ihn aber zu keiner Zeit kontrollieren. Das Fehlen von staatlichen Einnahmen – Kolumbien hat mit 10% eine der niedrigsten Steuerquoten in Lateinamerika – begrenzt die Möglichkeiten des kolumbianischen Staates eine aktive soziale Integrationspolitik zu betreiben bis in die Gegenwart.[4]

Die Trennung von Politik und Wirtschaft beruht in Kolumbien folglich nicht auf einer relativen Autonomie des Staates gegenüber den ökonomisch dominanten Gruppen, sondern auf deren explizitem „Verzicht" auf Besetzung des Staatsapparates und begründet bis heute die anhaltende Schwäche des kolumbianischen Zentralstaates. Diese „Arbeitsteilung" zwischen wirtschaftlichen und politischen Eliten war solange funktional, wie die Devise galt: „Der Wirtschaft geht es gut, dem Land geht es schlecht." Die Bevölkerungsmehrheit diente im Rahmen dieses Systems als Massenbasis, die anlässlich von Wahlen mobilisiert wurde. Die klientelistische Integration erschwerte Abspaltungen von Dissiden-

---

[3] Vgl. Leal Buitrago 1984, Fals Borda 1968, Deas 1997.
[4] Schon aus diesem Grund müssen die weitgehenden sozialen Regelungen der Verfassung von 1991 Makulatur bleiben.

ten, die – entsprechend den Veränderungen der Gesellschaft – zu einer Differenzierung des parteipolitischen Spektrums geführt hätten.

Die Grenzen dieser Form der Demokratie wurden Mitte des 20. Jahrhunderts deutlich und eskalierten in der sog. *Violencia*, die allein in der ersten Phase bis 1953 über 150.000 Menschen das Leben gekostet hat. Es verbanden sich verschiedene Konfliktlinien[5]: Erstens der traditionelle Konflikt innerhalb der kolumbianischen Oligarchie, der wie im 19. Jahrhundert immer noch vor allem regional strukturiert war, sich aber über die Zugehörigkeit zu den politischen Parteien manifestierte. Zweitens die Auseinandersetzungen im Agrarsektor, wo sich sowohl die Konflikte in den Bananen-Enklaven als auch in den Regionen der großen Kaffeehaziendas gewaltsam zuspitzten. Die Oligarchie begegnete der zunehmenden Organisation der Kleinbauern und Landarbeitern vor allem mit dem Mittel der Gewalt. Im Zuge der Weltwirtschaftskrise verstärkten sich die Konflikte auch im Kaffeesektor, wo die Kleinbauern von Großgrundbesitzern vertrieben wurden. Daraus entstanden in einigen Regionen Formen der bewaffneten Landnahme, die bis heute Schwerpunkt und Zentrum der größten Guerillagruppe, der *Fuerzas Armadas Revolucionarias Colombianas* (FARC) sind. Der Versuch, den politischen Status quo trotz dynamischen sozialen und ökonomischen Wandels aufrechtzuerhalten, bildet seit den 30er Jahren den strukturellen Nährboden für die wachsende Gewalt in Kolumbien.

Die *Violencia* war in ihrer ersten Phase auch eine Neuauflage des alten parteipolitischen Konflikts, wobei es um die Frage ging, wie mit den Folgen der sozialen und gesellschaftlichen Dynamik umgegangen werden sollte. In der zweiten Phase der *Violencia* ab 1953 traten allerdings die sozio-ökonomischen Ursachen immer deutlicher in den Vordergrund. Mit der grundlegenden Veränderung der Kriegsparteien durch das Auftauchen neuer sozialer Akteure, die die Abschaffung des oligarchischen Systems zum Ziel hatten, ließ sich die traditionelle Art der Konfliktregulierung nicht mehr aufrechterhalten, in der die gegnerische Fraktion nach einer bewaffneten Auseinandersetzung mittels Amnestie reintegriert und ihr wieder Partizipationsmöglichkeiten gegeben wurden. In den 50er Jahren ließ sich nur noch ein Teil der liberalen Guerilla in alter Manier reintegrieren, während aus den anderen Gruppen die Strukturen der bäuerlichen Selbstverteidigung entstanden, die Ausgangspunkt für die Entstehung der heutigen FARC wurden.

Im Rahmen der 1957/58 gegründeten Nationalen Front etablierte sich dann eine Spielart der Proporzdemokratie, in deren Rahmen die öffentlichen Ämter und Pfründe zwischen der Liberalen und Konservativen Partei auf allen Ebenen paritätisch verteilt wurden. Die regelmäßig stattfindenden Wahlen dienten lediglich dazu, die Stärke der verschiedenen Strömungen innerhalb der Parteien festzulegen. Liberale und Konservative Partei waren und sind bis heute vertikal und klientelistisch strukturiert. Sie stellen keine homogenen Organisationen mit ge-

---

[5] Vgl. LeGrand 1986, Berquist 1986, Molano 1992, Oquist 1978, Sánchez 1985.

meinsamer Programmatik oder Zielsetzung dar, sondern vielmehr regional und personalistisch verankerte Interessenvereinigungen. Zwar endete die Nationale Front formal 1978, de facto bestand das System der Allparteienregierung allerdings zumindest auf nationaler Ebene fort, so dass in den meisten Regierungen Minister beider Parteien vertreten waren. Auch im Parlament existiert keine klare Trennung zwischen Regierung und Opposition, vielmehr spielen die verschiedenen Fraktionen, die sich um charismatische Führungspersönlichkeiten sammeln und/oder vor allem eine regionale Basis haben, eine zentrale Rolle.

Die Machtteilung hat zwar zur Überwindung der Gewalt zwischen den Eliten beigetragen, gleichzeitig hat der systematische Ausschluss aller systemverändernden Kräfte neue Gewaltakteure geschaffen. Die Öffnung des politischen Systems und die Verabschiedung der neuen Verfassung 1991 waren ein zentraler Mechanismus zur Integration eines Teils der bewaffneten Gruppen (vor allem die „Bewegung 19. April", M-19[6]). Die aus der Tradition der sozialen Opposition kommenden Gruppen konnten so allerdings nicht integriert werden. Die grundlegende Schwäche des politischen Systems und damit der kolumbianischen Demokratie liegt nach wie vor in der fehlenden Organisation politischer Akteure entlang gemeinsamer, horizontaler Interessen. Solange dieser Prozess nachhaltig durch klientelistische und vertikale Strukturen und Organisationsformen überlagert oder durch staatliche und parastaatliche Formen der Repression unterbunden wird, erschwert oder verhindert dies die Herausbildung demokratischer Strukturen, die über den reinen Formalismus hinausgehen.

Auch wenn die Ursprünge des Kriegs der FARC bis in die *Violencia* zurückreichen und obwohl die kleineren Guerillagruppen wie das ELN (*Ejército de Liberación Nacional*) ihren Kampf bereits in den 60er Jahren begannen[7], war

---

[6] Auch wenn die M-19 einen relativ hohen Bekanntheitsgrad innerhalb und außerhalb des Landes hat, so war sie militärisch immer sehr schwach. Ihre Stärke bestand vor allem in symbolischen Aktionen – wie dem Raub des Schwertes von Simon Bolívar oder der Geiselnahme zahlreicher Botschafter. Die M-19 legte 1990 die Waffen nieder, nachdem sie Zusagen über eine Reintegration ins politische Leben erhalten hatte. Die neue Verfassung von 1991 ist von ihr maßgeblich mitgeprägt. In einer Wahl, bei der sich nur 20% der Bevölkerung beteiligten, wurde sie zur stärksten politischen Kraft in der Verfassunggebenden Versammlung. Mittlerweile ist ihr aber das gleiche Schicksal widerfahren wie anderen Initiativen, die eine dritte Kraft aufbauen wollten – sie ist in der Bedeutungslosigkeit versunken (vgl. Kurtenbach 1991a, Helfrich-Bernal 2001). Vgl. auch Fußnote 9.

[7] Gemeinsam ist den Gründern beider Gruppen die prägende Erfahrung der *Violencia*. Ansonsten unterscheiden sich die beiden Gruppen allerdings insbesondere in Bezug auf ihre soziale Basis und ihre Zielsetzung. Die FARC entstanden 1964 – zunächst unter dem Namen *Bloque Sur* – aus der Tradition der bäuerlichen Selbstverteidigung; ihre wesentlichen Ziele sind Veränderungen im Agrarsektor, ihr Aktionsschwerpunkt insbesondere die Regionen des Kaffeeanbaus und die neuen Kolonisationsgebiete. Militärisch waren und sind sie mit heute angeblich 17.000 Kämpfern die stärkste der Guerillagruppen. Das ELN steht dagegen in der Tradition fokistischer Guerillagruppen der 60er Jahre, die – in Anlehnung an die von Ernesto Che Guevara entwickelte Fokus-Theorie – in den Städten vor allem von Studierenden und Intellektuellen gegründet wurden. Nachdem der Aufbau einer Massenba-

der Krieg bis in die 80er Jahre eine regional begrenzte Auseinandersetzung. Die Guerilla operierte vornehmlich in den geographischen Randlagen in denen der kolumbianische Staat ohnehin nicht präsent war, ihre Aktivitäten gefährdeten das politische Zweiparteiensystem nicht, sondern stabilisierten es sogar. Der Rekurs auf die reale oder vermeintliche Gefährdung durch die bewaffneten Gruppen erlaubte die fast permanente Verhängung des Ausnahmezustandes und damit die Verfolgung und Kriminalisierung jedweder systemgefährdenden Opposition. Im Zuge der ideologischen Überlagerung bewaffneter Auseinandersetzungen in Lateinamerika durch den Ost-West-Konflikt waren auch die USA vor allem Ende der 60er Jahre an der Guerillabekämpfung beteiligt. Insgesamt fand der Krieg aber weder großes internationales Interesse, noch erhielten die Kriegsparteien bedeutende finanzielle oder militärische Unterstützung von außen.

Die multiple Krise und die Entstehung des „Kriegssystems"

Die multiple Krise von Politik, Wirtschaft und Gesellschaft stellt den zentralen Begründungszusammenhang für die Eskalation der Gewalt in den 80er Jahren dar, aus dem das aktuelle „Kriegssystem" (Richani 2002) entstand. Drei Faktoren trugen dazu bei[8]:

1. Der wachsende Einfluss der Drogenkartelle auf Politik, Wirtschaft und Gesellschaft des Landes;
2. Das Scheitern des Friedensprozesses der Regierung Betancur 1985;
3. Die Krise des politischen Systems während der Präsidentschaft von Ernesto Samper (1994-98), die quasi einen Schnittpunkt aus den beiden erstgenannten Faktoren darstellt, dynamisierte die Gewalt.

Neoliberale Reformen, Drogen und der kolumbianische Staat

Obwohl Kolumbien als einziges Land der Region in den 80er Jahren der allgemeinen Wirtschaftskrise mehr oder minder entgangen war, konnte es sich dem folgenden Trend zu neoliberalen Reformen nicht entziehen. Diese kamen in Kolumbien zwar später als in anderen Ländern und waren bei weitem nicht so tiefgreifend, was aber vor allem daran lag, dass der kolumbianische Staat im Ent-

---

sis nicht gelang, zog sich das ELN zwar auch in die ländlichen Gebiete zurück, es ging ihm aber nicht um den Schutz der Bauern oder die Errichtung von befreiten Gebieten. Es griff nicht zugunsten der Bauern und Pächter in lokale Konflikte ein, sondern betrachtete das Land lediglich als Austragungsort des bewaffneten Kampfes. Die Aktionen des ELN richten sich seit den 80er Jahren vor allem gegen die Aktivitäten internationaler Konzerne bei der Ausbeutung der kolumbianischen Naturressourcen insbesondere bei der Ölförderung.

[8] Vgl. dazu Krauthausen 1997, Kurtenbach 2001 und 1998.

wicklungsprozess des Landes nie die Bedeutung hatte, die er in anderen Staaten innehatten.

Der Aufschwung des Kokahandels federte die Krise des auf dem Kaffee basierenden Entwicklungsmodells zumindest für einige Zeit ab. Strukturell beruht der Kokaanbau sowohl politisch wie wirtschaftlich auf denselben Grundlagen wie der Kaffee: Der Anbau erfolgt in kleinen Familienbetrieben, die über eine hohe Flexibilität an Arbeitskraft verfügen. Die Weiterverarbeitung und der Handel liegen in den Händen von regional organisierten Kartellen. Die Gewinne gehen am kolumbianischen Staat vorbei. Die Drogenbarone sichern ihre Herrschaft sowohl klientelistisch wie auch gewaltförmig ab.

Die allgemeine Gewalt hat im Zuge des Kokabooms allerdings ein deutlich höheres Niveau erreicht und den Zerfall der ohnehin fragilen staatlichen Autorität beschleunigt. Dies lag zum einen an dem Drogengeschäft inhärenten Mechanismen, zum anderen an der Verschärfung bestehender Konflikte durch das Drogengeschäft und drittens an der Veränderung der internationalen Konjunktur.

1. Drogen sind illegal, weshalb sich die Bedingungen von Produktion, Handel und Verkauf nicht juristisch per Vertrag regeln lassen, sondern die Einhaltung der Absprachen stets gewaltgekoppelt durchgesetzt wird. Zunächst hierfür, aber relativ schnell auch für die „Begleichung" anderer Rechnungen entstand mit den *sicarios* ein eigener Berufszweig, in dem sich junge Männer als Auftragskiller ihren Lebensunterhalt verdienten.

2. Der Anbau von Koka erfolgte vor allem in den Kolonisierungszonen, wo er die ohnehin vielfach mit Gewalt ausgetragenen Konflikte verschärfte. Außerdem gründeten die Drogenhändler paramilitärische Gruppen, die zunächst vorwiegend ihrem persönlichen Schutz, z.B. vor Entführungen durch die Guerilla dienten, im Lauf der Zeit mehr und mehr zur Anti-Guerillagruppe wurden.

3. Mit dem Ende des Kalten Krieges nahm der Druck der USA auf die kolumbianische Regierung zu, den Einfluss der Drogenkartelle zu beschränken. Die Kartelle versuchten, den Staat durch Bombenterror von rechtlichen Strafmaßnahmen zum Beispiel der Auslieferung in die USA abzuhalten. Zwar wurden die beiden großen Kartelle von Medellín und Cali zerschlagen, ihre Arbeit wird aber unvermindert von zahlreichen kleineren Kartellen weitergeführt.

Die Drogenkartelle profitierten von der Schwäche des kolumbianischen Staates und untergruben dessen ohnehin schwache Legitimationsbasis weiter. Gleichzeitig trugen die Ressourcen aus dem Drogenhandel zur massiven Ausdehnung der finanziellen Basis der Kriegsakteure bei. Während die Guerillagruppen von der Besteuerung der Kokabauern profitieren, sind die Paramilitärs selbst direkt im

Drogenhandel aktiv; der kolumbianische Staat erhält im Rahmen des US-Krieges gegen die Drogen Militärhilfe.

Der Friedensprozess unter Betancur

Die Eskalation der Gewalt entwickelte bereits Anfang der 80er Jahre eine destabilisierende Wirkung für das herrschende System. Deutlich wurde dies 1980, als die „Bewegung 19. April" (M-19)[9] die Botschaft der Dominikanischen Republik in Bogotá besetzte, zahlreiche Diplomaten als Geisel nahm und die Regierung so zu Verhandlungen zwang. Damit erkannte die Regierung erstmals den politischen Charakter der Guerilla an, was weit über die M-19 hinaus Wirkung zeigte. In der Präsidentschaft des 1982 gewählten Konservativen Belisario Betancur gab es erstmals seit Ende der *Violencia* Friedensverhandlungen zwischen Regierung und Guerilla. Im Gegensatz zu seinen Vorgängern, die die Guerilla stets als reines Problem der öffentlichen Ordnung betrachtet hatten, akzeptierte Betancur, dass es reale materielle, soziale und politische Ursachen der Gewalt im Land selber gab. Für diese Sichtweise hatte der neue Präsident aber weder in seiner eigenen Partei, noch bei anderen Gesellschaftsgruppen – etwa den Wirtschaftsverbänden oder dem Militär – Unterstützung. So waren die anfänglichen Erfolge des Friedensprozesses trügerisch. Zwar unterzeichneten im Verlauf des Jahres 1984 alle Guerillagruppen außer dem ELN einen Waffenstillstand, darüber hinaus gab es aber keine Vereinbarungen. So wie der Regierung die Mehrheit und der Plan fehlte, wohin die Gespräche eigentlich führen sollten, so waren auch die meisten Guerillagruppen nicht wirklich bereit, über das Ende des bewaffneten Kampfes und die eigene Demobilisierung zu reden.[10]

Das Scheitern des Friedensprozesses führte zu einer weiteren Zunahme vor allem der parastaatlichen und politischen Gewalt. Mitte der 80er Jahre erlebten die paramilitärischen Gruppen dann durch die Zusammenarbeit mit den Drogenhändlern einen neuen Aufschwung. Die Kooperation zwischen Militär und paramilitärischen Gruppen bestand weiter fort – ein Bericht der Staatsanwaltschaft von 1983 beschuldigte 59 aktive Militärs der Mitgliedschaft in der Todesschwadron MAS (Trujillo 1993: 146). Ab 1989 waren sie zwar formal verboten, die Regierung unternahm aber nichts, um ihrem Treiben Einhalt zu gebieten. Abermals war es dem kolumbianischen Staat nicht möglich, seinen Anspruch auf das Gewaltmonopol durchzusetzen.

Der US-Wissenschaftler Mark Chernick (1998) vertritt sogar die These, dass die „Paramilitarisierung" des Krieges eine bewusste Strategie sei. Mit Beginn des Friedensprozesses unter der Regierung Betancur und dem damit zusammenhängenden Waffenstillstand mit einem Großteil der Guerillagruppen sei begonnen worden, die Guerilla zunehmend nicht mehr mit den staatlichen Sicherheits-

---

[9] Die M-19 war in den 70er Jahren von Anhängern des Generals Rojas Pinilla gegründet worden, die sich 1974 um den vermeintlichen Wahlsieg gebracht sahen. Vgl. auch Fußnote 5.

[10] Zum Friedensprozess der Regierung Betancur vgl. besonders Ramírez/Restrepo 1988.

kräften, sondern mit den Paramilitärs zu bekämpfen. Dies entspricht zum einen der kolumbianischen Tradition, in der der Staat sich explizit „heraushält". Zum anderen ist dies gerade in Zeiten wachsender internationaler Aufmerksamkeit, wie dies seit Beginn der 80er Jahre auch für Kolumbien gilt, für das internationale Image einer Regierung funktional, die sich als dritte, zivile und demokratische Kraft zwischen Extremisten von links und rechts darstellen und profilieren kann – obwohl dies bei näherer Betrachtung weitgehend Propaganda ist: Die Beteiligung staatlicher Sicherheitskräfte an Aktionen der Paramilitärs ist in vielen Fällen dokumentiert, lange Zeit haben die Regierungen deren Aktionen zumindest weitgehend geduldet. Außerdem bleiben 97% aller Gewaltverbrechen in Kolumbien straffrei.

Präsident Samper und der *Proceso 8.000*

Die Vertreter des Kartells von Cali und andere Drogenbarone versuchten von Anfang an, ihren Einfluss auch auf die Politik des Landes auszudehnen. Pablo Escobar war zeitweise stellvertretender Abgeordneter der Liberalen Partei. Als der unterlegene Kandidat 1994 den gewählten Präsidenten Ernesto Samper beschuldigte, er habe seinen Wahlkampf mit Geldern des Kartells von Cali finanziert, fand er in der Öffentlichkeit kaum Gehör, sondern wurde als schlechter Verlierer abgestempelt. Selbst die US-Regierung zog zunächst keine Konsequenzen, obwohl sie angeblich von der Richtigkeit der Vorwürfe wusste. Anfang 1995 erhielt Kolumbien erneut präferentiellen Zugang zum US-amerikanischen Markt von all den Ländern, die bei der Bekämpfung des Drogenhandels kooperieren (die sog. Zertifizierung). Konfliktiv wurde das Verhältnis zwischen alter und neuer Oligarchie in Kolumbien erst im Zuge der ausufernden Gewalt und im Rahmen der verschärften Drogenpolitik der USA.

Die gesamte Präsidentschaft Sampers war durch die Auseinandersetzung um die Drogen gekennzeichnet und dominiert. Im Land nahm Generalstaatsanwalt Alfonso Valdivieso im Februar 1995 formal Ermittlungen auf und leitete eine breite Untersuchung ein – den sog. *Proceso 8.000* –, in dessen Rahmen es um Zahlungen der Drogenmafia an über 100 Politiker ging. Prominentestes „Opfer" des Prozesses wurde Verteidigungsminister Botero – 1993/94 Leiter von Sampers Wahlkampf –, der am 2. August 1995 von seinem Amt zurücktrat und knapp zwei Wochen später verhaftet wurde. Der Versuch, ein Amtsenthebungsverfahren gegen den Präsidenten einzuleiten, scheiterte am Widerstand des Parlaments. International versuchte die Regierung Aktivitäten zur Drogenbekämpfung vorzuweisen: Samper verkündete einen Plan zur Vernichtung der Anbauflächen illegaler Produkte, führende Mitglieder des Kartells von Cali wurden verhaftet. Dennoch wurde Kolumbien sowohl 1996 als auch 1997 die US-Zertifizierung verweigert, Präsident Samper wurde gar das Visum für die Einreise in die USA entzogen. In dieser Gemengelage konnte sich das aktuelle „Kriegssystem" entwickeln und stabilisieren, in dessen Rahmen die Fortsetzung des Krieges für alle bewaffneten Akteure vorteilhafter ist, als eine Beendigung des Krieges (vgl. Richani 2002).

Die innenpolitische Polarisierung und Krise im Zusammenhang mit dem *Proceso 8.000* zeigt letztlich die grundlegenden Probleme des politischen Systems: mangelnde demokratische Kontrolle, klientelistische Vernetzung und Korruption. Die Polarisierung zwischen Anhängern und Gegnern der Regierung Samper trug darüber hinaus zur Entstehung eines Machtvakuums bei, in dem die Gewalt weiter eskalierte.

Der Versuch der Gewalteindämmung am Verhandlungstisch – die Präsidentschaft von Andrés Pastrana

Noch vor seinem Amtsantritt traf sich der gewählte Präsident Pastrana im Juli 1998 in einer spektakulären Aktion im Dschungel mit Manuel Marulanda, dem legendären Anführer der FARC, der selbst bereits in der *Violencia* gekämpft hatte. Es war das erste Treffen eines gewählten Staatschefs mit Guerillaführern auf kolumbianischem Boden. Dadurch wurden Hoffnung geweckt, Kolumbien könne seinen Krieg – ähnlich wie die zentralamerikanischen Länder – am Verhandlungstisch beilegen. Zunächst gab es auch einige Erfolge. Die Regierung kam einer grundlegenden Forderung der FARC nach und zog das Militär aus einer 42.000 qkm großen Zone des Landes zurück. In der sog. „Entspannungszone" trafen sich die Verhandlungsdelegationen beider Seiten und vereinbarten schließlich im April 1999 einen Themenkatalog, der aber letztlich nur die zentralen politischen, wirtschaftlichen und sozialen Probleme des Landes benannte. Danach blieben weitere Erfolge aus. Mit dem ELN gab es zwar auch Gespräche, deren Forderung nach einer ähnlichen Zone kam die Regierung aber nicht nach.[11]

Die Dynamik des Friedensprozesses wurde zu wesentlichen Teilen von einem Akteur bestimmt, der nicht am Verhandlungstisch saß – den Paramilitärs. Sie waren zum einen immer indirekt zumindest als Thema und Problem in den Gesprächen gegenwärtig.[12] Zum anderen forderten sie ihre Einbeziehung in die Friedensgespräche. Mit Beginn der Kontaktaufnahme zwischen Regierung und Guerilla suchten sie Ende 1998 die direkte militärische Auseinandersetzung mit der Guerilla, indem sie verstärkt in von dieser kontrollierte Gebiete vordrangen. Menschenrechtsorganisationen rechnen den Paramilitärs etwa zwei Drittel der begangenen Massaker zu, selbst US-amerikanische Studien sprechen von knapp

---

[11] Zum folgenden vgl. Kurtenbach 1999a, 2000 und 2002.

[12] Die kolumbianischen Guerillagruppen sind sich bei allen Unterschieden darin einig, dass sie sich nicht mit den Paramilitärs an den Verhandlungstisch setzen, die Regierung habe diese zu entwaffnen und effizient zu bekämpfen.

50%.[13] Zahlreiche Berichte von nationalen und internationalen Menschenrechtsorganisationen belegen die zum Teil offene, zum Teil stillschweigende Kooperation zwischen Militär und Paramilitärs. Die Mission des UN-Menschenrechtshochkommissars und die jährliche UN-Menschenrechtskommission in Genf haben die verschiedenen kolumbianischen Regierungen immer wieder aufgefordert energisch gegen diese Verbindungen vorzugehen. Dies würde allerdings einen radikalen Bruch mit der eigenen Geschichte voraussetzen, weil dazu die Durchsetzung des staatlichen Anspruchs auf das Gewaltmonopol notwendig wäre. Dazu waren die ökonomischen und politischen Eliten des Landes bisher aber nicht nur nie bereit, sondern haben dies stets zu verhindern gewusst und Parallelstrukturen aufgebaut.

Die zentralen Defizite des Friedensprozesses der Regierung Pastrana wurden bereits im ersten Amtsjahr sichtbar und lagen auf einer grundlegenderen Ebene:

1. Weder Regierung noch Guerilla entwickelten eine klare Vorstellung oder Strategie, was das Ziel der Gespräche sein sollte. Der vereinbarte Themenkatalog stellt eine umfangreiche Liste der Probleme des Landes dar, die aber weder am Verhandlungstisch, noch in Gesprächen nur zwischen Regierung und Guerilla zu lösen sind.

2. Alle Konfliktparteien verfolgten parallel zu den Gesprächen einen „Plan B" für den Tag des Scheiterns und rüsteten militärisch auf.

3. Es gab keine konkreten Ergebnisse, die wie ein Abkommen zu Menschenrechten oder zur Einhaltung des humanitären Kriegsvölkerrechts als vertrauensbildende Schritte oder zum Schutz der Zivilbevölkerung gewirkt hätten.

Das Hin und Her zwischen Verhandlungsunterbrechungen, gezielten Provokationen und Drohungen sowie die wiederkehrenden Blitzaktionen nationaler und internationaler Akteure zur Rettung der Verhandlungen waren der Ausdruck dieser Defizite. Zuletzt verhinderte Ende Januar 2002 nur eine engagierte diplomatische Initiative der internationalen „Freunde des Friedensprozesses" den Abbruch der Gespräche. Am 20. Februar verkündete Präsident Pastrana dann aber das endgültige Aus, nachdem die FARC in einer spektakulären Aktion den Präsidenten der Friedenskommission des kolumbianischen Senats entführt hatten.[14]

Der größte Erfolg der Regierung Pastrana war die Verbesserung der bilateralen Beziehungen zu den USA, die abermals zum wichtigsten Verbündeten der kolumbianischen Regierung wurden. Und auch gegenüber der EU, wo in den

---

[13] Die verschiedenen Berichte sind im Internet auf den Homepages von *Human Rights Watch, amnesty international* und *U.S. Department of State* abrufbar.

[14] Am 31. Mai 2002 erklärte Präsident Pastrana auch den Dialog mit der zweitgrößten Guerillagruppe, dem ELN, für beendet, da es nicht möglich sei, die finanziellen Forderungen des ELN bezüglich eines Waffenstillstands zu erfüllen.

ersten Jahren die kritischen Töne überwogen, konnte die kolumbianische Regierung ihre Sichtweise und Interpretation des Konflikts am Ende ihrer Amtszeit weitgehend durchsetzen. Dies ging mit einer wachsenden Involvierung der USA in den Krieg einher.[15] Die Anschläge in New York und Washington vom 11. September 2001 trugen zusätzlich zur Eskalation bei, weil sie die Verfechter eines harten Kurses stärkten. Vertreter des kolumbianischen Militärs forderten alsbald die internationale Unterstützung im Kampf gegen den „Terrorismus" in Kolumbien. Der Koordinator des Büros für Terrorismusbekämpfung im *US-State Department* Francis Taylor bezeichnete die FARC als die „gefährlichste internationale Terrorgruppe" mit Basis in der westlichen Hemisphäre. Nach dem Abbruch der Gespräche titulierte auch die kolumbianische Regierung die FARC als Terroristen und Drogenhändler – Bezeichnungen, die sie während des Friedensprozesses stets abgelehnt hatte. Selbst die Europäische Union hat sich dieser Sprachregelung mittlerweile angeschlossen, den FARC-Vertretern die Visa entzogen und die FARC auf Betreiben der kolumbianischen Regierung mit massiver Unterstützung der spanischen Regierung auf die EU-Liste terroristischer Organisationen gesetzt.

Die Politik der harten Hand – das erste Jahr der Präsidentschaft Uribe

Das Scheitern des Friedensprozesses und die damit einhergehende Eskalation der Gewalt prägten den Wahlkampf des Jahres 2002. Sowohl FARC als auch *Autodefensas Unidas de Colombia* (AUC) versuchten, den Wahlkampf zu sabotieren. Während die AUC in den von ihnen kontrollierten Gebieten drohten, für jede Stimme, die nicht für Álvaro Uribe abgegeben werde, einen Menschen zu ermorden, versuchten die FARC die Stimmabgabe für Uribe zu verhindern. Nachdem Álvaro Uribe Mitte April in Barranquilla nur knapp einem Anschlag der FARC entgangen war, spielte sich der restliche Wahlkampf fast ausschließlich über die Medien ab. Alle Kandidaten schränkten ihre öffentlichen Auftritte ein. Vor diesem Hintergrund ist es umso erstaunlicher, dass der Wahltag und die Wahlen nach Regierungsangaben in 95% des Landes ruhig verliefen.

Die ausfernde Gewalt war ein zentraler Grund für den Wahlerfolg von Álvaro Uribe. Als einziger Präsidentschaftskandidat hatte Uribe die Friedenspolitik der Regierung Pastrana von Anfang an scharf kritisiert. In seinem 100-Punkte-Programm forderte er die Erhöhung der staatlichen Militärausgaben, die Schaffung einer Miliz von einer Million Kolumbianern, die den Streitkräften und der Polizei zuarbeiten sollen, und eine verstärkte internationale Hilfe vor allem der USA beim Kampf gegen die Guerilla. Eine Wiederaufnahme des Dialogs lehnt er nicht ab, will diesen allerdings nur aus einer Position der militärischen Stärke führen, weil er meint, die Guerilla nur so zu Zugeständnissen bewegen zu kön-

---

[15] Vgl. hierzu den Beitrag von Adam Isacson (S. 315-353) in diesem Band.

nen. Für die Guerilla bedeutet Uribes Sieg eine herbe Niederlage, während die Paramilitärs sich mit seiner Wahl sehr zufrieden zeigten.

Ein zweiter Grund für Uribes Sieg dürfte in seiner Kritik an der traditionellen *politiquería* und ihrer Korruption zu suchen sein, was sich in Kolumbien stets breiter Zustimmung erfreut. Bei den Wahlen 1998 verfehlte Noemi Saní mit dieser Position nur knapp die Stichwahl, 2002 landete sie allerdings weit abgeschlagen auf Platz 4.

Dieser Fundamentalkritik an den herrschenden Zuständen hatten die anderen Kandidaten wenig entgegenzusetzen. Horacio Serpa, der bis Anfang 2002 noch in allen Umfragen klar geführt hatte, versuchte vergeblich die Auseinandersetzung zu einer Richtungsentscheidung zu machen. Er warf Uribe vor, Kandidat der Paramilitärs zu sein und diese legalisieren zu wollen, weil er schon als Gouverneur von Antioquia die sogenannten *Convivir* unterstützt hatte. Was Serpa nicht sagte war, dass die *Convivir* von der Regierung Samper ins Leben gerufen wurden, und dass er als damaliger Innenminister ebenfalls ein Befürworter der Bürgerwehren war. Verboten wurden sie erst durch ein Urteil des Obersten Gerichts.

Auch wenn Uribe durch die Wahlen ein klares Mandat erhalten hat, so wird dies doch durch die abermals hohe Wahlenthaltung von 53% der Wahlberechtigten eingeschränkt. Betrachtet man die absoluten Zahlen, so erhielt Uribe weniger Stimmen als Andrés Pastrana im zweiten Wahlgang 1998. Allerdings verfügt er von allen relevanten politischen Kräften im Land zweifelsohne über die größte demokratische Legitimation.

Noch am Wahlabend trat der gewählte Präsident mit einer Ansprache an die Öffentlichkeit. Er bedankte sich nicht nur bei seinen Anhängern, sondern auch bei seinen Kontrahenten und rief sie zur Zusammenarbeit auf. Bereits im Vorfeld seines Wahlsieges hatte Uribe großen Zulauf von Politikern der anderen Parteien, insbesondere der Konservativen erhalten.[16] Seither hat Uribe seine Ankündigungen zügig wahrgemacht: Er hat die Mannschaftsstärke, Ausbildung und finanzielle Ausstattung von Streitkräften und Polizei erhöht sowie begonnen, eine Million Kolumbianer in Milizen zu organisieren. Den Kampf gegen die Guerilla hat er verstärkt; Ende 2002 zogen die Streitkräfte eine positive Bilanz ihres Anti-Guerillakampfes. Die FARC trugen den bewaffneten Kampf dagegen in die Städte und setzten vor allem in den Gemeinden die Bürgermeister und Gemeinderäte massiv unter Druck. Insgesamt starben 2002 28.230 eines gewaltsamen Todes, das sind 390 mehr als im Vorjahr; zwischen 200.000 und 400.000 Menschen verließen ihren Wohnort aufgrund der eskalierenden Gewalt, ein Anstieg um 20%.

Gleichzeitig hat Uribe Ende 2002 Möglichkeiten zur Aufnahme von Gesprächen mit den Paramilitärs erkundet, im Juli 2003 fanden erste Gespräche in Antioquia statt. Die Paramilitärs hatten bereits im Dezember 2002 einen einseitigen

---

[16] Der Präsidentschaftskandidat der Konservativen Partei Juan Camilo Restrepo zog seine Kandidatur nach der Wahlniederlage seiner Partei bei den Kongresswahlen im März 2002 zurück. Die Parteispitze beschloss daraufhin, Uribe zu unterstützen.

Waffenstillstand verkündet. Hintergrund dieser Gesprächsbereitschaft sind zwei Entwicklungen, die die Position der Paramilitärs insgesamt schwächen. Erstens wurden die AUC am 10. September 2001 von der US-Regierung auf die Liste der ausländischen Terrorgruppen aufgenommen. Das bedeutet, dass Mitglieder dieser Gruppen kein Visum für die Einreise in die USA erhalten und ihr Vermögen in den USA beschlagnahmt wird. Ende September haben die US-Behörden dann Auslieferungsbegehren gegen die beiden militärischen bzw. politischen Führer der AUC, Salvatore Mancuso und Carlos Castaño, beantragt. Zweitens wurde 2002 der Mangel an interner Einheit in der AUC sichtbar: Die Auseinandersetzungen gingen dabei sowohl um die Frage der Involvierung der AUC in den Drogenhandel wie auch um den Vorschlag, mit der Regierung Friedensverhandlungen aufnehmen zu wollen. Während die Führung bestrebt war, ihr Image zu verbessern, erklärten zahlreiche regionale Fronten, dass sie nicht bereit seien, sich mit der Regierung an einen Tisch zu setzen.

Eine Verhandlung mit der Regierung über die Niederlegung der Waffen im Gegenzug von ökonomischen Wiedereingliederungshilfen und vor allem Straffreiheit für die begangenen Menschenrechtsverletzungen macht vor diesem Hintergrund Sinn. Vor allem angesichts der Tatsache, dass die Regierung Uribe als eher Paramilitär-freundlich eingestuft wird.

Uribe hat in den vergangenen Monaten auch seine Reform des politischen Systems vorangetrieben. Bei den Verhandlungen im Kongress wurden aber bereits die Grenzen seiner Unterstützung innerhalb des politischen Establishments sichtbar. Ein Referendum soll nun entscheiden.

Uribes Unterstützung in der kolumbianischen Bevölkerung hat seit seinem Amtsantritt noch weiter zugenommen. Etwa 70% der Befragten geben in Umfragen an, dass sie Uribe und seine Politik unterstützen. Dennoch sind die Perspektiven für die weitere Entwicklung eher düster. Selbst wenn es der Regierung gelänge, einen Großteil der Paramilitärs zur Beendigung ihres Kampfes zu bewegen, blieben zahlreiche weitere Gruppen aktiv. Das würde zwar momentan die Zahl der Massaker und anderer Menschenrechtsverletzungen verringern[17], aber am Grundproblem der Existenz zahlreicher bewaffneter Gruppen und Banden nichts ändern. Auch wenn Uribe die Guerilla zu einem Strategiewechsel und zur Rückkehr zu mehr Guerillataktiken und in zunehmendem Maß auch terroristischer Methoden gezwungen hat, so hat vor allem die FARC doch einen Zeithorizont, der weit über die Regierungszeit von Uribe selbst hinausgeht.

Das Hauptziel der Regierung Uribe ist offensichtlich die Stärkung des Staates. Wenn ihm dies gelänge, käme es durchaus einer historischen Leistung gleich. Die Wahl seiner Mittel – seit seinem Amtsantritt gilt permanent der Zustand innerer Unruhe, in dessen Rahmen zahlreiche politische Grund- und Bürgerrechte suspendiert sind – zeigt allerdings, dass der Preis hierfür zu hoch sein könnte,

---

[17] Morde und Massaker haben in der Tat im ersten Halbjahr 2003 zunächst abgenommen, was wohl auf die verminderte Aktivität der Paramilitärs zurückzuführen ist.

weil die letzten Reste demokratischer Instrumente und Mechanismen beseitigt werden. Das Grundproblem mit dem sich Kolumbien heute konfrontiert sieht ist die Frage, ob es gelingt ein neues gemeinsames Projekt zu finden, das die Bevölkerungsmehrheit integriert, statt sie wie bisher zu marginalisieren. Die Alternative ist eine Ausdehnung und Perpetuierung der Gewalt.

Literaturverzeichnis

Berquist, Charles (1986): *Coffee and Conflict in Colombia, 1886-1910*, Durham.

Chernick, Mark (1998): „La paramilitarización de la guerra en Colombia", in: *NACLA*, span. Internet-Ausgabe März-April 1998 (www.nacla.org).

Croissant, Aurel (2002): „Einleitung: demokratische Grauzonen – Konturen und Konzepte eines Forschungszweigs", in: Petra Bendel/Aurel Croissant/Friedbert W. Rüb (Hrsg.): *Zwischen Demokratie und Diktatur. Zur Konzeption und Empirie demokratischer Grauzonen*, Opladen.

Deas, Malcolm (1997): „Violent Exchanges: reflections on political violence in Colombia", in: David Apter (Hrsg.): *The Legitimation of Violence*, London, S. 350-404.

Fals Borda, Orlando (1968): *Subversión y Cambio Social*, 2. überarb. Aufl., Bogotá.

González, Fernán (1988): „¿Hacía un ‚Nuevo Colapso Parcial del Estado'?", in: *Análisis. Documento Occassional*, Nr. 50, S. 5-12.

Helfrich-Bernal, Linda (2001): „Demokratisierung und Rechtsstaatlichkeit als Mittel der Befriedung – das Beispiel der Guerillaorganisation M-19", in: Sabine Kurtenbach (Hrsg.): *Möglichkeiten und Grenzen der Einflussnahme durch externe Akteure in Konfliktsituationen: Friedensbemühungen in Kolumbien*, Frankfurt/M., S. 110-143.

Isacson, Adam (2003): *Security, Drugs and Terror: U.S. policy toward Colombia and its neighbors* (Manuskript).

Krauthausen, Ciro (1997): *Moderne Gewalten. Organisierte Kriminalität in Kolumbien und Italien*, Frankfurt/M.

Krumwiede, Heinrich W. (1980): *Politik und katholische Kirche im gesellschaftlichen Modernisierungsprozeß. Tradition und Entwicklung in Kolumbien*, Hamburg.

Kurtenbach, Sabine (1991): *Staatliche Organisation und Krieg in Lateinamerika. Ein historisch-struktureller Vergleich der Entwicklungen in Kolumbien und Chile*, Hamburg/Münster.

--- (1991a): „Die Wahlen und die neue Verfassung in Kolumbien", in: *Lateinamerika. Analysen–Daten–Dokumentation*, Nr. 17/18, S. 109-117.

--- (1998): „Kolumbiens Demokratie – oder über den Zusammenhang zwischen Politik und Gewalt", in: *Lateinamerika. Analysen-Daten-Dokumentation*, Nr. 37, S. 44-54.

--- (1999): „Kolumbien: Politische Gewaltkultur, der Staat und die Suche nach Frieden", in: *Iberoamerikanisches Archiv*, Jg. 25, Heft 3-4, S. 375-396.

--- (1999a): „Friedenssuche und Eskalation der Gewalt – Kolumbien im ersten Amtsjahr von Andrés Pastrana", *Brennpunkt Lateinamerika* Nr. 15, S. 125-134.

--- (2000): „Kolumbien: Krise im Friedensprozess und Regionalisierung des Konfliktes", *Brennpunkt Lateinamerika* Nr. 22, S. 223-230.

--- (2001): „Kann Kolumbien aus seiner eigenen Geschichte lernen? Die aktuelle Bedeutung des Friedensprozesses der Regierung Betancur", in: Sabine Kurtenbach (Hrsg.): *Möglichkeiten und Grenzen der Einflussnahme durch externe Akteure in Konfliktsituationen: Friedensbemühungen in Kolumbien*, Frankfurt/M., S. 93-109.

--- (2002): „Durch mehr Krieg zum Frieden? Kolumbien vor dem Amtsantritt der Regierung Uribe", *Brennpunkt Lateinamerika* Nr. 12, S. 121-128.

Leal Buitrago, Francisco (1984): *Estado y Política en Colombia*, Bogotá.

LeGrand, Catherine (1986): „Los Antecedentes Agrarios de la Violencia: El Conflicto Social en la Frontera Colombiana, 1850-1930", in: Gonzalo Sánchez/Ricardo Peñaranda (Hrsg.): *Pasado y Presente de la Violencia en Colombia*, Bogotá, S. 87-110.

Merkel, Wolfgang (1999): *Systemtransformation*, Opladen.

---/Hans-Jürgen Puhle (1999): *Von der Diktatur zur Demokratie*, Opladen/Wiesbaden.

Molano, Alfredo (1992): „Violence and Land Colonisation", in: Charles Berquist/Ricardo Peñaranda/Gonzalo Sánchez (Hrsg.): *Violence in Colombia. The Contemporary Crisis in Historical Perspective*, Wilmington, S. 195-216.

Oquist Paul (1978): *Violencia, Conflicto y Política en Colombia*, Bogotá.

Palacios, Marco (1979): *El Café en Colombia (1850-1970). Una Historia Económica, Social y Política*, Bogotá.

--- (1986): *Estado y Clases Sociales*, Bogotá.

Ramírez V., Socorro/Luis Alberto Restrepo (1988): *Actores en el Conflicto por la Paz. El Proceso de Paz durante el Gobierno de Belisario Betancur 1982-1986*, Bogotá.

Richani, Nazih (2002): *Systems of Violence. The Political Economy of War and Peace in Colombia*, Albany

Sánchez, Gonzalo (1985): *Ensayos de Historia Social y Política del Siglo XX*, Bogotá.

Tirado Mejía, Álvaro (1976): *Aspectos sociales de las guerras civiles en Colombia*, Bogotá.

Trujillo, Elsa Blair (1993): *Las Fuerzas Armadas. Una mirada civil*, Bogotá.

Vaicius, Irene/Adam Isacson (2003): *The „War on Drugs" meets the „War on Terror". The United States' level of involvement in Colombia climbs to the next level*, International Policy Report, Washington, D.C.

Mechthild Minkner-Bünjer

Gratwanderung:
Krisen, Anpassungspolitik und
sozio-politische Ausgrenzung in Ekuador

1. Krisen der 90er Jahre: Ein historisch angelegter Dauerzustand

Die Krisen, die seit Anfang der 90er Jahre Ekuador erschüttern, haben eine neue Qualität im Vergleich zu denen der vergangenen Jahrzehnte. Sie betreffen alle gesellschaftlichen Subsysteme, sind mehrdimensional und überlagern sich. Ihre Dauer nimmt zu, die Erholungs- und Stabilisierungsphasen werden kürzer, die anvisierten Lösungen häufiger blockiert. Die wichtigsten Ursachen der Krisen[1] sind die seit Jahrzehnten überfälligen politischen und wirtschaftlichen Strukturreformen, die sozioökonomische und politische Ausgrenzung großer Teile der Bevölkerung, der mangelnde Reformwille der Eliten im Zusammenspiel mit einer durch starke Gegensätze und Konflikte geprägten Bevölkerung, deren Mentalität und Verhalten sich nur sehr langsam verändern (Sánchez-Parga 1996a: 17; 1999; 2001). Die Globalisierung und ihre weltweiten Transformationen haben, auch wenn die Krise vor allem „hausgemacht" ist, großen Einfluss auf die Dauer und die Qualität der Krisen. Die konditionierte Finanzierung durch die externen Akteure IWF, Weltbank und USA hat den Spielraum Ekuadors für eigenständige Strukturveränderungen stark eingeschränkt und den Krisenablauf und seine Lösung weitgehend „internationalisiert".

Die Wurzeln der Krisen liegen in der nationalstaatlichen Entwicklung Ekuadors, vor allem seit Beginn des 20. Jahrhunderts. Schnelle Wechsel zwischen Militär- und Zivilherrschaft, zivile Putsche, *de facto*-Diktaturen und Versuche, die demokratischen Institutionen zur eigenen Machterhaltung auszuhebeln, sind charakteristisch für die mangelnde Regierbarkeit des Landes; diese hat sich seit der

---
[1] Vgl. z.B. den Sammelband von Cañete (2000) mit Beiträgen und Diskussionen aus einem Seminar (19./20. Januar 2000) in Quito, auf dem verschiedenste Aspekte der Krisen analysiert und diskutiert wurden.

Unabhängigkeit herausgebildet. Innerhalb des formaldemokratischen Rahmens bekämpften sich Exekutive und Legislative mit dem Ziel, diese Institutionen und ihre Funktionen zu Gunsten der Machterweiterung der einen oder der anderen Seite zu unterminieren. Das Gleiche gilt für die Politisierung des Rechtswesens. Die Korrumpierung von traditionellen und neuen politischen Akteuren führte zu fortlaufenden Attacken, in der Regel eingeleitet durch Proteste und Demonstrationen der organisierten Basis, gegen die zum Teil verfassungsgemäß etablierten Regierungen und die geltenden Gesetzes- und Verfassungsnormen. Die politische Elite und ihre Handlanger, seien sie zivil oder militärisch, haben über Jahrzehnte die organisierte Masse manipuliert und missbraucht. Ihr Ziel war in der Regel nicht, den Lebensstandard der Bevölkerung zu verbessern; vielmehr standen ihre eigenen bzw. die Interessen und Ambitionen der wirtschaftlichen und politischen Kaste, mit der sie verbunden waren, im Vordergrund.[2]

Politisches Chaos, massive Unzufriedenheit in der organisierten Zivilgesellschaft und ein „Zickzackkurs" der Regierungspolitik sind einer großen Zahl von ekuadorianischen Staatspräsidenten zum Verhängnis geworden. Die Entwicklung des Landes ist seit der Unabhängigkeit durch „regelmäßige" Zyklen von Wirtschaftskrisen, sozialen Unruhen und politischer Instabilität, verstärkt durch schwere Naturkatastrophen aller Art, immer wieder zurückgeworfen worden. Tiefgehende strukturelle Konflikte behindern bis heute die wirtschaftliche, politische und soziokulturelle Integration der Regionen Costa, Sierra und Amazonía. Autoritäre Regierungen, populistische Diktatoren und zum Teil glücklose Zivilregierungen haben partikuläre Interessen verteidigende und korrupte (Partei-) Klüngel und eine populistische Kultur *sui generis* entstehen lassen; ihr Einfluss ist bis heute weitgehend ungebrochen. Seit Anfang der 90er Jahre haben die erstarkenden und sich allmählich transformierenden indigenen Organisationen mehr und mehr in die politische Entwicklung des Landes eingegriffen, zum Teil mit Rückendeckung des Militärs, das sich als „Wächter" der Demokratie profilieren wollte.

Die Reformkräfte aus dem Militär haben in den 70er Jahren des 20. Jahrhunderts die Modernisierung Ekuadors voran gebracht, finanziert durch den Aufstieg des Landes zum Erdölproduzent und die zeitweilig sehr hohen Rohölpreise. Das Militär macht seit Anfang der 80er Jahre (zum Teil durch exogene Faktoren aufgezwungen) einen strukturellen und personellen Wandel durch; seine Stellung und Rolle in der Gesellschaft Ekuadors verändern sich, nicht zuletzt weil 1998 der seit Jahrzehnten die wirtschaftliche und politische Entwicklung des Landes wesentlich beeinflussende Territorialkonflikt mit Peru beendet wurde (Minkner-Bünjer 1999b).[3]

---

[2] Die Finanz- und Bankenkrisen der 20er und der 90er Jahre sind ein beredtes Zeugnis davon, wie sich die wirtschaftlichen und die politischen Eliten auf Kosten des Staates und der Bevölkerung bereichert haben.

[3] Die Folgen aus der Kooperation mit den USA in der Bekämpfung der bewaffneten Rebellen und der Drogenmafia im Grenzgebiet mit Kolumbien sind noch nicht abzusehen.

Fragt man Ekuadorianer nach der Situation ihres Landes, dann endet früher oder später die Kommentierung mit dem alles umfassenden Satz, das Land befände sich in einer Art von Dauerkrise. Trotz der außerordentlich prekären Lage konnten sich die gesellschaftlich dominierenden Kräfte und die Regierenden bisher nicht auf eine gemeinsame Bewältigung der Krise und auf radikale Strukturreformen (Viteri Díaz 1998; CORDES 1999: 373-393; Araujo 1998) einigen; beides aber wäre notwendig für eine anhaltende Erholung und Entwicklung des Landes.[4] Die Masse hat gelernt, mit der wirtschaftlichen und politischen Dauerkrise zu (über)leben; Teile der Bevölkerung arrangierten sich mit den Eliten, die sich an der Krise bereichern. Ab Mitte der 90er Jahre haben die radikalisierte Basis und die Organisationen der indigenen Bevölkerung[5] das Wann und Wie des Wechsels in der Staatsführung nicht mehr allein dem formaldemokratischen Verfahren der Wahlen überlassen; sie haben mit anhaltenden Massendemonstrationen politisches Chaos provoziert und auf diese Weise den Wechsel in der Politik und in den höchsten Staatsämtern erzwungen, zum Teil im Konflikt mit dem Militär und im „Widerspruch" zur Politik der USA.[6]

Aufgrund mangelnder Reformbereitschaft beider Seiten akkumulieren sich die ungelösten wirtschaftlichen und politischen Probleme; die schwachen staatlichen Institutionen sind ausgehöhlt; die demokratischen Verfahren (Verfassung, Wahl- und Parteiengesetze) sind vielfach korrigiert und abgenutzt.[7] Das Land verspielt leichtfertig seine materiellen und immateriellen Reserven; sein Prestige ist in der letzten Dekade bei ausländischen Gläubigern und Handelspartnern auf seinen niedrigsten Stand zurückgegangen. Die Unterstützung der USA erkaufte sich Ekuador aufgrund seiner Nachbarschaft zu Kolumbien und damit als Aufmarschgebiet gegen Drogenkartelle und bewaffnete Rebellen.[8] Seit September 2001 hat die Militärhilfe der Bush-Administration für Ekuador stark steigende Tendenz.

2. Populisten, soziale Basisorganisationen und Militärs: Protagonisten von Instabilität und Krisen

Die nationalstaatliche Entwicklung Ekuadors zeichnete sich schon bis zur Mitte des 20. Jahrhunderts durch eine extreme politische Instabilität aus: Zwischen 1925 und 1948 etablierten sich 27 Regierungen im *Palacio Carondelet*, dem Amtssitz des Staatspräsidenten. Nur drei von ihnen kamen über direkte Wahlen zustande, 12 waren das Ergebnis von mit der Regierungsbildung beauftragten Personen, 8 waren Diktaturen und 4 Regierungen wurden durch eine Verfas-

---

[4] Ekuador wird von der Weltbank als *nonreformer* bezeichnet (s. Beitrag von Minkner-Bünjer (S. 67-118) in diesem Band).
[5] Rund 45% der Bevölkerung (*El Universo*, 20.01.2003).
[6] Siehe verschiedene Arbeiten von Minkner-Bünjer zum Krisenverlauf.
[7] Die abnehmende Regierbarkeit ist in eine zunehmende „Unregierbarkeit" (*desgobierno*) übergegangen (Sánchez-Parga 1999: 23).
[8] Vgl. Beitrag von Adam Isacson (S. 315-353) in diesem Band.

sunggebende Versammlung etabliert. 15 neue Verfassungen traten in dem genannten Zeitraum in Kraft (Hoffmann 1995: 374ff.).

CORDES (1999: 73-98) stellt in seinen Untersuchungen zur Regierbarkeit in Ekuador fest, dass die politischen Parteien von vergleichsweise geringer Bedeutung in der politischen Entwicklung gewesen sind, auch wenn sie zum Teil eine relativ lange Tradition haben;[9] denn die Eliten und die Führung der Parteien waren nicht gewillt oder nicht kompetent genug, die Strukturen der Parteien zu modernisieren. *Caudillos* (überwiegend ohne feste Bindung an die traditionellen Parteien) und Massenbewegungen (zum Teil organisiert in Form von Parteien) haben – ebenso wie das Militär – immer eine große Bedeutung gehabt. Konservative, Liberale und das Militär kämpften bis Anfang der 30er Jahre untereinander um Macht und Legitimation; der Hauptkonflikt aber spielte sich zwischen Costa und Sierra ab. Die politisch-wirtschaftliche Konfrontation zwischen dem liberalen Guayaquil (Costa) und dem konservativen Quito (Sierra) hat sich bis heute erhalten, jedoch politisch mit umgekehrten Vorzeichen: Seit Anfang der 80er Jahre beherbergt die Costa die konservativen Kräfte wie den *Partido Social Cristiano* (PSC) mit Ex-Präsident Febres Cordero und die Sierra die progressiv-liberalen Kräfte mit Parteien wie *Izquierda Democrática* (ID) oder neuerdings der (überwiegend indigenen) Partei *Movimiento Unidad Plurinacional Pachakutik-Nuevo País* (MUPP-NP).[10] In dieser Zeit kamen die Führer der politischen Gruppierungen[11] zum Teil aus den Reihen der Streitkräfte; diese waren direkt oder indirekt in die Machtkämpfe verwickelt und brachten häufig sich selbst oder ihre Gewährsmänner an die Macht.

2.1. „Velasquismo": Populismus und politische Organisierung neuer sozialer Akteure

Zwischen 1934 bis 1960 übernahmen starke populistische Kräfte unter der Führung von José María Velasco Ibarra („Velasquismo"), parteilos aber den Konservativen nahestehend, die politische Herrschaft, dreimal unterbrochen durch die Intervention der Streitkräfte als Antwort auf Massendemonstrationen und ein wirtschaftlich-politisches Chaos.

Die Perpetuierung des „Velasquismo" bedeutete, dass es weder den liberalen noch den konservativen Akteuren gelungen war, identitätsbildend zu wirken und die Erwartungen der Wähler und die eigenen Wahlversprechen zu erfüllen. Mit dem Populismus der 30er Jahre begann eine „Politik der Massen", die in ihrem zeitlichen Horizont, ihrem Einfluss und ihren Wirkungen auf die politische Entwicklung Ekuadors über die Beteiligung bei Wahlen weit hinausgeht (CORDES 1999: 29). Velasco Ibarra gelang es, bis dahin marginalisierte Teile der Zivilge-

---

[9] Der *Partido Conservador* wurde z.B. im 19. Jahrhundert gegründet.
[10] Vgl. zu *Pachakutik* : Sánchez López (2003), Freidenberg/Alcántara (2001), Andreas Steinhauf in diesem Band.
[11] Zum Beispiel das „Flagschiff" der Liberalen: General José Eloy Alfaro Delgado; seit 2003 regiert ein gewählter (Ex-)Militär (im Rang eines Oberst).

sellschaft, Wähler und Nichtwähler, zu mobilisieren und politisch in seine Bewegung zu integrieren. Er wurde mit seiner populistischen Bewegung zum Sprachrohr für die Kritik, die Wünsche und die Forderungen neu entstehender oder stärker werdender Gruppen (z.b. die Arbeiter der Bananenplantagen, die Angestellten der staatlichen Verwaltung, des Bildungs- und Gesundheitswesens und die Kleinbauern). Sie schlossen sich zwischen 1930 und 1945 in einer großen Zahl von Basisorganisationen zusammen, um am politischen Geschehen teilzunehmen. Der charismatische Populist sprach die Gruppen politisch in einer Art und Weise an, die für breite Teile der Bevölkerung glaubwürdig war; er ließ aber keinen Raum für eine politische Opposition und führte keine Strukturreformen durch; die Institutionen und Verfahren des demokratischen Systems wurden nicht respektiert; Wahlbetrug und „Ausheben" der Verfassung gehörten zu den Spielregeln dieses autoritären Personalismus. Teile davon prägen die politische Kultur Ekuadors bis heute (CORDES 1999: 45ff.; Minkner-Bünjer 1998a: 25f.).

2.2. Reformmilitärs als Förderer wirtschaftlicher und sozialer Entwicklung

Nach 15 Jahren relativer wirtschaftlicher Prosperität (durch den stark expandierenden Bananenexport) und politischer Stabilität mit formaldemokratisch legitimierten Präsidenten, putschten sich 1963 die Militärs an die Macht. Ursache waren einerseits die überall in Lateinamerika aufkeimenden Unruheherde und die durch den Kuba-Konflikt geschürte Kommunismuspsychose, andererseits der sich in Ekuador, speziell in der Sierra, aufstauende Reform- und Modernisierungsbedarf. Die Junta regierte mittels einer Kombination von relativ weitreichenden Reformen und Repression. Kernstück der Reformen war eine moderate Agrarreform, die auf Gegenwehr der Großgrundbesitzer stieß; sie wies zudem in ihrer Durchführung große Mängel auf. Mäßige Reformerfolge und der Widerstand der unterschiedlichsten Interessengruppen, dazu Rezession und anhaltenden Proteste von Studenten und Gewerkschaften zwangen die Junta Ende März 1966 zum Rücktritt. Der erneute Wahlsieg von Velasco Ibarra 1968 und die Konsolidierung einer neuen Massenbewegung, die *Concentración de Fuerzas Populares* (CFP), unterstrichen, dass der Populismus nach mehr als 30 Jahren stärker denn je war. Der wahrscheinliche Wahlsieg des charismatischen Populisten Assad Bucaram mit seiner CFP und die vom Militär perzipierte Gefahr einer Neuauflage der ineffizienten und obsoleten Politik à la Velasco Ibarra, dazu die aus den Erdölkonzessionen zu erwartenden Pfründe motivierten eine Militärjunta, angeführt von General Guillermo Rodríguez Lara, die Regierungsverantwortung zu übernehmen (Hoffmann 1985; 1995)

Die Militärs bezeichneten sich als „nationalistisch und revolutionär"; sie propagierten Strukturreformen, um die lange überfällige Modernisierung im Wirtschafts- und Sozialsystem in Gang zu bringen. Sie begannen ein ambitiöses Entwicklungsprogramm, indem sie ihre Kontrolle über den Erdölsektor durch den Bau einer Raffinerie und eines petrochemischen Verarbeitungskomplexes konsolidierten; gleichzeitig verbesserten sie die Infrastruktur im Energie- und Transportsektor. Eine umfassende Agrarreform, erforderlich für eine tragfähige Modernisierung, scheiterte erneut am Widerstand der oligarchischen Eliten. Die Neuordnung der Eigentums- und Besitzverhältnisse sowie der Beziehungen zwischen Latifundien und Minifundien, Grundlage für eine Einkommensumverteilung und eine auf den Binnenmarkt gerichtete Entwicklung, blieb im Ansatz stecken. Strukturveränderungen im Agrarsektor mit einer Politik der importsubstituierenden Industrialisierung zu verknüpfen, um die Entwicklung des Landes vom Diktat der Weltmarkpreise unabhängiger zu machen, erwies sich nur als langfristig durchführbares Modell. Außerdem war die strukturelle Neuorientierung zu staatszentriert und die Phase zu kurz, um ein fortschrittliches Unternehmertum als Träger der Industrialisierung entstehen zu lassen.

Auch die politische Legitimierung gelang dem Militär nur ansatzweise; denn die traditionellen Kräfte überlagerten und kooptierten die gering entwickelten industriellen Interessen. Die wirtschaftliche Spaltung und die politischen Konflikte zwischen Guayaquil und Quito hatten aufgrund des schwach entwickelten Bürgertums weiter Bestand. Die traditionellen Parteien wurden durch vielfache Abspaltungen geschwächt. Der Populismus, zunächst lokal und regional, später auch national in parteipolitischen Strukturen organisiert, etablierte sich fest in der politischen (Sub-)Kultur eines großen Teils der Bevölkerung, speziell der Costa, aber auch der Sierra.

Zunehmende wirtschaftliche und politische Schwierigkeiten, aus der Zivilgesellschaft und den Streitkräften selbst kommende Kritik an dem Reformkurs sowie der Demokratisierungsdruck von innen und außen „zwangen" das Militär, ab 1976 einen verfassungsgemäßen Übergang einzuleiten.

2.3. Schlussfolgerungen

- Der Rückblick lässt erkennen, dass die Krisensituation der 90er Jahre kein neues und isoliertes Phänomen ist. Sie hat sich in ähnlich ablaufenden Zyklen seit Jahrzehnten mit den tendenziell gleichen, auf dem Status quo beharrenden Akteuren wiederholt. Die sozioökonomische Ausgrenzung aufstrebender Gruppen und der mangelnde Reformwille der herrschenden Eliten bewirkten, dass die organisierte Basis vermehrt versuchte, Veränderungen mit Gewalt und außerhalb institutionalisierter Verfahren zu erzwingen.

- Costa und Sierra verharren auf unterschiedlichem Niveau in der wirtschaftlichen und sozialen Modernisierung. Das gilt vor allem für die Masse der indigenen Bevölkerung in der überwiegend ländlichen Sierra, die im Niveau ihrer menschlichen Entwicklung und in ihren Zugangschancen zu sozialen Dienstleistungen hinter den Bewohnern der Küstengebiete zurück geblieben sind.[12] Der Grad ihrer politischen Organisation und Radikalisie-

---

[12] Vgl. Sánchez-Parga (1996b). Es handelt sich um eine der wenigen Publikationen mit quantitativen Informationen zu dieser Problematik.

rung ist jedoch höher. Die Spaltung und die konfliktive Gegnerschaft der beiden Räume sind mitverantwortlich dafür, dass bis Ende der 70er Jahre die nationalstaatliche Entwicklung keine gesellschaftliche Kohäsion in Ekuador hervorgebracht hat.

- Der Populismus und die „Politik der Massen" sind in Ekuador kein allein historisches Phänomen, sondern sie sind ein dominanter Bestandteil der derzeitigen politischen Kultur und Struktur. Tendenziell hat sich die politische Kultur in den Regionen unterschiedlich entwickelt. In der Sierra begannen ab Mitte der 70er Jahre des 20. Jahrhunderts auch in ihrer Ausrichtung progressivere Parteien Fuß zu fassen, während an der Küste die Masse (bis heute) vor allem der populistisch-konservativen Organisierung folgte. Die demokratische Verfasstheit war institutionell, verfahrensmäßig und personell schwach; das demokratische Regelwerk wurde von den Akteuren nicht respektiert.

- Weder den Parteien noch den Streitkräften ist es bis in die 70er Jahre gelungen, sich als nationenbildende und staatstragende politische Kraft zu legitimieren. Die Modernisierungsanstöße kamen zwar überwiegend von reformorientierten Militärs; jedoch bildete sich auch unter ihrer Herrschaft keine vom Erdöl weniger abhängige und sich selbst tragende Entwicklung heraus.

- Die Reformen zur Modernisierung umfassten auch keine effektive Transformation der Agrarstruktur und keine Förderung eines an den weltwirtschaftlichen Veränderungen, den Erfordernissen und den Ressourcen des eigenen Landes orientierten Entwicklungsmodells.

3. Demokratie oder populistischer *blue print* in modernem Gewand (1978-96)

Der politische Neuanfang war aufgrund des institutionell, personell und verfahrensmäßig innovativen Übergangs vielversprechend. Die neue Verfassung[13] hatte zum Ziel, ein stabiles demokratisches System mittels der Monopolstellung der Parteien als Mittler und Repräsentanten der Bürger zu schaffen. Die Parteien sollten organisiert, ideologisch gefestigt und stabil sein und sich von personalistischen Machtinstrumenten zu repräsentativen Programmparteien entwickeln. Sie allein waren berechtigt, Mitglieder als Kandidaten für die Wahlen einschreiben zu lassen. Das zu demokratisierende politische System sollte integrativ und partizipativ sein. Die neue Verfassung favorisierte einen starken und zentralistischen Staat mit dem Ziel, die polarisierten regionalen Gegensätze zu integrieren. Der Staat sollte – entsprechend dem von der Wirtschaftskommission für Lateinameri-

---

[13] Zur Verfassung von 1978, in die eine Vielzahl von modernen Elementen eingearbeitet wurde, vgl. z.B. Freidenberg/Alcántara (2001: 21ff.), CORDES (1999: 56ff.).

ka (CEPAL) propagierten Entwicklungsmodell – der wichtigste Akteur für die Dynamisierung des Wachstums und für die sozioökonomische Umverteilung sein. Der Transitionsprozess schien zu unterstreichen, dass trotz vielfacher Hindernisse alle gesellschaftlich relevanten Gruppen nach Jahren der Instabilität, der Diktatur und der Krisen willens waren, die politischen Strukturen zu verändern und sie mit einem leistungsfähigen Wirtschafts- und Sozialsystem zu verklammern. Im Verfassungsreferendum Mitte Januar 1978 siegten die fortschrittlichen Kräfte trotz des Boykotts von Unternehmern, traditionellem Populismus und ultralinken Gruppen. Die darauffolgenden Wahlen unterstrichen jedoch, dass die Vorherrschaft des Populismus anhielt.

3.1. Regierung Roldós/Hurtado (1979-84): Der Anfang vom Ende der Regierbarkeit?

Trotz einer antipopulistischen Verzögerungstaktik wurde die Stichwahl am 29. April 1979 von dem Rechtsanwalt, Populist und Costeño Jaime Roldós von der CFP (*Concentración de Fuerzas Populares*) und dem Rechtsanwalt, liberal-progressiver Demokrat und Serrano Osvaldo Hurtado von der DP (*Democracia Popular*) mit 68,5% gegen eine rechte Parteienallianz gewonnen: Ein Ergebnis, das kein Kandidatenpaar bis heute wieder erreicht hat. Das „Geheimnis" ihres Erfolgs war u.a. darin begründet, dass das politische Gespann Roldós/Hurtado es verstanden hat, in ihren Personen die grundlegenden Charakteristika der politischen Kultur Ekuadors zu verbinden: den populistischen Diskurs der traditionellen CFP mit dem technokratischen Diskurs der modernen DP. Außerdem gelang es ihnen als Kandidatenpaar, glaubhaft für einen politischen Neuanfang zu stehen und die sich normalerweise in den Wahlen befehdenden Regionen Küste und Hochland zusammenzuführen.

Die Amtszeit Roldós/Hurtado sah sich bald einer doppelten Problematik gegenüber: einerseits der Schwäche und geringen Funktionsfähigkeit der sich neu formierenden politischen Strukturen, andererseits der in die Krise geratenden Wirtschaft, deren Stabilisierung und Anpassung ein harmonisches politisches Zusammenspiel von Exekutive und Legislative (bzw. den politischen Parteien) und Respekt vor den demokratischen Spielregeln erforderte, um die notwendigen Maßnahmen durchführen zu können.

Nach anfänglich vielversprechenden Wachstumsaussichten begann die Wirtschaft ab 1981 beträchtlich zu schwächeln. Die Exporte stagnierten aufgrund des niedrigeren Erdölpreises, das Defizit erreichte Besorgnis erregende 4,7% des BIP, und das Wachstum ging auf 3,9% zurück. Die Entwicklung war von einem 100%igen Inflationsanstieg (1981 gegenüber 1979: auf 17%), einer Verdoppelung des Defizits der Leistungsbilanz und einem Rückgang der Devisenreserven um etwa ein Drittel begleitet. Die sozialen Unruhen (Sánchez-Parga 1996a: 13-32) nahmen trotz hoher Staatsausgaben ab 1980 zu: Folge des demokratischen und freiheitlichen Klimas nach langer Repression durch die Militärs. 40% entfielen auf Streiks der Beschäftigten des staatlichen Sektors. Im Januar 1981 aktivierte sich der Konflikt mit Peru um ungeklärte Grenzen und Territorialansprüche im Amazonas (und damit im Erdölgebiet) zu einer militärischen Konfrontation. Sowohl hohe zusätzliche Militärausgaben als auch eine Anhebung der Mindestlöhne durch den Kongress im Januar 1981 um 100% belasteten den Staatshaushalt. Im Gegenzug wurden die Elektrizitäts- und Transporttarife sowie die Benzinpreise erhöht, um die Einnahmenseite zu stärken. Die gleichermaßen in der Sierra wie in der Costa zunehmenden sozialen Konflikte belasteten die schwierige Wirtschaftslage zusätzlich.

Schon unter dem ersten postautoritären Präsidenten Jaime Roldós kamen die zur Transformation der politischen Strukturen neu konzipierte Verfassung und das Parteiengesetz auf den Prüfstein. Entgegen allen Hoffnungen, dass die Konflikte zwischen Exekutive und Parlament minimiert und die Position des Präsidenten durch eine organisierte und rational agierende Partei gestärkt würden, kam es zum Bruch zwischen der parlamentarischen Mehrheit und dem neuen Präsidenten. Der persönliche Machtkampf zwischen Assad Bucaram, Führer der CFP und Kongresspräsident, und Jaime Roldós von der CFP, der die Präsidentschaft gewonnen hatte, wurde zur Konfrontation von Kongress und Exekutive. Die „Regierungspartei" ging in die Opposition und paralysierte das politische System.

Insgesamt traten schon während der ersten beiden Jahre des zivilen Neuanfangs sämtliche sozioökonomischen und politischen Probleme auf, die die Entwicklung der nächsten beiden Dekaden wie eine „Blaupause" prägen würden.

3.2. Vom „Überfluss" zur IWF-konditionierten Stabilisierung (1981-84)

Mitten in einem Klima des auflodernden Machtkampfes zwischen den politischen Akteuren, der militärischen Spannungen mit Peru, der Demonstrationen und Proteste der sich reorganisierenden und an Kraft gewinnenden sozialen Akteure und des Zusammenbruchs des wirtschaftlichen Überflusses und der sozialen „Freigiebigkeit" kam – nach dem Tod durch Flugzeugabsturz von Roldós im Mai 1981 – Vizepräsident Osvaldo Hurtado an die Macht. Seine Präsidentschaft wurde einerseits durch die Krise der Auslandsverschuldung 1982/83 und das erste Stabilisierungs- und Anpassungspaket unter Aufsicht des Internationalen Währungsfonds,[14] andererseits durch die permanent drohenden Putschversuche geprägt: Beides Elemente, die ebenfalls die Entwicklung der nächsten 25 Jahre entscheidend beeinflussen würden.

Hurtado begann ab 1981 ein Stabilisierungsprogramm mit Abwertung, Subventionsabbau und Steuerreform in gradueller Form, um das Haushaltsdefizit von der Ausgaben- und Einnahmenseite zu attackieren. Ab März 1983 wurden der reale Wechselkurs und die Zinssätze mit Miniabwertungen graduell korrigiert, um die Exporte und die Produktion zu stimulieren. Die Preisbindung für die Grundnahrungsmittel wurde beibehalten, um die Ärmsten der Armen zu schützen; denn die Inflationsrate stieg 1982/83 von rund 24% auf 53%. Die Kri-

---

[14] Vgl. zur Stabilisierungs- und Anpassungspolitik im Detail: Araujo (1998).

se der Auslandsverschuldung, zusammen mit schweren Schäden und Exportausfällen durch das Klimaphänomen *El Niño*, führten zu steigenden Zinssätzen und Devisenverknappung; die internationale Finanzkrise bewirkte ein zeitweiliges Versiegen des Kapitalmarktes für Ekuador. Der Privatsektor trudelte in eine Finanzkrise; der Staat übernahm daraufhin die private Auslandsverschuldung.

Im März 1983 trat mit der Akzeptierung des ersten *Letter of Intent* durch die Regierung Hurtado der IWF erstmalig als Akteur im wirtschaftspolitischen Geschehen Ekuadors auf. Die Regierung setzte im Rahmen der vereinbarten wirtschaftspolitischen Maßnahmen die graduelle Korrektur der Ungleichgewichte mit Haushaltsdisziplin und Freigabe des Devisenmarktes fort. Ende 1983 verringerten sich die binnen- und außenwirtschaftlichen Ungleichgewichte. Durch die rezessiv wirkende Anpassung schrumpfte die Wirtschaft trotz stimulierender Kredite um 2,8%, gleichzeitig stieg die Inflation um 53% p.a.

Im Mai 1984 unterzeichnete Hurtado den zweiten *Letter of Intent* und ergriff im Folgenden, konditioniert durch die IWF-Vorgaben, vertiefende Korrekturmaßnahmen. Ziele waren, das wirtschaftliche Gleichgewicht wieder herzustellen und das Wachstum allmählich zu stimulieren. Am Ende seiner Amtszeit (1984) wurde eine Steigerung des BIP von 4,2% verbucht, das Fiskaldefizit reduzierte sich auf 0,5% des BIP, ein Rekordexport von US$ 2,6 Mrd. konnte erreicht und die Inflation auf 27% halbiert werden. Die Devisenreserven nahmen wieder zu und die realen Zinssätze waren leicht positiv.

Die Stabilisierung unter der Regierung Hurtado ist als die einzig erfolgreiche in Ekuador zu bezeichnen: zum Teil eine Folge schneller und konsequenter wirtschaftspolitischer Reaktion mit kohärenten Maßnahmen, vergleichsweise geringer Störung der Gleichgewichte und flexibler Umsetzung der moderaten IWF-Vorgaben. Die Wirtschaft blieb aber aufgrund der strukturellen Schwächen[15] sehr verwundbar gegenüber externen Schocks. Außenwirtschaftlich bedingte Ungleichgewichte würden also in „jedem Augenblick" wieder möglich sein; das unterstrich die Notwendigkeit, die strukturelle Anpassung der Wirtschaft möglichst schnell voranzutreiben.

Die Politik der wirtschaftlichen Stabilisierung von Präsident Hurtado und seiner Wirtschaftsequipe war ein Balanceakt zwischen dem wirtschaftlich Notwendigen und dem sozial und politisch Machbaren. Der Verhandlungsspielraum mit dem Kongress war gering. Die Fragmentierung und die mangelnde Parteidisziplin, der Wechsel der Abgeordneten von einer Partei zur anderen sowie die Entstehung der sog. unabhängigen – je nach Interessenlage bei den Parteien „andockenden" – Abgeordneten wurden schon im ersten Kongress nach der Transi-

---

[15] Dazu gehörten vor allem: geringe Diversifizierung der Exporte und unzureichende Öffnung nach außen, niedrige Auslandsinvestitionen, hohe Auslandsverschuldung bei gleichzeitig geringen Devisenreserven und Schwierigkeiten bei der Schuldenbedienung, geringes Wachstum und sehr niedrige Familieneinkommen der Masse der Bevölkerung, dadurch schwache Binnennachfrage zur Stimulierung der Produktion und Beschäftigung, eine niedrige und für den Produktionsumbau unzureichende Relation von Sparen zu Investitionen.

tion zu Kernproblemen der Regierbarkeit. Die Organisationen protestierten anhaltend gegen den IWF – bis heute „Hauptfeind" der militanten Basis in Ekuador[16] – und die durch ihn konditionierte Wirtschaftspolitik. Im Oktober 1982 entging Hurtado aufgrund eines langen Generalstreiks nur knapp seiner „Absetzung" durch die Streitkräfte. Diese waren nach Übergabe der direkten Regierungsverantwortung an die zivilen Kräfte bemüht, sich als Hüter von Demokratie und Stabilität auszuweisen.

4. Anpassungsprogramme und Massenproteste: Stolpersteine für die Wiederwahl der „Regierungsparteien" 1984-96

In den Jahren 1984 bis 1996 ließen die sich zyklisch intensivierende Wirtschaftskrise, die zu ihrer Eindämmung erforderlichen Stabilisierungs- und Anpassungspakte und die damit verbundenen sozialen Kosten die jeweilige Regierungspartei in den darauffolgenden Wahlen scheitern. Die stärkste Oppositionspartei kam mittels des vorausgegangenen Drucks der Organisationen an die Macht. Im Kongress wurde die Zahl der Parteien und der Blöcke größer; die Präsidenten waren mit ihren Parteiallianzen im Kongress jeweils in der Minderheit. Nur die Regierung Borja (1988-92) konnte sich mit *Izquierda Democrática* (ID), stärkste Partei nach der Kongresswahl 1988 (30 von 71 Abgeordneten), erstmalig auf einen soliden Block stützen und daraufhin eine Mehrheitsallianz mit der *Democracia Popular* (DP)[17] aushandeln. In Regierungskreisen und in der Bevölkerung keimte Hoffnung auf, dass mittels einer „harmonischen" Beziehung zwischen Exekutive und Legislative die sich intensivierende Wirtschaftskrise erfolgreich bekämpft werden könnte. Der *Honeymoon* war kurz. Als die ID bei den Halbzeitwahlen 1990 hohe Verluste hinnehmen musste, war sie für die DP aus machtpolitischen Gründen für eine erneute Blockbildung uninteressant (CORDES 1999: 159).

Die auf Roldós/Hurtado folgenden fünf demokratisch gewählten Präsidenten kämpften, wenn auch in unterschiedlichem Ausmaße, sämtlich mit ähnlichen Problemen: z.B. durch Rohölpreisverfall und verfehlte Wirtschaftspolitik relativ „kurzfristig" entstehenden wirtschaftlichen Ungleichgewichten, dann politischen Blockaden von Parteien und Kongress gegen Korrekturmaßnahmen, sozialen Unruhen, Drohungen des Militärs zu intervenieren, Abklingen der akuten Spannungen oder (wie 1997 und 2000) Macht- und Präsidentenwechsel.

In der Stabilisierungs- und Anpassungspolitik mangelte es einerseits an einem klaren Konzept der Regierungen, einer tragfähigen Allianz zwischen Organisa-

---

[16] Für die militante Basis macht es bis heute keinen Unterschied, ob es sich um eine graduale oder orthodoxe neoliberale Politik handelt.
[17] Die Regierungspartei konnte sich die Stimmen der DP im Kongress gegen Zusage von Posten in den wichtigsten Institutionen des Staates sichern: u.a. Kongresspräsidentschaft, Mitgliedschaft im Obersten Gerichtshof, im Obersten Wahlgericht.

tionen, Unternehmern und Kongress, andererseits an der Kontinuität und Durchsetzungskraft bezüglich der Reformen. Zwar brachten in Abständen steigende Rohölpreise kurzfristig Mehreinnahmen und damit Erleichterungen in der Finanzsituation. Die zusätzlichen Einnahmen wurden aber häufig nicht zur Bedienung des Schuldendienstes sondern z.b. für Subventionen an die Unternehmen, für Mehrausgaben bei Löhnen und Gehältern im Staatssektor oder auch zur „eigenen Bereicherung" verwandt. Ein Aufschaukeln der Krisenzyklen war unvermeidlich. Die Wählerschaft antwortete auf die sich verschlechternden ökonomischen und sozialen Bedingungen mit wachsendem Misstrauen in die Leistungs- und Problemlösungsfähigkeit des demokratischen Systems und seiner Repräsentanten, speziell des Präsidenten.

Den aufgezeigten Problemen sahen sich auch die beiden (durch die Allianz von Kongress, Militär und der dominierenden Partei PSC ausgehandelten und durch die USA „abgesegneten") Interimspräsidenten (Fabián Alarcón: Februar 1997 bis August 1998; Gustavo Noboa: Januar 2000 bis Januar 2002) gegenüber. Wichtigster Unterschied zu den durch Wahlen an die Macht gekommenen Präsidenten war, dass sich beide in ihrer kurzen Amtszeit auf keine „Totalkonfrontation" mit den Basisorganisationen eingelassen haben. Um ihre politischen Chancen bei der Wählerschaft nicht zu verspielen, kamen die von den Basisorganisationen kategorisch abgelehnten Stabilisierungs- und Anpassungsmaßnahmen nur soweit zustande, als sie für die eigene Machterhaltung nicht kontraproduktiv waren; Stützungskredite mit dem IWF kamen ab 1997 nicht mehr zustande. Die sich zeitweilig verbessernden Makroindikatoren (z.B. durch anziehende Exportpreise) – jedoch ohne ein Aufholen der vorausgegangenen „Verluste" – bedeuteten „trügerische Normalität" in einem extrem instabilen politischen Ambiente mit sich intensivierendem wirtschaftlichem Niedergang. Die Interimsherrschaft von Alarcón nach dem „Bucaram-Desaster" wurde auch zur neuerlichen Korrektur der Verfassung genutzt. Ende April 1998 waren laut Umfrage 70% der Befragten der Meinung, dass die Verfassungsreform nichts an der labilen (formal) demokratischen Situation des Landes ändern würde und dass mehr als 50% einer autoritären Regierung den Vorzug geben würden. (*El Comercio*, 03.05.1998). Colburn (1996: 96) kommentierte, dass ein Land, das dauernd seine Verfassung ändert, keine Verfassung hat.

4.1. Krisenverschärfung: Von der Liberalisierung mit Populismusdiskurs zur graduellen Anpassung mit Dialog

Der autoritär-neoliberale Politiker **León Febres Cordero (1984-88)** aus Guayaquil, der ab 1984 mit einer rechts-populistischen Allianz als Minderheitsblock im Kongress regierte, übernahm von Präsident Hurtado eine relativ stabilisierte Wirtschaft. Er führte die graduelle und disziplinierte Politik seines Vorgängers nicht fort. Stattdessen wurden Maßnahmen zur weiteren Liberalisierung des Wechselkurses, des Außenhandels und des Finanzmarktes verfügt. Anfänglich reagierte die Wirtschaft positiv auf die Impulse; die gesamtwirtschaftlichen Indikatoren verbesserten sich beträchtlich.

Als sich der Erdölpreis zwischen 1985 und 1986 von rund US$ 27 pro Fass auf etwa US$ 13 halbierte, reagierte die (seit der Öffnung stärker als bisher verwundbare) Wirtschaft kollapsartig. Die Verlangsamung des außenwirtschaftlichen Motors ließ das Wachstum auf 3,1% zurückgehen. Die Einführung des Wechselkursfloatings, die Liberalisierung der Zinsmärkte u.a. heizten die Ungleichgewichte an. Im März 1987 wurden Teile der Erdölpipeline durch ein Erdbeben zerstört. Der Ölexport fiel über mehrere Monate aus; der Einnahmenrückgang des Staates lag bei 30%. Als Folge der schlechten Wirtschaftslage nahmen die sozialen Konflikte vor allem mit den Gewerkschaften zu.

Machtpolitische und wahlstrategische Überlegungen standen für Febres Cordero im Vordergrund, als er – trotz des bedrohlich steigenden Haushaltsdefizits – große Infrastruktur- und Wohnungsbauvorhaben finanzieren ließ, die Agrar- und Finanzoligarchie subventionierte und die Bedienung der Auslandsschulden einstellte. Die gleichzeitig gegenüber den Basisorganisationen autoritäre und repressive Politik heizte die sozialen Proteste an, die sich gegen die rapide verschlechternden Lebensverhältnisse richteten; die Anzeigen wegen Verletzung der Menschenrechte u.a. durch Folter, Mord und willkürliche Verhaftung nahmen stark zu (Sánchez-Parga 1996: 32-53). Der Kongress und der Dachverband der Gewerkschaften forderten den Rücktritt des Präsidenten. Die wachsende „Besorgnis" der Streitkräfte wegen der konfliktiven Amtsführung, der geringen Kommunikation mit den sozialen und politischen Akteuren und deren Attacken auf das demokratische System schlugen sich aber nur im Putschversuch von General Frank Vargas Pazos nieder.

Der Sozialdemokrat **Rodrigo Borja (1988-92)** gewann 1988 mit der linksgerichteten Reformpartei *Izquierda Democrática* (ID) die Wahlen. Die politische Konstellation hatte Auswirkungen auf die Wirtschaftspolitik und die Krisensituation. Auch wenn Borja die Wirtschaft in kritischer Situation von seinem neoliberalen Vorgänger übernahm, waren die Bedingungen für eine weitere strukturelle Anpassung günstig. Es gab keine größeren Naturkatastrophen, der Erdölpreis zog 1989 an, die Regierung konnte sich zunächst auf eine Parteienallianz im Kongress stützen. Das „Notstandsprogramm" der Regierung Borja ähnelte dem der Regierung Hurtado. Entsprechend ihrer Interpretation der Ursachen der wirtschaftlichen Ungleichgewichte (extreme Verwundbarkeit und externe Faktoren) stärkte Borja den Einfluss des Staates auf die Ausrichtung und Koordinierung der Geld-, Fiskal-, Wechselkurs- und Zahlungsbilanzpolitik. Zum Abbau des außenwirtschaftlichen Ungleichgewichtes und zur Stabilisierung der Zahlungsbilanz und der Devisenreserven erhielt die Zentralbank die Kompetenz zurück, den Wechselkurs festzusetzen und den Devisenhandel zu kontrollieren. Der Sucre wurde um 56% abgewertet; die Miniabwertungen wurden wieder eingeführt. Einige Importbeschränkungen und die Stimulierung der Exporte durch indirekte Subventionierung ergänzten das Paket. Die Geldpolitik wurde über die

Zentralbank mittels des Mindestreservesatzes gesteuert; die Kredite an die Regierung und den Privatsektor wurden eingeschränkt, um die Liquidität zu verringern. Zum Abbau des Fiskaldefizits wurden u.a. die Tarife für Dienstleistungen und die Preise für Benzin erhöht. Für wichtige Grundnahrungsmittel wurde die Preiskontrolle wieder eingeführt.

Die in- und ausländischen Wirtschaftssubjekte reagierten auf die erneute wirtschaftspolitische Kehrtwendung (Araujo 1998: 116-119; Schuldt 1994) mit Verunsicherung. Aufgrund der schwieriger gewordenen Haushaltssituation bekam die Regierung die Inflation nicht in den Griff. Sie hielt sich bei durchschnittlich 50% p.a.; ab 1992 war die Tendenz erneut steigend, trotz zufriedenstellender Entwicklung der anderen makroökonomischen Indikatoren. Die Wirtschaft wies 1989 deutliche Stagflationstendenzen (0,3% BIP-Wachstum und 54% Preissteigerung) auf.

Auch wenn die Regierung Borja sich bemühte, mittels einer graduellen Strategie der Anpassung (ohne sich von den Empfehlungen des IWF abzukoppeln) die makroökonomischen Ungleichgewichte abzubauen, die Konkurrenzfähigkeit der Wirtschaft auf dem Weltmarkt zu stärken und eine Reaktivierung zu fördern, sahen sich breite Teile der Bevölkerung in ihren Erwartungen auf eine Anhebung ihres sehr niedrigen Lebensstandards durch die sozialdemokratische Regierung getäuscht. Die Lohnpolitik konnte die Verarmung aufgrund der hohen Inflation nicht kompensieren. Gerade die „tropfenweise" Anpassung zog kontinuierlich Demonstrationen und Arbeitsniederlegungen nach sich. Die Regierung sah sich 1990 mit der ersten Massendemonstration der indigenen Bewegung konfrontiert, angeführt von der *Confederación de Nacionalidades Indígenas del Ecuador* (CONAIE), die – Mitte der 80er Jahre entstanden – ab 1990 zum neuen politischen Akteur und Dialogpartner bzw. Opponent der Regierungen avancierte.[18]

Mit der Respektierung der Bürgerrechte und dem Versuch, Repression und Gewalt durch Verhandlung und Partizipation zu ersetzen, hatte Rodrigo Borja letztlich wenig Erfolg: bei mehr als zwei Drittel aller Konflikte wurde die Lösung hinausgeschoben (Sánchez-Parga 1996a: 57).

4.2. „Verflachung" der Demokratie und soziale Explosion

Unter der Regierung **Sixto Durán Ballén (1992-96)** wurde der Niedergang des demokratischen Aufbruchs besiegelt; die Mitte-Rechts-Partei *Partido Social Cristiano* (PSC) übernahm die führende Rolle im Kongress, die sie bis heute nicht wieder abgegeben hat. Die ehemals als Reformpartei angetretene ID, „Partei der Sierra", hatte 1996 noch fünf Abgeordnete und war somit bedeutungslos geworden. Mit diesen Wahlen setzte sich die *Costeñización* der Politik endgültig durch (Ibarra 1996).

---

[18] Vgl. auch die Beiträge von Juliane Ströbele-Gregor (S. 163-186) und Andreas Steinhauf (S. 119-136) in diesem Band.

Ab 1996 nahm die Tendenz zu, politische Gruppierungen eigens für die Wahlen bzw. für einen Kandidaten zu gründen; die schon immer geringe Verankerung der Kandidaten und Politiker in den Parteien wurde dadurch gefördert. Durán Ballén trat als Kandidat der speziell für diese Wahlen gegründeten Partei *Partido Unidad Republicano* (PUR) an. Er gewann, aber die Stimmen der Allianz PUR-PCE (*Partido Conservador Ecuatoriano*) reichten nicht, um ihn mit einem schlagkräftigen parlamentarischen Block zu unterstützen.

Der Wechsel in der politischen Ausrichtung der Regierung schlug sich wieder in der Wirtschaftspolitik nieder: Unter Durán Ballén ging das Pendel der Stabilisierungs- und Anpassungspolitik erneut auf einen mehr orthodoxen neoliberalen Kurs zurück. Die Wirtschaftslage war trotz des niedrigen Erdölpreises relativ stabil, das Wachstum allerdings mit 4,3% (1994) weiter schwach. 1995 erschütterte der unerklärte Krieg mit Peru die Wirtschaft zusätzlich. Die Reaktivierung der Wirtschaft ließ mit nur 2% Steigerung des BIP bei gleichzeitig relativ guten außenwirtschaftlichen Ergebnissen auch 1996 auf sich warten.

Politische Instabilität unterminierte die Glaubwürdigkeit der Regierung. Die Wirtschaftskrise verschärfte sich wieder. Hauptgründe waren, dass die Stabilisierungs- und die Anpassungspolitik in sich und mit ihren Zielen nicht konsistent war und die Maßnahmen nicht konsequent zu Ende geführt wurden.

Gleichzeitig explodierten die sozialen und politischen Konflikte; fünf Wirtschaftsminister wurden der neoliberalen Politik geopfert. Die militante Durchsetzung von sozialen Forderungen gegenüber dem Staat nahm vor allem in den Städten, angeführt von den Basisorganisationen der Armenviertel zu.

5. Wirtschaftskrise und Pervertierung des demokratischen Systems

5.1. Missglückte Machtübernahme durch den Populismus (1996-97)

Stellt man die historisch-politische Entwicklung und die politische Kultur der Ekuadorianer in Rechnung, dann ist kaum überraschend, dass die Bevölkerung sich bei den Wahlen 1996 für den neoliberalen Populisten Abdalá Bucaram Ortíz, Ex-Bürgermeister von Guayaquil und Kandidat des *Partido Roldosista Ecuatoriano* (PRE) entschieden hat. Die verarmte Masse, vor allem der informelle städtische und der marginalisierte ländliche Sektor wählten Bucaram nach 15 Jahren enttäuschter Illusionen mit demokratischem „Formalismus" als ihren „volksnahen" Hoffnungsträger. Gleichbleibend hohe Armut, anhaltende Krisen sowie die negative Entwicklungsbilanz der konservativ-autoritären und der fortschrittlich-partizipativen Regierungen waren der Nährboden für den Wahlsieg des Kandidaten des PRE.[19] Der PRE als populistische Bewegung vor allem an

---

[19] Siehe zum Populismus in den Andenländern z.B. für Ekuador: Torre (2000); für Peru und Venezuela: Peetz (2001).

der Küste verankert, war mit 19 (1996) und 24 Abgeordneten (Halbzeitwahlen 1998) wieder im Aufwind (Freidenberg/Alcántara 2001: 173-233).

Bucarams Wahlkampagne und sein Regierungsstil (Minkner-Bünjer 1998a: 31ff.) waren wie beim klassischen Populismus geprägt von Emotion im Diskurs, von Personalismus, leerer Rhetorik, „volksnaher Belustigung" und – aufgrund der vordergründigen Identifizierung mit der verarmten Masse – von überhöhten und zu weiterer Instabilität führenden Wahlversprechen. Als pseudo-moderner *caudillo* betrachtete Bucaram die schwachen formaldemokratischen Institutionen als „lästiges Anhängsel" bei der Ausübung der Regierungsmacht. Er bekannte sich zur neoliberalen Politik seines Vorgängers Durán Ballén und kündigte die Fortsetzung der wirtschaftlichen Konsolidierung mittels orthodoxer Anpassungsmaßnahmen an. Kernpunkte des Programms waren der *Plan de Convertibilidad*[20] (feste Parität von damals etwa 3.700 Sucres zu 1 US-Dollar ab Mitte 1997),[21] die Organisierung des Energie- und Erdölsektors in privaten Unternehmen, die „Eingliederung" politisierter Parallelinstitutionen in die Zentralbank sowie Reformen der Verwaltung und des Steuersystems. Die Indexierung der Inflation sollte abgeschafft und die Arbeitsbestimmungen sollten flexibilisiert werden.

Angesichts von etwa US$ 15 Mrd. Auslandsschulden und der schwierigen Budgetsituation nahm der Druck der internationalen Finanzinstitutionen zu. Nach langem Feilschen verabschiedete der Kongress ein Sanierungspakt, das – entsprechend den Vorbedingungen für eine IWF/Weltbank-Unterstützung – einen umfassenden Abbau von Subventionen und damit eine Anhebung der Tarife für Strom, Telefon und Haushaltsgas (rd. 600% insgesamt), sowie der Transporttarife (rd. 70%) und das Einfrieren des Mindestlohnes auf US$ 143 pro Monat vorsah.

Verglichen mit den sehr niedrigen Einkommen der Mehrheit der Bevölkerung waren die Anpassungssätze schmerzhaft hoch: Folge der seit fast 15 Jahren akkumulierten Versäumnisse in der Wirtschafts- und Strukturpolitik, und zwar trotz eines Wusts von letztlich erfolglosen Stabilisierungs- und Anpassungsmaßnahmen (Araujo 1998: 104-138; Viteri Díaz 1998: 180-210). Die Gewerkschaften, die sozialen Basisorganisationen und die indigenen Organisationen, die bei der Ausarbeitung des Programms nicht konsultiert worden waren, integrierten sich in einer breiten Oppositionsfront (*Frente Patriótico*); gleichzeitig verstärkte der Kongress seine Blockadehaltung gegenüber der Exekutive. Anfang Januar 1997, als die Preis- und Tariferhöhungen in Kraft traten, explodierte der geballte Volkszorn. Man forderte wieder und wieder die Absetzung des Präsidenten, die Rücknahme der Anpassungsmaßnahmen und die Einberufung einer Verfassunggebenden Versammlung: ein „Politik- und Machtwechsel" sollte erzwungen werden. Als Bucaram die Verfassungsgarantien außer Kraft setzte und der Verteidigungsminister zurücktrat, bekam das historisch verwurzelte Miss-

---

[20] Das bedeutete die Aufgabe der eigenen Währung und der Währungspolitik (z.B. als Instrument der Exportförderung).
[21] Siehe Sammelband von Acosta/Juncosa (2000).

trauen des Militärs gegen eine eventuelle „Zementierung" des Populismus als Diktatur neue Nahrung; die Streitkräfte sahen eine Gefahr für den Bestand der von der US-Administration „geforderten" formaldemokratischen Ordnung. Unter Führung des PSC sowie mit Rückendeckung der Streitkräfte und dem Einverständnis der USA enthob der Kongress Staatspräsident Bucaram nach knapp 6 Monaten Amtszeit „wegen geistiger Unfähigkeit" von seinem Amt und setzte den Kongresspräsidenten Fabián Alarcón interimistisch für 18 Monate als Nachfolger ein. Die demokratische Fassade wurde gewahrt, das Stabilisierungs- und Reformprogramm dagegen von den politischen Ereignissen überrollt.

5.2. Regierung Mahuad: Vom Hoffnungsträger zum Prügelknaben

Vorgezogene Präsidentschafts- und Parlamentswahlen Ende Mai 1998 nährten die Hoffnung, dass ein politischer „Neuanfang" gelingen könnte, um die seit langem überfälligen Reformen durchzuführen und das Land auf einen Wachstumspfad zu bringen. Es war der sechste Urnengang in 26 Monaten: ein nachdenklich stimmender Rekord für ein demokratisches Regierungssystem.

Dem Kandidaten der Zentrumspartei *Democracia Popular* (DP) und erfolgreichem Ex-Bürgermeister von Quito, Jamil Mahuad Witt, gelang mit 51,6% der Stimmen im zweiten Wahlgang ein knapper Sieg über den Multimillionär Álvaro Noboa, Kandidat von Bucarams PRE. Bei Amtsübernahme von Mahuad balancierte das Land politisch und wirtschaftlich seit langem am Abgrund. Die Finanzkrisen in Asien und Russland verdüsterten den außenwirtschaftlichen Horizont. Die Mahuad unterstützende DP war in der Minderheit im Kongress.[22] Die sich untereinander bekämpfenden und in sich gespaltenen Parteien sowie der Druck der Basisorganisationen und der indigenen Bewegungen stellten Mahuad vor schier unlösbare Probleme; sein Regierungskurs und Regierungsstil waren zudem (auch in der eigenen Partei) heftig umstritten.

Trotz der außerordentlich schwierigen Wirtschaftslage konzentrierte sich Mahuad zunächst darauf, den Friedensschluss mit Peru[23] unter Dach und Fach zu bringen. Angesichts der prekären innenpolitischen Lage in beiden Ländern und des Drucks von außen (vor allem durch die USA) einigten sich Fujimori und Mahuad zur Beilegung der Streitigkeiten die Intervention der Garantiemächte, die „Vorschlagsrecht" hatten, in Anspruch zu nehmen. Am 26.10.1998 konnte in Brasília der Friedensvertrag mit Peru unterschrieben werden, der für Ekuador die definitive Anerkennung der Abtretung von mehr als 200.000 km^2 Territorium im Amazonas, einschließlich der (Erdöl-) Ressourcen, bedeutete. Es war eine bittere Pille für das Militär, aber auch für große Teile der Bevölkerung; sie

---

[22] Für jedes Gesetzesvorhaben musste die Regierung Mahuad die erforderliche Mehrheit mit einem anderen Block aushandeln: z.B. für den Friedensvertrag mit Peru mit dem PSC, für die Steuerreform mit der ID, für den Haushalt 2000 mit dem PRE. Die große Steuerreform (rund US$ 280 Mio. sollten in die Staatskasse fließen) fand keine Mehrheit im Kongress.

[23] Vgl. dazu Minkner-Bünjer (1999b).

akzeptierten die Entscheidung letztlich unter dem Druck der jahrelangen Pattsituation und der „ausweglosen" Wirtschafts- und Sozialkrise. Die „Friedenskonjunktur" und die Entlastung des Haushalts von Militärausgaben sollten auch dafür genutzt werden, die Bereitschaft der internationalen Gebergemeinschaft zu stärken, sich an der Überwindung der Wirtschaftskrise zu engagieren.

Mahuad, obwohl mit großem Bonus nach der Lösung des Perukonfliktes, machte sich keine Illusionen bezüglich seiner politischen Möglichkeiten, das Land aus der Krise herauszuführen.[24] Er regierte im „Schlagschatten" des IWF; es gelang ihm aber nicht – trotz Unterstützung der USA –, ein *Stand by*-Abkommen abzuschließen. Der Kongress blockierte die konditionierten Anpassungspakete angesichts der zunehmenden Massenproteste. Die Wirtschaftslage begann sich im Verlaufe des Jahres 1999 dramatisch zu verschlechtern: Rückgang des BIP um 7%; Abwertung um fast 200%; Inflation von mehr als 60%; operationales Haushaltsdefizit von 6% des BIP; Verfall des Erdölpreises und Zuspitzung der außenwirtschaftlichen Lage. Der Bankencrash (und die damit verbundene Bereicherung der Finanzelite) verschärfte die Krise des öffentlichen Haushaltes und der Wirtschaft insgesamt; sie schürte das Misstrauen der Bevölkerung: Verlierer der Dollarisierung und des Zusammenbruchs des Finanzsystems.[25]

Auch im Angesicht der drohenden Zahlungsunfähigkeit des Landes blockierte der Kongress die Sanierungsmaßnahmen. Er ließ erst eine „abgespeckte" Version passieren; trotz der Minimallösung eskalierte die Gewalt an der Basis. Ultimatives Ziel war die Absetzung des Präsidenten (*Jamilazo*). Anfang Januar 2000 gab Mahuad – als seine letzte Verzweifelungstat – die Einführung des Dollars als Landeswährung (1 US$ zu nunmehr 25.000 Sucre) bekannt. Daraufhin inszenierten die indigenen Organisationen unter Führung der CONAIE, die Basisorganisationen und die Bevölkerung, gestützt durch mehr als 400 Militärs der mittleren Dienstgrade unter Führung des derzeitigen Präsidenten und Ex-Oberst Lucio Gutiérrez, einen unblutigen Aufstand. Spätestens als das Oberkommando der Streitkräfte Mahuad zum Rücktritt aufgefordert und die „Rebellen" in Gewahrsam genommen hatte, war die Macht der einige Stunden lang regierenden Junta[26] an die Streitkräfte übergegangen. Auf Druck der USA und um das Land nicht in die finanzielle und wirtschaftliche Isolierung treiben zu lassen, arrangierten die Militärs umgehend eine zivile Nachfolge für Mahuad: Vizepräsident Gustavo Noboa trat das Präsidentenamt an.[27]

---

[24] Er betonte, dass das Regieren in Ekuador immer und für jeden kompliziert sei. Die politische Kultur der organisierten Bevölkerung sei so angelegt, dass sie schon allein „aus Prinzip" opponieren würde. Jegliche vom Konsens und gemeinsamer Verantwortung getragene Vereinbarung sei schwierig zu erreichen (*El País*, 11.08.1998).

[25] Vgl. die ausführliche Darstellung der Regierungsperiode unter Mahuad und den Putsch: bei Minkner-Bünjer (1999a und 2000).

[26] Die Junta bestand aus Antonio Vargas, Präsident der CONAIE, Lucio Gutiérrez, Oberst und dem Ex-Präsidenten des Obersten Gerichtshofs, Carlos Solórzano.

[27] Eine detaillierte Analyse bei: Minkner-Bünjer (1999a und 2000).

6. Schlussfolgerungen

- 1998/99 wiederholte sich der Ablauf des Krisenszenariums von 1996/97 (und in großen Zügen auch der vorangegangenen Regierungen), wenn auch unter wesentlich schwierigeren externen Bedingungen, verstärkt durch die *El Niño*-Katastrophe. Parlament und Parteien zeigten wenig Bereitschaft – wie schon bei den vorhergehenden Präsidenten – Mahuad in seinem Bemühen um die Sanierung des Landes zu unterstützen. Die geringe Popularität des Präsidenten, seine sich zum Teil widersprechenden und ohne strategisches Konzept ablaufenden Aktionen, seine Art am Kabinett vorbei zu regieren, ließen selbst Politiker der eigenen Partei auf Distanz gehen. Ab Mitte 1999 nahm die unter den Parteien und Abgeordneten bekannte Praxis zu, sich nicht (mit einem schwachen Präsidenten) bei der Wählerschaft zu exponieren. Gewerkschaften und andere Organisationen der Basis lehnten wie eh und je ab, einen Konsens mit der Regierung zu erarbeiten und mitzutragen.
- Während die Akzeptanz von Mahuad mehr und mehr zurückging (Oktober 1998: knapp 70%; Mai 1999: <10%), erhielt er weiter Rückendeckung durch die USA. Diese hatten – einerseits durch die Übergabe des Panamakanals, andererseits durch die anhaltenden Kämpfe der Guerillagruppen- und Paramilitärs und die Aktivitäten der Drogenmafia in Kolumbien – ein neu erwachtes Interesse an Ekuador; in diesem Kontext ist auch die Aufforderung der USA an Ekuador zu bewerten, den Grenzkonflikt mit Peru zu beenden. Die intensivierten Beziehungen drückten sich in der Errichtung des Militärstützpunktes im Hafen von Manta aus, in der zugesagten Beteiligung Ekuadors bei Säuberungsoperationen in den Grenzgebieten zu Kolumbien und in dem Interesse der USA, die Lage in Ekuador stabil zu halten. Die US-Militärhilfe hatte ab dem Jahr 2000 wieder steigende Tendenz.
- Strukturelle Ursachen der Putsche gegen Mahuad und Bucaram sowie der seit Beginn der 80er Jahre permanent eskalierenden sozialen Unruhen sind u.a., dass – seit der Unabhängigkeit Ekuadors von Spanien – eine kleine politische und wirtschaftliche Elite rund 4 Millionen indigene Bevölkerung und weitere rund 2 Millionen Mestizenbevölkerung – beide Gruppen überwiegend arm oder extrem arm – von der Nutzung der Ressourcen des Landes, von der Verteilung der Früchte des Wachstums und von der Beteiligung an der politischen und wirtschaftlichen Macht ausgeschlossen hat. Erst in den letzten Jahrzehnten – nach einer Reihe von blutigen, aber letztlich ineffektiven Aufständen – haben sich diese Massen erfolgreich organisiert. Sie haben unter den zivilen Regierungen versucht, mit überwiegend friedlichen Mitteln die Demokratisierung des Landes und die strukturelle Transformation des Wirtschafts- und Entwicklungsmodells zu ihren Gunsten zu erzwingen.
- Der Wechsel von einer Regierungscouleur zur anderen mittels Wahlen, die mehrfachen Verfassungsänderungen bzw. neuen Verfassungen und die

Volksentscheide haben an dem die Basis weitgehend „ausschließenden" sozioökonomischen und politischen System nichts wirklich verändert. Das Gleiche gilt nach Einschätzung der – angesichts von Hunger und Elend und dem Bankrott des Landes – sich radikalisierenden Basis bezüglich des Einflusses der indigenen Abgeordneten von *Pachakutik* auf die Politik von Kongress und Exekutive. Für einen Qualitätssprung im demokratischen System in Ekuador seit der Transition spricht, dass die politisch marginalisierte indigene Bevölkerung ab 1996 über Wahlen ins Parlament gekommen ist.

- Die herrschenden Eliten, Politiker und Militärs haben über Jahrzehnte immer dann, wenn der Druck der Masse und ihrer Organisationen größer wurde, diese durch Zugeständnisse, Übervorteilung oder Täuschung in das bestehende Machtsystem und seine Interessen einzubinden gesucht oder sie mit Repression in die Schranken gewiesen. Die Tendenz steigt, dass die wirtschaftliche und politische Marginalisierung der Masse auf lange Sicht das schwache demokratische System und ihre eigene damit verbundene Machtstellung unterminieren wird. Vertrauen bezüglich ausgehandelter oder zugesagter Veränderungen bzw. ihrer Durchführung existiert zwischen den gesellschaftlich relevanten Gruppen nicht mehr. Das gilt speziell für die Absprachen, die zwischen dem Militär, den Angehörigen der Exekutive, des Kongresses, der Justiz und den Organisationen (speziell der indigenen Bewegung unter Führung von CONAIE) als Folge von Protesten und Putsch, in Zeiten von Wahlen und des Dialogs über Verfassungen und Volksbefragungen gemacht wurden.

- Die USA, der IWF und die Weltbank als einflussreiche Akteure haben seit 1982 möglichst nur die von ihnen akzeptierten und kontrollierten Veränderungen des wirtschaftlichen und politischen Regimes zugelassen; wurden die Bedingungen nicht erfüllt, geriet der Kreditzufluss ins Stocken bzw. der „Geldhahn" wurde zugedreht. Die Stabilisierung und Anpassung der Wirtschaft, die sich seit Beginn der 80er Jahre in kleinen Schritten und unterschiedlicher Intensität vollzieht, stellt sich durch die „Brille" der verarmten Masse als eine Auspressung des Landes durch den IWF dar, als eine manipulierte Intervention in die Preis- und Tarifsysteme des Staates, als eine „kapitalistischen Interessen" gehorchende Privatisierung der Staatsunternehmen, als eine „Verschwörung" von mit den ausländischen Interessen paktierenden bankrotten Banken (die kleine Sparer betrügen) und korrupten Politiker. Die sich wie ein roter Faden durch die politische und wirtschaftliche Entwicklung der letzten zwei Dekaden ziehenden sozialen Unruhen der organisierten Basis richteten sich letztlich gegen die so perzipierten Zustände und ihre Ursachen.

- Die Führung der Basisorganisationen und der indigenen Bevölkerung putschte ihre Mitglieder – zum Teil wider besseren Wissens – zu fruchtlosen Unternehmungen (wie z.B. zum Sturz Mahuads) auf. Zu fragen ist, ob diese Führung z.B. aus dem *Jamilazo* realistische Schlussfolgerungen für ihr zukünftiges Verhalten gezogen hat: Derzeit hat sie – vor allem aufgrund des Drucks der transnationalen Eliten und der USA – nur Chancen, mehr Demokratie, Partizipation und Einfluss für sich durchzusetzen, wenn sie sich im vorgegebenen politischen System bewegt. Seit dem 11. September 2001 ist die Gefahr größer denn je, dass das Land marginalisiert wird, wenn es seine politische Instabilität nicht auf demokratische Weise und im Konsens zu überwinden sucht bzw. wenn es zu weiteren Attacken gegen das demokratische System käme.

- Das Militär griff – wie schon viele Male vor 1979 in der Geschichte Ekuadors – bei den beiden Putschen gegen gewählte Regierungen direkt ein. Es respektierte, vor allem auf Druck der USA, die demokratische Fassade des Regimes, das sich bisher nicht zu einer leistungsfähigen Demokratie konsolidieren konnte. Die Militärs haben die „Zurückstufung" durch den Friedensschluss der Regierung Mahuad und den dadurch bedingten Bedeutungsverlust in Staat und Gesellschaft bisher nicht verarbeitet. Unklar ist auch, welche Konsequenzen das Militär – als stabilisierende Kraft in der Politik Ekuadors seit Anfang der 80er Jahre weitgehend respektiert – aus der Tatsache zieht, dass sich die Spaltung zwischen der Führung und dem Mittelbau vertieft hat, dass die Institution an Prestige verloren hat, dass der Ausschluss von mehr als 400 „Putschbeteiligten" einen einschneidenden Verlust an mittlerem Führungskräftepotential bedeutet und dass die ideologisch-politischen Vorstellungen der derzeitigen jungen Militärs und ihre Bindungen an die Institution diffuser sind als die ihrer Vorgesetzten.

- Der Bruch mit den demokratischen Verfahren und Institutionen unter Bucaram und Mahuad ist eine deutliche Warnung gewesen, dass das schwache demokratische Regime auf die Dauer weder dem starken sozialen Druck standhalten kann, noch die eventuell intendierte Machtübernahme (mittels demokratischer Spielregeln?) durch das Militär abzuwehren in der Lage ist. Letzteres wird um so schwieriger, je mehr das Land durch die politisch-wirtschaftliche Dauerkrise, den institutionellen Verfall und das Vakuum an politischen Leitfiguren sowie durch massive Spannungen aufgrund des Einsickerns von Flüchtlingen und von bewaffneten aufständischen Gruppen an den Grenzen belastet wird. Angesichts dieser Probleme und der seit Jahrzehnten frustrierten Hoffnungen der indigenen Basis könnte das „Abdriften" von Splittergruppen in eine bewaffnete Bewegung (im Grenzgebiet zu Kolumbien) oder eine gemeinsame Sache mit den aufständischen Rebellen eines Tages vielleicht kein Hirngespinst sein.[28]

---

[28] Bisher funktioniert die demokratische Maschinerie weiter: 47% der Ekuadorianer unterstützten 2002 die Demokratie als politisches System, ihre Zufriedenheit mit der Leistungsfähigkeit lag bei 16% der Befragten (www.latinobarometro.org).

7. Militärs und indigene Organisationen an der Macht: Wende in der Dauerkrise?

Die Stichwahl für das Amt des Staatspräsidenten gewann im November 2002 der Ex-Oberst und Ex-Putschist Lucio Gutiérrez Borbúa gegen den Multimillionär und Bananenmagnat Álvaro Noboa. Viele unentschlossene Wähler gaben als Folge der katastrophalen Regierungs- und Lebenssituation in „letzter Minute" und „aus dem Bauch heraus" ihre Stimme dem Außenseiter. Den Sieg mit 54,8% verdankte Gutiérrez dem Bündnis, dass der *Partido Sociedad Patriótica 21 de Enero* (PSP), eine eigens für seine Kandidatur von der Familie und den Freunden gegründete Bewegung, mit dem *Movimiento Unidad Plurinacional Pachakutik-Nuevo País* (MUPP-NP), dem politischen Arm der indigenen Dachorganisation CONAIE, geschlossen hatte.[29] Es ist vor allem das Verdienst von *Pachakutik* und CONAIE, dass die Wählerschaft von 18 der 22 Provinzen für Lucio Gutiérrez stimmte. *Pachakutik* ist seit 1996 im Parlament vertreten und brachte, abgesehen von seinem großen indigenen Wählerpotential, partei- und wahlpolitische sowie parlamentarische Erfahrung in die Allianz ein.[30] Die Führung der beiden Gruppierungen bezweckte mit dieser Allianz, aufstrebende politische Akteure (mittlere Ränge des Militärs und die Führungsschicht der indigenen Bewegung und ihrer Sympathisanten) mittels demokratischer Spielregeln an die Macht zu bringen.

Die Wähler favorisierten mit Gutiérrez einen „modernen" Populisten, der bisher keine oder wenig offizielle Berührung mit den traditionellen Parteien, mit dem Kongress und mit der staatlichen Verwaltung hatte. „Als einer der ihren aus dem Militär" sprach er besonders die verarmten Massen mit einer emotionalen Rhetorik und freigiebigen Versprechen an; er verkaufte sich als Anwalt der Armen und versprach, ihre dringendsten Probleme zu lösen. *Pachakutik* hatte für die Mobilisierung der Sierra-Wähler entscheidende Bedeutung; in den Amazonas-Provinzen wirkte sich die Herkunft von Gutiérrez aus Tena (Provinz Napo) wahlpolitisch zu seinen Gunsten aus; an der Küste verfügte sein Vetter Borbúa über parteipolitische Beziehungen und Kontakte. Gutiérrez nutzte auch seine militärische Vergangenheit (indem er z.B. in Uniform, *verde olivo*, auftrat*),* um eine Identifikation der Wählerschaft mit ihm zu erreichen. Gemäß Umfragen von *Latinobarómetro* (www.latinobarometro.org) genießt das Militär in Ekuador immer noch relativ großes Vertrauen, wenn auch mit sinkender Tendenz. Während des Wahlkampfes sprachen sich die indigene Bewegung mit *Pachakutik,* die Gewerkschaften und die Basisorganisationen zum Teil vehement gegen verschiedene Punkte des Wahlkampfprogramms aus (z.B. die Aufrechterhaltung der Dollarisierung, den Beitritt zur ALCA, den US-Militärstützpunkt Manta, das Diktat des IWF für die Strukturanpassung).

---

[29] Vgl. zur Organisation von CONAIE: *El Universo*, 20.01.2003 (www.eluniverso.com).
[30] Vgl. den Beitrag von Andreas Steinhauf (S. 119-136) in diesem Band.

7.1. Opposition mit Mehrheit im Kongress

Mit 14 Parteien und parteiähnlichen Gruppierungen sowie 11 Parteiallianzen war die aus den Wahlen vom 20. Oktober 2002 hervorgegangene Sitzverteilung im Kongress ein „Patchwork" und Grund für die erste Niederlage von Lucio Gutiérrez im Kampf um die Verbesserung der Regierbarkeit des Landes.[31] Die drei traditionellen Parteien (PSC: 25 Abgeordnete, ID: 16 Abgeordnete, PRE: 15 Abgeordnete) hatten als Opposition zu diesem Zeitpunkt 56 der 100 Sitze inne. Der PRIAN (*Partido Renovador Institucional Acción Nacional*), politische Gruppierung von Noboa, des Verlierers der Wahlen, mit 10 Abgeordneten, entschied sich gegen eine Allianz mit Gutiérrez; die Gegenleistungen in Form von Ämtern waren nicht attraktiv genug. Die von der PSC-Führung angekündigte „totale Konfrontation" mit der Exekutive hat bisher mit keiner der Parteien stattgefunden.[32]

Das Gewicht von *Pachakutik* (MUPP-NP), Partei mit indigener Basis und starker Prägung durch intellektuelle Mestizen (Vistazo 858: 18), hat seit den Wahlen 1996 zugenommen; zu 6 eigenen Abgeordneten konnten im Wahlbündnis mit dem PSP 6 weitere Sitze gewonnen werden, der PSP errang allein nur 3 Sitze. Die Position des Präsidenten – eingerechnet die Unterstützung des *Movimiento Popular Democrático* (MPD) (5), der eine Allianz mit dem PSP eingegangen war, die sog. „Unabhängigen" (7) und die Sozialisten (3) – war mit 30 von 100 Sitzen (Sánchez López 2002) sehr schwach; *Pachakutik* selbst musste aufgrund der militanten und sich eher vom Pakt distanzierenden Basis als unsicherer Partner gelten. Die Verhandlungen von PSP/*Pachakutik* (Liste 3/18) mit anderen Blöcken zur Bildung einer dauerhaften Allianz hatten keinen Erfolg.

Gutiérrez und seine Unterstützer sind also – wie alle seine Vorgänger der traditionellen Parteien – gezwungen, „mobile Allianzen" je nach Gesetzesprojekt, Interessenlage, Dringlichkeit der Initiative, allianzbereiten Parteien und möglicher Gegenleistung auszuhandeln. Politische Gruppen jeglicher Couleur kommen potentiell in Frage. Ende Juni 2003 näherten sich z.B. – trotz vehementer Kritik der Basis von *Pachakutik* – der PSP und der PSC (*Partido Social Cristiano*) (25 Sitze) für eine punktuelle Allianz im Parlament an (*El Comercio*, 27.06.2003).[33] Das bedeutete gleichzeitig eine Distanzierung des PSC vom bisherigen Partner ID, mit dem er seit Anfang 2003 die Ämterbesetzung der wichtigsten Institutionen durch den Kongress „gebracht" hatte. Das Kräfteverhältnis

---

[31] Vgl. Sánchez López 2002.
[32] Mejía Acosta (2002: 184f.) meint, eine qualitative Veränderung in Richtung auf eine wirkliche Demokratisierung feststellen zu können, da mehr Allianzen ausgehandelt würden.
[33] Der PSP wollte die Zustimmung des Kongresses zu einem Gesetzesprojekt, mit dem die Sanktionen gegen die 461 Offiziere aufgehoben würden, die beim Putsch am 21. Januar 2000 gegen Präsident Mahuad beteiligt waren. Der PSC dagegen wollte mit Hilfe des PSP eine Resolution im Parlament durchbringen, die den Obersten Gerichtshof zur Preisgabe von bestimmten Namen veranlassen würde: eine klare Verletzung der Gewaltenteilung und Rechtsstaatlichkeit, der die ID mit Ex-Präsident Rodrigo Borja nicht zustimmen wollte. Der Deal platzte, da die Militärspitze eine Amnestie ablehnte.

im ekuadorianischen Kongress verändert sich erfahrungsgemäß im Verlaufe der Legislaturperiode nicht nur entsprechend Opportunismus und Ämterschacherei der Fraktionen und der Parteiführungen sondern auch durch die Stimmvolatilität der sog. unabhängigen Abgeordneten und durch die Halbzeitwahlen. Im März 2003 entsprach die Verteilung der Sitze im Kongress weitgehend der ursprünglichen Zusammensetzung (www.economist.com, 10.07.2003).[34]

Auf *Pachakutik*, PSP und MPD zusammen entfielen Anfang Juli 20 Sitze; sie waren rein rechnerisch die zweitstärkste Kraft im Parlament. Mit mehr Koordinierung, Abbau der Interessengegensätze und der Widersprüche zwischen den drei Blöcken hätten sie – bei gleichzeitiger Zunahme der politischen Erfahrung und der Konsolidierung von Gutiérrez im Amt – u.U. allmählich eine Kongressmehrheit etablieren können (*El Comercio*, 17.06.2003). Anfang Juli kündigte der MPD seine Zusammenarbeit mit dem Präsidenten und dem PSP auf. Das schwächte einerseits die Regierungsallianz um fünf Sitze, andererseits eröffnete das dem PSP und dem Präsidenten die Möglichkeit, unter Umständen eine konsistentere Allianz als mit dem MPD auszuhandeln; dieser hatte (trotz seiner Mitgliedschaft in der Regierungsallianz) die Streiks der Lehrer und der Erdölarbeiter unterstützt.

Ähnliche Spannungen existieren zwischen *Pachakutik* bzw. CONAIE und dem PSP bzw. Präsident Gutiérrez. Konflikte wie z.B. die Rücktrittsforderungen des PSP gegenüber *Pachakutik* nahe stehenden Erziehungsministerin Rosa María Torres (sie musste laut WR-03-29 Ende Juli ihren Hut nehmen) haben das Image der Allianz in der Öffentlichkeit beschädigt und sich negativ auf das Klima und die Zusammenarbeit innerhalb der Regierung ausgewirkt. Umgekehrt haben Mitglieder von *Pachakutik*, die in der Führung oder als Berater in der Regierung und als „Brücke" zu den Basisorganisationen tätig sind, verschiedentlich Präsident Gutiérrez in aller Öffentlichkeit scharf kritisiert (zuletzt wegen des möglichen Abstimmens des PSP zusammen mit dem PSC im Kongress).

Präsident Gutiérrez, dem Selbstherrlichkeit bei Entscheidungen und geringe Zusammenarbeit mit dem Kabinett vorgeworfen werden (*El Comercio*, 18.06.2003), versprach angesichts der Reibungen unter den Allianzpartnern, mehr Dialogmöglichkeiten zu schaffen,[35] forderte aber gleichzeitig *Pachakutik* auf, Konflikte intern – *casa adentro* – zu lösen (*El Comercio*, 15.07.2003) bzw. drohte mit dem Ausschluss aus der Allianz. Die Einflussnahme der PSP-Spitze (oder umgekehrt von *Pachakutik*) auf Personalentscheidungen ist ebenfalls kontraproduktiv für die Kohäsion zwischen Kabinett und Präsident sowie zwischen den Allianzpartnern gewesen. Der Rücktritt von Mario Canessa, *Ministro de Gobierno*, Anfang August 2003 soll Konflikten dieser Art zuzuschreiben sein

---

[34] Laut Informationen von Sánchez López (2003) konnte der MUPP-NP vier zusätzliche Abgeordnete auf seine Seite ziehen.
[35] Gutiérrez sagte z.B. regelmäßige Sitzungen des gesamten Kabinetts zu, die bis Mitte Juni eine Rarität waren, sowie (interne) Evaluierungen der Regierungsarbeit mit der Führung von *Pachakutik*.

(*Hoy online*, 02.08.2003). Felipe Mantilla, bisher Arbeitsminister, hat den politisch wichtigen Posten übernommen.

7.2. Dauerkrise und Megadefizit im öffentlichen Haushalt

Die Regierung erbte bei Amtsantritt eine Vielzahl von brisanten wirtschaftlichen und sozialen Problemen, u.a. ein Haushaltsdefizit von mehr als US$ 2 Mrd. für „aufgeschobene" kurz-, mittel- und langfristige Verpflichtungen (z.b. für Löhne und Gehälter von Lehrern).[36] Bei etwa US$ 6,3 Mio. Kassenbestand sah sich die neue Regierung einem virtuellen Bankrott gegenüber; denn die hohen fälligen nationalen und internationalen Zahlungen konnten weder mit Umschuldung noch durch den internationalen Kapitalmarkt gedeckt werden. Ausländische Gläubigerbanken und Investoren hatten kein Vertrauen; die Risikoeinstufung des Landes war schlecht. Das nationale Banken- und Finanzierungssystem war seit dem spektakulären Zusammenbruch von 1999/2000 nur eingeschränkt funktionsfähig.

Die Einnahmen aus dem Erdölsektor – er ist seit Anfang der 70er Jahre Hauptmotor der wirtschaftlichen Entwicklung – sind aufgrund von Investitions-, Produktions-, Verteilungs- sowie Preis- und Umweltproblemen tendenziell rückläufig gewesen. Die Handelsbilanz hatte Ende 2002 ein Rekorddefizit von rund US$ 1 Mrd.; das Defizit im Staatshaushalt war aufgrund von geringeren Staatseinnahmen aus dem Erdölsektor und dem liberalisierten Außenhandel steigend. Die Inflation betrug trotz Dollarisierung durchschnittlich etwa 50% p.a.

Mit der außerordentlich schwierigen wirtschaftlichen Entwicklung sind dramatische soziale Probleme im Ursache-Wirkungs-Verhältnis eng verknüpft: z.B. die Expansion der informellen Beschäftigung in einer schon immer weitgehend informellen und auf Subsistenz ausgerichteten Ökonomie, die Verschärfung der Armutssituation und der Einkommenskonzentration, die Zunahme des Drogengeschäftes,[37] der Kriminalität und der Gewalt.[38] Die steigende Unzufriedenheit in der Bevölkerung machte sich vermehrt in sozialen Unruhen Luft. Die zunehmende Verarmung auch der dünnen Mittelschicht führte zu mehr Abwanderung in die USA und nach Europa.[39]

---

[36] Bis Ende Dezember 2002 hatten sich für Löhne und Gehälter im staatlichen Sektor, für Transferzahlungen an Provinzen, Munizipien und staatliche Institutionen rund US$ 560 Mio. und für den fälligen Schuldendienst an internationale Gläubiger weitere rund US$ 140 Mio. akkumuliert (*Hoy online*, 08.01.2003).

[37] Hauptproblem ist, dass derzeit rd. 40% der 850t Drogen, die in Kolumbien produziert werden, über Ecuador ins Ausland gebracht wird. Ferner ist die Geldwäsche erheblich, unterstützt durch die Dollarisierung (*El Comercio*, 17.06.2003). 2002 standen 5000 Bankkonten unter Verdacht der Drogengeldwäsche (*El Comercio*, 18.09.2002).

[38] Siehe hierzu den Beitrag von Sabine Kurtenbach (S. 15-34) in diesem Band.

[39] Vgl. verschiedene Beiträge unter dem Kernthema: „Fugas migratorias", in: *Ecuador Debate*, 54 (12), 2001, S. 47-188.

7.3. Abkommen mit dem IWF: erhofft und stark umstritten

Angesichts der leeren Staatskassen, des sich akkumulierenden Schuldendienstes, der lahmenden Wirtschaft und des Drucks der organisierten Zivilgesellschaft auf den Staatshaushalt hatte für die neue Regierung erste politische und wirtschaftliche Priorität, ein Abkommen über einen *Stand by*-Kredit mit dem IWF abzuschließen. Das war unter den letzten Regierungen nicht gelungen. In der Rekordzeit von etwa drei Wochen konnten Finanzminister Mauricio Pozo und seine Mitstreiter den *Letter of Intent*[40] unter Dach und Fach bringen. Bedingungen waren tiefe Einschnitte in den Staatsausgaben sowie Einnahmeerhöhungen durch Preis- und Tarifanpassungen für Benzin, Elektrizität und Transport um durchschnittlich etwa 30%, Überweisen der fälligen Zinsen für die Auslandsverschuldung, Vorgabe von Wirtschaftszielen für 2003 und eine äußerst restriktive Handhabung des öffentlichen Haushalts.[41]

Der IWF stimmte dem 13-monatigen *Stand by*-Kredit von US$ 205 Mio. zu (21.03.2003), obwohl der Kongress den Haushaltsvoranschlag, der zwischen der Exekutive und dem IWF abgesprochen war, revidiert und der Zusammenführung von Steuer- und Zollbehörde und der Vereinheitlichung der Besoldungstarife im staatlichen Sektor nicht zugestimmt hatte. Der IWF zeigte sich (auf Druck der USA?) „erstaunlich" flexibel, machte aber die Auszahlung der Tranchen von der Erfüllung der zeitlich und inhaltlich vereinbarten Bedingungen und Reformen abhängig[42] Durch den *Stand by*-Kredit und die Erfüllung der Auflagen sollte der Weg für US$ 300 bis 400 Mio. an multilateralen Krediten bereitet werden. Ende März wurden US$ 41 Mio. des IWF und US$ 30 Mio. der Weltbank[43] als erste Rate ausgezahlt (*El Comercio*, 28.03.2003). Der IWF drängte darauf, dass in der Kreditverwendung wirtschaftliche und soziale Projekte möglichst eng verzahnt und auf diese Weise die geringen sozialen Effekte der neoliberalen Politik ergänzt würden. Angesichts der zu erwartenden Kredite, der merklichen Verringerung der Inflation (März 2003/2002: 9,2%), steigender Steuereinnahmen und erster Anstrengungen zur Produktionsbelebung verbesserte sich die externe Risikoeinstufung für Ekuador. Mitte Juli akzeptierte der IWF, den konditionierten Zeitplan (überwiegend Ziele für die *Agencia de Garantías de Créditos*, AGD) zu modifizieren und die Laufzeit des *Stand by*-Abkommens bis Ende 2004 zu verlängern.

---

[40] Unterzeichnung mit dem IWF: 10.02.2003; am 13.03.2003 – nach Genehmigung des Staatshaushalts durch den Kongress – leichte Korrekturen (www.imf.org).

[41] Vorerst zurückstellen musste Pozo die IWF-Bedingung, den subventionierten Preis für Haushaltsgas, der umstrittenste Punkt der Anpassungsmaßnahmen, zu erhöhen. Diese Maßnahme wird von der Basis von CONAIE und anderen Organisationen (als eine Art „Armutssymbol") kategorisch abgelehnt.

[42] Trimestrale Überprüfung mit monatlichen *benchmarks* durch den IWF (International Monetary Fund: Ecuador-Supplementary Letter of Intent, March 13, 2003, Quito: www.imf.org).

[43] Die Weltbank offizialisierte Ende Juni 2003, dass das Abkommen über US$ 1.050 Mio., auszuzahlen in Raten bis 2007, weiter gültig ist. US$ 650 Mio. sind für Projekte der sozialen Entwicklung bestimmt; US$ 400 Mio. zur „freien" Verfügung (*El Comercio*, 26.06.2003).

Finanzminister Pozo sagte dem IWF weiterhin strikte fiskalische Disziplin trotz massiver Proteste der indigenen und sozialen Organisationen zu.[44]

Die erste Überprüfung der makroökonomischen Bedingungen überstand Ekuador Anfang August 2003. Mittels der Auszahlung der damit fälligen zweiten Rate sollen finanzielle Ressourcen von insgesamt rund US$ 300 Mio. mobilisiert werden. Der IWF sicherte dem Finanzminister zu, dass der Subventionsabbau von Haushaltsgas bis Ende 2003 verschoben werden könne (*Hoy online*, 02.08.2003). Pozo steht bezüglich der dem IWF zugesagten Reformen im Lohn- und Gehaltssystem des staatlichen Sektors sowie im Steuer- und Zollwesen u.a. in den nächsten Wochen vor beträchtlichen Zerreißproben mit dem Kongress; die Kontakte mit dem PSC (25 Abgeordnete) könnten eventuell der „Rettungsanker" sein, wenn zumindest Teile der (linken) Opposition nachgebesserten Gesetzesprojekten zustimmen würden.

7.4. Soziale Proteste: Anfang vom Ende der Regierung Gutiérrez?

Die indigene Bewegung, organisiert unter dem Dachverband CONAIE, konnte sich über ihren politischen Arm *Pachakutik* erstmalig eine substantielle Regierungsbeteiligung erkämpfen. Das hinderte allerdings CONAIE und speziell seine Unterorganisationen nicht daran, ständig mit Massendemonstrationen und mit ihrer „Distanzierung" von *Pachakutik* und von der Regierungsallianz zu drohen.

Die IWF-Verhandlungen von Finanz- und Wirtschaftsminister Pozo wurden – wie eh und je – von Protesten der Studenten und Schüler, der Gewerkschaften und der indigenen Organisationen begleitet. Die Organisationen warfen der Regierung vor, sich mit den Reformen die Gunst des IWF zu erkaufen. Sie forderten den Rücktritt von Pozo und seinem Team, ohne jedoch gangbare personelle und inhaltliche Alternativen aufzeigen zu können. Gutiérrez, gewarnt durch seine persönlichen Erfahrungen beim Putsch gegen Staatspräsident Mahuad, versuchte, die Drohungen durch mehrere Runden Dialog über die Regierungspolitik und vermehrte Konsultationen mit *Pachakutik* zu entschärfen.

Zwischen Ende Februar bis Ende Juni folgten massive Proteste des Personals verschiedener Ministerien, von Lehrern und Ärzten; sie forderten die Zahlung aller rückständigen Löhne und Gehälter und die Annullierung des Austeritätsgesetzes. Die sozialen Unruhen kulminierten in einem einmonatigen Streik der Lehrer; Mitte Juni stimmte die Regierung – im Widerspruch zu den Zusagen gegenüber dem IWF – einer sofortigen Erhöhung der Gehälter um US$ 10 pro Monat und einer zweiten Erhöhung für Oktober 2003 zu.

Der achttägige Streik Mitte Juni im Erdölsektor gegen nicht mit der Gewerkschaft abgesprochene Privatisierungsbemühungen sowie ein „Anschlag" auf die Pipeline kosteten das Land mehr als US$ 30 Mio. an Produktionsausfall. Präsi-

---

[44] Das Defizit des staatlichen Sektors (ohne Finanzierungskosten) soll Ende des Jahres 1,9% des BIP nicht überschreiten, das BIP um 3,0 bis 3,5% steigen und die Inflation auf 7% gesenkt werden. Ende 2004 soll das Haushaltsdefizit auf 3,6% verringert worden sein (www.imf.org; *El Comercio*, 08.07.2003).

dent und Energieminister mussten nach anfänglich kompromissloser Haltung auch in diesem Fall nachgeben, um größeren Schaden für die Wirtschaft insgesamt abzuwenden. Kleinere Streiks z.b. im Gesundheitswesen, der Transportarbeiter sowie lokaler Organisationen gehören seit dem Antritt der Regierung zur Tagesordnung. Der inkonsistente Kurs des Präsidenten bei den Konflikten stieß in den eigenen Reihen auf Kritik. CONAIE zögerte nicht, einmal mehr mit einem Aufstand gegen die Regierung und einem definitiven Bruch zu drohen, wenn die Regierung ihre Politik nicht ändere.

7.5. Das „Jein" der indigenen Organisationen zur Regierungsverantwortung

Seit Amtsantritt der Regierung finden anhaltende Auseinandersetzungen zwischen *Pachakutik* und CONAIE bzw. ihren Basisorganisationen statt, die auch die Regierungsallianz erheblich erschüttert haben.[45] Ende April gab die neue Führungsmannschaft von *Ecuarunari,* Dachverband der organisierten Quechua (Kichwa)-Bevölkerung der Sierra, bekannt, dass sie die Allianz von *Pachakutik* bzw. CONAIE mit der Regierung Lucio Gutiérrez „verlassen" werde. CONAIE selbst drohte wiederholt mit Abbruch der Unterstützung. *Pachakutik* blieb – trotz des Drucks der Organisationen – in der Regierungsallianz, allerdings wurden die Beziehungen zum Präsidenten und zur Regierung frostiger, die gegenseitige Kritik schärfer und öffentlicher. Mitte Juli verhärteten sich die Fronten nach einem weiteren Ultimatum von *Pachakutik,* die den Abbruch der Beziehungen zum PSC forderte. Der Präsident seinerseits drohte ebenfalls mit Konsequenzen, falls die Abgeordneten von *Pachakutik* den (zur Erfüllung der IWF-Bedingungen erforderlichen) Gesetzesprojekten nicht zustimmen würden.

Die indigene Bewegung und ihre Führung sind durch die Einbindung in die Regierungsallianz in einen schwer aufzulösenden Konflikt geraten. Je mehr sie sich dem etablierten politischen System, seinen Strukturen und seinen Vertretern annähern, um Macht, Autonomie und Einfluss erobern zu können, um so weiter entfernt sie sich von ihrer Programmatik, von der Identität und der Organisationsdynamik der Basis. Sie sind in Argumentationsnöten, wenn sie ihre Teilnahme an einem Regime rechtfertigen, das eine neoliberale Wirtschaftspolitik macht, die die indigenen Organisationen seit Jahren bekämpfen. Für viele Mitglieder gibt es nur eine Antwort: Die Führung von CONAIE und *Pachakutik* korrumpiere sich schon allein durch ihre Allianz mit der Regierung und verrate die Interessen der Basis. Andere dagegen argumentieren, dass die Regierungsbeteiligung eine große und vielleicht einmalige Chance in diesem Jahrzehnt für die indigene Bewegung sei, um größere kulturelle, soziale und politische Freiräume zu erkämpfen (*Hoy online*, 29.04.2003).

---

[45] „Desde hace algún tiempo, en realidad desde hace varios años, vivimos en el Ecuador de sobresalto en sobresalto", stellte ein Kommentator Anfang August fest (Ernesto Albán Gómez, *Diario Hoy*, 05.08.2003).

Die internen Rivalitäten zwischen der CONAIE und der indigenen Basis haben seit der Regierungsbeteiligung von *Pachakutik* zugenommen.[46] Miguel Lluco, bisher Koordinator der Partei, hat die Vorwürfe betreffend Doppelzüngigkeit und Missachtung der Wahlversprechen kategorisch zurückgewiesen. Das gilt auch für die in den Medien lancierten Zerwürfnisse mit dem PSP als eine Folge der nicht „gerechten" Verteilung der Regierungsposten. Die Führung des Dachverbandes stellte fest, dass sie allein über die Regierungsbeteiligung als Protagonisten an der Umsetzung einer partizipativen Demokratie auf lokaler Ebene und einer nachhaltigen Entwicklung mitarbeiten könnten.[47] Die Mitglieder von *Pachakutik* mit Regierungsverantwortung versuchen durch Kommunikation und Dialog sich untereinander und mit der Basis rückzukoppeln, allerdings ohne größere Wirkungen an der Basis.

Die Basis von *Pachakutik* besteht seit 1996 nicht nur aus der indigenen Bewegung sondern auch aus sozialen Organisationen, Gewerkschaften und Menschenrechtsorganisationen. Über diese NRO sind auch nicht-indigene Intellektuelle in *Pachakutik* integriert worden und haben grundlegende Beiträge zur organisatorischen und ideologischen Konsolidierung der Partei geleistet. Die internen Spannungen in *Pachakutik* selbst haben seit dem Eintritt in die Regierungsallianz ebenfalls zugenommen (Vistazo 858: 19).

Ende Mai erklärte CONAIE, dass sie sich von der Regierung „distanziere" und gleichzeitig die politische Unabhängigkeit von *Pachakutik* anerkenne. Dieser Schachzug (Verbleib in der Regierung, aber Wiederannäherung an die Basis) hatte sich als Folge der zunehmenden Spaltung in der indigenen Bewegung schon länger abgezeichnet.[48] Ab Mitte Juni begann die Führung von CONAIE mit Vertretern von 14 indigenen Volksgruppen und 13 Nationalitäten sowie mit den Führern der Föderationen *Ecuarunari* (Sierra), *Conaiece* (Costa) und *Confeniae* (Amazonas) einen Forderungskatalog[49] zu erarbeiten, den sie der Regierung vorgelegt haben. Um den Forderungen Nachdruck zu verleihen, verabredete CONAIE mit den Vertretern von Gewerkschaften und Basisorganisationen eine gemeinsame Front zu bilden. Trotz der Vertretung durch Abgeordnete im

---

[46] Der Einfluss der indigenen und der sozialen Basisorganisationen auf die Regierbarkeit und die seit Mitte der 90er Jahre zum Teil wieder abnehmende Bereitschaft dieser Organisationen, die Spielregeln der Demokratie einzuhalten, haben in der letzten Dekade als Folge mehrerer sehr schwacher Staatspräsidenten und Interimspräsidenten verstärkt.

[47] *El Comercio*, 29.04.2003.

[48] Der Rücktritt von Virgilio Hernández, stellvertretender *Ministro de Gobierno* und Mitglied der Führung von *Pachakutik*, war der unmittelbare Anlass. Hernández hatte harsche Kritik an der Regierung geübt, speziell an einigen Funktionären, die die Verhandlungen mit den streikenden Erdölarbeitern (ihre Führung gehört zu *Pachakutik*) blockiert haben sollen.

[49] Zum Beispiel: Korrektur der Wirtschaftspolitik u.a. durch den Rücktritt des *frente económico* unter Führung von Finanzminister Pozo, Erarbeitung einer im Interesse des Landes liegenden Erdölpolitik, keine Privatisierung des Energie- und Kommunikationssektors, Wiedereinführung der Subventionen, größerer Anteil für Sozialausgaben im Staatshaushalt, Prüfen der Art und Verwendung der Auslandsverschuldung.

Kongress und trotz der Beteiligung an der Regierung ist die militante Opposition der Basis ungebrochen. Eingedenk der „Politik der Massen", die er 2000 angeführt hatte, setzte Präsident Gutiérrez für Anfang Juli Gespräche an, um einen Kompromiss mit den CONAIE-Organisationen zu erreichen und die Allianz mit *Pachakutik* zu festigen. CONAIE ließ wie schon früher den Dialog ergebnislos platzen (*El Comercio*, 11.08.2003)

7.7. „Militarisierung" als Garantie oder Stolperstein für die Regierung Gutiérrez?

Die Abstützung durch das Militär ist – ebenso wie die Allianz mit *Pachakutik* – entscheidend für den Fortbestand der Regierung Gutiérrez. Sie ist kohärent mit dem Ziel, jüngere Militärs in Regierung und Verwaltung einzubinden. Eine der ersten Aktionen des Präsidenten war die Umstrukturierung des Oberkommandos der Streitkräfte mit dem Ziel, die eigene Position zu festigen. Nachdem die von der Militärspitze präsentierten Alternativen für die Posten der Oberkommandierenden nicht gemäß ihrem Dienstalter von Gutiérrez ausgewählt worden waren, zogen sich – als Antwort auf das mangelnde Vertrauen des Staatspräsidenten (so die offizielle Verlautbarung) – in einer Kettenreaktion die 17 ranghöchsten Militärs aus dem *Consejo de Generales y Almirantes* der Streitkräfte zurück. Gutiérrez, der seine persönlichen politischen Interessen über die institutionellen Prioritäten des Militärs gestellt hatte, handelte formal im Einklang mit der Verfassung.

Das Militär, das im Verlaufe der letzten Jahrzehnte unternehmerische, soziale und politische Funktionen in der Entwicklung des Landes wahrgenommen hat, genießt auch heute in der ekuadorianischen Gesellschaft relativ hohes Ansehen. Selbst nach dem Friedensschluss mit Peru und der dadurch erzwungenen Neubestimmung einer eingeschränkteren Rolle der Streitkräfte in der Gesellschaft werden sie zum Beispiel weiterhin als bestmögliche Lösung für die Bekämpfung der Korruption und die Verbesserung der inneren Sicherheit angesehen.

Seit Amtsantritt von Gutiérrez haben etwa 30 Ex-Militärs strategische Positionen in Verwaltung und Regierung inne. Nach Meinung der Tageszeitung *El Comercio* (25.01.2003) hat sich die Gesellschaft „militarisiert". Dieser Eindruck wird auch durch die gemeinsamen Patrouillen von Polizei und Militär zur Verbesserung der Sicherheit der Bürger verstärkt. Das Militär kooperiert seit der Amtsübernahme durch Lucio Gutiérrez auch in der Bekämpfung der Korruption im Zoll und in der Steuerhinterziehung. Der IWF mahnt schnelle Reformfortschritte in beiden Bereichen an. Der Exekutive war es zuvor nicht gelungen, den Einsatz der Streitkräfte in der Zollverwaltung festzuschreiben. Eine Mehrheit kam zunächst nur für eine zeitlich begrenzte Präsenz zustande.[50]

---

[50] Am 07.04.2003 unterzeichnete der Präsident das Dekret, dass das Militär (alle drei Waffengattungen) für zunächst 180 Tage die Sicherheit in neun Zolldistrikten garantiert und gleichzeitig das Personal fortbildet.

Anfang Juni trugen erneute Spannungen zwischen dem Präsidenten und der Führung des Militärs zu Unruhe und Putschgerüchten in der Öffentlichkeit bei. Der Oberkommandierende der Streitkräfte, Oswaldo Jarrín, stellte sein Amt zur Verfügung. Jarrín hatte die Rebellion gegen Präsident Mahuad missbilligt und lehnte nunmehr auch ab, eine Amnestie für die mehr als 400 Akteure des 21. Januar 2000 prüfen zu lassen. Ferner weigerte sich Jarrín, zwölf Gewerkschaftler von *Petroecuador* ohne richterlichen Haftbefehl festnehmen zu lassen. Mit dem Ausscheiden von Jarrín verringerte sich die Zahl der Generäle von 46 bei Amtsantritt von Gutiérrez auf 28. Im Zusammenhang mit der Handhabung des Streiks im Erdölsektor stellte auch der Kommandant der Polizei, Edgar Vaca, sein Amt zur Verfügung. Beide ranghöchsten Personen in Militär und Polizei hatten nur 5 Monate auf ihren Posten überdauert.[51]

Gutiérrez benutzte wie schon im Januar 2003 die Ernennung der neuen Generäle, um ihm „genehme" Personen – unter Umgehung der traditionellen Verfahren und der Rangordnung in Militär und Polizei – zu ernennen. Anfang Juni übertrug er dem Verteidigungsminister die Mission, die juristischen Möglichkeiten einer Amnestie für die Akteure des 21. Januar 2000 auszuloten. Nelson Herrera gab den Auftrag an den zuständigen *Consejo de Generales y Almirantes* weiter, der das Begehren des Präsidenten ablehnte (*El Comercio*, 15.07.2003). Er umriss damit auch die Grenzen für die „Belastbarkeit" der Beziehungen zwischen dem Präsidenten und der Militärführung.

7.7. Die „Mannen" um den Präsidenten

Die Zahl und Art der Kabinettsposten für die Allianzpartner wird von den indigenen Organisationen als Prüfstein für ihre Akzeptanz in der Regierung angesehen. *Pachakutik* besetzt im Kabinett die wichtigen Ministerposten Äußeres, Landwirtschaft, Bildung und Tourismus sowie die *Secretaría de Planificación y Diálogo Social*; die Privatwirtschaft stellt den Finanzminister und den Zentralbankpräsident; Ex-Militärs stehen den beiden am engsten an den Präsidenten gebundenen *Secretarías de Administración y Secretaría de Comunicación* sowie dem Sozialministerium vor. Gemäß Parteizugehörigkeit dominieren in der Regierung die Mitglieder des PSP.

Präsident Gutiérrez, der weder in die herrschende Politikerkaste noch in traditionelle Machtstruktur eingebunden ist, hat soweit als möglich Personen seines Vertrauens berufen. Freunde und Familienangehörige, Militärs und Zivile haben Posten übernommen.[52] Die Medien äußerten sich zurückhaltend über die Personalentscheidungen des Präsidenten; denn die Besetzung wichtiger Posten mit Per-

---

[51] Die Nachfolger wurden (zu diesem Zeitpunkt noch) Brigadegeneral Octavio Romero und General Jorge Poveda (*El Comercio*, 15.08.2003).
[52] Unter den Abgeordneten des PSP sind der Bruder des Präsidenten, Gilmar Gutiérrez, seine Frau Ximena Bohórquez und sein Vetter Renán Borbúa.

sonen, die der Familie des Präsidenten oder – im speziellen Fall von Gutiérrez – dem Militär nahe stehen, ist übliche Praxis in der Politik Ekuadors.[53]

Das Kabinett hat in den ersten sechs Monaten nur an der Wirtschaftsfront seine Kompetenz, mit wechselnder Fortune, unter Beweis gestellt. Finanz- und Wirtschaftsminister Mauricio Pozo ist der Mann mit dem stärksten Gewicht im Kabinett; sein neoliberaler Kurs dominiert bisher die Politik der Regierung. Die indigene Basis fordert die Absetzung von Pozo; ihn zu opfern, könnte den „Abbruch" des *Honeymoon* mit dem IWF und mit den internationalen Gläubigern (und das vorweggenommene Ende der Regierung Gutiérrez?) bedeuten. Die Vizedirektorin des IWF, Anne Krüger, sprach Anfang August von immensen Herausforderungen für die Regierung, die sich ein ambitiöses Reformprogramm vorgenommen habe (*Hoy online*, 02.08.2003). Präsident Gutiérrez forderte – angesichts der zerstörerischen Kritik von *Pachakutik* – den Allianzpartner (und dessen Basis) im Juli öffentlich und ultimativ zu Loyalität oder zum Rücktritt aus der Allianz auf (*Hoy online*, 16.06.2003).

Die Medien kritisieren vor allem den (autoritären) Stil des Präsidenten, sein Regieren „ohne Kabinett"[54] und das Fehlen eines kohärenten Regierungsprogramms. Diese drei Faktoren seien vor allem dafür verantwortlich, dass die brennenden Probleme nicht oder nicht systematisch angepackt würden. Intuition sei ein zu häufiger „Ratgeber" von Gutiérrez und sein „Zickzackkurs" die Folge davon (*Vistazo* 856: 16-19).

Wechsel haben sich bisher an der Spitze des Ministeriums für Wohnungsbau (angeblich wegen Korruption), des Umweltministeriums (wegen Ausscheidens der MPD aus der Allianz) und des Erziehungsministeriums (auf Druck des PSP) vollzogen. Antonio Tramontana, Regierungssprecher (*Secretario de Comunicación*)[55] und Vertrauter des Präsidenten, nahm ebenfalls seinen Hut; Mario Canessa (*Ministro de Gobierno*) fiel den Personalambitionen des PSP zum Opfer.

Auch wenn die Regierung Lucio Gutiérrez besser als vorausgesagt ihre „Testzeit" überstanden hat, ist das verspielte politische Kapital unübersehbar. Laut Umfragen des Meinungsforschungsinstituts Market ist die Popularität des Präsidenten von 63% Anfang Februar auf 45% Ende April und bis Mitte Juli auf 33% gefallen (*Vistazo* 856: 16; *Hoy online*, 15.07.2003). Bezüglich der Politikperformance im Bereich der Wirtschaft waren Ende Juni rd. 61% der Befragten der

---

[53] Vetter Renán Borbúa, Ex-Militär, dem PSC und Febres Cordero nahe stehend, ist z.B. die wichtigste Person in der Partei des Präsidenten (PSP), vor allem an der Küste. Guillermo Lasso, ist aufgrund seiner Stellung im Privatsektor und seiner USA-Beziehungen jetzt als Sonderbotschafter aktiv. Der Sektor Soziales hat unter Lucio Gutiérrez und mit Patricio Ortiz, Ex-Militär, erstmalig mehr Bedeutung, auch wenn die Sozialausgaben wegen leerer Kassen bisher nicht gesteigert werden konnten. Patricio Acosta, ebenfalls Militär, ist die wichtigste Vertrauensperson des Präsidenten; er hat die personelle Besetzung der Verwaltungsposten, auch in der Provinz, unter sich. Seine Loyalität zum Präsidenten geht auf die gemeinsame Militärzeit und den Putsch zurück.

[54] „El Presidente impone la linea" (*Vistazo* 856: 18).

[55] Die Position hat jetzt Marcelo Cevallos inne.

Ansicht, dass die Situation des Landes schlecht ist und dass die Regierung zuerst – und vor den politischen Konflikten – die Wirtschaftsprobleme lösen solle (*Hoy online*, 13.07.2003). Der rapide Popularitätsverlust ist nicht nur Folge der relativen Erfolglosigkeit der Regierung angesichts der weitgehenden Wahlversprechen, der von den Vorgängerregierungen ererbten katastrophalen Wirtschaftslage (s. Minkner-Bünjer 1999a; 2002; 2003), der politisch schwierigen Konstellation und der Politikunerfahrenheit der gesamten Regierungsmannschaft, sondern er ist auch Folge des geringen Vertrauens in die Politik und die Politiker allgemein: 72% der Befragten in Quito und 57% in Guayaquil gaben an, dass sie die Politik nicht interessiere und dass 78% bzw. 70% sich niemals einer Partei oder einer politischen Bewegung anschließen würden (*Hoy online*, 14.07.2003).

Nach neuesten Umfragen hat sich das Vertrauen der Unternehmen im Juli gegenüber Juni um rund 6 Prozentpunkte verbessert; jedoch gibt es bisher keine klaren Anzeichen für einen Aufschwung.[56] Der politische Horizont ist unsicher: er wird von individuellen und korporativen Interessen sowie Skandalen beherrscht.[57] Seit Mitte Juni verstummen auch die Gerüchte nicht mehr, dass ein Putsch gegen den Präsidenten in Vorbereitung sei (*Hoy online*, 16.06.2003), obwohl kaum ein Ekuadorianer eine gewaltsame Beendigung auch dieser Regierung wünscht.

7.8. Außenpolitik: „Wohlverhalten" gegenüber den USA gefragt

Während in Ekuador selbst die zum Teil brüchigen Fronten für Lucio Gutiérrez nach seinem Amtsantritt schnell zu bröckeln begannen, unterstützen die USA – wie im Fall Mahuad – die Regierung Gutiérrez vor allem aus geostrategischen und politischen Gründen. Die Gespräche, die Gutiérrez im Februar mit der Administration Bush führte, drehten sich um die Konflikte in Venezuela und in Kolumbien, um die Terrorismus- und Drogenbekämpfung und die wichtige Rolle, die Ekuador in der Andenregion spielen könne. Bush sagte zu, die AID-Mittel (*Agency for International Development*) um rd. US$ 100 Mio. für Projekte im Gesundheits- und Erziehungswesen für das Grenzgebiet mit Kolumbien zu erhöhen. Ferner sollten Möglichkeiten der Finanzierung mittels Schuldenumwandlung geprüft und die Militärhilfe[58] für die Sicherung der Grenzen aufgestockt werden.[59]

Gutiérrez und seinen Begleitern gelang es, in Washington die Befürchtungen abzubauen, dass unter seiner Präsidentschaft ein „zweites Venezuela" oder ein „verkapptes Militärregime" entstehen könnte; allerdings dürfte es seinen Ge-

---

[56] *Hoy online*, 01.08.2003.
[57] Ex-Präsident Noboa sorgte ab Ende Juli für Schlagzeilen: Angesichts einer von Febres Cordero (PSC) angestrengten Anklage wegen angeblicher Vorteilsnahme bei Verhandlungen über die Auslandsverschuldung hat sich Noboa unter den Schutz der Dominikanischen Botschaft begeben (*Hoy online*, 05.08.2003).
[58] Anfang Juli suspendierten die USA die Militärhilfe für Ekuador. Es hatte wie 35 andere Länder keinen bilateralen Vertrag mit den USA bezüglich der Nichtzuständigkeit des Internationalen Strafgerichtshofes für US-Bürger, Zivilpersonen oder Militärs geschlossen (*El Comercio*, 07.07.2003).
[59] Vgl. Angaben im Beitrag von Adam Isacson (S. 315-353) in diesem Band.

sprächspartnern keineswegs entgangen sein, auf was für einem schmalen Grat sich Präsident Gutiérrez in seiner Allianz mit *Pachakutik*, mit den indigenen Organisationen und mit dem Militär bewegt. Nach dem Besuch von Gutiérrez urteilten die „Finanzgurus" von J. P. Morgan: „El mercado entiende el peso relativamente estratégico dado por Washington a Ecuador y Gutiérrez ha sabido capitalizar, por ahora, esa variable geopolítica" (*El Comercio*, 13.02.2003).

Angesichts von Irritationen in Ekuador, stellte der Präsident fest, dass die Allianz mit den USA außenpolitisch keine bedingungslose Unterstützung der US-Politik bedeute; Ekuador bleibe Mitglied in der Bewegung der Blockfreien und verfechte politische Lösungen im Fall von Konflikten. Nina Pacaris Ernennung zur Außenministerin wurde als „Versprechen" des Präsidenten aufgefasst, die Außenpolitik zu verändern und ihren Stil zu modernisieren. Pacari, prominente *indígena*-Führerin, promovierte Juristin, Gründungsmitglied von *Pachakutik* und ehemalige Vizepräsidentin des Kongresses würde glaubwürdig für eine verantwortungsvolle, neu auszurichtende internationale Politik eintreten können (*Vistazo* 850: 26f.). Als innovative Elemente sind bisher zu erkennen, dass Nina Pacari die Außenpolitik als interkulturell und multiethnisch vermittelt, dass sie hohe professionelle Ansprüche an die „Quotenpolitiker" im diplomatischen Dienst und die Karrierediplomaten stellt, dass sie für eine Stärkung des UN-Sicherheitsrats und für eine forcierte Integration der Dritte-Welt-Länder eintritt und die Beziehungen Ekuadors zu anderen Regionen (z.B. zum pazifischen Raum Asiens, zu Europa) ausbauen will. Um den Prozess der Integration in den *Área de Libre Comercio de las Américas* (ALCA) positiv nutzen zu können, müsste, gemäß Pacari, Ekuador als erstes seine Defizite in der Information, in der Beteiligung an den Verhandlungen und in den anstehenden Entscheidungsprozessen abbauen.

Wichtigstes außenpolitisches Ziel Ekuadors bleibe, Kolumbien in seinem Kampf gegen den Drogenhandel, die bewaffneten Rebellen und die Paramilitärs zu unterstützen. Auch wenn das Grenzgebiet zwischen Ekuador und Kolumbien sowie der Militärstützpunkt Manta direkt in die Auseinandersetzungen einbezogen sind, sei für die Mehrzahl der Ekuadorianer wünschenswert, Ekuadors Präsenz im Konflikt *low profile* zu halten. Ob das angesichts der Zusage von Bush für mehr Militär- und Wirtschaftshilfe machbar ist, muss bezweifelt werden. Im Februar kritisierten die Medien Äußerungen von Präsident Gutiérrez, mit den bewaffneten Gruppen in einen Dialog treten zu wollen; das würde die Tendenz zur Internationalisierung des kolumbianischen Konfliktes forcieren, und die „relative" Distanz, die Ekuador über die Jahre hat wahren können, unterminieren (*El Comercio*, 12.02.2003). Das Gleiche gilt für die Aufnahme immer größerer Gruppen von Flüchtlingen, die vor dem bewaffneten Terror nach Ekuador fliehen; 2000 bis 2003 wurden allein 16.000 Asylanträge gestellt. Die Zahl der illegal, vorübergehend oder für Jahre in Ekuador lebenden Kolumbianer dürfte weit höher liegen (*Vistazo* 858: 14-16).

7.9. Banken- und Finanzkrise: Prüfstein für die neuen politischen Akteure in der Regierung Gutiérrez

Während der Regierung Mahuad geriet Ekuadors Bank- und Finanzwesen in eine schwere Krise, die die gesamte Wirtschaft, Investoren und Konsumenten, staatliche und private Haushalte schwer belastet hat. Aufgrund der Krise mussten 16 (65%) der intervenierten Banken schließen; Tausende von Kleinstsparern (< US$ 1000) waren betroffen. Da die Einlagen nicht gedeckt werden konnten, wurden sie im März 1999 „eingefroren". Diese Maßnahme höhlte das Vertrauen des Publikums in die Banken weiter aus. Das Misstrauen blieb auch dann bestehen, als die wieder geöffneten Banken die Einlagen relativ schnell zurückgezahlt haben. Bei den intervenierten Banken waren Anfang 2003 Einlagen in Höhe von rund US$ 275 Mio. „blockiert", Folge der sehr schleppenden Rückgewinnung der Forderungen. Die Versteigerung des restrukturierten Portefeuilles der *Agencia de Garantías de Depósitos* (AGD, Auffanggesellschaft für die bankrotten Banken) sollte – entsprechend Vereinbarung mit dem IWF – bis 31.03.2003 erfolgt sein; gleichzeitig sollten die Verträge mit den Investoren zur Reprivatisierung des *Banco del Pacífico* und mit den Unternehmen zur Prüfung der bankrotten Kreditinstitute (einschließlich Eintreiben der Forderungen) unter Dach und Fach sein. Der Zeitplan gegenüber dem IWF konnte nicht eingehalten werden.

Wilma Salgado, Managerin der AGD und Mitglied von *Pachakutik*, treibt die Abwicklung (vor allem die Rückzahlung der Forderungen) so schnell und kompromisslos wie möglich voran; aber eine Vielzahl von Details (z.B. über den Verbleib von Forderungen, von Aktien, von Krediten, von Scheinfirmen etc.) liegen weiter im Dunkeln; wichtige Unterlagen fehlen; die Beteiligten des „Riesengeschäftes" der Banken- und Finanzkrise versuchen mit allen Mitteln, ihr Vermögen zu retten.[60] Wilma Salgado ist derzeit die prominenteste und die mutigste Frau in der Regierung. Sie gehört einer neuen politischen Führungsschicht an, hat eine solide akademische und praktische Ausbildung. Ihr Ziel ist, die schmutzige und durch Korruption und Machtinteressen schon über fünf Jahre sich hinziehende Bankenmisere zu einem erfolgreichen Ende zu führen.[61] Die möglichst baldige Liquidierung der AGD ist nicht nur eine Bedingung des IWF sondern auch not-

---

[60] Fernando Aspiazu vom *Banco del Progreso* (größte Forderungsbetrag der AGD: US$ 607 Mio.), der auf den Bahamas sitzt, übertrug an Miguel Lluco, bis 05.06.2003 Koordinator von *Pachakutik*, die Verwaltung eines für die Aktien der Verteilungs- bzw. Produktionsunternehmen für Elektrizität (Emelec; Electroecuador) im Ausland neu gegründeten Treuhandfonds. Salgado und die AGD sind dagegen bestrebt, über einen inländischen Treuhandfonds (Investoren aus Guayaquil) mit dem Verkauf des Aktienpaketes der Elektrizitätsgesellschaften rd. US$ 590 Mio. für den Staat zurückzugewinnen. Bisher war nicht einmal die Authentizität der Aktien der Gesellschaften geklärt (*El Comercio*, 28.06.2003). Über den Schachzug von Aspiazu ist es zu Konflikten zwischen *Pachakutik*, PSP, CONAIE und AGD bzw. Wilma Salgado gekommen.
[61] Interview mit Wilma Salgado in: *Vistazo* 855, 4/03, S. 22-23.

wendig, um das Vertrauen von Einlegern und Kreditnehmern sowie der Banken selbst zurückzugewinnen.

7.10. Wirtschaftliche Reaktivierung und Impulse für die Sozialpolitik

Angesichts der besseren Risikoeinstufung und der sinkenden Inflationsrate (Ende 2003 voraussichtlich bei 7%) sowie der immer dringender geforderten Reaktivierung der Wirtschaft sind Zinssenkungen und eine Kreditausweitung erforderlich. Zwischen 2000 und 2002 haben die Privatbanken ein lukratives Geschäft vor allem mit kurzfristigen Einlagen und Krediten zu hohen Zinssätzen betrieben, jedoch kaum Finanzhilfe an die (inländischen) mittleren und kleinen Firmen vergeben. Die Reaktivierung und die wirtschaftliche Entwicklung hängen besonders (direkt und indirekt) von der Lösung der Probleme bei *Petroecuador* ab. Die negative Entwicklung in diesem staatlichen Unternehmen hat zu einer weitreichenden Debatte über die zukünftige Erdölpolitik geführt. Produktion und Verkauf von Rohöl haben sich von 323.000 Fass pro Tag Anfang der 90er Jahre auf etwa 221.000 Fass pro Tag im Jahre 2002 verringert, da in den letzten Jahren keine Modernisierungsinvestitionen für Exploration und Produktion getätigt wurden. Laut *Vistazo* (855: 18-20) verliert Ekuador pro Jahr aufgrund der veralteten Raffinerien und schlechter Verteilungssysteme rd. US$ 430 Mio. Der Versuch der Regierung, die Vergabebedingungen für Konzessionen (z.B. den ekuadorianischen Anteil von jetzt 18% auf 40% erhöhen) zu revidieren, führte Anfang Juni zu Unruhen und einem Produktionsboykott der Arbeiterschaft. Ekuador hat sehr begrenzte Erdölreserven. Das ist besonders problematisch, da dieser Sektor (rund 13% Anteil am BIP) Motor der Wirtschaft ist.[62] Bisher hat sich kein wirtschaftliches „Standbein", das konkurrenzfähig und vom Erdöl unabhängig ist, entwickelt.[63]

Nach sechs Monaten Amtszeit gerät die Regierung Gutiérrez immer stärker unter Zugzwang, auch in der Sozialpolitik aktiv zu werden (*El Comercio*, 14.06.2003 und 12.07.2003). Auch wenn sich der Index, mit dem das Niveau der menschlichen Entwicklung (UNDP 2003: HDI-Rang 97) gemessen wird, seit 1960 kontinuierlich erhöht hat (CORDES 1999: 515), kann es über die explosive soziale Lage und ihre politische Brisanz keinen Zweifel geben.[64] Derzeit leben zwischen 60% und 70% der 12,6 Millionen Ekuadorianer in Armut; am stärksten betroffen sind die ländlichen Gegenden und die indigene Bevölkerung. Das durchschnittliche Pro-Kopf-Einkommen der Bevölkerung ist 2002 mit etwa US$ 1.600 unter das von 1997 gefallen; die Konzentration der Einkommen hat in der letzten Dekade speziell bei den obersten 10% der Haushalte weiter zugenommen. Rund 65% der Bevölkerung im erwerbsfähigen Alter haben keine Beschäftigung

---

[62] Ohne Einnahmen aus dem Ölsektor beläuft sich das Fiskaldefizit auf 5-10% in Relation zum BIP, das Leistungsbilanzdefizit würde bei etwa 16% liegen (IWF 2003: 28-34).
[63] Siehe Analyse des IWF 2003: 32f.
[64] Angaben von UNDP (www.undp.org) für 1999/2000; CORDES 1999: 520-533 (Einkommensverteilung). Die Schätzungen über soziale Indikatoren variieren stark je nach Quelle.

oder sind unterbeschäftigt. Schneider (2002: 11) gibt den Anteil der informellen Ökonomie 1999/2000 am BIP mit 34,4% an; er dürfte in den ländlichen Gebieten weit über diesem Durchschnitt liegen. Die Migration, vor allem in die USA und Europa, wird auf 360.000 Personen zwischen 1998 und 2002 geschätzt; sie hält weiter an. Die Überweisungen (*remesas*) sichern mit rd. US$ 1,4 Mrd. nicht nur etwa einer halben Million Ekuadorianern große Teile ihres Lebensunterhalts, sondern sie stehen nach Öl, Bananen und Schalentieren an vierter Stelle der Deviseneinnahmen (Anteil: 20%) und sind damit ein wichtiger Posten in der Zahlungsbilanz (*El Comercio*, 11.03.2003).

Die Basis befürchtet, dass sich die Umsetzung des Regierungsprogramms auf die neoliberale Wirtschaftspolitik und die Erfüllung des IWF-Programms beschränken werde (*El Comercio*, 14.06.2003 und 07.06.2003). Diese Kritik wurde Ende April von Finanzminister Pozo zurückgewiesen: In so kurzer Zeit seien spürbare soziale Ergebnisse nicht erreichbar, speziell dann nicht, wenn weder Finanzierung noch Liquidität bei Amtsantritt vorhanden gewesen seien. Eine dauerhafte Verringerung der Armut sei zudem nur mittel- bis langfristig möglich. Jedoch bedeute das mit dem IWF vereinbarte Ziel, die Inflation auf einen einstelligen Zuwachs zu verringern, dass davon besonders die niedrigen Einkommen profitieren würden. Zudem könnten die Sozialinvestitionen nur – wie es der IWF verlangt – von 7,7% des BIP auf 12% bis 2007 erhöht werden, wenn durch die Rückzahlung von Auslandsschulden die Zinsen (derzeit fast 45% der Staatsausgaben) verringert werden könnten.

Wie sehr die sozialen Sektoren Stiefkind im Budget sind, beweist einmal mehr der Haushaltsvoranschlag 2003. Auch wenn sich der Anteil für das Bildungswesen auf rund 18% der Gesamtausgaben erhöht hat, ist laut Verfassung ein Anteil von 30% vorgesehen. Das Gesundheitswesen hat einen Anteil am Staatshaushalt 2003 von 5,5%. Aufgrund der vom IWF verordneten Haushaltsdisziplin konnte die Regierung bisher weder für 242.000 Bezieher die „Minirenten" um 25% erhöhen, noch den *Bono de Solidaridad* von US$ 11 auf US$ 15 pro Monat anheben und ihn auf rd. 250.000 arme Personen in abgelegenen ländlichen Gebieten ausdehnen.[65]

8. Schlussfolgerungen: Neue politische Akteure für Ekuadors Demokratie gesucht

8.1. Periode: Transition bis Mitte der 90er Jahre

- Die Entwicklung der Krise bis Mitte der 90er Jahre hat einmal mehr unterstrichen, dass die traditionellen Parteien und ihre Führung nicht in der Lage gewesen sind, sich von den caudillistischen und klientelistischen Praktiken

---

[65] Der Bonus war als direkte kompensatorische Maßnahme zur Armutsbekämpfung von der Regierung Mahuad eingeführt worden.

zu trennen und partizipative Strukturen und demokratische Verhaltensweisen im Innern zu fördern. Das gilt sowohl für die traditionellen rechten als auch die linken Parteien. Für die gesellschaftliche Entwicklung Ekuadors wichtige Zukunftsfragen haben als modernisierende Elemente ebenso wenig Eingang in die Diskussion der Parteien gefunden wie kurz- bis mittelfristige Lösungsvorschläge für die Wirtschaftskrise.

- Die Führungskader der Parteien haben sich bisher kaum erneuert; professionalisierte Nachwuchspolitiker mit Vision, die die Herausbildung von programmatischen und doktrinären Grundlagen für die Parteien vorantreiben, sind kaum in Sicht. Sowohl bei den „Linken" und den „Rechten" als auch bei den Outsidern aus Medien und Militär geht es um die eigene Macht und kaum darum, die Parteien zu modernisieren und für neue gesellschaftliche Gruppen zu öffnen.

- Gewerkschaften, soziale Basisorganisationen und die aufstrebenden indigenen Organisationen handhaben einen radikalen Diskurs und zum Teil überzogene Forderungen, um von ihnen angestrebte gesellschaftliche Veränderungen außerhalb der institutionalisierten Kanäle durchzusetzen.

- Ein Unternehmertum, das professionell, visionär und organisiert Druck auf die verkrusteten politischen Strukturen ausüben könnte und an modernisierenden Reformen interessiert wäre, ist als Folge des sehr langsamen Wandels vor allem der Ökonomie in der Sierra und der unverminderten Abhängigkeit der Wirtschaft vom Erdöl bisher nur in sehr geringem Umfang entstanden.

- Die mangelnde Kompromiss- und Konsensbereitschaft und das Fehlen von sich „annähernden" Zukunftsvisionen bei Unternehmern, Arbeitnehmerorganisationen und Politik erschweren die Strukturreformen und die Unterstützung durch den IWF und die internationalen Institutionen.

- Die obere und mittlere Führungsschicht des Militärs hat – nach dem Rückzug aus der Regierungsverantwortung – durch ihren langjährigen Kampf um Grenzen, Territorium und Erdöl umfangreiche volkswirtschaftliche Ressourcen des Landes gebunden; der (zeitweilig auch militärische) Territorialkonflikt war auch ein identitätsstiftendes Moment für die Masse der Bevölkerung und lenkte von der internen Krisensituation ab.

8.2. Periode: 1995 bis 2002

- Die Fragmentierung der politischen Landschaft hat ebenso zugenommen wie das Misstrauen der Bevölkerung gegenüber den Parteien und ihren politisch korrupten Führungen; die Verankerung der Politiker in den Parteien ist geringer geworden. Ab Mitte der 90er Jahre verschärfte sich die Krise und wurde durch die Überlagerung mit Problemen der Globalisierung und der weltweit beginnenden Rezession immer komplexer. Die traditionellen

Parteien wählten den einfachen Weg der Machterhaltung und der opportunistischen Blockade der Exekutive.

- Die Wirtschaftskrise, die somit ohne eine reale Chance für ihre Lösung „dahin vegetierte", hat die Legitimation des politischen (demokratischen) Systems unterminiert. Als Folge der Krise standen immer weniger Ressourcen zur Verfügung, um von Seiten der Exekutive und Legislative auf die Forderungen der Basisorganisationen reagieren zu können. Die Konditionen der mit dem IWF unterzeichneten Absichtserklärungen bestimmten die Ausrichtung der Wirtschaftspolitik, mit der bisher nur geringe Erfolge erzielt wurden; Veränderungen gemäss den individuellen Entwicklungserfordernissen des Landes und der ärmsten Gruppen sind kaum möglich. Die Stabilisierungspolitik wies praktisch unter allen Regierungen (abgesehen von der Administration Hurtado) gravierende Mängel im Design, in der Planung und Durchführung auf.

- Die politischen Parteien und ihre Führung sowie der Kongress machen sich – vielfach gegen ihre Überzeugung und allein aus Machterwägungen – zum „Handlanger" der sozioökonomischen Forderungen der Basisorganisationen, ohne „von oben" zu versuchen, Reformen und eine Öffnung hin zur Gesellschaft und zu neuen Gruppen voranzubringen.

- Die Massen gehen über ihren radikalen Diskurs und ihre maximalistischen Forderungen hinaus und verfolgen vielfach „eigenhändig" und mit nichtdemokratischen Instrumenten und Verfahren ihre Ziele. Zweimal, 1997 und 2000, mussten die Präsidenten auf Druck der Masse, abgestützt durch das Militär, vorzeitig ihren Hut nehmen.

- Die indigene Bewegung in Ekuador hat sich seit der Transition, vor allem aber seit 1990, durch zunehmd disziplinierte Organisierung unter ihrem Dachverband, durch Koordinierung mit anderen sozialen Bewegungen und durch zum Teil aggressive Militanz ausgezeichnet. Trotz Auseinandersetzungen zwischen den regionalen Bewegungen ist die Entwicklung unter dem Dach der CONAIE und die Vertretung gegenüber der Regierung weitgehend stabil gewesen. Die indigene Bewegung fordert in Ekuador keine totale Autonomie sondern einen *estado plurinacional y multicultural*, dezentralisiert und mit regionaler Autonomie. Die Antworten der Exekutive und Legislative auf die Herausforderungen durch den neuen Akteur sind bisher ungenügend, allerdings hat die verfassungsmäßige Anerkennung neue Perspektiven eröffnet.

- Die Streitkräfte müssen ihre Rolle nach dem Friedensschluss mit Peru, aufgrund der Kooperation mit den USA im Antiguerilla- und Antidrogenkampf und des wieder verschärfenden Konfliktes in Kolumbien neu definieren. Das Ergebnis könnte in der obersten Führungsriege des Militärs anders ausfallen als im mittleren Führungsniveau.

Periode: 2002/2003

- Mit der Wahl des Outsiders und Ex-Oberst Lucio Gutiérrez zum Staatspräsidenten hat die Bevölkerung ihr Votum weder stimmig noch politisch effizient abgegeben; denn im Kongress dominieren nach wie vor die traditionellen Parteien und ihre Führung. Auch dieser Präsident, der mit seiner politischen Bewegung PSP in Allianz mit *Pachakutik* eine neue Ära hätte beginnen können, muss mit einer Minderheit und volatilen Allianzen regieren. Das politische System in Ekuador, das weder ein funktionsfähiger Präsidentialismus noch ein funktionsfähiger Parlamentarismus ist, hat nicht einen neuen politischen Akteur, d.h. eine Mehrheitsregierung der Allianz PSP/MPP-NP, an die Macht gebracht, sondern nur ein „neues Gesicht" mit den gleichen allseits bekannten politischen Schwierigkeiten im *Palacio Carondelet* etabliert.

- *Pachakutik* versuchte bei den Kongresswahlen 2002 erneut (nach dem erfolglosen Versuch 1996) mit Hilfe des Dachverbandes CONAIE die Dominanz der traditionellen Parteien zu brechen und in einer Wahlallianz mit dem ehemaligen „Putschisten" Gutiérrez, sich einen demokratisch legitimierten Freiraum und die Mehrheit im Kongress zu erobern. Vor allem aufgrund der Schwäche des PSP ist es nicht gelungen, die Hegemonie der traditionellen Parteien zu brechen. *Pachakutik* sieht diese Regierungsperiode als Transition an, um 2006 einen eigenen Kandidaten zu präsentieren. Sie wird derzeit in ihren politischen Möglichkeiten durch die Basis eingeschränkt; ihre Kompetenz, Politik zu machen und Macht auszuüben, ist bisher sehr begrenzt.

- Die politische Kultur des Populismus ist in seinen formalen Elementen wie Diskurs, Rhetorik, Wahlkampf und Führungspersönlichkeit in der Bevölkerung akzeptiert und verankert. Charismatische Populisten des traditionellen Genres, die Massen anführen und integrieren können, sind auch weiterhin aussichtsreiche Kandidaten für die nächsten Wahlen.

- Die eklektisch aneinander gereihten neoliberalen Maßnahmen à la IWF und die geringen Chancen, diesen Reformpaketen ein eigenständig definiertes wirtschaftliches und soziales Entwicklungsprogramm (sofern es existiert) gegenüber zu stellen und dann vom IWF und den internationalen Institutionen finanziert zu bekommen, sind ein weiteres Dilemma der Regierung. Hinzu kommt, dass Lucio Gutiérrez (und das gilt auch für einen großen Teil seiner Mannschaft) als Populist zwar im Wahlkampf ein Zugpferd gewesen ist, jedoch fehlen ihm als politische Führungsperson und Staatsmann intellektuelles Niveau, Bildung, Professionalisierung und politische Erfahrung.

- Als Antwort auf die bisher nicht erfüllten Wahlversprechen könnten die radikalen Gruppen versuchen, Präsident Gutiérrez zum „Rückzug" zu bewegen. Allerdings ist fraglich, ob die bisher zweimal benutzte Strategie aus nicht verhandelbaren Forderungen und „Selbsthandanlegen" wiederum erfolgreich durchsetzbar ist. Einerseits könnte das Militär, inzwischen in seiner Führung durch jüngere Militärs „aufgemischt", einem „Putsch" aufgrund innerer Rivalitäten (hervorgerufen durch die „Reinigung" seiner Reihen durch Präsident Gutiérrez) wohlwollend gegenüber stehen. Andererseits dürften die USA dem Militär längst signalisiert haben, dass sie an einer erneuten Destabilisierung nicht interessiert sind und dass sie Wohlverhalten erwarten. Die sich wieder verschärfenden Konflikte in Kolumbien lassen ein derartiges „Abenteuer" ebenfalls wenig ratsam erscheinen.

- Die Proteste von „Restbeständen" der linken Basisorganisationen haben in Ekuador fast „rituellen" Charakter und sind in ihren inhaltlichen Forderungen (z.B. Einfrieren des Preises für Haushaltsgas) obsolet. Die Basisorganisationen vertreten letztlich nicht die Basis sondern partikulare Interessen von Gruppen. Ihr Einfluss auf das politische System ist noch immer so groß, dass sie destabilisierend bzw. stabilisierend wirken können. Allerdings haben derzeit nur Möglichkeiten, politisch mitzuwirken, wenn sie eine neue Agenda mit konkreten, für Verhandlungen und Kompromisse geeigneten Forderungen formulieren. Ferner müssen sie sich mit solchen Akteuren verbünden, die an der Einhaltung demokratischer Spielregeln interessiert sind.

- Die Widersprüche zwischen der Erfüllung berechtigter sozialer Forderungen der Basisorganisationen, der akkumulierten Probleme der Dauerkrise und der neoliberalen Wirtschaftspolitik mit Fiskaldisziplin/Dollarisierung etc. sind mit einem schwachen (formal) demokratischen System – wie im Fall von Ekuador – kaum „von oben" zu lösen. Die Akteure respektieren das demokratische Regelwerk nicht; auch hat das System eine zu geringe und weiter schwindende soziale Basis. Der Ruf der Wählerschaft nach einem autoritären Regime ist aus diesem Grund verständlich.

- Institutionelles *Engineering* in Form permanenter Korrekturen bzw. neuer Entwürfe von Verfassungen, Wahl- und Parteiengesetzen wird zur Ressourcenverschwendung und zur politischen Selbstbefriedigung, wenn die Akteure nicht bereit sind, die revidierten demokratischen Verfahren und Strukturen einzuhalten und umzusetzen und die Zusammenhänge zwischen den verschiedenen Dimensionen der Krise anzuerkennen. Von Seiten der externen Gläubiger ist, sofern tragfähige Entwicklungsprogramme durch neue Akteure vorgelegt werden, Unterstützung erforderlich; nur so kann Ekuador versuchen, aus der Sackgasse der „Stabilisierungspolitik ohne sozial und wirtschaftlich brauchbare Ergebnisse" herauszukommen. Araujo stellt fest: „A pesar de que el país estuvo sometido durante 16 años a políticas de ajuste, la estabilidad sigue siendo una meta distante" (Araujo 1999: 112).[66]

---

[66] Derzeit sind es schon über 20 Jahre der Stabilisierung und Anpassung ohne wirkliche Erfolge.

- Ob sich Präsident Gutiérrez in die Reihe vom Putsch „bedrohter" Regierungen einreihen wird, dürfte vor allem von der (bisher in ihren Reaktionen) wenig durchschaubaren Militärführung abhängen. Von gleicher Wichtigkeit ist das Abgleichen mit den mittelfristigen Interessen von *Pachakutik* und der indigenen Basis: ob sie die legal etablierte Mitregierung und damit langsame Fortschritte gegenüber der kampfbetonten (und ineffektiven) Eigenständigkeit außerhalb der etablierten Kanäle vorziehen. Will Gutiérrez seine Präsidentschaft über die Runden bringen, ist das wichtigste zu lösende Problem, eine stabile Allianz mit dem derzeitigen oder einem anderen politischen Partner auszuhandeln und eine in den zentralen Punkten des Regierungsprogramms möglichst weitgehende Übereinstimmung zu erzielen.

- Bezüglich des Überlebens der Regierung Gutiérrez ist das opportunistische Element sowohl in der Klientel als auch in der Bevölkerung schwer abzuschätzen; das Gleiche gilt für die Haltung des Militärs und des Auslandes. Fest steht, dass auch die Ekuadorianer die Demokratie mit fast 50% (2002) für das beste politische System halten, wenn auch mit gleichbleibend geringer Zustimmung bezüglich der Leistungsfähigkeit als Regierungsform. Beispiele erfolgreicher munizipaler Verwaltung z.B. unter *Pachakutik* zeigen, dass partizipative demokratische Nischen möglich sind. Das heißt, es macht Sinn, (demokratische) „Entwicklung von unten" in Ekuador zu fördern.

Epilog

Am 4. August 2003 kündigte Präsident Gutiérrez die Allianz mit MUPP-NP auf, nachdem Abgeordnete von *Pachakutik* zusammen mit der Opposition gegen die Korrekturen der *Ley de Servicio Civil y Carrera Administrativa*, Teil der vom IWF geforderten Steuerreform, gestimmt hatten. Ironie des Schicksals ist, dass diese Gruppe aus dem Amazonas zu einer wenig einflussreichen Minderheit in *Pachakutik* und CONAIE gehört. *Pachakutik* seinerseits etablierte sich in der linken Opposition des Kongresses, ließ aber verlautbaren, dass das Ziel nicht die Blockade oder gar der Sturz der Regierung sei. Ob das angesichts der militanten Basis eingehalten werden kann, bleibt abzuwarten. Der *Congreso del Pueblo,* ein Zusammenschluss linker militanter Organisationen, hat für den 21. August zu einem Protestmarsch gegen die Regierung aufgerufen. Man hofft, dass sich CONAIE anschließen werde. Konfrontationen mit regierungsnahen Gegendemonstranten werden erwartet. 204 Tage haben bei vielen die Hoffnung genährt, dass *Pachakutik* und die indigene Bewegung als neue politische Akteure mit dem Militär das Land aus der „Sackgasse" von politischer Instabilität und wirtschaftlicher Stagnation herausführen könnten. Nach dem Scheitern dieser Allianz sind die Aussichten für das Überleben der Regierung Gutiérrez gering geworden.

Literaturverzeichnis

Acosta, Alberto/José E. Juncosa (Hrsg.) (2000): *Dolarización. Un informe urgente*, Quito.

Acosta Mejía, Andrés (2002): *Gobernabilidad democrática. Sistema electoral, partidos políticos y pugna de poderes en Ecuador (1978-1998)*, Quito.

Araujo, María Caridad (1998): *Gobernabilidad durante la crisis y políticas de ajuste*, Documento de Trabajo No. 6, Proyecto CORDES-Gobernabilidad, Quito.

Cañete, María Fernanda (Comp.) (2000): *La crisis ecuatoriana: sus bloqueos económicos, políticos y sociales*, Quito.

Colburn, Forest (1996): „Armonización de reformas económicas con reformas políticas", in: CORDES/PNUD (Hrsg.) (1996): *Ecuador: un problema de gobernabilidad*, Quito, S. 63-101.

CORDES (Hrsg.) (1999): *La ruta de la gobernabilidad. Informe final del Proyecto "CORDES-Gobernabilidad"*, Quito.

---/PNUD (Hrsg.) (1996): *Ecuador: un problema de gobernabilidad*, Quito.

Ecuador Debate, 54 (12), 2001, S. 47-188.

Freidenberg, Flavio/Manuel Alcántara S. (2001): *Los dueños del poder. Los partidos políticos en Ecuador (1978-2000)*, Quito.

Hoffmann, Karl-Dieter (1995): „Ecuador", in: Nohlen, Dieter/Franz Nuscheler (Hrsg.): *Handbuch der Dritten Welt, 2: Südamerika*, Bonn, S. 339-382.

--- (1985): *Militärherrschaft in der Dritten Welt. Der Fall Ecuador unter besonderer Berücksichtigung des Militärregimes 1972-1979*, Saarbrücken.

Ibarra, Hernán (1996): „Las elecciones de 1996 o la costeñización de la política ecuatoriana", in: *Ecuador Debate*, 38/8, Quito, S. 23-31.

IWF (International Monetary Fund) (2003): *Ecuador. Selected Issues and Statistical Appendix*, Washington, D.C. (www.imf.org).

--- (2003): *Ecuador-Supplementary Letter of Intent*, Quito (www.imf.org).

Mejía Acosta, Andrés (2002): *Gobernabilidad democrática. Sistema electoral, partidos políticos y pugna de poderes en Ecuador (1978-1998)*, Quito.

Minkner-Bünjer, Mechthild (2003): „120 Tage Regierung Lucio Gutiérrez: Wende in der Dauerkrise Ekuadors", *Brennpunkt Lateinamerika*, Nr. 9, S. 77-88.

--- (2002): „Wahlen 2002 in Ekuador oder der Wunsch nach einem integren und entscheidungsstarken Staatspräsidenten", *Brennpunkt Lateinamerika*, Nr. 22, S. 225-236.

--- (2000): „Ekuador auf dem Pulverfass oder der weite Weg zur Demokratie", *Brennpunkt Lateinamerika*, Kurzinfo Nr. 1, S. 19-22.

--- (1999a): „Ekuadors wirtschaftliche Dauerkrise: Scheitert die Regierung Jamil Mahuad?", *Brennpunkt Lateinamerika*, Nr. 24, S. 209-220.

--- (1999b): „Ekuador-Peru: Ein Jahrhundertkonflikt geht zu Ende", *Lateinamerika. Analysen. Daten. Dokumentation*, Beiheft 16.

--- (1998a): „Die „Buca(ram)-Demokratie oder Ekuadors langwieriger Weg aus der Legitimitäts- und Wirtschaftskrise", in: *Lateinamerika. Analysen. Daten. Dokumentation*, 37 (2), S. 22-43.

--- (1998b): „Ecuadors Dauerkrise: Wahlen und Verfassungsreform als Ausweg?", in: Betz, Joachim/Stefan Brüne (Hrsg.): *Jahrbuch Dritte Welt 1999*, München, S. 114-131.

Peetz, Peter (2001): *Neopopulismus in Lateinamerika. Die Politik von Alberto Fujimori (Peru) und Hugo Chávez (Venezuela) im Vergleich*, Beiträge zur Lateinamerikaforschung Nr. 7, Hamburg.

Ramírez Gallegos, Franklin (2001): „Las paradojas de la cuestión indígena en el Ecuador. Etiquetamiento y control político", in: *Nueva Sociedad*, 176, S. 17-23

Sánchez López, Francisco (2003): „No somos parte del gobierno, somos gobierno". Un análisis del Movimiento de Unidad Plurinacional Pachakutik-Nuevo País", in: S. Marti (Ed.) (2003): *Etnicidad y Política*, Quito (im Druck).

--- (2002): „Un escenario de fragilidad institucional y debilidad gubernamental", in: *Vistazo*, 848, 12/02, S. 30.

--- (2001): „Una democracia en busca de actores: reflexiones sobre el proceso político ecuatoriano a partir de la transición", in: *Íconos*, 12 (11) 2001, S. 33-46.

Sánchez- Parga, José (2001): *Ecuador: Perspectivas andinas y escenarios de futuro*, Informe preparado para el proyecto RECAL, Quito.

--- (1999): „Ecuador: Un país que no toca fondo", in: *Nueva Sociedad*, 163, septiembre-octubre, S. 23-30.

--- (1996a): *Las cifras del conflicto social en Ecuador. 1980-1995*, Quito.

--- (1996b): *Población y pobreza indígenas*, Quito.

Schneider, Friedrich (2002): *Size and measurement of the informal economy in 110 countries around the world*, World Bank Paper, Washington, D.C. (www.worldbank.org).

Schuldt, Jürgen (1994): *Elecciones y política económica en el Ecuador 1983-1994*, Quito.

Torre, Carlos de la (2000): *Populist seduction in Latin America. The Ecuadorian Experience*, Ohio.

UNDP (2003): *Bericht über die menschliche Entwicklung 2003*, Bonn.

Viteri Díaz, Galo (1998): *Las políticas de ajuste. Ecuador 1982-1996*, Quito.

Zeitungen und Zeitschriften

El Comercio, Quito (www.elcomercio.com)

El Universo, Quito (www.eluniverso.com)

Hoy online, Quito (www.hoy.com.ec)

Vistazo, Quito (www.vistazo.com)

Latin American Weekly Report (www.latinnews.com)

Andreas Steinhauf

Peru: Dekade des Autoritarismus, der Instabilität und politischer Dauerkrise

Einleitung

In Peru entfaltet sich das Krisenszenarium, ähnlich wie in Venezuela, am sichtbarsten und nachhaltigsten auf der politischen Ebene. Sowohl während der Amtszeit von Alan García (1985-1990) als auch in zunehmendem Maße während der zweiten Hälfte der Dekade des *Fujimorismo* befand sich Peru sogar zeitweise von der internationalen Gemeinschaft abgekoppelt und isoliert und nahm dadurch zuweilen eine kuriose Sonderstellung im regionalen lateinamerikanischen aber auch im weiteren globalen Kontext ein. Die politische Krise in Peru ist also wahrlich kein Novum, sondern manifestiert sich mittlerweile vielmehr als Dauerkrise, deren Ende kaum noch absehbar scheint.

Nach dem äußerst turbulenten und bisweilen grotesken Ende der politischen Ära Fujimori – der bislang unumstrittene Höhepunkt des peruanischen Politklamauks –, der anschließend erfolgreich geleiteten Transition der Interimsregierung Valentín Paniaguas und der schließlich sauberen Wahl Alejandro Toledos zum neuen Staatspräsidenten glaubten trotzdem nicht wenige Beobachter, dass Peru zu guter Letzt doch in ruhigeren politischen Gewässern navigieren würde. Die Zeichen standen positiv auf politischen Wandel, Rückkehr zur Demokratie und Neuaufbau der politischen Institutionen, befand sich doch mit Toledo der am Ende ärgste Widersacher des Regimes und Verfechter der Demokratie nun in der Regierungsverantwortung. Kaum jemand war geneigt, diese insgesamt hoffnungsvolle Stimmung mit negativen Zukunftsvisionen zu verdüstern. Indes genügte bereits zu dieser Zeit ein etwas genauerer Blick auf die „Wahlschlacht" zwischen den Kontrahenten für das Amt des Staatspräsidenten, um vorauszuahnen, dass das Erbe der Ära Fujimori mit dessen Verschwinden aus der politischen Szenerie noch lange nicht abgestreift war. Vielmehr hatte man das Gefühl, dass eine gewisse „Kultur" der politischen Auseinandersetzung sich der Kandidaten sowie ihrer Mitstreiter bemächtigt hatte, die so gar nicht in das Bild der von allen brav beteuerten Zielsetzung der demokratischen Erneuerung passte, sondern eher an den „Politikstil" à la Fujimori erinnerte. Sollte also jene „Antipolitik" der 90er Jahre fortgesetzt werden, nur unter anderen Vorzeichen?

Tatsächlich erlebt die Regierung Toledo seit ihrem Amtsantritt einen rasanten Popularitätsverfall, der in dieser Schnelligkeit bislang einzigartig in der politischen Geschichte Perus sein dürfte. Wie konnte es dazu kommen?

In Peru manifestiert sich vor allem eine Krise der (politischen) Institutionen, eine Vertrauenskrise in die Politik schlechthin. Tatsächlich ist der Glaube an Politik innerhalb breiter Teile der Bevölkerung nachhaltig gestört, die Kluft zwischen Staat und ziviler Gesellschaft – seit jeher ohnehin schon beträchtlich – hat sich mit bekannt werden der „Hyperkorruption" im Kontext des Fujimori-Regimes weiter vergrößert. All das verheißt für die Zukunft nichts Gutes. Ist also der Zerfall der politischen Institutionen in Peru ein unumkehrbarer Prozess? Oder werden am Ende doch Lösungsansätze für die Dauerkrise sichtbar und zeichnet sich gar eine Zunahme politischer Partizipation innerhalb der Zivilgesellschaft ab?

Um das Dilemma der peruanischen Politik und die Nachhaltigkeit der politischen Krise nachvollziehen zu können gilt es freilich, die letzten 20 Jahre seit der Wiederherstellung der Demokratie nach den Militärdiktaturen zu analysieren.

1. Kollaps der politischen Parteien und Abkehr von traditioneller Politik

Der Niedergang der politischen Parteien in Peru vollzog sich, bekanntermaßen, vor allem gegen Ende der 80er Jahre und wurde größtenteils von den Parteien selbst verschuldet. Im Verlaufe der 80er Jahre erfüllten die Parteien zumindest die Minimalkriterien politischer Repräsentanz. Tatsächlich bot sich mit Beginn der Dekade und der Inthronisierung Fernando Belaúnde Terrys als erstem demokratisch gewählten Staatspräsidenten nach 12-jähriger Militärdiktatur auch erstmals die Möglichkeit, ein demokratisches System dauerhaft zu verankern. Durch den massiven Migrationsprozess vom Land in die Städte seit Mitte des 20. Jahrhunderts sowie durch die Änderung des noch bis 1979 gültigen Wahlgesetzes, welches Analphabeten und mithin einen Großteil der indianisch-bäuerlichen Bevölkerung von der Stimmabgabe ferngehalten hatte, waren neue, bislang von jeglicher politischer Entscheidungsfindung ausgeschlossene Segmente der Gesellschaft in das System integriert worden, und die ethnisch-soziale Struktur der Wählerschaft hatte sich somit grundlegend gewandelt. Zahlenmäßig war diese neue Wählerschaft von beträchtlichem Ausmaß.

Dieser gravierende gesellschaftliche Umbruch in Peru wurde jedoch von den Parteien des gesamten Spektrums nicht wahrgenommen bzw. in seinem Ausmaß weit unterschätzt, und ein eigentlich unumgänglich gewordener programmatischer und diskursiver Wandel innerhalb der Parteien fand nicht statt. Die Parteien versäumten es deshalb, jene neuen Wählerschaften – Migranten bäuerlichen Ursprungs, die im informellen Sektor der Städte Fuß gefasst hatten, sich aufgrund ihrer soziokulturellen Herkunft grundlegend von der bis dahin traditionellen Wählerschaft unterschieden und sich darüber hinaus in den parteiideologisch geprägten Politdiskursen nicht wiederfanden – an sich zu binden. Statt sich also einer längst überfälligen programmatischen Erneuerung zuzuwenden, zogen es die Parteien noch bis vor den Präsidentschaftswahlen von 1990 vor, interne Machtkämpfe auszutragen, die, wie im Fall der peruanischen Linken, zu ihrer Fragmentierung führten. Die Änderungen der globalen politischen Rahmenbedingungen mit dem Fall der Berliner Mauer trugen darüber hinaus dazu bei, bis dahin gültige politische Diskurse obsolet werden zu lassen. Hinzu kam, dass die Bedeutung der Medien als zentraler Ort politischer Kommunikation immer mehr zunahm und den traditionellen, ideologiegeprägten Diskurs zusehends verdrängte, der auf diese Weise immer mehr durch mediengerecht inszenierte Pragmatik ersetzt wurde.

Ein Populist vom Schlage Fujimoris hatte unter diesen Bedingungen leichtes Spiel. Um sich – nach seiner überraschenden Wahl – jeglicher politischer Konkurrenz auf Dauer zu entledigen, brauchte er nichts weiter zu tun, als die von den Parteien selbst verschuldete Diskreditierung mittels kontinuierlicher Attacken auf die *politiqueros* (gemeint waren die Vertreter der traditionellen Parteien) zu vollenden. Dieser Aufgabe widmete er sich bis Mitte der 90er Jahre voller Inbrunst und beschleunigte somit den ohnehin schon rapiden Verfall des traditionellen Partienspektrums zusätzlich. Der verbliebene Rest verfiel in Apathie oder politischen Opportunismus und sah sich außer Stande eine politische, geschweige denn konstruktive, Opposition darzustellen.

2. Die Ära Fujimori: Aufstieg, Blüte und Niedergang eines autoritären Regimes

Mit dem Wahlsieg Fujimoris 1990 schien eine neue Phase in der politischen Geschichte Perus eingeläutet worden zu sein. Tatsächlich sollte von da an das politische Szenarium Perus weitgehend von Outsidern beherrscht werden. Die Kombination aus Wirtschaftkatastrophe, terroristischer Gewalt und rapidem Vertrauensschwund der Bevölkerung in die traditionelle Politik schufen die idealen Voraussetzungen für das Auftauchen einer neuen außerhalb des politischen Systems stehenden Leitfigur, die Hoffnungen und Lösungen für diese allgemeine gesellschaftliche Krise anbot. Gleichzeitig sah es danach aus, als ob die tiefgreifenden gesellschaftlichen Veränderungen in Peru seit den 50er Jahren mit der Wahl Fujimoris nun endlich auch auf der politischen Ebene ihren Ausdruck gefunden hätten. Die *clases populares* hatten der traditionellen politischen Klasse, die seit jeher aus der weißen Oberschicht des Landes bestand, eine deutliche Absage erteilt. Die Erwartungshaltung, insbesondere in den *clases populares*, war mithin groß, glaubten sie doch, einen der „Ihren" gewählt zu haben: einen in Lima geborenen Sohn von Einwanderern, dessen Eltern kaum Spanisch sprachen. Für die Millionen ländlicher Migranten in den peruanischen Küstenstädten, insbesondere in Lima, hätte es kaum ein größeres Identifikationsmoment mit einem neuen Präsidenten geben können. Seitdem nämlich beginnend in den 50er Jahren massive Migrationswellen vom Land in die peruanische Hauptstadt Lima schwappten, hat sich dort auch die ethnische Zusammensetzung der Bevölkerung entscheidend verändert. Die große Mehrheit der *limeños* sind mittlerweile Migranten aus zumeist quechuasprachigen Dorfgemeinschaften des zentralen und südlichen Hochlands bzw. deren in Lima geborene Kinder. Zudem entsprach Fujimori auch physisch eher dem Bild jener Migranten als dem eines traditionellen Politikers aus der weißen Oberschicht, wie etwa sein härtester damaliger Konkurrent um die Macht, Mario Vargas Llosa. Die „Mannschaft" des neuen Präsidenten versprach zudem einen grundlegenden Wandel, bestand sie doch anfangs aus in der politischen Szene bislang unbekannten Figuren, die teilweise sogar mit dem informellen Sektor (einem entscheidenden Wählerpotential Fujimoris 1990) in Verbindung standen und somit als Repräsentanten eines „neuen Perus" galten.

Am Anfang – noch während des Wahlkampfes und in den ersten Regierungsmonaten – basierte die Legitimität Fujimoris auf der Konstruktion derartiger Identifikationsmomente sowie auf der direkten Verbindung zwischen Präsident und Volk. Fujimori arbeitete bewusst diesen Identifikationsprozess heraus. Dabei stellte er jene, zuvor genannten, persönlichen und familiären Eigenschaften in den Vordergrund, die ein Korrelat zu den Charakteristiken, Erfahrungen, Wünschen und Zielsetzungen der Masse der Bevölkerung darstellten. Nicht zuletzt gehörte die Suche nach Fortschritt und Modernität zu seinem Diskurs, seit jeher ein zentrales Anliegen der andinen Bauern- und Migrantenbevölkerung Perus. Essentiell innerhalb dieser Strategie war die Erzeugung eines „Wir-Gefühls", des Eindrucks von Nähe, Vertrauen und Identifikation zwischen politischer Führung (personifiziert in Fujimori) und Volk. Fujimori versuchte, die bis dato existierenden Normen politischen Zusammenlebens zu destabilisieren und gleichzeitig die Erwartungshaltung der Bevölkerung auf seine Person zu konzentrieren.

Anfänglich sah sich Fujimori jedoch noch vor dem Problem, ein „politisches Waisenkind" zu sein: Er besaß weder eine parlamentarische Mehrheit im Kongress noch eine politische Partei, die ihn stützte. Während dies noch im Wahlkampf von 1990 einen enormen Vorteil bedeutete, so erschwerte es doch die Regierungsarbeit. Diese wurde zusätzlich dadurch belastet, dass seine Wirtschaftspolitik nicht eben populär war. Fujimori übernahm trotz gegenteiliger Ankündigungen während des Wahlkampfes das neoliberale Modell, das Teil des Wahlprogramms von Vargas Llosa gewesen war und diesen möglicherweise den Wahlsieg gekostet hatte. Auf der anderen Seite gab es 1990 auch niemanden mehr, der sich nach den Erfahrungen mit Alan García für einen staatlichen Interventionismus stark gemacht hätte. So ist es eine Ironie der politischen Geschichte Perus, dass ausgerechnet das Versagen der Mitte-Links-Regierung Alan Garcías und der *Alianza Popular Revolucionaria Americana* (APRA) jegliche Hindernisse für die Implementierung des neoliberalen Wirtschaftsmodells beseitigte.

Zwischen 1990 und 1995 wurde ein substantieller Teil des öffentlichen Sektors privatisiert. Die Preise wurden dem freien Markt überlassen. Man suchte eine Übereinkunft mit den Schuldnerbanken, und die wirtschaftspolitische Priorität wurde in ausländischen Investitionen gesehen. Der Kontrast zur Wirtschaftspolitik der vorherigen Regierung hätte größer nicht sein können. Trotz des Erfolges bei der Kontrolle der Inflation zog diese Wirtschaftspolitik infolge des Niedergangs der Reallöhne, der hohen Arbeitslosigkeit sowie der negativen Auswirkungen, die durch die Streichungen jeglicher Subventionen entstanden waren, sehr hohe soziale Kosten nach sich.

Die anfangs noch eher zögerliche Haltung gegenüber dem neuen Präsidenten wandelte sich mit den wichtigen Erfolgen seines Regierungskurses in massive politische Unterstützung. Dies markierte die zweite Legitimationsphase der Führung Fujimoris. Die Sanierung der Wirtschaft und die effektive Bekämpfung des Terrorismus brachten ihm internationale Anerkennung und nationale Popularität. Die militärischen Erfolge gegen *Sendero Luminoso* und den *Movimiento Revolucionario Túpac Amaru* (MRTA) und das Ende des Bürgerkriegs, die Kontrolle der Inflation und Wiedereingliederung in das internationale Finanzsystem verfehlten ihre Wirkung in der peruanischen Bevölkerung nicht. Verglichen mit den katastrophalen Resultaten der Regierungen der 80er Jahre waren diese Ergebnisse dazu angetan, das Vertrauen in die Führung Fujimoris zu stärken. Zudem erlaubten sie dem Präsidenten, politische Effizienz in der Öffentlichkeit exklusiv für seine Person in Anspruch zu nehmen. Damit war der Grundstein für die Wiederwahl Fujimoris 1995 gelegt.

Sah es noch bis 1996 danach aus, als ob der historische Zyklus in der peruanischen Politik, bestehend aus immer wiederkehrendem Populismus, Instabilität und Krise mit Fujimori endlich durchbrochen werden könnte, so wurde dies durch die permanenten politischen Krisen des Regimes ab 1997 sowie die enorme wirtschaftliche Rezession ab dem gleichen Zeitpunkt immer mehr widerlegt. Das vermeintlich Neue der Politik Fujimoris entpuppte sich zu guter Letzt als „alter Wein in neuen Schläuchen." Mit der uneingeschränkten Zentralisierung der Macht in der Exekutive lehnten sich die Formen, Politik zu gestalten, allzu sehr an die vorangegangenen Zyklen an. Die verschenkten Computer an Bildungseinrichtungen sowie Kalender mit dem Abbild Fujimoris in den Elendsvierteln, die fortwährenden Einweihungen neuer Schulen durch den damaligen Präsidenten vor laufenden Kameras und seine mediale Omnipräsenz waren im Prinzip nichts weiter als der moderne Ausdruck längst in der politischen Vergangenheit gewährter populistischer Praktiken.

2.1 Rolle der Zivilgesellschaft – soziale Netzwerke

Auf der Ebene der Zivilgesellschaft hingegen konnten in den 90er Jahren wichtige Elemente einer neuen Entwicklung ausgemacht werden. Eines dieser Elemente ist die wachsende Bedeutung unabhängiger politischer Gruppierungen, auch über die Grenzen des *Fujimorismo* hinaus. Obwohl derlei Gruppierungen in Peru auch vorher schon existierten, so hatten sie doch nie die Bedeutung, die sie in den 90er Jahren erlangen konnten. Dies ist sicherlich in erheblichem Maße auf die Diskreditierung der traditionellen Parteien und das Misstrauen breiter Schichten der Bevölkerung gegenüber jeglichem politischen Diskurs zurückzuführen, reflektiert jedoch gleichzeitig, in welchem Maße Fujimori der Dekade der 90er Jahre seinen Stempel aufdrücken und die politische Landschaft sowie das politische Meinungsbild in der Zivilgesellschaft prägen konnte. In breiten Teilen der Bevölkerung war offenbar die Botschaft angekommen, dass politische Parteien in einem demokratischen System nicht notwendig und eigentlich sogar hinderlich seien.

Auch auf einer anderen Ebene zeichnete sich ein Wandel ab: So entwickelte die peruanische Gesellschaft der 90er Jahre nicht etwa den anderenorts für den Modernisierungsprozess charakteristischen Individualismus. Vielmehr entwickelten sich Formen kollektiven Handelns, die vorher partiell von politischen Parteien, Gewerkschaften oder Verbänden kanalisiert wurden, zunehmend im Rahmen sozialer Beziehungsnetzwerke zwischen Verwandten, Familienangehörigen, Personen gleicher ethnischer Herkunft sowie zwischen Freunden und Nachbarn. Diese Netzwerke verkörpern informelle Organisationsformen, die durch die Verbindungen der Individuen untereinander im Laufe ihrer verschiedenen Lebensabschnitte geschaffen werden. Über die Netzwerkgeflechte und die Loyalitäten, Rechte und Verpflichtungen, die sie häufig beinhalten, erlangen die Individuen Zugang zu materiellen Ressourcen, Informationen sowie Arbeit und Dienstleistungen. Die Netzwerke besitzen deshalb heute eine enorme gesellschaftliche Bedeutung in Peru.[1] Doch neben ihrer Funktion als Überlebensstrategie sind die sozialen Netzwerke auch zu einem Raum geworden, in dem die Individuen ihre Wahrnehmungen von Politik und Politikern artikulieren. Politische Meinung wird deshalb nicht mehr oder kaum noch durch Parteien, politische Veranstaltungen oder Gewerkschaften gebildet, sondern im Rahmen sozialer Interaktionen in Nachbarschaftskomitees, Migrantenverbänden sowie in Stadtteilen und auf Märkten. In diesen sozialen Räumen tauchen neue Leitfiguren auf, die den „Gemeinsinn" von Politik vermitteln, mit dem dann die nationalen politischen Geschehnisse interpretiert werden. Politik erhält hier ein sehr pragmatisches Gewand und ist dauernden Neubewertungen unterworfen.

Der Kontinuität des Populismus auf der politischen Ebene steht somit ein Transformationsprozess der Zivilgesellschaft gegenüber, der sich in den 90er Jahren nachdrücklich entwickelt hat. Vor diesem Hintergrund erscheint es zumindest verwunderlich, dass auch in den 90er Jahren keinerlei Bemühungen seitens der politischen Akteure auszumachen waren, dauerhafte Formen politischer Repräsentanz zu schaffen. Die Kluft zwischen Staat und ziviler Gesellschaft, ein latent vorhandenes Problem in Peru, setzte sich vielmehr auch in dieser Dekade weiter fort. Trotz der für die traditionellen Parteien so verheerenden Wahlergebnisse von

---

[1] Vgl. hierzu Steinhauf/Huber 1996 und Huber/Steinhauf 1997.

1990, 1995 und auch – mit Ausnahme der APRA – 2001 haben sich deren Verfahrensweisen und Praktiken nicht grundlegend geändert. Auch weiterhin sind ein Mangel an interner Parteidemokratie und Erneuerung politischer Führung sowie das Fehlen neuer politischer Inhalte und Diskurse zu konstatieren.

Aber auch diverse mit dem Etikett der Unabhängigkeit versehene politische Bewegungen, die während jener Wahlkampfphase 1995 auftauchten, beschritten einen ähnlichen Weg. Die Bemühungen einiger Sektoren der politischen und intellektuellen Elite, eine demokratische Erneuerung herbeizuführen, konzentrierte sich in Wirklichkeit allenfalls auf rein wahltaktische Strategien. Ein gutes Beispiel hierfür bot die Gruppierung *Unión por el Perú* (UPP), die sich in ihrer Geburtsstunde um einen anderen politischen Outsider (Javier Pérez de Cuéllar) herum gruppierte, der zwar eindeutig mehr Prestige als Fujimori besaß und auch international anerkannter war. Doch charakteristisch für diese Alternative war ebenfalls die Bestimmung der zukünftigen Parlamentskandidaten von oben und das Fehlen jeglicher Partizipationskanäle für diejenigen, die nicht zum persönlichen Umfeld des Kandidaten der UPP oder zu den Gründungsmitgliedern gehörten. So präsentierte sich die UPP als eine aus rein wahltaktischen Erwägungen heraus ins Leben gerufene Gruppierung, in der eine ebenso klientelistische Struktur vorherrschte wie üblicherweise in den traditionellen Parteien. Zudem repräsentierte Pérez de Cuéllar, ähnlich wie Vargas Llosa 1990, die weiße Oberschicht des Landes. Er wirkte distanziert und konnte keinerlei Bindung zu den *clases populares* herstellen.

2.2 Stärkung der Exekutive

Der politische Wandel der 90er Jahre hin zu einem autoritären System ohne jegliche politische Gegengewichte wurde mit dem „Selbstputsch" Fujimoris im April 1992 eingeleitet und mit der Verabschiedung einer neuen Verfassung 1993 zusätzlich untermauert. Tatsächlich war das auffälligste Merkmal jener Verfassung die weitere Zentralisierung und Stärkung der Exekutive im Verhältnis zu den anderen staatlichen Institutionen. Besonders das Parlament wurde in seiner Größe und seinen Funktionen reduziert. Bezüglich der Menschenrechte bedeutete die Verfassung von 1993 einen Rückschritt, da darin internationale Abkommen nur bedingt anerkannt und die Verpflichtung des Staates gegenüber seinen Bürgern im Hinblick auf wirtschaftliche und soziale Rechte reduziert wurden. Unter dem Vorwand institutioneller Reformen instrumentalisierte das Regime von da an die zuvor in Verruf geratenen staatlichen Institutionen und Instanzen für den eigenen Machterhalt. Diese Maßnahmen wurden auch weiterhin von heftigen Attacken des Präsidenten gegen die traditionellen politischen Parteien und ihre Hinterlassenschaften begleitet, in der er sie der Alleinschuld an der gesellschaftlichen Krise bezichtigte. In der peruanischen Bevölkerung fiel dies auf fruchtbaren Boden. Schließlich wurde der Selbstputsch noch im gleichen Jahr mit der Gefangennahme von Abimael Guzmán, dem Kopf von *Sendero Luminoso*, eindrucksvoll vor der Öffentlichkeit legitimiert. Auch wenn die siebenmonatige autokratische Herrschaft nach dem Selbstputsch international ein negatives Echo hervorgerufen hatte, wurde Fujimori daher auf nationaler Ebene 1995 noch mit einem überwältigen Wahlsieg belohnt.

Eine der Paradoxien der ersten Amtsperiode Fujimoris war, dass breite Bevölkerungssegmente das Regime just in einer Phase unterstützten, in der die sozialen Disparitäten innerhalb der Gesellschaft beträchtlich zunahmen. Gleichzeitig verstand es Fujimori, diesen Zustand als vorübergehend, wenn auch als notwendig auf dem Weg in eine bessere Zukunft, zu vermitteln.

2.3 Permanenter Wahlkampf und Perpetuierung an der Macht: Die Bilanz der zweiten Amtszeit

Mit der Wiederwahl Fujimoris 1995 wurde die Hoffnung auf die Fortsetzung einer, insbesondere vom Ausland gelobten, erfolgreichen Wirtschaftspolitik und Terrorismusbekämpfung verknüpft. Der Wahlsieg war eine Bestätigung der Politik Fujimoris zwischen 1990 und 1995, dokumentierte jedoch abermals, wie schon 1990, das Fehlen jeglicher politischer Gegengewichte. Nachdem 1990 der international bekannteste Schriftsteller Perus in den Wahlen gegen Fujimori unterlegen war, ereilte 1995 den international bekanntesten Diplomaten des Landes, Javier Pérez de Cuéllar, das gleiche Schicksal.

In einer ersten Phase nach der Wiederwahl basierte die Legitimität Fujimoris noch auf den Erfolgen seiner ersten Amtszeit (makroökonomische Stabilität und Befriedung des Landes). Von nun an erhoffte man sich freilich seitens der Wählerschaft das Erreichen so wichtiger Ziele wie die Verringerung der Armut, eine gerechtere Verteilung der nationalen Ressourcen und insgesamt die Modernisierung des Landes. Mit dem Versprechen, sich von nun an hauptsächlich der Bekämpfung der Armut in Peru zu widmen, leitete Fujimori denn auch seine zweite Amtszeit ein. Waren die Ergebnisse seiner Sozialpolitik aber bis dahin schon mager, so sollte sich die Einkommens- und Verteilungsschere von nun an noch weiter öffnen.

Eigentlich setzte der Wahlkampf Fujimoris für den Urnengang im April 2000 bereits 1996 ein. Eine erneute Wiederwahl des amtierenden Präsidenten wurde seitdem immer wieder, taktisch geschickt, thematisiert, um die Öffentlichkeit – eine Art psychologischer Schachzug – zunehmend mit diesem Gedanken vertraut zu machen und Gegenreaktionen im Sande verlaufen zu lassen. Gleichzeitig wurde das Thema innere Sicherheit als eine Art „Dauerbrenner" immer wieder herangezogen, um die Verdienste Fujimoris auf diesem Gebiet hervorzuheben, insbesondere dann, wenn es galt, von heiklen bzw. unliebsamen Themen abzulenken. Die monatelange Besetzung und Geiselnahme hochrangiger Politiker und Diplomaten in der Residenz des japanischen Botschafters in Lima durch Mitglieder des MRTA (1997) und die Inszenierung der Befreiung der Geiseln spielten dem Regime Fujimori dabei ebenso in die Hände wie, paradoxerweise, der strategische Rückzug Perus aus der Rechtsprechung des interamerikanischen Gerichtshofs für Menschenrechte im September 1999, als Reaktion auf dessen

Forderung, die Prozesse gegen zwei in Peru inhaftierte chilenische Mitglieder des MRTA vor einem Zivilgericht neu aufzurollen. Beide Male wurde die innere Sicherheit des Landes zum zentralen Thema erhoben und vor einem vermeintlichen Rückfall in terroristisches Chaos gewarnt, der nur mit der Kontinuität des *Fujimorismo* verhindert werden könne. Die jeweils unmittelbar danach in den Meinungsumfragen ermittelten hohen Sympathiewerte für den amtierenden Präsidenten verdeutlichen den Erfolg dieser Strategie.

Auch darüber hinaus standen die Jahre zwischen 1995 und 2000 ganz im Zeichen der Ausweitung des Machtapparates. Die Aushöhlung der Justiz, die Demontage in der Verfassung verankerter Kontrollorgane und die zunehmende Kontrolle über die Medien spielten dabei eine entscheidende Rolle. Trauriger Höhepunkt war die Amtsenthebung von drei Verfassungsrichtern, die sich der Möglichkeit einer erneuten Wiederwahl Fujimoris in den Weg gestellt hatten. Damit wurde die Demontage der Institution Verfassungsgericht vollendet, zumal auch ihr Präsident 48 Stunden später aus Solidarität mit seinen entlassenen Kollegen zurücktrat.

Die massive Nutzung staatlicher Ressourcen für eine Art „permanenten Wahlkampf" Fujimoris sowie die Gleichschaltung der Medien, Diffamierungskampagnen gegen die wichtigsten politischen Gegner mit Hilfe „gekaufter" Journalisten, Telefonüberwachungen von oppositionellen Politikern, Medien und sogar Angehörigen der Regierung und vieles mehr gehörten darüber hinaus zu den Praktiken des Machterhalts. Die zentrale Rolle spielte dabei der mit immenser Macht ausgestattete Geheimdienst *Servicio de Inteligencia Nacional* (SIN), der sich u.a. der Kontrolle der Medien annahm.

Der zunehmend autoritäre Charakter des Regimes führte dazu, dass sich die peruanische Regierung stärkerem außenpolitischem Druck ausgesetzt sah. Im November 1999 erreichte diese Situation ihren vorläufigen Höhepunkt, als die USA mit einer einstimmig verabschiedeten Resolution des außenpolitischen Ausschusses des US-Senats ihre Besorgnis über die mangelnde Unabhängigkeit der Judikative sowie das Fehlen einer unabhängigen Wahlkontrollbehörde zum Ausdruck brachten. Intern führte der selbstherrliche Regierungsstil seit 1997 zu wachsenden Protesten, zeitweilig sinkenden Popularitätsraten des Präsidenten, aber zunehmend auch zu der Sorge einer außenpolitischen und wirtschaftlichen Isolierung Perus, vor allem in den Unternehmerverbänden. Die Situation spitzte sich dann mit dem Rückzug Perus aus der Rechtsprechung des interamerikanischen Gerichtshofs für Menschenrechte ab September 1999 außergewöhnlich zu. Nicht von ungefähr erfolgten kurz darauf die Neubesetzung des Kabinetts und vor allem die Ernennung Alberto Bustamantes zum Präsidenten des Ministerrats im Oktober desselben Jahres. Bustamante galt als gewiefter Taktiker, der auch in heikleren Situationen die peruanische Position im Ausland und gegenüber internationalen Geldgebern sowie potentiellen Investoren zu vertreten verstand. Intern wollte man mit der Kabinettsumbildung die schwierige wirtschaftliche Situation meistern.

Tatsächlich wurde die Zuspitzung der politischen Krise ab 1998 von einer Verschärfung der Wirtschaftskrise begleitet. Zwischen 1990 und 1994 war die Wirtschaftspolitik der Regierung Fujimori eindeutig an Reformen zur Stabilisierung und wirtschaftlichen Privatisierung orientiert. Noch bis 1996 vermittelten die makroökonomischen Wachstumsraten den Eindruck, dass die Regierung in ihrer zweiten Amtszeit, wie angekündigt, nun auch das drängendste Problem, nämlich die Armutsbekämpfung und eine gerechtere Verteilung der nationalen Ressourcen, in den Griff bekommen würde. Doch mit der Entscheidung, die Wahlkampagne pro Fujimori bereits 1996 beginnen zu lassen, wurde auch ein Kurswechsel in der Wirtschaftspolitik vollzogen, und von 1997 an stagnierte der wirtschaftliche Reformprozess. Hinzu kamen 1998 zwei entscheidende Ereignisse, die der peruanischen Ökonomie einen Dämpfer versetzten: Zum einen erreichte die internationale Finanz- und Wirtschaftskrise im Zuge der Asienkrise auch Peru, zum anderen hatte das Klimaphänomen *El Niño*, das besonders an der peruanischen Küste wütete, fatale Auswirkungen auf eine ganze Reihe wichtiger Wirtschaftsaktivitäten, besonders auf die Fischereiwirtschaft, traditionell der zweitwichtigste Exportsektor des Landes. Abgesehen von den Bemühungen mit fernsehgerechten Auftritten des Präsidenten in den betroffenen Gebieten, die z.T. dramatische Situation in positive Umfrageergebnisse zu wenden, unterschätzte die Regierung jedoch die Krise und reagierte ausgesprochen schwerfällig und inkompetent. Die zuvor klare wirtschaftspolitische Linie wurde verlassen, und die Entscheidungen wurden immer mehr politischen Erfordernissen untergeordnet. Die noch 1995 angekündigte zweite Stufe der Wirtschaftsreformen wurde niemals implementiert.

Es war dessen ungeachtet insbesondere die sich rapide ausbreitende Korruption innerhalb des Machtapparates, die das System schließlich aushöhlte und den Nährboden für den Niedergang des *Fujimorismo* bereitete.

2.4 Beschleunigung der politischen Krise, Polarisierung und Niedergang der Ära Fujimori

Die skandalösen Wahlen im Frühjahr 2000 sorgten abermals für negative Schlagzeilen in der Weltpresse und bedeuteten schließlich den Anfang vom Ende des Regimes. Fujimori wurde am 28. Mai 2000 von der obersten peruanischen Wahlbehörde als Sieger einer Stichwahl erklärt, zu der sein damaliger Kontrahent und jetzige Staatspräsident, Alejandro Toledo, bereits nicht mehr angetreten war. Das Land hatte sich zu diesem Zeitpunkt schon in *Fujimoristas* und Anti-*Fujimoristas* polarisiert.

Von zahlreichen politischen Beobachtern wurde immer wieder konstatiert, dass der Popularitätszuwachs Toledos weniger seiner Person galt, als vielmehr gegen Fujimori zu werten gewesen sei und letztendlich dem Überdruss der Bevölkerung gegenüber dem autoritären Regime geschuldet war. Die Suche nach einem geeigneten Gegenkandidaten innerhalb der Opposition begann freilich geraume Zeit bevor Toledo in Erscheinung trat. Waren zunächst der amtierende

Bürgermeister von Lima, Alberto Andrade, und der Ex-Chef der Sozialversicherung, Luis Castañeda, die aussichtsreichsten Rivalen Fujimoris für die Präsidentschaftswahlen 2000 – beide wurden Opfer der Schmutz- und Diffamierungskampagnen der von der Regierung kontrollierten Medien –, so tauchte auf der Zielgeraden vor jenen Wahlen plötzlich Alejandro Toledo auf. Ihm gelang es (auch zur Überraschung des damaligen Regimes), die von Andrade und Castañeda abgewanderten Wähler sowie generell alle Fujimori-Gegner auf seine Person zu konzentrieren. Somit übernahm Toledo die Rolle des ersehnten Gegenkandidaten, der die Polarisierung der Gesellschaft in pro und contra Fujimori kanalisierte.

Am auffälligsten traten die Studenten als Fujimori-Gegner in der Öffentlichkeit in Erscheinung. Ihre permanente Präsenz „auf der Strasse" durch Kundgebungen und Proteste waren der sichtbarste Ausdruck des Unmuts über die autoritären Auswüchse des Regimes und die offensichtlichen Manipulationen während des gesamten Wahlprozesses. Aber auch die Gewerkschaften sowie weite Teile der urbanen Mittel- und Oberschicht zählten zur Wählerklientel Toledos und waren als potentielle Fujimori-Gegner zu betrachten. Zu sehr hatte die Mittelschicht unter der Wirtschaftskrise zu leiden und zu sehr stellten gerade in diesen sozialen Schichten Demokratie, Meinungsfreiheit und Menschenrechte zu verteidigende Werte dar. Darüber hinaus spielte der Zugang zu Information eine entscheidende Rolle: Hatte die urbane Mittel- und Oberschicht die Möglichkeit, an Information zu gelangen, die nicht von Regierungsseite manipuliert war (Kabelfernsehen, Internet und die teurere oppositionelle Presse), so waren die *clases populares* auf die offenen Fernsehkanäle und die „Schund-Presse" angewiesen, über die das Regime die Beeinflussung der Massen steuerte.

Die größte Unterstützung erhielt Toledo in den Städten der südlichen Landesteile. Nicht zuletzt der ethnische Faktor, im Hinblick auf die Herkunft Toledos, spielte dabei eine wichtige Rolle. Dennoch erwies sich die strikte Zentralisierungspolitik Fujimoris und die daraus resultierenden Ressentiments der Bevölkerung Südperus gegenüber der Hauptstadt Lima und der dortigen Zentralregierung als bedeutender für die Stimmengewinne Toledos in der Region. In Lima selbst zählten neben den bereits erwähnten Sektoren ländliche Migranten zu den Befürwortern Toledos. Die allermeisten von ihnen kamen vor der Krise der 80er Jahre nach Lima, konnten mit Erfolg in der urbanen Gesellschaft Fuß fassen und sich damit den Traum des persönlichen Fortschritts und der Flucht aus der ländlichen Armut erfüllen. Auch ihre in Lima geborenen Kinder (*hijos del progreso*), viele von ihnen mit universitärer Ausbildung, stimmten für Toledo. Bei ihnen musste sein Diskurs vom erfolgreichen Bauernsohn auf fruchtbaren Boden fallen.

Unter den Anhängern Fujimoris fanden sich dagegen vorwiegend die sozialen Schichten unterhalb der Armutsgrenze in den urbanen Zentren, hier insbesondere in Lima, aber auch in ländlichen Gebieten, dort vor allem in den ehemaligen Bürgerkriegsregionen. Zu dieser Gruppe gehörten all jene, die über die Vergabe staatlicher Almosen am ehesten zu beeinflussen waren, eine Trumpfkarte, die Fujimori ausgiebig nutzte. Die von ihm und seinen Wahlhelfern geschürte Angst vor der Beendigung staatlicher Sozialprogramme und des vermeintlichen Wiederauflebens des Terrorismus hatte für die Unterstützung aus diesen Bevölkerungssegmenten gesorgt. So wurden die sogenannten Volksküchen in den Elendsvierteln von Lima zu einem entscheidenden Wahlkampfvehikel. Fujimori beschwor immer wieder, dass diese für viele überlebenswichtigen *comedores populares* nur unter seiner Regierung weitergeführt würden und sein Kontrahent Toledo ihre Abschaffung plane. Auf dem Land gehörten insbesondere die sogenannten *rondas campesinas* (Bauernwehren) in den ehemals vom Bürgerkrieg erschütterten Regionen zum Wählerpotential Fujimoris. Die Befriedung, die Verteilung von Waffen an die *rondas* sowie die Verbindungen der *ronderos* zu den Militärs (letztere wurden gerade in diesen entlegenen Regionen für den Wahlkampf Fujimoris instrumentalisiert) spielten hierbei eine entscheidende Rolle. Somit war eine grobe Trennungslinie zwischen *Fujimoristas* und Anti-*Fujimoristas* innerhalb der Sozialstruktur auszumachen: Während die sozial schwächsten Sektoren mit niedrigem Bildungsgrad und keinerlei Zugang zu nicht von der Regierung gesteuerter Information auf der Seite Fujimoris standen, befanden sich große Teile der übrigen sozialen Segmente auf Seiten des Anti-*Fujimorismo*.

Ein Teil der peruanischen Opposition und Anti-*Fujimoristas* hoffte nach dem Wahlskandal weiter auf eine unmissverständliche und kompromisslose Haltung der internationalen Gemeinschaft gegenüber dem Regime und sah darin zunächst die einzige Möglichkeit, die Regierung zu Neuwahlen und damit das Land zu einer demokratischen Erneuerung zu bewegen. Allen voran war es Alejandro Toledo, der keine Gelegenheit unversucht ließ, ausländischen Druck auf das Regime zu erwirken, um Neuwahlen zu erreichen.

Im Ausland kam es jedoch zu unterschiedlichen Reaktionen auf das demokratische Debakel der Wahlen; internationalen Druck in Form von Sanktionen hatte das peruanische Regime – ähnlich wie nach dem Selbstputsch Fujimoris im April 1992 – langfristig kaum zu befürchten.

Die *Organization of American States* (OAS) hatte vor den Wahlen eine Beobachterkommission nach Peru entsandt, die in ihrem Abschlussbericht zu dem Ergebnis kam, dass der peruanische Wahlprozess in keiner Weise internationalen Standards entsprochen habe und kein transparenter und sauberer Wahlprozess möglich gewesen sei. Da auch bis wenige Tage vor der Stichwahl am 28. Mai 2000 von der peruanischen Regierung, trotz gegenteiliger Versprechungen nach dem ersten Wahlgang, keine der von der OAS und anderen internationalen Beobachtern dringend geforderten Korrekturen von Unregelmäßigkeiten struktureller, formeller und technischer Art vorgenommen worden waren, beendeten sowohl die OAS als auch die übrigen internationalen Beobachter ihre Arbeit und reisten ab. Wie Toledo, dessen Antrag von der Obersten Wahlbehörde abgelehnt wurde, hatten sie zuvor eine Verschiebung der Stichwahl gefordert.

Danach schien sich zunächst eine Isolierung des peruanischen Regimes abzuzeichnen, genährt vor allem durch die anfangs „harte" Haltung der USA, die die Wahlen für ungültig erklärt hatten, sowie der Europäischen Union, die „energische Maßnahmen nicht ausschloss". Auch der chilenische Staatspräsident bezeichnete den peruanischen Wahlprozess als „schädlich für den Kontinent." Auf der Generalversammlung der OAS in Windsor/Kanada wurde dann jedoch beschlossen, keine Sanktionen gegen Peru zu verhängen. Insbesondere Brasilien, Venezuela und Mexiko sprachen sich energisch gegen eine Einmischung in die inneren Angelegenheiten Perus aus, und auch die übrigen Länder Lateinamerikas begnügten sich lediglich mit einer Erklärung, dass Lösungen zur Stärkung der Demokratie in Gang gesetzt werden müssten. Man einigte sich in der Versammlung darauf, dass die OAS eine Kommission unter der Führung ihres Generalsekretärs, des ehemaligen kolumbianischen Präsidenten César Gaviria, sowie des kanadischen Außenministers und Präsidenten der Vollversammlung der OAS, Lloyd Axworthy, nach Peru entsenden sollte, die im Dialog mit der Regierung Fujimori „Optionen und Empfehlungen zur Stärkung der Demokratie" erarbeiten sollte. Auch die USA revidierten, aufgrund dieser Reaktionen der lateinamerikanischen Staaten, ihre ursprüngliche Position und nahmen von da an eine abwartende Haltung ein.

Die Optionen und Empfehlungen des Papiers der OAS-Kommission ließen viele Wünsche der Opposition offen und setzten das damalige peruanische Regime keineswegs unter Druck. So wurde in dem Dokument zwar vorgeschlagen, die Justizverwaltung zu reformieren, den Rechtsstaat zu stärken und die Gewaltenteilung zu garantieren. In Bezug auf die Verfassungsmäßigkeit der Gesetze kam das Papier jedoch seinerzeit nicht gerade mit vielversprechenden Vorschlägen daher: Die Wiederinkraftsetzung des Verfassungsgerichts sollte durch die „Auswahl neuer Richter auf der Basis eines gemeinsamen Konsenses aller im Kongress vertretenen Parteien" gewährleistet werden. Wie sollte ein solcher Konsens in dem damaligen Kongress mit einer absoluten Fujimori-Mehrheit, bestehend aus „zusammengekauften" Parlamentariern nach Meinung der OAS wohl aussehen? Noch „schwammiger" wurde der Text hinsichtlich der Menschenrechte in Peru. Es wurde vorgeschlagen, „die Möglichkeiten einer Rückkehr Perus in die Rechtsprechung des Interamerikanischen Gerichtshofes für Menschenrechte zu prüfen", insistiert wurde freilich nicht. Ein weiteres schwerwiegendes Versäumnis war, in keinem Wort die massive Nutzung öffentlicher Ressourcen sowie die Steuerung der Medien während des Wahlkampfes zu erwähnen. Sie gehörten schließlich zu den beliebtesten Waffen der damaligen Diktatur.

Nachdem eine Gruppe von sechs Oppositionspolitikern dem OAS-Papier einen Vier-Punkte-Plan gegenübergestellt hatte, einigten sich Regierung, Opposition und OAS schließlich auf die Einsetzung von fünf Arbeitsgruppen, die sich den Themen Unabhängigkeit der Justiz, Menschenrechte und Sicherheit, Meinungsfreiheit und Medien, Wahlrechtsreform sowie Gewaltenteilung widmeten. Zudem sollte eine ständige Vertretung der OAS in Peru eingerichtet werden, die

Zeitpläne für die Agenda erarbeiten und die Einhaltung der zeitlichen Vorgaben zu überwachen hätte. Die Erwartungen der Opposition an die OAS wurden damals weitgehend enttäuscht. In der Tat war, genau wie nach dem Selbstputsch 1992, kaum damit zu rechnen, dass das Regime, abgesehen von kosmetischen Korrekturen, diesen Empfehlungen jemals Folge leisten würde.

Am Abend des 16. September 2000 kündigte Fujimori dann völlig überraschend Neuwahlen ohne eigene Beteiligung sowie die Auflösung des Geheimdienstes SIN (*Servicio de Inteligencia Nacional*) an. Grund dafür war die Enthüllung einer Bestechungsaffäre des mächtigen Geheimdienst- und Präsidentenberaters Vladimiro Montesinos. Am 14. September 2000 strahlte der peruanische Kabelfernsehkanal *Canal N* die Aufzeichnung eines Videobandes aus, auf dem Montesinos bei der Übergabe von US$ 15.000 in bar an den Parlamentsabgeordneten von *Perú Posible*, Alberto Kouri, zu sehen war, um diesen zu einem Wechsel in die Reihen der Fujimori-Partei *Peru 2000* zu ermuntern. Das Videoband war der Opposition – konkret: Fernando Olivera vom *Frente Independiente Moralizador* (FIM) – offensichtlich von einem Offizier der Marine zugespielt worden. Nach den skandalösen „Wahlen" im April und Mai desselben Jahres und den Waffentransfers an die kolumbianische Guerilla *Fuerzas Armadas Revolucionarias de Colombia* (FARC), war dies der dritte schwere Skandal in Folge, der das peruanische Regime erschütterte.

Zehn Jahre lang hatte Fujimori die Macht im Staat mit den Streitkräften und seinem Geheimdienstberater geteilt. Vladimiro Montesinos und sein Clan bauten in dieser Zeit einen immensen Macht- und Korruptionsapparat auf, von dem nicht nur der De-facto-Geheimdienstchef selbst, sondern auch hohe, Montesinos nahestehende Militärs in extenso profitiert und sich bereichert hatten. In den Wochen nach dem Zusammenbruch des Regimes trat das Ausmaß der Korruption und des Machtmissbrauchs in den höchsten militärischen Rängen, die in Waffenschiebereien und Drogenhandel verwickelt waren, zu Tage. Die derweil zu trauriger Berühmtheit gelangten Video-Aufnahmen, auf denen Montesinos bei der Bestechung des Parlamentsabgeordneten Kouri zu sehen war, bedeuteten in Wahrheit nur die winzige Spitze eines gigantischen Eisberges. Dies alles wurde möglich, weil über die Jahre der Montesinos-Regentschaft in Geheimdienst und Armee immer wieder wichtige Militärs mittels dubioser Machenschaften aus ihren Positionen entfernt und durch „loyale" Personen ersetzt wurden. Von 13 Generälen, die die Armeespitze bildeten, wurden seinerzeit neun von Montesinos auf ihre Posten gehievt. Wie dieser selbst, stammten all jene Generäle aus dem Abschlussjahrgang von 1966 der Militärschule in Lima.

Das derart entstandene mafiose Gebilde schirmte sich einerseits nach außen ab, ließ jedoch andererseits innerhalb des Militär- und Sicherheitsapparates eine Opposition der Unzufriedenen, Geächteten und Hintergangenen entstehen, insbesondere in den mittleren Rängen der Armee. Dies schuf die Grundlage für eine Spaltung und war gleichzeitig der Nährboden für die Eskalation, die zum Niedergang des Regimes führte. Die Streitkräfte hatten schon eine gewisse Zeit nicht mehr geschlossen hinter Montesinos gestanden. Während das Heer, immerhin wichtigste Waffengattung in Peru, sich weiterhin auf seiner Seite befand, hatte sich die Marine bereits distanziert.

Die Unzufriedenheit innerhalb der Streitkräfte, vor allem unterhalb der Spitze, steigerte sich in dem Maße, in dem das Ausmaß der Korruption und persönlichen Bereicherung unter den von Montesinos installierten Generälen transparenter wurde. Darüber hinaus war eine militärische Berufskarriere im „System Montesinos" nur noch über eine Seilschaft zu dem dubiosen Berater möglich und hing von dessen Gutdünken ab. Somit waren die offiziellen Kriterien für einen beruflichen Aufstieg im Militärapparat weitgehend außer Kraft gesetzt, und für viele schien der Weg für immer verbaut. Zudem galt die Armee in Peru bis dahin weitgehend als eine saubere, von der allgemeinen Korruption nicht betroffene Institution. Nicht wenige Militärs, die ihre Karriere mit diesem moralischen Imperativ angetreten hatten, waren zutiefst enttäuscht und jederzeit bereit, sich an dem „Superberater" zu rächen. Es gilt als sicher, dass die Video-Bänder seinerzeit aus den Reihen der Militärs – konkret: von einem Marineoffizier – der politischen Opposition zugespielt wurden.[2]

Fujimori und Montesinos hatten indes das Ende ihrer Ära selbst herbeigeführt. Mit einer spektakulär inszenierten Pressekonferenz Ende August 2000, in der der Präsident und sein Berater die angebliche Zerschlagung eines Waffenhändlerrings durch den peruanischen Geheimdienst bekannt gaben, sollte mit einem Schlag das Image des dubiosen Beraters reingewaschen und der gleichzeitig unter der Schirmherrschaft der OAS beginnende Dialog zwischen Regierung und Opposition zwecks Demokratisierung des Landes zur Bedeutungslosigkeit verdammt werden. In der Folge stellte sich jedoch immer mehr heraus, dass hohe peruanische Militärs und offensichtlich Montesinos selbst in den „aufgedeckten" Waffenhandel mit der kolumbianischen FARC involviert waren. Die Waffen wurden zunächst in einer legalen zwischenstaatlichen Transaktion von Jordanien gekauft – wie die jordanische Regierung mit Dokumenten nachweisen konnte –, landeten dann aber nicht, wie vorgesehen, bei der peruanischen Armee, sondern in Händen der FARC (dass heißt, sie wurden während der Transporte über von der FARC kontrolliertem kolumbianischen Territorium mit Fallschirmen abgeworfen). Entscheidend war, dass dieser Waffenschieberskandal zu einem denkbar heiklen Zeitpunkt öffentlich bekannt wurde, nämlich just während der ersten Implementierungsphase des *Plan Colombia*, von den USA mit rund US$ 1,6 Mrd. unterstützt, die in diesem Zusammenhang vor allem auf die Solidarität und Loyalität der Nachbarstaaten Kolumbiens bauten, auf deren Territorien die *Narcoguerrilla* ausweichen könnte (Peru, Ekuador, Venezuela, Brasilien und Panama). In den Augen der USA war Peru zum Sicherheitsprob-

---

[2] Es wurde zu dieser Zeit außerdem gemunkelt, dass der US-amerikanische Geheimdienst CIA die Video-Aktion „unterstützt" beziehungsweise Montesinos eine Falle gestellt haben soll.

lem für die erfolgreiche Implementierung des *Plan Colombia* und damit insgesamt für die Entwicklung der Region geworden.

Dieses außenpolitische Desaster, in dem Fujimori plötzlich als Komplize seines Geheimdienstberaters dastand und sich zudem auf internationaler Ebene lächerlich gemacht hatte, löste ein innenpolitisches Erdbeben ohnegleichen aus, an dessen Ende beide Protagonisten außer Landes geflohen waren.

Bereits nach dem offensichtlichen Wahlbetrug im April hatten USA und OAS die Figur Vladimiro Montesinos, als die immer mehr die Oberhand gewinnende dunkle Seite der Macht in Peru, nur noch zähneknirschend akzeptiert. Es ist ein offenes Geheimnis, dass der Berater Fujimoris der nordamerikanischen Regierung seit geraumer Zeit ein Dorn im Auge gewesen war. Scheinbar hielt jedoch der nordamerikanische Geheimdienst CIA immer wieder schützend die Hand über ihn. Dort nämlich war Montesinos ein alter Bekannter.[3]

In den frühen Morgenstunden des 24. September 2000 setzte sich Montesinos dann mit einem Privatjet nach Panama ab. Diese „Lösung" wurde freilich nur durch die Intervention der USA, des Generalsekretärs der OAS, César Gaviria, sowie der Präsidenten verschiedener lateinamerikanischer Staaten möglich. Heftige Reaktionen seitens der Opposition waren die Folge, aber auch innerhalb der OAS sorgte das Verhalten von César Gaviria für Befremden. Schließlich dürfen nach der Interamerikanischen Menschenrechtskommission nur nachweislich in ihren Heimatländern Verfolgte um Asyl bitten. Die Situation war in der Tat grotesk. Niemals zuvor hatte eine lateinamerikanische Regierung zusammen mit den USA und der OAS um politisches Asyl für einen ihrer höchsten Funktionäre nachgesucht, angeblich um die Bevölkerung vor ihm zu schützen! Glaubte man den Versionen der USA, der OAS und der Regierung Panamas, so hatten Montesinos und die peruanischen Streitkräfte mit einem blutigen Staatsstreich gedroht. Der Außenminister Panamas jedenfalls erklärte, seine Regierung habe mit der Aktion ein Blutvergießen in der peruanischen Bevölkerung verhindern wollen. Montesinos erhielt in Panama zunächst jedoch nur ein Touristenvisum.

Am 20. November 2000 reichte Fujimori dann endgültig und offiziell seinen Rücktritt ein. Allerdings geschah dies per Fax aus einem Hotelzimmer in Tokio. Fujimori war offiziell zu einem Treffen der APEC (*Asian Pacific Economic Cooperation*) nach Brunei gereist und von dort nicht mehr nach Lima zurückgekehrt, sondern nach Japan, in das Land seiner Vorfahren, geflüchtet. Konsterniert darüber trat das Kabinett daraufhin geschlossen zurück. Während Fujimori

---

[3] Schon in den 70er Jahren hatte sich Montesinos beim CIA verdient gemacht, als er peruanische Militärgeheimnisse der damaligen linksgerichteten Militärjunta unter Juan Velasco an den CIA verkaufte. Die peruanische Armee versorgte sich seinerzeit vorwiegend aus der Sowjetunion mit Rüstungsgütern und plante außerdem angeblich einen Militärschlag gegen Chile. Montesinos, damals die rechte Hand des Premierministers und Oberkommandierenden der Streitkräfte, Edgardo Mercado Jarrín, hatte Zugang zu den geheimen Dokumenten, die dann beim US-Geheimdienst landeten. Montesinos musste damals das Land Richtung Argentinien verlassen.

sich in einem Hotelzimmer in Tokio quasi verschanzt hatte und angab, auf unbestimmte Zeit in Japan bleiben zu wollen, hatte die Opposition sein Rücktrittsgesuch abgelehnt und ihn stattdessen wegen „moralischer Untauglichkeit" seines Amtes enthoben. Montesinos´ Rückkehr nach Peru, die Entdeckung eines Teils seines Vermögens auf Schweizer Bankkonten, die dann wegen Verdachts auf Geldwäsche blockiert wurden, waren die Fortsetzung der peruanischen Polit-Groteske. Die an einen Wildwestfilm erinnernde „Suche" nach dem in Peru verschwundenen Montesinos – mit dem dabei zuweilen sogar den Straßenverkehr regelnden Fujimori an der Spitze – war schließlich das letzte Kapitel vor der Demission des Ex-Präsidenten. Aber auch danach sollte das Land nicht zur Ruhe kommen: Montesinos konnte noch einmal außer Landes fliehen und wurde erst Ende Juni 2001 in Venezuela festgenommen und nach Peru überstellt, wo er derzeit im Gefängnis einsitzt und den Verlauf seiner zahlreichen Verfahren abwartet.

Zweifelsohne wurde die politische Geschichte des Landes mit den Ereignissen um den Niedergang der Ära Fujimori –in ihre Abnormität sicherlich einzigartig– um eine Kuriosität bereichert: Der Ex-Präsident hatte seit jeher die japanische Staatsbürgerschaft inne und hätte somit laut peruanischer Verfassung niemals das Amt des Staatspräsidenten bekleiden dürfen.

Schließlich wurde am 22. November 2000 der erst kurz zuvor zum Parlamentspräsidenten gewählte Valentín Paniagua als Interimspräsident vereidigt, ein als moderat und integer geltender Politiker, der sozusagen die Antithese zum *Fujimorismo* darstellte. Es gelang ihm, den Übergang bis zu den Neuwahlen 2001 erfolgreich zu bewerkstelligen und damit die Grundlage für eine institutionelle Restrukturierung sowie einen politischen Neubeginn zu schaffen.

3. *The Day After*: Erkenntnisse aus dem Ende des *Fujimorismo*

Im Gefolge der schweren Krisensituation, in der sich Peru Ende der achtziger Jahre befand, hatte sich ein politisches Regime auf der Basis einer machtvolle Allianz aufgebaut, bestehend aus der Militärspitze, Fujimori nachstehenden politischen Kräften, dem nationalen Geheimdienst, den wichtigsten Unternehmern des Landes (Minenwirtschaft, Großexporteure, Finanzwirtschaft) sowie Vertretern des internationalen Kapitals, deren Präsenz im Zuge der Privatisierungsprozesse beträchtlich zunahm. Multilaterale Organisationen wie der IWF hießen das neue politische Regime gut, und bereits in jener Frühphase des *Fujimorismo* ordneten sich einige der Medien bereitwillig unter. Der peruanische Soziologe Sinesio López charakterisierte das System Fujimori treffend als „eine Regierung für die Reichen mit der Unterstützung der Armen und der Opposition der Mittelschicht"[4]. Tatsächlich wurde der Staat über die Politik der „Sozialprogramme"

---

[4] Aussage in einem Interview mit dem peruanischen Wochenmagazin *Caretas* (N° 1608, erschienen am 2. März 2000).

zu einer Art Verwalter der Armutslinderung, ohne dabei freilich einen strukturellen Wandel anzustreben. Die von Regierungsseite ins Leben gerufenen Institutionen zur Armutsbekämpfung hatten einen eindeutig politischen Auftrag. Auf der anderen Seite favorisierte die Wirtschaftspolitik die unternehmerischen Eliten des Landes sowie das ausländische Kapital. Gleichzeitig sorgte die Steuerpolitik Fujimoris dafür, dass die Mittelschicht, die wirtschaftlich zu den Verlierern zählte, indirekt die beiden sozialen Extreme der Gesellschaft finanzierte. Die Legitimität des politischen Regimes basierte somit auf einem komplexen sozialen Pakt zwischen Arm und Reich. Im Zuge der Erosion staatlicher Institutionalität und politischer Repräsentanz wurde die Beziehung zwischen Staat und sozialen Akteuren neu definiert, und der *Fujimorismo* schuf sich so seine soziale Basis insbesondere unter den Ärmsten der Gesellschaft.

Die Machtkonzentration in der Exekutive wurde von einem extremen Zentralismus begleitet, der die Ökonomien und politischen Repräsentanzen in den Regionen weiter schwächte. Wichtige soziale Organisationen waren nicht mehr in der Lage, dieser Dynamik entgegenzuwirken und verloren zunehmend an Legitimität, weshalb viele Organisationen schlicht von der Bildfläche verschwanden. Der Strukturverfall der sozialen Akteure und die Erosion der organisierten Zivilgesellschaft waren infolgedessen eine der wesentlichen Auswirkungen der Politik der 90er Jahre. Zusammen mit dem Verfall der Parteienlandschaft sahen sich Autoritarismus und Korruption dergestalt keinerlei Widerständen mehr ausgesetzt. Die Stärkung zivilgesellschaftlicher Organisationen sowie die politisch-administrative Dezentralisierung als unbedingte Notwendigkeit für die Stabilisierung eines demokratischen Systems mit funktionierenden Kontrollmechanismen und einem Höchstmaß an zivilgesellschaftlicher Partizipation sind damit auf der anderen Seite sicherlich mit die wichtigsten Lehren, die aus der Ära Fujimori gezogen werden können. Die essentielle Bedeutung vermittelnder Instanzen zwischen Staat und ziviler Gesellschaft für ein funktionierendes demokratischen System sowie die absolute Notwendigkeit politischen Interesses und Engagements seitens der Bevölkerung sollten darüber hinaus weitere wesentliche Erkenntnisse aus den autoritär geprägten 90er Jahren in Peru sein.

Der Niedergang des Fujimori-Systems war in erster Linie das Ergebnis regimeinterner Widersprüche sowie seines fortwährenden Legitimitätsverlusts. In der Folge waren es die spontanen und unorganisierten Protestbewegungen, und nicht etwa, wie so manch einer glauben mochte, die Aktion energischer sozialer und politischer Kräfte bzw. die Konsolidierung einer politischen Alternative, die die Auflösungserscheinungen des Regimes beschleunigten. Der Abgang Fujimoris kam überraschend und unerwartet, weshalb die politischen Akteure und Protagonisten der Transition den Eindruck der Improvisation nie ganz verwischen konnten. Obendrein neigten die neuen Akteure, bedingt durch den raschen Zerfall des *Fujimorismo*, zur Selbstüberschätzung der eigenen Fähigkeiten und Verkennung der zu bewältigenden Herausforderungen. Tatsächlich stand nicht weniger als die Wiederherstellung des gesamten institutionellen und politischen Systems des

Landes auf der Agenda. Freilich mussten zugleich diejenigen, die zur Rekonstruktion aufgerufen waren, als Bestandteil der politischen Klasse selbst Teil der Rekonstruktion werden.

Der peruanische Politologe Martín Tanaka vermutet, dass die politischen Eliten des Landes zunächst einen Lernprozess zu durchlaufen hatten, der zudem erst in der Endphase der Regierung Fujimori einsetzte, als der immer autoritärer, willkürlicher und korrupter handelnde Machtapparat sie quasi dazu zwang, die Vorzüge eines demokratischen Systems schätzen zu lernen (Tanaka 2001: 104). Als die Notwendigkeit immer klarer wurde, über die politische Kurzfristigkeit hinaus eine deutliche Alternative zum *Fujimorismo* aufzubauen, mit einer Betonung auf der sozialen Komponente und als Resultat programmatischer Konvergenz, brach das Fujimori-Regime mit Getöse in sich zusammen. Nachdem der vermeintlich übermächtige Widersacher plötzlich verschwunden war, und sich demgegenüber die politische Opposition zu artikulieren begonnen hatte, setzte abermals ein Prozess der politischen Konfrontation und Fragmentierung derjenigen politischen Kräfte ein, die eigentlich zu der so dringend erforderlichen Suche nach Konsens auf einer möglichst breiten politischen Basis aufgerufen waren. Vor allem während des Wahlkampfes für die Neuwahlen im Frühjahr 2001 wurde dies offensichtlich. Abermals konnten so Ansätze zu einer Konsolidierung der politischen wie institutionellen Struktur nicht weiterentwickelt werden, auch wenn die Interimsregierung Paniagua einiges zur Stabilisierung und Re-Institutionalisierung des Landes beigetragen hatte.

Es gab freilich auch positive Erkenntnisse aus dem Ende des *Fujimorismo*. Niemals zuvor gab es einen derart breiten gesellschaftlichen Konsens über die Bedeutung der Verteidigung demokratischer Werte, der Transparenz, dem Kampf gegen Korruption und Autoritarismus. Niemals zuvor existierte ein derartiges Maß an programmatischer Konvergenz in der politischen Mitte bei den wichtigsten Akteuren. Der Lerneffekt aus dem Trauma des *Fujimorismo* führte zu Allianzen und Übereinkünften innerhalb der politischen Elite, die kurzfristige Stabilität erreichten.

4. Toledo und die Zeit nach der Diktatur: Rückkehr der Parteien oder Kontinuität der Outsider?

Mit Alejandro Toledo übernahm am 28. Juli 2001 abermals ein politischer Outsider das Amt des peruanischen Staatspräsidenten. Auch diese Wahl wurde zuweilen als „ethnische" Wahl interpretiert, konnte doch erstmals ein Präsident bäuerlich-indianischer Herkunft im Amt vereidigt werden. Auch der Wahlkampf wurde entsprechend von einer ethnischen Komponente geprägt, einerseits durch die rassistischen Äußerungen aus dem Umfeld der Konkurrenz-Kandidatin Lourdes Flores, andererseits durch den permanenten Rekurs Toledos sowie seiner Frau, der belgischen Ethnologin Eliane Karp, auf andine Tradition und Kultur. Das die verbalen Auseinandersetzungen zwischen den Anhängern von Toledo und Flores letztendlich aus den Fugen und zu rassistischen Attacken gerieten, belegt nur, welch zentrale Bedeutung dem Faktor Ethnizität im Vielvölkerstaat Peru zukommt und wie weit entfernt der Wahlkampf von programmatischen Inhalten war. Überdies wurde die Vereidigung symbolträchtig in einer der bedeutendsten vorspanischen, archäologischen Stätten des Landes, dem einstigen inkaischen Zeremonialzentrum *Sacsayhuamán* zelebriert, auch dies ein Novum in der peruanischen Politik.

Bei den zwischen dem APRA-Führer Alan García und Alejandro Toledo heiß umkämpften Stichwahlen kam der Parteiführer von *Perú Possible* mit dem Schrecken davon. García war in den letzten Umfragen verdächtig nah an den neu gewählten Präsidenten herangekommen. Die Ergebnisse der Wahlen wurden von einigen Beobachtern bereits als Rückkehr der traditionellen Parteien in Peru interpretiert. Tatsächlich schnitten die beiden Gruppierungen aus dem traditionellen Spektrum – auch dies sicherlich eine Überraschung –, PPC unter dem Deckmantel von *Unidad Nacional* und APRA, hervorragend ab und konnten so eine kaum für möglich gehaltene Wiedergeburt feiern. Ihre Beteiligung am Niedergang der Ära Fujimori war dafür sicherlich einer der Hauptgründe.

Die Regierungsfähigkeit der neuen Administration stand indes bereits kurz nach den Wahlen in Zweifel. Da die Partei Toledos, *Perú Possible*, mit 45 von 120 Sitzen im Abgeordnetenhaus über keine Mehrheit verfügte, sah sich der neu gewählte Staatschef gezwungen, eine Konsensregierung zu bilden. Alan García signalisierte zwar noch in der Wahlnacht öffentlich seine Bereitschaft, die zukünftige Regierung zu unterstützen, die Kritiker Garcías warfen diesem jedoch vor, sich über eine Annäherung an den zukünftigen Regenten die Straflosigkeit (*impunidad*) für die Menschenrechtsvergehen aus seiner Amtszeit „erkaufen" zu wollen. Mittlerweile hat sich gezeigt, dass das Hauptinteresse des APRA-Führers eher darin besteht, sich schon jetzt für die Präsidentschaftswahlen im Jahr 2006 zu positionieren. Mit seinem enorm hohen Stimmenanteil von 47% und dem gut organisierten Parteiapparat im Rücken befindet er sich seither gegenüber Toledo unzweifelhaft in einer hervorragenden Ausgangsposition.

Toledo kündigte kurz nach Bekanntgabe des Wahlergebnisses an, eine Regierung der Konzertation und des Dialogs bilden zu wollen. Der große nationale Konsens und Konzertationsprozess, den Toledo mit seiner anvisierten Regierungskoalition anstrebte, blieb bislang freilich nur eine Fiktion. Zusammen mit seinen übrigen, unzähligen Wahlversprechen, die sich insbesondere auf die Verringerung der Arbeitslosigkeit und Armut bezogen, wurde die Erwartungshaltung in der Bevölkerung enorm gesteigert, die sich von Toledo vor allem eine Verbesserung ihrer materiellen Situation versprach. Auch als bereits im Amt befindlicher Präsident handelte Toledo die ersten Monate zunächst weiter wie ein im Wahlkampf befindlicher Kandidat und setzte seine „Versprechungskampagne" fort. Bislang ist freilich nichts von all dem eingelöst worden, die Geduld der Bevölkerung ist bereits wieder am Ende, die nächste schwere politische Krise und Stagnation des Führungsapparates programmiert.

4.1 Sozialer Protest und parteiinterne Konflikte

Tatsächlich war der auffälligste Aspekt des ersten Regierungsjahres Alejandro Toledos die exponentielle Zunahme sozialer Proteste. Praktisch von Beginn an sah sich die Regierung der aufgestauten Unzufriedenheit im Land gegenübergestellt, die sich in einer Unzahl im Laufe der Jahre akkumulierter Forderungen entlud. Die erwähnten Wahlversprechen und der geringe Vertrauensvorschuss seitens der Wählerschaft taten ein Übriges, die sozialen Proteste derart zu multiplizieren, dass sich schon nach kurzer Zeit ein Gefühl der Unregierbarkeit verbreitete.

Die Spannweite der Protestaktionen reichte vom Streik der Lehrer aus Puno, über den Konflikt der Transportunternehmer aus Huarochirí mit der Gemeinde Lima, über verschiedene Blockaden auf der so wichtigen Verbindungsroute zwischen Lima und seinem Hinterland, der *Carretera Central*, durch Taxifahrer, einem Protestmarsch der Bauern aus der Provinzstadt Ica, über die Besetzung eines Gemeinderathauses in La Rioja, bis hin zu einem Streik der Justizangestellten, die höhere Löhne forderten. Neben der beachtlichen Diversität der Proteste nahm freilich auch deren Radikalität beträchtlich zu. Die Vielzahl der Protestaktionen lässt sich in unterschiedliche Gruppierungen einordnen: Streiks und Arbeitskämpfe, Proteste im Landesinneren im Zusammenhang mit regionalspezifischen Forderungen, regionale Protestaktionen gegen geplante Privatisierungen und schließlich die von den Überresten des *Fujimorismo* gesteuerten Aktionen (Ballón 2002).

Neben den „externen" sozialen Protesten erregten die parteiinternen Konflikte von *Perú Posible*, insbesondere auf regionaler Ebene, die Öffentlichkeit. Die fortwährenden Auseinandersetzungen zwischen verschiedenen Sektoren innerhalb der Gruppierung entspannten sich vorwiegend um die Ernennung von Amtsträgern auf Departments- und Provinzebene. Die Protestaktionen der militanten Anhänger der Regierungspartei in den Provinzen reichten von der Besetzung regionaler Behörden bis hin zu Straßenblockaden. Sie zeigten vom ersten Moment an die institutionelle wie organisatorische Instabilität der Partei und offenbarten gleichzeitig eine Sichtweise jener Parteimitglieder, die sich nahtlos in die Tradition der peruanischen Politik einfügt, nämlich den Staat als Beute zu begreifen. Die innerparteilichen Konflikte reflektierten jedoch auch die Meinungsdifferenzen um die Parteiführung, die sich insbesondere im ersten Regierungsjahr ergeben hatten und offenbarten damit die offenkundigen Schwächen der Partei Toledos.

Auch gegenwärtig ist die Situation von heftigen Turbulenzen innerhalb der *Perú Posible*-Fraktion gekennzeichnet. Der kontrovers diskutierte Rücktritt des Innenministers Gino Costa im Januar 2003 führte zu einer Kabinettsumbildung, in deren Folge das Innenministerium nun direkt unter der Kontrolle des Staatspräsidenten Toledo steht. Die nationale, überparteiliche Allianz Toledos mit unabhängigen Experten, die der Präsident nach seinem Wahlsieg 2001 geschlossen hatte, zerbricht damit mehr und mehr. Gleichzeitig machen sich innerhalb der

Partei zusehends Auflösungserscheinungen bemerkbar. Der Austritt von fünf Fraktionsmitgliedern aus *Perú Posible* im Februar 2003 stellt dabei den bisherigen Höhepunkt dar, dürfte allerdings dennoch nicht zu einer innerparteilichen Beruhigung beitragen. Das Image ist schwer angekratzt, die Position weiter geschwächt. Ein Programm, eine Vision und vor allem ein visionärer Führer fehlen. Die Abspaltung der fünf Abgeordneten hat einmal mehr gezeigt, wie führungsschwach Alejandro Toledo ist und wie wenig tatsächlichen Einfluss er auf seine Fraktion hat.

4.2 Popularitätsverfall Toledos

Der Popularitätsschwund Alejandro Toledos ging denn auch außergewöhnlich rasant vonstatten. Auch wenn der Pessimismus, das Misstrauen und die Skepsis in der Bevölkerung von Beginn an beträchtlich waren, so muss die Schnelligkeit, mit der seine Regierung jeglichen Kredit verspielt hat dennoch überraschen.

Bereits vier Monate nach Amtsantritt war die Popularität Toledos um die Hälfte gesunken, und nur noch 37% zeigten sich mit dem Präsidenten zufrieden. 63% der Bevölkerung waren jedoch zu dieser Zeit immerhin der Meinung, man müsse der Regierung mehr Zeit zugestehen. Die geringe Performance der Regierungspolitik zeigte sich indes bereits in dieser Anfangsphase: Das Projekt *A trabajar*, eine der zentralen Initiativen der Regierung Toledo im Zusammenhang mit der Armutsbekämpfung, wurde nur unzureichend in der Öffentlichkeit dargestellt und deshalb mit nur 7% Zustimmung innerhalb der Bevölkerung wenig enthusiastisch aufgenommen, obwohl auf der anderen Seite 85% den chronischen Beschäftigungsmangel als Hauptproblem ansehen.

Ab März 2002 sanken die Popularitätswerte Toledos weiter. Grund für die zunehmende Ablehnung war, laut Umfragen, die mangelnde Glaubwürdigkeit des Präsidenten: 44% der Befragten warfen ihm vor, seine zahlreichen Wahlkampfversprechen nicht zu erfüllen; zudem sprach man ihm die notwendige Fähigkeit ab, wichtige Entscheidungen zu treffen und Probleme zu lösen. Tatsächlich kristallisierte sich in dieser Zeit die Entscheidungsunfreudigkeit als zentrales Manko und negatives „Markenzeichen" des Präsidenten heraus. Zwar stiegen die Umfragewerte nach dem Bush-Besuch in Lima im April 2002 wieder leicht zu seinen Gunsten an, Missmut lösten jedoch danach vor allem die Privatisierungsmaßnahmen im Süden Perus aus. Eine wichtige Rolle bei der Mobilisierung der Protestaktionen spielten dabei die *frentes regionales*, von da an wichtigste außerparlamentarische Opposition gegen die Regierung Toledo.

Im Juni 2002 erreichte der freie Fall der Popularität Toledos einen vorläufigen Tiefpunkt und sank auf unter 20%. Die Proteste gegen die geplante Privatisierung der Elektrizitätswerke *Egasa* und *Egesur* in Arequipa Mitte Juni, die mehr als 100 Verletzte gefordert hatten, führten zu einer ersten Regierungskrise. 45% der Befragten sprachen sich für eine Totalerneuerung des Kabinetts aus, 43,3% befürworteten eine teilweise Umbildung, und 67% hielten den Rücktritt des Innenministers Rospigliosi für angebracht. Gar 80% der Peruaner glaubten in dieser Phase, dass Toledo vor dem Ende seiner offiziellen Amtszeit 2006 abtreten muss. Die angestrebte Privatisierung wurde daraufhin vorerst verschoben. Erst die traditionelle Rede an die Nation zum peruanischen Nationalfeiertag am 28. Juli 2002 ließ die Popularität des Präsidenten wieder leicht ansteigen, wobei insbesondere seine selbstkritischen Äußerungen positiv aufgenommen wurden. Im Dezember 2002 lag die Zustimmungsrate bei 26,2%, stieg im Januar 2003 dann auf 32,9% an, um schließlich im Februar wieder auf 29,7% zu fallen (*Grupo de Opinión Pública de la Universidad de Lima*, Perú Barómetro). Obwohl der Sinkflug der Popularität des amtierenden peruanischen Präsidenten erst einmal gestoppt zu sein scheint, deutet bislang nichts auf eine politische Stabilisierung der Regierung hin.

Das Dilemma der peruanischen Politik, das im Widerspruch zwischen der Kurzfristigkeit der Nachfrage nach politischen Entscheidungen mit unmittelbar spürbaren Folgen, verbunden mit z.t. völlig diffusen Erwartungen an Politik auf der einen Seite und der Notwendigkeit einer langfristigen strukturaufbauenden Politik zur Wiederherstellung der Institutionalität auf der anderen Seite begründet liegt, konnte wohl kaum besser als in dem rasanten Popularitätsverfall Toledos dokumentiert werden. Politik wird für viele Peruaner immer noch in der Hauptsache mit der Einweihung von *obras* manifest und zugleich handfest und sichtbar. Die mediengerechte Zubereitung solcher *events* wird zum zentralen Element eines derartigen Verständnisses von Politik. Tatsächlich ist exakt auf diese Weise Politik ein Jahrzehnt lang unter Fujimori für die Öffentlichkeit inszeniert worden, und wird sich daher kurzfristig kaum aus dem allgemeinen Verständnis von Politik innerhalb der Bevölkerung verbannen lassen. In diesem Kontext ist es wenig verwunderlich, dass umgekehrt proportional zum Verfall der Popularität Toledos die Gunst des weiterhin in Japan flüchtigen Ex-Präsidenten Fujimori anwuchs. Im Mai 2002 etwa sehnten sich laut Umfragen angeblich bereits rund 30% nach dem autoritären ehemaligen Staatsführer zurück.

4.3 Die politische Landschaft nach den Kommunalwahlen im November 2002

Wie bereits im Vorfeld von den meisten Beobachtern vorhergesagt, wurde die politische Landkarte mit den Kommunalwahlen am 17. November 2002 neu gezeichnet. Der generellen Prognose entsprechend, musste die Regierungspartei Toledos, *Perú Posible*, eine schwere Niederlage einstecken und konnte lediglich eine der regionalen Präsidentschaften gewinnen. Weniger eindeutig vorhergesagt wurde freilich das Comeback der traditionellen APRA und mit ihr des Ex-Präsidenten Alan Garcías. Tatsächlich ging die ehemals wichtigste Volkspartei des Landes als stärkste politische Kraft aus diesen Wahlen hervor: Nicht weniger als 12 der insgesamt 25 *gobiernos regionales* (Regionalregierungen auf Ebene der Departments) werden demnach in Zukunft von den *Apristas* gestellt. Schon während der Präsidentschaftswahlen im Frühjahr 2001, spätestens aber mit den Kommunalwahlen vom 17. November 2002 hat sich Alan García damit im Zentrum der peruanischen Politik als Führer der wieder erstarkten und eigentlich längst tot geglaubten Volkspartei APRA zurückgemeldet. Garcías wiedergewonnener politischer Einfluss steht dem nunmehr ebenfalls beträchtlichen politischen Gewicht der Präsidentschaftskandidatin von 2001, Lourdes Flores von *Unidad Nacional* (UN) gegenüber. Schließlich hat der Kandidat von *Unidad Nacional* für die Bürgermeisterwahlen in Lima, Luis Castañeda Lossio – einst neben Alberto Andrade und Alejandro Toledo einer der wichtigsten Widersacher der Fujimori-Diktatur – die Wahlen für sich entscheiden können. Castañeda konnte den zuvor zweimal gewählten Andrade von *Somos Perú* (SP) überraschend besiegen.

Die Unabhängigen und *frentes regionales* außerhalb Limas haben sich als zweitwichtigste politische Kraft des Landes konstituiert. Dies gilt insbesondere für das amazonische Tiefland, wo sich die Bevölkerung am wenigsten durch die bestehenden politischen Gruppierungen repräsentiert fühlt, die dort somit am instabilsten sind. Die APRA war der klare Gewinner in den Küstenregionen und urbanen Zentren außerhalb Limas, konnte darüber hinaus auch im Hochland und amazonischen Tiefland Gewinne verzeichnen und gewann schließlich wesentlich mehr Departments als erwartet. Der Sieg von Castañeda Lossio in Lima hingegen war mehr als persönlicher Erfolg zu werten und weniger auf die politische Gruppierung zurückzuführen, die er repräsentiert. Auf Distriktebene in Lima teilte sich die Wählerschaft ziemlich exakt zwischen *Somos Perú* und *Unidad Nacional* auf. Die neue vereinigte Linke (*Movimiento de Nueva Izquierda*) stellt indes immerhin eine der „regionalen Regierungen" im Department *Madre de Dios* und erzielte damit das gleiche Ergebnis wie die Regierungspartei *Perú Posible*.

Trotz des Wiederauflebens der APRA ist eine Rückkehr der traditionellen Parteien und ein Ende der Ära der politischen Outsider freilich bisher noch nicht absehbar. Insgesamt bestimmen die unabhängigen Gruppierungen auch weiterhin die politische Szenerie.

Neben einer beachtlichen Schwächung der Partei des amtierenden Präsidenten auf nationaler Ebene, wodurch der Regierung der innenpolitische Gegenwind in Zukunft noch stärker ins Gesicht wehen dürfte (schließlich waren es die regionalen Bewegungen, die in der Vergangenheit die Regierung Toledo ins Wanken gebracht haben), bedeutete das Ergebnis dieser Kommunalwahlen aber auch eine enorme Bürde und Risiko für die nunmehr stärkste oppositionelle Kraft APRA. Tatsächlich wird die Amtsführung der gewählten 12 „regionalen Regierungschefs" zur Feuerprobe für die Partei sowie ihren Vorsitzenden. Immens ist die Last der Vergangenheit und der katastrophalen Regierungsperiode der APRA unter García 1985-1990. Ein Versagen der gerade gewählten „regionalen Regierungschefs", die ihr Amt im Januar 2003 angetreten haben, könnte nämlich die abermaligen Präsidentschaftsbestrebungen Garcías für 2006 schon frühzeitig für immer begraben. Es ist deshalb kaum verwunderlich, dass García, dem das Ergebnis in dieser Deutlichkeit wohl selbst nicht ganz geheuer war, nach der

Wahl zur politischen Konzertation und die gerade gewählten „regionalen Präsidenten" zu einer „Politik der Öffnung" aufrief. Gleichzeitig forderte er von der Regierung, aufgrund ihrer Legitimitätseinbuße einen Teil ihrer Macht an die neuen regionalen Regierungen abzugeben. Die Koalitionspartner *Perú Posible, Frente Independiente Moralizador* (FIM) und *Acción Popular* (AP) sollten, so García, zwar weiter die Geschicke der Exekutive lenken, müssten sich jedoch von nun an mit den 25 Regionalregierungen abstimmen. Dies ist in der Tat eine Realität, die der amtierenden Regierung Toledo eher apokalyptisch anmuten dürfte und vor den Wahlen wohl lediglich als *worst-case*-Szenarium angedacht wurden.

Auch wenn alle politischen Kräfte derzeit noch das Gegenteil beteuern: Für die Zukunft zeichnet sich statt des eigentlich seit der Amtsübernahme Toledos angestrebten überparteilichen Konsenses eher ein Konfrontationsszenarium ab, wodurch die Regierungsfähigkeit der derzeitigen Exekutive zusätzlich infrage gestellt sein dürfte.

Schlussbetrachtungen

Die letzten 20 Jahre politischer Entwicklung in Peru, seit der Wiederbelebung der Demokratie mit den Wahlen 1980, zeigen, dass die politische Dauerkrise strukturell und nicht konjunkturell angelegt ist und dass die Genesis und fatale Entwicklung des *Fujimorismo* nichts weiter als der vorläufige Kulminationspunkt dieser politisch-institutionellen Strukturkrise war.

Politische Prognosen bleiben in diesem Kontext auch weiterhin ein gewagtes Unterfangen. Tatsächlich hat sich als einzige Konstante der jüngeren politischen Geschichte des Landes die Unsicherheit sowie das Überraschende und Unerwartete herauskristallisiert. Die Perspektiven für eine mittelfristige politische und institutionelle Stabilisierung sehen auch weiterhin nicht allzu rosig aus. Zu lang sind die Schatten, die das System Fujimori geworfen hat, zu sehr ist die politische und institutionelle Krise des Landes strukturell angelegt. Die Ursachen dafür liegen tiefer und werden kurzfristig kaum zu lösen sein. Es fehlen ökonomische, politische, soziale und institutionelle Rahmenbedingungen, kurzum: es fehlt ein effizienter Staat, wie der peruanische Soziologe Julio Cotler es ausdrückte[5], und mit ihm ein Instrumentarium zur Umsetzung von politischen Vorgaben. An dem äußerst schwierigen politischen Erbe aus der Fujimori-Zeit, bestehend aus korrupten Richtern und politisierten Militärs dürfte auch weiterhin schwer zu tragen sein. Eine der wichtigsten Aufgaben besteht deshalb darin, die abhanden gekommene Autonomie der Legislative sowie des Justizapparats wiederherzustellen und die Streitkräfte von neuem der zivilen Macht unterzuordnen. Daneben muss die marode peruanische Wirtschaft wieder angekurbelt und aus ihrer Krise herausgeführt werden. Vor allem aber gilt es – und dies wird die mit

---

[5] Interview mit Julio Cotler in der Zeitschrift *Perú Económico*, Mai 2001.

Abstand schwierigste Aufgabe sein –, das Vertrauen der Bevölkerung in Politik, politische Institutionen und den Staat herzustellen.

Die Rückkehr Alan Garcías als einer der Hauptprotagonisten auf die politische Bühne Perus, aber auch die Zunahme der Bedeutung von Lourdes Flores als Repräsentantin des konservativen politischen Spektrums wurde von einigen Beobachtern als Wiederauferstehung der traditionellen Parteien interpretiert. Insbesondere das Aufleben Garcías und der APRA ist allerdings in erster Linie vor dem Hintergrund der enormen Schwäche seiner Rivalen zu sehen. Ein Minimum an parteiinterner Konsistenz hatte ausgereicht, um den Unterschied in einer politischen Landschaft zu markieren, in der Parteien derweil kaum mehr als Wahletikette darstellen.

Im Gegensatz zu der relativen parteiinternen Stabilität der APRA entspricht die Regierungspartei *Perú Posible* dem mittlerweile geradezu klassischen Profil der neuen politischen Akteure Perus. *Perú Posible* ist eine in hohem Maße improvisierte Organisation, die um einen *caudillo* herum geformt wurde, dessen Charisma und politische Führerschaft sich im Zuge des Widerstands gegen die Fujimori-Diktatur entwickelte. Zwischen dem ersten Wahlgang 2000 und der Stichwahl 2001 konnte die Bewegung ihr Profil keineswegs festigen, sondern wechselte, je nach konjunktureller Lage, fortwährend ihre Orientierung (die wiederkehrende Rotation der persönlichen Berater Toledos sowie deren notorische politisch-ideologische Differenzen sind ein beredtes Beispiel). Die geringe Entscheidungsfreudigkeit und fehlende Initiative Toledos während seiner bisherigen Amtszeit dokumentieren denn auch folgerichtig die Führungsschwäche innerhalb der Gruppierung.

Betrachtet man die politische Landschaft Perus während der letzten Jahrzehnte, so springt in der Tat die kurze (Über-)Lebensdauer, konzeptionelle Schwäche und Instabilität der politischen Akteure ins Auge. Weder die Militärregierungen in den 70er Jahren, noch die Demokratien in den 80er Jahren, noch der *Fujimorismo* der 90er Jahre waren in der Lage, stabile politische Strukturen zu etablieren. Grund dafür dürfte in erster Linie sicherlich die Schwäche des Staates und seine äußerst geringe Standfestigkeit gegenüber negativen externen wirtschaftlichen Einflüssen sein. Noch bis Ende der 60er Jahre des 20. Jahrhunderts bestimmte die peruanische Oligarchie die gesellschaftliche Ordnung in Peru. Nachdem diese verschwunden und ihre materielle Basis durch die linke Militärregierung Velasco zerstört worden war, etablierten die Militärs zunächst eine neue Ordnung. Die Dekade der 80er Jahre stand dann allerdings ganz im Zeichen des Kampfes um die politische Hegemonie und Neukonfiguration des Landes. Dieser Disput endete mit der neoliberalen Umstrukturierung unter Fujimori, die sich jedoch genauso wenig als uneingeschränkt gültige Ordnung konsolidieren konnte. Verantwortlich dafür waren in der Hautsache der extreme Personalismus, die fehlenden Zukunftsvisionen sowie die Korruption jener Regierung, die diesen Prozess leitete.

Auch die derzeitige Regierung Toledo scheint sich in diese „Tradition" der politischen Instabilität einzureihen. So schwer das Erbe der Fujimori-Zeit sein mag und sich die Regierung Toledo bemüht, die langfristige Demokratisierung Perus voranzubringen: Gerade in Bezug auf den neuralgischen Punkt der Verbesserung der Lebensbedingungen ist die Demokratie im Post-Fujimori-Peru bislang den Nachweis schuldig geblieben, kompetenter und effizienter zu sein als ihre autoritären Vorgänger (Goedeking 2002).

Die Schwäche der politischen Institutionen und die Volatilität des Verhaltens der zentralen Akteure, nicht zuletzt aber auch die Unberechenbarkeit der politischen Reaktionen großer Teile der Bevölkerung haben weiterhin Bestand und bestimmen das politische Szenarium in Peru. Dies wird sich mit Sicherheit auch in absehbarer Zukunft nicht ändern.

Literaturverzeichnis

Ballón Echegaray, Eduardo (2002): „El Toledismo y el movimiento social", in: DESCO (Hrsg.): *Perú Hoy*, Lima, S. 15-59.

Caretas, N° 1608, 2.3.2000.

Marasco, Gabriel et. al. (2002): „Cronología de movilizaciones y debates en torno a las acciones del Gobierno", in: DESCO (Hrsg.): *Perú Hoy*, Lima, S. 211-242.

Cotler, Julio (2000): „La gobernabilidad en el Perú: entre el autoritarismo y la democracia", in: Julio Cotler/Romeo Grompone: *El fujimorismo. Ascenso y caída de un régimen autoritario*, Lima, S. 13-75.

---/Romeo Grompone (2000): *El fujimorismo. Ascenso y caída de un régimen autoritario*, Lima.

Degregori, Carlos Iván (2000): *La década de la antipolítica. Auge y huida de Alberto Fujimori y Vladimiro Montesinos*, Lima.

---/Romeo Grompone (1991): *Demonios y redentores en el nuevo Perú. Una tragedia en dos vueltas*, Serie MINIMA, Lima.

DESCO (Hrsg.): *Resumen Semanal*, Lima (www.desco.org.pe/rs-in.HTM).

Goedeking, Ulrich (2002): „Peru: Der mühsame Alltag der Demokratie", in: Karin Gabbert u.a.: *Religion und Macht. Jahrbuch Lateinamerika, Analysen und Berichte* Nr. 26, Münster.

Grompone, Romeo (2000): „Al día siguiente: El fujimorismo como proyecto inconcluso de transformación política y social", in: Julio Colter/Romeo Grompone: *El fujimorismo. Ascenso y caída de un régimen autoritario*, Lima, S. 77-178.

--- (1998): „Fujimori, neopopulismo y comunicación política", *Documento de trabajo* No. 93, Lima.

---/Carlos Mejía (1995): *Nuevos tiempos, nueva política*. Serie MINIMA, Lima.

Huber, Ludwig/Andreas Steinhauf (1997): „Redes sociales y desarrollo económico en el Perú: los nuevos actors", *Debates en Sociología* N° 22, S. 115-141.

Marcus-Delgado, Jane (2001): „El fin de Alberto Fujimori: Un estudio de legitimidad presidencial", in: Jane Marcus-Delgado/Martín Tanaka: *Lecciones del final del fujimorismo*, Lima, S. 9-55.

Müller, Katharina (1999): „Peru: Neoliberaler Musterschüler in der Krise", *Brennpunkt Lateinamerika* Nr. 17, S. 143-150.

Panfichi, Aldo/Cynthia Sanborn (1995): „Democracia y neopopulismo en el Perú", in: *Márgenes*, Año VII, Nr. 13/14, S. 43-67.

Perú Económico, Mai 2001.

Roth, Joachim (1998): „Peru: der Weg in eine Gelegenheitsdemokratie", in: *Lateinamerika. Analysen-Daten-Dokumentation*, 15 (1998) 37, S. 55-69.

Steinhauf, Andreas (2001): „Quo Vadis Peru? Wahlen und Perspektiven für einen politischen Neubeginn", *Brennpunkt Lateinamerika* Nr. 11, S. 117-124.

--- (2001a): „Die politische Krise im mittleren Andenraum: Zerfall der Demokratie unter neuen caudillos?", in: *Lateinamerika. Analysen-Daten-Dokumentation*, Nr. 45, 17. Jg., S. 58-74.

--- (2000): „Peru vor den Wahlen 2000: Fujimori und kein Ende?", *Brennpunkt Lateinamerika* Nr. 4, S. 27-36.

--- (2000a): „Die politische Krise in Peru: Festsetzung des Fujimorismo und Polarisierung des Landes", *Brennpunkt Lateinamerika* Nr. 12, S. 121-128.

--- (2000b): „Verwirrspiel, Unsicherheit und Chaos: Das Ende der Ära Fujimori", *Brennpunkt Lateinamerika* Nr. 19, S. 197-204.

---/Ludwig Huber (1996): „Redes sociales en una economía étnica: los artesanos de la costa norte del Perú", in: *Bulletin Frances de études andines*, Vol. 25, No. 2, S. 269-281.

Tanaka, Martín (2001): „¿Crónica de una muerte anunciada? Determinismo. Voluntarismo, actores y poderes estructurales en el Perú, 1980-2000", in: Jane Marcus-Delgado/Martín Tanaka: *Lecciones del final del fujimorismo*, Lima, S. 57-112.

--- (1999): *Los partidos políticos en el Perú, 1992-1999: estatalidad, sobervivencia y política mediática*, Documento de trabajo No. 108, Lima.

--- (1998): *Los espejismos de la democracia. El colapso del sistema de partidos en el Perú*, Lima.

Tuesta Soldevilla, Fernando (2002): „Politische Führung in Peru: ein Lehrstück", in Wilhelm Hofmeister (Hrsg.): *‚Gebt mir einen Balkon und das Land ist mein' Politische Führung in Lateinamerika*, Frankfurt/M., S. 161-187.

Ulrich Goedeking

Auf dem Weg in die Liga der Krisenstaaten

Soziale Unruhe prägt Bolivien nach Jahren relativer Stabilität

„Krise" und „Bolivien" – die Verbindung beider Begriffe scheint vertraut, so sehr ist über Jahrzehnte hinweg das Bild Boliviens im Ausland von Instabilität, von Militärputschen, kurzlebigen Regierungen und militantem gewerkschaftlichem Widerstand geprägt worden. Auch die Wahlen 2002 haben an diesem Eindruck wenig ändern können. Ein überraschender Beinahe-Wahlsieg eines Kokabauern-Führers mit radikalen Forderungen, größte Schwierigkeiten bei der Koalitionsbildung – für Stabilität sprechen solche Nachrichten nicht.

Wer die Entwicklung in Bolivien seit 1985 verfolgt hat, kennt das Land dagegen als bemerkenswert stabilen Staat, jedenfalls was die institutionell-politische Seite angeht. Eine gewählte Regierung nach der anderen ist vier Jahre im Amt geblieben, um nach vergleichsweise ruhigen und geordneten allgemeinen Wahlen den Nachfolgern Platz zu machen. Mitte der 90er Jahre, während der Präsidentschaft von Gonzalo Sánchez de Lozada, schaffte es Bolivien sogar, mit der sogenannten *participación popular* zu einem international viel beachteten Modell für politische Reformen in Sachen Demokratisierung zu werden, eine beispiellose Karriere für einen Staat, der noch 15 Jahre zuvor als nahezu hoffnungsloser Krisenfall galt. Und auch im Jahr 2002: Das Wahlergebnis mag überraschend gewesen sein, die Regierungsbildung schwierig – aber eine Regierungsmehrheit hat sich gefunden, und mit Gonzalo Sánchez de Lozada regiert der knappe Wahlsieger.

Bolivien als neuer Hort von Stabilität und demokratischen Perspektiven? Die Entwicklungen in den späten 90er Jahren und zu Beginn des neuen Jahrtausends haben Bolivien an den Rand des Abstiegs in die Liga der Krisenstaaten gebracht. Auch wenn die parlamentarisch-demokratische Institutionalität nach wie vor intakt ist, haben doch die sozialen Proteste wieder ein seit langer Zeit unbekanntes Ausmaß angenommen. Von Aufbruchstimmung kann keine Rede mehr sein.

Zum Verständnis der neuen bolivianischen Krise ist zwar ein Blick auf frühere Konfliktkonstellationen notwendig, die wesentlichen Gründe liegen aber in

Entwicklungen während der politisch stabilen Phase seit 1985 begründet. Es sind die politischen Versäumnisse der parlamentarisch-demokratisch legitimierten Regierungen in dieser Zeit, die fehlenden Reformen des politischen Systems und der politischen Parteien, die immer größere Distanz zwischen Politik und Gesellschaft, die für das Entstehen der gegenwärtigen Krisensymptome verantwortlich sind. Dazu kommen externe Einflüsse, gegenüber denen Bolivien als ein Staat, der im internationalen Kontext nahezu ohne politisches Gewicht dasteht, nur über sehr wenige Handlungsspielräume verfügt. Insbesondere gilt dies für den politischen Umgang mit dem Kokaanbau.

Ein Blick zurück: Bolivien als Krisenstaat vor 1985

Von den 60er Jahren bis Mitte der 80er Jahre verliefen die politischen Fronten in Bolivien weniger zwischen verschiedenen Parteien, als zwischen den Militärs, dem Gewerkschaftsdachverband COB (*Central Obrera Boliviana*) und – ganz zum Schluss – den politischen Parteien und Politikern, die nur während kurzer Intermezzi zumindest formal die Macht in den Händen hielten.

Nach der Revolution von 1952 verfügte der MNR (*Movimiento Nacionalista Revolucionario*) bis in die 60er Jahre über die unumstrittene politische Hegemonie in Bolivien, aber die Partei scheiterte mit dem Versuch, eine dauerhafte, stabile Herrschaft nach dem Vorbild des mexikanischen PRI (*Partido Revolucionario Institucional*) zu installieren. Die Bedeutung der postrevolutionären Reformen steht außer Zweifel: das allgemeine Wahlrecht und damit die formale Anerkennung auch der indianischen Bevölkerungsmehrheit des Landes als Staatsbürger, die Verstaatlichung der großen Zinnminen und die Agrarreform, die zumindest im Hochland die Bauern zu individuellen Eigentümern kleiner Parzellen werden ließ. Der revolutionäre Diskurs des MNR machte die bisherigen *indios* zu *campesinos*, verbunden mit der Verheißung, ethnisch begründete Diskriminierung werde sich wie von selbst auflösen im „Wir alle sind Bolivianer".

Anfangs hatte der MNR kaum organisierte Opposition zu befürchten. Die COB war aus der revolutionären Bewegung hervorgegangen und auch die Streitkräfte standen anfangs unter dem Einfluss des MNR. Die COB radikalisierte sich allerdings zunehmend und ging in Opposition zum MNR, während die Armee erstmals nach der Revolution im Jahr 1966 durch General Barrientos wieder putschte. Es folgten zahlreiche Militärregierungen, unterbrochen von kurzen demokratischen Zwischenspielen, begleitet vom militanten Widerstand der COB, vor allem in Gestalt der Minenarbeiter, aber zunehmend auch durch organisierte Bauern. Am längsten regierte mit sieben Jahren an der Macht der Militärdiktator Hugo Banzer Suárez von 1971 bis 1978 – später, von 1997 bis 2001, wieder an der Macht als gewählter Präsident.

Beflügelt von radikalen, revolutionären Diskursen verstand sich die COB nicht als Interessenvertretung für Arbeiter im Staat, sondern als organisierte Macht gegen den Staat. Es galt, den Klassenkampf zu führen, nicht den Interessenausgleich zu suchen. Während der Regierungszeit von Präsident Siles Zuazo von 1982 bis 1985 erreichte die Konfrontation zwischen Staat und Gewerkschaftsbewegung einen Höhepunkt. Siles Zuazo war mit seinem Linksbündnis schon 1980 gewählt worden. Erst nach dem Zusammenbruch der schwer durch Verwicklungen in Kokaingeschäfte belasteten Diktatur García Mezas im Jahr 1982 konnte er allerdings sein Amt antreten. Die COB suchte in der Folgezeit schnell die Machtprobe, das Ergebnis war eine völlige gegenseitige Blockade. In der Wirtschaft ging nichts mehr, von Juli 1984 bis Juli 1985 erreichte die Inflationsrate Werte von über 20.000 Prozent. Unter massivem politischem Druck stimmte Präsident Siles Zuazo vorzeitigen Neuwahlen für Juli 1985 zu.

Der Weg in die parlamentarisch-demokratische Stabilität

Als Sieger ging aus der Wahl von 1985 Víctor Paz Estenssoro hervor, der alte MNR-Führer und erste Präsident des postrevolutionären Boliviens. Er sollte in den folgenden Jahren zum Protagonisten einer entscheidenden Verschiebung von Machtverhältnissen werden.

Unter Federführung einer Gruppe von Unternehmern, darunter der spätere Präsident Gonzalo Sánchez de Lozada, setzte die Regierung Paz Estenssoro das neoliberale Regelwerk in Bolivien durch. Staatliche Preiskontrollen wurden aufgehoben, Zollschranken abgebaut. Zwar machten die Preise noch einmal einen Sprung nach oben, blieben dann aber leidlich stabil: Das Gespenst der Hyperinflation war vertrieben. Paz Estenssoro konnte sich dabei durchaus auf die Unterstützung eines großen Teiles der Bevölkerung verlassen. Die Krisenerfahrung bis ins Jahr 1985 war so traumatisch, dass Stabilität – und sei sie auch mit Härten verbunden – auf der Werteskala ganz oben stand.

Das Ansehen der Streitkräfte war nach der Diktatur García Mezas tief gesunken, außerdem hatte sich der internationale Kontext verändert. Aus den USA war keine Unterstützung mehr für putschende Generäle zu erwarten, dort setzte man inzwischen auf parlamentarische Demokratie plus neoliberale Wirtschaftsordnung.

Der politische Weg, um die Macht der Gewerkschaftsbewegung zu brechen, musste über die Minen führen. Im Zuge der neoliberalen Umstrukturierung ließ Paz Estenssoro die großen staatlichen Minen schließen. Tausende von Minenarbeitern verließen mit ihren Familien auf der Suche nach Arbeit die Minengebiete und zogen vor allem in Richtung La Paz oder in die Kokaprovinz Chapare im Norden Cochabambas.[1] Die COB verlor ihre Avantgarde, den radikalsten und bestorganisierten Teil der Arbeiterbewegung. Dazu war es die zuvor beschriebene Wertschätzung von Stabilität, die die COB ins gesellschaftliche Abseits rutschen ließ. Mit Aufrufen zu Demonstrationen, Protesten und Blockaden ließen

---

[1] Dieser interne Migrationsprozess als Ergebnis der Minenschließung wird in Bolivien als *relocalización* bezeichnet.

sich nach den traumatischen Erfahrungen der vorangegangenen Jahre keine Massen mehr mobilisieren.

Von dem damit verbundenen Umbruch hat sich die COB bis heute nicht erholt. Heftige Auseinandersetzungen sollten die COB-Kongresse in den folgenden Jahren prägen zwischen „Traditionalisten", die weiter die alte Macht der COB beschworen, und „Reformern", die versuchten, der organisierten Arbeiterbewegung ein neues Profil im Sinne einer Interessenvertretung innerhalb des demokratischen Systems zu geben.

Im Ergebnis stand ein für bolivianische Verhältnisse vollkommen neuer politischer Spielraum für die Parteien. Militärs und Gewerkschaften waren geschwächt, die katholische Kirche war ohnehin auf nationaler Ebene nie ein Machtfaktor. Die Gelegenheit war da für die politischen Parteien, die Artikulation und Bündelung von Interessen vorzunehmen und in politische Programmatik und Handeln umzusetzen, eine Herausforderung, der – dies sei vorweggenommen – die politischen Parteien kaum gerecht geworden sind.

Parteiendemokratie im neuen Bolivien

Bevor im Detail auf das Parteienspektrum eingegangen werden soll, ist eine Anmerkung zum bolivianischen Wahlrecht notwendig, das sich wesentlich vom lateinamerikanischen Regelfall unterscheidet. Ähnlich wie in Deutschland wird der Regierungschef in Bolivien nicht direkt gewählt, sondern vom Parlament. Es gibt nur einen Wahlgang, nach dem sich die stärksten Kandidaten um Koalitionen bemühen müssen. Dabei ist es durchaus möglich, dass nicht der Wahlsieger Präsident wird – so geschehen 1989, als mit Jaime Paz Zamora der Drittplazierte letztlich zum Präsidenten gewählt wurde.[2]

Drei führende Parteien haben seit 1985 das politische Leben Boliviens wesentlich geprägt. Der MNR stellte von 1985 bis 1989 mit Víctor Paz Estenssoro und dann wieder von 1993 bis 1997 mit Gonzalo Sánchez de Lozada den Präsidenten. Auf der politischen Rechten hatte der ehemalige Diktator Hugo Banzer schon Ende der 70er Jahre seine Partei ADN (*Acción Democrática Nacionalista*) gegründet, die insbesondere in Unternehmerkreisen und im wichtigen Departement Santa Cruz im östlichen Tiefland Boliviens verankert ist. Nachdem er mehrfach als Juniorpartner in Koalitionen mitregiert hatte, schaffte Banzer schließlich im Jahr 1997 den ersehnten demokratischen Wahlsieg. Er musste das Amt allerdings im Jahr 2001 aus Gesundheitsgründen an seinen Vizepräsidenten Jorge Quiroga übergeben und verstarb im Mai 2002, drei Monate bevor sein Mandat verfassungsgemäß geendet hätte.

Dritte große Partei ist der MIR (*Movimiento de la Izquierda Revolucionaria*) unter Jaime Paz Zamora, der von 1989 bis 1993 die Präsidentschaft innehatte.

---

[2] Inzwischen gilt nach einer Verfassungsänderung, dass nur der Wahlsieger oder der Zweitplazierte Präsident werden kann.

Die Partei wurde von Paz Zamora und anderen im Widerstand gegen die Diktatur Banzers gegründet und gab sich, nachdem anfangs noch linksrevolutionäre Rhetorik vorherrschte, ein eher sozialdemokratisches Profil. Umso mehr überraschte es, als sich Paz Zamora 1989 ausgerechnet von der ADN Hugo Banzers zum Präsidenten wählen ließ. Die einstigen Feinde hatten sich zu Lasten des MNR auf eine Koalition geeinigt. Auch ab 1997 regierten die beiden Parteien wieder miteinander.

Im Nachhinein allerdings erscheint diese Koalition weit weniger spektakulär als im Moment ihrer Bildung. Charakteristisch für die bolivianische Parteiendemokratie ist die Annäherung der drei großen Parteien. Keine von ihnen stellte mehr das neoliberale Modell als Grundlage der Wirtschafts- und Gesellschaftspolitik in Frage. Auch die parlamentarische Demokratie galt als fest etablierter formaler Rahmen politischen Handelns. Weder strebte Banzer mit der ADN eine Rückkehr zu den politischen Verhältnissen in seiner Zeit als Diktator an noch war von Jaime Paz und seiner Partei auch nur ein Hauch dessen zu erwarten, was die Bezeichnung „Revolutionäre Linke" nahe legen könnte.

In Wahlkämpfen traten alle drei Parteien – bis Anfang der 90er Jahre – weniger durch Programme als vor allem durch die Personen ihrer Gründer und Spitzenkandidaten in Erscheinung. Die Parteiführer sprachen mit ihrem jeweiligen persönlichen Hintergrund durchaus unterschiedliche Wählergruppen an und konnten auf Stammwählerschaften bauen. In Bezug auf das politische Handeln zeigten sich allerdings keine spektakulären Unterschiede. Eine Ausnahme davon bildet lediglich die Regierung Sánchez de Lozada von 1993 bis 1997, auf die im Folgenden noch einzugehen sein wird.

In der bolivianischen politik- und sozialwissenschaftlichen Diskussion wurde diese neue Kompromiss- und Koalitionsfähigkeit vielfach als Ausweis demokratischer Reife gepriesen. Mit dieser Fähigkeit zur *concertación* sei ein wesentlicher Schritt getan hin zur *gobernabilidad*, zur Regierbarkeit des Landes, so der weit verbreitete Tenor.[3] Vor dem Hintergrund der Erfahrungen vor 1985 mit der Logik absoluter Konfrontation mit dem Ziel gegenseitiger Vernichtung mag die Freude über die *concertación* nachvollziehbar sein, trotzdem liegt in dieser Entwicklung ein Problem, das heute in krisenhafter Form auf das politische System Boliviens zurückwirkt. Die neue Koalitionsfähigkeit wurde erkauft mit dem fast völligen Verzicht auf programmatisches Profil. Wenn sich die wahrnehmbaren Unterschiede zwischen drei führenden Parteien fast völlig auf Symbolik und Personen reduzieren, wenn alle drei sich im Grundsatz ohne Probleme auf alle wesentlichen Fragen der Regierungsarbeit verständigen können, dann kann es nicht verwundern, wenn Wählerinnen und Wähler diese Parteien nicht mehr als Alternativen wahrnehmen, sondern als diffuse Gesamtheit einer politischen Eli-

---

[3] Zur Debatte um *gobernabilidad* und *concertación* eine Zusammenfassung in Goedeking (2003), vgl. außerdem R. A. Mayorga (1987, 1992), Ardaya/Verdesoto (1994) sowie Calderón (1995).

te, die sich je nach Bedarf unterschiedlich gruppiert. Neuer Raum entsteht für alternative politische Angebote, auch populistischer Art.

Ethnische Symbolik als Alternative

Die ethnisch begründete Hierarchie in der bolivianischen Gesellschaft ist auf den ersten Blick eindeutig: Wohlstand und Macht konzentrieren sich auf die Spanisch sprechende, im kulturellen Sinne weiße, städtische Mittel- und Oberschicht, während die indianische Bevölkerungsmehrheit weitgehend außen vor bleibt. Die Fronten sind allerdings inzwischen nicht mehr ganz so eindeutig. So gibt es etwa in La Paz eine selbstbewusste, wohlhabende *Aymara*-Mittelschicht.[4] Überdies bildet „die indianische Bevölkerung" keineswegs einen monolithischen Block. Welten liegen zwischen der *Aymara*-Händlerin in La Paz, dem Kokabauern im Chapare, dem vom Altiplano zugewanderten Kolonisten im östlichen Tiefland Boliviens und den dort beheimateten, zahlenmäßig kleinen Tieflandethnien. Ob und in welchem Ausmaß ethnische Identitäten eine Bedeutung für das Wahlverhalten bekommen haben, ist zu einer der Kernfragen der bolivianischen Politik geworden.

Schon in den 70er Jahren gab es indianistische Parteien, getragen vor allem von der so genannten kataristischen Bewegung, in der Intellektuelle indianischer Herkunft politische Forderungen artikulierten. Die Kataristen konnten zwar keine parteipolitischen Wahlerfolge erzielen, aber ihre Ideen haben insbesondere auf dem Land große Verbreitung gefunden.

Zwei Parteien, beide 1987 gegründet, waren mit spezifisch auf die indigene Bevölkerung bzw. Teile davon gerichteten Diskursen außerordentlich erfolgreich: CONDEPA (*Conciencia de Patria*) mit Carlos Palenque und UCS (*Unidad Cívica Solidaridad*) mit Max Fernández.[5]

Carlos Palenque war vor seinem Schritt in die Politik als Radio- und Fernsehmoderator ausgesprochen innovativ. In seinen Sendungen bot er den *Aymaras* von La Paz und in der Altiplano-Region ein Forum zur Darstellung ihrer Probleme und gewann damit eine überwältigende Popularität. Palenque – selbst kein *Aymara* – inszenierte sich als gütiger *compadre*, eine geschickte Instrumentalisierung der andinen Institution des *compadrazgo*, mit der über die Etablierung einer fiktiven Verwandtschaftsbeziehung soziale Verbindlichkeit geschaffen wird. Programmatisch knüpfte CONDEPA an den frühen MNR der Revolutionszeit an mit dem Diskurs vom „mestizischen Bolivien" und der Verheißung von Integration. CONDEPA wurde in der ersten Hälfte der 90er Jahre zur stärksten Partei in La Paz und brachte es auf nationaler Ebene trotz der Schwäche in anderen Regionen immerhin auf Anteile um 14%. Nach dem Tod des *caudillos* im Jahr 1997 ist die

---

[4] Toranzo (1991) spricht in diesem Zusammenhang von der *burguesía chola*.
[5] Zu CONDEPA vgl. Archondo (1991), zu UCS vgl. Mayorga (1991), zu den Problemen beider Parteien nach dem Tod ihrer jeweiligen Parteigründer Goedeking (2001a).

Partei am politischen und geschäftlichen Erbfolgestreit zwischen seiner Witwe, seiner Tochter aus erster Ehe und seiner langjährigen Mitstreiterin, der *Aymara* und Parlamentsabgeordneten Remedios Loza, zerbrochen.

Max Fernández konnte im Gegensatz zu Palenque die „Authentizität" seiner Herkunft einsetzen. Für das weiße Bolivien war er ein *cholo*, ein Emporkömmling aus einfachen, indianischen Verhältnissen, der zwar als Brauereibesitzer unternehmerischen Erfolg hatte, aber doch nie in die „bessere Gesellschaft" aufgenommen werden würde. Für seine Wähler war er „einer von ihnen", er verkörperte die Möglichkeit, auch mit indianischen Gesichtszügen Erfolg haben zu können. Politische Programmatik war und ist bei UCS schlichtweg inexistent, Fernández machte Wahlkampf mit Freibier und vertraute ganz auf die in seiner Person liegende Symbolik. UCS brachte es auf ähnliche Stimmenanteile wie CONDEPA. Auch das Nachfolgeproblem stellte sich ähnlich, denn Max Fernández starb bei einem Flugzeugabsturz im Jahr 1995. Sein Sohn Johnny durfte zwar bei den Präsidentschaftswahlen 1997 wegen seines jugendlichen Alters noch nicht antreten, aber angesichts der Tatsache, dass die Partei *de facto* Teil des Familienunternehmens der Fernández ist, konnte an seiner zukünftigen Führungsrolle kein Zweifel bestehen. Johnny Fernández wurde im Dezember 1995, unterstützt durch den Kondolenzeffekt für seinen kurz zuvor verstorbenen Vater, Bürgermeister von Santa Cruz.

Der zeitweilige Erfolg von CONDEPA und UCS ist als Symptom unter anderem für die weit verbreitete Unzufriedenheit in der indianischen Bevölkerungsmehrheit mit der fehlenden Vertretung ihrer Interessen durch die etablierten Parteien zu werten. Auch wenn beide keineswegs innerparteiliche Demokratie und aktive Partizipation vorangetrieben haben, auch wenn die Beziehung zu ihren Anhängern durch und durch paternalistischen Charakter hatte, bleibt doch die Botschaft an die großen Parteien: Es reicht nicht, selbstzufrieden die neue gewonnene Stabilität des parlamentarisch-demokratischen Systems zu feiern und ansonsten auf die Effizienz der überkommenen klientelistischen Mechanismen zu vertrauen, um das Wahlvolk an sich zu binden. Die indianische Bevölkerung Boliviens in ihrer ganzen Heterogenität ist im Grundsatz offen für alternative politische Angebote. Wenn sich seit den späten 90er Jahren der indigene Protest zunehmend auch in radikalisierter Form mit Blockaden und gewalttätigen Auseinandersetzungen äußert, dann zeigt dies deutlich, wie wenig MNR, ADN und MIR diese Botschaft verstanden haben.

Anspruch und – vorläufiges – Ende eines Reformprojektes: Die Regierung Sánchez de Lozada

Bei den Wahlen 1993 wurde der MNR mit seinem Spitzenkandidaten Gonzalo Sánchez de Lozada mit Abstand stärkste Partei und konnte mit dem MBL (*Movimiento Bolivia Libre*), der sich 1986 vom MIR abgespalten hatte, und dazu mit der UCS als Mehrheitsbeschaffer eine Koalition bilden. Ihre Regierungszeit bis

1997 war geprägt von Aufbruchstimmung und von Reformen, die kaum für möglich gehalten worden waren. Angesichts der heute zu konstatierenden Krisensymptome stellt sich die Frage, was von diesen Reformen geblieben ist und wo ihnen der nötige Tiefgang fehlte, um die bolivianische Demokratie nachhaltig zu stärken.

Sehr unterschiedliche soziale Sektoren gingen hier ein Bündnis ein. Sánchez de Lozada, selber einer der führenden Minenunternehmer Boliviens, brachte eine Gruppe von parteipolitisch unabhängigen Unternehmern mit, die sich durch vergleichsweise liberale Vorstellungen nicht nur auf dem Gebiet der Ökonomie sondern auch in Bezug auf die Gesellschaftspolitik auszeichneten. Der Konflikt mit den langgedienten Parteipolitikern des MNR, die in ihrem Denken fest in der etablierten politischen Kultur Boliviens verankert sind, war vorprogrammiert. Von Seiten des MBL war ein Großteil der linksliberalen Intellektuellen des Landes mit von der Partie, dazu Teile des Spektrums von Nichtregierungsorganisationen. Einen weiteren Akzent setzte die Kandidatur des *Aymara*-Intellektuellen Víctor Hugo Cárdenas für die Vizepräsidentschaft. Cárdenas personifizierte das Projekt eines friedlichen Zusammenlebens in einer plurikulturellen Gesellschaft, in der die indianische Bevölkerung nicht wie seinerzeit durch den MNR als „Mestizen" wegdefiniert, sondern in ihrer kulturellen Unterschiedlichkeit anerkannt würde.[6]

Im Ergebnis stand eine Reformdynamik, die sich auf drei zentrale Projekte stützte: Zum einen ist die bolivianische Variante der Privatisierung von Staatsunternehmen zu nennen, die so genannte *capitalización*. Zum zweiten unternahm die Regierung mit einer groß angelegten Bildungsreform wichtige Schritte beispielsweise bezüglich der mehrsprachigen Grundschulbildung für Kinder, deren Muttersprache nicht Spanisch ist.[7] Zum dritten schließlich ist das Paket aus administrativer Dezentralisierung und der *Ley de Participación Popular* zu nennen, in dessen Rahmen zum ersten Mal das gesamte Territorium Boliviens kommunalen Verwaltungen zugeordnet wurde, die Kommunen neue Zuständigkeiten und Ressourcen bekamen und dazu noch Mechanismen zivilgesellschaftlicher Kontrolle auf kommunaler Ebene institutionalisiert wurden. Zusätzlich sind die Justizreformen zu nennen, die unter Federführung des hoch angesehenen Justizministers René Blattmann stattfanden.

Die demokratisierenden Reformen wurden „von oben" vorgenommen, sie waren nicht Ergebnis gesellschaftlichen Drucks. Zwar weist das Gesetz viel kritisierte Schwachstellen auf, insbesondere in Bezug auf das fortbestehende Monopol der Parteien für politische Kandidaturen auf kommunaler Ebene, trotzdem blieben die Reformen nicht ohne Erfolg: In manchen Kommunen machten loka-

---

[6] Zum unerwarteten Bündnis von den Kataristen um Víctor Hugo Cárdenas vgl. Albó (1993), zur Elitenkonstellation in der ersten Regierungszeit Gonzalo Sánchez de Lozadas vgl. Goedeking (2003).

[7] Vgl. Ströbele-Gregor (1996) mit einer ausführlichen Diskussion der Bildungsreform.

le politische Akteure die *participación popular* zu ihrem Anliegen und füllten sie so mit Leben, während in anderen Kommunen mächtige, etablierte Akteure den Reformprozess entweder blockieren oder instrumentalisieren konnten.

Die Reichweite des Reformprozesses blieb aus einem anderen Grund – jedenfalls vorläufig – begrenzt. 1997 stand das Reformprojekt nicht mehr zur Wahl. Sánchez de Lozada durfte nicht direkt wieder kandidieren. Als Kandidaten nominierte der MNR Juan Carlos Durán, einen farblosen Parteifunktionär, der in keiner Weise für den Reformprozess stand. Es zeigte sich, dass es Sánchez de Lozada versäumt hatte, die Reform der Parteistrukturen des MNR voranzutreiben. Der kleine Koalitionspartner MBL konnte allein keine glaubwürdige Perspektive für eine Fortführung der Reformen bieten und ging bei der Wahl 1997 unter.

Damit war die Rückkehr zum politischen Status quo der späten 80er und frühen 90er Jahre vollzogen. Wieder standen MNR, ADN und MIR als gleichermaßen profilarme Angebote zur Wahl, dazu die, wie gezeigt, nicht weniger paternalistisch organisierten CONDEPA und UCS und unabhängige Kandidaturen, von denen noch die Rede sein wird. Dieses Mal entschieden sich die Wähler noch pragmatisch und mangels Alternativen für „Keine Experimente", der Weg Hugo Banzers in die Präsidentschaft war frei.

Die Regierung Banzer zeichnete sich nicht durch Reformdynamik aus. Zwar initiierte sie zunächst einen „Nationalen Dialog" unter Einschluss von vielen relevanten politischen und gesellschaftlichen Kräften, zeigte aber damit kaum mehr als die eigene Konzeptlosigkeit. Schließlich verfügte die Regierung aus ADN, CONDEPA, UCS und der NFR (*Nueva Fuerza Republicana*) des ehemaligen Bürgermeisters von Cochabamba, Manfred Reyes Villa, über eine deutliche parlamentarische Mehrheit – beste Voraussetzungen, eigene Politik zu formulieren und umzusetzen (vgl. Goedeking 1998). Wieder zeigte sich das Parteienspektrum als alternativarm und wenig repräsentativ, und das darin liegende Krisenpotential konnte neu zur Entfaltung kommen.

Der Reformprozess während der Präsidentschaft Sánchez de Lozada ist vorerst ein kurzer Frühling geblieben, weil neben aller Begeisterung für die Durchsetzung der Reformen an den etablierten Parteien vorbei die echte Öffnung des politischen Systems hin zur Gesellschaft versäumt wurde. Wenn hier trotzdem vorsichtig davon die Rede ist, der Reformprozess sei „vorerst" blockiert, dann soll damit auf ein erstes Szenario verwiesen werden. Die Regierung Banzer hat ab 1997 die Reformgesetze nicht abgeschafft, diesen politischen Konflikt scheute sie. Der Reformprozess verlief vielmehr im Sande, wurde nicht mehr aktiv politisch gefördert. Möglicherweise kann in der Zukunft wieder an den Entwicklungen angeknüpft werden, die auf kommunaler Ebene bereits stattgefunden haben. Wenn etwas geblieben ist, dann die Erfahrung von organisierten sozialen und politischen Akteuren auf lokaler und regionaler Ebene, dass eine Veränderung der Verhältnisse möglich ist.

Gonzalo Sánchez de Lozada regiert seit August 2002 wieder, allerdings strahlt seine Koalition nicht den Reformelan seiner ersten Amtsperiode aus. Ob an die damaligen Reformen aktiv wieder angeknüpft werden wird, ist gegenwärtig noch nicht abzusehen.[8]

Neue Akteure auf der parteipolitischen Bühne

Die Unzufriedenheit eines Großteils der Bevölkerung mit der Verwaltung des parlamentarisch-demokratischen Status quo manifestiert sich darin, dass neue politische Gruppierungen und Kandidaten jenseits der etablierten Parteien deutlich höheres politisches Gewicht erreichen konnten als zuvor. Schon der Erfolg von CONDEPA und UCS war eine Warnung an die drei großen Parteien. Schon Ende der 80er/Anfang der 90er Jahre kündigte sich an, dass die Bindungskraft der etablierten Parteien nachlassen würde und damit politischer Raum für neue politische Kräfte entstehen würde.

Zu Beginn des neuen Jahrtausends ist zu konstatieren, dass eine Tendenz in Bolivien stärker wird, die beispielsweise im benachbarten Peru schon seit vielen Jahren die politische Landschaft prägt: So genannte „unabhängige" Kandidaten spielen relevante Rollen auf der politischen Bühne. Sie agieren jenseits der etablierten Parteien. Zwar gründen sie parteiähnliche Organisationen – ohne eine solche wäre die Teilnahme an Wahlen nicht möglich – aber sie distanzieren sich ausdrücklich von den als korrupt und verfilzt denunzierten Parteien. Das Etikett „unabhängig" wird dabei aufgeladen mit Konnotationen: Ehrlichkeit, Engagement für das Volk an Stelle des Interesses an der eigenen Karriere, Fachkompetenz statt politischer Klüngel – für all dies soll die vermeintliche „Unabhängigkeit" stehen.

Zu diesen Kandidaten gehört zum Beispiel Manfred Reyes Villa. Der ehemalige Offizier hat sich in Cochabamba mit konkreten *obras* einen Namen gemacht, mit Bau- und Infrastrukturprojekten, die als Erfolge vorzeigbar und von jedem Wähler nachzuvollziehen sind. Andere Beispiele sind Politiker wie Juan del Granado, Bürgermeister von La Paz und ehemaliger Spitzenpolitiker des MBL, und René Blattmann, der ehemalige Justizminister in der Regierung Sánchez de Lozada.

Die parteiähnlichen Organisationen hinter solchen Kandidaturen sind ganz auf den Spitzenkandidaten ausgerichtet, sie existieren nur als Bündnis der Unterstützung für diesen. Politische Anhängerschaft ist nicht stabil. Scheidet ein solcher unabhängiger Kandidat aus dem Rennen aus oder gelingt es ihm nicht, die nötige Popularität für einen Wahlerfolg zu erreichen, können seine Unterstützer sehr schnell das Lager wechseln. Auffällig ist, wie sehr lokale und regionale politische Machtpositionen zum Ausgangspunkt für unabhängige Kandidaturen werden. Reyes Villa betrieb seine politische Karriere auf der Grundlage seiner Popularität in Cochabamba, galt im Wahlkampf 2002 als einer der aussichtsreichsten Kandidaten für die Präsidentschaft und scheiterte nur sehr knapp. Auch Juan del Granado, der schon über jahrelange Erfahrung mit politischen Ämtern auf

---

[8] Zur Wahl 2002 und der darauf folgenden Koalitionsbildung vgl. Goedeking (2002).

nationaler Ebene verfügt, dürfte politische Ambitionen haben, die über das Amt des Bürgermeisters von La Paz hinausgehen.

Eine solche Entwicklung stellt für das politische System gleichermaßen ein Krisensymptom wie auch eine Chance dar. Die Krise der etablierten Parteien ist offensichtlich, ihre Glaubwürdigkeit ist angeschlagen und der Erfolg neuer Kandidaten jenseits der Parteien kann ein innovatives Element darstellen. Ganz auf eine Person zugeschnittene politische Bewegungen tragen notwendigerweise caudillistische Züge und verweisen so auf die tradierte politische Kultur Boliviens. Es ist nicht abzusehen, dass neue Parteien im Entstehen begriffen wären, die sich in Bezug auf interne Demokratie und auf Möglichkeiten der Artikulation von Interessen aus der Gesellschaft heraus wesentlich von den etablierten Parteien unterscheiden würden. In vielen Fällen liegt die Vermutung nahe, dass Politiker, deren Karriere in ihrer Partei blockiert war oder keine Karriereaussichten über eine Partei sehen, auf dem Ticket der vermeintlichen Unabhängigkeit versuchen zu reüssieren.

Der Ball liegt, so betrachtet, nicht nur im Feld der ambitionierten Politiker, sondern auch die Gesellschaft, die Wählerinnen und Wähler, stützen und reproduzieren solche Entwicklungen immer neu, indem sie den verachteten Parteien die Gefolgschaft aufkündigen und dafür derartige politische Karrieren möglich machen. Die Verfestigung autoritärer, personenzentrierter Muster in der Politik ist nicht nur eine Frage des politischen Angebotes, sondern auch der politischen Nachfrage aus der Gesellschaft heraus.

Soziale Proteste und unklare Fronten

Während der Regierungszeit Hugo Banzers seit 1997 haben die sozialen Proteste von der Bauernbewegung bis zu lokalen Protesten gegen Privatisierungsvorhaben ein außergewöhnliches Ausmaß angenommen. Demonstrationen, Märsche auf La Paz und Straßenblockaden durch Protestierende gab es zwar auch schon früher, folgen aber jetzt in immer kürzeren Abständen aufeinander.

Im Zentrum der neuen sozialen Proteste steht die organisierte Bauernbewegung.[9] Der gewerkschaftliche Dachverband CSUTCB (*Confederación Sindical Única de Trabajadores Campesinos de Bolivia*) verfügt, seitdem die Macht der Minenarbeiter zusammengebrochen ist, über eine stärkere Rolle in der bolivianischen Gewerkschaftsbewegung. Allerdings tritt er kaum noch als eigenständiger Akteur in Erscheinung, mehr fungiert die CSUTCB als Bühne, auf der die Machtkämpfe verschiedener Bauernführer ausgetragen werden. Die Protestbewegung ist zersplittert und die persönlichen Ambitionen verschiedener Bauern-

---

[9] Zu den Entwicklungen in der indigenen und Bauernbewegung in Bolivien und zu den folgenden Ausführungen vgl. den Beitrag von Juliana Ströbele-Gregor (S. 163-186) in diesem Band sowie Albó (2002). Zu den sozialen Protesten vgl. außerdem Goedeking (2001b).

führer, verstärkt durch unterschiedliche regionale und ethnische Loyalitäten lassen vermuten, dass sich daran auf lange Sicht nichts ändern wird.

Felipe Quispe, genannt „El Mallku", hat vor allem durch seinen radikalen Diskurs für Aufmerksamkeit gesorgt. Der *Aymara*-Führer verfügt über eine vergleichsweise kleine soziale Basis unter Bauern auf dem Altiplano in der Nähe von La Paz. Durch seinen rhetorischen Kampf gegen „die Weißen" mit deutlich rassistischen Untertönen mobilisiert er geschickt die Ängste vor allem der weißen *paceños* vor den „indianischen Horden". Als historische Bezugspunkte dienen dabei die Indianeraufstände aus dem späten 18. Jahrhundert, als Tupaj Katari tatsächlich La Paz belagert hatte.

Quispe kann allerdings jenseits seiner persönlichen Anhängerschaft nur mit wenig Sympathie rechnen. Quechuas aus Cochabamba oder Chuquisaca fürchten wahrscheinlich nicht zu Unrecht, eine mögliche *Aymara*-Dominanz unter dem „Mallku" werde auch ihnen Nachteile bringen. Mit Alejo Véliz zählt ein profilierter Quechua unter den Bauernführern zu den Erzfeinden Felipe Quispes. Trotzdem hat Quispe es geschafft, mit seinem *Movimiento Indígena Pachakutik* (MIP) und 6,1% der Stimmen mit sechs Abgeordneten ins Parlament einzuziehen.

Die Kokabauern aus der Provinz Chapare im Norden Cochabambas bilden wiederum eine eigene Gruppe im Spektrum der Protestierenden. Der Führer der Kokabauerngewerkschaft, Evo Morales, gehört wie Quispe und Véliz zu denen, die lange um die Hegemonie in der Bauernbewegung gestritten haben. Die Probleme der Kokabauern sind nicht neu, die Konflikte mit dem bolivianischen Staat ziehen sich durch die gesamte Zeit der parlamentarisch-demokratischen Stabilisierung. Die USA üben immer wieder Druck auf die bolivianischen Regierungen aus, gegen die Kokabauern als vermeintlich Schuldige am Kokainproblem mit aller Macht vorzugehen. Keine Regierung hatte bislang den Mut, sich diesem Ansinnen offen entgegen zu stellen, zu groß waren die Risiken, sollte das Wohlwollen der USA verspielt werden. Im Ergebnis steht die Provinz Chapare als permanenter Krisen- und Unruheherd. Sondereinheiten von Polizei und Militär gehen mit brutaler Gewalt gegen Kokabauern vor, die sich wehren; dann wieder finden Verhandlungen statt über das „freiwillige" Ausreißen von Kokafeldern, um das aufgeheizte Klima zwischenzeitlich zu beruhigen. Präsident Banzer hatte vollmundig die *Opción Cero* verkündet, das Projekt, den Kokaanbau über den traditionellen Bedarf hinaus ganz zu unterbinden. Noch im Jahr 2000 verkündete er den erfolgreichen Abschluss des Programms – um schon kurze Zeit später durch die Realität widerlegt zu werden.

Evo Morales verbleibt nach den Wahlen 2002 zwar in der Opposition, muss aber doch als eigentlicher Wahlsieger gelten. Mit nicht einmal 1000 Stimmen Vorsprung vor Manfred Reyes Villa sicherte sich Morales mit seinem *Movimiento al Socialismo* (MAS) den zweiten Platz und war damit der einzige, der Gonzalo Sánchez de Lozada das Präsidentenamt streitig machen konnte. Der Politiker Morales steht als Führer der organisierten Kokabauern in einer gewerkschaftlichen Tradition, gleichzeitig steht er für das Anliegen, die ethnische Spaltung der Gesellschaft zu überwinden. Diese Erwartungen stellen eine schwere Hypothek dar für einen Politiker, der selber vollkommen überrascht war von seinem Wahlerfolg und der zwischen der Interessenvertretung für die Kokabauern und der Rolle des Oppositionsführers eine Position finden muss.

Die profiliertesten Führungspersönlichkeiten der Bauernbewegung sind seit 2002 zu Spitzenpolitikern geworden. Ob sie ihre Führungsrolle aufrechterhalten können, ist ungewiss. Möglicherweise werden neue Führungspersönlichkeiten in der Bauernbewegung aufkommen, die vielleicht gerade in Abgrenzung von den Parlamentariern Morales und Quispe agieren werden. Noch zeichnet sich keine Entwicklung dahin gehend ab, die Bauernbewegung könnte die Lähmung durch Spaltungen, Rivalitäten und kurzlebige Bündnisse überwinden. Damit ist sie weit davon entfernt, eine ähnliche Machtposition einzunehmen wie seinerzeit die organisierten Minenarbeiter. Wahrscheinlich scheint für die Zukunft ein Szenario immer wiederkehrender Bauernproteste mit wechselnden Führerschaften.

Der „Krieg um das Wasser"

Jenseits der Bauernproteste muss noch von einer Protestbewegung die Rede sein, die im Jahr 2000 für großes Aufsehen sorgte: der „Krieg um das Wasser" in Cochabamba. Die Aussicht, dass durch die – auch von der Weltbank empfohlene – Privatisierung der Wasserversorgung von Cochabamba die Wasserpreise erheblich steigen würden, sorgte für einen regelrechten Volksaufstand quer durch politische Lager und soziale Schichten. Der wochenlange Protest mit diversen Blockaden, Streiks und gewalttätigen Auseinandersetzungen hatte letztlich im April 2000 Erfolg: Das am Kauf interessierte Konsortium *Aguas del Tunari* unter Führung der britischen *International Waters* zog sich zurück.

Bezeichnend ist, dass es in Cochabamba nicht die traditionellen, etablierten politischen Akteure waren, die den Protest wesentlich trugen. Verschiedene soziale Organisationen, sozusagen aus der Zivilgesellschaft heraus, hatten die *Coordinadora del Agua* gebildet, die eine zentrale Rolle in dem Konflikt eingenommen hat. Mögliche Verhandlungen verzögerten sich dadurch, dass die Regierung dies lange nicht als Verhandlungspartner akzeptieren wollte. Die *Coordinadora* genoss in dieser Zeit außerordentlich großen öffentlichen Zuspruch; an ihrer Legitimität war somit nicht zu zweifeln. Auch sie stellt ein Beispiel dafür dar, wie sich das Spektrum der politischen Akteure in Bolivien verkompliziert: weg von den zentralisierten gewerkschaftlichen Strukturen der Vergangenheit, weg von den klaren Frontstellungen, hin zu einer Vielfalt politischer Artikulationsformen, oft nur mit lokaler oder regionaler Reichweite.

Im „Krieg um das Wasser" hat auch der Ausnahmezustand nicht verhindern können, dass sich die Protestierenden letztlich durchgesetzt haben. Die *Coordinadora del Agua* existierte nach diesem Erfolg weiter, wurde aber zum Spielball persönlicher politischer Ambitionen und hat die Fähigkeit verloren, die Bevölkerung einer Region auf so breiter Basis zu mobilisieren, wie es im Jahr 2000 möglich war. Als politisches Ausrufezeichen bleibt aber der Präzedenzfall einer Protestbewegung, deren Identität weder auf ethnischen noch auf sozialen Kategorien beruhte, sondern die sich, ausgehend von einem konkreten regionalen Problem, gegen eine spezifische Form der Globalisierung, nämlich die Privatisierung eines so grundlegenden Sektors wie der Wasserversorgung richtete.

Diese Form des Protestes, insbesondere deren identitätsstiftende Elemente, stellt nicht nur für die Regierenden eine Herausforderung dar, sondern auch andere Akteure wie Gewerkschaften und Bauernorganisationen müssen eine Position gegenüber derartigen Bewegungen finden. Zwar scheint, oberflächlich betrachtet, die Brücke leicht zu schlagen zu sein zwischen dem Widerstand der *Coordinadora del Agua* gegen die Privatisierung der Wasserversorgung und beispielsweise Forderungen von organisierten Bauern, die Maßnahmen des gesamten, seit 1985 durchgesetzten neoliberalen Programms wieder rückgängig zu machen. Aber die städtische Bevölkerung Cochabambas dürfte kaum zu begeistern sein für die Rückkehr zu einem als authentisch imaginierten, vorkolonialen indianischen Staatsgebilde und ebenso wenig für die sozialistischen Visionen, die noch immer in Teilen des gewerkschaftlichen Bereiches Gewicht besitzen. Das Spektrum der an Protesten beteiligten Akteure, der möglichen Bündnisse und der gemeinsamen Anliegen, die für Mobilisierung sorgen können, ist breiter und unübersichtlicher geworden.

Chancen der Krise

Es scheint wenig wahrscheinlich, dass Bolivien in absehbarer Zeit zum Schauplatz von Zusammenbruchsszenarien werden könnte. Zu gut funktionieren trotz aller Fragezeichen immer noch die Mechanismen der Einbindung neuer politischer Kräfte in die Machtarchitektur der etablierten Parteien, zu routiniert und eingefahren ist der politische Umgang mit organisierten Protesten.

Gewerkschaftliche Organisationen, wie auch die verschiedenen Gruppen der organisierten Bauernbewegung, müssen sich fragen lassen, ob der Weg über radikale Diskurse und Maximalforderungen mittelfristig tragfähig ist, um Veränderungen in der bolivianischen Gesellschaft und Politik voranzutreiben. Von großem Interesse wird sein, wie sich Führungspersönlichkeiten wie Felipe Quispe und Evo Morales in ihrer Rolle als Politiker im Parlament verhalten werden.

Vielleicht könnten Protestbewegungen wie im Verlauf der *Guerra del Agua* neue Elemente in die politische Protestkultur einbringen, die mehr an konkreten Problemen orientiert und offener für die Partizipation unterschiedlicher Teile der Gesellschaft sein könnten. Vielleicht können die Nachwirkungen der Reformen aus der Regierungszeit Sánchez de Lozada einen Beitrag dazu leisten, andere Vorstellungen von Partizipation und gesellschaftlicher Organisation in die Debatte einzubringen. Diese Ansatzpunkte stehen auf schwachen Füßen, aber es gibt doch politische Akteure, die durch ein anderes Denken geprägt sind. So hat beispielsweise die Dachorganisation der indigenen Völker des östlichen Tieflandes CIDOB (*Central Indígena del Oriente Boliviano*) sich nie radikale Diskurse zu Eigen gemacht, sondern fordert Reformen entlang konkreter Probleme.

An die politischen Parteien und Kandidaten stellt sich die Frage ob sie willens und in der Lage sind, sich von klientelistischen, autoritären, caudillistischen Mustern zumindest teilweise zu lösen und von der „hohen Politik" eine Öffnung hin zur Gesellschaft vorzunehmen. Zu Optimismus besteht, wie beschrieben, wenig Anlass, zu groß ist die Versuchung, den einfachen Weg zum politischen Erfolg zu suchen. Eine Chance auf Veränderung könnte darin bestehen, dass eine Generation von *caudillos*, die als Parteigründer und Führungsfiguren der relevanten Parteien über Jahrzehnte unangefochten waren, aus der Politik ausgeschieden ist. Víctor Paz Estenssoro, der selbst von seinem Altersruhesitz in Tarija aus noch großen Einfluss auf den MNR ausübte, ist inzwischen verstorben. Auch Hugo Banzer, die Integrationsfigur von ADN, lebt nicht mehr. Von den „großen Figuren" der bolivianischen Politik bleiben noch der amtierende Präsident Gonzalo Sánchez de Lozada und sein Koalitionspartner Jaime Paz Zamora. Beide sind nicht mehr die Jüngsten, und für beide könnte die Wahlperiode 2002-2007 die letzte an der Macht sein. Ein Generationswechsel steht an und ist teilweise bereits vollzogen. Auch Morales und Quispe bilden keine Ausnahme von diesem Muster, beide sind unumstrittene *caudillos* ihrer Parteien bzw. Bewegungen, deren Existenz ohne ihre jeweiligen Führungsfiguren kaum vorstellbar wäre.

Ob potenzielle Nachfolger mehr Initiativen entfalten werden, die Strukturen von Parteien zu verändern, gesellschaftlich dringende Debatten in die Parteien hineinzutragen, anstatt nur die Verwaltung von Macht zu organisieren, ist eine offene Frage. Skepsis ist angebracht. In der ADN scheint sich mit Jorge Quiroga, der nach dem Rücktritt Banzers das Präsidentenamt bis zur Wahl 2002 innehatte, ein junger, in den USA ausgebildeter Technokrat als neue Führungsfigur durchzusetzen. Nach der katastrophalen Wahlniederlage 2002 mit 3,4% für die ADN wird Quiroga, gerade einmal Anfang 40, wohl versuchen, eine Präsidentschaftskandidatur für 2007 vorzubereiten, mit welchen Bündnispartnern auch immer. In den anderen Parteien zeichnet sich noch keine Nachfolgeregelung ab, zu stark sind noch die Positionen Paz Zamoras und Sánchez de Lozadas, die überdies gegenwärtig miteinander regieren.

Für die nächsten Jahre ist abzusehen, dass die latente Unruhe durch Konflikte, deren Austragung zum Teil schon ritualisierte Formen angenommen hat, bleiben wird. Für die wirtschaftliche Entwicklung des nach wie vor ärmsten Landes Südamerikas sind diese politischen Instabilitätsfaktoren eine Hypothek, und es ist nur ein schwacher Trost, dass Bolivien im Vergleich zum krisengeschüttelten Nachbarn Argentinien plötzlich wieder als leidlich stabil dasteht – die Migrationsbewegung von in Argentinien lebenden Bolivianern zurück nach Bolivien spricht eine deutliche Sprache. Aber diese vermeintliche Stabilität ist nur relativ. Um die soziale Unruhe in Bolivien in den Griff zu bekommen, müssen von Seiten der politischen Klasse glaubwürdige Angebote an die Protestierenden gemacht werden. Ohne eine echte Öffnung des politischen Systems für die indianische Bevölkerungsmehrheit wird kaum eine Dynamik in Gang zu setzen sein, die konstruktive Aushandlungsprozesse an die Stelle von Konfrontation und Gewaltanwendung setzt. Und da Menschen nicht nur von Demokratie und Partizipation leben können, bleiben die grundsätzlichen Fragen danach, wie die Bolivianer ein leidlich stabiles Einkommen erwirtschaften sollen und wie der Staat in die Lage versetzt werden kann, die Befriedigung der wichtigsten Grundbedürfnisse zu organisieren: Wasser und Strom, ein Dach über dem Kopf, Bildung und medizinische Betreuung. Die ethnische Problematik der sozialen Konflikte in Bolivien ist eng verbunden mit dieser wirtschaftlichen und sozialen Dimension.

Literaturverzeichnis

Albó, Xavier (2002): *Pueblos indios en la política*, La Paz.

--- (1993): *¿... y de kataristas a MNRistas? La Sorprendente y Audaz Alianza entre Aymaras y Neoliberales en Bolivia*, La Paz.

Archondo, Rafael (1991): *Compadres al micrófono*, La Paz.

Ardaya S., Gloria/Luis Verdesoto (1994): *Racionalidades Democráticas en Construcción*, La Paz.

Calderón, Fernando (Hrsg.) (1995): *Ahora sí que sí y si no por qué*, La Paz.

Goedeking, Ulrich (2003) (im Erscheinen): *Politische Eliten und demokratische Entwicklung in Bolivien 1985-1996*.

--- (2002): „Wahlen in Bolivien: Zweite Amtszeit für Sánchez de Lozada – Bauernvertreter dominieren die Opposition", *Brennpunkt Lateinamerika*, Nr. 14, S. 145-152.

--- (2001a): „CONDEPA und UCS: Zwei Parteien und ihre Erbfolgeprobleme", in: *Lateinamerika. Analysen-Daten-Dokumentation*, Nr. 45, S. 24-32.

--- (2001b): „Bolivien: Nach vier Jahren Stagnation, ein unruhiges Land", *Brennpunkt Lateinamerika*, Nr. 12, S.125-132.

--- (1998): „Bolivien: Die ersten 100 Tage der Regierung Banzer", in: *Lateinamerika. Analysen-Daten-Dokumentation*, Nr. 37, S. 13-21.

Mayorga, Fernando (1991): *La Política del Silencio*, La Paz.

Mayorga René Antonio (coord.) (1992): *Democracia y gobernabilidad – América Latina*, La Paz/Caracas.

--- (comp.) (1987): *Democracia a la deriva. Dilemas de la participación y concertación social en Bolivia*, La Paz.

Ströbele-Gregor, Juliana (1997): „Zwischen Konfrontation und Kooperation: Indianische Bewegung und Staat in Bolivien", in: von Gleich, Utta (Hrsg.): *Indigene Völker in Lateinamerika: Konfliktfaktor oder Entwicklungspotential?* Frankfurt/M., S. 127-157.

--- (1996): „Bildungsreform und indianische Bewegung in Bolivien", in: *Lateinamerika. Analysen-Daten-Dokumentation* Nr. 31, S. 62-73.

Toranzo, Carlos (1991): „Burguesía chola y señorialismo conflictuado", in: Mayorga, Fernando: *La Política del Silencio*, La Paz, S. 13-29.

Teil 3:
Internationale Handlungsoptionen

Adam Isacson

Sicherheit, Drogen und Terror: Die Politik der USA gegenüber Kolumbien

Die Außenpolitik der USA gegenüber Kolumbien und seinen Nachbarn hat sich als Folge der Attacken des 11. Septembers auf Washington und New York in kürzester Zeit verändert. Die Bush-Administration sieht jetzt „kooperationsunwillige" Staaten und Aufständische als potentielle Sicherheitsbedrohung; ihre Annäherung gegenüber den gewählten populistischen Führern ist weniger eindeutig und kohärent, ihr Vertrauen in militärische Bindungen und Unterstützung nimmt zu.

Schon vor der Tragödie 2001 hatte die Militärhilfe – ein viel benutztes Instrument der USA in Lateinamerika – im Rahmen des Drogenkrieges steigende Tendenz: Kolumbien, Peru und Bolivien standen schon immer unter den 10 größten Empfängerländern für Militär- und Polizeihilfe. Die meiste Hilfe floss in die Vernichtung illegaler Drogenanpflanzungen und in Versuche, Schiffe mit vermuteter Drogenladung aufzubringen.

Derzeit droht der „Krieg gegen den Terror" den „Krieg gegen die Drogen" zu verdrängen. Die Richtlinien für die Verwendung der Militärhilfe und den Einsatz von US-Militärpersonal sind, vor allem für Kolumbien, gelockert worden. Die Militärhilfe für die gesamte Region steigt im Rahmen der „Regionalen Anden-Initiative" der Administration Bush. Vom Umfang her wird der Abstand zwischen der Militärhilfe und der US-Unterstützung für die zivilen, demokratischen Führer, Institutionen und Reformen immer größer. Für Länder, in denen sich demokratisch gewählte Führer gelegentlich kritisch über die US-Politik äußern, ist selbst die diplomatische Unterstützung durch die USA keine „eindeutige" Sache.

Das „11. September-Syndrom" passt in die schon sehr alten Verhaltensmuster der US-Politik. Für mehr als ein Jahrhundert hat Washington kaum „Unordnung" in den Ländern seines „Hinterhofes" geduldet. Die Region war von großer strategischer Bedeutung aufgrund ihrer Nähe zu den USA, der Handelswege, der natürlichen Ressourcen, der billigen Arbeitskräfte und der potentiellen Märkte. Die Ordnung aufrecht zu erhalten, bedeutete aber nicht, parallel dazu starke demokratische Institutionen aufzubauen oder die ökonomischen Ungleichgewichte zu verringern. Stattdessen – egal ob in der Zeit der „Kanonenbootpolitik", des Kalten Krieges, des Drogenkrieges oder des derzeitigen Krieges gegen den Terror – wurden immer die pro USA eingestellten Eliten oder Teile davon mit Militärhilfe unterstützt.

Die Ergebnisse dieses kurzfristig orientierten „Militär-*Approach*" – Unrechtsregime, schwere zivil-militärische Ungleichgewichte, Schwierigkeiten, (nicht gewaltsame) Reformen durchzuführen – haben dazu beigetragen, dass die Mehrheit der Bevölkerung der Region in Armut und Unsicherheit lebt. Das Ergebnis ist eine frustrierende Spirale: Armut und mangelnde Sicherheit sind Nährboden für illegale Aktivitäten und weitere soziale Unruhen, auf die Washington mit noch mehr militärischer Unterstützung reagiert.

Die Attacken des 11. Septembers wären eine gute Gelegenheit gewesen, mit diesem „Verhaltensmuster" zu brechen und anzuerkennen, dass die Turbulenzen in der Region zu mehr Aufmerksamkeit Anlass geben sollten als festzustellen, dass der Staat nicht in der Lage ist, sein Gewaltmonopol durchzusetzen. Bisher jedoch haben sich diese Verhaltensmuster nur beschleunigt.

Das fällt nirgendwo mehr ins Auge als im Fall von Kolumbien – und da es drei von vier US-Dollar Militärhilfe für die Andenländer erhält, konzentriert sich der Beitrag auf dieses Land.

Im Jahr 2000 hatte die Clinton-Administration ein spezielles Hilfegesetz für Kolumbien durch den Kongress gebracht, mit einem weit kleineren Betrag für seine Nachbarn. Der damalige Drogenzar, General Barry McCaffrey, der das Gesetz vor allem unterstützt hat, machte die Prognose, dass mit den US$ 1,3 Mrd. für den *Plan Colombia* – US$ 860 Mio. sind für Kolumbien, davon ¾ für Militär und Polizei – „die Demokratie, der Rechtsstaat, die wirtschaftliche Stabilität und die Menschenrechte in Kolumbien gefördert würden."[1] Die Kritiker des Gesetzes warnten dagegen vor schwerwiegenden Folgen. „Wir riskieren, dass wir in einen schrecklichen Schlamassel hinein gezogen werden", warnte der spätere demokratische Senator Paul Wellstone (Minnesota):

> Die Geschichte hat immer wieder gezeigt, dass speziell in Lateinamerika – man denke nur an Nikaragua oder El Salvador – die tatsächlichen Effekte dieser hier diskutierten Strategie Militarisierung und Eskalation der Konflikte (nicht ihre Verminderung) gewesen sind.[2]

Seit der Debatte im Jahr 2000 ist in Kolumbien viel passiert. Die Kämpfe zwischen der Regierung, zwei linken Guerilla-Organisationen und rechten paramilitärischen Gruppen haben sich verstärkt, mehr als 4000 Menschen sind getötet worden, 350.000 waren im letzten Jahr gezwungen, ihr Zuhause zu verlassen. Die Friedensverhandlungen der kolumbianischen Regierung mit der Guerilla

---

[1] United States Congress (2000).
[2] United States Senate (2000a). Soweit nicht anders angegeben, stammen sämtliche Zitate von der Übersetzerin.

wurden im Februar 2002 wie mit einem „Paukenschlag" abgebrochen. Drei Monate später verkündete Kolumbiens gewählter Präsident Álvaro Uribe, ein Hardliner, dass er das Land auf einen totalen Kriegskurs bringen wolle. Die Drogenproduktion nahm wieder explosiv zu. Die Menschenrechtssituation verschlechterte sich. „Demokratie und Rechtsstaatlichkeit, wirtschaftliche Stabilität und Menschenrechte" wurden weiter ausgehöhlt.

Trotzdem hat Kolumbien seit dem 11. September 2001 wesentlich weniger Aufmerksamkeit bei der Bush-Administration und den US-Medien erregt. An diesem schrecklichen Tag wollte Colin Powell gerade seinen Antrittsbesuch als Außenminister in Bogotá machen. Es vergingen 15 weitere Monate bis Powell dann für 24 Stunden im Dezember 2002 in Kolumbien war. Ein Land, das General McCaffrey drei Jahre früher als „außer Kontrolle, als bösen Alptraum" beschrieben hatte, wurde durch Länder mit höherer Priorität in der Terrorbekämpfung und durch den von der Bush-Administration ins Auge gefassten Irak-Krieg verdrängt.[3]

Geringe Aufmerksamkeit in der Regierungsspitze führte jedoch noch lange nicht zum Stillstand der Politik. Tatsache ist, dass sich die US-Politik gegenüber Kolumbien durch zwei widersprüchliche Tendenzen auszeichnet. Obwohl Kolumbien jetzt einerseits von geringerer Bedeutung ist, nehmen andererseits der Umfang und die Bereiche der US-Militärhilfe schnell zu: ein gefährliches Paradoxon. Die USA dürften schon bald ihre bisher gezeigte „Anti-Konflikthaltung" überwinden und dem „komplexen" Krieg in Kolumbien gefährlich nahe kommen, aber mit weniger öffentlicher Debatte und Kontrolle von oben als bisher.

Insgesamt haben Militär- und Polizeihilfe steigende Tendenz; neue kolumbianische Einheiten führen Operationen in neuen Einsatzgebieten des Landes durch. Eine im August 2002 durchgeführte Gesetzesänderung erweitert die Einsatzbereiche für die Militärhilfe: über Jahre auf die Anti-Drogenpolitik beschränkt, schließt sie jetzt die „Anti-Terror-Hilfe" ein. Diese Veränderungen ermöglichten es den mit US-Hilfe finanzierten Einheiten, eine Offensive gegen die Fuerzas Armadas Revolucionarias de Colombia (FARC), das *Ejército de Liberación Nacional* (ELN) und die paramilitärischen Selbstverteidigungsgruppen *Autodefensas Unidas de Colombia* (AUC) durchzuführen. Spezielle US-Einsatzkräfte trainieren jetzt Tausende von Soldaten, damit sie eine Pipeline bewachen oder Aufständische jagen. Die Unterstützung der Konfliktopfer, der Aufbau eines funktionierenden Rechtswesens und die Rettung der ländlichen Wirtschaft haben dagegen eine ungewisse Zukunft.

Es ist wenig wahrscheinlich, dass die US-Anti-Terror-Hilfe und die drakonische Sicherheitspolitik von Präsident Uribe eine ausreichende Schlagkraft entwickeln können, um die Guerilla und die Paramilitärs in den Kollaps zu treiben. Eine wahrscheinlichere Entwicklung ist, dass diese Politiken den Krieg anheizen und dass der Drogenhandel nicht gestoppt wird. Das würde den Druck erhöhen,

---

[3] Seper (1999: 13).

mehr Hilfe für die Aufrechterhaltung der Sicherheit bereit zu stellen und eventuell die Rolle des US-Militärs zu erweitern.

Die US-Hilfe seit Ende der 90er Jahre

Lange bevor Bush ins Weiße Haus einzog, stellten die Kritiker der US-Strategie gegenüber Kolumbien fest, dass diese zu sehr auf die Prioritäten des Drogenkrieges fokussiert war und zu sehr auf die Sicherheitskräfte baute, die in vielfältige Probleme verwickelt waren. Die Politik, so argumentierten ihre Kritiker, würde die komplizierten, tiefverwurzelten Ursachen des kolumbianischen Konfliktes ignorieren.

In einem Land mit schwacher Regierung, starken sozialen Gegensätzen und seit alters her missbräuchlich agierenden und korrupten Sicherheitskräften hatte die US-Hilfe immer Militär und Polizei bei der Bekämpfung der Drogenwirtschaft – die mehr ein Symptom als eine Ursache für die Probleme des Landes ist – unterstützt.

Das wird zur Eskalation der sozialen und militärischen Konflikte führen, das Problem des Drogenhandels nicht lösen, den Friedensprozess in Gefahr bringen, der Kultur und dem Lebensstil der indigenen Völker Schaden zufügen, das Ökosystem des Amazonas schwer beschädigen, die Menschenrechtssituation verschlechtern, die Vertreibung fördern und damit die soziale und politische Krise insgesamt verstärken,

warnten im Juni 2000 mehr als 70 kolumbianische NRO in einem Brief.[4]

Diese Warnungen wurden in den Wind geschlagen. Zwischen 1999 und 2002 vergaben die USA US$ 2,4 Mrd. an Kolumbien. Von diesem Betrag sind 83% – US$ 1,69 Mrd. oder fast US$ 1,2 Mio. pro Tag über vier Jahre lang – an die Polizei und das Militär von Kolumbien geflossen. Das wird im Rahmen der Hilfe der Bush-Administration für 2003 fortgesetzt. Die USA werden dieses Jahr etwa US$ 650 Mio. bereitstellen, davon rund US$ 0,5 Mrd. für Kolumbiens Sicherheitskräfte.[5]

---

[4] „Plan Colombia: A Plan for Peace, or a Plan for War?" Brief von 73 kolumbianischen Nichtregierungsorganisationen (Bogotá: June 2000; www.ciponline.org/colombia/062001.htm).

[5] Diese Schätzungen stammen aus 27 verschiedenen Dokumenten der US-Regierung, die hier nicht alle aufgezählt werden können (vgl. http://ciponline.org/colombia/aidtable.htm).

Tabelle 1a: Programme für Militär- und Polizeihilfe (in US$ Mio.)

	1997	1998	1999	2000	2001	2002 aktueller Stand	2003 angefordert	2004 angefordert
International Narcotics Control (INC) State Department-managed counter-drug arms transfers, training, and services	33.45	56.5	200.11	688.05	46.35	259	284.2	313
Foreign Military Financing (FMF) Grants for defense articles, training and services	30	0	0.44	0.02	4.49	0	93	110
International Military Education and Training (IMET) Training, usually not counter-drug	0	0.89	0.92	0.9	1.04	1.18	1.18	1.6
Emergency Drawdowns Presidential authority to grant counter-drug equipment from U.S. arsenal	14.2	41.1	58	0	0	0	0	0
„Section 1004" Authority to use the defense budget for some types of counter-drug aid	10.32	11.78	35.89	68.71	150.04	84.99	102	93.5*
„Section 1033" Authority to use the defense budget to provide riverine counter-drug aid to Colombia	0	2.17	13.45	7.23	22.3	4	13.2	13.2*
Antiterrorism Assistance (ATA) Grants for anti-terrorism defense articles, training and services	0	0	0	0	k.A.	25	k.A.	k.A.
Excess Defense Articles (EDA) Authority to transfer „excess" equipment	0.09	0	0	0.41	0.46	0.44	2.37	1.4*
Discretionary Funds from the Office of National Drug Control Policy	0.5	0	0	0	0	0	0	0
Gesamt	88.56	112.44	308.81	765.32	224.68	374.61	495.95	532.7

Tabelle 1b: Wirtschafts- und Sozialhilfe (in US$ Mio.)

	1997	1998	1999	2000	2001	2002 aktueller Stand	2003 angefordert	2004 angefordert
Economic Support Funds (ESF) Transfers to the recipient government	0	0	3	4	0	0	0	0
Development Assistance (DA) Funds for development projects	0	0.02	0	0	0	0	0	0
International Narcotics Control (INC) State Department managed funding for counter-drug economic and social aid	0	0.5	5.75	208	5.65	127.5	154.8	150
Gesamt	0	0.52	8.75	212	5.65	127.5	154.8	150
Gesamt Tabelle 1a + 1b	88.56	112.96	317.56	977.32	230.33	502.11	650.75	682.7

*Schätzungen auf der Grundlage der beiden vorhergehenden Jahre.

Seit 1999 umfasste die US-Hilfe: 84 Helikopter; die Schaffung neuer Brigaden in der Armee und Marine; Zuschüsse für Fracht- und Kampfflugzeuge, Patrouillenboote; Lieferung von Kommunikations- und Aufklärungsausrüstungen, Uniformen und kleinen Waffen; insgesamt wurden über 15.000 Mitglieder von Militär und Polizei (davon 2001 allein 6.300) trainiert. Hunderte von Personen der US-Streitkräfte und privates Vertragspersonal arbeiteten in Kolumbien als Trainer, Geheimdienstpersonal, Piloten und Mechaniker für Sprühflugzeuge u.a. Seit 1996 haben US-Piloten der Anti-Drogenmission Herbizide über mehr als 1 Mio. Morgen Land in Kolumbien gesprüht.

Hilfe an Kolumbiens Polizei

Bis 1999 erhielt Kolumbiens Polizei fast sämtliche bereitgestellte Militärhilfe. Washington war allerdings auf der Hut, nicht zu tief in den Konflikt des Landes hinein zu geraten; die Bemühungen Anfang der 90er Jahre, die Kartelle von Cali und Medellín zu zerschlagen, hatten engere Beziehungen mit der Polizei als mit den Streitkräften entstehen lassen. Letztere waren aufgrund von Anschuldigungen wegen Korruption, Menschenrechtsverletzungen und Zusammenarbeit mit rechten Paramilitärs zunehmend ins Zwielicht geraten. Die Clinton-Administration kanalisierte trotzdem 1999 und 2000 in großem Umfang Militärhilfe an Kolumbien. Sie argumentierte, dass aufgrund der Verstrickung der Guerilla und der paramilitärischen Kräfte in das Drogengeschäft viele Einsätze der Drogenbekämpfung für die Polizei allein zu gefährlich seien.

Obwohl Kolumbiens Streitkräfte derzeit fast die gesamte Hilfe erhalten, ist Washingtons Engagement für die Polizei – speziell für die Anti-Drogenabteilung (DIRAN) – immer noch groß. Diese Einheit führt überwiegend die Beschlagnahmung von Drogen durch und arbeitet mit der *Drug Enforcement Agency* (DEA) bei der Festnahme von Drogenhändlern zusammen. In ländlichen Gebieten, in denen Bauern illegal Drogen anbauen, bewachen die mit US-Zuschüssen finanzierten DIRAN Air Service Hubschrauber die angeheuerten Piloten, die illegale Drogenpflanzungen mit Herbiziden besprühen. Dabei riskieren sie, in das Bodenfeuer der bewaffneten Rebellen zu geraten: Sprühflugzeuge wurden 2001 rund 180 Mal getroffen.[6] In den letzten Jahren haben die USA den DIRAN Luftservice mit Blackhawk und Huey Hubschraubern, sowie C-26B Aufklärungsflugzeugen ausgerüstet und verschiedene Militärstützpunkte in Kolumbien baulich verbessert.[7] Die Abteilung für Drogenbekämpfung hat vier Spionageeinheiten (SIUs) in der kolumbianischen Polizei geschaffen und finanziert; das sind Eliteeinheiten, die besondere Risikomissionen gegen die Drogenhändler durchführen.[8]

Die Bush-Administration will 2003 rund US$ 120,5 Mio. für die Unterstützung der kolumbianischen Polizei ausgeben.[9] Weitere Mittel werden aus dem „Anti-Terror-Kampf-Gesetz" (August 2002) beigesteuert: US$ 4 Mio. für Polizeieinheiten, die den Bau von Polizeistationen in von der Guerilla kontrollierten Gebieten bewachen und US$ 25 Mio. für die Anti-Kidnapping Abteilung, die zusammen mit der Armee operieren wird.[10]

Die DIRAN wurde 2002 von Skandalen erschüttert, als Kontrolleure herausfanden, dass hochrangige Offiziere mindestens US$ 2 Mio. der US-Hilfe, die für administrative Ausgaben vorgesehen waren, unterschlagen hatten.[11] Obgleich die Untersuchungen weitergehen, wurden aufgrund des Skandals 12 Offiziere entlassen und der Direktor der DIRAN, General Gustavo Socha, versetzt.

Die Anti-Drogen-Brigade

Kolumbiens Streitkräfte, speziell das Heer, erhalten jetzt die meiste US-Hilfe. Seit 1999 wurde mehr als die Hälfte aller Hilfe für die kolumbianische Armee

---

[6] United States, Department of State, U.S. Botschaft Bogotá (2002a).
[7] United States, Department of State, Bureau for International Narcotics and Law Enforcement Affairs (2002a).
[8] United States Senate (2002a).
[9] United States, Department of State, Bureau for International Narcotics and Law Enforcement Affairs (2002b).
[10] United States, White House (2002a).
[11] United States, Department of State (2002a).

dazu verwandt, eine neue, 2300 Mann starke Brigade aufzubauen und zu finanzieren. Die erste Anti-Drogen-Brigade führt ihre Operationen in den Provinzen Caquetá und Putumayo im Süden Kolumbiens durch. Dieses Gebiet, in dem mehr als ein Drittel des gesamten Kokaanbaus (Pflanze für Kokainherstellung) in Kolumbien erfolgt, ist durch die Auseinandersetzungen mit den FARC – für sie war das Gebiet für Jahrzehnte eines ihrer Hauptbollwerke – und den paramilitärischen Kräfte stark umkämpft. Die Paramilitärs kamen Ende der 90er Jahre und haben jetzt die Mehrzahl der Städte unter ihrer Kontrolle. Die ursprüngliche Mission der neuen Armeeeinheit war, Laboratorien zur Weiterverarbeitung von Drogen zu zerstören, Drogenhändler zu stellen und bewaffnete Gruppen aus den Drogenanbauflächen zu verdrängen (oder zumindest so lange fernzuhalten, bis die Flugzeuge besprüht hatten). Ab August 2002 ermöglichte die Gesetzesänderung, dass die Anti-Drogen Brigaden ihre Ausrüstung und ihr Training sowohl für „Anti-Terror-Einsätze" als auch für „Anti-Drogen-Einsätze" benutzen konnten. Infolgedessen war ein Teil der Operationen der Brigade den *counter-insurgency*-Einsätzen, während des Kalten Krieges in Lateinamerika allgemein angewandt, sehr ähnlich.

In Kolumbien werden jährlich Millionen US$ für Treibstoff und für die Wartung von Dutzenden von geschenkten Hubschraubern verbraucht. Die Hubschrauber transportieren die Anti-Drogen-Brigade im straßenlosen und gefährlichen Süden des Landes. Die Helikopter werden von (durch US-Personal trainierte) Piloten der kolumbianischen Luftwaffe geflogen, deren Stützpunkt sich im Departement Tolima befindet. Tolima soll 2003 – gemäß den Plänen der Bush-Administration – mit rund US$ 76 Mio. unterstützt werden.[12] Einige der Hubschrauberpiloten – darunter auch Co-Piloten, die gewöhnlich die Anti-Drogen-Brigade transportiert haben – sind kein kolumbianisches Militärpersonal sondern Zivilpersonen, die für private US-Firmen mit Verträgen des State Departements arbeiten. Sie sind keine US-Bürger.[13]

Hilfe für Kolumbiens Marine und Luftwaffe

Zusätzliche Hilfe ist auch an das *Marine Corps* (Teil der kolumbianischen Marine) gegangen, um den Drogenhandel auf den Tausenden von Kilometern der Flüsse des Landes zu stoppen. Mit US-Finanzierung wurde 1999 eine Fluss-Brigade mit fünf Bataillonen gegründet, stationiert in den am stärksten am Konflikt beteiligten Gebieten (Putumayo, Guaviare, Guainía, Magdalena Medio und Urabá). Die Bataillone bestehen aus 58 „Flusskampfeinheiten" (RCEs). Das sind kleinere Einheiten von jeweils vier Booten, die in sehr abgelegenen Gebieten operieren. Bis September 2002 waren mit Unterstützung der USA 33 RCEs ge-

---

[12] United States, Department of State, Bureau for International Narcotics and Law Enforcement Affairs (2002c).

[13] United States, Department of State (2002b).

bildet worden.[14] Kolumbiens Küstenwache hat ebenfalls Boote und Training erhalten, um den Transport von Drogen an der Küste zu unterbinden.

Auch Kolumbiens aus 7000 Mann bestehende Luftwaffe profitiert von der US-Hilfe. Ein großer Teil ist mit dem sog. „Programm zur Unterbrechung der Luftbrücke" verbunden. Im Rahmen dieses Programms identifiziert US-Personal möglicherweise Drogen schmuggelnde Flugzeuge, die dann von der kolumbianischen und peruanischen Luftwaffe zur Landung gezwungen werden. US-Radar und Überwachungsflugzeuge, die Landebahnen in Kolumbien und den Nachbarländern benutzen, sammeln Informationen über verdächtige Aktionen. Die kolumbianische Luftwaffe – sie nutzt A37 Kampfflugzeuge aus US-Beständen – nimmt mit ihnen Kontakt auf und versucht, sie zur Landung zu zwingen. Das Programm – manche nannten es „Abschusspolitik" –, führte zum Absturz vieler „verdächtiger" Flugzeuge. Es wurde im April 2001 eingestellt, als die peruanische Luftwaffe auf ein kleines Privatflugzeug feuerte, das eine Familie von US-Missionaren an Bord hatte, von denen zwei Mitglieder getötet wurden. Sprecher der Bush-Administration äußerten die Ansicht, dass das Programm im Frühjahr 2002 wieder aufgenommen werden könnte, nachdem neue Verfahren entwickelt und die Piloten erneut in Oklahoma trainiert worden seien. Bis Februar 2002 war noch keine endgültige Entscheidung gefallen.[15]

Zweifel über die Einhaltung der Menschenrechte in Kolumbien haben ebenfalls die Hilfsprogramme beeinflusst. Das *Leahy Amendment*, eine Klausel benannt nach dem Senator von Vermont, Patrick Leahy, die seit 1997 Bestandteil des Gesetzes für die Auslandshilfe der USA ist, verbietet die Unterstützung von ausländischen Militäreinheiten, die Personal beschäftigen, das Menschenrechtsverletzungen begangen hat, ohne dafür bestraft worden zu sein. Menschenrechtsorganisationen haben jahrelang die Luftwaffe kritisiert, dass sie die Verantwortlichen der Bombardierung in Santo Domingo weder befragt noch verfolgt habe. Bei der Bombardierung in der Provinz Arauca waren 18 Zivilisten getötet worden. Nach jahrelanger Untätigkeit war das *State Department* als Folge des Santo Domingo-Falls gezwungen, im Einklang mit dem *Leahy Amendment* die Hilfe für Kolumbiens 1. Luft-Kampfbataillon (CACOM-1) im Januar 2003 einzustellen.[16]

Ausbildung und Nachrichtendienst

Während „Megageschenke" wie Hubschrauber, Flugzeuge, Radaranlagen und Militärstützpunkte große Aufmerksamkeit auf sich ziehen, sind die weniger

---

[14] United States Senate, Senatssitzung zu International Narcotics Control (2002).
[15] So John Walters, Direktor des Office of National Drug Control Policy (White House), in einer Pressesitzung (http://ciponline.org/colombia/02081301.htm, 13.8.2002). Vgl. auch United States, Department of State (2003a).
[16] United States, Department of State (2003b).

kostspieligen Arten von Hilfsleistungen eventuell viel wirkungsvoller. Ausbilder der US-Armee führen jährlich Tausende von Kursen für ihre kolumbianischen *Counterparts* durch. Die Kurse umfassen alles: von Schießübungen über die Reparatur von Hubschraubern bis zu Menschenrechten. US-Einheiten auf kolumbianischem Territorium – normalerweise *Marines* und Spezialkräfte – haben mehr als die Hälfte des Trainings für das 6300 Mann umfassende Militär- und Polizeipersonal 2001 durchgeführt.[17] Der Rest wurde an Militäreinrichtungen in den USA geschult. Darunter waren 151 Personen, die am Institut für Sicherheitszusammenarbeit für die Westliche Hemisphäre der US-Armee – Nachfolgeinstitution der mit großen Kontroversen belasteten *School of the Americas* in Fort Bennings, Georgia – fortgebildet wurden.[18]

Das Training für die Anti-Drogen-Brigaden erstreckt sich vor allem auf die *light-infantry-skills*. Der Begriff umfasst Taktik und Fertigkeiten für kleine Einheiten, seien es Anti-Drogen- oder Anti-Terror-Einheiten, um in schwierigem Gelände operieren zu können. Dazu gehören: das sich Vertraut machen mit Waffen und Schießübungen, Hinterhalt-Techniken, Camouflage, Kommunikation, Karten- und Kompasslesen und ähnliche Fertigkeiten.

Die USA haben auch eine der am kontroversesten diskutierten Arten der Hilfe verstärkt: den (geheimen) Nachrichtendienst. Kolumbiens Streitkräfte erhalten mehr denn je Informationen aus US-Abhöreinrichtungen, Flugzeug- und Satellitenaufnahmen und von Geheimdienstlern selbst. Das US-Personal bietet seinen kolumbianischen *Counterparts* auch Ausrüstungen und Training an, um ihre eigenen nachrichtendienstlichen Fähigkeiten zu verbessern.

Eine (begrenzt) geheime Anweisung der Clinton Administration (*Presidential Decision Directive*, PDD-73) hatte den Austausch von Nachrichten – abgesehen von solchen im Anti-Drogenkampf – mit den kolumbianischen Sicherheitskräften verboten. Das Pentagon äußerte gegenüber der *Washington Times* im Februar 2002, dass man die PDD-73 Einschränkung „frustrierend und ärgerlich" fände.[19] Im November 2002 ersetzte die Bush-Administration die alte Richtlinie durch die geheime NSPD (*National Security Presidential Directive*) 18, die den USA erlaubt, sämtliche nachrichtendienstliche Erkenntnisse über die Guerilla und die paramilitärischen Aktivitäten, d.h. über die Drogenproblematik hinaus, auszutauschen.[20] Die Folge ist, dass die USA Geheiminformationen, die über Bedrohungen (einschließlich taktischer Informationen über die bewaffneten Aufständischen und ihre Einsatzverstecke) außerhalb des Drogenbereichs gesammelt werden, ebenfalls weitergeben kann.

---

[17] United States, Department of Defense (2002a).
[18] United States, Department of Defense (2002b).
[19] Scarborough (2002).
[20] Ebda.

Soziale und wirtschaftliche Hilfe

Die facettenreiche Militärhilfe ist in den USA, vor allem in liberalen und moderaten Kreisen, kontrovers diskutiert worden. Viele Skeptiker wurden jedoch durch die Sozial- und Wirtschaftshilfe besänftigt, die das Waffentraining begleitete. „Viele Kongressmitglieder, die nicht damit einverstanden waren, das militärische Engagement in Kolumbien zu verstärken, unterstützten den *Plan Colombia* aufgrund seiner Ausgewogenheit," sagte Nita Lowey (New York), Top-Demokratin des Subkomitees für das Auslandshilfe-Budget des Repräsentantenhauses; „Ich selbst war auch darunter."[21]

Ungefähr einer von sechs Dollar aus dem *Plan Colombia* und anschließenden Hilfsleistungen hat Kokabauern geholfen, sich auf legale Produkte umzustellen, hat Personen, die durch die Konflikte vertrieben wurden, Nothilfe geleistet, hat Büros von Richtern und Staatsanwälten unterstützt, hat Personen aus staatlichen und nichtstaatlichen Menschenrechtseinrichtungen Schutz gewährt, und hat „Kindersoldaten" geholfen. „Dieses Gesetz unterstreicht, dass wir die ärmste Bevölkerung in Kolumbien nicht vergessen haben", sagte der demokratische Senator Richard Durbin (Illinois) während der Debatte über den *Plan Colombia*.[22]

Die Bewilligung von US$ 343 Mio. für solche nicht militärischen Zwecke im Zeitraum 2000 bis 2002 unterstreicht, dass Washington zumindest teilweise anerkennt, dass die kolumbianische Krise zu komplex ist, um sie allein mit militärischen Mitteln zu lösen. Das steht auch im Einklang mit der *counter-insurgency* Doktrin der USA. Obgleich deren Folgen in den Dritte-Welt-Konfliktzonen von Vietnam bis Zentralamerika schrecklich waren, werden noch immer große Teile der US-Hilfe gemäß ihren Richtlinien in die Konfliktländer kanalisiert. *Counter-insurgency* ist nicht nur eine militärische Strategie, sondern betont auch, wie wichtig es ist, die „Herzen und Köpfe" der Bevölkerung zu gewinnen, um die Kontrolle der Regierung über die von der Guerilla beherrschten Gebiete wieder herzustellen. Das „Vor-Ort-Handbuch" der US-Armee erklärt:

> Eine erfolgreiche Bekämpfung der Aufständischen bedeutet anzuerkennen, dass die wirkliche Bedrohung für die Regierung in der politischen und nicht der militärischen Stärke der Rebellen liegt. Obwohl die Regierung die bewaffneten Einheiten der Rebellen vernichten muss, bedeutet diese Konzentration auf den militärischen Aspekt der Bedrohung noch lange nicht, dass damit die wirkliche Gefahr aufs Korn genommen wird.[23]

Doch der US-Ansatz für Kolumbien scheint selbst diese grundlegenden Lehrsätze der *counter-insurgency* zu vernachlässigen. Massives Versprühen von Herbiziden aus der Luft heizt die Stimmung gegen die Regierung in einem von der Guerilla

---

[21] United States House of Representatives (2002a).

[22] United States Senate (2000a).

[23] United States Army (1990).

kontrollierten Gebiet weiter an. Außerdem wird die soziale und wirtschaftliche Komponente der Hilfe aus Washington, nach Auffassung der meisten Kolumbianer, durch den bei weitem größeren Umfang der Militärhilfe, überdeckt. Die Probleme der Implementierung der Hilfe sind ebenfalls sehr groß gewesen. Einige Hilfsprogramme, besonders die humanitäre Nothilfe, scheinen die Zielgruppen erreicht zu haben – obwohl die US-Botschafterin in Kolumbien, Anne Patterson, zugegeben hat, dass „sie einen Tropfen auf den heißen Stein angesichts der wirklichen Bedürfnisse der vertriebenen Bevölkerung in Kolumbien darstellen."[24] Andere wichtige Programme haben dagegen mit bürokratischen Hindernissen gekämpft, vor allem mit den Engpässen in den kolumbianischen Regierungsinstitutionen und ihrer Tendenz, die lokalen Regierungsautoritäten, die Nichtregierungsorganisationen und die Kommunen auf der Empfängerseite auszuschließen.

Ein alternatives Entwicklungsdesign in Putumayo – Epizentrum der zunehmenden Besprühungsaktionen – ist praktisch zusammengebrochen. Die Unterstützung bei der Reform des Rechtswesens ist ebenfalls nicht planmäßig vorangekommen. Im September 2002 – zwei Jahre nach der Zustimmung zur Hilfe für den *Plan Colombia* – berichtete das Bewilligungskomitee, dass bis dahin mehr als die Hälfte der Gelder nicht ausgegeben worden seien.[25] Es ist mehr als besorgniserregend, dass Tausende von Menschen, die direkt unter den Auswirkungen der Militärhilfe der USA leiden, nicht von den wirtschaftlichen und sozialen Hilfsprogrammen, die mit ihnen verbunden gewesen sind, erreicht wurden.

Der „*Push* in den Süden Kolumbiens"

Auch wenn die militärische Komponente des Hilfsprogramms für den *Plan Colombia* wesentlich zügiger als die soziale und wirtschaftliche Komponente kanalisiert worden ist, war auch ihr Start langsam. Es war zeitaufwendig, 2300 Mitglieder der Anti-Drogen-Brigaden (viele von ihnen sind inzwischen zu anderen Einheiten versetzt worden) auszuwählen und auszubilden, die Stützpunkte zu verbessern, Hubschrauber zu schicken und Piloten auszubilden. Die letzten Hubschrauber und die ersten Piloten waren z.B. bis Sommer 2002 noch nicht einsatzbereit.[26] Acht AT-802 Sprüh-Flugzeuge wurden erst 2003 geliefert.[27]

Noch als die militärischen Hilfslieferungen auf den Weg gebracht wurden, weiteten die Regierungen der USA und Kolumbiens die Besprühungen mit Herbiziden im und um das Departement Putumayo, wo die vom *Plan Colombia* unterstützten Brigaden ihre Operationen durchführen sollten, beträchtlich aus. Die Ausweitung der Besprühungs-Aktionen in dieser Zone war ein wichtiges Ziel

---

[24] United States, Department of State, U.S. Botschaft Bogotá (8.10.2002).
[25] United States Congress (2002a).
[26] United States Senate, Senatssitzung zu International Narcotics Control (17.9.2002).
[27] United States, Department of State (3.12.2002).

des sog. „*Push* in den Süden Kolumbiens". Das war der Name, den die Gestalter des Pakets 2000 ihrer Hilfe für die neuen Brigaden und deren Einheiten gaben. In der ersten Runde wurden im Putumayo zwischen Dezember 2000 und Februar 2001 25.000 ha besprüht, und zwar bevor der Anti-Drogen-Brigade ihre drei Bataillone zur Verfügung standen.[28]

Vor allem aufgrund der Einwände der USA setzte die Regierung Pastrana nach dieser ersten Runde die Besprühungen aus, damit die alternativen Entwicklungskomponenten des *Plan Colombia* eine Chance für ihren Beginn hätten.[29] Die Anstrengungen, den Kokabauern beim Übergang zu legalen Anbauprodukten zu helfen, schlugen sich in Form einer großen Zahl von „Sozialpakten" nieder. Die Unterzeichner sollten zunächst eine elementare Unterstützung erhalten, gefolgt von technischer Beratung und Infrastrukturhilfe. Im Gegenzug würden sie alle Kokapflanzungen innerhalb der nächsten zwölf Monate nach Beginn der Hilfe vernichten. Bis Juli 2001 hatten 37.000 Familien im Putumayo, das ist etwas weniger als die Hälfte der Bevölkerung dieses Departements, „Pakte" unterzeichnet und warteten auf die Hilfe.

Die technische Hilfe kam nicht wie vorgesehen. Die Gelder für die alternative Entwicklung wurden durch die Bürokratie zurückgehalten; sie mussten verschiedene Stellen passieren, bevor sie die Bauern erreichten: das *State Department's Bureau for International Narcotics*; die *U.S. Agency for International Development* (USAID); die den *Plan Colombia* implementierende Institution der Regierung; die Institution für alternative Entwicklung (PLANTE) der kolumbianischen Regierung; außerdem fünf NRO, die vorher keine Beziehungen zum Putumayo hatten und für die Durchführung der Hilfe und der Beratung unter Vertrag genommen worden waren. Die Sicherheitslage im Putumayo – die trotz der Präsenz von zwei Brigaden der Armee, einer Fluss-Brigade und der Polizei permanent durch die Kämpfe zwischen Guerilla und paramilitärischen Einheiten um ihr Territorium erschüttert wurde – verlangsamte die Lieferung zusätzlich. Die FARC töteten zwei Personen des alternativen Entwicklungsprogramms im September 2001.[30]

Bis zum April 2002 hatten erst 8500 der 37.000 Familien, die einen Pakt unterschrieben hatten, Unterstützung erhalten.[31] „Einer von euch hat gesagt, dass unser alternatives Produktionsprogramm aus irgendwelchen Gründen kein Fehl-

---

[28] United States, Department of State (2002c).

[29] Aussage von Gen. Gary D. Speer (Chefkommandeur des *United States Southern Command*) vor dem *International Relations Subcommittee on the Western Hemisphere* (http://ciponline.org/colombia/02041105.htm, 11.4.2002). Vgl. auch De la Garza/Adams (2001).

[30] United States Congress (2002b).

[31] Aussage von Adolfo Franco (Verwaltungsassistent beim *Bureau for Latin America and Caribbean* der *U.S. Agency for International Development*) vor dem *Appropriations Subcommittee on Foreign Operations* (www.usaid.gov/press/spe_test/testimony/2002/ty020410.html, 10.4.2002).

schlag ist. Wenn das so ist, dann will ich nichts zu Gesicht bekommen, was danach aussehen könnte", sagte der Abgeordnete David Obey (Wisconsin), hochrangiger Demokrat im Bewilligungskomitee des Repräsentantenhauses, zu Teilnehmern eines *Hearings* im April 2002.[32]

Kurz danach im Juli war die Wiederaufnahme der Besprühungen nicht mehr zu verhindern. Die Hubschrauber waren geliefert worden und 66 Piloten und ihre Crews hatten ihr Training absolviert.[33] Der gerade gewählte Präsident, Álvaro Uribe, teilte Washingtons Enthusiasmus für Besprühungsaktionen: „Das Ziel ist, die Kokapflanzungen 100% zu zerstören. Wir werden nicht damit aufhören. Wir werden wieder und wieder besprühen."[34] Zwischen Juli und Oktober 2002 begann der „*Push* in den Süden Kolumbiens" dann wirklich als nämlich die amerikanischen und kolumbianischen Einheiten 60.500 ha in Putumayo und Caquetá besprühten.[35] Beide Regierungen hatten die vorhergehende Unterscheidung zwischen großen Kokapflanzern und kleinen Familieneinheiten fallen gelassen. „Seit dem 28. Juli wird nicht mehr – in welcher Art auch immer – zwischen kleinen und industriellen Einheiten unterschieden. Wenn du Koka anbaust, dann wird die kolumbianische Polizei es in jedem Fall besprühen," warnte US-Botschafterin Patterson im Oktober 2002.[36]

Die Besprühungen im Putumayo waren nicht mit einer glaubhaften Entwicklungsalternative für die Kokapflanzer verbunden. Die Bauern, die ihre Pflanzungen selbst vernichtet hatten, sahen sich plötzlich mit der Tatsache konfrontiert, dass sie nicht wussten, wovon sie leben sollten. Die Führer der Kommunen und der Kirche, die im November 2002 interviewt wurden, sprachen von einem humanitären Desaster: Seitdem die Besprühungen die Nahrungsmittelernten zerstört hatten, begann in vielen Familien der Hunger umzugehen. Sie lebten in von den FARC kontrollierten Gebieten und konnten nicht in die von Paramilitärs kontrollierten städtischen Gebiete reisen. Eine große Zahl von Leuten verließ den Putumayo, einige gingen über die Grenze nach Ekuador, andere wechselten in andere Landesteile, um Koka anzubauen. Junge Leute, die keine anderen wirtschaftlichen Möglichkeiten für sich sahen, schlossen sich freiwillig den FARC oder den paramilitärischen Einheiten an.

Das Ergebnis war also genau das Gegenteil der *counter-insurgency*-Strategie: Obwohl die „Stärkung des Staates" ein zentrales Ziel des *Plan Colombia* war, bewirkte das Besprühen im Putumayo einzig und allein, das Misstrauen oder sogar den Hass gegen die Regierung zu schüren. „Die Regierung hat ihr Ver-

---

[32] House Appropriations Subcommittee on Foreign Operations (10.4.2002).
[33] United States Senate, Sitzung zu International Narcotics Control (17.9.2002).
[34] Van Dongen (2002).
[35] Aussage von Paul E. Simons (Assistent beim *Secretary of State for International Narcotics and Law Enforcement Affairs*) vor dem *Committee on Government Reform* (http://usembassy.state.gov/ posts/co1/wwwsps01.html#English, 12.12.2002).
[36] United States, Department of State, U.S. Botschaft Bogotá (8.10.2002).

sprechen uns gegenüber gebrochen, jetzt haben wir eine Hungersnot", sagte ein Bauer zu dem Autor dieses Beitrags. „Viele glauben, dass sie uns vertreiben wollen, um unser Land in Besitz zu nehmen".[37]

Tatsache ist, dass jüngst Äußerungen der US-Offiziellen darauf hindeuten, dass die Entvölkerung der ländlichen Gebiete des Putumayo Teil der Strategie ist. Erstens wurde offen zugegeben, dass die „Sozialpakte" gescheitert sind. Adolfo Franco, Chef der Lateinamerika-Abteilung von USAID, sagte dem Subkomitee des Abgeordnetenhauses im April 2002, dass es ein „Irrtum" gewesen sei, zu glauben, dass Hilfe im großen Stil, die für 37.000 Familien neue Einkommensquellen schaffen sollte, in einem Jahr identifiziert, getestet und übergeben werden könnte. Es ist unmöglich, der Vielzahl an Kokabauern im ländlichen Putumayo zu helfen, schlussfolgerte eine geheime USAID-Studie 2001, und zwar aufgrund der Sicherheitslage, der schlechten Böden und der Isolierung des Gebietes von den Märkten."[38]

USAID hat seine alternativen Entwicklungsprogramme so reorientiert, dass nunmehr die Kokabauern ermutigt werden sollen, aus dem Putumayo-Gebiet weg zu gehen, vorzugsweise in die städtischen Zentren – vielleicht gelingt das, wenn sie durch die Sprühflugzeuge vertrieben worden sind. Der Unterstaatssekretär für Auswärtige Angelegenheiten, Marc Grossmann, erklärte im April 2002: „Wenn jemand außerhalb der Provinz eine Beschäftigung findet, sollte er dorthin ziehen."[39] Senator Charles Grassley (Iowa), Hauptarchitekt der US-Drogenpolitik, kommentierte im September 2002, dass

> viele, die auf den Kokafeldern in Kolumbien arbeiten, keine Leute aus der Gegend, also vom Lande, sind. In Wirklichkeit sind sie städtischer Herkunft und aus wirtschaftlichen Gründen in die Kokaanbaugebiete migriert. Alternative Entwicklung für sie heißt nicht, die Landwirtschaft entwickeln, sondern Jobs in den städtischen Gebieten schaffen.[40]

„Sie müssen wieder zurückgehen", sagte ein Vertreter des *State Departments* dem Autor, „denn es bleibt ihnen keine anderen Wahl."[41]

USAID hat seine Programme für das ländliche Putumayo nicht endgültig aufgegeben. Anstatt das Gebiet mit einem „Patchwork" aus „Pakten" zu überziehen, hat die Durchführungsorganisation, Chemonics Inc., nunmehr Abkommen mit ganzen Dörfern unterzeichnet, um Hilfe und Beratung gegen sofortige Vernichtung der Kokapflanzungen zu gewähren. Dieses Modell hat aber nur ein paar Tausend Bewohner erreicht. Der Rest – Zehntausende, die Washingtons „Hoffnungen" irgendwohin verschlagen werden – dürfte nicht viel mehr zu er-

---

[37] Name und Stellung werden aus Sicherheitsgründen nicht erwähnt, Nariño, Colombia (1.11.2002).
[38] Franco (10.4.2002).
[39] House Appropriations Subcommittee on Foreign Operations (10.4.2002).
[40] United States Senate (2002b).
[41] United States Senate, Sitzung zu International Narcotics Control (17.9.2002).

warten haben als Pflanzenvernichtungsmittel. Es ist mehr als nur vorstellbar, dass viele „Vertriebene" irgendwo anders Koka anbauen oder gemeinsame Sache mit den bewaffneten Rebellen machen werden.

Bedingungen

Der US-Kongress ist gegenüber all diesen Risiken nicht blind gewesen. Mitglieder beider Häuser haben ihre Befürchtungen über Gesundheits- und Umweltschäden sowie über soziale Auswirkungen der Besprühungsaktionen zum Ausdruck gebracht. Sie haben ebenfalls ihre Besorgnis über die Vielzahl der Menschenrechtsverletzungen durch die kolumbianischen Streitkräfte geäußert und darüber dass die US-Unterstützung indirekt diese Entwicklung fördern könnte. Besorgnis herrschte auch bezüglich eines militärischen Überengagements. Dem entsprechend enthält das Gesetz über die finanzielle Unterstützung der USA für Kolumbien verschiedene Bedingungen und Einschränkungen. Diese Bedingungen sind zu Kernpunkten der Debatte geworden.

Zertifizierung der Besprühung (*fumigation certification*)

Das Gesetz über die Auslandshilfe hat versucht, Begleitschäden der Besprühungen zu begrenzen. Die Gesetze 2002 und 2003 verbieten die Mehrzahl der Herbizidkäufe, bis das *State Department* dem Kongress bestätigt hat, dass (1) die Herbizidverwendung den Regulierungen in den USA entspricht und keine weitergehenden Gesundheits- und Umweltrisiken hat, (2) dass Verfahren festgelegt sind, um die Personen zu entschädigen, deren Gesundheit oder legal angebaute Produkte durch die Besprühungen gelitten haben, (3) dass alternative Entwicklungsprogramme in den Besprühungszonen vorhanden sind.

Im September 2002, bestätigte das *State Department*, dass alle drei Bedingungen erfüllt seien. Es befand, dass die Gesundheits- und Umweltrisiken „nicht unbillig" seien, obwohl die *Environmental Protection Agency* (EPA) festgestellt hatte, dass das Spray in größeren Mengen vernebelt bzw. driftet und dass die Informationen über die Sprayzusammensetzung nicht ausreichend seien, um das Gesundheitsrisiko abzuschätzen.

> Die Gesundheits- und Umweltanalyse, die dem Kongress vorgelegt wurde, reicht für die Schlussfolgerung nicht aus, dass die für die Koka-Besprühung aus der Luft benutzten Chemikalien keine unbilligen Risiken oder schädigende Effekt für Menschen und Umwelt hätten,

erklärte David Sandalow von der *World Wildlife Federation*.[42]

---

[42] David B. Sandalow (executive vice president) World Wildlife Federation, Brief an Senator Joseph Biden (www.amazonalliance.org/scientific/wwf.pdf, 27.9.2002).

Die Zertifizierung enthielt eine lange Beschreibung der von der kolumbianischen Regierung benutzten Verfahren für die Entschädigung von Opfern der Besprühungsaktionen – aber es wurden keine Ergebnisse dokumentiert. Bis Ende August 2002 erklärte das *State Department*, hatte die kolumbianische Regierung „mehr als 1000 Klagen mittels eines Schnellverfahrens erhalten." 14 Gebiete davon wurden begutachtet und nur eine Beschwerde als stichhaltig und für eine Entschädigung anerkannt.[43]

Das *State Department* wählte eine sehr weitgehende Interpretation der dritten Bedingung, d.h. bezüglich alternativer Entwicklungsmöglichkeiten in den besprühten Zonen. Es erklärte ein ganzes Departement – die meisten sind so groß wie ein mittlerer Staat der USA – als für die Besprühung zulässig, wenn nur irgendein alternatives Entwicklungsprogramm irgendwo innerhalb von dessen Grenzen durchgeführt wurde. Solche Projekte brauchten nicht einmal durch die USA finanziert zu sein. Im Jahr 2001 fanden in 17 Departements Besprühungen statt, wobei USAID alternative Entwicklungsprojekte in neun Departements unterstützte, in den restlichen Departements führte der Bericht solche Projekte auf, die durch die kolumbianische Regierung oder andere Institutionen finanziert wurden, darunter auch solche der deutschen GTZ.[44] „Der Bericht lieferte keine seriöse Analyse dieser Bedingung", schrieb Lisa Haugaard von der *Latin America Working Group*, die die Erfüllung der Bedingungen näher verfolgt hat.[45]

Zertifizierung der Einhaltung der Menschenrechte

„Die Mitglieder der Sicherheitskräfte arbeiteten in verschiedenen Fällen ohne rechtliche Grundlage, d.h. illegal, mit den paramilitärischen Kräften zusammen", stellte der Menschenrechtsbericht des *State Departments* im März 2002 fest.[46] Der Kongress, besorgt über den anhaltenden indirekten Missbrauch, hat in den vergangenen Jahren die Zertifizierung über die Einhaltung der Menschenrechte als Bedingung für die Bewilligung der Auslandshilfe in das Gesetz aufgenommen. Anders als eine ähnliche Bedingung in dem Hilfspaket 2000 für den *Plan Colombia*, sah das Gesetz 2002 keine Möglichkeit vor, die es dem Präsidenten erlaubte hätte, diese Bedingung aus Gründen der „nationalen Sicherheit" nicht einzuhalten. Außerdem sah es vor, dass das Verfahren zweimal durchlau-

---

[43] United States, Department of State, Bureau for International Narcotics and Law Enforcement Affairs (2002d).
[44] United States, Department of State, Bureau for International Narcotics and Law Enforcement Affairs (2002e).
[45] Lisa Haugaard (Direktorin der *Latin America Working Group*), „Analysis of Compensation and Alternative Development Sections of State Department's 'Report on Issues Related to the Aerial Eradication of Illicit Coca in Colombia'" (www.amazonalliance.org/scientific/comments.pdf, 16.9.2002).
[46] United States, Department of State (2002d).

fen werden musste, indem 40% der Militärhilfe für eine zweite Runde der Zertifizierung zurückgehalten wurde.

Im Mai und September 2002 bescheinigte das *State Department* den kolumbianischen Streitkräften ordnungsgemäß, dass (1) suspendierte Mitglieder ausgesagt hatten, dass sie die Menschenrechte verletzt oder mit paramilitärischen Kräften zusammen gearbeitet hätten; (2) dass sie mit zivilen Untersuchern und Richtern in Menschenrechtsfällen kooperiert hätten; und (3) dass sie erfolgreiche Maßnahmen durchgeführt hätten, um die Beziehungen zu den Paramilitärs zu kappen. Auf der Grundlage von Statistiken des Verteidigungsministeriums führte der Bericht des *State Department* vom September 2002 die Namen von 21 Militärs auf, die vom Dienst suspendiert worden waren (7 in höherem Rang als Sergeant, aber niemand in einem höheren Rang als Major) und dokumentierte 11 Zwischenfälle, in denen die Paramilitärs zwischen Mai und August bekämpft worden seien.[47]

Bekannte Organisationen, die Menschenrechtsverletzungen dokumentieren, griffen die Zertifizierungen an und präsentierten substantielle Beweise, dass Kolumbiens Militärs in jeder Beziehung den Anforderungen nicht genügt hatten. Eine Antwort von *Human Rights Watch, Amnesty International* und des *Washington Office of Latin America* benannte verschiedene hochrangige Militärs, die der Suspendierung und der Verfolgung entgangen waren, obwohl schwerwiegende Anklagen gegen sie präsentiert worden waren; ferner wurden Fälle von militärisch-paramilitärischer Zusammenarbeit dokumentiert.[48]

> In den 80er Jahren bescheinigten US-Beamte mehrfach, dass das Militär von El Salvador die Menschenrechte respektierte, sogar wenn sie wussten, dass das falsch war. Das *State Department* ist heute gefährlich nahe daran, den gleichen Fehler im Fall von Kolumbien zu begehen,

sagte Senator Leahy, einer der Chefarchitekten der Menschenrechtsklausel im September 2002. „Der Gesamteindruck und ein etwas engerer Blick auf die Fakten stützen die Zertifizierung nicht."[49]

Truppenbegrenzung

„Früher oder später", warnte Botschafterin Patterson im Oktober 2002, „werden amerikanische Soldaten in Kolumbien in Ausübung ihrer Pflicht getötet werden; sollte es soweit kommen, wird es eine riesige Schlagzeile."[50] Tatsächlich, als die

---

[47] United States, Department of State (2002e).
[48] Amnesty International (2002).
[49] Pressemitteilung von Sen. Patrick Leahy, „Comment of Senator Patrick Leahy on the Secretary of State's certification on September 9, 2002," (http://leahy.senate.gov/press/200209/ 091002a.html, 10.9.2002).
[50] United States, Department of State, U.S. Botschaft Bogotá (8.10.2002).

FARC im Februar 2003 einen Auftragnehmer des Pentagon töteten und die Flugzeugladung in ihre Gewalt brachten, wurden die zunehmende US-Präsenz in Kolumbien und die damit verbundenen Risiken klar beleuchtet.

Der Kongress hat die Besorgnis darüber geteilt, den Konflikten in Kolumbien zu „nahe" zu kommen. Das ursprüngliche *Plan Colombia*-Hilfspaket aus dem Jahr 2000 begrenzte die Präsenz von US-Militärpersonal in Kolumbien auf 500 Mann und 300 US-Bürger unter Vertrag; die Gesetze 2002 und 2003 veränderten diese Obergrenze auf 400 zu 400. Am 13. Januar 2003 berichtete die Bush-Administration, dass sich 208 Mann Militärpersonal und 279 US-Bürger als Subunternehmer in Kolumbien befänden. Das Training von Kolumbiens Militärs, um die Pipeline zu bewachen und gekidnappte Auftragnehmer zu befreien, ließ die Präsenz vorübergehend auf 411 (Februar 2003) Personen steigen.[51] (Das Gesetz erlaubt, die Ausweitung des Personals temporär für Such- und Rettungsaktionen.)

Das Gesetz bezieht sich aber nicht auf alle US-Truppen in Kolumbien. Es ist nur anwendbar auf das US-Personal in Kolumbien, das den *Plan Colombia* unterstützt. Verschiedene neue Programme der Militärhilfe – wie z.B. der Plan zum Schutz der Pipeline – sind nicht Bestandteil des Anti-Drogen-Programms und werden deshalb nicht als Teil des *Plan Colombia* angesehen. Das bedeutet, obwohl die US-Offiziellen zugesagt haben, die Obergrenze zu respektieren, sind sie rechtlich dazu nicht verpflichtet, wenn für den Anti-Drogen-Kampf mehr als 400 Mann auf kolumbianischen Boden erforderlich sein sollten.[52]

Die Begrenzung in der Zahl der Auftragnehmer kommt nur auf US-Bürger zur Anwendung. Bürger anderer Länder, die für US-finanzierte Auftragnehmer arbeiten – z.B. die Ausländer der Dyn Corp. Inc., die als Co-Piloten in den Hubschraubern der Anti-Drogen-Brigaden arbeiten – sind nicht in dieser „Obergrenze" enthalten.[53] Da der *Plan Colombia* nunmehr auch den Weg für „Anti-Terror"-Initiativen geebnet hat, wird die Truppenbegrenzung sowieso irrelevant.

Der Mangel an Ergebnissen

Während die umstrittene Zertifizierung die Besorgnis über unbeabsichtigte Konsequenzen nährt, können die Verteidiger der Politik nicht einmal für sich beanspruchen, dass der Zweck die Mittel heiligt. Bisher hat die US-Unterstützung für Kolumbien keine Fortschritte in Richtung auf die Erfüllung der gesetzten Ziele gemacht. „Das Komitee ist enttäuscht über die Ergebnisse des *Plan Colombia*, die weit hinter den Erwartungen zurück geblieben sind", stellte das Bewilligungskomitee des Senats in seinem Bericht über das Auslandshilfegesetz 2003 fest.

---

[51] United States, White House (2003). Vgl. auch DeYoung (2003).
[52] Senate Foreign Relations Subcommittee on the Western Hemisphere (24.4.2002).
[53] Miller (2001).

Weder die kolumbianische Regierung noch andere internationale Geber haben ihre finanziellen Verpflichtungen eingehalten, der Umfang an Koka- und Schlafmohnpflanzungen hat zugenommen. Weiterhin sind die Friedensverhandlungen abgebrochen worden, die militärischen Konflikte haben sich intensiviert, und das Land bereitet sich auf einen weiterreichenden Krieg vor, von dem wenige Beobachter glauben, dass er auf dem Schlachtfeld gewonnen werden kann.[54]

Das Weiße Haus scheint keine Fortschritte in Richtung auf das Ziel verzeichnen zu können, dass bis 2005 50% der Kokapflanzungen in Kolumbien vernichtet worden sein sollen. Kokaanbau ist sehr schwierig zu schätzen – CIA-Angaben, die im März 2002 veröffentlicht wurden, zeigten eine signifikante Zunahme, während Statistiken des *UN Drug Control Program* und der DANTI eine Verringerung auswiesen.[55] Beide Quellen scheinen indessen darin überein zu stimmen, dass der Kokaanbau insgesamt in Kolumbien bei etwa 150.000 ha liegt, also dreimal so viel wie 1996, als die USA mit ihren Besprühungen im großen Stil begonnen haben. In jenem Jahr, hatten nur vier (oder fünf) der 32 Departements 1000 oder mehr ha illegaler Kokapflanzungen. 2001 stellte eine UN/DANTI Studie fest, dass es in 13 Departements 1000 oder mehr Hektar mit Koka gab.[56] Mit Besprühungen lässt sich der Kokaanbau nur in eng begrenzten Gebieten verringern; denn die Kokabauern sind weitaus beweglicher. Neue Pflanzungen sind in bisher unberührten Gegenden von Kolumbiens Savanne, im Dschungel und sogar in den Kaffeeanbaugebieten aufgetaucht.

Mindestens seit Ende der 80er Jahre, ist der Umfang der Kokapflanzungen in Südamerika – vielleicht die aussagekräftigste Schätzung über das Vorhandensein von Drogen – bemerkenswert stabil und bei rund 200.000 ha stehen geblieben.[57] Der Preis von Kokain auf den Straßen der USA hat sich kaum verändert.[58] Die DEA stellte im Jahr 2000 einen Rückgang in der Reinheit des Kokains fest; jedoch machte Administrator Asa Hutchison dafür nicht die Besprühungen verantwortlich, sondern dass man bemüht gewesen sei, dem Gesetz Geltung zu verschaffen und die Verarbeitung der Überproduktion an Koka in Südamerika zu verhindern.[59]

Die Verantwortlichen in der Clinton- und Bush-Administration argumentierten wiederholt, das Militärtraining und Militäreinsatz in Kolumbien die Menschenrechtsverletzungen verringern und die Streitkräfte anreizen würden, ihre

---

[54] United States Senate (2002c).
[55] United States, White House (2002b). Government of Colombia (2002).
[56] Government of Colombia (2001: 2). Vgl. auch United Nations Drug Control Program (2001).
[57] United States, Department of State, Bureau for International Narcotics and Law Enforcement Affairs (2002f). Vgl. auch United States, Department of State, Bureau for International Narcotics and Law Enforcement Affairs (1999) und Office of National Drug Control Policy, „Coca Cultivation in Colombia, 2001".
[58] United States, White House (2002c).
[59] United States Senate (2002d).

Zusammenarbeit mit den paramilitärischen Todesschwadronen aufzugeben. Bisher zeigt die Menschenrechtslage keine Anzeichen der Besserung; Tatsache ist, dass sie sich verschlechtert hat. CODHES (*Consultoría para los Derechos Humanos y el Desplazamiento*), eine vielfach zitierte kolumbianische NRO hat geschätzt, dass die Gewalt in den ersten neun Monaten 2002 rd. 353.120 Menschen aus ihrem Zuhause vertrieben hat; das sind mehr als in 2001 insgesamt. Die kolumbianische Juristenvereinigung (CCJ) berichtete im September 2002, dass pro Tag im Durchschnitt etwa 20 Personen aufgrund von politischer Gewalt getötet werden, doppelt so viel wie die CCJ für 1998 festgestellt hatte.[60] Die Beziehungen zwischen Militärs und Paramilitärs bleiben weiter eines der Hauptprobleme: *Human Rights Watch* berichtete im Januar 2003, dass „es eine große und glaubwürdige Zahl von Berichten über gemeinsame Operationen zwischen Militärs und Paramilitärs im Jahre 2000 gegeben habe, ebenso wie gemeinsame Nachrichtendienste und Propaganda."[61]

Die Verantwortlichen für den *Plan Colombia* in der Clinton-Administration argumentierten, dass das Hilfspaket den Friedensprozess von Präsident Pastrana mit den FARC beschleunigen und die Guerilla dazu zwingen würde, „auf Treu und Glauben" zu verhandeln.[62] Das Gegenteil geschah: Der *Plan Colombia* gab den Hardlinern beider Seiten Oberwasser, er polarisierte den ohnehin schwierigen Versuch zu einem Dialog. Am 20. Februar 2002 kollabierten die Gespräche mit den FARC und ein erneuter Versuch dürfte in weiter Ferne liegen.

Der Krieg gegen den Terror

Die Architekten des *Plan Colombia* versprachen, dass sie ihre Ziele ohne eine *mission creep* erreichen würden. In der Kongressdebatte 2000 versicherten US-Beamte den Skeptikern, dass sie absolut kein Interesse daran hätten, einen *counter-insurgency* Feldzug (im Stil von El Salvador) gegen FARC, ELN und AUC zu unterstützen. General Barry McCaffrey, der Drogenzar, machte im November 2000 bezüglich der Politik klar:

> Die grundlegende Fokussierung dieser zusätzlichen Anstrengungen ist, Kolumbien bei der Intensivierung des Anti-Drogen-Kriegs zu helfen. Politik der Administration ist es nicht, dass die USA die *counter-insurgency* Anstrengungen Kolumbiens unterstützen.[63]

---

[60] Gallón Giraldo (2002).

[61] Human Rights Watch (2003).

[62] Zum Beispiel hat Rand Beers (State Department counter-narcotics chief) einem Kongresskomitee Ende 1999 erläutert, dass „a stronger military will enhance the negotiating position of the Colombian government by offering the FARC a much-needed incentive to pursue peace." United States Senate (1999).

[63] McCaffrey (2000). Gen. McCaffrey (Direktor im Office of National Drug Control Policy) äußerte sich dagegen im Juni 2002 deutlich anders. Dem *National Journal* erzählte der

Zu jener Zeit gab es praktisch keine Debatte über diesen Punkt; das Hauptinteresse sowohl der Administration als auch des Kongresses lag auf der Drogenpolitik; die Friedensgespräche mit der Guerilla waren im Gange, und keiner hatte wirklich „Verlangen" danach – abgesehen von einigen Rechten – ein kostspieliges „Eintauchen" in Kolumbiens endlosen Krieg zu probieren. Washington war bestrebt, seine Hilfe auf die Prioritäten im Drogenkrieg zu beschränken. Man kanalisierte die Hilfe allein über Konten des Anti-Drogen-Kampfes und favorisierte vor allem die Sicherheitskräfte, die für die Drogenbekämpfung verantwortlich waren. Die Beobachtergruppen prangerten zudem jegliche Hilfe an, bei der die „Grenze" zwischen dem Drogenkrieg und Kolumbiens Bürgerkrieg nicht respektiert wurde.

An einem einzigen Septembermorgen wurde dann der Drogenkrieg durch einen anderen Kreuzzug in Übersee verdrängt: den globalen „Krieg gegen den Terror". Die „Verdrängung" war im Fall von Kolumbien nicht vollständig, obwohl FARC, ELN und AUC sämtlich auf der Liste der internationalen Terroristenorganisationen des *State Department* standen (die AUC war – eine Ironie des Schicksals – am 10. September 2001 auf die Liste gesetzt worden). Für die Beamten der Bush-Administration und ihre Befürworter im Kongress überlappten sich die beiden „Kriege" nur.

Der „Krieg gegen den Terror" hinderte Washington daran, eine Lektion zu lernen; im Fall von Kolumbien gab es keine vorzeigbaren Ergebnisse. Stattdessen intensivierte Washington den militärischen Ansatz. Schon vor dem 11. September 2001 hatte die Bush-Administration begonnen, den Verlauf in Kolumbien daraufhin zu untersuchen, welche Möglichkeiten bestanden, um Kolumbiens Regierung – über den Drogenkrieg hinaus – in ihrem Kampf gegen die Guerilla und die Paramilitärs zu helfen.[64] Unmittelbar nach der Tragödie drängten Beamte in Schlüsselpositionen und Mitglieder des Kongresses in aggressiver Form darauf, eine „Anti-Terror-Haltung" gegenüber Kolumbien einzunehmen. Die Presse begann mit gewisser Häufigkeit, die kolumbianischen Gruppen (gewöhnlich FARC) und Al-Qaida zu vergleichen.

Die Verfechter einer Anti-Terror-Mission gewannen an Gewicht, nachdem die Friedensgespräche der Regierung Pastrana mit den FARC am 20. Februar 2002 abrupt endeten. Am 6. März billigte das Repräsentantenhaus eine Resolution, in der es Präsident Bush aufforderte, eine Gesetzgebung einzubringen, die

---

ehemalige Drogenzar: „There was always an artificiality to this policy that endorsed helping a democratically elected Colombian government against drug criminals but refused to help them when they are threatened by people who are blowing up oil pipelines, murdering mayors, and kidnapping politicians. It was almost an out-of-body experience going through these mental contortions, deciding what intelligence we could share with Colombians whose lives were often in danger. Sometimes I wanted to ask, What was Washington thinking?" Zitiert in: United States Senate (2002e).

[64] Peter Rodman (assistant secretary of defense for International Security Affairs) bei Pressekonferenz (www.defenselink.mil/news/Aug2001/t08222001_t0821asd.html, 21.8.2001).

es erlauben würde, der Regierung von Kolumbien zu helfen, die Demokratie des Landes gegen ausländische Terrororganisationen, die auf der Liste der USA standen, zu schützen: mit anderen Worten, Kolumbien zu erlauben, US-Militärhilfe in ihrem Krieg gegen die Guerilla und die Paramilitärs einzusetzen.[65]

Schutz der Erdöl-Pipeline

Die Erweiterung der Mission manifestierte sich erstmalig einige Wochen bevor die Bush-Administration am 4. Februar 2002 ihr Projekt für die Auslandshilfe 2003 dem Kongress übersandte, das den ersten bedeutenden Betrag, der nicht für den Anti-Drogen-Kampf bestimmt war, seit der Beendigung des Kalten Krieges enthielt: US$ 98 Mio. für die kolumbianische Armee, um die 480 Meilen lange Öl-Pipeline von Caño Limón nach Coveñas zu schützen. 44 % des Rohöls, das durch die Caño Limón Pipeline fließt, gehören der US-Ölgesellschaft *Occidental Petroleum* aus Los Angeles. Die kolumbianische Guerilla beschädigte 2001 rd. 166 Mal die Leitung mit Dynamit.[66] „Wir haben hier ganz klar eine Bedrohung der Energieversorgung", warnte der Abgeordnete der Republikaner Mark Souder (Indiana) im Mai 2002.

> Kolumbien steht an 7. oder 8. Stelle für uns in der Erdölversorgung. Unsere Wirtschaft hängt davon ab. Wir haben schon die Instabilität im Mittleren Osten. Wir haben zwingendere Gründe uns in Kolumbien zu engagieren als sonst wo in der Welt.[67]

Die US$ 98 Mio. wurden durch das *Foreign Military Financing Program* kanalisiert. Dieses Programm war Ende der 90er Jahre vor allem für die Militärhilfe an den Mittleren Osten eingerichtet worden. Mit dem genannten Betrag wurden mehr als ein Dutzend Hubschrauber und Ausrüstungen, Training und geheimdienstliche Unterstützung für die kolumbianischen Armee bereit gestellt, und zwar für die 18. Brigade, die im Departement Arauca an der Grenze zu Venezuela stationiert war, sowie für die neue 5. Mobile Brigade, für die im Departement Arauca stationierte Marine und die dortigen Polizeieinheiten. Die Führung des *U.S. Southern Command* sagte im April 2002, dass die Einheiten, „zusätzlich zu den Hubschraubern, Waffen und Munition, Fahrzeuge, Nachtsichtgeräte und Kommunikationsausrüstungen erhalten würden."[68] US-Personal, das im Arauca-Gebiet stationiert ist, würde außerdem 4000 *Counterparts*, beginnend mit der 18. Brigade, ausbilden.[69]

---

[65] United States House of Representatives (2002b).
[66] United States, Department of State (2002f).
[67] United States House of Representatives (2002c).
[68] Aussage von Gary D. Speer (acting commander-in-chief des *United States Southern Command*) vor dem *Senate Foreign Relations Subcommittee on the Western Hemisphere* (http://usinfo.state.gov/regional/ar/colombia/02042404.htm, 24.4.2002).
[69] Jackman (29.9.2002).

„Ich denke, dass diese ausgewählten Brigaden sehr aggressiv ausgerichtet sein müssen," sagte General Galen Jackman, *Director of Operations, Southern Command*. „Das bedeutet, auf den Feind fokussiert zu sein und nicht auf die statische Verteidigung einer Pipeline."[70] Botschafterin Patterson sagte gegenüber einer kolumbianischen Zeitung, dass die Verteidigung der Pipeline der erste Schritt sei: „Wir als USA haben mehr als 350 strategische Infrastruktur-Punkte in Kolumbien [...] aber zunächst wollen wir sehen, wie dieses Caño Limón- Projekt läuft."[71]

Der Kongress stimmte 2003 den angeforderten US\$ 98 Mio. der Bush-Administration für das Pipeline-Programm zu. Da der Kongress diesen Teil des Budgets vier Monate nach dem eigentlichen Termin – gekoppelt an verschiedene andere Gesetze – bewilligte, war keine Gelegenheit, ihn zu debattieren. Dadurch wurde eine Menge scharfer Kritik zum „Verstummen" gebracht, wie z.b. die von dem Demokraten Gene Taylor (Mississippi), der im Mai 2002 feststellte:

> Ich meine, es ist krankhaft, dass eine Nation US\$ 98 Mio. bewilligt, um eine Erdölleitung der *Occidental Petroleum* mit amerikanischen Personal zu schützen. Ich sage das jetzt so persönlich und so menschlich wie ich kann. Präsident Bush, ich werde meine Kinder schicken, dass sie die Pipeline bewachen, wenn sie ebenfalls ihre Kinder schicken, um diese Mission zu erfüllen.[72]

H.R. 4775 und der „vereinte Feldzug"

Noch vor Bewilligung des Haushaltes 2003 konnte die Bush-Administration US\$ 6 Mio. für einen schnellen Start des Pipeline-Schutzprogramms „loseisen", und zwar aus einem anderen Stück Gesetzgebung: aus dem US\$ 28,9 Mrd. umfassenden „Notstandsbudget" für „Anti-Terror-Maßnahmen" (H.R. 4775), das am 2. August 2002 Gesetz wurde. Mit diesem Betrag werden 60 US-Spezialkräfte in Arauca finanziert; sie haben im Januar 2003 mit dem Training von *Counterparts* begonnen.[73]

Die Bedeutung des H.R. 4775 geht weit über den Pipeline-Plan hinaus. Ein einziger Satz in dem Gesetz legte den Grundstein für einen dramatischen Kurswechsel in der US-Politik. H.R. 4775 änderte das US-Gesetz derart, dass es nunmehr der kolumbianischen Regierung erlaubt ist, alle vergangene und alle zukünftige Anti-Drogen-Hilfe – alle Hubschrauber, Waffen, Brigaden und andere Leistungen der vergangenen Jahre – gegen die bewaffneten Rebellen einzusetzen. Die Gesetzgebung bezeichnet das als „vereinten" Feldzug gegen den Drogenhandel und gegen die Aktivitäten der Organisationen, die als Terrororganisationen klassifiziert worden sind wie FARC, ELN und AUC.[74]

---

[70] Ebda.
[71] Rueda G. (2002).
[72] United States House of Representatives (2002d).
[73] Arrington (2002).
[74] United States Congress (2002c).

Von Seiten der demokratischen Abgeordneten Jim McGovern (Massachusetts) und Ike Skelton (Missouri) wurde ein Versuch gemacht, diese Bedingung zu verändern. Die Initiative fand im Abgeordnetenhaus nicht die erforderliche Mehrheit; auch wenn nur relativ wenig Stimmen fehlten (192-225). Mit einem Federstrich wurden Milliarden von Dollar der Anti-Drogen-Politik zur Finanzierung des „Anti-Terror-Kriegs" umgewidmet. „Das ist eine tiefgreifende Veränderung in unserer Politik", sagte Skelton, der Senior unter den demokratischen Abgeordneten des *Armed Services Committee* des Repräsentantenhauses. „Wir könnten uns im Morast eingeschlossen wieder finden, der unsere Soldaten in einer Form verschlingen würde, wie wir es seit Jahren nicht erlebt haben."[75] McGovern fügte hinzu, „die USA werden mit dem Kopf zuerst in einen alles zermahlenden, gewalttätigen und sich vertiefenden Bürgerkrieg gestürzt, der seit fast vier Dekaden Kolumbien erschüttert."[76]

Counter-terror Hilfe: neue Initiativen

Mit dem Wegfall der Unterscheidung zwischen Anti-Drogen- und Anti-Terror-Politik wurde der Weg frei für eine breite Palette von US-Militärhilfe. Tatsächlich, die US-Beamten klingen ambitiös: „Unser Hauptziel ist, das kolumbianische Militär so zu verändern, dass es in der Lage ist, die terroristischen Organisationen zu zerschlagen und die staatliche Präsenz zu etablieren und zu verteidigen, um auf diese Weise ganz Kolumbien sicheren Lebensraum und Regierbarkeit zu verschaffen", so General Jackman, *Southern Command* gegenüber der Britischen Zeitschrift *Jane's Defence Weekly* im Dezember 2002.[77]

Abgesehen von dem Pipeline-Programm hilft – gemäß Presseberichten – das *Southern Command* derzeit, eine neue Kommandoeinheit zu schaffen. *Jane's* erklärt,

> Die Kommandoeinheit, die wie ein US-Armee Ranger Bataillon beschaffen sein soll, wird in langfristiger taktischer Erkennung und Überwachung geschult werden sowie in direkten Aktionen gegen terroristische Führer [...]. Truppen sind schon für das Kommando Bataillon ausgewählt worden und ein erstes Training hat begonnen. Am Ende des Haushaltsjahres 2003 soll die Einheit operationsfähig sein.[78]

Über die US$ 6 Mio. für den Pipeline-Schutz hinaus sind (aus dem H.R. 4775 – Zusatzhaushaltsgesetz von August 2002) US$ 29 Mio. für zwei weitere Initiativen gekommen: US$ 25 Mio. aus dem *State Department*, Kapitel *Anti-Terrorism Assistance* (ATA), für Anti-Kidnapping Einheiten (GAULA) in Kolumbiens Armee und Polizei. Kolumbiens Guerilla, die sich zum großen Teil

---

[75] United States House of Representatives (2002e).
[76] United States House of Representatives (2002f).
[77] Burger (2003).
[78] Ebda.

über Lösegelder finanziert, hält den „Weltrekord" im Kidnapping. Mit dem Rest der Mittel sollen leicht verwundbare Polizeistationen in den von Aufständischen dominierten Gebieten „wehrhaft" gemacht werden.[79]

Eine weitere mit US-Mitteln finanzierte Initiative ist die Einrichtung von mobilen *Carabineros*; Ziel ist, die Polizeipräsenz im Lande zu verstärken, vor allem in ländlichen Gebieten. Die USA will mithelfen, 64 von diesen neuen Einheiten zu je 150 Mann auszurüsten und zu trainieren. Sie werden in all den Zonen zum Einsatz kommen, in denen die Regierung kaum präsent ist.[80]

In dieser Zeit fand in der Bush-Administration auch der Entscheidungsprozess darüber statt, ob sie ihre *Forward Operating Locations* (FOLs) – das sind Teile der Flughäfen oder Militärstützpunkte in Ekuador (Manta), El Salvador (Comalapa) und den Niederländischen Antillen (Aruba und Curaçao) – neu verhandeln sollte. Die Abkommen, die mit den genannten Ländern 1999 nach der Stilllegung der *Howard Air Force Base* in Panama unterzeichnet wurden, verpflichten die US-Militärflugzeuge, die Installationen nur für den Anti-Drogen-Kampf und für Rettungsmissionen zu nutzen.

Während die neue NSPD 18 die Möglichkeiten der USA erweitert, geheimdienstliche Informationen, die nicht aus der „Anti-Drogen-Aufklärung" stammen, an die Kolumbianer weiter zu geben, verbietet das FOL-Abkommen den US-Truppen weiterhin, auf der Grundlage der Informationen zu operieren, die die Flugzeuge außerhalb der Stützpunkte auf dem Hin- und Rückweg sammeln. Wie ein Angehöriger des Militärs erklärte, bedeutet das im Klartext, wenn ein Flugzeug Manta FOL verlässt und während des Flugs über kolumbianisches Territorium eine Gruppe von Aufständischen entdeckt, ist es dem Piloten nicht erlaubt, die kolumbianischen Sicherheitskräfte darüber zu informieren.[81]

Das Ergebnis einer möglichen Neuverhandlung ist ungewiss. Würde den US-Truppen in *counter-insurgency* Missionen dies in Zukunft erlaubt sein, würde das eine fundamentale Änderung in den Beziehungen und der Stellung des Nachbarlandes zum kolumbianischen Konflikt bedeuten. „Unser Land kann nicht ein neues Kambodscha oder ein neues Laos werden, wenn sich Kolumbien zu einem Vietnam entwickeln sollte", warnte Juan José Pons, Präsident des Kongresses von Ekuador im Jahr 2000.[82]

---

[79] Botschafter Marc Grossman, Aussage vor dem Senate Foreign Relations Subcommittee for Western Hemisphere Affairs (Washington, 24.4.2002; http://usinfo.state.gov/regional/ar/colombia/02042403.htm). Vgl. auch United States, Department of State, U.S. Botschaft Bogotá (2002b).

[80] United States, Department of State, U.S. Botschaft Bogotá (2002c).

[81] Inoffizielle Interviews mit US-Beamten mit sicherheitspolitischer Verantwortlichkeit (June/August 2002).

[82] Calá (2001).

Druck für mehr Militärhilfe

Über die genannten Finanzierungsmöglichkeiten hinaus, ist bisher nicht klar, wie und in welcher Form sich die Aktivitäten der USA ausdehnen werden, um mit Washingtons immer größer werdenden Ambitionen in Kolumbien mithalten zu können. Während sich die Bereiche für die Militärhilfe stark erweitert haben, hat keine vergleichbare Aufstockung von den dafür bereit gestellten Mitteln stattgefunden – zumindest nicht bis jetzt.

Die Militärhilfe nimmt zwar zu – die Sicherheitskräfte von Kolumbien werden 2003 im Vergleich zu 2002 mit über US$ 100 Mio. zusätzlich unterstützt, und die Anforderung für 2004 ist nochmals um US$ 50 Mio. höher. Allerdings würden US$ 150 Mio. mehr nur eine marginale Wirkung auf die Entwicklung des Konflikts haben; denn die gut ausgerüsteten Rebellen haben nahezu 40.000 Mitglieder in einem Land mobilisiert, das mehr als dreimal so groß ist wie Deutschland. Es ist anzunehmen, dass aus diesem Grund der Druck, die Militärhilfe zu erhöhen, in den nächsten zwei bis drei Jahren dramatisch zunehmen wird.

Die 54 Hubschrauber, die im Rahmen des *Plan Colombia* geliefert wurden, sind ein Beispiel dafür, wie dieser Druck wachsen könnte. Bis 2002, wenn die kolumbianischen Militärs die Hubschrauber für Missionen außerhalb des Anti-Drogen-Kampfes nutzen wollten, war die Botschaft verpflichtet, eine derartige Verwendung zu verbieten. „Wenn die FARC Punkt X, Y oder Z in Kolumbien attackieren und es hat nicht gleichzeitig mit dem Drogengeschäft zu tun, erlauben wir den Kolumbianern nicht, die Hubschrauber zu benutzen," sagte Marc Grossman vom *State Department* Anfang 2002.[83]

Heute gilt dieses Verbot nicht mehr; die Botschaft muss trotzdem viele derartige Anfragen für die Hubschrauberbenutzung ablehnen. Der Grund ist einfach: 54 Hubschrauber sind nicht genug für ein großes Land mit einem intensiven bewaffneten Konflikt und einer aktiven Anti-Drogen-Politik, die miteinander um die Ausrüstungen konkurrieren. „Die US-Ressourcen in Kolumbien sind begrenzt. US-Hubschrauber und US-Geheimdienstaufklärung werden die Kolumbianer nicht in die Lage versetzen, den Terrorismus in ihrem Land zu beenden, das so groß ist wie Deutschland und Frankreich zusammen.", erklärte Botschafterin Patterson.[84]

Mit einer Mission, die die verfügbaren Ressourcen weit überschreitet, werden die US-Beamten wahrscheinlich frustriert sein, wenn sie häufig zu ihren kolumbianischen Partnern im Militär „nein" sagen müssen. Häuft sich die Frustration an, werden sie mehr Mittel vom Kongress fordern, um die Unterstützung mit militärischer Hardware zu erhöhen. Die gleiche Dynamik wird in anderen Bereichen ablaufen: zunehmende Aufgaben, Druck auf die finanziellen Ressourcen und eskalierender Hilfeumfang kann für jeglichen anderen Teil des Sicherheits-

---

[83] House Appropriations Subcommittee on Foreign Operations (10.4.2002).
[84] United States, Department of State, U.S. Botschaft Bogotá (8.10.2002).

engagement der USA ausgespielt werden, von den neuen Brigaden bis zur Zahl der US-Berater.

In diesem Sinn ist es sehr wahrscheinlich, dass das militärische Engagement der USA in Kolumbien sich weiter ausdehnen wird. Aber die Kristallkugel ist zum Teil noch trübe. Wird die Militärhilfe bis auf US$ 1 Mrd. oder mehr bis 2005 anwachsen? Wird sich die US-Militärpräsenz in Kolumbien erhöhen, um die erweiterten Aufgaben durchzuführen? Wie viel Hilfe oder US-Engagement sind erforderlich, um den Erfolg zu garantieren? Haben die USA überhaupt eine Vorstellung und Definition, wie ein „Erfolg" aussehen sollte?

> Die Administration hat – meiner Ansicht nach – bis heute nicht überzeugend dargestellt, was überhaupt unser Interesse in Kolumbien ist, welche Veränderungen in der aktuellen Politik erforderlich sind, und was wir zu erreichen hoffen, wenn wir diese Veränderungen durchführen [...]. Auch hat die Administration bisher nicht ausgeführt, welches die Kosten und die Nutzen eines weitergehenden Engagements sein würden,

warnte Senator Christopher Dodd (Connecticut), Demokrat und Mitglied im *Western Hemisphere Subcommittee*.[85]

Counter-terrorism und *counter-insurgency*

Diese Fragen zu beantworten, ist außerordentlich schwierig. Die Bush-Administration tut zwei sich widersprechende Dinge zur gleichen Zeit: Einerseits weitet sie das Engagement im Sicherheitsbereich Kolumbiens aus, andererseits stuft man das Land zur gleichen Zeit in der außenpolitischen Prioritätenliste herunter. Hohe politische Entscheidungsträger, die auf den Irak, Nordkorea und Terrorismusgruppen mit „globaler Reichweite" fokussiert sind, haben bisher keine kohärente Strategie ausgearbeitet, die Kolumbiens komplizierte Herausforderungen widerspiegeln würde. Stattdessen verfolgen sie den Ansatz, die Militärhilfe im Rahmen eines verdeckten *counter-terror* immer weiter zu erhöhen.

Die Hauptgefahr, in den kolumbianischen Konflikt unter der Fahne des „Anti-Terrorismus" hinein zu driften, ist, dass US-Entscheidungsträger bald herausfinden werden, dass *counter-terrorism* und *counter-insurgency* in Kolumbien identisch sind. Im Vergleich zu anderen Ländern, die ebenfalls zur „zweiten Garde" der Terrorismusländer gehören, wie z.B. die Philippinen, Georgien oder Jemen, wo der terroristische Feind ein Schattendasein mit Gruppen von einigen Dutzend oder einigen hundert Mitgliedern führt, sind die drei kolumbianischen „Terror"-Gruppen wirkliche Armeen. Sie haben Tausende von Mitgliedern, kontrollieren bedeutende Teile des Territoriums und haben eine lange Geschichte. Mit einem Anti-Terror-Engagement in Kolumbien riskiert man, dass es sich in einen *counter-insurgency*-Kampf im Stile von El Salvador entwickelt – komplettiert mit

---

[85] United States Senate, Foreign Relations Subcommittee on the Western Hemisphere (24.4.2002).

US-Beratern, die die Kampfoperationen begleiten (etwas was sie bisher nicht tun; Ausnahme: die Such- und Rettungsaktion im Februar 2003), und das in einem Land mit achtmal soviel Bevölkerung.

Die finanziellen Kosten eines solchen Feldzuges wären enorm hoch. Berücksichtigt man nur die potentiellen Kosten der Hubschrauberkäufe: „Am Ende des Konfliktes in El Salvador hatte das Militär 50 Helikopter, während Kolumbien – fünfzig mal größer – nur etwa viermal so viele Hubschrauber hat," sagte Peter Rodman, *Assistant Secretary for International Security Affairs*, einem Subkomitee des Senats im April 2002.[86]

Die Kosten könnten noch höher werden – und die Chancen auf Erfolg noch geringer – wenn Washington eine Elite entlastet, die bisher wenig Anstrengungen unternommen hat, ihren eigenen Krieg zu finanzieren. Der *Southern Command* General Jackman erinnert uns: „Ich denke, es ist wichtig zu unterstreichen, dass Kolumbien selbst den Konflikt gewinnen muss; diese wichtige Lektion haben wir aus unseren Erfahrungen in Vietnam gelernt."[87] Bisher befreit das kolumbianische Gesetz alle Wehrpflichtigen mit höherem Schulabschluss davor, in die Kampfeinheiten gehen zu müssen: und das sind alle Rekruten, abgesehen von den Armen. „Wie kann ich US-Dollar und Ausrüstungen über einer Region hier abwerfen, wo man keine anderen Soldaten für das Militär bekommt als schulpflichtige Kinder, die es dann mit den FARC und der AUC aufnehmen sollen?" fragte Senator Dodd im April 2002.[88]

Die reiche Minderheit, die schon immer Steuern im großen Stil hinterzogen hat, könnte genügend Ressourcen für ihren eigenen Krieg beitragen. „Sie geben für den Militär- und Polizeihaushalt etwa 3,5% des BIP aus", sagte der Abgeordnete Obey. „Mit so einem Budget kannst du vielleicht Grenada schlagen, aber ich glaube nicht, dass sie damit ihre eigenen militärischen Probleme in den Griff bekommen."[89] Kolumbiens neuer Präsident, Álvaro Uribe, erklärte den reichsten Kolumbianern einen einmaligen „Steuer-Krieg", durch den im besten Falle rd. 1,2% des BIP zusätzlich eingenommen würden.[90]

Ich will Euch sagen, jedes Mal, wenn ich aus Kolumbien zurückkehre, komme ich mit derselben „an die Nieren gehenden" Schlussfolgerung zurück, dass die Kolumbianer das Äußerste tun werden, dass wir an ihrer Stelle in diesem Bürgerkrieg kämpfen,

stellte der Abgeordnete Taylor im Mai 2002 fest.

---

[86] Peter Rodman (assistant secretary of defense for International Security Affairs), Aussagen vor dem Senate Foreign Relations Subcommittee on the Western Hemisphere (http://usinfo.state.gov/regional/ar/colombia/02042402.htm, 24.4.2002).

[87] United States Senate (2002d).

[88] United States Senate Foreign Relations Subcommittee on the Western Hemisphere (24.4.2002).

[89] House Appropriations Subcommittee on Foreign Operations (10.4.2002).

[90] United States, Department of State (3.12.2002).

Die humanen Kosten würden alptraumähnlich hoch sein. El Salvador ist einmal mehr ein Lehrbeispiel. Zwölf Jahre und fast zwei Milliarden Dollar an US-Hilfe wurden gebraucht, nur um einen Waffenstillstand zu erreichen, nachdem fast 70.000 Personen getötet worden waren und über eine Millionen Menschen ins Exil gegangen sind. Ein zentrales Ziel der US-Politik sollte sein, solch ein menschliches Desaster zu vermeiden – noch dazu in einem Land von der Größe Kolumbiens

Menschenrechte

Um humanitäre Desaster zu verhindern, ist entscheidend alles zu vermeiden, wodurch die US-Unterstützung den Paramilitärs direkt oder indirekt nutzen könnte. Das wird immer schwieriger, je umfangreicher die Militärhilfe und je breiter ihre Aufgaben werden.

Während sich die Brutalität der Guerilla bis zu einem krankhaften Niveau steigert, hält die Hilfe und Toleranz des kolumbianischen Militärs gegenüber den Paramilitärs in vielen Teilen des Landes ebenfalls an. Der Autor besuchte 2001 und 2002 acht Departements in Kolumbien; in jedem hörte er Beschwerden von lokalen Beamten, Gewerkschaftsführern, Menschenrechtlern und Kirchenvertretern über die routinemäßig ablaufende Zusammenarbeit von Militärs und Paramilitärs, z.B. „übersehen" diese die Straßensperren der AUC, sie räumen Gebiete bevor die Paramilitärs attackieren oder Soldaten und Paramilitärs erscheinen in der Öffentlichkeit.

Wenn die US-Mission weiter ausgedehnt wird, bleibt abzuwarten, ob die gesetzlichen Klauseln ausreichen, zu verhindern, dass nichtvorgesehene Empfänger (wie z.B. die Paramilitärs) von der US-Hilfe profitieren. In einem unwahrscheinlichen, aber keineswegs unmöglichen Szenarium z.B. sagen die USA den kolumbianischen Militärs, dass die Guerilla im Dorf X steht; das Militärpersonal gibt diese Informationen an die paramilitärischen Einheiten weiter; diese marschieren los, um die Zivilpersonen in dem Dorf X zu ermorden.

Kolumbiens Nachbarn

Wenn Kolumbien schon wenig Aufmerksamkeit in Washington auf sich zieht, dann sind die Nachbarländer beinahe aus der Landkarte verschwunden – vielleicht mit Ausnahme von Venezuela, wo Präsident Chávez gefürchtete Rhetorik, der Putsch vom April 2002 und der Generalstreik, der die Erdölproduktion unterbrochen hatte, einige Aufmerksamkeit auf sich gezogen haben.

Trotzdem, die Unterstützung der USA für Militär und Polizei ist auch in den Nachbarländern Kolumbiens gestiegen. Die Hauptziele dieser Hilfe sind die Vernichtung von Kokafeldern und die Beschlagnahmung von Drogen, aber ein allmählich steigender Betrag geht an die Länder zum Schutz ihrer Grenzen und gegen das Übergreifen des Konfliktes aus Kolumbien. Um z.B. die Militärpräsenz in Ekuadors nördlichen Departements Esmeraldas, Carchi und besonders Sucumbíos (Gebiet mit den meisten Erdölreserven) zu erhöhen, wurde ein ambitiöses Programm auf den Weg gebracht. In Brasilien unterstützen die USA vor allem die Operation „CoBRA", Bemühungen von Militär und Polizei, um die Sicherheit entlang der im Dschungel liegenden Grenze mit Südkolumbien zu verbessern. In der Mehrzahl der Länder, auch in Panama, stehen die Erhöhungen im Zusammenhang mit der Sicherung der Grenzen.

Tabelle 2: US-Hilfe für die benachbarten Länder Kolumbiens (2001-2003, in US$ 1000)

Land	2001		2002 (Schätzung)		2003 (Schätzung)	
	Militär, Polizei	Wirtschaftlich, Sozial	Militär, Polizei	Wirtschaftlich, Sozial	Militär, Polizei	Wirtschaftlich, Sozial
Bolivien	41,144	69,534	54,691	104,631	57,279	90,640
Brasilien	3,515	15,201	7,711	13,949	13,774	18,501
Ekuador	19,266	17,277	35,141	36,553	39,166	46,408
Panama	2,789	6,719	6,473	11,004	11,495	12,908
Peru	30,372	108,191	84,381	158,743	76,463	146,390
Venezuela	4,677	0	8,492	500	11,692	500
Gesamt	101,763	216,922	196,889	325,380	209,869	315,347

Die Zukunft: Empfehlungen für eine neue Politik

„Die USA teilen Kolumbiens Vision von einer prosperierenden Demokratie, frei von der Geißel der Drogen und des Terrorismus, in der die Menschenrechte und der Rechtsstaat respektiert werden", heißt es in einem Bericht des *State Department* vom Dezember 2002. Jedoch fällt es schwer, an diese Vision angesichts einer Strategie zu glauben, die vor allem den bewaffneten und den repressiven Teil des kolumbianischen Staates favorisiert. Da der Umfang der US-Hilfe in allen Andenländern zunimmt, steigt diese Besorgnis auch bezüglich der anderen Länder. Sicherheit ist natürlich sehr wichtig, aber sie wird weder durch Hubschrauber und Anti-Drogen-Kampf noch mit Öl-Pipelines erreicht.

Um wirklich Sicherheit, rückläufige Drogenproduktion und Entwaffnung der aufständischen Gruppen zu erreichen, sind folgende Änderungen in der US-Politik gegenüber Kolumbien und seinen Nachbarn dringend erforderlich:

- **Anerkennen, dass „Sicherheit" mehr ist als ein militärisches Ziel.** „Wir können keine alternative Entwicklung machen," sagte der *Deputy Secretary of State,* Richard Armitage, im September 2002 zum Senat, „bis wir nicht ein viel besseres Sicherheitssystem haben."[91] Der *Deputy Secretary* artikuliert einen weit verbreiteten Irrglauben, dass die militärische und die wirtschaftliche Hilfe sequentiell gegeben werden müssen, eine nach der anderen. In Wirklichkeit können die Bemühungen, die Wurzeln und damit Ursachen des Konfliktes anzugehen, nicht darauf warten, bis die „Sicherheitsbedingungen" tatsächlich existieren. Ein Soldat kann alle paar Meter in einem Gebiet positioniert werden – aber die Zone wird nicht sicher sein; denn die Bevölkerung ist hungrig, sie misstraut dem Staat, und sie ist von bewaffneten Militärs umgeben.

Die USA sollten sich an alle Grundsätze der eigenen *counter-insurgency*-Doktrine erinnern, die unterstreichen, dass es von größter Bedeutung ist, die „Herzen und die Hirne" der Bevölkerung zu gewinnen. Das bedeutet, dass die Ausgaben für die Grundbedürfnisse in den Anden sehr schnell und in großem Umfang gesteigert werden müssten (leicht getan, indem man die sehr kostspieligen Militärinitiativen kürzt). Es ist besonders unsinnig, die Bevölkerung der abgelegenen und konfliktiven Gebiete nicht zu unterstützen – das sind Zonen, in denen die Regierung und ihre Funktionen am meisten gestärkt werden sollten.

- **Besprühungen aus der Luft durch eine Vernichtungsstrategie ersetzen, die die kolumbianische Regierung stärkt.** Eine Regierung, die ihr Territorium kontrollieren will, sollte ihre Gesetze nicht „anonym" durchsetzen, d.h. von einem Sprühflugzeug aus. Nur wenige Kokapflanzer haben wirklichen Kontakt mit ihrer Regierung. Sie assoziieren die Regierung eigentlich nur mit Militärpatrouillen und Zwangsvernichtung ihrer Pflanzungen. Will man den illegalen Kokaanbau tatsächlich dauerhaft verringern, erfordert das die Anwesenheit der Regierungsvertreter in den betreffenden Zonen. Sie müssen den Kokabauern von Angesicht zu Angesicht erklären, dass sie mit dem illegalen Anbau aufhören müssen und dass Produktionsalternativen vorhanden sind. Ohne diesen direkten Kontakt wird selbst eine systematische und effiziente Vernichtung in ihren Wirkungen letztlich auf *counter-insurgency* hinauslaufen; denn diese Aktionen schaffen neue Unterstützer für die illegalen bewaffneten Gruppen und sie ermutigen die Kokabauern, sich irgendwo anders in der unberührten Wildnis des Landes anzusiedeln.

Trotzdem halten die Regierungen der USA und Kolumbiens derzeit starr daran fest, die Besprühungen auszudehnen. Wenn sie das tun, kommt ein anderer mehr humanitärer Aspekt ins Spiel: Wenn schon besprüht wird, dann muss die Aktion mit einer Nahrungsmittelhilfe für die Familien der Kokapflanzer verbunden werden; denn deren Subsistenzgrundlage wird zerstört. Hungernde Menschen bedeuten aber, dass die Strategie weder moralisch zu rechtfertigen ist noch dass sie besonders effizient ist.

---

[91] United States Senate (2002d).

- **Lokale Bevölkerung sollte die Führung in der eigenen Entwicklung und Sicherheit übernehmen.** Washington und die Eliten der Region werden keinen Erfolg haben, wenn sie die sozialen Reformen, die Veränderungen in der Agrarpolitik oder Entscheidungen über die Sicherheit der betroffenen Bevölkerung aufzwingen. Anstatt paternalistischer Formen wie der fehlgeschlagene „soziale Pakt" im Putumayo, sollte die Regierung der Führung der Gouverneure und Bürgermeister, der Bauernorganisationen, der Produktionsgenossenschaften, der indigenen Organisationen u.a. folgen, die die Herausforderungen ihrer Kommunen und deren Bedürfnisse kennen. Ideen für lokale Entwicklungsalternativen gibt es genügend quer durch Kolumbien, z.B. die detaillierten Vorschläge der Gouverneure von Südkolumbien oder die „Lebenspläne" der indigenen *cabildos* u.a. Einige durch die USA finanzierten Programme, wie z.b. die Stärkung der munizipalen Regierungen im Südwesten Kolumbiens oder das korrigierte USAID-Programm im Putumayo gehen ebenfalls in die Richtung der Stärkung lokaler Fähigkeiten und Kompetenzen. Diese Anstrengungen sind klein und erreichen einen „Minianteil" derer, die der Gewalt und dem wirtschaftlichen Kollaps im ländlichen Kolumbien ausgesetzt sind. Sie sollten stark ausgeweitet werden.

- **Mehr Engagement und Unterstützung durch Drittländer.** Um die multiplen Krisen der Region lösen zu können, bedarf es mehr Engagement als nur der bilateralen Kooperation der USA. Allerdings haben sich die meisten europäischen Geber und Kolumbiens Nachbarn von der durch militärische Unterstützung dominierten US-Hilfe distanziert. Andere Geber müssen in die Formulierung und die Implementierung einer gemeinsamen koordinierten Unterstützung einbezogen werden. Dafür müssten sich die US-Offiziellen teilweise die Entwicklungsprioritäten der europäischen Geber und die der demokratisch gewählten Nachbarregierungen zueigen machen.

- **Verringerung und Reorientierung der US-Unterstützung für Sicherheit, damit die kolumbianische Regierung Sicherheit zu einem „öffentlichen Gut" machen kann, transparent und strikt an Menschenrechtsstandards gebunden.** Militär- und Polizeihilfe für Kolumbien sind potentiell ein gefährliches Unterfangen. Die zum Teil tragische Vergangenheit der US-Sicherheitshilfe für Lateinamerika ist gut dokumentiert. Die historische Rolle der kolumbianischen Militärs ist immer gewesen, die Interessen weniger Mächtiger gegen ihre (oftmals nicht gewalttätigen) Gegner zu schützen.

Die kolumbianische zivile Bevölkerung ist unmittelbarer Bedrohung durch die illegalen bewaffneten Gruppen ausgesetzt; es ist die Aufgabe des Staates, sie zu schützen. Kolumbien und seine Sicherheitskräfte müssen radikal mit ihrem Verhalten in der Vergangenheit brechen und Sicherheit zu einem öffentlichen Gut machen: Sicherheit muss für alle da sein, auch für die Armen, die Machtlosen und die Opposition. An diesem Ziel orientiert sich die derzeitige Hilfe der USA für Kolumbien nicht; anstatt die Schwachen zu beschützen, schützt Washingtons Hilfe die Besprühungsflugzeuge und Erdölleitungen. Die US-Hilfe für den Bereich der Sicherheit muss verringert und reorientiert werden. Sie muss den kolumbianischen Sicherheitskräften helfen, die lange vernachlässigte Verantwortung gegenüber den am ehesten und am meisten verwundbaren Bürgern wahrzunehmen.

Wie die Vergangenheit gezeigt hat, kann (ohne eine weitgehende Kontrolle) selbst diese Art von Hilfe das Unrechtsystem in Kolumbien stärken und das Menschenrechtsklima weiter verschlechtern. Jegliche Militärhilfe an Kolumbien muss aus diesem Grund in transparenter Art und Weise – detaillierte Informationen darüber müssen für die Bürger beider Länder frei verfügbar sein – vergeben werden. Sie muss nicht nur strikt an die Einhaltung der Menschenrechte gebunden werden, sondern auch dafür benutzt werden, die Straflosigkeit abzuschaffen.

- **Zukünftige Hilfe ist an höhere *Counterpart*-Leistungen zu binden.** Kolumbien ist einfach zu groß, als dass die USA dessen Entwicklung „retten" könnten. Sei es militärische oder wirtschaftliche Hilfe, die US-Unterstützung wird immer nur eine marginale Wirkung haben, wenn sie nicht mit stark wachsenden Eigenanteilen Kolumbiens verbunden wird. Das bedeutet, dass die privilegierte Schicht Kolumbiens, große Opfer bringen muss, und auch das wäre ein großer Bruch mit der Vergangenheit.

- **Sicherheit und Menschenrechte sind untrennbar miteinander verbunden und verstärken sich gegenseitig.** Die Einhaltung der Menschenrechte muss ein zentrales Erfordernis in jeglicher US-Hilfe sein. Das würde bedeuten, die gesetzliche Verankerung dieser Klausel konsistent durchzusetzen und strikt zu interpretieren („einhalten" meint dann immer und nicht nur manchmal einhalten). „Menschenrechte einhalten" sollte als nützliches Instrument anerkannt werden, um gegen die paramilitärischen Gruppen vorzugehen und die Straflosigkeit zu beenden. Straflosigkeit führt zu mehr Missbrauch und mehr Korruption. Wenn „Menschenrechte einhalten" ein prioritäres Ziel wird, bedeutet das, unbeirrt und vernehmbar für die bedrohten Menschenrechtler, die Gewerkschaftsführer, die Journalisten und andere nicht zu Mitteln der Gewalt greifende Reformer in der gesamten Region einzustehen – selbst wenn sie die US-Politik kritisieren. Washington sollte für die „Sicherheitsinitiativen" von Präsident Uribe keine „Persilscheine" ausstellen; denn verschiedene Initiativen sind ein hohes Risiko für die Zivilisten, da sie mitten in den Konflikt gestellt werden.

- **Einhalten der Obergrenze für Truppen und der Beschränkungen für US-Kampfpersonal.** Der Druck, die US-Präsenz in Kolumbien zu verändern (z.B. die Truppenobergrenze zu erhöhen oder den Einsatzort der US-Berater auf die Kampfgebiete auszudehnen), würde ein Signal sein, dass

Washington sich auf gefährliches Terrain begibt. Begrenzungen für den Einsatz von US-Personal in Kolumbien – entweder aufgrund des Gesetzes oder der Politik selbst – sollten eingehalten werden.

- **Mehr Mittel für Drogenentzug.** Verschiedene Studien haben dokumentiert, dass die Ausweitung der Drogenentzugsprogramme in den USA vom Kostengesichtspunkt her wirkungsvoller ist, als Drogen im Ausland zu beschlagnahmen und Pflanzungen zu vernichten. Obwohl die Clinton- und die Bush-Administration das Budget für den Drogenentzug seit Mitte der 90er Jahre gesteigert haben, können viele Drogensüchtige bisher nicht an einer Therapie teilnehmen, da die Mittel nicht ausreichen. Wenn die Zahl der Drogensüchtigen wirkungsvoll verringert werden könnte, würde bedeutend weniger Finanzierung in Waffen zur Bekämpfung der Guerilla und der Paramilitärs fließen.

- **Anerkennen, dass die Probleme der Region komplex sind und miteinander in Beziehung stehen und dass zu starke Fokussierung auf ein Problem zum Scheitern verurteilt ist.** Der Dezember-Bericht des *State Department* zeigt bis zu einem gewissen Grad, dass die US-Offiziellen dies wissen. „Kolumbiens Probleme sind komplex und erlauben keine leichte oder schnelle Lösung", heißt es dort.

Die derzeitigen Schwierigkeiten des Landes spiegeln eine Vielzahl von tiefverwurzelten Problemen wider, eingeschlossen begrenzte oder nichtexistente Regierungspräsenz sowie begrenzte oder nichtexistente Rechtsstaatlichkeit in großen Teilen des Inneren von Kolumbien; dazu dramatische Ausweitung von illegalen Drogenanpflanzungen, was zu verbreiteter Gewalt und den tiefgehenden sozialen und ökonomischen Ungleichheiten beiträgt.[92]

Diese Analyse – sie erwähnt weder die „Öl-Pipeline" noch den „Narkoterrorismus" – ist korrekt. Allerdings muss nun eine Politik folgen, die in ihren Zielen und Instrumenten wirklich auf diese tief verwurzelten Probleme abzielt. Eine echte Anstrengung von Seiten der USA und Kolumbiens sie zu bekämpfen, würde einen radikalen Bruch mit den historischen Mustern und den Politiken bedeuten, und wäre damit revolutionärer als irgendetwas, wofür Kolumbiens Rebellen vorgeben zu kämpfen.

Übersetzung: Mechthild Minkner-Bünjer

---

[92] United States, Department of State (3.12.2002).

Literaturverzeichnis

Amnesty International (2002): Human Rights Watch, Washington Office on Latin America, „Colombia Human Rights Certification IV" (www.amnestyusa.org/countries/colombia/reports/colombia-certification-IV.pdf, 9.9.2002).

Arrington, Vanessa (2002): „U.S. Envoy Greets Forces in Colombia", in: Associated Press, Bogotá (http://story.news.yahoo.com/news?tmpl=story&u=/ap/20030118/ap_on_re_la_am_ca/colombia_us_troops_7, 17.1.2002).

Burger, Kim (2003): „US Special Forces Give Colombians Anti-Terrorism Training", in: *Jane's Defence Weekly*, London (8.1.2003).

Calá, Andres (2001): „Danger of a New Vietnam", in: *The Gazette* (Montreal: 9.2.2001; www.thirdworldtraveler.com/Drug_War/DangerNewVietnam.html).

CODHES (2002): „¿Contra Quién es la Guerra?", CODHES Informa 43, Bogotá (www.codhes.org.co/boletin_public/boletin_ult.htm, 18.11.2002).

De la Garza, Paul/David Adams (2001): „Colombia stymies coca plant spraying", in: *The St. Petersburg Times* (www.sptimes.com/News/052701/Worldandnation/Colombia_stymies_coca.shtml, 27.5.2001).

DeYoung, Karen (2003): „Bush Uses Exemption On Colombia Forces", in: *The Washington Post*, Washington, D.C. (www.washingtonpost.com/wp-dyn/articles/A44614-2003Feb21.html, 21.2.2003).

Gallón Giraldo, Gustavo (2002) „Esta Guerra No Se Gana a Bala", Bogotá: Comisión Colombiana de Juristas (http://ciponline.org/colombia/0212ccj.pdf, 4.9.2002).

Government of Colombia (2001): Dirección Nacional de Estupefacientes, La lucha de Colombia contra las drogas ilícitas – Acciones y resultados 1999-2000 (Bogotá: DNE, 2001: 2).

--- (2002): Ministry of Justice, Press release (http://ciponline.org/colombia/02022702.htm, 27.2.2002).

Human Rights Watch (2003): „Colombia", World Report 2003, New York (http://www.hrw.org/wr2k3/americas4.html, Januar 2003).

McCaffrey, Barry R. (2000): „Remarks to the Atlantic Council of the United States" (www.ciponline.org/ colombia/112801.htm, 28.11.2000).

Miller, T. Christian (2001): „Foreign Pilots Hired to Boost U.S. Drug War", in: *The Los Angeles Times* (18.8.2001).

Rueda G., Clara Inés (2002): „E.U. cuidará intereses petroleros en Colombia, dice embajadora", in: *El Tiempo* (http://ciponline.org/colombia/02021001.htm, 10.2.2002).

Scarborough, Rowan (2002): „U.S. law bars giving Colombians data", in: *The Washington Times*, Washington, D.C. (26.2.2002).

Seper, Jerry (1999): „Drug Czar Rips Clinton, Congress on Funding", in: *The Washington Times*, Washington, D.C., 2.12.1999, p. 13.

United Nations Drug Control Program (2001): Colombian government National Narcotics Directorate, Colombian National Police Anti-Narcotics Division, „Localización de Areas con Cultivos de Coca, Proyecto SIMCI, Censo Noviembre 01 de 2001," (Bogotá: SIMCI project, 2001; http://ciponline.org/colombia/2002map.jpg).

United States, Department of Defense (2002a): Foreign Military Training and DoD Engagement Activities of Interest: Joint Report to Congress (http://state.gov/t/pm/rls/rpt/fmtrpt/ 2002/10727.htm, März 2002).

--- (2002b): „Commandant's Briefing: Western Hemisphere Institute for Security Cooperation: A New Institute for a New Century," (www.benning.army.mil/whinsec/ whinsec_brief/Internet%20brief%2013%20Aug.htm, August 2002).

United States, Department of State (2002a): „Daily Briefing with Spokesman Richard Boucher" (www.state.gov/r/pa/prs/dpb/2002/10081.htm, 10.5.2002).

--- (2002b): „A Report to Congress on United States Policy Towards Colombia and Other Related Issues" (http://ciponline.org/ colombia/02120302.htm, 3.12.2002).

--- (2002c): International Narcotics Control Strategy Report, März 2002.

--- (2002d): „Colombia", Country Reports on Human Rights Practices – 2001 (www.state.gov/g/drl/rls/hrrpt/2001/wha/8326.htm, 4.3.2002).

--- (2002e): „Memorandum of Justification Concerning Human Rights Conditions with Respect to Assistance for Colombian Armed Forces" (http://ciponline.org/colombia/ 02090902.htm, 9.9.2002).

--- (2002f): „Report to Congress: Caño Limón Pipeline" (http://ciponline.org/colombia/ 02120001.htm, Dezember 2002).

--- (2003a): „Daily Briefing with Spokesman Richard Boucher" (www.state.gov/r/pa/prs/dpb/ 2003/16359.htm, 3.1.2003).

--- (2003b): „Daily Briefing with Spokesman Richard Boucher" (www.state.gov/r/pa/prs/dpb/ 2003/16641.htm, 14.1.2003).

United States, Department of State, U.S. Botschaft Bogotá (2002a): „Remarks by Ambassador Anne W. Patterson at the CSIS Conference" (http://usembassy.state.gov/posts/co1/ wwwsa034.shtml, 8.10.2002).

--- (2002b): „Palabras de la Embajadora Anne W. Patterson ante la conferencia 'Colombia a los ojos de Wall Street'" (http://usembassy.state.gov/posts/co1/wwwsa030.shtml, 25.7.2002).

--- (2002c): „Discurso de la Embajadora Anne W. Patterson ante Fedegán" (http://usembassy.state.gov/posts/co1/wwwsa037.shtml, 21.11.2002).

United States, Department of State, Bureau for International Narcotics and Law Enforcement Affairs (1999): International Narcotics Control Strategy Report (www.state.gov/www/ global/narcotics_law/1998_narc_report/major/Colombia.html, März 1999).

--- (2002a): International Narcotics Control Strategy Report (www.state.gov/g/inl/rls/nrcrpt/ 2001/rpt/8477.htm, 1.3.2002).

--- (2002b): Fiscal Year 2003 Budget Congressional Justification (www.state.gov/g/inl/ rls/rpt/cbj/fy2003, April 2002).

--- (2002c): Haushaltsjahr 2003, Budget Congressional Justification, April 2002.

--- (2002d): „The Government of Colombia's Procedures for Handling Complaints of Colombian Citizens that Their Health was Harmed or Their Licit Agricultural Crops Were Damaged by Aerial Eradication," Report on Issues Related to the Aerial Eradication of Illicit Coca in Colombia (www.state.gov/g/inl/rls/rpt/aeicc/13242.htm, 4.9.2002).

--- (2002e): „Aerial Eradication and Alternative Development," Report on Issues Related to the Aerial Eradication of Illicit Coca in Colombia (www.state.gov/g/inl/rls/rpt/aeicc/13245.htm, 4.9.2002).

--- (2002f): International Narcotics Control Strategy Report (www.state.gov/g/inl/rls/nrcrpt/2001/rpt/8477.htm, 1.3.2002).

United States Army (1990): United States Air Force, FM 100-20 / AFP 3-20: Military Operations in Low Intensity Conflict (Chapter 2 www.adtdl.army.mil/cgi-bin/atdl.dll/fm/100-20/10020ch2.htm, 5.12.1990).

United States Congress (2000): Konferenzbericht 106-710 zum Öffentlichen Recht 106-246 (Washington: Library of Congress: 29.6.2000) http://frwebgate.access.gpo.gov/cgi-bin/getdoc.cgi? dbname=106_cong_reports&docid=f:hr710.106.pdf. United States, White House, Office of National Drug Control Policy, „McCaffrey Praises Senate on Approval of Colombia / Andean Ridge Drug Emergency Assistance Package," Pressemitteilung (Washington: 22.6.2000; www.ciponline.org/colombia/062215.htm).

--- (2002a): House Appropriations Committee Report 107-663 on H.R. 5410 (61 http://frwebgate.access.gpo.gov/cgi-bin/getdoc.cgi?dbname=107_cong_reports& docid=f:hr663.107.pdf, 19.9.2002).

--- (2002b): General Accounting Office, Efforts to Develop Alternatives to Cultivating Illicit Crops in Colombia Have Made Little Progress and Face Serious Obstacles, GAO-02-291 (www.gao.gov/new.items/ d02291.pdf, 13.02.2002).

--- (2002c): Public Law No: 107-206 (http://thomas.loc.gov/cgi-bin/query/z?c107:H.R.4775.ENR:, 2.8.2002)

United States House of Representatives (2002a): Anhörung vom House Appropriations Subcommittee on Foreign Operations, Transcript from Federal News Service (www.ciponline.org/colombia/02041003.htm, 10.4.2002).

--- (2002b): H.Res. 358 (http://thomas.loc.gov/cgi-bin/query/z?c107:H.RES.358:, 6.3.2002).

--- (2002c): Rede von Rep. Mark Souder, Congressional Record (http://thomas.loc.gov/cgibin/query/B?r107:@FIELD (FLD003+h)+@FIELD(DDATE+20020523, 23.5.2002).

--- (2002d): Rede von Rep. Gene Taylor, Congressional Record (H3008 http://thomas.loc.gov/cgibin/query/B?r107:@FIELD(FLD003+h)+@FIELD(DDATE+20020523, 23.5.2002).

--- (2002e): Rede von Rep. Ike Skelton, Congressional Record (H2998 http://thomas.loc.gov/cgi-bin/query/B?r107:@FIELD(FLD003+h)+@FIELD(DDATE+20020523, 23.5.2002).

--- (2002f): Rede von Rep. Jim McGovern, Congressional Record (H2997 http://thomas.loc.gov/cgi-bin/query/B?r107:@FIELD(FLD003+h)+@FIELD(DDATE+20020523, 23.5.2002).

United States Senate (1999): Sitzung zu International Narcotics Control (http://www.ciponline.org/colombia/00092102.htm, 21.9.1999).

--- (2000a): Rede von Senator Paul Wellstone (S5492; http://thomas.loc.gov/cgi-bin/query/B?r106:@FIELDn(FLD003+s)+@FIELD(DDATE+ 20000621, 21.6.2000).

--- (2000b): Rede von Senator Richard Durbin, Kongressbericht (S5496; http://thomas.loc.gov/cgi-bin/query/B?r106:@FIELD(FLD003+s)+@FIELD (DDATE+20000621, 21.6.2000).

--- (2002a): Sitzung zu International Narcotics Control, „Hearing on U.S. Policy in the Andean Region," Abschrift der Anhörung (http://drugcaucus.senate.gov/hearings_events.htm, 17.9.2002).

--- (2002b): Anhörung vom Senate Foreign Relations Subcommittee on the Western Hemisphere (http://ciponline.org/colombia/02042405.htm, 24.4.2002).

--- (2002c): Senate Appropriations Committee Report 107-219 on S. 2779 (ftp://ftp.loc.gov/pub/thomas/cp107/sr219.txt, 24.7.2002).

--- (2002d): Sitzung zu International Narcotics Control (17.9.2002).

--- (2002e): Foreign Relations Committee, „Trip Report: Minority Staff Delegation to Colombia, 27-31.5.2002" (http://ciponline.org/colombia/02053101.pdf, Juni 2002).

United States, White House (2002a): Office of Management and Budget, Technical language accompanying FY02 supplemental budget request (www.ciponline. org/colombia/02supp_technicallanguage.pdf, 21.3.2002).

--- (2002b): Office of National Drug Control Policy, „Coca Cultivation in Colombia, 2001," Pressemitteilung (www.whitehousedrugpolicy.gov/news/press02/030702.html, 7.3.2002).

--- (2002c): Office of National Drug Control Policy, „Table 33: Average Price and Purity of Cocaine and Heroin in the United States, 1981–2000," National Drug Control Strategy: 2002 (www.whitehousedrugpolicy.gov/publications/policy/03ndcs/table33.html, Januar 2002).

--- (2003): Office of the Press Secretary, „President's Letter to Congress on U.S. Personnel in Colombia" (http://usinfo.state.gov/admin/011/lef401.htm, 20.2.2003).

Van Dongen, Rachel (2002): „Legal Crops' Damage", in: *The Washington Times*, Washington, D.C., 15.10.2002 (www.washtimes.com/world/20021015-82149522.htm).

Wilhelm Hofmeister

Brasilien und die Krise der Andenländer

Gleich mit Beginn seiner Regierungszeit ab 01. Januar 2003 hat der neue brasilianische Präsident Inácio Lula da Silva in bis dahin ungewöhnlicher Weise auf einem Gebiet Engagement und Initiative gezeigt, wo man es nicht vermutete: Präsident Lula und mit ihm die brasilianische Diplomatie versuchten vermittelnd auf den Konflikt zwischen Präsident Hugo Chávez und der Opposition in Venezuela einzuwirken. Auf Vorschlag des venezolanischen Präsidenten hat Brasilien Mitte Januar 2003 eine „Gruppe der Freunde Venezuelas" ins Leben gerufen, die die Vermittlungsbemühungen der *Organization of American States* (OAS) in Venezuela unterstützen soll. Brasilien hat dabei deutlich gemacht, dass es einen Ausweg aus der venezolanischen Krise gemäß den Verfassungsvorgaben dieses Landes sucht und deshalb ein Referendum über den Verbleib von Präsident Chávez in seinem Amt unterstützt, keinesfalls aber vorgezogene Neuwahlen, wie sie die venezolanische Opposition mit Hilfe der USA durch einen Anfang Dezember 2002 begonnenen Generalstreik erzwingen wollte. Der Generalstreik wurde Ende Januar 2003 beendet, zwar nicht allein aufgrund der Vermittlung Brasiliens und der „Gruppe der Freunde", aber durchaus auch mit deren Hilfe. Regierung und Opposition verständigten sich darauf, einen Ausweg aus der Krise im Rahmen der verfassungsmäßigen Vorgaben zu suchen. Das war von Anfang an das Ziel des brasilianischen Engagements.

Auch gegenüber dem Konflikt in Kolumbien zeigt sich die neue Regierung Brasiliens zu einer aktiveren Haltung entschlossen. Nicht nur hat sie Mitte Februar diesen Jahres ihre eigene Vermittlungsbereitschaft bei eventuellen neuen Verhandlungen zwischen der Regierung und den bewaffneten Gruppen erklärt; vielmehr hat Präsident Lula sogar UN-Generalsekretär Kofi Annan um Anstrengungen der Vereinten Nationen zugunsten einer Verständigung im kolumbianischen Konflikt gebeten. Brasilien will nur eine Internationalisierung der Verhandlungen zulassen, keinesfalls aber des bewaffneten Konflikts.

Bedeutet dieses Engagement Brasiliens eine Wende, gar einen „Paradigmenwechsel" in der brasilianischen Außenpolitik, die traditionell eine ostentative Zurückhaltung gegenüber den innenpolitischen Entwicklungen der Nachbarländer und insbesondere der Nachbarn im Andenraum zelebrierte? Wird Brasilien jetzt auch versuchen, auf die Entwicklungen in anderen Ländern größeren Einfluss auszuüben? Strebt das Land eine deutlichere Führungsrolle in Südamerika an? Noch ist es zu früh für eindeutige Antworten auf diese Fragen. Allerdings sind im Verhalten der neuen Regierung gegenüber der Krise in Venezuela die neuen Akzente der Außenpolitik unverkennbar. Gegenüber den Andenländern könnten diese besonders deutlich werden – gerade weil das Beziehungsgeflecht zu der Andenländergruppe bislang kein besonders scharfes Profil in den brasilianischen Außenbeziehungen besaß.[1]

Ehe nun das Verhältnis zu dieser Ländergruppe etwas eingehender untersucht wird, erscheint es zum Verständnis des sich andeutenden Wandels der brasilianischen Haltung angebracht, noch einmal kurz einige konzeptionelle und entwicklungsgeschichtliche Grundpfeiler der brasilianischen Außenpolitik in Erinnerung zu rufen.

1. Grundlinien der brasilianischen Außenpolitik

Brasilien ist (wie die USA, Russland, China und Indien) ein Land von kontinentalen Ausmaßen. Doch im Gegensatz zu diesen Ländern stand Brasilien niemals weder im Spannungsfeld internationaler strategischer oder militärischer Auseinandersetzungen noch regionaler Konflikte – und das obwohl das Land an zehn Nachbarländer angrenzt (nur Russland und China haben mehr Nachbarn). Seit Ende des Krieges mit Paraguay (1870) lebt das Land im Frieden mit seinen Nachbarn. Die Sicherung der nationalen Grenzen und die Integrität des nationalen Territoriums wurden im ersten Jahrzehnt des 20. Jahrhunderts auf friedlichem Wege, über Verhandlungen und Verträge, erreicht und sind in großen Teilen das Werk des langjährigen Außenministers Baron von Rio Branco (1902-1909). Dieser prägte den außenpolitischen Stil des 20. Jahrhunderts, der in einer „konstruktiven Vermittlung" bestand, in der Fähigkeit, „die außenpolitische Agenda zu entdramatisieren, das heißt, die Konflikte, Krisen und Schwierigkeiten auf die diplomatische Ebene zu reduzieren" (Fonseca 1998: 356). Die vermittelnde Rolle ist seit Jahrzehnten ein Kennzeichen, ja eine Art Doktrin brasilianischer Außenpolitik – insbesondere gegenüber den Nachbarn in Südamerika. So versuchte Brasilien beispielsweise in den 30er Jahren bei der Letícia-Frage zu vermitteln, die zu einem bewaffneten Konflikt zwischen Kolumbien und Peru führte, und ebenso im Chaco-Krieg zwischen Paraguay und Bolivien. Zu Beginn der 90er Jahre übte das Land als einer der Garantiestaaten des Protokolls von Rio de Janeiro (1942) eine Vermittlerrolle im Konflikt zwischen Ekuador und Peru aus, der mit dem Vertrag von Brasília 1998 beendet wurde.

---

[1] Deshalb hat sich u.a. die brasilianische Wissenschaft der internationalen Beziehungen mit den Beziehungen zu den Andenländern bisher auch faktisch nicht beschäftigt.

Die konziliante Haltung Brasiliens im Verhältnis zu seinen Nachbarn wurde dadurch begünstigt, dass Südamerika – ungeachtet gravierender nationaler Probleme – zu den Regionen der Erde zählt, in denen die Spannungen zwischen den einzelnen Ländern trotz der erwähnten Konflikte und einiger noch fortdauernder Grenzstreitigkeiten gering sind. Meinungsverschiedenheiten über politische, wirtschaftliche oder ideologische Fragen, Grenzstreitigkeiten und Gebietsansprüche oder Rüstungswettlauf, die in anderen Regionen häufig Konfliktherde darstellen, gib es im Verhältnis Brasiliens zu seinen Nachbarn seit mehr als einem Jahrhundert nicht mehr, und sie hat es gerade im Verhältnis zu den Andenstaaten im Grunde nie gegeben. Das frühere Spannungspotential zwischen Brasilien und Argentinien ist seit der Gründung des MERCOSUR durch eine beispielhafte Kooperation der Streitkräfte beider Länder ersetzt (Brigagão/Valle 1999). Die Perzeption externer Bedrohung ist in Brasilien relativ gering und führt dazu, dass die internationale Sicherheitspolitik des Landes den militärischen Aspekten oder den Verteidigungsinvestitionen nur geringe Bedeutung beimisst (Brigagão/Proença 2002; Hofmeister 2001). Brasilien hat im Weltvergleich einen der niedrigsten Verteidigungsetats[2]; die Waffenindustrie, die während des Militärregimes gefördert worden war, ist mittlerweile bedeutungslos. Dennoch ist das Land in absoluten Zahlen die wichtigste Militärmacht Südamerikas (was jedoch nichts über die Schlagkraft der brasilianischen Streitkräfte aussagt).

Die brasilianische Außenpolitik steht traditionell weitgehend außerhalb des Parteienstreits und wird vom Außenministerium, dem Itamaraty, mit relativ großer Autonomie konzipiert und gestaltet.[3] Das hat jedoch verschiedene Neuorientierungen der außenpolitischen Konzeption nicht ausgeschlossen (Guilhon 1996ff.; Cervo/Bueno 2002; Vizentini 1998; Vizentini 2003). Diese betrafen allerdings eher das Verhältnis zu den USA und die Rolle Brasiliens im internationalen System als sein Verhältnis zu den Nachbarn und am wenigsten das Verhältnis zu den Andenstaaten. Die außenpolitischen Prioritäten der Regierung des Präsidenten Fernando Henrique Cardoso (1994-2002) lassen sich folgendermaßen zusammenfassen (Cervo 2002b, Bernal Meza 2002):

1. die Vertiefung der regionalen Integration, insbesondere im Rahmen des MERCOSUR;

---

[2] Im Verhältnis am Sozialprodukt weniger als 2% des BIP; nach einer allgemeinen Kürzung beträgt 2003 der Etat für Verteidigungsausgaben 6,6% des Bundeshaushalts (zunächst 7,9%), insgesamt 3,1 Mrd. Reais (ca. € 900 Mio.).

[3] Bezeichnenderweise bringen Regierungs- oder selbst Regimewechsel keine dramatischen Veränderungen der außenpolitischen Konzeption oder Agenda. Der neue Außenminister Celso Amorim (ab 2003) war bereits unter Präsident Itamar Franco Außenminister und vor seiner erneuten Ernennung zum Minister in den letzten Jahren als Botschafter auf Posten. Nachdem im Hinblick auf Venezuela zunächst der außenpolitische Berater Präsident Lulas, Marco Aurélio Garcia, im Blickpunkt der Öffentlichkeit stand, haben Itamaraty und Außenminister Amorim die Verhandlungsführung übernommen.

2. die Diversifizierung der Partner im Hinblick auf die bilateralen Beziehungen;
3. die Betonung des Multilateralismus als Ideal, wobei den multilateralen Organisationen große Bedeutung beigemessen wurde;
4. die Anerkennung Brasiliens als internationale Macht, was am deutlichsten im Streben nach einem permanenten Sitz im Sicherheitsrat der Vereinten Nationen zum Ausdruck kam.

Anfügen kann man hier noch, dass sich Brasilien trotz seiner wirtschaftlichen Öffnung und Modernisierung ein höheres Maß an Skepsis gegenüber der Globalisierung und ihren Versprechungen bewahrte als manche Nachbarländer, z.B. Argentinien. Deshalb auch wurde das Thema der Amerikanischen Freihandelszone (*Asociación de Libre Comercio de las Américas*, ALCA) immer sehr nüchtern und keineswegs euphorisch behandelt; innerhalb des Außenministeriums gab es sogar erhebliche Skepsis bis hin zu grundsätzlichem Widerspruch gegenüber diesem Projekt.

Vor allem in den letzten Jahren seiner Amtszeit hat Präsident Cardoso Initiativen zu einer engeren politischen und entwicklungspolitischen Zusammenarbeit in Südamerika ergriffen (Hofmeister 2002a). Die sichtbarste Aktion in diesem Zusammenhang war die Einladung zum ersten Gipfeltreffen der Präsidenten Südamerikas am 31. August und 1. September 2000 in Brasília. Angesichts der Herausforderungen und Chancen der Globalisierung (und im Hinblick auf die bevorstehenden ALCA-Verhandlungen) sollte dieses Treffen die Vertiefung der regionalen Zusammenarbeit anregen und gemeinsame Entwicklungsprojekte für den südamerikanischen Raum kreieren. Tatsächlich wurden in Brasília eine ganze Reihe von konkreten Projekten vereinbart, vor allem im Bereich des Ausbaus der gemeinsamen Infrastruktur und der Energiegewinnung – ein für die brasilianischen Entwicklungsinteressen zentraler Bereich (Moreira da Fonseca 2000). Diese gemeinsamen Entwicklungsprojekte zeigten, dass Brasilien mit Geduld und Beharrlichkeit daran arbeitet, den südamerikanischen Raum zu fördern als Basis seiner „internationalen Identität" und als ein Ambiente, das für die Erhaltung von Frieden und regionaler Sicherheit und für Entwicklungsfortschritte günstige Bedingungen bietet (Lafer 2001: 62). Bei dem Folgetreffen der Präsidenten in Guayaquil, Ekuador, im Juli 2002 wurde die in Brasília eingeschlagene Richtung beibehalten, ohne dass von diesem Treffen entscheidende neue Impulse ausgingen.

Mit dem Regierungswechsel im Januar 2003 werden neue Akzente erkennbar, die in verschiedenen Stellungnahmen zum Ausdruck kommen.[4] Dabei sind vor allem zwei Aspekte hervorzuheben: Zum einen korrespondieren die neuen Ak-

---

[4] Zum Beispiel das Wahlprogramm des *Partido dos Trabalhadores* (PT), die Reden von Präsident Lula bei seinen Besuchen in Buenos Aires und Santiago noch vor seinem Amtsantritt, seine Antrittsrede sowie auch die Antrittsrede des neuen Außenministers; zum Gesamtkontext der Wahlen und des Regierungswechsels vgl. Hofmeister 2002b.

zente nach außen mit den innenpolitischen Schwerpunkten, insbesondere der Betonung sozialer Fragen; Brasilien will auch in seinen Außen- und internationalen Beziehungen großes Gewicht auf die Behandlung sozialer Themen legen und diese bei seiner Kooperation mit den Nachbarländern hervorheben.[5] Zum anderen hat die Bedeutung Südamerikas und der regionalen Zusammenarbeit im Rahmen der Außenpolitik noch zugenommen. Präsident Lula erklärte in seiner Antrittsrede:

> Die große Priorität der Außenpolitik meiner Regierung wird die Konstruktion eines politisch stabilen, wachsenden und vereinten Südamerikas sein, auf der Grundlage der Ideen der Demokratie und der sozialen Gerechtigkeit. Dafür ist eine entschiedene Aktion zugunsten einer Revitalisierung des MERCOSUR unerlässlich, der geschwächt wurde durch die Krisen jedes seiner Mitglieder und durch die engstirnige und egoistische Sicht dessen, was Integration bedeutet.[6]

Im Itamaraty wurde eigens ein Staatssekretariat für Südamerika geschaffen, womit das Interesse an der Förderung regionaler Initiativen noch unterstrichen wird.[7] Gleichwohl wird man feststellen dürfen, dass diese neuen Akzente durchaus in der Kontinuität der Politik der Vorgängerregierung stehen – auch wenn man aus politischen Gründen Unterschiede gerne betont.

Trotz des akzentuierten „gesamt-südamerikanischen" Interesses bleibt der MERCOSUR das zentrale außenpolitische Projekt Brasiliens. Das hat Präsident Lula da Silva schon wiederholt betont. Während des ersten Treffens mit seinem argentinischen Kollegen Duhalde vereinbarten beide Präsidenten eine engere Zusammenarbeit im Rahmen des MERCOSUR, der nun auch eine breitere institutionelle Ausstattung erhalten soll.[8] Daneben zeigt aber die Venezuela-Initiative sehr wohl, dass die neue brasilianische Regierung ihr außenpolitisches Engagement keineswegs ausschließlich auf den Südteil des Halbkontinents konzentrieren will. Dabei gibt es, unabhängig von den innenpolitischen Entwicklungen in den Andenländern, einige Problembereiche, die das eigene Land betreffen und dazu führen, dass sich schon aus eigenen brasilianischen Interessen heraus die Aufmerksamkeiten stärker auf jene Nachbarstaaten richten.

Anlass für diese verstärkte Aufmerksamkeit sind neue Unsicherheiten an den Grenzen, die freilich nicht von einer militärischen Bedrohung herrühren sondern von den Herausforderungen durch die organisierte Kriminalität, den illegalen

---

[5] In diesem Zusammenhang ist von Vertretern der neuen Regierung Kritik an dem ehemaligen Präsidenten Cardoso zu hören, dessen internationales Auftreten und dessen Reden die interne Situation nicht reflektiert hätten.

[6] Antrittsrede des Präsidenten Luiz Inácio Lula da Silva vor dem brasilianischen Parlament, Brasília, 01.01.2003 (Übersetzung d. Vf.).

[7] Zum Leiter dieses Staatssekretariats wurde der Botschafter Guimarães ernannt, der wegen seiner Kritik an den ALCA-Verhandlungen von dem vorherigen Außenminister in den vorzeitigen Ruhestand befördert worden war.

[8] Vgl. *O Estado de São Paulo* vom 15.01.2002.

Waffenhandel, die Herstellung und Verbreitung von Drogen, die unkontrollierte Migration, Umweltzerstörung, Handel mit geschützten Arten, Schmuggel von genetischem Material etc. Diese sicherheitspolitischen Themen haben in den letzten beiden Jahrzehnten dazu geführt, dass sich die Achse der brasilianischen Sicherheits- und Verteidigungspolitik von der La Plata-Region hin zum Amazonasraum verschob (Almino 2002; Herz/Wrobel 2002; Vaz 2002). Wegen seiner Dimension und geringen Besiedlung ist der Amazonas ein idealer Raum für Drogenhandel und andere illegale oder kriminelle Aktivitäten. Aus dieser Besonderheit erklären sich Initiativen zur Verstärkung der brasilianischen Präsenz entlang der Grenzen im Norden und Nordosten des Amazonas. Bereits in den 80er Jahren war ein Siedlungs- und Entwicklungsprojekt unter dem Namen „Calha Norte" begonnen worden, an dem zumindest bislang weiter festgehalten wurde. Im Jahr 2000 wurde das Projekt SIVAM (*Sistema de Vigilancia da Amazonia*) begonnen, das die Luft- und Satellitenüberwachung der ganzen Region, des Luftraums und auch des Landverkehrs leisten soll. Das System soll, wenn es einmal vollständig funktioniert, ausgestattet sein mit großen Radarsystemen zu Land, Jagdflugzeugen, die mit Luftüberwachungssystemen ausgerüstet sind, sowie 76 AL-X Kampfflugzeugen, die an verschiedenen Orten des Amazonas stationiert sein sollen. Zudem wurden die Grenzüberwachung im Norden verstärkt und in diesem Zusammenhang u.a. neue Grenzschutzeinheiten geschaffen. Für eine wirksamere Grenzüberwachung, die Bekämpfung von Rauschgifthandel, Schmuggel, illegaler Mineralienausfuhr, illegaler Migration und Umweltzerstörung wurden ganze Brigaden und militärisches Gerät in den Amazonas verlegt und die Ausbildung der Truppen verbessert. Allerdings lehnen es die brasilianischen Streitkräfte ab, polizeiliche Aufgaben, insbesondere im Bereich der Bekämpfung der Drogenmafia, zu übernehmen. Dahinter steht auch die Befürchtung, dass die Streitkräfte dann noch stärker den Versuchungen einer Korrumpierung durch die Drogendollars ausgesetzt sind. Aufgrund der Besorgnis über den zunehmenden Rauschgifthandel und die Geldwäsche hat das brasilianische Außenministerium neue Koordinationsmechanismen innerhalb der Regierung eingeführt. Mit den Nachbarländern gibt es zu diesen Themen im Rahmen von bilateralen Programmen eine enge Kooperation.

In Brasilien weiß man, dass jene problematischen Vorgänge und Entwicklungen von den Staaten individuell nicht mehr zu kontrollieren sind. Das eigene sicherheitspolitische Interesse begründet somit die intensivere Zusammenarbeit mit den Nachbarn im Amazonasraum. Diese gilt sowohl gemeinsamen Entwicklungsmaßnahmen besonders im Bereich der Energiegewinnung, des Transport- und Kommunikationswesens als auch der Bekämpfung krimineller Machenschaften. So sind es nicht zuletzt jene Phänomene und Probleme, die größere Anstrengungen auf eine Organisation und Entwicklung des gemeinsamen südamerikanischen Raums lenken.

2. Brasilien und die Andenländer

Für die Haltung Brasiliens gegenüber den Entwicklungen in den Staaten der Andengemeinschaft sind zunächst folgende Aspekte hervorzuheben:

a) trotz der zunehmenden Beachtung des südamerikanischen Raumes gingen bislang die Prioritäten der brasilianischen Außenpolitik und internationalen Beziehungen an den Andenstaaten vorbei;

b) die Entwicklungen in den Andenstaaten, die Aktionen und Einstellungen ihrer Regierungen, ihre Außenpolitik, der Charakter ihrer Institutionen oder ihres politischen Regimes oder andere Aspekte ihres Staatsapparates stellen keine Bedrohung brasilianischer Interessen und schon gar nicht brasilianischer Sicherheitsinteressen im engeren Sinne dar;

c) das Prinzip der Nichtintervention in die Angelegenheiten anderer Staaten als eine Leitlinie brasilianischer Außenpolitik hat in der Vergangenheit stets zu einem eher zurückhaltenden Engagement selbst gegenüber kritischen Entwicklungen innerhalb Latein- und Südamerikas beigetragen;

d) diese Zurückhaltung ist ein wesentliches Element der regionalen Stabilität in Südamerika und trägt dazu bei, dass die kritischen Entwicklungen innerhalb einzelner Länder – im Gegensatz zu anderen Regionen – nicht zu einem regionalen Flächenbrand geführt haben;

e) die Bedeutung der Andenländer für Brasilien und die brasilianische Außenpolitik ergibt sich vor allem daraus, dass sie auch Amazonasländer sind. Während der geographische Raum der Anden weit entfernt von den brasilianischen Grenzen und noch weiter entfernt von den brasilianischen Zentren liegt, bildet der Amazonas Teil des nationalen Territoriums; für die brasilianischen Sicherheitsinteressen und insbesondere für die Militärs ist diese Region von zentraler Bedeutung;

f) im Hinblick auf die Beziehungen zu den Andenländern spielt die föderale Dimension der brasilianischen Außenpolitik eine wichtige Rolle. Der „kleine Grenzverkehr" ist ein maßgebliches Element im Beziehungsgeflecht zu den Andenstaaten. Er spielt sich ab in den Bundesstaaten, ohne dass die brasilianischen Zentren oder bundesstaatliche Instanzen davon berührt werden.

Die Beziehungen mit den Andenstaaten hatten im Rahmen der brasilianischen Außenbeziehungen somit bisher nur ein geringes Profil – obwohl Brasilien mit Ausnahme Ekuadors unmittelbarer Nachbar aller Mitglieder der Andengemeinschaft ist und mehrere tausend Kilometer Grenze mit diesen Ländern teilt. Abgesehen von den zunehmenden sicherheitspolitischen Interessen und dem „kleinen Grenzverkehr" sind die Kontakte zu den Andenländern nicht sehr intensiv und auch die Wirtschaftsbeziehungen haben für beide Seiten nur eine relativ geringe Bedeutung. Weder sind die Andenstaaten ein wichtiger Markt für Brasilien, noch ist Brasilien – abgesehen von Bolivien – ein sehr wichtiger Wirtschaftspartner für die Andenländer. Das brasilianische Einflussvermögen auf die Andenstaaten ist daher auch in dieser Hinsicht eher gering.

Brasilien: Handelsbeziehungen mit den Andenländern

	Exporte		Importe	
	US$ F.O.B.	Prozent der Gesamtexporte	US$ F.O.B.	Prozent der Gesamtimporte
Venezuela				
1990	267.570.550	0,85	368.203.290	1,78
1995	480.892.126	1,03	823.363.292	1,65
2002	796.568.102	1,32	626.742.663	1,33
Kolumbien				
1990	162.617.988	0,52	25.895.437	0,13
1995	457.261.400	0,98	102.871.284	0,21
2002	636.616.662	1,05	108.024.613	0,23
Bolivien				
1990	181.959.658	0,58	35.348.630	0,17
1995	530.082.592	1,14	28.352.921	0,06
2002	420.613.637	0,70	395.827.531	0,84
Peru				
1990	146.208.932	0,47	134.340.037	0,65
1995	438.289.903	0,94	214.288.888	0,43
2002	436.101.182	0,72	217.090.620	0,46
Ekuador				
1990	126.050.019	0,40	6.182.511	0,03
1995	208.487.544	0,45	47.041.686	0,09
2002	388.345.753	0,64	14.906.908	0,03

Quelle: Secretaría de Comércio Exterior (SECEX), Ministério do Desenvolvimento, Indústria e Comercio Exterior.

Das geringe Profil der bilateralen Beziehungen bedeutet nun freilich nicht, dass Brasilien der inneren Entwicklung jener Länder und insbesondere den externen Konsequenzen dieser Entwicklungen vollkommen neutral und teilnahmslos gegenüber stünde. Die Probleme in den Grenzregionen sind nicht nur Folge der Unfähigkeit der Staaten zur Überwachung des Grenzverkehrs oder der spezifischen geographischen Verhältnisse dieser Region; sie sind in erster Linie Folge der inneren wirtschaftlichen, sozialen und politischen Defizite der Länder auf beiden Seiten der Grenze. Gerade die ungenügende Dichte der beiderseitigen Beziehungen, nicht nur im offiziellen staatlichen Bereich, sondern auch im Hinblick auf die Wirtschaftsbeziehungen und die zwischen den Gesellschaften, öffnet den Raum für die „informellen" Formen der Beziehungen.

Vor allem in der Amazonasregion, in der der Hauptteil der gemeinsamen Grenze verläuft, häufen sich in den letzten Jahren Probleme, die zunehmend als Bedrohung der eigenen Sicherheitsinteressen empfunden werden. Die geringe Siedlungsdichte und mangelnde Präsenz des Staates, vielfältige soziale Probleme, die mit den unzureichenden wirtschaftlichen Möglichkeiten, der Unterentwicklung und dem Mangel an Arbeitsplätzen, sozialer Infrastruktur und Betreuung der Migranten zusammen hängen, begünstigten die informellen und illegalen Aktivitäten. Nicht zuletzt aufgrund dieser problematischen Aspekte verfolgte Präsident Cardoso in seiner achtjährigen Regierungszeit ein langfristig angelegtes Projekt, das in Form gemeinsamer Entwicklungsmaßnahmen die engere Zusammenarbeit anstrebte und damit auch zur Stabilität des südamerikanischen Raumes beitragen sollte. Nach Meinung des früheren Außenministers Lafers stand hinter dem Projekt Cardosos der schon seit den Zeiten des Baron von Rio Branco verfolgte „Auftrag" an die brasilianische Außenpolitik, die Geographie in Politik umzuwandeln (Lafer 2001).

Der Energiebereich war dabei für Cardoso Achse der Entwicklung – was nicht zuletzt dem zunehmenden brasilianischen Energiebedarf entsprach. So wurden mit drei Andenländern wichtige Kooperationsprojekte begonnen, die langfristig die Basis für eine engere Zusammenarbeit auch in anderen Bereichen bilden sollten (Hofmeister 2002a). Mit Venezuela kam es zu einer engen Zusammenarbeit bei der Elektrizitätsgewinnung und beim Straßenbau; mit Bolivien wurde der Bau der Gaspipeline abgeschlossen; mit Peru wird der Ausbau der Straßenverbindung betrieben, um die Häfen beider Länder am Atlantik und Pazifik zu verbinden. Ein mit Kolumbien vorgesehenes Projekt im Bergbaubereich erwies sich als unwirtschaftlich. Nach dem Präsidentengipfel von Brasília wurde die Initiative für die Integration der regionalen südamerikanischen Infrastruktur (*Iniciativa para la Integración de la Infraestructura Regional Suramericana*, IIRSA) gegründet, die für die Umsetzung der vereinbarten Projekte zuständig ist. Finanziert werden die gemeinsamen Projekte im Wesentlichen von der Interamerikanischen Entwicklungsbank (*Banco Interamericano de Desarrollo*, BID) und der Andinen Entwicklungsgesellschaft (*Corporación Andina de Fomento*, CAF), der Brasilien während der Amtszeit von Cardoso als Aktionär beigetreten ist.

Nicht zuletzt ist in diesem Kontext eines gestiegenen Interesses an den Anden-/Amazonasländern auch die „Wiederbelebung" der Organisation des Amazonaspaktes zu sehen, die lange Jahre eher ein Schattendasein fristete. 2002 erhielt die Organisation ihr Generalsekretariat in Brasília. Damit nahm übrigens erstmals eine internationale Organisation ihren Sitz in der brasilianischen Hauptstadt.

Die brasilianische Diplomatie verfolgte somit in den letzten Jahren der Cardoso-Regierung eine ganze Reihe von Projekten und guten Absichten im Hinblick auf die südamerikanischen Nachbarn – „oft aber so außerordentlich subtil, dass diese selbst von den Partnern nicht verstanden wurden" (Pimenta de Faria/Cepik 2002: 16; Übersetzung des Vf.). Zudem fehlte es vielfach an den finanziellen oder – im Hinblick auf die sicherheitspolitischen Aufgaben – militärischen Ressourcen, um die anspruchsvollen Vorhaben mit den Nachbarn auch tatsächlich in die Praxis umzusetzen. Bei aller guten Absicht blieben die Anden-/ Amazonasländer-Initiativen in ihrer Reichweite begrenzt.

3. Die Beziehungen zu den einzelnen Andenländern[9]

Venezuela

Venezuela war in den vergangenen Jahren das Land Südamerikas, das am weitesten mit Brasilien bei der Beurteilung der Auswirkungen der Globalisierung und im Hinblick auf die allgemeine Orientierung der Beziehungen innerhalb Südamerikas und des Außenverhältnisses der Region übereinstimmte. Während die übrigen Länder aus eigener Überzeugung oder unter dem Diktat internationaler Finanzorganisationen für eine weitgehende Öffnung ihrer Märkte optierten und das Projekt der Amerikanischen Freihandelszone unterstützten, übten Brasilien und Venezuela – wenn auch in unterschiedlicher Weise und vor allem mit unterschiedlichem Stil – Zurückhaltung hinsichtlich einer allzu optimistischen Einschätzung der positiven Globalisierungseffekte. Diese beiden Länder haben die vergleichsweise geringsten Konzessionen nach außen gemacht und die Interessen ihrer Produzenten und Konsumenten zu schützen versucht.

Dass Venezuela einmal eine so herausragende Rolle in den brasilianischen Außenbeziehungen spielen würde wie in den ersten Wochen des Jahres 2003, war bis vor wenigen Jahren kaum vorstellbar. Denn trotz der unmittelbaren Nachbarschaft hatten beide Länder bis zu Beginn der 90er Jahre des letzten Jahrhunderts kaum mehr als recht oberflächliche diplomatische Beziehungen. Das Verhältnis war in gewisser Weise asynchron; denn beide Länder vertraten wiederholt unterschiedliche oder sogar gegensätzliche Positionen zu regionalen oder internationalen Fragen (Vizentini 1995; Cervo 2001). Die Wirtschaftsbeziehungen waren nicht sehr intensiv. Das änderte sich erst zu Beginn der 90er Jahre, als Brasilien parallel zur Gründung des MERCOSUR im Süden Venezuela im Norden als strategischen Partner sowohl für die eigene Entwicklung (im Hinblick auf die Energieversorgung) als auch für die Verwirklichung eines umfassenderen Regionalprojektes – des Südamerikanischen Marktes – entdeckte. Tatsächlich hat das Handelsvolumen seither deutlich zugenommen und Venezuela ist zu einem der wichtigeren Wirtschaftspartner Brasiliens in Südamerika avanciert. Brasilien bezieht von dort große Mengen Rohöl, außerdem wird ein wesentlicher Teil der Stromversorgung im Norden des Landes von venezolani-

---

[9] Für eine ausführlichere Darstellung der bilateralen Beziehungen zu den Nachbarländern bis Ende 2000 siehe Hofmeister 2002a. Für eine Analyse der Situation in einzelnen Andenstaaten siehe Hofmeister 2002c.

schen Kraftwerken geleistet. Die Erdölimporte aus Venezuela spielen eine wichtige Rolle im brasilianischen Energiekonzept. Zwischen der *Petrobras* und der PdVSA (*Petróleos de Venezuela, S.A.*) gibt es weitreichende Kooperationsprojekte. Weitere brasilianische Unternehmen haben sich in den letzten Jahren in Venezuela engagiert; andererseits sind venezolanische Händler besonders in den nördlichen Bundesstaaten Brasiliens aktiv. Der Ausbau der Straße zwischen Manaus und Caracas sowie die Zusammenarbeit im Energiesektor sind weitere Anknüpfungspunkte.

Nicht zuletzt aufgrund der Affinitäten bei der Beurteilung der Globalisierungseffekte hat der venezolanische Präsident Hugo Chávez seit seiner ersten Wahl einen engen Kontakt zu Brasilien gepflegt. Zu Präsident Cardoso, den er in kaum mehr als zwei Jahren allein achtmal besuchte, unterhielt Chávez ein enges Verhältnis. Zumindest nach außen zeigten beide Präsidenten Sympathie füreinander. Gleichwohl stieß Chávez mit verschiedenen Initiativen, die seinem „bolivarianischen" Projekt entsprachen, eher auf zurückhaltende Reaktionen in Brasilien.[10] Während Chávez den engen Kontakt zu Brasilien in dem Maße zu intensivieren suchte, in dem er sein Verhältnis zu den USA und auch Kolumbien strapazierte, hoffte man in Brasilien auch, einen mäßigenden Einfluss auf den Venezolaner ausüben zu können, damit er den südamerikanischen *mainstream* im Hinblick auf die demokratische Ordnung nicht verlassen würde.

Die Zuspitzung der innenpolitischen Krise in Venezuela wurde von den meisten Beobachtern in Brasilien lange Zeit nicht als bedrohlich für die brasilianischen Interessen gesehen und rief auch keine Besorgnis hervor. Vielmehr sah man den innervenezolanischen Konflikt als Folge lang anhaltender Entwicklungen und des Versagens der bisherigen politischen Führungselite (Carrasquero 2002). Freilich stand man in Brasilien den Vorgängen in Venezuela nicht vollkommen unbeteiligt gegenüber. Die engere bilaterale Zusammenarbeit bringt eine dichtere Interdependenz und damit auch eine größere brasilianische Verwundbarkeit gegenüber den inneren Problemen Venezuelas mit sich. Deshalb sorgte die Zuspitzung der Auseinandersetzungen zwischen Präsident und Opposition in Venezuela auch in Brasilien für wachsende Besorgnis. Allerdings waren die politische Klasse Brasiliens, die Regierung und auch die Öffentlichkeit vor und nach den Wahlen im Oktober 2002 sehr stark mit der einheimischen Entwicklung und der Vorbereitung des Regierungswechsels beschäftigt, als dass sie Venezuela größere Aufmerksamkeit hätte schenken können.

Für Überraschung sorgte daher, dass sich der neue Präsident Lula da Silva in einer für Brasilien bis dato ungewohnten Weise noch vor seinem offiziellen Amtsantritt am 1. Januar 2003 in der venezolanischen Krise engagierte.[11] Bis zu

---

[10] Der Vorschlag von Chávez, der Präsidentengipfel von Brasília solle sich auch für eine „politische Integration" Südamerikas aussprechen, wurde von Cardoso damals einfach rasch von der Tagesordnung gestrichen.

[11] Zum Folgenden vgl. die Tagespresse; zudem hat der Autor etliche Interviews mit Vertretern der früheren und neuen brasilianischen Regierung geführt.

diesem Zeitpunkt hatte Lula zu Venezuela und dessen Präsidenten Hugo Chávez zumindest gegenüber der Öffentlichkeit keine besonderen Aktivitäten entwickelt. Der PT-Führer Lula war im Rahmen der Besuche von Chávez in Brasilien nie besonders in Erscheinung getreten. Während Lula mit Fidel Castro eine lange Freundschaft pflegt und selbst mit dem Peruaner Alejandro Toledo guten Kontakt hielt, war ein engeres Verhältnis zu Chávez nicht wahrgenommen worden. Zudem galt die Aufmerksamkeit des Venezolaners ganz dem Präsidenten Cardoso. Allerdings sind die ideologischen Affinitäten zwischen Lula und Chávez zweifellos enger als sie zwischen Chávez und Cardoso je waren.

Mit Überraschung wurde daher von den brasilianischen Medien registriert, dass Lula als gewählter Präsident noch Anfang Dezember 2002 seinen internationalen Berater Marco Aurélio Garcia nach Caracas entsandte. Es entstand der Eindruck, Garcia habe Hoffnung, zwischen Chávez und der Opposition vermitteln zu können. Die venezolanische Opposition kritisierte den Auftritt von Garcia jedoch, dem sie vorwarf, sich nur einseitig aus Regierungskreisen zu informieren und keinen ernsthaften Kontakt mit der Opposition gesucht zu haben.[12] Während der Gespräche von Garcia in Caracas wurde erstmals die Idee der Einberufung einer „Gruppe der Freunde Venezuelas" besprochen; zudem äußerte die venezolanische Regierung ihr Interesse an Erdöllieferungen aus Brasilien, um Versorgungslücken aufgrund des anhaltenden Streiks zu schließen.

Sofern tatsächlich die Erwartung bezüglich einer Vermittlung zwischen Regierung und Opposition bestand, hat die Reise zur Ernüchterung der künftigen brasilianischen Regierung beigetragen.[13] Noch im Dezember 2002 hat die Regierung Cardoso auf Bitte von Chávez – und in Abstimmung mit der künftigen Regierung – einen Tanker mit Petroleum nach Venezuela entsandt. Damit rückte auch Brasilien ins Kreuzfeuer der Kritik der Chávez-Gegner, die daraufhin vor der brasilianischen Botschaft gegen diese Hilfssendung demonstrierten und Brasilien wegen „Einmischung" in die inneren Angelegenheiten des Landes und angeblicher Parteilichkeit zugunsten des Präsidenten zum „Feind" der venezolanischen Opposition erklärten.[14] Andererseits wird in Brasília darauf verwiesen, dass die Ablehnung eines Hilfersuchens ebenfalls als „Einmischung" hätte gedeutet werden können. In jedem Fall war von einer der Konfliktparteien Kritik zu erwarten gewesen.

Schienen die Mitglieder der künftigen brasilianischen Regierung zunächst etwas zuversichtlicher im Hinblick auf etwaige Vermittlungsbemühungen in Venezuela, so zeigte sich der neue brasilianische Präsident Lula beim ersten Treffen

---

[12] Mit dem Führer der venezolanischen Opposition Timoteo Zambrano hat sich Garcia nicht getroffen, weil dieser, wie Garcia erklärte, keine Zeit für ein Treffen hatte.

[13] Garcia besuchte Ende Dezember 2002 Kuba um eine persönliche Einladung von Fidel Castro zur Teilnahme an der Amtsübergabe zu überbringen. Bei einem Treffen mit Castro wurden Themen des bilateralen Verhältnisses und der internationalen Situation besprochen. Es ist zu vermuten, dass auch Venezuela auf der Gesprächsagenda stand.

[14] Vgl. *O Estado de São Paulo* vom 31.12.2002.

mit seinem venezolanischen Kollegen schon etwas zurückhaltender gegenüber den Erwartungen des Nachbarn. Während eines Frühstücksgesprächs am Tag nach der Amtseinführung – zu dem Chávez mit einstündiger Verspätung (!) eintraf, weil er bis in die frühen Morgenstunden mit Fidel Castro gesprochen hatte – schlug der Venezolaner eine Integration im Energiesektor zwischen den Ländern Lateinamerikas vor allem im Erdölbereich vor. Strategische Partnerschaften sollten bei der Prospektion, Kommerzialisierung und technologischen Entwicklung vereinbart werden, d.h. so etwas wie eine lateinamerikanische OPEC sollte geschaffen werden.[15] Zugleich bat Chávez angesichts der streikbedingten Versorgungskrise in Venezuela um brasilianisches Erdöl und um die Entsendung brasilianischer Techniker zur Mithilfe bei Reformvorhaben im Erdölbereich.

Daneben besprach Chávez mit Lula die Idee, eine „Gruppe der Freunde Venezuelas" ins Leben zu rufen, die sich angesichts der sozialen Mobilisierungen und der Gefahr eines Militärputsches für die Erhaltung der venezolanischen Demokratie einsetzen sollte. Präsident Lula beschränkte sich am nächsten Tag auf die Ankündigung, Öl und Techniker nach Venezuela zu schicken, was von der venezolanischen Opposition wiederum kritisiert wurde.

Wenige Tage darauf kündigte der neue brasilianische Außenminister Celso Amorim angesichts der Zuspitzung der Auseinandersetzungen in Venezuela am 7. Januar an, dass sich die Außenminister der venezolanischen Nachbarländer im Rahmen der Amtseinführung des neuen ekuadorianischen Präsidenten am 15. Januar in Quito treffen würden, um eine „Ländergruppe der Freunde Venezuelas" ins Leben zu rufen, die die Arbeit von OAS-Generalsekretär César Gaviria zur Überwindung der Krise in Venezuela unterstützen solle. Man wolle Gaviria nicht ersetzen, sondern seine Vermittlungsrolle stärken. Über diese Initiative hatte Amorim auch mit UN-Generalsekretär Annan gesprochen.

Kaum hatte Brasilien diese Initiative ergriffen, gab es auch schon ein „Kommunikationsproblem" mit den USA. Washington bezeichnete in einer ersten Reaktion die brasilianische Aktion als „kontraproduktiv" und zeigte sich besorgt darüber, dass die „Freunde Venezuelas" den OAS-Generalsekretär Gaviria nicht an ihrer Initiative teilhaben lassen könnten und diese Initiative der neuen brasilianischen Regierung auch von anderen Ländern der Region als wenig hilfreich angesehen werden würde.[16] Nach einem klärenden Telefongespräch zwischen Amorim und seinem Kollegen Colin Powell entschlossen sich die USA allerdings, ebenfalls der „Freundesgruppe" beizutreten. Damit stellten die USA sicher, dass sie bei der Suche nach Lösungen für ein Problem, das sie unmittelbar berührt, nicht in die zweite Reihe geraten: schließlich stammen 15% des in den USA verbrauchten Erdöls aus Venezuela.

---

[15] Chávez hatte diese Idee schon bei dem zweiten Präsidentengipfel Südamerikas in Guayaquil im Juli 2002 vorgeschlagen, damit bei seinen Kollegen aber keine Unterstützung gefunden.

[16] Vgl. *O Globo* vom 11.01.2003.

Allerdings bestand ein deutlicher Unterschied im Hinblick auf eine eventuelle Lösung der Krise in Venezuela. Während die USA auf eine Lösung durch vorgezogene Neuwahlen hinarbeiten (und in diesem Sinne letztlich auch auf OAS-Generalsekretär Gaviria einwirkten), vertrat die brasilianische Regierung die Meinung, dass dies nicht aus der Krise führe, weil damit die Spaltung der venezolanischen Gesellschaft nicht überwunden werde. Freilich hat Washington keine klare Position gegenüber der Situation in Venezuela gezeigt.[17]

Die „Gruppe der Freunde Venezuelas" wurde am 15. Januar 2003 in Ekuador ins Leben gerufen. Neben Brasilien und den USA gehören ihr Mexiko und Chile sowie Spanien und Portugal an. Die brasilianische Diplomatie begann einen Abstimmungsmarathon, um zunächst die Positionen innerhalb der Gruppe zu koordinieren und dann mit der Regierung und auch der Opposition Venezuelas den Dialog zu führen. Ziel Brasiliens war es, dazu beizutragen, in Venezuela ein Klima der Dialogbereitschaft zu schaffen; zugleich machte man stets klar, dass eine Lösung innerhalb der Verfassungsvorgaben des Landes erfolgen müsse, d.h. dass man nicht auf vorgezogenen Neuwahlen hinarbeite. Präsident Lulas Freund Fidel Castro, der anlässlich der Amtsübergabe in Brasília war und dort mit viel Aufmerksamkeit und Respekt bedacht wurde, kritisierte übrigens die Gründung der „Freundesgruppe", weil in ihr „die Feinde dominieren".

Die venezolanische Opposition war keineswegs begeistert über diese Initiative, dämpfte aber ihre Kritik an Brasilien und gab zu verstehen, mit Präsident Lula und anderen Sektoren der brasilianischen Gesellschaft sprechen zu wollen. Der unmittelbare Kontakt mit dem Präsidenten wurde von Brasilien jedoch abgelehnt und der brasilianische Außenminister Amorim bekräftigte wiederholt, dass Präsident Chávez demokratisch gewählt sei und nicht mit der Opposition verglichen werden dürfe: „Wir können nicht mit zweierlei Maß messen und denken, wenn uns eine Regierung gefällt, ist sie legitim, und wenn sie uns nicht gefällt, ist sie nicht legitim."[18] Amorim schloss jedoch nicht aus, dass die brasilianische Regierung eine Verfassungsreform in Venezuela befürworten könnte, um vorgezogene Wahlen zu ermöglichen. Aber zuerst müsste ein Klima des Vertrauens geschaffen werden, das mit Hilfe der „Gruppe der Freunde Venezuelas" ermöglicht werden solle. Teile der Opposition in Venezuela blieben zwar verärgert über Brasilien, doch nach einem Treffen mit Repräsentanten der amerikanischen Regierung in Washington zeigten sich Vertreter der venezolanischen Opposition davon überzeugt, dass der brasilianische Präsident Lula die am besten geeignete Person sei, um seinen venezolanischen Kollegen von der Notwendigkeit einer Verkürzung seines Mandats zu überzeugen.

---

[17] Am 14.12.2002 hat das Weiße Haus vorgezogene Neuwahlen als Lösung gesehen, zwei Tage später erklärten die USA ihre Unterstützung für ein Referendum, das Chávez frühestens im August 2003 über seinen Verbleib im Amt durchführen will. Der frühere US-Präsident Jimmy Carter hatte bei einem Besuch in Venezuela eine Verfassungsreform für eine Verkürzung des Mandats des Präsidenten vorgeschlagen.

[18] *O Globo* vom 22.01.2003 (Übersetzung des Vf.).

Die Unberechenbarkeit des venezolanischen Präsidenten stellte dann die brasilianische Geduld auf eine Probe. Am Samstag, dem 18. Januar 2003, erschien Chávez überraschend in Brasília, wo er sich gegenüber Präsident Lula für die Aufnahme weiterer Länder in die „Freundesgruppe" aussprach. Das wurde in Brasilien abgelehnt. Chávez sprach nach der Unterredung mit Lula der „Freundesgruppe" zwar sein Vertrauen aus, wenige Tage später insistierte er jedoch noch einmal auf deren Erweiterung um Russland, Algerien und China; von Brasilien wurde das jedoch strikt abgelehnt. Chávez überraschte dann ein weiteres Mal die brasilianische Regierung, indem er nach kurzer Vorankündigung am 26. Januar 2003 in Porto Alegre auf dem „Weltsozialforum" erschien und dort in einer Ansprache gegen „Falschinformationen" über sein Land wetterte.

Einen Tag zuvor, am 25. Januar, wurde Brasilien während eines Treffens in Washington auf Vorschlag der USA und mit Zustimmung der übrigen Mitgliedsländer zum Koordinator der „Gruppe der Freunde Venezuelas" bestimmt. Regierung und Opposition in Venezuela haben dem zugestimmt. Die daraufhin einsetzenden Vermittlungsgespräche in Caracas haben zusammen mit der Erschöpfung der Opposition und der Sorge vor einer unkontrollierbaren Eskalation dann dazu geführt, dass in Venezuela der seit Anfang Dezember dauernde Streik nach zweimonatiger Dauer Anfang Februar 2003 beendet wurde.

Dass sich Präsident Chávez daraufhin zum „Sieger" des Konfliktes erklärte, wurde in Brasilien nicht goutiert, weil man fürchtet, das werde die Gräben zwischen Regierung und Opposition in Venezuela offen halten. Mit Sorge wird zudem das Vorgehen von Präsident Chávez gegen die Medien beobachtet. Andererseits ist die brasilianische Regierung überzeugt, einen wichtigen Beitrag zur Eindämmung des Konfliktes und zur Vermeidung eines eventuellen Militärputsches geleistet zu haben. An der Ablehnung vorgezogener Neuwahlen wurde auch nach Streikende festgehalten.[19] Insofern sieht man sich in Brasilien durch den vorläufigen Ausgang der venezolanischen Krise in der eigenen Politik, die einen eindeutigen Bruch mit der traditionellen Haltung der Nichteinmischung bedeutete, bestärkt.

Kolumbien

Kolumbien, so zeigte sich gleich im Anschluss an die Krise in Venezuela, könnte zu einem weiteren Fall eines stärkeren außenpolitischen Engagements von Brasilien in einem der andinen Nachbarländer werden. Nach den Bombenattentaten in Bogotá und Neiva von Anfang Februar 2003 hat die neue brasilianische Regierung die in den letzten Jahren geübte Zurückhaltung aufgegeben und sich in einigen öffentlichen Erklärungen nicht nur für eine Wiederaufnahme der Verhandlungen zwischen Regierung und den bewaffneten Gruppen ausgesprochen, sondern auch ihre Bereitschaft erklärt, bei solchen Verhandlungen eine Vermittlungsfunktion zu übernehmen.

---

[19] Vgl. *O Estado de São Paulo* vom 05.02.2003.

Die innere Entwicklung in Kolumbien hat in den letzten Jahren in Brasilien mehr Besorgnis hervorgerufen als die irgendeines der übrigen Andenstaaten. Dafür gibt es mehrere Gründe: Der Druck auf die brasilianische Grenzregion, die von den bewaffneten Gruppen aus Kolumbien als Rückzugsgebiet genutzt wird, die Zunahme des Rauschgifthandels und der engen Verbindungen zwischen dem organisierten Verbrechen Brasiliens und den bewaffneten und kriminellen Gruppen Kolumbiens[20], nicht zuletzt aber auch die Präsenz der USA im kolumbianischen Konflikt, der man in Brasilien etwas ambivalent gegenübersteht. Von wichtigen politischen und gesellschaftlichen Gruppen und Medien Brasiliens wird das Engagement der USA in Kolumbien sehr skeptisch gesehen, weil man eine Internationalisierung dieses Konfliktes befürchtet und ablehnt. Andererseits gibt die Erosion des Staates und der demokratischen Regierungsführung in Kolumbien ebenfalls Anlass für brasilianische Sorgen (Pizarro 2001).

Die Beziehungen zwischen Kolumbien und Brasilien waren traditionell nicht sehr eng oder intensiv; der Warenaustausch hatte ein eher geringes Volumen. Erst infolge des innerkolumbianischen Konfliktes und seiner regionalen Ausstrahlung kam es auch zu engeren politischen Beziehungen, die freilich auch nicht problemlos waren bzw. sind. Die brasilianische Regierung von Präsident Cardoso hat sich gegenüber der kolumbianischen Lage äußerst zurückhaltend und vorsichtig verhalten (Cepik 2002). Der *Plan Colombia* wird vor allem in seinem militärischen Teil abgelehnt. Obwohl der kolumbianische Präsident Pastrana mehrfach und auch öffentlich für Verständnis und Unterstützung für den *Plan Colombia* warb[21], blieb die brasilianische Haltung ablehnend und wurde vorübergehend sogar in einem nahezu barschen Tonfall vorgetragen.[22] Dabei spielt einerseits die Befürchtung eine Rolle, eine Militäroffensive gegen die Guerilla könne diese auf brasilianisches Territorium treiben, wo es nach einer Verlagerung des Drogenanbaus auch zur Errichtung von Drogenlabors kommen könnte. Andererseits aber bestand großes Unbehagen darüber, dass Kolumbien ein Präzedenzfall für direktes militärisches Engagement der USA in Südamerika werden könnte. In der brasilianischen Presse waren gelegentlich Vermutungen geäußert worden, wonach die USA eine Unterstützung Brasiliens bei eventuellen militärischen Aktionen gegen die kolumbianische Guerilla erwarten würde. Das ist jedoch von der Regierung in Brasília stets bestritten und abgelehnt worden.

---

[20] Ganz offensichtlich wurde diese Verbindung als 2001 der meistgesuchte Verbrecher Brasiliens bei einem Feuergefecht zwischen Militärs und *Fuerzas Armadas Revolucionarias de Colombia* (FARC) in Kolumbien verletzt und dingfest gemacht wurde.

[21] So zum Beispiel im Rahmen seines Besuches anlässlich des Präsidentengipfels in Brasília Mitte 2000 oder in Form eines Artikels von Pastrana in der Tageszeitung *Folha de São Paulo* vom 08.10.2000.

[22] Vgl. den Artikel von General Cardoso, dem Chef des Sicherheitskabinetts im Präsidialamt im Vorfeld der Verteidigungsministerkonferenz in Manaus „'Plan Colombia' e o Brasil", *O Estado de São Paulo* vom 16.10.2000.

Die brasilianische Sensibilität gegenüber diesen Fragen hat nicht zuletzt damit zu tun, dass man die eigenen Grenzen im Hinblick auf die Vertretung der nationalen Sicherheitsbelange und der Kapazität zum Eingreifen in die kolumbianische Situation erkennt. Die Verwundbarkeit Brasiliens bei einer Verschlechterung der Situation in Kolumbien ist klar – ebenso aber auch die begrenzte Kapazität zum Reagieren und Eingreifen.

Präsident Cardoso hatte wiederholt geäußert, Kolumbien und sein damaliger Kollege Pastrana verdienten „die entschlossene Hilfe" Brasiliens, und bezeichnete den Konflikt in dem Nachbarland doch stets auch als „ein inländisches Problem".[23] Ohne dass seine Regierung nach außen größere Aktivitäten entfaltete, war Brasilien zur Zeit der Verhandlungen zwischen Präsident Pastrana und der Guerilla bereit, in diesem Rahmen eine aktive Rolle zu spielen – sofern man von der kolumbianischen Regierung dazu eingeladen werden würde. Eine solche Einladung wurde jedoch nie ausgesprochen und so hat Brasilien außer seiner Mitwirkung in der Unterstützungsgruppe für Kolumbien und intensiveren Konsultationen auf der diplomatischen Ebene keine eigene Initiative ergriffen, um in den inneren Konflikt des Nachbarlandes einzugreifen. Der Abbruch der Verhandlungen durch Präsident Pastrana ist in offiziellen Kreisen Brasiliens mit Verständnis registriert worden.

Ungeachtet dieser Zurückhaltung im Hinblick auf politische Initiativen bestehen die Auswirkungen des Konfliktes in Kolumbien auf Brasilien fort. Zweifellos hat in den letzten Jahren der illegale Grenzverkehr der Drogenbanden zugenommen. Zudem ist Brasilien nicht mehr nur ein Durchgangsland sondern in immer stärkerem Maße auch ein Verbraucherland von in Kolumbien hergestelltem Rauschgift. Neben der Drogenmafia dringen offensichtlich auch Guerilla-Einheiten immer wieder auf brasilianisches Gebiet ein.[24] Manche Beobachter unterstellen ein Stillhalteabkommen zwischen der Guerilla und brasilianischen Militärs. Aus offiziellen Quellen ist dazu selbstverständlich keine verlässliche Information zu erhalten. Ganz offensichtlich sind jedoch der gemeinsame Grenzschutz und das Überwachungssystem im Amazonas trotz gelegentlicher Erfolge bei der Verbrechensbekämpfung (noch) zu unzulänglich, um den illegalen Grenzverkehr zu unterbinden.

Aus Sorge gegenüber einer neuen Eskalation des innerkolumbianischen Konflikts und einem verstärkten militärischen Engagement der USA hat die neue brasilianische Regierung die Initiative ergriffen, um auch auf diesen Konflikt vermittelnd einzuwirken. Infolge der Bombenattentate in Bogotá und Neiva von

---

[23] Vgl. *O Estado de São Paulo* vom 18.10.2000.

[24] Anfang März 2002 z.B. kam es zu einem Feuergefecht zwischen einem Schiff, auf dem sich anscheinend fünf FARC-Mitglieder befanden, und einer brasilianischen Grenzstation am Grenzfluss Japurá. Das Schiff soll gesunken sein, ohne dass die Körper gefunden wurden. Daraufhin wollte das brasilianische Heer die Überwachung der Grenze zu Kolumbien intensivieren, besonders an den Wassergrenzen, um den Übertritt bewaffneter Gruppen zu verhindern Vgl. *Gazeta Mercantil* vom 07.03.2002.

Anfang Februar 2003 gab die kolumbianische Regierung zu verstehen, dass sie möglicherweise eine engere Kooperation von Brasilien bei der Lösung des bewaffneten Konflikts im Lande wünscht. Der brasilianische Außenminister Celso Armorim erklärte demgegenüber zunächst, dass Brasilien nur dann die Rolle eines Vermittlers im Konflikt übernehmen wolle, wenn Regierung und Guerilla tatsächlich zum Dialog bereit wären: „Noch ist nicht klar, was die Regierung von Bogotá möchte, das wir tun. Wenn man Erklärungen zugunsten des Friedens will, sind wir sofort bereit zu helfen. Aber wenn es darum geht, als eine Art Vermittler an den Gesprächen teilzunehmen, hängt das von den Umständen ab".[25] Wenige Tage später aber wurde bekannt, dass Präsident Lula an UN-Generalsekretär Kofi Annan geschrieben und um Friedensbemühungen der Vereinten Nationen im Konflikt zwischen Regierung und der bewaffneten Opposition in Kolumbien gebeten habe.[26] Gleichzeitig nahm der außenpolitische Berater des Präsidenten Marco Aurélio Garcia in einem Interview ausführlich Stellung zu der Situation in dem Nachbarland. Er unterstrich das hohe Interesse Brasiliens an einer diplomatischen Lösung des Konflikts; eine militärische Internationalisierung, d.h. ein verstärktes Engagement der USA lehnte er vehement ab.

Auf Meldungen, wonach der kolumbianische Präsident Álvaro Uribe den verstärkten Einsatz US-amerikanischer Militärs in seinem Land und die Wiederaufnahme der seit dem Jahr 2001 eingestellten Aufklärungsflüge über Kolumbien, dem Pazifik und der Karibik gefordert habe[27], reagiert man in brasilianischen Regierungskreisen sehr sensibel. Bereits am Tag nach dieser Verlautbarung, wurde gemeldet, das Außenministerium in Brasília befürchte, US-Generäle würden „Vorsichtsmaßnahmen" gegen „Problemstaaten" ergreifen und zur „Terrorbekämpfung" alle Problemregionen unter US-Beobachtung stellen wollen.[28] Uribe soll zudem versucht haben auf die Regierungen von Brasilien, Venezuela, Ekuador und Peru dahin gehend einzuwirken, dass sie die Guerilla-Gruppe FARC als „terroristische Vereinigung" bezeichnen. Doch eine Qualifizierung der bewaffneten Gruppen wird von offizieller Seite in Brasilien abgelehnt, „denn damit wäre man als Vermittler in einem eventuellen friedlichen Friedensprozess ausgeschlossen".[29] Nicht verhindern konnte Brasilien allerdings, dass die FARC im Februar von der OAS erstmals als „terroristische Gruppe" gekennzeichnet wurden. Eine derartige Charakterisierung durch den Sicherheitsrat der Vereinten Nationen, wie sie vom kolumbianischen Präsidenten Uribe ange-

---

[25] *O Estado de São Paulo* vom 15.02.2003.
[26] Vgl. *Gazeta Mercantil* vom 19.02.2003, auch zum Folgenden.
[27] Vgl. *Folha de São Paulo* vom 16.02.2003.
[28] Vgl. *O Estado de São Paulo* vom 17.02.2003.
[29] Garcia in dem Interview in der *Gazeta Mercantil* vom 19.02.2003.

strebt wird, will Brasilien offensichtlich verhindern.[30] Im Rahmen einer von Brasilien angeregten südamerikanischen Außenministerkonferenz sollen die anderen Länder der Region für die Unterstützung der brasilianischen Position gewonnen werden.

Das aktivere Engagement der neuen brasilianischen Regierung erklärt sich aus der Furcht vor einem Übergreifen eventueller militärischer Aktionen auf das nationale Territorium. Ideologische Affinitäten zur Guerilla in Kolumbien spielen keine Rolle, denn in Brasilien anerkennt man die Konzessionen, die von Präsident Pastrana gemacht wurden, und die Meinung ist weit verbreitet, dass die Guerilla an einem Verhandlungserfolg nicht interessiert war und – wenn überhaupt – nur noch sehr rudimentär politische Interessen verfolgt. Gerade das aber dürfte die Aufnahme und erst recht den Erfolg künftiger Verhandlungen erheblich erschweren. Sich auf eine Vermittlungsrolle ohne konkrete Erfolgsabsichten einzulassen, wird sich die brasilianische Diplomatie vor dem Hintergrund ihrer Tradition der Nichtintervention und bei aller guten Absicht wohl überlegen müssen.

Zwar kommt Brasilien mit seinem neuerlichen Engagement Erwartungen entgegen, wie sie manchmal aus dem Ausland, nicht zuletzt aus Europa, formuliert werden. Doch das Verhältnis zwischen Kolumbien und Brasilien und den führenden Repräsentanten beider Regierungen ist keineswegs so eng, dass auf der kolumbianischen Seite schon all zu großes Vertrauen in die brasilianische Handlungskapazität bestünde. Zudem wird man abwarten müssen, wie die übrigen südamerikanischen Nachbarn reagieren, die einen „regionalen Führungsanspruch" Brasiliens angesichts unterschiedlicher Positionen in vielen Fragen und einem gewissem Unbehagen sehen.

Bolivien

Bolivien könnte zu einem weiteren Ort brasilianischer Besorgnis werden, sofern sich auch in diesem Land ein Krisenszenario verfestigen sollte. Anfang 2003 kam es zu heftigen Auseinandersetzungen zwischen der Regierung und dem Gewerkschaftsdachverband *Central Obrera Boliviana* (COB) mit zahlreichen Toten und Verletzten. Der bolivianische Präsident Sánchez de Lozada sprach sogar von einem Putschversuch.

Ein erhöhtes brasilianisches Interesse an den Vorgängen in diesem Nachbarland ergibt sich daraus, dass Brasilien mit dem Bau einer Gaspipeline und ihrer Einweihung im Februar 1999 zum wichtigsten Wirtschaftspartner Boliviens avancierte. Die Gaspipeline ist das größte Infrastrukturprojekt Südamerikas der letzten Jahre, das mit einem Investitionsvolumen von ca. US$ 2 Mrd. zu gut drei Vierteln von der brasilianischen Seite finanziert wurde. Die Pipeline versorgt Städte und Industrien im brasilianischen Südwesten, der bei weitem wichtigsten

---

[30] Das hätte zur Folge, dass die Finanzierung der terroristischen Gruppen verboten wird, ihre Bankguthaben eingefroren werden und ihnen der ungehinderte Grenzübertritt und Asyl verweigert wird.

Industrieregion des Landes, mit Energie. Die Tochterfirma der brasilianischen *Petrobras* ist als maßgebliche Betreiberin der Pipeline mittlerweile das größte Unternehmen in Bolivien und besitzt das Monopol für den Gasverkauf in Brasilien. Allerdings hat seit der Einweihung der Gaspipeline 1999 der Wettbewerbsvorteil des Gases gegenüber Petroleum eingebüßt.

Das wichtigste Themenfeld im bilateralen Verhältnis zwischen Brasilien und Bolivien bleibt das Projekt der Gasabnahme. Wegen des Kaufpreises, der in Dollar indexiert ist, kommt es regelmäßig zu Missstimmungen im beiderseitigen Verhältnis. Der Import betrug Ende 2002 ungefähr 11 Millionen Kubikmeter pro Tag. Gemäss Vertrag müsste Brasilien aber mindestens 17 Millionen abnehmen. Aufgrund von Vertragsbestimmungen muss *Petrobras* die Differenz bezahlen, doch wird permanent Druck auf Bolivien ausgeübt, um eine Preissenkung zu erreichen. Noch vor den Wahlen in Brasilien hatte die Arbeiterpartei (PT) angekündigt, die Konditionen des Vertrages über den Import von Naturgas aus Bolivien neu verhandeln zu wollen. Innerhalb Brasiliens werden die Monopolstellung und das Preisdiktat der *Petrobras* auch von privaten Firmen kritisiert, die sich gerne am Vertrieb des Gases beteiligen würden.[31] Brasilien bezuschusst den Transport des Gases über Pipelines mit R$ 500 pro Jahr für 17 Jahre. Das wären insgesamt R$ 8,5 Mrd. Dieser Zuschuss soll verringert werden. Allerdings sind dazu komplizierte Verhandlungen auch mit anderen Produzenten notwendig.[32]

Bolivien würde gerne einen höheren Mehrwert aus dem Gas durch Verarbeitung erzielen, kann aber die Mittel für entsprechende Investitionen nicht selbstständig aufbringen. Brasilien jedoch bevorzugt den billigeren Import des Gases, um es im Wesentlichen erst auf nationalem Territorium weiterzuverarbeiten. Nicht zuletzt deshalb ist Bolivien um Alternativen bemüht und prüft die Wirtschaftlichkeit einer Verschiffung des Gases über einen Pazifikhafen.

Neben der Problematik des Gases ist die Durchlässigkeit und unzureichende Überwachung der über 3.000 km langen Grenze auch im Verhältnis zu Bolivien ein Problem. Die Grenze zu Bolivien verläuft entlang dreier brasilianischer Bundesstaaten, die äußerst dünn besiedelt sind und deren „Entwicklungspole" sich auf wenige Ortschaften konzentrieren, die sich direkt und indirekt maßgeblich auf Drogenhandel und Schmuggel von Konsumwaren, Holz, geschützten Arten, Chemikalien (zur Drogenherstellung) und Waffen stützen.

Es gibt Hinweise darauf, dass die Vernichtung von Kokaanbauflächen in Bolivien als Folge dortiger Regierungsprogramme in der zweiten Hälfte der 90er Jahre zu einer Änderung des Profils der illegalen Aktivitäten im brasilianischen Grenzgebiet geführt hat. Strukturen, die ehemals mit der Produktion und dem Handel von Rauschgift zusammenhingen, wurden für andere illegale Aktivitäten geändert. Die Bekämpfung des Rauschgifthandels und des Schmuggels ist daher ein wichtiges Thema auf der bilateralen Agenda. Allerdings ist es deshalb offen-

---

[31] Vgl. *Gazeta Mercantil* vom 14.03.2002.
[32] Vgl. *Gazeta Mercantil* vom 21.11.2002.

sichtlich noch nicht zu einer engeren Zusammenarbeit im Rahmen der Sicherheit, bei Geheimdienst- oder Polizeimaßnahmen gekommen. Das ist Folge der Haltung der Regierung und insbesondere der Militärs in Brasilien, die Bekämpfung des Rauschgifthandels nicht zu militarisieren. Darin unterscheidet sich Brasilien eindeutig von den anderen Ländern der Region. Zwar entspringt dies dem Bemühen, die Militärs möglichst von den problematischen Seiten und Versuchungen der Bekämpfung des Rauschgifthandels fern zu halten, doch gleichzeitig hat man bisher noch keine adäquate Alternative zur Sicherung der Grenzen und der Eindämmung der illegalen Schmuggelaktivitäten gefunden. Auf jeden Fall scheint jede Aktivität, ob zu Lande oder in der Luft eine engere Absprache und Kooperation mit Bolivien zu implizieren.

Solange es nicht zu einer Eskalation des innenpolitischen Konfliktes in Bolivien kommt, ist kaum mit einem größeren politischen Engagements Brasiliens gegenüber diesem Nachbarn zu rechnen. Bolivien wurde ein intensiverer Erfahrungsaustausch im Hinblick auf Alphabetisierungsprogramme und Schulen für die indigene Bevölkerung, Landwirtschaft etc. angeboten. So wichtig solche Austauschprogramme sein mögen, sollte man zugleich aufmerksam beobachten, wie viel Druck die brasilianische *Petrobras* und mit ihr die Regierung des Landes ausüben, um einen Preisnachlass für die Gaslieferung zu erzwingen. Die Erlöse für den Gasverkauf an Brasilien sind eine maßgebliche Einnahmequelle Boliviens. Es wird sich zeigen, ob man in Brasilien sieht, dass der bolivianischen Regierung mit geringeren Einnahmen aus dem Gasverkauf Ressourcen entzogen werden, die für soziale Politiken und zur Bekämpfung der Ursachen der Krise gebraucht werden. Ein guter Preis für das Gas könnte am Ende möglicherweise der beste Beitrag Brasiliens für den sozialen Fortschritt in Bolivien sein.

Peru

Das Verhältnis Brasiliens zu Peru ist aufgrund der großen räumlichen Distanz zwischen den wichtigsten Städten und Zentren beider Länder eher schwach ausgebildet. Die Beziehungen zu diesem Nachbarn hatten im Rahmen der brasilianischen Außenbeziehungen in den vergangenen Jahren und Jahrzehnten kein besonderes Profil, obwohl Brasilien mit Peru sozusagen das Zentrum des Amazonasgebietes teilt. Andererseits hat auch Peru, dessen längster Grenzabschnitt an Brasilien stößt, keine besonderen Anstrengungen zu einem Ausbau der Beziehungen unternommen.

Zwar waren seit Ende der Militärregierung die Besuchskontakte etwas enger (Ponce Vivanco 2000), doch in den letzten drei Jahren der Regierungszeit von Präsident Cardoso hat sich das Verhältnis deutlich abgekühlt. Grund dafür war, dass Brasilien im Frühjahr 2000 zusammen mit anderen lateinamerikanischen Staaten im offenen Widerspruch zu den Absichten der USA eine Verurteilung des damaligen peruanischen Präsidenten Fujimori wegen angeblicher Wahlfälschungen durch die OAS verhinderte. Nach brasilianischem Verständnis wollte man nicht zulassen, dass „nationale gewählte Autoritäten durch internationale oder gar durch Nichtregierungsorganisationen, und seien sie auch noch so angesehen" ersetzt werden würden.³³ Das trug der brasilianischen Regierung damals schon, vor allem aber nach dem Abgang Fujimoris in den inländischen und auch in manchen ausländischen Medien hämische Kritik ein. Gleichwohl beharrte das Itamaraty darauf, man habe eine Kassierung der Wahl durch amerikanische Nichtregierungsorganisationen nicht zulassen können; damit wäre ein problematischer Präzedenzfall geschaffen worden. Das war ein klassisches Beispiel für die Einhaltung des von Brasilien stets vehement verteidigten Prinzips der Selbstbestimmung und Nichtintervention in innenpolitische Angelegenheiten anderer Länder

Verärgert über die brasilianische Haltung war nicht zuletzt der unterlegene Präsidentschaftsbewerber Alejandro Toledo. Auch nach seiner rechtmäßigen Wahl zum peruanischen Präsidenten hat sich das Verhältnis zu Cardoso nicht sehr herzlich gestaltet. Kooperationsprojekte, die in den Jahren zuvor angedacht worden waren, wurden zunächst einmal auf Eis gelegt. Allerdings hatte der damalige Führer der Arbeiterpartei (PT) und heutige Präsident Brasiliens Lula da Silva nach jener OAS-Episode ein freundschaftliches Verhältnis zu Toledo entwickelt, das heute den Kontakt zwischen beiden Ländern erleichtert.

Ungeachtet dieser guten persönlichen Beziehungen der beiden Staatschefs beobachtet man von Seiten Brasiliens die komplizierte wirtschaftliche und soziale Situation Perus mit etwas größerer Besorgnis. Nicht zuletzt gibt es Befürchtungen eines Wiederauflebens bewaffneter Aktivitäten im Stile des *Sendero Luminoso*, woraus sich Probleme für die Stabilität der Grenzregion im Amazonas ergeben könnten; vor allem dann, wenn es zu einer Kooperation zwischen diesen Gruppen und Rauschgifthandel käme. Deren schärfere Bekämpfung infolge des 11. September 2001 lässt sie nach Rückzugsgebieten suchen, die schwieriger zu überwachen sind. Die peruanisch-brasilianische Grenzregion ist in diesem Sinne verletzlich. Sie ist noch weniger besiedelt als die zu Bolivien und die wenigen Ortschaften beider Länder sind von den dynamischeren Zentren weit entfernt. Zwar wird auch die Grenze zu Peru von dem Luftüberwachungssystem im Amazonas (SIVAM) beobachtet, doch die Möglichkeiten einer wirklichen Kontrolle der Grenze oder Verfolgung zwielichtiger Bewegungen sind schon aufgrund der schlechten Ausstattung des brasilianischen Militärs bzw. der Grenzpolizei sehr gering. Auch in diesem Falle wäre somit eine engere Kooperation mit der peruanischen Regierung notwendig, die aber durch gelegentliches Misstrauen erschwert wird.

Ein Streitthema im bilateralen Verhältnis zwischen Brasilien und Peru war die geplante Aufrüstung der brasilianischen Armee. Der Kauf neuer mit Raketen bestückter Jagdflugzeuge nach internationaler Ausschreibung im Wert von US$ 700 Mio. war einer der Punkte, der im Jahr 2002 einen Konsens über die Gründung einer südamerikanischen Friedenszone verhinderte.³⁴ Zwar ging von der brasilia-

---

[33] So der damalige Außenminister Lampreia in einem Interview mit der Zeitung *Valor Econômico* vom 12.02.2001.

[34] Vgl. *Gazeta Mercantil* vom 28.07.2002.

nischen Regierung die Initiative für ein entsprechendes Dokument aus, doch gleichzeitig wollte sie nicht auf die Modernisierung ihrer Luftwaffe verzichten. Der peruanische Präsident Toledo erhob dagegen schwere Einwände, indem er sich für eine Restriktion bei der militärischen Aus- und Aufrüstung sowie eine Reduzierung der Militärausgaben zugunsten sozialer Ausgaben einsetzte. Nachdem Präsident Lula als eine seiner ersten Regierungsmaßnahmen den Kauf neuer Flugzeuge stoppte, ist dieses Streitthema im Verhältnis zu Peru ausgeräumt.

Nicht zuletzt sind damit die Chancen für den Abschluss eines bilateralen Handelsabkommens zwischen Brasilien und Peru gestiegen. Die Verhandlungen dafür begannen im zweiten Halbjahr 2002.[35] Das Abkommen wird im Rahmen der Verhandlungen zwischen MERCOSUR und Andengemeinschaft verhandelt, das ursprünglich bis Anfang Dezember 2002 abgeschlossen sein sollte. Peru gilt in Brasilien als ein strategisch wichtiger Partner im Hinblick auf den Zugang zum Pazifik. Andererseits sind die Peruaner an Investitionen und Technologie aus Brasilien interessiert. Verhandelt wird über Infrastrukturprojekte, u.a. den Ausbau von zwei peruanischen Pazifikhäfen im Wert von US$ 250 Mio. Daneben deutet sich auf der Ebene der Privatunternehmen ein etwas intensiveres Engagement brasilianischer Firmen in Peru an.

Die Bereitschaft zu einer engeren Kooperation zwischen Brasilien und Peru ist auf beiden Seiten vorhanden. Die ideologischen Affinitäten zwischen den beiden Präsidenten sind zwar nicht sehr eng, doch möglicherweise kann das gute persönliche Verhältnis zueinander beitragen, die beiderseitigen Beziehungen etwas dichter zu gestalten.

Ekuador

Ekuador hat keine gemeinsame Grenze mit Brasilien. Schon deshalb waren die bilateralen Beziehungen bis in die jüngste Zeit nicht sehr intensiv. Das brasilianische Interesse an Ekuador war durch seine Rolle als Garantiemacht des Protokolls von Rio de Janeiro im Konflikt zwischen Ekuador und Peru geprägt. Nach dem erneuten Ausbruch dieses Konfliktes zu Beginn der 90er Jahre beteiligte sich Präsident Cardoso sehr engagiert bei der Vermittlung zwischen den Konfliktparteien und der Aushandlung des Friedensvertrages, der im Oktober 1998 in der brasilianischen Hauptstadt Brasília unterzeichnet wurde (Scott Palmer 1999). Damit war das bisherige Generalthema in den brasilianisch-ekuadorianischen Beziehungen obsolet geworden.

Eines der aktuellen Themen von gemeinsamem Interesse ist der Konflikt in Kolumbien. Ekuador ist davon viel unmittelbarer betroffen als Brasilien, weil seine Grenze zu Kolumbien relativ dicht bevölkert ist und es schon wiederholt zu Gewaltakten in Ekuador durch kolumbianische Guerilla oder Todesschwadronen kam; in den Grenzregionen gibt es ein Flüchtlingsproblem kolumbianischer aber auch ekuadorianischer Bauern. Die frühere ekuadorianische Regie-

---

[35] Vgl. *Gazeta Mercantil* vom 27.11.2002.

rung hatte die USA um Hilfe für einen wirksamen Schutz und auch finanzielle Unterstützung gebeten. Zwar sieht man in Ekuador die Notwendigkeit einer noch besseren Koordination der Grenzländer des Amazonaspaktes, eine unmittelbare Aktion von Militärs oder Polizei der Nachbarländer in Kolumbien lehnt Ekuador aber ebenso wie Brasilien strikt ab.

Zwischen dem neuen ekuadorianischen Präsidenten Lucio Gutiérrez und dem brasilianischen Präsidenten Lula gibt es ideologische Affinitäten. Da Gutiérrez in ersten populistischen Äußerungen als Präsident nach brasilianischem Verständnis den guten Geschmack nicht getroffen hat[36], könnte Präsident Lula vielleicht versuchen einen orientierenden und mäßigenden Einfluss auf seinen Kollegen auszuüben. Brasilien hat Bereitschaft geäußert, Ekuador bei der Umsetzung von Sozialprogrammen und Alphabetisierungskampagnen durch Beratung zu unterstützen. Im Hinblick auf die nicht sehr intensiven Wirtschaftsbeziehungen wird ein brasilianischer Kredit für den Bau eines Wasserkraftwerks in Ekuador verhandelt. Neben diesen *Good-will*-Aktionen sind vorerst jedoch keine weiteren Maßnahmen seitens Brasiliens zu erwarten. Ähnlich wie die übrigen Andenländer, ist man auch in Ekuador über Grenzschikanen und Forderungen nach komplizierten Herstellungsnachweisen nicht sehr glücklich, weil dies den beiderseitigen Handel behindert. Ob die brasilianische Regierung, die ähnliche Vorwürfe gegen die großen Industrieländer erhebt, hier zu Zugeständnissen bereits ist, bleibt abzuwarten.

Zusammenfassung

Die Andenländer, die traditionell keine sehr hohe Priorität auf der außenpolitischen Agenda Brasiliens einnahmen, haben in den letzten Jahren aus zwei Gründen als Handlungsfeld der brasilianischen Außenpolitik an Bedeutung hinzugewonnen. Zum einen ist Brasilien an einer Vertiefung der regionalen Zusammenarbeit und Integration in Südamerika interessiert – nicht zuletzt um die eigene Position im Rahmen des ALCA-Prozesses zu stärken. Von der neuen brasilianischen Regierung des Präsidenten Inácio Lula da Silva ist zu erwarten, dass sie diese regionale Komponente der brasilianischen Außenbeziehungen eher noch ausbaut – durchaus in der Tradition des Barons von Rio Branco, die Geographie in Politik zu übersetzen. Zum anderen ergeben sich aus den innenpolitischen Krisen der Andenländer unmittelbare Sicherheitsprobleme für Brasilien aufgrund von vier Faktoren:

- die ökonomischen und sozialen Defizite und Asymmetrien der Länder bedrohen die Stabilität und die Demokratie als Grundlage des Zusammenlebens im Inneren und zwischen den Ländern der Region,

---

[36] Beispielsweise hatte Gutiérrez erklärt, alle seine Vorgänger gehörten hinter Gitter. Das wurde in Brasilien als eines Präsidenten unwürdige Äußerung kommentiert; vgl. *O Estado de São Paulo* vom 14.01.2002.

- die Aktivitäten grenzübergreifender Kriminalität zeigen die Kapazität der Staaten, eine effiziente Kontrolle über das eigene nationale Territorium auszuüben,
- die inneren Konflikte, wie der in Kolumbien, und die eventuelle Zunahme terroristischer Aktivitäten können nach außen getragen werden,
- eine Internationalisierung der Konflikte könnte zu wachsendem Druck zugunsten einer Teilnahme an militärischen Operationen, etwa im Rahmen des *Plan Colombia*, oder zur dauerhaften militärischen Präsenz der USA in der Region führen.

Das Zusammenspiel dieser verschiedenen Elemente stellt für Brasilien und seine Sicherheitsinteressen, besonders im Hinblick auf die Bewahrung der territorialen Integrität, eine konkrete Herausforderung dar. Dabei kommt die größte Gefahr von nicht konventionellen Bedrohungen.

Da Brasilien zur Reaktion auf dieses Krisenszenario weder zu einem Ausbau seines militärischen Sicherheitsapparates in der Lage ist, noch die Alternative eines größeren Engagements der USA oder einer engeren Zusammenarbeit mit Washington im sicherheitspolitischen Bereich akzeptiert, muss es selbst Initiativen ergreifen, um einen eigenen Beitrag zur Erhaltung der regionalen Stabilität zu leisten. Die Regierung von Präsident Cardoso hat – vor allem in den letzten Jahren seiner Amtszeit – in diesem Sinne entwicklungspolitische Initiativen ergriffen und versucht, beispielsweise durch grenzübergreifende Infrastrukturprojekte, die Zusammenarbeit mit den Nachbarn zu vertiefen. Die Nachfolgeregierung von Präsident Lula da Silva zeigt sich entschlossen, in stärkerem Maße auch politische Initiativen zu ergreifen und den bislang eher subtil ausgeübten Führungsanspruch ostentativ wahrzunehmen. Ob sie damit die eigenen und die regionalen Interessen tatsächlich besser vertreten kann als ihre Vorgängerregierung und wie der erklärte Führungsanspruch von den Nachbarn Brasiliens aufgenommen wird, bleibt vorerst abzuwarten.

Literaturverzeichnis

Almino, João (2002): „Inserção internacional de segurança do Brasil: a perspectiva diplomática", in: Brigagão, Clóvis/Domício Proença Junior (orgs.): *Brasil e o mundo. Novas visoes*, Rio de Janeiro, S. 27-85.

Bernal Meza, Raúl (2002): „A política exterior do Brasil: 1990-2002", in: *Revista Brasileira de Política Internacional* 45 (2002) 1, S. 36-71.

Brigagão, Clóvis/Domício Proença Junior (2002): *Concertação multipla. Inserção internacional de segurança do Brasil*, Rio de Janeiro.

---/Marcelo Valle Fourouge (1999): „Argentina y Brasil: Modelo regional de confianza mutua", in: *Estudios Internacionales*, 22, Nr. 125, S. 3-19.

Carrasquero, José Vicente (2002): *Venezuela. Demokratie in der Krise?* Europa América Latina Nr. 9.

Cepik, Marco (2002): *Lula's Foreign Policy. Challanges in the first year and the Colombian issue*, International Crisis Group (ICG) (www.crisisweb.org).

Cervo, Amado Luiz (2002a): *Relações internacionais da América Latina. Velhos e novos paradigmas*, Brasília.

--- (2002b): „Relações internacionais do Brasil: um balanço da era Cardoso", in: *Revista Brasileira de Política Internacional* 45 (2002) 1, S. 5-35.

--- (2001): „A Venezuela e os seus vizinhos", in: *Revista Cena Internacional* 3 (1), S. 5-24.

---/Clodoaldo Bueno (2002): *Historia da política exterior do Brasil*, Brasília.

Fonseca, Gelson Jr. (1998): *A Legitimidade e outras questões internacionais – poder e ética entre as nações*, São Paulo.

Herz, Mónica/Paulo S. Wrobel (2002): „A política brasileira de segurança no pós-guerra fria", in: Brigagão, Clóvis/Domício Proença Junior (orgs.): *Brasil e o mundo. Novas visões*, Rio de Janeiro, S. 255-318.

Guilhon Albuquerque, José Augusto (org.) (1996-2000): *Sessenta anos de política externa brasileira (1930-1990)*, Vol. I-IV, São Paulo.

Hofmeister, Wilhelm (2002a): „Die Beziehungen zwischen Brasilien und seinen Nachbarländern", in: Gilberto Calcagnotto/Detlef Nolte (Hrsg.): *Südamerika zwischen US-amerikanischer Hegemonie und brasilianischem Führungsanspruch. Konkurrenz und Kongruenz der Integrationsprozesse in den Amerikas*, Frankfurt/M., S. 102-142.

--- (2002b): „Die Hoffnung besiegt die Angst. Brasilien wählt den Wandel", in: *KAS Auslandsinformationen* 11/2002, S. 4-32.

--- (Hrsg.) (2002c): *„Gebt mir einen Balkon und das Land ist mein". Politische Führung in Lateinamerika*, Frankfurt/M.

--- (2001): „Lateinamerika und die neuen Dimensionen internationaler Sicherheit: Aufgaben für Brasilien", in: *KAS-Auslandsinformationen* 4/2001, S. 4-28.

Lafer, Celso (2001): *A identidade internacional do Brasil e a política externa brasileira. Pasado, presente e futuro*, São Paulo.

Moreira da Fonseca, Paulo Sergio (2000): „América do Sul – eixos sinérgicos", in: *Seminario sobre a América do Sul: A organização do espaço sul-americano: seu significado político e econômico*, Brasília, S. 123-149.

Pimenta de Faria, Carlos Aurélio/Marco Aurélio Chaves Cepik (2002): *O bolivarismo dos antigos e o bolivarismo dos modernos: o Brasil e a América Latina na década de 1990*, Belo Horizonte (mimeo).

Pizarro, Eduardo (2001): *Kolumbien*. Europa América Latina Nr. 4.

Ponce Vivanco, J. Eduardo (2000): „Perú y Brasil: perspectiva histórica de una relación dinámica", in: *Revista Peruana de Derecho Internacional* 50, N° 116, S. 105-130.

Scott Palmer, David (1999): „El conflicto Ecuador – Perú: el papel de los garantes", in: Adrian Bonilla (org.): *Ecuador – Perú. Horizontes de la negociación y el conflicto*, Quito, S. 31-59.

Vaz, Alcides Costa (2002): *Desafios e questões de segurança nas relações do Brasil com os países andinos*, Brasília (mimeo).

Vizentini, Paulo F. (2003): *Relações internacionais do Brasil. De Vargas a Lula*, São Paulo.

--- (1998): *A política externa do regime militar brasileiro. Multilateralizacão, desenvolvimento e construca de uma poténcia média (1964-1985)*, Porto Alegre.

--- (1995): „Brasil e Venezuela na Política Internacional: Um ensaio exploratório", in: Samuel Pinheiro Guimarães (org.): *Brasil e Venezuela: esperanças e determinação na virada do século*, Brasília, S. 19-43.

Christian Freres[*]

Die Europäische Union und die Krise der Andenländer: Zwischen Status quo und strategischer Verwicklung

Die Mehrheit der Europäer verfügt über zahlreiche Stereotype zur Andenregion. Wenn man über die Andenländer spricht, so geht es um marginalisierte und verarmte *indígenas*, ineffiziente Regierungen, unkontrollierte Korruption, straflose Gewalt sowie um eine Integration, die nur auf dem Papier besteht. Wie alle Stereotypen enthalten auch diese wahre Elemente, aber sie spiegeln die Realität nicht vollständig wider. Die Andenregion ist auch eine der Subregionen Lateinamerika mit hohem wirtschaftlichem und menschlichem Potential, sie verfügt über einen in Südamerika einzigartigen kulturellen Reichtum, es gibt dort keine gravierenden zwischenstaatlichen Konflikte und es herrschen formaldemokratische Systeme vor.

Mit anderen Worten: Die Europäische Union (EU) sieht sich in ihren Beziehungen zur Andengemeinschaft mit einer komplexen Realität (wie der eigenen) konfrontiert, angesichts derer simplizistische Vorschläge, die auf eingeschränkten Perspektiven beruhen, unangemessen sind. Gleichzeitig ist es für die Analyse der Beziehungen zwischen beiden Regionen wichtig, sich die Realität der europäischen Interessen in der Andenregion vor Augen zu halten. Im Großen und Ganzen muss man konstatieren, dass weder die Andenregion noch Lateinamerika überhaupt zu den zentralen internationalen Prioritäten der EU gehören.

Diese starke Dosis Realismus bedeutet nicht, dass wir mit der derzeitigen Situation zufrieden sind. Im Gegenteil: In den folgenden Ausführungen soll es darum gehen, trotz dieser Grenzen Spielräume für ambitioniertere Aktivitäten

---

[*] Der Beitrag hat viel von den verschiedenen Arbeiten profitiert, die im Rahmen des Forschungsprojektes *Escenarios Andinos y Políticas de la Unión Europea* vom AIETI mit finanzieller Unterstützung der Europäischen Kommission durchgeführt wurde. Die Ergebnisse dieses Projektes erschienen 2002 bei Nueva Sociedad als Buch C. Freres / K. Pacheco (Hrsg.) (2002): *Nuevos Horizontes Andinos. Escenarios Regionales y Políticas de la Unión Europea*. Caracas. Im Dezember 2002 gab es eine teilweise Aktualisierung.

der EU in den Anden aufzuzeigen. Dafür werden zunächst die aktuellen Beziehungen zwischen beiden Regionen betrachtet, um dann die existierenden politischen Optionen zu analysieren.

Der generelle Kontext der Beziehungen zwischen der EU und Lateinamerika

Die Beziehungen zwischen der EU und den Andenländern sind eingebettet in den allgemeinen Rahmen der Beziehungen zwischen der EU und Lateinamerika insgesamt. Erst seit den 80er oder 90er Jahren kann man von einer wirklichen Lateinamerikapolitik der EU sprechen. Bis dahin gab es natürlich auch Aktivitäten, Verträge und einiges an Zusammenarbeit, aber es fehlten Institutionen und Formulierung von Interessen und Zielen der EU in der Region.

Auch von Seiten Lateinamerikas gab es keine Strategie, vor allem weil es in der Region keine repräsentative regionale Organisation für deren Formulierung gab – und es sie bis heute de facto nicht gibt. Die Rio-Gruppe, dem Organ für die politische Konzertierung der lateinamerikanischen Länder, hat dieses Defizit nur teilweise ausgeglichen, wobei ihre Effizienz im Lauf der Zeit abgenommen hat. Aus diesem Grund kamen die „großen Initiativen" meist von der europäischen Seite, auch wenn die Ursprungsideen vielfach von lateinamerikanischer Seite stammten.

Ein wichtiger Markstein wurde während der deutschen EU-Präsidentschaft von 1994 gelegt (IRELA 1995) als erstmals ein politisches Strategiepapier für Lateinamerika und die Karibik vorgelegt wurde, das durch verschiedene Texte der Kommission und des Parlaments ergänzt wurde. Die Beziehungen zwischen der EU und Lateinamerika ruhen im Wesentlichen auf drei Pfeilern:

1. dem politischem Dialog: Das Hauptforum für diesen Dialog sind die seit 1990 durchgeführten Treffen zwischen EU und Rio-Gruppe. Es bestehen „subregionale Dialoge" mit Zentralamerika, den Andenländern und dem MERCOSUR sowie interparlamentarische Treffen. Das biregionale Gipfeltreffen in Rio de Janeiro im Juni 1999 sollte diesen Dialog auf ein höheres Niveau führen und für die Karibik öffnen, im Mai 2002 fand der zweite biregionale Gipfel in Madrid statt.

2. der entwicklungspolitischen Zusammenarbeit: Bis zum Ende der 80er Jahre war die entwicklungspolitische Zusammenarbeit der EU nicht sehr bedeutend. Seither gab es vor allem aufgrund spanischer Initiativen eine große Verstärkung bei der Nutzung dieses Instruments. Momentan erhält Lateinamerika mehr die Hälfte seiner öffentlichen Entwicklungshilfe von der EU und ihren Mitgliedsstaaten (s. Freres 2000).

3. den Wirtschaftsbeziehungen: Diese waren in den 80er Jahren ebenfalls nicht sehr intensiv, was teilweise an den Folgen der Strukturanpassungspolitik in Lateinamerika lag. Mit der wirtschaftlichen Erholung, der Dy-

namik des MERCOSUR und dem Prozess der wirtschaftlichen Internationalisierung in verschiedenen europäischen Ländern (vor allem Spanien) wurden die wirtschaftlichen Beziehungen stark ausgebaut. Dies lag vor allem am starken Anstieg der europäischen Investitionen in der Region und am weniger spektakulären Wachstum der Handelsströme. Im Handel hat Lateinamerika seinen Überschuss allerdings in ein chronisches Defizit verwandelt, was vor allem an den Problemen beim Zugang zum europäischen Markt liegt. Aus diesem Grund verursachen die Handelsbeziehungen momentan auch die Hauptspannungen in den Beziehungen zwischen beiden Regionen.

Das politische Dokument des europäischen Rats von 1994 und noch direkter ein Text der Europäischen Kommission von 1995 (CCE 1995) traten dafür ein, ein differenziertes Bild von Lateinamerika zu fördern, um die in der Region bestehende Vielfalt anzuerkennen. Das bedeutet, dass die Konzeption für Lateinamerika von Mal zu Mal differenzierter wurde und gegenüber den verschiedenen Subregionen unterschiedliche Instrumentarien entwickelt wurden. Auch wenn alle Instrumente in der Kooperation mit allen lateinamerikanischen Ländern zum Einsatz kommen, so variiert doch ihr jeweiliges Gewicht je nach Entwicklungsgrad, staatlichen Kapazitäten und der Art der Beziehungen, die mit der EU bestehen. So konzentrieren sich die Beziehungen mit den ärmsten Ländern der Region auf die Entwicklungszusammenarbeit und Mechanismen des präferentiellen Handels, während die Kooperation mit den entwickeltsten Ländern Freihandelsabkommen und technologische Zusammenarbeit einschließen kann.

Vor diesem Hintergrund entstand eine Klassifizierung der Länder gemäß dem europäischen Interesse im Zuge des wachsenden Wettbewerbs mit den USA um die lateinamerikanischen Märkte, ein Freihandelsabkommen abzuschließen – oder Assoziierungsabkommen, wie sie im EU-Jargon genannt werden. Für die EU waren die Länder des MERCOSUR, Chile und Mexiko zunächst die einzigen mit den notwendigen Voraussetzungen zur Aufnahme von Verhandlungen über Verträge, die ein Freihandelsabkommen und einen leistungsstarken politischen Dialog einschließen. Mit diesen Ländern unterzeichnete die EU zwischen 1995 und 1996 eine Reihe von Rahmenverträgen, die der sogenannten „vierten Generation" angehören. Danach wurden Verhandlungen über Freihandelsbeziehungen aufgenommen, die bisher aber nur mit Mexiko zum Abschluss kamen.

Gegenüber dem Rest der Region gibt es bisher keine Überlegungen für weitere Schritte in der Kooperation. Weder mit Zentralamerika noch mit der Andengemeinschaft sind Verträge der „vierten Generation", geschweige denn Freihandelsabkommen, vorgesehen, auch wenn in beiden Fällen Machbarkeitsstudien für neue Verträge[1] in Auftrag gegeben wurden. Im Falle der Andengemeinschaft

---

[1] Es handelt sich um das „fotografische" Erfassen des Ist-Zustands der Wirtschafts- und Handelsbeziehungen und die Analyse möglicher Hindernisse. Dies ist der erste Schritt vor

schien es im Vorfeld des Gipfeltreffens zwischen der EU und Lateinamerika und der Karibik im Mai 2002 Anzeichen für das Angebot der Aufnahme von Verhandlungen über ein Assoziierungsabkommen zu geben. Die EU-Staaten entschlossen sich dann aber – zumindest für den Moment – lediglich ein neues Kooperationsabkommen anzubieten.

Hier wird folglich ein erster Streitpunkt zwischen der EU und den Andenländern deutlich. Aber bevor auf die Beziehungen zwischen beiden Regionen eingegangen wird, ist es wichtig, die Interessenlage der EU gegenüber den Andenländern zu betrachten.

Die Interessenlage der EU in der Andenregion

Die europäische Aufmerksamkeit richtet sich in der Andenregion vor allem auf den politischen Bereich, die Sicherheitspolitik und das Thema der Drogen. In den vergangenen Jahren hat sich ein spezieller Dialog zu diesen Themen entwickelt, der de facto eine größere Dynamik besitzt als der globale Dialog zwischen EU und Andengemeinschaft. Ein Thema, dessen Bedeutung zunimmt ist das der Migration, obwohl die Migration aus den Andenländern in die EU im Vergleich zu der aus Afrika, Asien oder Osteuropa wesentlich geringer ist und sich auf einige wenige EU-Staaten konzentriert.

Hieraus ergibt sich auch eine unterschiedliche Interessenlage einzelner EU-Staaten gegenüber der Andenregion. Für Spanien sind die Andenländer ein Teil der iberoamerikanischen Gemeinschaft, weshalb sie im Rahmen der internationalen Zusammenarbeit besondere Priorität haben. Die vielfältigen Aktivitäten von NRO und kirchlichen Gruppen in den Andenländern tragen darüber hinaus zur Erhöhung der Bedeutung der Region für die spanische Politik bei, auch wenn sich die ökonomischen Interessen Spaniens auf MERCOSUR, Chile und Mexiko konzentrieren. Andere Länder der EU haben weniger starke und meist auf spezifische Bereiche begrenzte Interessen in der Andenregion. Für Deutschland und die Niederlande sind die Andenländer Schwerpunkte der jeweiligen Entwicklungszusammenarbeit. Die Präsenz der deutschen Wirtschaft in diesen Ländern ist nicht unwichtig[2], im Vergleich zu der in Chile aber eher gering. Dänemark hat Bolivien zu einem Schwerpunkt seiner Entwicklungszusammenarbeit gewählt, ist aber in den anderen Ländern kaum präsent. Schweden arbeitet vor allem im Bereich der Menschenrechte, Frankreich hat langjährige Erfahrungen in der Wissenschaftskooperation mit den Andenländern, obwohl diese kein Schwerpunkt seiner Entwicklungszusammenarbeit sind. Verschiedene europäische Länder sind Teil des Freundeskreises des Friedensprozesses in Kolumbien. Aufgrund der Bedeutung Kolumbiens im weltweiten Kampf gegen den Drogen-

---

der Aufnahme von Verhandlungen, deren Ziel ein Freihandelsabkommen ist, auch wenn es natürlich keine Garantie dafür gibt, dass dieses Ziel erreicht wird.

[2] Vgl. den Beitrag von Peter Rösler (S. 413-431) im vorliegenden Band.

handel und den eigenen Interessen im Energiesektor, unterstützt Großbritannien die Stärkung der kolumbianischen Polizei – vor allem bei der Ausbildung.

Zum Teil wegen des Drogenproblems, aber auch wegen des Entwicklungsniveaus sind die Länder der Andengemeinschaft ein bevorzugtes Ziel der offiziellen Entwicklungszusammenarbeit der EU. In den 90er Jahren erhielten die Andenländer mehr als ein Drittel der Gelder, die nach Lateinamerika flossen (vgl. Tabelle 1).

Aus ökonomischer Sicht hat die Andenregion eine relativ geringe Bedeutung. In der zweiten Hälfte der 90er Jahre hat die EU mit den fünf Andenländern nur 17% bis 18% ihres Außenhandels mit Lateinamerika abgewickelt, der wiederum nur 6% ihres Handels außerhalb der EU ausmacht. Innerhalb Lateinamerikas war die Andenregion bei der Absorbierung von Exporten aus der EU mit 12% im Jahr 2000 am wenigsten dynamisch (vgl. Grafik 1). Auch bei den Investitionen der EU ist die Andenregion kein bevorzugter Partner, zwischen 1996 und 1998 haben die fünf Länder nur 10% der EU-Investitionen in Lateinamerika erhalten. Dies erklärt zumindest teilweise, warum es von Seiten der EU mit der Andengemeinschaft keine fortgeschritteneren Verträge gibt. Es gibt aber auch andere Gründe. Man könnte beispielsweise ein internes Motiv anführen wie die Unfähigkeit der EU an zahlreichen Fronten gleichzeitig zu verhandeln. Neben den Gesprächen mit Mexiko und Chile gibt es ähnliche Prozesse mit Ländern aus anderen Regionen, außerdem ist eine neue Verhandlungsrunde der Welthandelsorganisation (WTO) in Katar anhängig.

Die Entwicklungen in den Andenländern selbst sind aber die Hauptgründe für die Zurückhaltung der EU, weil dort aus ihrer Sicht die Voraussetzungen für einen qualitativen Sprung in den Wirtschaftsbeziehungen fehlen. Dies bedeutet aber nicht, dass die EU die Beziehungen zu den Andenländern in anderen Bereichen kurz- und mittelfristig nicht dynamisieren könnte. Langfristig kann ein ambitionierteres Rahmenabkommen in Erwägung gezogen werden.

Neuerliches Interesse der EU an der Andenregion?

Es gibt einige Faktoren, die auf ein neuerliches Interesse der EU an den Andenländern hinweisen. In erster Linie nimmt die Sorge zu, die Instabilität der Region könne sich negativ auf das restliche Südamerika auswirken. Der MERCOSUR befindet sich bereits in einer Krisensituation mit nicht absehbaren Konsequenzen für die europäischen Interessen. Eine Verschärfung der Situation in den Andenländern könnte auch dort zu mehr Problemen führen und beispielsweise die regionalen Abstimmungsmechanismen schwächen.

Zweitens ist der Konflikt in Kolumbien wegen seiner möglichen destabilisierenden Folgen und wegen der Militärhilfe der USA im Rahmen des *Plan Colombia* besonders besorgniserregend. Die Nachbarstaaten, einschließlich Brasilien und Panama, aber auch die weiter entfernten Länder beobachten die Entwicklungen in Kolumbien wegen möglicher „Kollateralschäden" mit großer Sorge.

Tabelle 1: Geographische Verteilung der öffentlichen Entwicklungszusammenarbeit der EU gegenüber den Andenländern und den Subregionen Lateinamerikas nach Herkunftsland 1990-1998
(in Prozent auf der Grundlage der gesamten Nettoauszahlungen)

EU Geber / Länder und Subregionen	Deutschland	Spanien	Frankreich	Italien	Niederlande	Großbritannien	Schweden	EU-Kommission	Gesamt EU* und Kommission
Bolivien	13,9	9,1	9,3	6,6	21,1	25,8	14,1	9,4	12,8
Kolumbien	5,5	4,7	9,2	5,7	5,2	8,1	2	3,9	5,2
Ekuador	3,9	8,7	10,2	5,3	5,4	7	3	3,2	5,7
Peru	12	5	6,9	10,6	13,4	8,8	4,3	13,1	9,7
Venezuela	2,5	-0,1	2,9	0,5	0,2	0,6	0,2	1,3	1,2
Andengemeinschaft	37,9	27,3	38,5	28,7	45,3	50,3	23,6	30,9	34,6
Zentralamerika	32,9	22	11,7	21,2	34,2	15,9	56,9	29	29
MERCOSUR	17	17,2	10,5	36,8	9,8	15,5	6,9	11,9	15,8
Lateinamerika gesamt	100	100	100	100	100	100	100	100	100

Quelle: erstellt auf der Basis der Daten der OECD und von IRELA (1999).
* EU bezieht sich auf die Leistungen der Mitgliedsstaaten (Mitglieder im *Development Assistance Committee* der OECD).

Grafik 1: Exporte der EU nach Lateinamerika und in die Karibik 1990 – 1997 (nach Subregion)

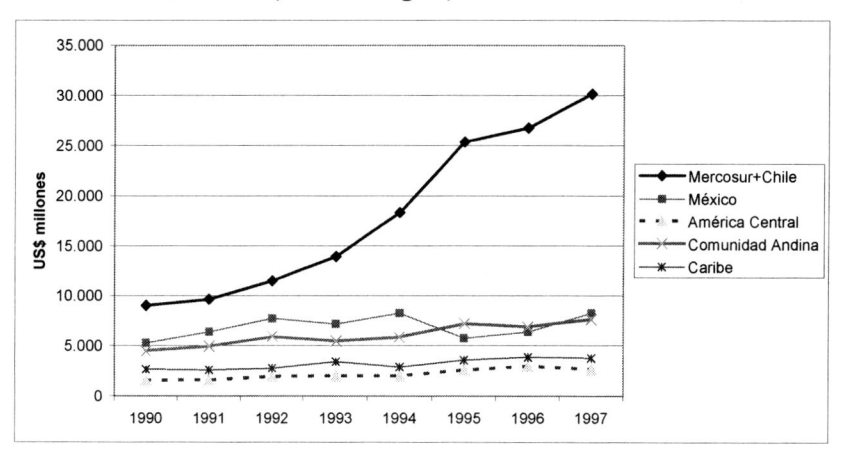

Quelle: Comisión Europea (CCE) 1999b: 28.

Obwohl die EU die stärker repressive Sicht auf das Drogenproblem, wie sie in den USA dominiert, nicht teilt, ist es offensichtlich, dass sich das Problem verschärft und dass es notwendig ist effizientere Lösungen zu suchen. Die EU vertritt – wie die Andenländer – die Position der „geteilten Verantwortung", wodurch es eine wichtige Grundlage für die Zusammenarbeit gibt.

Als Ergebnis haben die EU und die Andengemeinschaft anlässlich ihres Treffens in Vilamoura, Portugal, im Februar 2000 vereinbart, im Hinblick auf eine mögliche Handelsvereinbarung eine Studie über den gegenwärtigen Austausch zwischen beiden Regionen in Auftrag zu geben. In der Zwischenzeit werden die speziellen Meistbegünstigungsklauseln für einige Jahre verlängert. Ebenfalls im Jahr 2000 hat die EU ein mehrjähriges Programm zur Unterstützung des Friedensprozesses in Kolumbien angekündigt, dessen Einzelheiten anlässlich eines Gebertreffens in Brüssel im Sommer 2001 vorgestellt wurden.

Anfang des Jahres 2002 veröffentlichte die Europäische Kommission eine Reihe von relevanten Dokumenten, angefangen mit ihrer Strategie für die regionale Kooperation mit Lateinamerika, eine regionale Strategie für die Andengemeinschaft (2002 – 2006) und individuellen Strategien für die fünf Andenländer. In dieser Strategie, für die im Haushalt zwischen € 21 und 29 Mio. bereitgestellt sind, werden zwei Prioritäten genannt: die Hilfe bei der Integration und die Unterstützung der Bildung einer Friedenszone in der Andenregion (CCE 2002b).

Drei Optionen für die Politik der EU gegenüber den Andenländern

All dies bedeutet nicht, dass die EU eine Gesamtvision der Andenregion hat, oder dass sie eine Strategie oder einen Aktionsplan hätte, der über die Aufrechterhaltung der aktuellen Beziehungen und punktuell notwendig werdende Reaktionen hinausginge. Die genannten Dokumente stellen aber insofern eine Verbesserung dar, als sie zeigen, dass es eine Rationalisierung der Bemühungen gibt. Dennoch wird allerdings eine überwiegend technische Sicht der Dinge beibehalten, obwohl die Probleme – wie auch deren Lösung – politischer Art sind. Die jüngsten Entscheidungen zeigen jedenfalls, dass wir uns an einem Punkt befinden, an dem sich die EU für einen von drei möglichen Wegen entscheiden muss: die Fortsetzung der bisherigen Politik ohne substanzielle Veränderungen, die Verringerung der Aktivitäten in der Region angesichts der wachsenden Instabilität und geringer realer Einwirkungsmöglichkeiten oder eine bedeutsame Verstärkung des Einflusses innerhalb einer erweiterten und besser koordinierten Strategie. Im Folgenden sollen alle drei Optionen genauer betrachtet werden.

Aufrechterhaltung des Status quo

Die erste Option könnte sich unter dem Motto „weiter so" zusammenfassen lassen. Mit anderen Worten: Es wird keine Notwendigkeit zu fundamentalen Veränderungen gesehen, sondern es erfolgen kleinere Anpassungen, die aber weder einen Kurswechsel noch eine stärkere Involvierung bedeuten. In der Praxis würde dies die Aufrechterhaltung der gegenwärtigen Politiklinien bedeuten:

- ein regelmäßiger politischer Dialog, der nicht sehr dynamisch ist. Obwohl es regelmäßig vorgesehene Treffen gibt, haben deren Inhalt, Teilnehmerkreis und Ergebnisse nicht zu einer bemerkenswerten Verstärkung der Bindungen zwischen beiden Regionen geführt. Inhaltlich bestehen gewisse Dissonanzen zwischen den Interessen beider Seiten. Die EU misst dem Drogenhandel und der demokratischen Regierungsführung große Bedeutung bei, während es den Andenländern vor allem um Fragen der sozialen Entwicklung und des Marktzugangs geht. Was den Teilnehmerkreis angeht, so lässt sich beobachten, dass die Delegationen der EU bei den Verhandlungen mit der Andengemeinschaft (die vielfach gemeinsam mit denen zwischen der EU und der Rio-Gruppe stattfinden) von Mal zu Mal auf einer niedrigeren Ebene abgehalten werden, was die geringe Bedeutung der Gespräche für die EU zeigt. Schließlich sind auch die Ergebnisse des Dialogs nicht sehr spektakulär. Es gibt keine Überlegungen, das Niveau der Beziehungen zu erhöhen, und die vorgeschlagenen Initiativen (z.B. Handelspräferenzen – Drogen) wirken auf akute Problemlagen ein, sind aber nicht die Vorbereitung für die Bildung einer intensiveren Verbindung.
- wenig intensive Wirtschaftsbeziehungen: Hier ist das zentrale Thema der Wunsch der Andenländer, Verhandlungen mit der EU über ein Freihan-

delsabkommen aufzunehmen, um zu einem Rahmenabkommen der „vierten Generation" ähnlich denen mit dem MERCOSUR, Chile und Mexiko zu gelangen. Die EU vertritt hier eine ambivalente Haltung und beschloss erst im November 2001, eine Studie zu den gegenwärtigen Beziehungen in Auftrag zu geben, was ein erster (notwendiger aber nicht ausreichender) Schritt zur Aufnahme von Freihandelsverhandlungen ist.

- eine – aus Sicht der Andenländer – bedeutsame Entwicklungszusammenarbeit, die allerdings ohne große Innovationen in Bezug auf die Mechanismen der Assoziierung und des gemeinsamen Dialogs über Politik und Strategien ist. Der Schwerpunkt bliebe in den traditionellen Bereichen mit vor allem kleinen und wenig integrierten Projekten. Die zentralen Themen sind Regierbarkeit, Demokratisierung, Armutsbekämpfung, Umweltschutz, „alternative Entwicklung" und Unterstützung der regionalen Integration. Es fehlen grundlegende Evaluierungen darüber, wie die Effizienz in diesen Bereichen – vor allem dem letztgenannten – verbessert werden kann.

Die dieser Option zugrunde liegende Annahme – die sich mehr oder weniger implizit im Dokument zur Strategie gegenüber den Andenländern spiegelt (CCE 2002b) – ist, dass die EU angesichts der schwierigen Situation und der starken Intervention der USA, die größere strategische Interessen in der Region hat, nicht mehr tun kann. Die Risiken des Scheiterns oder der Konfrontation mit Washington sind sehr groß, weshalb eine Beibehaltung der aktuellen Politik vernünftig erscheint. Der Vorteil wäre, dass die EU sich engagiert, ohne dass es notwendig wäre, die Kosten oder Risiken dieses Engagements zu erhöhen. Das Problem besteht darin, dass sich die aktuelle Politik angesichts der Veränderungen in der Region schnell als hilflos erweisen und die EU zunehmend als irrelevanter Akteur dastehen könnte. In diesem Fall könnten sich die Andenländer gezwungen sehen, Lösungen, die nicht notwendigerweise optimal sind, im Norden der Hemisphäre zu suchen, wodurch sich die europäischen Möglichkeiten, Einfluss auszuüben weiter verringern würden.

Die minimalistische Präsenz

Während die erste Option die Aufrechterhaltung des Status quo bedeutet, besteht die zweite in einer weiteren Verringerung der Aktivitäten. Die Logik dieser Vorgehensweise besteht darin, dass die EU einen günstigeren Moment abwarten sollte, bevor sie sich überlegt, was sie in der Region unternimmt. Eine aktive Politik könnte die Krise in den Andenländern verschärfen, weil Reaktionen und Konsequenzen nicht vorhersehbar sind. Darüber hinaus brächte gemäß dieser Sichtweise eine aktive Politik, selbst wenn sie nur auf dem momentanen Niveau erfolgen würde, keine nennenswerten Vorteile für die EU. Auch wenn das Problem des Drogenhandels aus den Andenländern die EU in wachsendem Maß betrifft – nach neueren Daten zu den Handelswegen von Kokain nähert sich die Menge, die Europa erreicht derjenigen an, die in die USA eingeführt wird –, hat die EU weder die Fähigkeit noch den Wunsch, eine repressive Politik zu unterstützen. Angesichts des Scheiterns von Programmen zur alternativen Entwicklung, sähe die EU ihren wesentlichen Beitrag zur Bekämpfung des Drogenhandels in einer effizienten Politik zur Kontrolle der Nachfrage in Europa. Die Zusammenarbeit würde bei der Kontrolle des Handels mit Chemikalien und bei der Geldwäsche aufrechterhalten, allerdings ohne dass dafür größere Finanzmittel oder politische Energie aufgewendet würden.

Die Entwicklungszusammenarbeit würde nach und nach verringert und in verstärktem Maß über multilaterale Organisationen oder NRO kanalisiert. Dadurch verringern sich die Einflussmöglichkeiten, die an andere Akteure abgegeben werden. Dies könnte eine größere Fragmentierung zur Folge haben und sich negativ auf den Einfluss auswirken. Die fehlenden Fortschritte bei der subregionalen Integration würden zu einer Kürzung der Mittelzuwendung an die dafür zuständigen Organisationen führen. Ein Vorzug dieser Entwicklung läge darin, dass die Regierungen der Andenländer die Notwendigkeit sehen würden, mehr von ihren eigenen Finanzmitteln für die regionale Integration aufzuwenden.

Diese minimalistische Vision wird offen weder in der EU noch in den Andenländern verfochten, ist mittelfristig aber durchaus eine mögliche Perspektive.

Der Weg zur strategischen Einflussnahme

Auch diese letzte Option gehört zu den wenig wahrscheinlichen und in der EU kaum verteidigten Möglichkeiten. In diesem Fall würde ein gewisses Maß an Vorstellungskraft benötigt, wie die Präsenz der EU in der Andenregion beschaffen sein könnte oder sein sollte. Strategische Einflussnahme bedeutet, dass die EU die Andenländer nicht nur verbal, sondern in der Praxis als eine Region von strategischem Interesse betrachten muss.

Zentrale Bausteine der strategischen Einflussnahme

Was wären die zentralen Bausteine einer solchen Politik? Zunächst müsste es eine strategische Vision geben, d.h. eine Art Wegweiser, der dabei hilft, Ziele und Prioritäten zu identifizieren, realistische Ziele vorzugeben und auf einer breiten Befragung zahlreicher beteiligter Akteure auf beiden Seiten beruht. Das kann nicht in kurzer Zeit erreicht werden, sondern es handelt sich um einen offenen Prozess, der versucht, alle in die Debatte, die Vision und deren Realisierung einzubeziehen. Es wäre ein wesentlich ambitionierteres – und sicher auch komplexeres und risikoreicheres – Vorhaben als die derzeitige Politik der EU gegenüber den Andenländern. Dazu wäre es notwendig, dass die politischen, wirtschaftlichen und sozialen Führungspersönlichkeiten in Europa aktiv beteiligt werden, ein solches Engagement kann nicht von den Funktionären oder Diplomaten, ohne die Unterstützung der höchsten politischen Verantwortungsträger durchgeführt werden.

Ausgehend von dem strategischen Wegweiser könnten Masterpläne erstellt werden – sowohl für die Subregion wie auch für jedes einzelne Land, in denen der Einsatz der verschiedenen vorhandenen Instrumente abgewogen wird. Bisher gab es eine Trennung der verschiedenen Maßnahmen der Politik – Entwicklungszusammenarbeit, Diplomatie, Handel, etc. –, was die interne Kohärenz und die gesamte Effizienz der Beziehungen beeinträchtigt hat. Auch wenn die Pläne für die einzelnen Länder entworfen werden, wäre es wichtig, diejenigen Programme bevorzugt zu behandeln, die gesamtregionale Elemente aufweisen, um so die regionale Integration zu stärken.

Logischerweise würde die Umsetzung dieser Option vor allem in der Anfangsphase einen erhöhten Einsatz an menschlichen, technischen und wirtschaftlichen Ressourcen erfordern. Außerdem müssten die Diskussionen über die Möglichkeit eines Freihandelsabkommens entkoppelt werden und die Zusammenarbeit beim Drogenthema verstärkt werden, um das Prinzip der geteilten Verantwortung in die Praxis umzusetzen.

Auch von den Andenländern müsste dann mehr gefordert werden: Zum einen eine größere Verpflichtung auf demokratische Regierungsführung, soziale Gleichheit und nachhaltige Entwicklung. Zum anderen eine stärkere und ernsthaftere Unterstützung der subregionalen und regionalen Integration, was auch die Partner des MERCOSUR und des karibischen Beckens einbeziehen würde. Diese Option erfordert die Unterstützung anderer internationaler Akteure, darunter andere lateinamerikanische Staaten, die USA, Japan, die UNO, die Weltbank, den IWF, etc. Die EU könnte diesen Prozess anführen, aber der Erfolg hängt von der Fähigkeit ab, die Anstrengungen zu bündeln, sowohl um Inkohärenzen zu vermeiden, als auch um die Durchschlagskraft der Initiativen zu verstärken.

Die kolumbianische Achse
Kurzfristig müsste diese Option den Konflikt in Kolumbien in den Mittelpunkt rücken, auch wenn sie andere wichtige Aufgaben in der gesamten Subregion nicht vernachlässigen dürfte wie die Unterstützung der Konsolidierung der Demokratisierung (vor allem in Peru), die Armutsbekämpfung (mit Fokus auf Bolivien und Ekuador) und die Verringerung des Drogenhandels und der damit zusammenhängenden Probleme wie Korruption, Gewalt, etc.

Die Arbeit in Kolumbien ist nicht einfach, weil sie hohe Risikobereitschaft erfordert. Es müsste weit mehr getan werden als zurzeit, wo sich die Anteilnahme auf den Bereich der Menschenrechte, humanitäre Hilfe für Vertriebene und die Beteiligung von europäischen Diplomaten an der Begleitung des „Friedensprozesses" beschränkt. Trotz dieses Engagements hat die EU wenig Druck auf die kolumbianische Regierung ausgeübt, damit diese die Paramilitärs kontrolliert. Bis vor kurzem[3] hat die EU zumindest öffentlich einige ungünstige Umstände

---

[3] Die Erklärung der Präsidentschaft vom 7. Dezember 2001 im Namen der EU (Rat, Brüssel 184/01) bezüglich des Friedensprozesses in Kolumbien markiert einen wichtigen Wendepunkt in der Politik der EU gegenüber Kolumbien. Dieser Text betont, dass es zu Verhandlungen keine Alternative gibt, enthält gleichzeitig aber eine direkte Kritik an der Guerilla und den Paramilitärs wegen der von diesen zu verantwortenden Verletzungen des humanitären Völkerrechts und der Menschenrechte. Darüber hinaus wurde beschlossen, dass die

der Verhandlungen zwischen Regierung und den FARC nicht hinterfragt – wie die Tatsache, dass die Verhandlungen mitten im Krieg stattfinden.

Darüber hinaus hat die EU – trotz ihrer Ablehnung der US-Politik und ihrer Position als *donante de relleno*[4] der kolumbianischen Regierung – den *Plan Colombia* zumindest ungewollt und indirekt unterstützt, obwohl dessen Kern die militärische Bekämpfung des Drogenhandels ist, wodurch auch die Einnahmequellen der Guerilla eingeschränkt werden. Im Ergebnis widerspricht die EU den militärischen Teilen des *Plan Colombia* nicht vehement, auch wenn sie stets wiederholt, dass ihr eigener Schwerpunkt auf dem Friedensprozess und der Verteidigung der Menschenrechte liege. Dadurch wird die EU nicht zur realen Alternative zu den USA, sondern verstärkt die Wahrnehmung, dass sie als Akteur im internationalen System nur von sekundärer Bedeutung ist.

Die Instrumente, die die EU zur Überwindung dieser Situation zur Verfügung hat, sind vor allem politischer und diplomatischer Art. Zum einen handelt es sich darum, die eigene Sicht des Konfliktes mehr und besser zu verbreiten: dass es keine militärische Lösung gibt, dass der Schutz der Menschenrechte (des Rechts auf Leben in erster Linie) als gemeinsames Prinzip der Konfliktparteien etabliert werden muss und dass die beste internationale Hilfe diejenige ist, die multilateral kanalisiert wird. Diese Position, die momentan sicherlich gegenüber der kolumbianischen Regierung und kolumbianischen Politikern hinter verschlossenen Türen vertreten und ab und zu in öffentlichen Erklärungen eingenommen wird, müsste wesentlich öffentlicher werden und dazu Politiker und Akteure der Zivilgesellschaft einbeziehen, die dieselben Ideen vertreten. Es geht darum, die Angst zu überwinden, man könne der „Einmischung" beschuldigt werden. Wenn sie mit Vorsicht betrieben wird, kann diese Strategie mögliche negative Reaktionen in Kolumbien vermeiden.

Auf der anderen Seite sollte diese Sichtweise zumindest da, wo es möglich ist, in die Praxis umgesetzt werden. In diesem Zusammenhang müsste die EU die Bildung einer multilateralen Initiative anführen. Ein erster Schritt hierzu wäre die verstärkte Einbeziehung der lateinamerikanischen Staaten im Rahmen der vorhandenen Kooperationsmechanismen. Schließlich sind sie es, die von der durch den Konflikt in Kolumbien produzierten Instabilität als erste betroffen sind. Dennoch haben die Rio-Gruppe und die OAS bisher nichts getan als Erklärungen zu verabschieden, in denen Kolumbien unterstützt und die Aktionen von Guerilla und Paramilitärs verurteilt werden. Ein Akteur mit einer ähnlichen Sichtweise wie die EU ist Kanada, ein Land, das sich an multilateralen Initiativen zu Kolumbien interessiert gezeigt hat (Meltzer 2001).

EU Vertretern bewaffneter Gruppen „weder neue Visa noch neue Aufenthaltsgenehmigungen erteilen werde", ohne „die weitere Beteiligung der EU-Mitgliedsstaaten, die am Dialog zwischen den kolumbianischen Konfliktparteien beteiligt sind zu beeinträchtigen."

[4] Politiker und Diplomaten der EU und der Mitgliedsstaaten waren nicht davon begeistert, dass der *Plan Colombia* zunächst in Washington vorgestellt und erst Monate später in einer veränderten Fassung mit ihnen diskutiert wurde.

Irgendwann muss jede Initiative dann auch die USA einbeziehen. Die US-Regierung könnte sich – vor allem im Kontext der Nachwirkungen der Anschläge vom 11. September 2001 – den europäischen Aktivitäten widersetzen, obwohl es sowohl innerhalb der Regierung als auch im Kongress und in der nordamerikanischen Gesellschaft Gruppen gibt, die dieselben Ziele vertreten und die diese Aktivitäten unterstützen würden. Etwas Vergleichbares ist in den 80er Jahren in Bezug auf Zentralamerika geschehen, als die Politik der EU derjenigen der USA entgegenstand. Damals gelang es den Widerstand aus dem Weißen Haus zu verringern, weil Kongressabgeordnete und Organisationen der Zivilgesellschaft die wesentlichen Ziele der Europäer teilten. Das heutige Umfeld ist weniger angespannt als damals mitten im Kalten Krieg, die EU sollte aber mit den Nordamerikanern kooperieren und Vorsicht und Taktgefühl walten lassen, um transatlantische Konflikte zu verhindern.

Schließlich müsste das System der Vereinten Nationen bei diesen Bemühungen eine wichtige und keine untergeordnete Rolle spielen. Ein möglicher Nebeneffekt der US-Bemühungen, eine internationale „Allianz gegen den Terror" zu schmieden, war die Erhöhung der politischen Bedeutung der UNO – die auch durch die Verleihung des Friedensnobelpreises 2001 an die UNO und ihren Generalsekretär unterstrichen wurde –, weshalb es ein günstiger Moment sein könnte, auf deren Erfahrungen und Führung im Bereich der Konfliktbearbeitung zurückzugreifen.

Die Risiken dieser Strategie gelten weniger Menschenleben, weil die EU nicht militärisch intervenieren würde, auch wenn einige europäische Entwicklungshelfer und Techniker schon Opfer der Gewalt geworden sind und einige Diplomaten ihr Leben und ihre Sicherheit regelmäßig in Gefahr bringen. Sie liegen eher im Bereich des möglichen Scheiterns einer Initiative und der damit verbundenen politischen Kosten. Die Angst vor diesen Risiken führt dazu, dass entweder der Weg des geringsten Widerstands gewählt wird oder aber nur auf die jeweils akut auftauchenden Umstände reagiert wird. Im Gegensatz hierzu erfordert die strategische Einflussnahme die verstärkte Fähigkeit, Entwicklungen zu antizipieren und im Rahmen der Prävention auf sie einzuwirken; dies vermag die EU zurzeit nicht.

Auch wenn die Situation in Kolumbien viel Aufmerksamkeit der europäischen Politiker und Funktionäre auf sich zieht, muss daran gedacht werden, dass auch die Situation in anderen Andenländern besorgniserregend ist und sich verschlimmern kann, selbst wenn der Konflikt in Kolumbien gelöst werden sollte. Man denke nur an den Niedergang des demokratischen Systems in Venezuela oder an die anhaltenden gewaltsamen sozialen Konflikte in Bolivien. Keine Strategie darf sich nur auf Kolumbien richten, sondern es muss um die gesamte Region gehen, vorzugsweise durch die Einbeziehung der Nachbarländer in diplomatische Initiativen. In diesem Zusammenhang scheint der gewählte Präsident Ekuadors für diese Option besonders geeignet, der Handlungsspielraum der peruanischen Regierung ist dagegen geringer und die venezolanische Regierung ist mit dem eigenen internen Konflikt beschäftigt. Dennoch setzt der neue Präsident Kolumbiens, Álvaro Uribe, auf eine subregionale Diplomatie, bisher allerdings ohne Erfolg.

Die Strategie der EU-Kommission für Kolumbien (CEC 2002) betont klar die Unterstützung der Friedenssuche als oberste Priorität. Damit sind all die Aktivitäten gemeint, die in direktem Zusammenhang mit dem Verhandlungsprozess oder dem Dialog mit den Aufständischen stehen, die auf die Wurzeln und Ursachen des Konfliktes zielen und die eine humanitäre Unterstützung für die Opfer des Konfliktes darstellen. Für alle diese Maßnahmen stehen zwischen 2002 und 2006 € 70 Mio. bereit.

Da jede Strategie sowohl Kosten wie auch Nutzen hat, ist es am wahrscheinlichsten, dass kurzfristig eine Strategie der Beibehaltung des Status quo verfolgt werden wird, vielleicht punktuell mit einzelnen ambitionierteren Elementen, beispielsweise im Zusammenhang mit dem Konflikt in Kolumbien. Die Möglichkeit die Aktivitäten „zurückzufahren", ist mittelfristig realistisch, solange man langfristig keinen für eine positivere Entwicklung günstigeren Kontext sieht.

Eine neue Politik der EU gegenüber den Andenländern aufbauen

In Bezug auf die europäische Bereitschaft, ambitioniertere Initiativen zu ergreifen, gibt es kurzfristig wenig Anlass zu Optimismus. Es stimmt, dass die EU sich bei verschiedenen Gebertreffen sowie in den Strategiepapieren für die Kooperation dazu verpflichtet hat, den Friedensprozess in Kolumbien zu unterstützen und dass die Diplomaten einzelner Länder bereits aktiv an der Suche nach Lösungen für den Konflikt beteiligt waren. Gegenüber Peru haben verschiedene Mitgliedsstaaten bedeutende Summen zum Aufbauplan der Regierung Toledo zugesagt, außerdem finanzieren die EU-Kommission sowie die Interamerikanische Entwicklungsbank Projekte zur grenzüberscheitenden Kooperation zwischen Peru und Ekuador. Wie wir gesehen haben, gibt die EU bedeutende Summen für die Entwicklungszusammenarbeit in den Andenländern aus, sie ist der wichtigste Förderer der Institutionen für die regionale Integration und hat im Rahmen der Drogenbekämpfung einigen Produkten präferentiellen Zugang zum Europäischen Markt gewährt. Dies sind positive Aktionen, die aber in ihrer Gesamtheit angesichts der Probleme der Andenländer kein wirkliches Gewicht haben. Ein Beispiel für das geringe Interesse – oder die geringe Handlungsbereitschaft – der Europäer ist die ständige Verschiebung der Verhandlungen über ein Rahmenabkommen der „vierten Generation".

Die Willensbildung hängt nicht vom Auftauchen charismatischer Führungspersönlichkeiten ab, denen die Andenregion sehr am Herzen liegt. Die gibt es in der EU nicht. Es geht auch nicht darum, noch mehr „strategische" Texte zu produzieren, an deren Ende eine Liste mit Absichtserklärungen steht, auf die sich aber keine energische Politik stützen kann. In diesem Zusammenhang sind die jüngsten Texte zur Lateinamerikapolitik der Kommission (2000) und des Europäischen Parlaments (2001) bezeichnend. Die Erklärung der Kommission ist pragmatischer – einige kritisieren sie als „minimalistisch", während das Europäische Parlament sich eine ambitioniertere Vision erlaubt. Beide sind aber nur generelle Erklärungen.

Beim Gipfeltreffen in Madrid war die Ankündigung eines Assoziierungsabkommens zwischen der EU und Chile der Haupterfolg, am auffälligsten war aber das Fehlen von Fortschritten in den Verhandlungen mit dem MERCOSUR. Die Andenländer haben – ebenso wie Zentralamerika – keine Fortschritte zur Aufnahme solcher Verhandlungen mit der EU erreicht. Die EU bot ihnen allerdings einen Kooperationsvertrag an und ließ die Tür für ambitioniertere Verträge offen. Die Tatsache, dass die beiden zentralen Themen des Gipfels der Kampf gegen den Terrorismus und gegen den Drogenhandel waren, bedeutet an und für sich noch kein verstärktes Engagement der EU in den Andenländern. Die Polemik um die Nichtaufnahme der FARC auf die europäische Liste terroristischer Organisationen unterstreicht außerdem die Ambivalenzen, die sowohl die EU als auch die kolumbianische Regierung bereit sind hinzunehmen. In der Zeit nach dem 11. September scheint diese Haltung aber immer weniger angemessen. Das Ergebnis des Gipfels ist für die Andenregion nicht unbedingt negativ, aber auch kein Anlass für große Hoffnungen in Bezug auf die europäische Unterstützung.

Was auf jeden Fall fehlt, ist ein Prozess der gegenseitigen Stärkung von Funktionären der Kommission, nationalen Diplomaten, Akademikern, Unternehmern und Repräsentanten der NRO. Oder das, was einige Politologen *comunidades epistémicas* nennen, d.h. Netzwerke aus Wissenschaftlern und Experten, deren professionelle Bindungen und Erklärungsmodelle ihre Bemühungen um politischen Einfluss begründen (Keck/Sikkink 1998: 1). Nach Richardson (1996: 14) haben diese „Gemeinschaften das Potential Einfluss auf den politischen Entscheidungsprozess zu nehmen", weil sie sich auf Informationen gründen.

In einigen Entscheidungsbereichen der EU sind diese Netzwerke geschaffen worden, aber in den vergangenen Jahren war dies zum Teil wegen der wiederkehrenden Reorganisationen der Kommission und anderer institutioneller Akteure wesentlich schwerer. Ein weiterer Faktor waren die Nachwirkungen der Korruptionsfälle Ende der 90er Jahre, die das Interesse der EU-Funktionäre verringerten, ihre Kontakte zu externen Organisationen auszubauen, weil sie Angst hatten, in neue Fälle verstrickt zu werden. Die interne Verwaltungskontrolle ist zwar notwendig, hat die Tendenz zur Verringerung der Autonomie der Kommission aber ebenfalls verstärkt. Bei jedweder Strategie müsste die Kommission eine zentrale Rolle spielen, auch wenn sie nicht die politische Fähigkeit besitzt, Initiativen zu ergreifen.

Ein wichtiger Faktor des Zusammenhalts in diesen Gemeinschaften ist die Erhöhung von Transparenz und Partizipation verschiedener Akteure in den Debatten über mögliche politische Optionen. Im Großen und Ganzen hat es nur wenige oder keine politischen Debatten über die Rolle der EU in den Andenländern und Lateinamerika überhaupt gegeben (Freres 2001). Dies hat bei den Mitgliedsstaaten zu Zweifeln und einer Bevorzugung des Status quo geführt.[5] Diese Schwäche wird durch die Geringfügigkeit der finanziellen und humanen Ressourcen verstärkt, die für die Andenfrage aufgewandt werden, und durch die Unstimmigkeit innerhalb der Gemeinschaftsinstitutionen darüber, welcher Weg eingeschlagen werden soll. Dies gilt vor allem in Bezug auf den Konflikt in Kolumbien, aber auch im Zusammenhang mit der demokratischen Zukunft Perus, den Möglichkeiten, die Richtung der Entwicklung in Venezuela zu beeinflussen oder der Frage, welches Verhalten angemessen ist, wenn in Bolivien und/oder Ekuador gewaltsame soziale Konflikte ausbrechen sollten.

Diese Unsicherheit trägt in der Praxis dazu bei, dass der Hilfe der EU trotz des komplexen Zusammenhangs, und obwohl sie Menschenrechte, soziale Entwicklung und Regierbarkeit in den Mittelpunkt stellt, eine profunde strategische Analyse fehlt, und sie daher sehr unkoordiniert und wenig effizient ist.

Zusammenfassend hoffen wir, dass diese Überlegungen insgesamt dazu beitragen können, Wege zu identifizieren, wie die EU einen wirklichen Beitrag dazu leisten kann, Frieden zu erreichen, die Demokratie zu stärken und die Grundlage für eine ausgewogenere und längerfristige Entwicklung in den Andenländern zu legen. Es geht darum wie eine wahrhafte Zivilmacht zu agieren (Smith 1996, Whitman 1997). Anderenfalls bleibt die EU ein sekundärer Akteur mit interessanten Diskursen über „geteilte Verantwortung", die eine Alternative für die Andenländer darzustellen scheinen, als Organisation aber wie andere externe Akteure auch letztlich enttäuschen. In diesem Sinn ist es wichtig, dass diejenigen Akteure politischen Druck ausüben, die davon überzeugt sind, dass das Ergebnis letztlich vom Einsatz abhängt, den die Andenländer aufwenden, um die Europäische Union von einer entscheidenderen und entschiedeneren Rolle in der Region zu „überzeugen".

Übersetzung aus dem Spanischen: Sabine Kurtenbach

Literaturverzeichnis

Arenal, Celestino del (1997): „Los Acuerdos de Cooperación entre la Unión Europea y América Latina (1971-1997): Evolución, Balance y Perspectivas", in: *Revista Española de Desarrollo y Cooperación*, N° 1, S. 111-138.

Comisión de las Comunidades Europeas (CCE) (2002a): *Informe estratégico regional sobre América Latina. Programación 2002-2006*, Brüssel.

--- (2002b): *Estratégia regional para la Comunidad Andina. 2002-2006*, Brüssel.

--- (2000): *Comunicación de la Comisión al Consejo y al Parlamento Europeo. Seguimiento de la Primera Cumbre entre América Latina, el Caribe y la Unión Europea*, Brüssel, 31.10.2000 (COM (2000) 670 final).

--- (1999a): *Comunicación de la Comisión al Consejo, al Parlamento Europeo y al Comité Económico y Social sobre una nueva Asociación Unión Europea/América Latina en los albores del siglo XXI*. Brüssel, 09.03.1999 (COM (1999) 105 final).

---

[5] Siehe Ferreira 2002.

--- (1999b): Informe Unión Europea, América Latina, Caribe, Junio 1999, Luxemburg.

--- (1995): *La Unión Europea y América Latina 1996-2000. Hacia un fortalecimiento de la asociación*, Brüssel.

Comission of the European Communities (CEC) (2002): *Colombia. Country Strategy Paper*, Brüssel.

--- (1998): *Andean Community: Indicative Multiannual Guidelines*, Brüssel, 12.03.1998 (IB/1038/98).

--- (1995): *Communication from the Commission to the Council and the European Parliament. The European Union and Latin America. The Present Situation and Prospects for Closer Partnership, 1996-2000*, Brüssel, 23.10.1995 (Com (1995) 495 final), mimeo.

European Parliament (2001): *Report on a global partnership and a common strategy for relations between the European Union and Latin America*, Brüssel, 11.10.2001 (A5-0336/2001).

Freres, Christian (2001): „Las organizaciones cívicas y los académicos en las relaciones Unión Europea-América Latina", in: *Revista CIDOB d'Afers Internacionals* (Barcelona), N° 54-55, noviembre 2001, S. 49-64.

--- (2000): „The European Union as a Global 'Civilian Power': Development cooperation in EU-Latin American Relations", in: *Journal of Interamerican Studies and World Affairs*, 42:2, Miami, S. 63-85.

Instituto de Relaciones Eurolatinoamericanas (IRELA) (1999): *Las relaciones entre Europa y América Latina: hacia una agenda biregional para el siglo XXI*, Madrid.

--- (1995): *Europa y América Latina: una cooperación para la acción*, Madrid.

Instituto de Estudos Estrategicos e Internacionais (IEEI) (1998): *A Partnership for the Twenty-First Century. Setting Global Rules (Quinto Foro Euro-Latinoamericano)*, Lissabon.

Keck, Margaret/Kathryn Sikkink (1998): *Activists Beyond Borders. Advocacy Networks in International Politics*, Ithaca, New York.

Mallo, Tomás (Hg) (2001): *España e Iberoamérica: Fortaleciendo la relación en tiempos de incertidumbre*, Madrid.

Meltzer, Judy (2001): *The enduring Colombian conflict: A Canadian perspective*, FOCAL Policy Paper FPP-01-12, Ontario, noviembre de 2001.

Richardson, Jeremy (1996): „Policy-making in the EU. Interests, ideas and garbage cans of primeval soup", in: J. Richardson (Hrsg.): *European Union. Power and Policy-making*, Routledge, London, S. 3-23.

Rui Ferriera (2002): „La Unión Europea aún duda sobre el Plan Colombia", in: *El Nuevo Herald*, 4.10.2002.

Ruiz, Emilia (2002): *¿Puede la cooperación europea ser un instrumento para avanzar en la construcción de la paz en Colombia?*, Bogotá (mimeo).

Smith, Michael (1996): „The EU as an international actor", in: J. Richardson (Hrsg.): *European Union. Power and Policy-making*, Londres, S. 247-262.

Whitman, Richard (1997): „El futuro de la Unión Europea: ¿poder civil o superpotencia?", in: *Foro Internacional*, Colegio de México, Vol. XXXVII, No. 3, julio-septiembre, S. 498-531.

Helmut Schöps[*]

Das Andenländerkonzept der Bundesregierung und die europäische Andenländerpolitik

Die Andenpolitik als Teil der deutschen Lateinamerikapolitik

Die deutsche Politik gegenüber dem Andenraum ist eingebettet in die Lateinamerikapolitik der Bundesregierung, die mit dem sogenannten Lateinamerikakonzept aus dem Jahre 1995 erstmals in einem umfassenden amtlichen Dokument formuliert worden ist. Sie gründet sich zum einen auf die traditionell enge Verbundenheit Deutschlands mit Lateinamerika, die sich im Andenraum z.B. auch darin äußert, dass dort die Erinnerung an die Forschungsreisen Alexander von Humboldts vor 200 Jahren hochgehalten wird, zum anderen auf den nach dem 2. Weltkrieg historisch gewachsenen Konsens über grundlegende politische Werte wie Demokratie, Rechtsstaatlichkeit, Menschenrechte, politischen und sozialen Pluralismus, offene Gesellschaften und Marktwirtschaft.

Dementsprechend enthielt das erste, 20 Seiten umfassende Konzept von 1995 eine Gesamtschau der deutschen Beziehungen zu Lateinamerika und zur Karibik. Seine Gliederung in folgende drei Kapitel

- internationale Außen- und Sicherheitspolitik, europäische Dimension, auswärtige Kulturpolitik, Öffentlichkeitsarbeit, Bekämpfung der Drogenkriminalität,
- Wirtschaft, berufliche Bildung, Umwelttechnologie, Verkehr, Telekommunikation,
- Entwicklung und Umwelt,

---

[*] Der vorstehende Beitrag gibt die persönliche Meinung des Autors wieder und ist keine offizielle Stellungnahme der Bundesregierung.

wurde ergänzt durch vier Schwerpunkte/Ziele, die gegenüber Lateinamerika insgesamt verfolgt werden sollten. Dies waren:

- die Verstärkung des politischen Dialogs mit Lateinamerika,
- die Stärkung unseres Engagements für Handel und Investitionen in Lateinamerika,
- die Ausrichtung der Zusammenarbeit an dem Ziel der nachhaltigen Entwicklung,
- die Aufrechterhaltung der engen kulturpolitischen Zusammenarbeit.

Im Laufe der Jahre stellte sich heraus, dass diese sektoriellen Forderungen, die nach dem Konzept für alle Länder des lateinamerikanischen/karibischen Raumes gelten sollen, in der Praxis unterschiedlich relevant für die einzelnen Regionen des Subkontinents sind. So sorgen z.b. der unterschiedliche politische und wirtschaftliche Entwicklungsstand und die Größe der Schwellenländer Brasilien, Argentinien und Mexiko einerseits, und des zentralamerikanischen und karibischen Raumes andererseits auch für unterschiedliche Schwerpunkte in unseren Beziehungen zu diesen Regionen. Darüber hinaus muss sich z.B. im Bereich der Kulturbeziehungen die geforderte stärkere Förderung deutscher Auslandsschulen auf die spanischsprachigen Länder sowie Brasilien beschränken, wo diese existieren, während solche im englischsprachigen Teil des karibischen Raumes fehlen.

Es zeigte sich, dass das umfassend angelegte Lateinamerikakonzept für operatives außenpolitisches Handeln und die Koordinierung einer kohärenten Politik aller Ressorts gegenüber den Ländern Lateinamerikas und der Karibik zu wenig konkret war. Neue Entwicklungen weltweit, auf den amerikanischen Kontinenten sowie im Verhältnis zur Europäischen Union kamen hinzu. Die immer weiter ausgreifende vor allem wirtschafts- und handelspolitische Globalisierung erfasst mit ihren Herausforderungen an Wettbewerbsfähigkeit und Produktivität immer stärker auch die Länder Lateinamerikas. Diese reagieren hierauf in durchaus unterschiedlicher Weise, u. a. mit der Dollarisierung ihrer Volkswirtschaften, der Stärkung regionaler Zusammenschlüsse und dem Abschluss von Freihandelsabkommen auch mit Partnern außerhalb des lateinamerikanischen Raumes.

Die 1994 zwischen Kanada, USA und Mexiko vereinbarte Nordamerikanische Freihandelszone (NAFTA) führte in den Folgejahren zu einer Halbierung des europäischen Anteils am Außenhandel Mexikos. Diesem Trend wirken inzwischen die im Juli und Oktober 2000 in Kraft getretenen Abkommen der EU mit Mexiko entgegen. Der zuletzt auf dem Ministertreffen in Quito Anfang November 2002 bekräftigte Wunsch der Teilnehmerstaaten, bis zum Jahre 2005 eine gesamtamerikanische Freihandelszone (FTAA bzw. ALCA) von Alaska bis Feuerland zu errichten, ist auch eine Herausforderung an die EU und ihre Mitgliedsstaaten, die sich noch mehr als in der Vergangenheit um ihre Partner, Absatzmärkte und Investitionszielländer in Lateinamerika bemühen müssen. In Europa ist inzwischen das Bewusstsein für diese neue Lage in Lateinamerika gewachsen.

Über vier Jahrzehnte nach der Gründung der Europäischen Wirtschaftsgemeinschaft fand während der deutschen EU-Ratspräsidentschaft Ende Juni 1999 in Rio de Janeiro der erste Gipfel der Staats- und Regierungschefs der EU und der Staaten Lateinamerikas und der Karibik statt. Die dort beschlossene strategische Partnerschaft zwischen beiden Regionen schlug sich in einer umfassenden politischen Schlusserklärung sowie einem 55 Punkte umfassenden Arbeitsprogramm nieder. Dieses aus der Fülle der bestehenden Beziehungen schöpfende Programm zählt viele Gebiete auf, auf denen eine enge und intensive Zusammenarbeit bereits – auch ohne große Publizität – stattfindet, enthält darüber hinaus zugleich wichtige und interessante Postulate für die Zukunft der biregionalen Zusammenarbeit. Zugleich belegt die Vielfalt der 55 Punkte die inzwischen allgemein ins Bewusstsein getretene Heterogenität des lateinamerikanisch/karibischen Raumes. Der zweite Gipfel Mitte Mai 2002 in Madrid bekräftigte mit dem Dokument *Common Values and Positions* und einem aktualisierten Arbeitsprogramm das Bekenntnis zur Zusammenarbeit zwischen beiden Regionen und gab neue Impulse für die vielfältigen und unterschiedlichen Beziehungen und Verhandlungsprozesse der EU mit MERCOSUR, Chile, Mexiko, dem Andenraum, Zentralamerika und der Karibik.[1]

Die Differenzierung nach Regionen hat inzwischen auch die deutsche Politik gegenüber Lateinamerika und der Karibik erfasst. Schon am 4. Juli 2000 kündigte der damalige Staatsminister Volmer vor dem Auswärtigen Ausschuss an, dass die außenpolitischen Ansätze der deutschen Lateinamerikapolitik sich künftig auf fünf Subregionen konzentrieren werden. Diese umfassen (von Norden nach Süden) Mexiko, Mittelamerika, die Karibik, die Andengemeinschaft, sowie MERCOSUR/Chile. Dabei wird nicht übersehen, dass auch einige dieser Subregionen nicht völlig homogen sind. Andererseits haben sie sich zu Integrationsräumen zusammengeschlossen und damit ihre Gemeinsamkeit betont. Dem trägt unsere auch die Förderung regionaler Integrationsbestrebungen gerichtete Politik Rechnung.

Die deutsche Politik gegenüber der Andengemeinschaft

Als erste der erwähnten fünf subregionalen außenpolitischen Strategien für den Raum Lateinamerika/Karibik hat das Auswärtige Amt nach Beteiligung aller Ressorts im April 2001 die außenpolitische Strategie für die Länder der Andengemeinschaft (im folgenden kurz: Andenstrategie) veröffentlicht. Sie enthält die Grundlagen der deutschen Politik gegenüber der Andengemeinschaft und ihren Mitgliedern Venezuela, Kolumbien, Ekuador, Peru und Bolivien und berücksichtigt die seit dem Erlass des Lateinamerikakonzepts 1995 eingetretenen Veränderungen auf der weltpolitischen Bühne. Dies gilt insbesondere für die stärker gewordene europäische Dimension der Beziehungen, wie sie in den Schlussdo-

---

[1] Vgl. hierzu auch den Beitrag von Christian Freres (S. 383-399) in diesem Band.

kumenten der Gipfel von Rio de Janeiro vom Juni 1999 und von Madrid vom Mai 2002 ihren Ausdruck gefunden hat. In Ergänzung dieser biregionalen Beziehungen zwischen Europa und den Subregionen Lateinamerikas versteht sich die bilaterale deutsche Außenpolitik gegenüber dem Andenraum als Teil der gemeinsamen Außen- und Sicherheitspolitik (GASP) der EU, die in den entsprechenden EU-Gremien von der Arbeitsgruppe Lateinamerika „COLAT", dem Politischen und Sicherheitspolitischen Komitee „PSK", dem Ministerrat bis hin zum Europäischen Rat der Staats- und Regierungschefs abgestimmt wird. Dabei orientiert sich die deutsche Politik gegenüber dem Andenraum – neben der weiterhin für ganz Lateinamerika geltenden Wertegemeinschaft – an den Besonderheiten der Andenländer. Hier sind zu nennen:

- Die traditionelle Schwäche der politischen Strukturen dieser zum Teil alten (Venezuela) zum Teil neuen bzw. nach Zwischenspielen militärischer oder autokratischer Herrschaft (Peru) wiederhergestellten Demokratien. Hier besteht ein besonders hohes Beratungspotential hinsichtlich des Funktionierens öffentlicher Institutionen aller drei Staatsgewalten sowie der Struktur der politischen Parteien und der Gewerkschaften.

- Der von Norden nach Süden abnehmende Stand der wirtschaftlichen und sozialen Entwicklung: Dementsprechend sind z.B. Peru und Bolivien besondere Schwerpunkte unserer EZ mit dem Andenraum.

- Drogenanbau und Drogenhandel; die Andenregion stellt über 90% der jährlichen Weltkokainproduktion von ca. 780 Tonnen, die von dort ihren Weg in die Hauptabsatzgebiete USA und Europa nimmt. Hierin liegen Gefahren nicht nur für die Verbraucherländer, wo der Drogenkonsum steigt, sondern auch für die Erzeugerländer selbst, deren politische, wirtschaftliche und soziale Stabilität durch die korrumpierende Wirkung der mit Milliardenbeträgen hantierenden Drogenmafia und ihr Zusammenwirken mit der organisierten Kriminalität unterwandert wird. In Kolumbien alimentiert die Drogenwirtschaft darüber hinaus die wichtigsten illegalen bewaffneten Gruppen des Binnenkonflikts und sorgt für ihren fast unbegrenzten Nachschub an Waffen aus dem internationalen Waffenschmuggel.

- Die erheblichen wirtschaftlichen und sozialen Unterschiede in der Bevölkerung der jeweiligen Länder mit besonderer Benachteiligung von Minderheiten einschließlich ihres überkommenen faktischen Ausschlusses vom politischen Entscheidungsprozess. Hierzu gehört auch die in der Regel schwierige Lage der indigenen Bevölkerung selbst in den Ländern, wo diese einen hohen Anteil bzw. sogar die Mehrheit stellt (Ekuador, Peru und Bolivien). Die 2002 in Bolivien, Kolumbien und Ekuador veranstalteten Präsidentschafts- und Parlamentswahlen mit erheblichen Verlusten der traditionellen Parteien und überraschend starken Gewinnen zugunsten neuer Parteien/Gruppierungen bedeuten möglicherweise eine Weichenstellung hin zur stärkeren Berücksichtigung der Belange der bislang eher vernachlässigten sozial schwachen Schichten der Bevölkerung.

Die mit vorstehendem Punkt häufig zusammenhängende schwierige Lage der Menschenrechte, wird durch die weit verbreitete Nichtverfolgung begangener Verbrechen (*impunidad*) verschärft. Dabei sind die Täter häufig Angehörige der Sicherheitskräfte (Polizei, Streitkräfte, Gefängnispersonal). Die in einigen Ländern prekärer gewordene Durchsetzung des staatlichen Gewaltmonopols hat dort zudem eine zunehmende Privatisierung der Gewalt zulasten der wehrlosen Zivilgesellschaft nach sich gezogen, wobei sich Teile der Gesellschaft sogar mit einzelnen bewaffneten Gruppierungen freiwillig solidarisieren bzw. diese „notgedrungen" durch Gewährung von Unterschlupf und Verpflegung unterstützen. So bekämpfen sich in Kolumbien seit bald einem halben Jahrhundert in unterschiedlicher Intensität – derzeit auf bis zu 60% des Territoriums – rivalisierende bewaffnete Gruppierungen, die vom Staat nicht in die Schranken gewiesen werden (können).

Der Sonderfall des bald fünf Jahrzehnte anhaltenden bewaffneten Binnenkonflikt in Kolumbien mit seinen möglichen destabilisierenden Auswirkungen nicht nur in Kolumbien selbst sondern darüber hinaus auf die ganze Andenregion. Schon jetzt benutzen die Guerillagruppen FARC und ELN wie auch die kolumbianische Drogenmafia die Nachbarländer Venezuela, Ekuador, Peru und Panama teils als Ruheräume, teils zur Nachverfolgung ihrer Gegner. Als Folge ist in einigen dieser Länder bereits ein Zustrom von Flüchtlingen aus Kolumbien zu verzeichnen. Die hierin liegenden Gefahren für die politische, wirtschaftliche und soziale Stabilität der Andenländer sind Ansatzpunkt für unsere Politik der Krisenprävention, bzw. unserer Unterstützung der Bemühungen um Krisenbeilegung (in Kolumbien). Diese Politik äußert sich im laufenden politischen Dialog, in der Teilnahme an internationalen Stabilisierungsmaßnahmen (z.B. Teilnahme an der EU-Wahlbeobachtungsmission zu den Präsidentschaftswahlen in Peru im April und Juni 2001; in Ekuador im Oktober und November 2002) sowie in dem bereits erwähnten starken Profil unserer entwicklungspolitischen Zusammenarbeit mit vier der fünf Andenstaaten.

Entsprechend den aufgezählten Besonderheiten nennt die Andenstrategie folgende vier Schwerpunkte für die deutsche Politik gegenüber dem Andenraum:

1. Krisenprävention durch Stabilisierung der politischen Rahmenbedingungen,
2. Förderung nachhaltiger wirtschaftlicher, sozialer und Umweltentwicklung,
3. Modernisierung der Gesellschaft,
4. Verfolgung gemeinsamer Interessen im regionalen und multilateralen Bereich einschließlich der Förderung der Integrationsbestrebungen innerhalb der Andengemeinschaft und des Ausbaus des Dialogs EU-Andengemeinschaft.

Alle Schwerpunkte sind Gegenstand des umfassenden politischen Dialogs mit den Andenländern. Dieser findet sowohl bei bilateralen Besuchen (z.B. Berlinbesuche des kolumbianischen Präsidenten Pastrana Ende April 2001, des damals erst gewählten peruanischen Präsidenten Toledo Anfang Juli 2001, des damals ebenfalls erst gewählten ekuadorianischen Präsidenten Gutiérrez Mitte Dezember 2002, Perubesuch von Außenminister Fischer Anfang März 2002, Berlinbesuch seines damaligen peruanischen Kollegen García Sayán Mitte Mai 2002) aus den Bereichen Regierung, Parlament und Parteien statt als auch als Teil sowie am Rande multilateraler Veranstaltungen (z.B. jährliche Treffen mit den Außenministern der Andenländer am Rande der UN-Vollversammlung in New York, Treffen der Regierungschefs und Außenminister beim zweiten Gipfel EU-Lateinamerika/Karibik in Madrid Mitte Mai 2002, regelmäßige Treffen der Außenminister im Rahmen des Dialogs EU-Andengemeinschaft). Dabei werden alle aktuellen Themen der bilateralen Beziehungen und der internationalen Agenda behandelt.

Darüber hinaus werden die oben aufgezählten Schwerpunkte mit den folgenden konkreten Maßnahmen der Bundesregierung umgesetzt:

Zu 1.: Teilnahme an Wahlbeobachtungen, z.B. der Präsidentschaftswahlen vom April/Juni 2001 in Peru, wo mit Alejandro Toledo erstmals ein Angehöriger des indigenen Bevölkerungsteils Staatspräsident wurde; sowie in Ekuador im Oktober/November 2002 mit dem überraschenden Wahlsieg des Kandidaten der indigenen Bevölkerung Lucio Gutiérrez; Politikberatung durch die politischen Stiftungen mit dem Ziel, demokratische Strukturen zu stärken und entsprechende Verfahren mit möglichst umfassender Beteiligung der Zivilgesellschaft zu entwickeln. Dementsprechend sind die politischen Stiftungen in allen fünf Andenländern aktiv. Speziell für Kolumbien ist zu nennen die langjährige Beteiligung an der Begleitung des Friedensprozesses zwischen der früheren Regierung Pastrana und den Guerillagruppen durch die Internationale Gemeinschaft in Kolumbien selbst wie auch die Mitwirkung an der EU-Abstimmung in Brüssel einschließlich unseres Beitrags zum eigenständigen europäischen Ansatz zur Unterstützung dieses Prozesses, für den die EU und ihre Mitgliedsstaaten am 30. April 2002 in Brüssel € 335 Mio. zugesagt haben, davon ca. € 20 Mio. aus Deutschland.

Zu 2.: Umfangreiche Programme der EZ vor allem in den genannten Schwerpunktländern Bolivien und Peru, aber auch in Ekuador und Kolumbien. Dort werden Projekte integrierter landwirtschaftlicher Entwicklung einschließlich der Ersetzung des Anbaus von Kokapflanzen durch legale alternative Kulturen sowie des Umwelt- (Tropenwald-) und Ressourcenschutzes und der Trinkwasserversorgung gefördert.

Zu 3.: In Ekuador und Kolumbien werden Projekte zur Modernisierung des Staates sowie zur Unterstützung des Friedensprozesses (Kolumbien) gefördert, die vor allem durch die dort tätigen politischen Stiftungen und Nichtregierungsorganisationen in Zusammenarbeit mit einheimischen Stellen und Organisationen durchgeführt werden. Hier sind auch die deutschen Auslandsschulen zu nennen, die sich als Begegnungsschulen in allen fünf Ländern um eine moderne und weltoffene Erziehung der Jugend bemühen.

Zu 4.: Dank der bestehenden Wertegemeinschaft mit den Andenländern gibt es im multilateralen Bereich eine erfreuliche Tradition guter Zusammenarbeit in den UN und sonstigen internationalen Gremien. Diese umfasst praktisch alle aktuellen globalen Themen von der Stärkung der Demokratie, der internationalen Sicherheit, dem Kampf gegen den Terrorismus nach den Anschlägen vom 11. September, dem Schutz der Menschenrechte, von Minderheiten, der Armutsbekämpfung, der Bewältigung von Migrationsbewegungen bis hin zum Schutz der Umwelt und der Bekämpfung von Drogenanbau und Drogenhandel. Die sich am Integrationsmodell der EU orientierende Andengemeinschaft ist zugleich ein wichtiger Baustein beim Ausbau der multilateralen Welthandelsordnung.

Unter den fünf Andenländern gilt das deutsche Interesse in besonderem Maße den Beziehungen zu Kolumbien. Bilateral ist dies darin begründet, dass Kolumbien unser wichtigster Wirtschaftspartner in der Andenregion mit einem jährlichen Handelsvolumen von ca. € 1,1 Mrd. und einem Bestand deutscher Direktinvestitionen von ca. € 520 Mio. ist. Über die bilaterale Perspektive hinaus sprechen zwei weitere Besonderheiten für eine intensive politische Beschäftigung mit Kolumbien: der bald fünf Jahrzehnte andauernde bewaffnete Binnenkonflikt, in dessen Verlauf drei bewaffnete Gruppierungen zeitweilig bis zu 60% des Staatsgebiets mit militärischen Aktionen überziehen, belastet zunehmend die Wirtschaftsbeziehungen und die personelle Präsenz der Deutschen in Kolumbien. Hier hat der nach fast drei Monaten Geiselhaft am 11. Oktober 2001 glücklich beendete Entführungsfall Künzel zu einer Neubewertung der Sicherheitslage in Kolumbien geführt, die sich auch auf die Umsetzung unserer umfangreichen EZ mit ca. 50 deutschen Experten vor Ort auswirkt. Außerdem hat der Konflikt schon jetzt Auswirkungen auf die Nachbarländer Panama, Venezuela, Ekuador und Peru. Die Bundesregierung unterstützt sowohl bilateral als auch als Teil der EU sowie der Internationalen Gemeinschaft den 1998 vom damaligen Präsidenten Pastrana eingeleiteten Verhandlungsprozess mit der Guerilla durch politische Flankierung und konkrete Projekte der EZ und hat dies auch beim Berlinbesuch Pastranas im April 2001 erneut deutlich gemacht. Sie leistet damit einen Beitrag zur Lösung des Konflikts und will dadurch auch der Gefahr seiner Ausweitung auf die Andenregion mit unabsehbaren Folgen für deren Stabilität insgesamt begegnen. Wie bereits erwähnt, hat die Bundesregierung bei dem dritten von der Interamerikanischen Entwicklungsbank (IDB) am 30.04.2001 in Brüssel veranstalteten internationalen Gebertreffen hierfür ca. € 20 Mio. an EZ zugesagt; hinzukommen weitere Mittel der humanitären Hilfe, für den Schutz der Menschenrechte und der kulturpolitischen Zusammenarbeit.

Die seit dem 7. August 2002 amtierende Regierung des neuen Präsidenten Álvaro Uribe sieht sich einer verschärften Auseinandersetzung mit den bewaffneten illegalen Gruppen ausgesetzt, die den Konflikt mit Bombenanschlägen zunehmend auch in die Städte tragen. Ihre Bemühungen, einerseits die staatliche

Präsenz landesweit sicher- bzw. wiederherzustellen, andererseits an die noch unter Pastrana abgebrochenen Kontakte zu den illegalen Gruppen im Interesse einer Verhandlungslösung wiederanzuknüpfen, werden von der Bundesregierung und ihren europäischen Partnern unterstützt. Ein Erfolg scheitert aber bisher vor allem an der Weigerung der größten Guerillagruppe FARC, selbst eine Vermittlerrolle der UN für die Rückkehr an den Verhandlungstisch zu akzeptieren.

Kolumbien ist außerdem mit Abstand weltweit größter Produzent von Kokain; von der jährlichen Weltproduktion in Höhe von ca. 780 Tonnen entfallen 520 Tonnen (= 68%) auf Kolumbien. 90% des auf dem US-Markt befindlichen Kokains kommen aus Kolumbien. Auch für Europa bzw. Deutschland ist anzunehmen, dass Kokain aus Kolumbien zwischen 70 und 90% des Angebots ausmacht. Eine Drogenpolitik, die gleichermaßen bei Produktion, Handel und Verbrauch ansetzt, kommt daher an Kolumbien nicht vorbei. Über die hier anzuwendenden Methoden bestehen Auffassungsunterschiede, insbesondere was die seit gut 20 Jahren in Kolumbien durchgeführten Besprühungen von Koka-Feldern mit Chemikalien angeht. Während von deutscher Seite anerkannt wird, dass die Bekämpfung des illegalen Anbaus und Handels mit Drogen ohne repressive Maßnahmen nicht auskommt, bevorzugen wir hinsichtlich des Drogenanbaus, der in Kolumbien zu über 60% in der Hand von Kleinbauern liegt, einen alternativen Ansatz: Im Rahmen landwirtschaftlicher Entwicklungsprojekte sollen den Kleinbauern alternative Einkommensmöglichkeiten, z. B. durch den Anbau von Kaffee, der Ölpalme oder anderen alternativen Produkten geboten werden. Auf diese Weise würden die sowohl mit dem Anbau der Koka-Pflanzen als auch mit ihrer Besprühung verbundenen Umweltschäden reduziert bzw. sogar ganz vermieden und, da diese Programme auf der freiwilligen kontrollierten Mitwirkung der Kleinbauern aufbauen, die Nachhaltigkeit der Abkehr vom Drogenanbau sichergestellt.

Von den übrigen Andenländern richtet sich unsere Aufmerksamkeit vor allem auf Peru, das unter dem neuen indigenen Präsidenten Toledo einen schwierigen Prozess des politischen und wirtschaftlichen Neubeginns nach dem ruhmlosen Abgang des früheren Präsidenten Fujimori unternimmt. Die Bundesregierung hat Toledo bei seinem Berlinbesuch Anfang Juli 2001 ihre politische und besonders entwicklungspolitische Unterstützung für diesen Prozess zugesichert und diese beim Perubesuch von Außenminister Fischer im März 2002 sowie beim Berlinbesuch des damaligen peruanischen Außenminister García Sayán im Mai 2002 bekräftigt. Peru ist weiterhin der größte Empfänger deutscher EZ in der Region.

Auch gegenüber Ekuador und Bolivien verfolgt die Bundesregierung eine Politik guter bilateraler Zusammenarbeit, die zugleich die politische, wirtschaftliche und soziale Stabilität dieser Länder festigen soll. Dementsprechend hat sich die Bundesregierung beim internationalen Gebertreffen am 23. Oktober 2001 in Brüssel bereit erklärt, sich an der Förderung des UDENOR-Projekts (*Unidad de Desarrollo de la Región Norte*) in Nordekuador zu beteiligen, um die Belastungen dieser Region durch den übergreifenden bewaffneten Binnenkonflikt in Kolumbien zu vermindern. Sie war auch an dem jüngsten Treffen der Internationalen Arbeitsgruppe von UDENOR im Juni 2002 vertreten.

Traditionell enge und im Wirtschaftsbereich substantielle Beziehungen bestehen zu Venezuela, dessen politische Veränderungen seit dem Amtsantritt von Präsident Hugo Chávez im Januar 1999 in Deutschland wie auch anderswo aufmerksam verfolgt werden. Dies gilt insbesondere für die Entwicklung der schwierigen innenpolitischen Lage nach dem gescheiterten Umsturzversuch vom April 2002 und der weiteren Verschärfung durch den am 2. Dezember 2002 ausgerufenen Generalstreik, den vierten in zwölf Monaten. Dank seiner nach der deutschen Vereinigung in den neuen Bundesländern vorgenommenen erheblichen Investitionen im Mineralölbereich (Raffinerie Schwedt/Oder) ist Venezuela das einzige Land der Andenregion, dessen Investitionen in Deutschland höher sind als umgekehrt. Dies könnte sich allerdings durch den begonnenen Prozess der Umstrukturierung sowohl in der venezolanischen wie in der deutschen Erdölindustrie (insbesondere Übernahme von Geschäftsbereichen der VebaÖl durch BP) ändern.

Insgesamt gesehen bleiben die Länder der Andenregion ein wichtiger Partner der deutschen Politik nicht nur wegen ihres fast 120 Mio. Verbraucher umfassenden Marktes sondern auch wegen der dort seit vielen Jahrzehnten verankerten Präsenz deutscher Staatsbürger, Firmen und kultureller Einrichtungen. Darüber hinaus macht die bereits erwähnte Gemeinschaft in den Grundwerten wie Demokratie, Menschenrechte, Pluralismus und Marktwirtschaft diese Länder für uns zu natürlichen Verbündeten in der internationalen Arena.

Die Andenpolitik der EU

Die EU verfügt über kein Dokument, das in umfassender Weise ihre Politik gegenüber dem Andenraum definiert. Sie steht mit der Andengemeinschaft und den einzelnen Andenstaaten seit Jahrzehnten in einem intensiven politischen Dialog, dessen Grundlage in der 1996 in Rom unterzeichneten Erklärung niedergelegt ist. Er umfasst danach im wesentlichen Fragen der politischen und wirtschaftlichen Entwicklung in beiden Regionen sowie der biregionalen Beziehungen und ihrer Weiterentwicklung. Darüber hinaus betreffen die Themen nach der Kompetenzverteilung innerhalb der EU auch sogenannte „vergemeinschaftete Materie", wovon der EZ und der humanitären Hilfe bei den leider in der Region nicht seltenen Naturkatastrophen große Bedeutung zukommt. Zusätzlich sehen die nachstehend aufgezählten Abkommen häufig regelmäßige Konsultationen auf verschiedenen Ebenen vor, bei denen die aktuellen politischen Themen besprochen werden. Sofern es sich um „gemischte Materie" handelt, die auch Kompetenzen der EU-Mitgliedsstaaten umfasst, nehmen auch letztere bzw. die „Troika" an entsprechenden Treffen mit der Andengemeinschaft bzw. deren einzelnen Mitgliedsstaaten teil.

Einzelne Vorgaben für die EU-Politik mit Geltung auch für die Andenländer enthalten die Schlussdokumente der bereits erwähnten Gipfel zwischen der EU und Lateinamerika/Karibik von Rio de Janeiro (Juni 1999) und Madrid (Mai 2002). Die Beziehungen zur Andengemeinschaft (CAN) sind in dem Kooperationsabkommen von 1993 niedergelegt, das seit Mai 1998 in Kraft ist. Es regelt vor allem die Handels- und Wirtschaftsbeziehungen einschließlich der Thematik der Investitionen, bezweckt aber darüber hinaus auch die Stärkung und Konsolidierung der regionalen Integration der Andenländer, die sich – von allen lateinamerikanischen Zusammenschlüssen am stärksten – die institutionelle Struktur der EU zum Vorbild genommen hat. Auf dem letzten (14.) Gipfel der Staats- und Regierungschefs der Mitgliedstaaten im Juli 2002 in Ekuador wurden weitere wichtige Integrationsschritte bekräftigt, so die Inkraftsetzung eines gemeinsamen Außenzolltarifs bis 2003, die Schaffung eines Binnenmarkts der Andenländer bis Ende 2005, die Einführung der Pass- und Visumsfreiheit für die Bürger der Andenländer ab 2002, die Einführung eines gemeinsamen Reisepasses ab 2005. Auf wirtschaftlichem Gebiet sollen die Mitgliedsstaaten – nach dem Vorbild der Maastrichter Konvergenzkriterien für die Einführung der einheitlichen europäischen Währung – gewisse makroökonomische Zieldaten hinsichtlich Preisstabilität, Neuverschuldung der öffentlichen Haushalte sowie des Standes der öffentlichen Verschuldung (sie soll 50% des BIP nicht übersteigen) anpeilen. Die grenzüberschreitende Zusammenarbeit von Grenzregionen soll finanziell besonders gefördert werden. Im Außenverhältnis strebt die CAN die Errichtung einer Freihandelszone mit dem MERCOSUR an. Auch wenn die genannten Integrationsschritte gegenüber dem verkündeten ehrgeizigen Terminplan wahrscheinlich länger brauchen werden, so ist die integrationspolitische Begeisterung in den Mitgliedsstaaten der Andengemeinschaft jedoch weiterhin ungebrochen. Hierauf kann die EU in ihren Beziehungen mit der CAN bauen.

Neben der überkommenen wirtschafts- und handelspolitischen Zusammenarbeit sind die Förderung von Demokratie und die Einhaltung der Menschenrechte zentrale Punkte des Kooperationsabkommens. Darüber hinaus vereinbarten die Teilnehmer des erwähnten Madrider Gipfels vom Mai 2002 auf Wunsch der lateinamerikanischen Seite die Aufnahme von Verhandlungen über ein neues Abkommen über politischen Dialog und vertiefte Zusammenarbeit zwischen der EU auf der einen und der Andengemeinschaft und Mittelamerika auf der anderen Seite mit dem Ziel, Stabilität und regionale Integration zu unterstützen und die Armutsbekämpfung und die Nachhaltigkeit zu fördern. Die Verhandlungen sollen im Frühjahr 2003 beginnen. Die in Madrid erzielte Einigung umfasst auch die mittelfristige Perspektive der Errichtung einer Freihandelszone nach dem Vorbild EU-MERCOSUR/Chile, sobald die WTO-Entwicklungsagenda von Doha abgearbeitet ist, was voraussichtlich 2004 der Fall sein wird. Damit wird die EU Schritt halten mit der bereits erwähnten gesamtamerikanischen Freihandelszone FTAA/ALCA, die auch zwischen der CAN und den USA verhandelt wird.

Daneben gibt es für die EZ mit der CAN mehrjährige indikative Leitlinien der EU, deren letzte Fassung von 1998 gerade fortgeschrieben wird. Sie enthält folgende Prioritäten: Stärkung der Institutionen der CAN, Förderung der Bestrebungen zur Verwirklichung des gemeinsamen Binnenmarktes der CAN sowie ihrer Ausfuhr in die EU auf der Grundlage des von der EU einseitig und asymmetrisch gewährten Allgemeinen Präferenzsystems mit den Sonderpräferenzen für die Andenländer zum Zweck der Drogenbekämpfung, das am 10. Dezember vom Allgemeinen Rat bis Ende 2004 verlängert worden ist; Management und Schutz der natürlichen Ressourcen, Bekämpfung von Drogenanbau und -handel. Der letzte Punkt wurde im Drogenaktionsplan von Panama weiter ausgeführt, der zwischen den europäischen Staaten und den Staaten Lateinamerikas und der Karibik vereinbart wurde. Der Plan stützt sich auf die Grundsätze der gemeinsamen Verantwortung von Erzeuger- und Verbraucherländern, einen integralen, ausgewogenen und auf weitest mögliche Beteiligung ausgerichteten Ansatz, auf nachhaltige Entwicklung und die Einhaltung der einschlägigen UN-Bestimmungen/Abkommen sowie des Völkerrechts insbesondere hinsichtlich der Souveränität und territorialen Integrität der Staaten. Zusätzlich gibt es ebenfalls von der EU-Kommission erarbeitete Länderkonzepte als Richtschnur für die EZ der Union mit den einzelnen Mitgliedsstaaten der CAN für den dort noch nicht vergemeinschafteten Bereich.

Insgesamt ist sowohl aufgrund der vorstehend aufgezählten Abkommen als auch dank der Abstimmung der nationalen Politiken gegenüber dem Andenraum innerhalb der GASP ein wesentlicher Gleichklang dieser nationalen wie auch der Politik der Union gegenüber den Andenländern und der CAN festzustellen.

Die sowohl von der CAN als auch in ihrem Verhältnis zur EU erzielten Fortschritte sind beträchtlich: Das BIP der Andenländer wies in den vergangenen zehn Jahren – mit Ausnahme des Krisenjahres 1999 – ansehnlichen jährliche Wachstumsraten zwischen 3 und 5% auf. Der innergemeinschaftliche Warenaustausch der CAN ist von 1990 bis 1997 um über das Fünffache gewachsen; er liegt damit zwar immer noch nur bei ca. 10% des Außenhandels der CAN-Mitgliedsstaaten. Hierbei ist allerdings zu berücksichtigen, dass ein Großteil der ausgeführten Rohstoffe von je her für Drittmärkte bestimmt ist; ohne diese Rohstoffe läge der Integrationsgrad des Außenhandels bei ca. 40%. Die europäischen Direktinvestitionen haben in nur vier Jahren sogar um das Dreißigfache zugelegt. Die EU konnte dadurch ihre Position als zweitgrößter Wirtschaftspartner der CAN nach den USA weiter ausbauen. Gemäß den erwähnten handelspolitischen Präferenzen für die Andenländer können diese praktisch alle Fertigwaren und über 60% ihrer landwirtschaftlichen Produkte zoll- bzw. kontingentfrei in die EU einführen. Inzwischen macht der Warenaustausch zwischen CAN und EU mit € 15 Mrd. 16% der Ausfuhr aus dem Andenraum aus; aus europäischer Sicht beläuft er sich auf 0,7% der weltweiten Ausfuhr der EU und damit auf knapp ein Fünftel der europäischen Ausfuhr nach Lateinamerika.

Herausforderungen für die deutsche und europäische Andenpolitik

Europa und Deutschland sind aufgerufen, das aufgezeigte Potential für intensive Beziehungen zu den Andenländern zu nutzen und weitestgehend auszuschöpfen und damit zugleich die wichtigen Herausforderungen von Gegenwart und Zukunft (Stichwort: Globalisierung) zu meistern. Hierbei geht es auch um die Sicherung der politischen, wirtschaftlichen und sozialen Stabilität dieser Länder, die nach unterschiedlichen Phasen der Diktatur den demokratischen Weg eingeschlagen haben, ohne damit zugleich ihre wirtschaftlichen und sozialen Probleme gelöst zu haben. Im Bereich der Wirtschaftsbeziehungen müssen auf die Herausforderungen und den steigenden Konkurrenzdruck der Globalisierung die richtigen Antworten gefunden werden. Die Förderung eines möglichst ungehinderten Flusses von Waren und Dienstleistungen zwischen dem Andenraum und Europa ist die richtige, in die Zukunft weisende Antwort, wobei der besonderen Schutzbedürftigkeit der Ausfuhren aus dem Andenraum weiterhin durch die asymmetrischen einseitig gewährten Zollpräferenzen der EU Rechnung getragen wird.

Für Deutschland und Europa geht es hier auch um die Erhaltung wichtiger Absatzmärkte. Eine Entwicklung wie nach dem Inkrafttreten von NAFTA 1994, als sich der europäische Anteil am Außenhandel von Mexiko etwa halbierte, darf sich mit dem für 2005 erwarteten Inkrafttreten der gesamtamerikanischen Freihandelszone FTAA/ALCA nicht wiederholen. Der von der EU eingenommene zweite Platz im Handel der Andenländer ist dabei eine gute Ausgangsposition, die jedoch der ständigen Pflege und des Ausbaus bedarf.

Im internationalen Bereich ist die erwähnte Wertegemeinschaft zwischen Deutschland/Europa und dem Andenraum eine gute Grundlage, um der neuen Herausforderung des Terrorismus nach den Anschlägen vom 11. September zu begegnen. Sie erleichtert Entscheidungen über die hier notwendigen abgestimmten nationalen sowie grenzüberschreitenden Maßnahmen, insbesondere auf den Gebieten Einreisekontrolle und Bekämpfung der Geldwäsche. Wir können hier bereits auf die Erfahrungen mit der Bekämpfung des Anbaus und des Handels mit Drogen aufgrund der bestehenden UN-Resolutionen sowie des Drogenaktionsplans von Panama zurückgreifen.

Zusammengefasst zielen die Andenstrategie der Bundesregierung und die Andenländerpolitik der EU mit ihrem Fächer vielfältiger Maßnahmen auf den unterschiedlichsten Gebieten arbeitsteilig darauf ab, die Beziehungen zu einer befreundeten Region im beiderseitigen Interesse zu stärken und damit den aktuellen und künftigen nationalen und internationalen Herausforderungen auf den Gebieten Politik, Sicherheit, Wirtschaft und Entwicklung bestmöglich zu begegnen. Dieser Aufgabe können wir uns auch in den kommenden Jahren mit den sich bereits abzeichnenden Veränderungen nur gemeinsam stellen.

Peter Rösler

Wirtschaftsbeziehungen Deutschland –Andengemeinschaft

1. Was spricht für ein Engagement in der Andengemeinschaft?

Die Andengemeinschaft verfügt über ein beachtliches Wirtschaftspotential, das aber erst in den letzten eineinhalb Jahrzehnten stärker wahrgenommen wurde. Voraussetzung für das gestiegene Interesse war die Liberalisierung und Öffnung der Volkswirtschaften der Region. Dieser Prozess setzte Ende der 80er Jahre ein. Die regionale Integration wird als Faktor gesehen, der zur weiteren Stärkung des Wirtschaftspotentials der fünf Andenländer beiträgt. Ein wesentlicher Anreiz für Geschäfte mit der Region sind die EU-Importzollpräferenzen. Ein Freihandelsabkommen zwischen der EU und der Andengemeinschaft ist im Gespräch.

Für die deutsche Privatwirtschaft ist die Andengemeinschaft die zweitwichtigste Integrationsinitiative Südamerikas. In den fünf Ländern der Andengemeinschaft leben heute fast 120 Mio. Menschen, die ein Bruttoinlandsprodukt (BIP) von rund US$ 300 Mrd. erwirtschaften. Mit 4,7 Mio. km^2 ist die Andenregion rund dreizehnmal so groß wie Deutschland. Die Region verfügt über riesige Rohstoffvorkommen, eine beeindruckende Mannigfaltigkeit an Pflanzen und Tieren, touristisch äußerst interessante Landschaften und archäologische Monumente sowie eine große kulturelle Vielfalt.

Der Abbau von Bodenschätzen, die Landwirtschaft, der Handel und der Dienstleistungssektor tragen zu mehr als 80% zum kombinierten BIP der Region bei. Nur in Kolumbien spielt die Industrie eine größere Rolle. Alle fünf Länder sind auf den Import von Kapitalgütern und Halbfertigprodukten für die Weiterverarbeitung angewiesen. Facharbeiter und Spezialisten mit einem hohen Ausbildungsstand sind vor allem in Kolumbien und Venezuela vorhanden.

In den 50er Jahren wurde ganz Lateinamerika noch von populistischen Wirtschaftskonzepten beherrscht. Auch die Binnenmärkte der fünf Andenländer waren zu diesem Zeitpunkt gegenüber der ausländischen Konkurrenz weitgehend abgeriegelt. Importiert werden durfte hauptsächlich nur das, was im Inland nicht hergestellt wurde. Die Politik der Importsubstitution zwang auch deutsche Unternehmen, auf jedem noch so kleinen Markt mit eigener Fertigung präsent zu sein, was oft horrende Kosten zur Folge hatte.

In vielen Bereichen waren Investitionen aus dem Ausland sogar ganz verboten und in anderen auf Minderheitsbeteiligungen beschränkt. Grundsätzlich wurden Auslandsinvestitionen nur da gefördert, wo sie dem Ersatz von importierten Waren dienten. Diese Abschottungspolitik, die sich prinzipiell auch gegen die Nachbarländer richtete, verursachte hohe Kosten, führte zur Überalterung der Maschinenparks und verhinderte ein Zusammenwachsen der Volkswirtschaften Lateinamerikas.

Noch bis Anfang der 80er Jahre sahen sich somit einige der großen deutschen Unternehmen aus den Bereichen Chemie, Pharmazie und Elektrotechnik gezwungen, in allen Staaten der Andengemeinschaft mit Produktionsstätten vertreten zu sein. Dies änderte sich mit dem Beginn des Liberalisierungs- und Öffnungsprozesses in der Region Ende der 80er Jahre. Das durchschnittliche Importzollniveau wurde stufenweise unter 20% halbiert. Viele der kleinen und unrentablen Produktionsbetriebe wurden in Vertriebsorganisationen umgewandelt oder ganz geschlossen.

In den letzten Jahren hat sich außerdem ein deutlicher Trend zur Konzentration der Produktion in Kolumbien durchgesetzt. Das liegt zum einen am hohen Entwicklungspotential Kolumbiens, das mit einer Bevölkerung von 44 Mio. Menschen in Südamerika nach Brasilien an zweiter Stelle steht. Zum anderen bietet Kolumbien eine investitionsfördernde Zoll- und Steuerpolitik. In Übereinstimmung mit der Bedeutung dieses Marktes soll die Deutsch-Kolumbianische Industrie- und Handelskammer in Bogotá in Zukunft eine Koordinierungsfunktion für die gesamte Region übernehmen.

Ende der 80er Jahre unternahmen die meisten Länder Lateinamerikas unter völlig geänderten Bedingungen neue, vielversprechende Kooperationsschritte. Die fünf Mitgliedsländer der heutigen Andengemeinschaft beschlossen 1989 ihre beschleunigte Integration im Rahmen einer Freihandelszone. Durch die zuvor in Angriff genommene Liberalisierung ihrer Volkswirtschaften und die Öffnung ihrer Grenzen für Importprodukte war eine weitere wirtschaftliche Integration überhaupt erst möglich geworden. Ein neuer Aspekt war außerdem die Einbeziehung der Privatwirtschaft auf sämtlichen Ebenen der Verhandlung und der Umsetzung der Integrationsabkommen. Daran waren in den meisten Fällen auch die Tochterunternehmen deutscher Firmen beteiligt.

Die regionale Integration ist ein weiteres Argument zugunsten eines Engagements in der Andengemeinschaft. Der größer gewordene Absatzmarkt und günstigere Bezugsmöglichkeiten für Rohstoffe und Vorprodukte aus anderen Mitgliedsländern erhöhen die Attraktivität der Region als Investitionsstandort. Dies gilt auch für diejenigen mittelständischen Unternehmen, die dort bisher noch nicht mit eigenen Produktionsaktivitäten engagiert sind.

Deutsche Unternehmen, die bereits mit Investitionen in der Region präsent sind, unterliegen aber in dem vergrößerten Wirtschaftsraum auch einem verschärften Wettbewerb. Die bisherigen Fertigungskonzepte waren in einer Situation abgeschotteter Märkte entstanden. Die größeren Märkte erlauben in vielen Industriezweigen den Übergang zur Großproduktion und damit eine Verringerung der Stückkosten. Die Umorientierung auf eine regionale bzw. globale Wettbewerbssituation erfordert Rationalisierungsmaßnahmen und ebenfalls Neuinvestitionen.

Unternehmen mit Produktionsaktivitäten in mehreren Ländern der Freihandelszone haben deshalb eine Produktbereinigung und eine Verzahnung der Produktionsstätten vorgenommen. In einigen Ländern hatte dies die Schließung unrentabler Produktionsbetriebe bzw. ihre Umwandlung in Vertriebsorganisationen zur Folge. Angesichts der zunehmend offenen Grenzen könnte bei der Neuwahl eines Standorts die Größe des nationalen Marktes in Zukunft nach einer Konsolidierung der Integration zu einem untergeordneten Aspekt werden.

Die Beziehungen der deutschen Wirtschaft mit der Andengemeinschaft werden durch die Präferenzbehandlung erleichtert, die Brüssel dieser Region eingeräumt hat. Brüssel verlängerte Ende 2001 die Gültigkeit dieses Importpräferenzsystems bis Dezember 2004. Auf dem Ibero-Amerikanischen Gipfeltreffen vom Mai 2002 in Madrid vereinbarten die Staatsoberhäupter der fünf Mitgliedsländer der Andengemeinschaft und die EU die Aufnahme von Gesprächen über ein politisches Kooperationsabkommen. Gleichzeitig sollen der Handelsaustausch und die Investitionen gefördert werden.[1]

Das politische Kooperationsabkommen soll zusammen mit den Verhandlungsergebnissen der 4. WTO-Runde von Doha Grundlage für die Intensivierung der Wirtschaftskooperation werden. Diese Pläne schließen explizit auch die Möglichkeit der Vereinbarung eines umfassenden Freihandelsabkommens ein. Ende Oktober 2002 ließ EU-Kommissar Chris Patten verlauten, dass die Gespräche zwischen der EU und der Andengemeinschaft über das Kooperationsabkommen noch vor Ende des Jahres 2002 offiziell beginnen sollen.

2. Entwicklungsperspektiven der Andengemeinschaft

Das BIP der Andengemeinschaft nahm im Jahr 2002 um rund 0,6% zu, während es in Lateinamerika insgesamt in etwa gleicher Höhe schrumpfte. Zukunftsprognosen für die Region werden dadurch erschwert, dass in Bolivien, Ekuador und Kolumbien im Jahr 2002 die Präsidenten und Parlamente neu gewählt wurden. Besonders in Bolivien und Ekuador, aber auch in Peru könnten wirtschaftspoliti-

---

[1] Vgl. hierzu den Artikel von Christian Freres (S. 383-399) in diesem Band.

sche Kursänderungen zu neuen innenpolitischen Spannungen führen. In Venezuela beeinträchtigt die extreme Zuspitzung der innenpolitischen Lage alle Voraussagemöglichkeiten. Darüber hinaus stellen externe Faktoren einen weiteren erheblichen Unsicherheitsfaktor dar. Sollte es den Industrieländern wider Erwarten gelingen, ihre Konjunkturflaute bald zu überwinden, würde auch die Andengemeinschaft davon profitieren. Im Jahr 2003 könnte die Region dann unter den jetzigen internen Bedingungen ein BIP-Wachstum von 2-3% erreichen.

In Bolivien sind neue wirtschaftspolitische Akzente zu erwarten. Präsident Sánchez de Lozada ist ein erfolgreicher Unternehmer und gilt als konsequenter Bekämpfer der Korruption. Bei seinem Amtsantritt kündigte er eine Fortführung der Reformen und Infrastrukturprogramme sowie die Bereitschaft zur Zusammenarbeit mit allen politischen Gruppierungen an. Im November 2002 gab der neue Präsident ein makroökonomisches Sanierungsprogramm bekannt, das sich auf die Sektoren Soziales, Produktion und Finanzen konzentriert und innerhalb der kommenden fünf Jahre mit US$ 4 Mrd. durch multilaterale Finanzinstitutionen unterstützt werden soll.

Allerdings sieht sich die neue Regierung Boliviens einer Opposition gegenüber, die so stark ist wie nie zuvor. Landesweite Proteste gegen die Wirtschaftspolitik der Regierung führten am 18. Februar 2003 zum Rücktritt aller Kabinettsmitglieder. Widerstände innerhalb und außerhalb des Parlaments werden also das Verfolgen einer geradlinigen wirtschaftspolitischen Strategie erschweren.

Das BIP Boliviens nahm 2002 um 2% zu. Finanzminister Javier Comboni sagt für das Gesamtjahr 2003 eine BIP-Steigerung in gleicher Höhe voraus. Ein Wirtschaftswachstum in dieser Höhe reicht aber nicht aus, um das Bevölkerungswachstum zu kompensieren und die extreme Armut zu bekämpfen.

Das BIP-Wachstum Ekuadors lag im Jahr 2002 bei 3,5% und übertraf damit deutlich den Durchschnitt der Andengemeinschaft. Für das Jahr 2003 wird ein ebenso hohes Wirtschaftswachstum erwartet. Voraussetzung ist allerdings, dass der durchschnittliche Erdölexportpreis weiterhin auf einem zufriedenstellenden Niveau bleibt und nach der Inbetriebnahme der neuen Schwerölpipeline *Oleoducto de Crudos Pesados* (OCP) die Erdölexportmenge gesteigert werden kann. Der neue Präsident Lucio Gutiérrez Borbúa will einen marktwirtschaftlichen Kurs verfolgen und hat mit dem Internationalen Währungsfonds (IWF) Verhandlungen über ein Beistandsabkommen aufgenommen.

Sein Vorgänger Gustavo Noboa hatte gegen starke Widerstände aus dem politisch zersplitterten Parlament einen Kurs wirtschaftlicher Reformen verfolgt. Im September 2000 führte seine Regierung den US-Dollar als gesetzliches Zahlungsmittel ein. Die Dollarisierung Ekuadors hat sich vor allem bei der Bekämpfung des hohen Inflationstempos bewährt: Im Jahr 2003 ging die Jahresinflationsrate auf 9,4% zurück. Im Jahr 2001 hatte die Inflationsrate noch bei 22,4% gelegen und im Jahr 2000 sogar bei 91%.

Weniger erfreulich ist dagegen die Entwicklung im Handelsbereich, da die Dollarisierung im Inland zu einem Anstieg der Produktionskosten und Preise geführt hat, die generell die Wettbewerbsfähigkeit ekuadorianischer Industrieprodukte beeinträchtigt. Dies zeigt sich zum einen im ständig schwieriger werdenden Exportwettbewerb selbst innerhalb der Andengemeinschaft. Zum anderen greift der Verbraucher auch im Inland immer häufiger zu Importprodukten, die oft preiswerter sind.

Der größte Teil der Exporterlöse wird darüber hinaus mit einer geringen Zahl von Basisprodukten erwirtschaftet. In den ersten neun Monaten 2002 hatte Ekuador Waren im Wert von US$ 3,7 Mrd. exportiert. Über zwei Drittel dieser Einnahmen entfielen auf nur drei Exporterzeugnisse: Erdöl war mit 41% an den Gesamtexporten beteiligt, Bananen mit 22% und Garnelen mit 5%. Diese *commodities* unterliegen scharfen Preisschwankungen auf dem Weltmarkt, so dass Ekuadors Wirtschaftsentwicklung in starkem Maße von außenwirtschaftlichen Faktoren beeinflusst wird. Erdöl ist darüber hinaus für über 30% der Staatseinnahmen verantwortlich.

Während die Exporterlöse in den ersten elf Monaten 2002 um 4% gegenüber dem Vorjahreszeitraum auf 4,5 Mrd. angestiegen waren, nahmen die Importe gleichzeitig um 21% auf US$ 5,5 Mrd. zu. Somit ergab sich für diesen Zeitraum ein Handelsbilanzdefizit von US$ 1 Mrd. Noch im Jahr 2000 war dagegen ein Handelsbilanzüberschuss von US$ 1,6 Mrd. erzielt worden. Das bedeutet, dass sich der Handelsbilanz-Saldo im Verlauf von zwei Jahren um US$ 2,7 Mrd. verschlechtert hat. Allerdings sind für den Importanstieg zum Teil die Zulieferungen für den Bau der neuen Pipeline für schweres Rohöl verantwortlich, die das zukünftige Exportpotential Ekuadors stärkt.

Obwohl 2002 sowohl die Erdölerträge der ekuadorianischen Regierung als auch die ordentlichen Steuereinnahmen gegenüber dem Vorjahr um etwa 10% zugenommen haben, schloss das Jahr mit einer Finanzierungslücke ab, die von der neuen Regierung Gutiérrez Borbúa auf mehr als US$ 1 Mrd. geschätzt wird. Dies hängt u.a. damit zusammen, dass die Verhandlungen der Regierung Noboa mit dem IWF über die Gewährung eines Beistandskredits in Höhe von US$ 240 Mio. gescheitert waren. Außerdem ist die neue Regierung mit Forderungen aus Regierungsbeschaffungen in Höhe von US$ 722 Mio. konfrontiert und mit ausstehenden Zahlungen an Mitarbeiter der öffentlichen Hand von US$ 750 Mio. Weiterhin wird die Regierung im Jahr 2003 eine programmierte Haushaltslücke von US$ 764 Mio. schließen müssen.

Darüber hinaus steht sie vor einem äußerst schwierigeren Problem: 2003 werden insgesamt Tilgungs- und Zinszahlungen auf die Auslandsschuld in Höhe von US$ 2,1 Mrd. fällig. Ohne ein IWF-Abkommen, das Zugang zu den internationalen Kapitalmärkten schafft, wird es kaum möglich sein, diese hohen Schuldendienstverpflichtungen zu erfüllen. Ekuador könnte somit im schlimmsten Fall vor einer neuen Schuldenkrise stehen. Der neue Präsident wird also mit großen Herausforderungen schon im ersten Jahr seiner Amtszeit konfrontiert sein. Dazu kommt, dass seine Wahlallianz im Parlament nicht über eine Mehrheit verfügt.

Kolumbiens neue Regierung erwies sich bisher als kompetent und gibt Anlass zu Optimismus. Allerdings konnte die Talsohle der Wirtschaftsflaute nicht so schnell durchschritten werden, wie erhofft. Das BIP-Wachstum lag in Kolumbien im Jahr 2002 mit 1,6% nur wenig über dem Vorjahresniveau von 1,5%. Dies bedeutet einen erneuten Rückgang des Pro-Kopf-Einkommens. Einen wesentlichen Beitrag zum Wirtschaftswachstum leistete die Erholung des Industriesektors, der nach Umfragen des nationalen Industrieverbandes ANDI 2002 einen Produktionszuwachs von 3,1% gegenüber dem Vorjahr erzielen konnte. Für das BIP-Wachstum im Jahr 2003 ist die Regierung mit ihrer Prognose zurückhaltend: Sie erwartet nur einen Zuwachs von etwa 2%. Dagegen hält ANDI ein Wachstum von 3% für möglich.

Der IWF hat inzwischen die Wirtschaftspolitik der neuen kolumbianischen Regierung von Präsident Álvaro Uribe ausdrücklich gelobt. Die geplanten Haushaltsanpassungsmaßnahmen und Strukturreformen seien zentrale Elemente für eine Konsolidierung der kolumbianischen Wirtschaftsentwicklung. Aus diesem Grund sprach sich der IWF für eine Verlängerung des Abkommens mit diesem Land aus, das auch die Tür für größere Finanzhilfen anderer multinationaler Kreditinstitutionen öffnen wird. Die Weltbank will Kolumbien Mittel im Gesamtwert von US$ 3 Mrd. gewähren und die Interamerikanische Entwicklungsbank (BID) sowie die Andenentwicklungsbank (CAF) von jeweils US$ 2 Mrd. Zusammen mit den US$ 2 Mrd. vom IWF hätte Kolumbien dann frisches Geld von US$ 9 Mrd. zur Verfügung.

In diesem Zusammenhang kritisierte Kolumbiens Finanzminister Roberto Junguito die unterschiedlichen Maßstäbe, die von Analysten der Wall Street zur Evaluierung der Länder der Welt angelegt werden. Kolumbiens gesamte Auslandsschuld liege bei 47% des BIP und sei immer pünktlich bedient worden. Es sei nicht zu rechtfertigen, dass Kolumbien anders behandelt werde als Länder wie Irland, Schweden oder Belgien, deren Auslandsverschuldung 120% des BIP übersteige. Auch Kolumbiens Haushaltsdefizit läge deutlich unter den 12,7% Italiens, die dieses Land bereits seit 20 Jahren systematisch aufweise. Die Evaluierungs-Experten sollten sich in Zukunft die Situation der einzelnen Länder etwas genauer ansehen und sie nicht in einen großen regionalen Topf werfen.

Im November 2002 kündigte Kolumbiens Präsident Álvaro Uribe einen umfassenden Entwicklungsplan für Kolumbien bis zum Jahr 2006 an. In diesem Zeitraum soll ein durchschnittliches Wirtschaftswachstum von 3,2% erzielt werden, wobei bis 2006 die Wachstumsrate auf 3,9% ansteigen würde. Die Arbeitslosigkeit soll stufenweise bis zum Jahr 2006 von 16% auf maximal 10% und das Haushaltsdefizit der gesamten öffentlichen Hand von derzeit 4% auf 2,1% reduziert werden. Die kolumbianische Regierung, multinationale Kreditinstitute und andere Staaten würden einen großen Teil der Mittel beibringen. Für den Rest sollen privatwirtschaftliche Partner gefunden werden. Der von der neuen Regierung angestrebte Staat soll schlanker werden und in weit stärkerem Maße als bisher mit dem Privatsektor einvernehmlich im Interesse der Erreichung der gestellten Ziele zusammenarbeiten.

In Peru konnte die Rezessionsphase endlich überwunden werden. Die Wirtschaftspolitik der Regierung ist marktwirtschaftlich orientiert und nach außen offen. Ein Abkommen mit dem IWF trug zur Stabilisierung der Wirtschaftsentwicklung bei. Präsident Alejandro Toledo setzt auf weitere Privatisierungen und einen verstärkten Zufluss ausländischer Investitionen, um so den Lebensstandard der Bevölkerung zu verbessern. Allerdings sind die Privatisierungen und Konzessionsvergaben durch landesweite Proteste ins Stocken gekommen. Trotzdem enthält das Budget für das Jahr 2003 Privatisierungserlöse in Höhe von US$ 400 Mio. Die Opposition innerhalb und außerhalb des Parlaments will die Realisierung dieses Plans auf jeden Fall verhindern.

Die positive Entwicklung im Primärbereich und in der Bauwirtschaft waren die Hauptmotoren für das Wirtschaftswachstum von fast 5% im Jahr 2002. Im Bergbau- und Kohlenwasserstoffsektor wurde in den ersten zehn Monaten 2002 sogar ein Zuwachs von 13,8% registriert und in der Bauwirtschaft von 9,3%. Aber auch die Landwirtschaft, die Fischerei und die Erzeugung von Strom und Wasser schnitten bei Zunahmen von rund 5% mit guten Ergebnissen ab. Mit dieser BIP-Steigerung steht Peru im Jahr 2002 in Südamerika an erster Stelle. Für das Jahr 2003 wird ein Wirtschaftswachstum von 3,5-4% erwartet.

Venezuela bewegt sich genau in die entgegengesetzte Richtung. Die unbefriedigende Wirtschaftsentwicklung dieses Landes steht in direktem Zusammenhang mit seiner komplizierten innenpolitischen Situation. Der missglückte Versuch der Amtsenthebung von Präsident Chávez im April 2002 und der Generalstreik im Dezember 2002/Januar 2003 haben die innenpolitische Spaltung weiter vertieft. Nach Meinung der in- und ausländischen Privatwirtschaft fehlt außerdem eine klare, auf die Unterstützung der unternehmerischen Initiative ausgerichtete Wirtschaftspolitik. Viele ausländische Unternehmen sehen somit zwar das große Potential des venezolanischen Marktes; gleichzeitig nehmen sie aber eine abwartende Haltung ein. Andere Unternehmen denken antizyklisch und versuchen derzeitig, ihr Venezuela-Geschäft auszubauen. Eine Lösung des Konflikts durch Neuwahlen würde die Attraktivität Venezuelas sicher wieder ansteigen lassen.

Im 1. Halbjahr 2002 war die Wirtschaft Venezuelas trotz steigender Erdölexporterlöse um 7,1% geschrumpft. Im 3. Quartal verlangsamte sich zwar der Schrumpfungsprozess auf 5,5%; diese Entwicklung drehte sich aber im 4. Quartal mit einer Beschleunigung der Rezession auf 16,7% wieder um. Dazu hatte u.a. der Generalstreik im Dezember beigetragen. Somit ergab sich für das Gesamtjahr ein Rückgang des BIP um 8,9%. Für das Jahr 2003 ist nach Meinung des Industriedachverbandes *Conindustria* und zahlreicher Experten der Privatwirtschaft ein erneutes Schrumpfen der Wirtschaft um möglicherweise sogar einen zweistelligen Prozentsatz zu befürchten. Die Zentralbank Venezuelas rechnet im günstigsten Fall mit Stagnation.

Nach Angaben von *Conindustria* hatten zwischen 1998 und Mai 2002 insgesamt 4.666 der damals im Lande existierenden 11.539 Industrieunternehmen ihre Tore geschlossen. Von Juni bis Ende November 2002 seien weitere rund 1.000 Unternehmen Pleite gegangen. Bei einer Umfrage unter den Mitgliedsunternehmen erklärten über 90%, dass sie nicht vorhätten, in der nächsten Zeit zu investieren. Gründe dafür seien die zunehmende innenpolitische Instabilität, die andauernde Unklarheit über den Wirtschaftskurs der Regierung, der durch die Wirtschaftsrezession verursachte allgemeine Nachfragerückgang und das hohe Zinsniveau.

Im ersten Halbjahr 2002 waren nach Zahlen der Zentralbank Venezuelas insgesamt Exporterlöse von US$ 11,9 Mrd. erzielt worden. Erdöl und Erdölderivate waren daran mit US$ 9,5 Mrd. beteiligt. Die einseitige Abhängigkeit Venezuelas vom Erdöl hat sich also verschärft: Erdöl trägt inzwischen mit 25% zum BIP, mit über 50% zu den Staatseinnahmen und mit fast 80% zu den Exporterlösen bei. Die notwendige Differenzierung der venezolanischen Volkswirtschaft wird aber auch neue interessante Investitionsmöglichkeiten bieten.

3. Welche Hindernisse müssen ausländische Unternehmen überwinden?

Allgemein gilt, dass die Rechtssicherheit in der gesamten Region verbessert werden könnte. Eine intensivere Erschließung der Region wird einen spürbaren Ausbau der intraregionalen Infrastruktur erfordern. Hier ergeben sich auch für ausländische Unternehmen interessante Investitionsmöglichkeiten. Zur Erhöhung der Attraktivität der Region ist eine weitere innenpolitische und soziale Konsolidierung notwendig. Einen wichtigen Schritt in diese Richtung stellte das Friedensabkommen von 1998 zwischen Ekuador und Peru dar, das den seit Jahrzehnten schwelenden Grenzkonflikt zwischen beiden Ländern entschärfte.

Das Entwicklungspotential der Andenländer wird in unterschiedlich starkem Maße durch die krassen Unterschiede in der Einkommensverteilung, die hohe Auslands- bzw. Staatsverschuldung, die niedrige Sparquote sowie die starke Abhängigkeit von wenigen Monopolprodukten (Bolivien: Erdöl und Erdgas, Ekuador: Erdöl und Bananen, Venezuela: Erdöl) beeinträchtigt.

Die Probleme Kolumbiens im Zusammenhang mit der Gewalt und dem Drogenhandel sind bekannt. Obwohl das Land ein äußerst interessanter Geschäftspartner bleibt, lassen sich viele deutsche Unternehmen von der hohen Unsicherheit abschrecken. Dagegen nutzen die Unternehmen, die bereits in Kolumbien etabliert sind, auch weiterhin die guten Geschäftsmöglichkeiten. Eine Lösung des Gewaltproblems würde sicher zu zahlreichen neuen Engagements auf diesem attraktiven Markt führen. Neben der Zunahme der politischen Gewalt ist in einigen Ländern auch ein Anstieg der gewöhnlichen Kriminalität festzustellen.

Mit welchen Strategien reagieren deutsche und ausländische Unternehmen auf den starken Mangel an Sicherheit in einem Entsendungsland?
1. Ersetzung ausländischen Fachpersonals durch einheimische Arbeitskräfte,
2. Zurückhaltung auch bei der kurzfristigen Entsendung von Mitarbeitern,
3. Verstärkung der Sicherheitsmaßnahmen auf dem Betriebsgelände,
4. verstärkte Berücksichtigung von Sicherheitsaspekten bei den leitenden Angestellten (Wohnung, Dienstweg usw.),
5. Empfehlung an leitende Angestellte, die Familie in Deutschland zu lassen,
6. Rückzug aus Gebieten mit starker Guerilla-Tätigkeit (z.B. vom Land in die Städte),
7. Nationalisierung bzw. Auslagerung der Vertriebsnetze.

Einige ausländische Unternehmen sind außerdem mit Schutzgeld- und Lösegeldforderungen konfrontiert. Dieser Punkt ist äußerst heikel, da in der Regel die Zahlung solcher Gelder in den Andenländern nicht gestattet ist und somit bei Zuwiderhandlung ein Straftatbestand entsteht. Diese Einstellung mancher Regierungen in der Region ist sehr kurzsichtig, denn damit wird ein ausländisches Unternehmen vor die Wahl gestellt, gegen die Gesetze zu verstoßen oder den betreffenden Mitarbeiter einem ungewissen Schicksal zu überlassen. Die Unternehmen tragen aber die Verantwortung für das Wohl ihrer Mitarbeiter, so dass sie in Wirklichkeit nur vor der Alternative stehen, doch zu zahlen oder alle Aktivitäten in dem betreffenden Land einzustellen.

Vom Drogenproblem sind fast alle Länder der Andengemeinschaft betroffen. Mit der Gewährung des Importpräferenzsystems wollen deshalb die EU-Staaten einen Beitrag zur Unterstützung des Kampfes der Länder der Andengemeinschaft gegen Armut und Rauschgifthandel leisten. Allerdings hat die EU hier auch einiges wieder gut zu machen. Durch die derzeitige EU-Agrarpolitik wird den Ländern Lateinamerikas grundsätzlich die Möglichkeit genommen, ihre komparativen Kostenvorteile bei der Agrarproduktion auf dem europäischen Markt in Deviseneriöse umzuwandeln. Eine weitere Folge dieser Politik ist die Förderung des unlauteren Wettbewerbs durch den Export preissubventionierter EU-Agrarprodukte. Dies hat die Beschneidung lateinamerikanischer Exportchancen auf Drittmärkten zur Folge.

Für diese verfehlte Politik ist die europäische Bananenmarktordnung, die darüber hinaus zu einem kräftigen Preisanstieg für Bananen in Deutschland geführt hat, ein typisches Beispiel. Sie wird u.a. mit dem Schutz der Interessen südeuropäischer und karibischer Bananenpflanzer begründet. Obwohl aber die EU-Konsumenten dieses Bananenmarktregime durch überhöhte Preise mit € 2 Mrd. finanzieren, gehen von diesem Betrag lediglich € 150 Mio. als Unterstützung an die Bananenproduzenten in Europa und in den AKP-Staaten.

In einigen bananenproduzierenden Ländern Lateinamerikas, darunter auch in Kolumbien, hat die EU-Bananenmarktordnung zu einem starken Rückgang der

Exporterlöse, zu einem drastischen Arbeitsplatzabbau und zur Verarmung von Zehntausenden von kleinen Landwirten und Landarbeitern geführt. Nicht wenige der auf diese Weise – wohl ungewollt – von der EU ruinierten Bauern haben sich inzwischen der Koka-Produktion zugewandt.

Der Ibero-Amerika Verein (IAV) fordert schon seit langem eine vollständige Liberalisierung des EU-Agrarmarktes und eine Beendigung der Agrarpreissubventionen, die immerhin fast die Hälfte des EU-Haushaltes verschlingen. Auch für die Andengemeinschaft ist ein freier und fairer Welthandel eine unabdingbare Voraussetzung für Wachstum und die erfolgreiche Bekämpfung des Drogenproblems.

Das reicht aber alleine nicht aus. Das stärkste Motiv für den Drogenanbau ist der hohe Profit, der aus der kräftigen Nachfrage in den reichen Industrieländern resultiert. Die Bemühungen der Regierungen der drogenproduzierenden Länder zur Bekämpfung dieser Geißel der Menschheit sind zum Scheitern verurteilt, wenn die Verbraucherländer in dieser Frage keine einheitliche Position finden. Die unterschiedliche Herangehensweise der EU-Länder, die von der teilweisen Legalisierung bis zum weitgehenden Verbot reicht, ist kontraproduktiv. Alle drogenproduzierenden und -konsumierenden Staaten müssen endlich eine gemeinsame Position erarbeiten, an die sich alle zu halten haben.

Ähnliches gilt für den Umgang mit Terroristen. Einige EU-Länder haben sich noch bis vor kurzem geweigert, zu bestimmten Guerilla-Bewegungen in der Andengemeinschaft eine klare Position einzunehmen. Der peruanische *Sendero Luminoso* und die kolumbianischen FARC konnten in bestimmten EU-Ländern sogar Vertretungen unterhalten und ungehindert Unterstützungsgelder sammeln. Dies stößt zumindest dann auf Unverständnis, wenn deutsche Unternehmen vor Ort unter den Aktivitäten dieser Organisationen leiden.

Die Regierungen Europas und somit auch Deutschlands können also bei der Überwindung der akuten Probleme in der Region eine aktive und äußerst nützliche Rolle spielen. Gleichzeitig müssen die Regierungen der Andengemeinschaft ihren Weg der Wirtschaftsliberalisierung, der Strukturreformen, der demokratischen Konsolidierung und des Abbaus unzumutbar hoher Einkommensunterschiede unbeirrbar weitergehen. Darüber hinaus gilt das Prinzip: je größer der Markt, desto größer das unternehmerische Interesse an Engagements. Auf der Tagesordnung steht also auch eine zielstrebige Intensivierung des regionalen Integrationsprozesses.

Ein Haupthindernis auf dem Weg einer schnelleren Integration Lateinamerikas ist der unterschiedliche Entwicklungsstand der einzelnen Länder und die Möglichkeit zeitweiser politischer Rückschritte. Demgegenüber stehen aber die Realitäten, die von den in- und ausländischen Unternehmen im Vorgriff auf die zukünftige politische Entwicklung bereits seit geraumer Zeit geschaffen werden. Eine Reihe deutscher Großunternehmen hat inzwischen in der Andengemeinschaft interne Strukturen entwickelt, die ein Fortfallen der Handelsgrenzen vorwegnehmen.

Bolivien stellt in gewisser Weise einen Sonderfall dar, da dieses Land auch von den im MERCOSUR-Bereich ansässigen deutschen Unternehmen in ihre internen Fertigungs-, Vertriebs- und Verwaltungsstrukturen eingebunden wurde. Darin widerspiegelt sich die Tatsache, dass sich Bolivien außenwirtschaftlich zunehmend auf den MERCOSUR orientiert und seit 1996 assoziiertes Mitglied dieser Gemeinschaft ist.

Neben dem unterschiedlichen Entwicklungsstand erweisen sich auch die beträchtlichen Unterschiede bei der Größe und bei der Wirtschaftspolitik der einzelnen Länder als Probleme. Dazu können strukturelle und innenpolitische Faktoren, wie die Abhängigkeit von Monoprodukten und akute demokratische Defizite, den Integrationsprozess hemmen. Schließlich besteht wegen der wenig differenzierten Exportstruktur und der starken Abhängigkeit von Kapitalzuflüssen aus dem Ausland eine hohe Abhängigkeit von außenwirtschaftlichen Einflüssen, die bei ungünstigen weltwirtschaftlichen Konstellationen die gesamte Region ins Wanken bringen können.

Zum Schutz der eigenen Wirtschaft gegenüber potentiell gefährlichen Entwicklungen in anderen Mitgliedsländern oder auf der internationalen Ebene kann es somit zu Zollerhöhungen, zur Aussetzung beschlossener Zollsenkungen und zur Einführung oder Wiedereinführung von nicht-tarifären Handelshemmnissen (Kontingente, Hygienebestimmungen etc.) kommen. Dafür bot Venezuela in den letzten Jahren einige Beispiele. Unter anderem weigert sich die Regierung Venezuelas trotz mehrfacher Aufforderung des Andengerichtshofes beharrlich, die im Mai 1999 für kolumbianische Lkw- und Busfahrer gesperrten Straßen des Landes wieder freizugeben.

4. Stand der deutsch-andinen Wirtschaftsbeziehungen

Aus deutscher Sicht ist Kolumbien der wichtigste Außenhandelspartner der Andengemeinschaft. Auf den nächsten Plätzen folgen Venezuela, Ekuador, Peru und Bolivien (vgl. Tabellen 1 und 2). Während die fünf Andenländer im Jahr 2000 noch einen Handelsbilanzüberschuss von DM 116 Mio. erzielten, mussten sie im Jahr 2001 ein Minus von DM 438 Mio. hinnehmen.

Der Handel Boliviens mit Deutschland entwickelte sich in den letzten Jahren rückläufig. 2001 standen bolivianischen Exporten nach Deutschland von DM 25 Mio. Importe von DM 72 Mio. gegenüber. Hauptexportprodukte Boliviens nach Deutschland sind Kaffee, Südfrüchte, Alpaca-Strickwaren und Zinn. Aus Deutschland werden vorrangig Maschinen sowie Halbwaren und Vorerzeugnisse importiert. Zwischen beiden Ländern besteht seit 1993 ein Doppelbesteuerungsabkommen und seit 1990 ein Investitionsschutzabkommen.

Der deutsch-ekuadorianische Warenaustausch ist dagegen im Anstieg begriffen. Im Jahr 2001 wurden Waren im Wert von DM 594 Mio. nach Deutschland exportiert und im Wert von DM 447 Mio. importiert. Bei den ekuadorianischen Importen aus Deutschland dominieren Maschinen, Vorerzeugnisse, Chemikalien und andere Industriegüter. Exportiert werden vorrangig Bergbau- und Agrarprodukte, wie Erdöl, Bananen, Kaffee und Garnelen. Seit 1965 gibt es ein Investitionsförderungs- und -schutzabkommen, seit 1986 ein Doppelbesteuerungsabkommen.

Der Außenhandel Kolumbiens mit Deutschland erreichte 2001 einen Wert von DM 2,14 Mrd. Die Ausfuhren waren an dieser Summe mit DM 1,05 Mrd. beteiligt und die Einfuhren mit DM 1,09 Mrd. Deutschland stand nach den USA und Venezuela als Handelspartner Kolumbiens an dritter Stelle. Gleichzeitig ist Deutschland zweitwichtigster Kaffeeabnehmer. Weitere wichtige Ausfuhrgüter Kolumbiens nach Deutschland sind Bananen und andere Südfrüchte, Steinkohle, Schnittblumen und Textilien. Bei den kolumbianischen Einfuhren aus Deutschland dominieren Düngemittel, Chemikalien, Kunststoffe, Eisen- und Stahlprodukte, Papier und Karton, Maschinen und Kraftfahrzeuge und landwirtschaftliche Produkte.

Zwischen Kolumbien und Deutschland gibt es ein Handelsabkommen und seit 1962 eine Doppelbesteuerungsvereinbarung für Schifffahrts- und Luftfahrtunternehmen. Die Verhandlungen über ein Investitionsschutzabkommen stehen immer noch am Anfang. Ein solches Abkommen könnte dazu beitragen, mehr deutsche Investitionen nach Kolumbien zu bringen.

Die peruanischen Exporte nach Deutschland beliefen sich 2001 auf DM 486 Mio. und die Importe auf DM 447 Mio. An den Gesamtexporten Perus waren Erze mit 45% sowie Fische und Fischprodukte mit 17% beteiligt. Deutschland liefert Papier, Chemikalien und hochwertige Kapitalgüter und ist für rund 3% der peruanischen Importe verantwortlich. Auf der anderen Seite spielt Deutschland auch eine Rolle als Käufer peruanischer Rohstoffe (z.B. Kupfererz, Zinn) und Agrarerzeugnisse. Bei peruanischem Fischmehl ist Deutschland sogar der Hauptabnehmer. Seit 1997 existiert mit Peru ein Investitionsförderungsabkommen.

Auch für Venezuela ist Deutschland traditionell ein bedeutender Lieferant von Investitionsgütern. Die deutschen Exporte, die im Jahr 2001 bei DM 1,2 Mrd. lagen, umfassen insbesondere Maschinen, Elektrotechnik, Metallerzeugnisse, Chemiewaren und Fahrzeuge. Die venezolanischen Exporte nach Deutschland von DM 708 Mio. waren dagegen weniger differenziert: sie bestanden weitgehend aus Erdöl bzw. Erdölprodukten und Erzen. Ein Doppelbesteuerungsabkommen ist seit 1997 und ein Investitionsförderungsvertrag seit 1998 in Kraft.

Am Bestand der deutschen Direktinvestitionen in Lateinamerika ist die Andengemeinschaft insgesamt mit lediglich rund 6% beteiligt (vgl. Tabelle 3). Venezuela nimmt unter den deutschen Investitionszielen in Lateinamerika den 5. Platz ein und Kolumbien den 6. Allerdings ist die deutsche Investitionstätigkeit in Venezuela in den letzten Jahren deutlich zurückgegangen. Davon profitierte in der Region vor allem Kolumbien.

Die EU steht als Handelspartner an dritter Stelle hinter den USA und Lateinamerika. Da das Weltmarktpreisniveau für die wichtigsten Exportprodukte der Andengemeinschaft im Schnitt stark gesunken ist, weist inzwischen die Handelsbilanz mit der EU ein deutliches Defizit von fast US$ 1 Mrd. zu Lasten der Südamerikaner auf. Dagegen konnte das weltweite Handelsbilanzplus auf US$ 21,1 Mrd. verdoppelt werden (vgl. Tabelle 4).

Die Exporte der Andengemeinschaft in die EU sind stark von Rohstoffen und Agrarprodukten geprägt. An den gesamten EU-Importen sind die Agrarprodukte aus dieser Region mit 3,6% beteiligt. Aus Europa kommen dagegen hauptsächlich Investitionsgüter, Chemikalien, Transportmittel und andere Industrieprodukte. Den größten Einzelposten stellen hier Maschinen dar, die zusammen mit Fahrzeugen und Chemikalien fast drei Viertel des Exports der EU in die Region ausmachen (vgl. Tabelle 5).

Als Investitionspartner der Andengemeinschaft nimmt die EU nach den USA den 2. Platz ein. Die Führungsposition der USA steht vor allem mit den umfangreichen US-Investitionen im Erdölsektor in Zusammenhang. Ohne Berücksichtigung dieses Sektors nehmen z.B. in Kolumbien die Direktinvestoren aus der EU den ersten Platz vor ihren Mitbewerbern aus den USA ein. Grund dafür ist der starke Zuwachs des spanischen Engagements in den letzten Jahren, das sich auf die Bereiche Finanzen, Telekommunikation und Energie konzentrierte (vgl. Tabellen 6 und 7).

Tabelle 1: Deutsche Ausfuhr nach Lateinamerika in Mio. DM

LÄNDER	1999	2000	2001	Veränderung 2000 zu 2001 (in %)
Argentinien	2.397.383	2.501.835	2.219.010	-11,30
Bahamas	398.927	80.301	165.815	106,49
Barbados	35.245	47.984	47.995	0,02
Belize	12.995	10.458	43.591	316,82
Bolivien	73.872	63.949	71.787	12,26
Brasilien	8.999.857	9.838.935	11.163.803	13,47
Chile	1.130.101	1.278.291	1.538.832	20,38
Costa Rica	214.141	357.881	287.793	-19,58
Dominikan. Republik	147.229	272.808	354.058	29,78
Ekuador	200.353	249.302	446.857	79,24
El Salvador	261.696	289.467	142.647	-50,72
Grenada	2.155	8.406	4.583	-45,48
Guatemala	221.453	238.860	300.369	25,75
Guyana	7.574	9.221	8.446	-8,40
Haiti	37.218	28.239	25.947	-8,12
Honduras	67.973	63.977	86.708	35,53
Jamaika	60.543	68.892	221.258	221,17
Kolumbien	870.070	1.050.928	1.089.694	3,69
Kuba	128.626	137.736	198.888	44,40
Mexiko	8.256.251	9.700.802	10.418.544	7,40
Nicaragua	38.895	72.156	55.352	-23,29
Panama	789.434	211.666	236.166	11,57
Paraguay	88.602	106.137	107.479	1,26
Peru	464.426	439.572	446.588	1,60
Suriname	10.100	10.576	14.485	36,96
Trinidad und Tobago	204.853	124.760	311.870	149,98
Uruguay	237.236	259.396	214.273	-17,40
Venezuela	1.149.672	1.080.613	1.247.042	15,40
Zusammen	**26.506.880**	**28.603.148**	**31.469.880**	**10,02**
Sonstige	**1.284.381**	**1.098.638**	**1.102.153**	**0,32**
Lateinamerika/ Karibik gesamt	**27.791.261**	**29.701.786**	**32.572.033**	**9,66**
Weltweit	**984.065.101**	**1.167.343.280**	**1.246.514.401**	**6,78**
Anteil der lateinamerikanischen / karibischen Länder	**2,82%**	**2,54%**	**2,61%**	**2,88%**

Quelle: Statistisches Bundesamt Wiesbaden.

Tabelle 2: Deutsche Einfuhr aus Lateinamerika in Mio. DM

LÄNDER	1999	2000	2001	Veränderung 2000 zu 2001 (in %)
Argentinien	1.707.889	1.810.197	1.608.946	-11,12
Bahamas	160.553	263.858	285.345	8,14
Barbados	6.010	5.982	6.064	1,37
Belize	7.114	10.859	6.721	-38,11
Bolivien	26.084	39.334	24.795	-36,96
Brasilien	6.461.660	7.582.802	7.990.080	5,37
Chile	1.211.723	1.674.549	1.325.164	-20,86
Costa Rica	481.075	556.833	589.378	5,84
Dominikan. Republik	73.863	94.843	103.455	9,08
Ekuador	523.311	527.102	594.472	12,78
El Salvador	192.049	205.198	118.425	-42,29
Grenada	7.996	12.631	18.369	45,43
Guatemala	216.744	262.651	189.129	-27,99
Guyana	13.632	11.129	10.716	-3,71
Haiti	2.776	3.510	4.357	24,13
Honduras	157.322	209.349	160.488	-23,34
Jamaika	201.184	190.343	228.067	19,82
Kolumbien	1.056.929	1.043.512	1.051.780	0,79
Kuba	75.623	98.184	67.255	-31,50
Mexiko	2.732.138	2.863.101	3.038.905	6,14
Nicaragua	96.882	116.091	84.761	-26,99
Panama	283.518	279.853	193.589	-30,82
Paraguay	27.583	21.704	79.852	267,91
Peru	446.237	553.957	485.815	-12,30
Surinam	23.423	2.250	374	-83,38
Trinidad und Tobago	33.962	27.819	54.257	95,04
Uruguay	190.382	204.341	159.849	-21,77
Venezuela	601.201	836.758	708.042	-15,38
Zusammen	**17.018.863**	**19.508.740**	**19.188.450**	**-1,64**
Sonstige	**48.515**	**278.249**	**555.382**	**99,60**
Lateinamerika / Karibik gesamt	**17.067.378**	**19.786.989**	**19.743.832**	**-0,22**
Weltweit	**869.946.627**	**1.064.308.783**	**1.076.240.516**	**1,12**
Anteil der lateinamerikanischen / karibischen Länder	**1,96%**	**1,86%**	**1,83%**	**-1,37%**

Quelle: Statistisches Bundesamt Wiesbaden.

Tabelle 3: Deutsche Direktinvestitionen in Lateinamerika

Land	Bestand 2000 (in Mio. €)	Anteil am Bestand 2000 (in %)
Argentinien	2.878	11,2
Bolivien	2	0,0
Brasilien	8.582	33,3
Chile	788	3,0
Costa Rica	34	0,1
Dominikanische Republik	19	0,1
Ekuador	105	0,4
El Salvador	65	0,2
Guatemala	79	0,3
Honduras	2	0,0
Kolumbien	485	1,9
Mexiko	5.810	22,5
Nicaragua	5	0,0
Panama	143	0,6
Paraguay	11	0,0
Peru	105	0,4
Uruguay	143	0,6
Venezuela	805	3,1
Sonstige	5.753	22,3
Lateinamerika gesamt	**25.814**	**100**
(davon: Andengemeinschaft)	**(1.502)**	**(5,8)**
Deutsche Direktinvestitionen weltweit		
Lateinamerika / Karibik	25.814	4,5
Asien / Nahost	23.818	4,2
Osteuropa / GUS	26.498	4,6
Afrika	4.686	0,8
Industrieländer	490.987	85,9
(davon: EU)	(234.836)	(41,1)
(davon: USA)	(216.778)	(37,9)
(davon: Japan)	(9.550)	(1,7)
Gesamt	**571.803**	**100**

Quelle: Statistische Sonderveröffentlichung Nr. 10 der Bundesbank vom Mai 2002 und vorherige Ausgaben.

Tabelle 4: Handel der Andengemeinschaft

1. EU-Handel mit der Andengemeinschaft (in Mio €)		
EU-Importe aus der Andengemeinschaft	**1990**	**2000**
gesamt	4.817	7.826
Anteil an den EU-Importen	1,1%	0,8%
Handelsbilanz	*1.266*	*-973*
EU-Exporte in die Andengemeinschaft	**1990**	**2000**
gesamt	3.551	6.853
Anteil an den EU-Exporten	0,9%	0,7%
2. Weltweiter Handel der Andengemeinschaft (in Mio €)		
Importe der Andengemeinschaft	**1990**	**2000**
aus der EU	3.551	6.853
weltweit	14.139	44.723
Handelsbilanz	*10.763*	*21.137*
Exporte der Andengemeinschaft	**1990**	**2000**
in die EU	4.817	7.826
weltweit	24.902	65.860

Quelle: Europäische Kommission: http://trade-info.cec.eu.int/europa/index_en.php, Anfang Okt. 2002.

Tabelle 5: EU-Handel mit der Andengemeinschaft Hauptproduktgruppen im Jahr 2000 (Mio €)

EU-Importe			
Produktgruppen	**Gesamtwert**	**Anteil der Andengemeinschaft pro Produktgruppe (in %)**	
Landwirtschaftserzeugnisse	2.801	3,6	
Energieträger	2.418	1,6	
Maschinen	76	0,0	
Transportmaterialien	70	0,1	
Chemische Erzeugnisse	216	0,3	
Textilien / Bekleidung	162	0,2	
EU-Exporte			
Produktgruppen	**Gesamtwert**	**Anteil der Andengemeinschaft pro Produktgruppe (in %)**	*Handelsbilanz*
Landwirtschaftserzeugnisse	661	1,1	*-2.140*
Energieträger	51	0,2	*-2.367*
Maschinen	2.352	0,8	*2.276*
Transportmaterialien	469	0,3	*399*
Chemische Erzeugnisse	1.336	1,0	*1.120*
Textilien / Bekleidung	188	0,5	*26*

Quelle: Europäische Kommission: http://trade-info.cec.eu.int/europa/index_en.php, Anfang Okt. 2002.

Tabelle 6: Ausländische Direktinvestitionen in Kolumbien – ohne Erdölsektor

Die ausländischen Direktinvestitionen in Kolumbien wiesen nach Angaben der Zentralbank des Landes Ende 2001 einen Bestand von US$ 22 Mrd. auf. Trotz einer leichten Verringerung des deutschen Direktinvestitionsbestands in diesem Land blieb Deutschland mit einem Anteil von 2,7% auf dem 5. Platz der Rangliste der Herkunftsländer.

Nicht enthalten sind in den Zahlen des *Banco de la República* die Auslandsinvestitionen im Erdölsektor, die einen Betrag von schätzungsweise deutlich mehr als US$ 10 Mrd. ausmachen dürften.

Land	Vorläufiger Bestand Dezember 2001 (in Mrd US$)	Anteil am Bestand 2001 (in %)
USA	5,9	26,8
(EU insgesamt)	(6,1)	(27,7)
Spanien	2,8	12,7
Panama	2,1	9,5
Niederlande	1,6	7,3
Deutschland	0,6	2,7
Frankreich	0,5	2,3
Schweiz	0,5	2,3
Großbritannien	0,4	1,8
Venezuela	0,3	1,4
Japan	0,2	0,9
Kanada	0,2	0,9
Chile	0,2	0,9
andere Länder einschließlich karibische Steueroasen	6,7	30,5
Gesamt	**22,0**	**100**

Quelle: Corporación Invertir en Colombia – Coinvertir / Banco de la República – Registros de Inversiones.

Tabelle 7: Ausländische Direktinvestitionen in Venezuela – ohne Erdölsektor

Gemäß den Angaben der Auslandsinvestitionsbehörde SIEX im Ministerium für Produktion und Handel kumulierten sich die direkten Auslandsinvestitionen bis Ende des Jahres 2001 auf US$ 11,3 Mrd. In den letzten drei Jahren hatte sich allerdings der Investitionszufluss unter US$ 1 Mrd. pro Jahr verringert. Die deutschen Direktinvestitionen fallen mit einem Anteil von weniger als 1% kaum ins Gewicht. Der Betrag von US$ 11,3 Mrd. enthält aber nicht die ausländischen Investitionen im Kohlenwasserstoff-Sektor (Erdöl, Erdgas und Petrochemie). Die ausländischen Direktinvestitionen in diesem Bereich werden auf mindestens US$ 10 Mrd. geschätzt.

Land	Vorläufiger Bestand Dezember 2001 (in Mrd. US$)	Anteil am Bestand 2001 (in %)
USA	4,1	36,3
(EU insgesamt)	(2,3)	(20,4)
Niederlande	0,8	7,1
Frankreich	0,6	5,3
Japan	0,4	3,5
Schweiz	0,4	3,5
Großbritannien	0,3	2,6
Kolumbien	0,3	2,6
Spanien	0,2	1,8
Kanada	0,1	0,9
Schweden	0,1	0,9
Italien	0,1	0,9
Belgien	0,1	0,9
Südkorea	0,1	0,9
Chile	0,1	0,9
Deutschland	0,1	0,9
andere Länder einschließlich karibische Steueroasen	3,5	31,0
Gesamt	**11,3**	**100**

Quelle: Consejo Nacional de Promoción de Inversiones Conapri / Superintendencia de Inversiones Extranjeras – SIEX.

Autorenverzeichnis

Freres, Christian, Forschungsdirektor der *Asociación de Investigación y Especialización sobre Temas Iberoamericanos* AIETI, Madrid.
E-Mail: cfreres@aieti.es

Goedeking, Ulrich, Dr., Entwicklungssoziologe und freier Journalist, Berlin.
E-Mail: Ulrich.Goedeking@t-online.de

Hofmeister, Wilhelm, Dr., Leiter des Büros der Konrad-Adenauer-Stiftung, Rio de Janeiro.
E-Mail: wilhelm.hofmeister@adenauer.com.br

Huhle, Rainer, Dr., Politologe, Dokumentations- und Informationszentrum Menschenrechte in Lateinamerika (DIML), Nürnberg.
E-Mail:rainer.huhle@menschenrechte.org

Isacson, Adam, Wissenschaftlicher Mitarbeiter am Center for International Policy, Washington, D.C.
E-Mail: isacson@ciponline.org

Kurtenbach, Sabine, Dr., Politologin, Wissenschaftliche Mitarbeiterin am Institut für Iberoamerika-Kunde (IIK), Hamburg; Lehrbeauftragte am Geschwister Scholl Institut, LMU München.
E-Mail: kurtenbach@public.uni-hamburg.de

Minkner-Bünjer, Mechthild, Dipl.Kfm. Dipl.Hdl., freie Mitarbeiterin am Institut für Iberoamerika Kunde (IIK), Hamburg; Lehrbeauftragte an der Universität Hamburg Lateinamerika Studien (LAST).
E-Mail: minkner@public.uni-hamburg.de

Röder, Jörg, M.A., Projektassistent im Bereich computerbasierter volks- und betriebswirtschaftlicher Planspiele und nebenamtlicher Dozent an der Berufsakademie Stuttgart.
E-Mail: joergroeder@gmx.net

Rösch, Michael, M.A., Politologe, derzeit als Projektassistent für die GTZ in Kolumbien tätig.
E-Mail: michael.roesch@gmx.net

Rösler, Peter, stellvertretender Geschäftsführer des Ibero-Amerika Vereins (IAV), Hamburg.
E-Mail: P.Roesler@Ibero-Amerikaverein.de

Schöps, Helmut, Dr., Leiter des für die Andenstaaten zuständigen Referats im Auswärtigen Amt.
E-Mail: 307-RL@auswaertiges-amt.de

Steinhauf, Andreas, Dr. phil., Ethnologe, Berater in der Planungsabteilung des peruanischen Agrarministeriums in Lima und freier Mitarbeiter am Institut für Iberoamerika-Kunde (IIK) in Hamburg.
E-Mail: asteinhauf@minag.gob.pe

Ströbele-Gregor, Juliana, Dr., Altamerikanistin und Ethnologin.
E-Mail:jstroebelegregor@gmx.net

Thoumi, Francisco, Dr., Visiting Professor, Latin American and Caribbean Center, Florida International University, USA.
E-Mail: fthoumi@hotmail.com